新版

公認会計士
弓塲 啓司〔監修〕

公認会計士
荒井 千晶

水田 朋子〔著〕

CAAT

監査人のための
コンピューター利用
監査技法の実践

ACL Analytics

Computer Assisted
Audit Techniques

清文社

改訂にあたって

　私がコンピューター利用監査技法（CAAT）に初めて携わったのは、1990年代の初頭でした。当時は、勘定明細の合計金額が帳簿金額と合致しているかどうか、残高確認書の送付先リストの作成や消込作業、月次推移表や期間比較表の作成等、手作業で実施出来ない手続や手作業で実施出来るけれど、大幅に時間がかかる手続を効率的に実施するという観点でCAATは利用されていました。

　それが、2000年代の初頭には、不正リスク対応手続として仕訳テストの実施が求められるようになり、また、いわゆる内部統制監査制度が導入され、ITを利用した内部統制の整備・運用状況の評価も求められるようになってきました。

　これらの制度が導入されることにより、特に仕訳テストやIT業務処理統制の運用状況の評価においては手では実施できない手続が多く、自ずとCAATを利用せざるを得ない状況になったことから、CAATの普及が大いに期待されました。このような環境の変化に合わせるように、本書で紹介しているCAATツールであるACLも2005年に日本語対応がなされました。

　上述したようにCAATの普及に有利な環境が整ってきていますが、現在、CAATが監査人の当たり前の監査技法になっているかどうかというと、まだ、そういう状況になっていないという印象を私は持っています。

　もちろん、例えば、CAATの分析結果をより視覚化して分かり易く表記する手法（ビジュアライゼーション）が取り入れられたりする等、10年前と現在と全く同じ状態であるとは思いません。ただ、監査人が監査の道具として「そろばん」から「電卓」に持ち替えたように、誰もが「電卓」から「CAAT」に監査の道具を持ち替えて、当たり前に使いこなせているかどうかというと、未だそういう状況にはなっていないと感じています。私は特別な人のみが「CAAT」を使うのではなく、監査人であれば、外部監査人、内部監査人を問わず、誰でも普通に「CAAT」を道具として使っている世界を実現できることが理想だと考えています。

　上述した意味でのCAATの普及には、未だ時間がかかるかもしれませんが、ACLがビジュアライゼーションに対応した「ACL Analytics」へバージョンアップしたことに合わせて、本書も改訂し、CAATの普及に少しでも貢献できれば幸いです。

　なお、文中意見にわたる部分は、監修者・著者の個人的見解であり、所属する法人の見解とは関係がないことをお断りします。

　本書の改訂にあたっては、関係各位より多大なるご理解とご支援を頂きました。この場をお借りしてお礼を申し上げます。

平成27年5月

監修者　弓塲　啓司

はじめに

　1946年に現在のコンピューターの概念が公表されて以来、企業・社会ともに積極的にコンピューターを事業と生活に取り入れてきました。その結果、現在の事業活動を遂行する、あるいは、社会生活を営む上でコンピューターなしでは活動できない世の中になってきています。

　公認会計士業界でも1990年代後半からコンピューターを積極的に活用し始めていますが、その用途は主に監査調書の効率的な作成と共有に重点が置かれており、監査手続を実施する面では、必ずしもコンピューターが有効に活用されているとは言えません。

　監査手続にコンピューターを有効に利用すれば、これまで実施できなかった手続を実施できるだけではなく、これまでの手続も効率的に実施できるようになります。また、内部監査の分野においても、コンピューターを有効に利用する手法を周知することには大いに意義があると言えます。

　さて、コンピューター利用監査技法（CAAT）を実践するというと、「システム」に関する豊富な知識が必要だと思われる方が多いかもしれません。しかし、「コンピューター利用監査技法」を実践するためには、本書に書かれている程度の「システム」に関する知識があれば、十分です。「コンピューター利用監査技法」は決して大げさなものではなく非常に身近な存在なのです。

　本書は、システム開発や運用、システム監査など「システム」に直接的な経験を持っていない人を念頭において書かれていますので、本書を通読していただくだけで、ある程度の監査経験があれば「コンピューター利用監査技法」をご自身の実務で活用できるようになるでしょう。

　本書は、①ACLを使って、②「コンピューター利用監査技法」を実践できるようになることを目的に書かれました。

　まず、①ACLを使って、という点ですが、本書を通じて、実務でよく使うACLのコマンドを習得できることを目指しました。また、「監査」となると実施した監査手続とその結果を記録する必要がありますが、「コンピューター利用監査技法」を利用した監査手続の調書化は簡単なものではありません。本書では、ACLの機能を十分に活用し、効率的、かつ、効果的に監査調書を作成する方法を提案しています。

　次に、②「コンピューター利用監査技法」を実践できるようになる、という点ですが、本書は、読者がACLによる「コンピューター利用監査技法」を利用した計画、実施、調書化の一通りができるための実務に使えるノウハウ本を目指しました。また、本書で使用したデータファイル等も添付していますので、本書を研修教材として使用していただくことも可能です。

　本書は、概念的な理論のみならず、ソフトウェアを使った実務に必要な具体的なノウハウをまとめた書籍であるため、会計士のみならず、事業会社における内部監査人にも有用な書籍だと言えます。

　本書を通じて、ACLを使って「コンピューター利用監査技法」が自分でも簡単に実践できると思えるようになっていただけたら幸いです。

　なお、文中意見にわたる部分は、監修者・著者の個人的見解であり、所属する法人の見解とは関係がないことをお断りします。

平成23年7月

監修者　弓塲　啓司

新版 CAAT 監査人のための コンピューター利用 監査技法の実践 目次

本書について

ソフトウェアおよびサンプルデータのご利用方法

第Ⅰ部 CAATの概要

第1章 CAATとは 3

1-1 CAATとは 4
- 1-1-1 CAATとは 4
- 1-1-2 CAATが重要になってきた背景 5

1-2 CAATの利用局面 6
- 1-2-1 CAATで実現できること 6
- 1-2-2 CAATの利用局面 7

1-3 ACLとは 10
- 1-3-1 ACLとは 10

第2章 CAATの前提知識 13

2-1 データベース 14
- 2-1-1 データベースとは 14
- 2-1-2 データベースに係わる基本的な用語 16

2-2 ファイル形式 22
- 2-2-1 ファイルの種類 22
- 2-2-2 固定長ファイルと可変長ファイル 24
- 2-2-3 区切り文字付きテキストファイルの引用符 25

第3章 CAATの業務の流れと監査調書の概要 27

3-1 CAATの業務の流れ 28
- 3-1-1 目的の設定と計画の策定 29
- 3-1-2 監査先または関係部署等の合意を得る 30
- 3-1-3 対象データの特定と依頼 32
- 3-1-4 データファイルの入手 40
- 3-1-5 データ分析 41
- 3-1-6 レビュー 44
- 3-1-7 報告 45
- 3-1-8 監査調書の保存 46

3-2　CAATの監査調書 ･･･ 48
　　3-2-1　CAATの監査調書の概要 ････････････････････････････････････ 48
　　3-2-2　CAAT実施計画書 ･･ 51
　　3-2-3　CAAT手続書と監査調書用のログファイル ･･････････････････ 55
　　3-2-4　結果ファイル ･･ 60
　　3-2-5　まとめ ･･ 61

第Ⅱ部　ACLの操作

第1章　ACLの基本操作 ･･･ 67

1-1　ACLの要素 ･･･ 68
　　1-1-1　ACLの要素 ･･ 68
1-2　ACLの基本操作 ･･ 72
　　1-2-1　ACLの画面構成 ･･ 72
　　1-2-2　ACLを起動する ･･ 74
　　1-2-3　既存のプロジェクトを開く ･････････････････････････････ 75
　　1-2-4　テーブルを開く ･･ 77
　　1-2-5　列幅を変更する ･･ 79
　　1-2-6　列を移動する ･･ 81
　　1-2-7　列を削除する ･･ 82
　　1-2-8　列を追加する ･･ 84
　　1-2-9　ツールバーを表示する ･････････････････････････････････ 86
　　1-2-10　ログを開く ･･･ 87
　　1-2-11　テーブルやログを閉じる ･･････････････････････････････ 90
　　1-2-12　プロジェクトを閉じる ････････････････････････････････ 91
　　1-2-13　ACLを終了する ･･･････････････････････････････････････ 93

第2章　プロジェクトとテーブルの作成 ･････････････････････････････ 95

2-1　新規プロジェクトの作成 ･････････････････････････････････････ 96
　　2-1-1　新規プロジェクトを作成する ････････････････････････････ 96
2-2　テーブルの作成 ･･･ 100
　　2-2-1　区切り文字付きテキストファイルのテーブルを作成する ･･･ 101
　　2-2-2　固定長のテキストファイルのテーブルを作成する ･････････ 117
　　2-2-3　Excelファイルのテーブルを作成する ････････････････････ 125
　　2-2-4　スクリプトを利用して前期と同じテーブルを作成する ････ 135
　　2-2-5　テーブル作成に関する注意 ･････････････････････････････ 145
2-3　テーブルの情報 ･･･ 150
　　2-3-1　テーブル レイアウトを確認する ････････････････････････ 150

2-3-2　テーブル レイアウトを変更する ………………………………………… *151*
　　　2-3-3　テーブルのプロパティを確認する ………………………………………… *155*
　2-4　テーブル作成時のエラーの例 ………………………………………… *158*
　　　2-4-1　データ型の不一致 ………………………………………… *158*
　　　2-4-2　フィールド数の不足 ………………………………………… *162*
　　　2-4-3　データがずれる ………………………………………… *164*
　2-5　フォルダー ………………………………………… *166*
　　　2-5-1　フォルダーを使用する ………………………………………… *166*

第3章　データ分析 ………………………………………… *171*

　3-1　式 ………………………………………… *172*
　　　3-1-1　式の要素 ………………………………………… *172*
　　　3-1-2　式の入力方法 ………………………………………… *174*
　　　3-1-3　式についての注意 ………………………………………… *178*
　3-2　演算フィールド ………………………………………… *188*
　　　3-2-1　演算フィールドを作成する ………………………………………… *188*
　　　3-2-2　条件付き演算フィールドを作成する ………………………………………… *200*
　　　3-2-3　演算フィールドでフィルターを作成する ………………………………………… *207*
　　　3-2-4　フィールドの削除 ………………………………………… *211*
　3-3　テーブルの全般分析 ………………………………………… *214*
　　　3-3-1　〔検証〕コマンド ………………………………………… *214*
　　　3-3-2　〔合計〕コマンド ………………………………………… *219*
　　　3-3-3　〔カウント〕コマンド ………………………………………… *221*
　　　3-3-4　〔統計〕コマンド ………………………………………… *224*
　　　3-3-5　〔ギャップ〕コマンド ………………………………………… *227*
　　　3-3-6　〔重複〕コマンド ………………………………………… *230*
　　　3-3-7　〔あいまい重複〕コマンド ………………………………………… *233*
　　　3-3-8　BETWEEN関数 ………………………………………… *238*
　　　3-3-9　ISBLANK関数 ………………………………………… *242*
　3-4　データのプロファイル分析 ………………………………………… *246*
　　　3-4-1　〔分類化〕コマンド ………………………………………… *246*
　　　3-4-2　〔要約〕コマンド ………………………………………… *250*
　　　3-4-3　〔クロス集計〕コマンド ………………………………………… *254*
　　　3-4-4　〔階層化〕コマンド ………………………………………… *259*
　　　3-4-5　〔年齢調べ〕コマンド ………………………………………… *263*
　3-5　データの抽出 ………………………………………… *266*
　　　3-5-1　フィルター ………………………………………… *266*
　　　3-5-2　〔抽出〕コマンド ………………………………………… *278*
　　　3-5-3　〔エクスポート〕コマンド ………………………………………… *282*
　3-6　レコードの並べ替え ………………………………………… *288*
　　　3-6-1　〔並べ替え〕コマンド ………………………………………… *288*

　　　　3-6-2　〔インデックス〕コマンド　292
　　　　3-6-3　クイック ソート　296
　　3-7　複数テーブルの利用　298
　　　　3-7-1　〔抽出〕コマンドでレコードを追加する　298
　　　　3-7-2　〔結合〕コマンド　306
　　　　3-7-3　〔関連付け〕コマンド　326
　　　　3-7-4　〔結合〕コマンドと〔関連付け〕コマンドの比較　344
　　3-8　サンプリング　346
　　　　3-8-1　サンプリングの概要　346
　　　　3-8-2　金額単位サンプリングを行う　353
　　　　3-8-3　レコード単位サンプリングを行う　361
　　3-9　分析アプリ　368
　　　　3-9-1　分析アプリの概要　368
　　　　3-9-2　分析アプリ用のスクリプトを作成する　369
　　　　3-9-3　分析アプリを開く　375
　　　　3-9-4　分析を実行する　378
　　　　3-9-5　分析データを視覚化する　380
　　　　3-9-6　分析アプリの配布　389
　　3-10　便利な機能　392
　　　　3-10-1　メニューコマンドのダイアログボックス　392
　　　　3-10-2　出力先の選択　394
　　　　3-10-3　表示領域のタブの固定　398
　　　　3-10-4　ビューの作成・書式設定　399

第4章 ログとスクリプト　407

　　4-1　ログについて　408
　　　　4-1-1　ログの見方　408
　　　　4-1-2　ログが記録されない操作例　411
　　　　4-1-3　メニューコマンドとスクリプトのコマンド名　412
　　　　4-1-4　ログから操作を再実行する　413
　　4-2　スクリプトの作成と実行　416
　　　　4-2-1　ログからスクリプトを作成する　417
　　　　4-2-2　新規にスクリプトを作成する　422
　　　　4-2-3　スクリプトを編集する　423
　　　　4-2-4　スクリプトを実行する　428
　　　　4-2-5　スクリプトのデバッグ機能を使用する　431

第5章 監査調書の保存　437

　　5-1　監査調書として保存するファイル　438
　　　　5-1-1　監査調書として保存するACLのファイル　438

5-2　監査手続の実施過程の調書（監査調書用のログファイル）の作成 …… 440
　　5-2-1　操作のスクリプトを作成する ………………………………… 441
　　5-2-2　調書作成用のスクリプトを作成する ………………………… 442
　　5-2-3　調書作成用のスクリプトを実行する ………………………… 448
5-3　不要なファイルの削除 ………………………………………………… 450
　　5-3-1　不要なファイルを削除する …………………………………… 450
5-4　前期のACLファイルの利用 ………………………………………… 452
　　5-4-1　別のプロジェクトからスクリプトをコピーする …………… 452
　　5-4-2　新しいソースデータへリンクする …………………………… 454

付 録

1　ソースデータの情報 …………………………………………………… 458
2　本書に記載のある関数の一覧 ………………………………………… 462
3　本書に記載のあるスクリプトの一覧 ………………………………… 464

本書について

本書の編集にあたり、次のソフトウェアを使用しました。
・ACL Analytics 11
・Microsoft Windows 7 Enterprise Service Pack1
・Microsoft Office Excel 2010

本書に記載した会社名、製品名等は、各社の登録商標、商標、商品名です。なお、本文中ではTMマーク、®マークは明記していません。

本書の表記について
・メニューコマンド、ボタン、アイコンの名称は、原則として〔〕で囲んでいます。
・サブコマンドを表す場合は、メニューコマンドに-で続けて表記します。
　（例）〔ファイル〕-〔閉じる〕
・ファイルの名称は、原則として「」で囲んでいます。
・スクリプトまたは関数式で、半角スペースを挿入している箇所は、␣で示しています。
・スクリプトまたは関数式で、改行する箇所は、⏎で示しています。

　操作　……　読者専用ページ（p.(11)参照）からダウンロードしたサンプルデータを使用して操作します。

【手順】………　一般的な操作手順を示しています。

　重要　………　重要な内容を説明しています。

　注意　………　注意点を説明しています。

　Point　………　知っておくべき情報等を説明しています。

　Hint　………　知っていると便利な情報等を紹介しています。

ソフトウェアおよびサンプルデータのご利用方法

ACL Analyticsおよび本書で使用しているサンプルデータのご利用方法について説明いたします。ご利用の前に一読いただけますようお願いいたします。

ソフトウェアおよびサンプルデータの入手について

本書で使用しているACL Analyticsの評価版をご利用いただけます。ご利用期間は「お申込みをいただいてから60日間」となっております。
評価版のお申込みとサンプルデータのダウンロードは下記読者専用ページから行ってください。

http://www.acljapan.com/about/CAAT_Book.html（読者専用ページ）

なお、ACL 評価版は、本書籍による学習を目的にご提供させていただいておりますので、それ以外の目的ではお断りする場合がありますので予めご了承ください。

インターネットブラウザーについて

評価版のダウンロードやライセンス管理を行うにあたり、ACL Launchpadというポータルサイトにアクセスします。インターネットブラウザーにInternet Explorerをご利用のお客様はv9以上が必要となります。ソフトウェアのご利用の前にシステム要件をご確認いただけますようお願いいたします。

http://www.acljapan.com/product/system.html

ソフトウェアのアクティブ化について

本ソフトウェアは、インストール後にインターネット経由でアクティブ化をしていただく必要があります。アクティブ化を行う際には、ACL Analyticsをインストールしたパソコンがインターネットに接続できることをご確認ください。

マニュアルについて

以下のサイトでACL Analyticsのオンラインマニュアルを参照いただけます。

http://docs.acl.com/acl/11/index.jsp

※製品に関する著作権、その他権利は ACL Services Ltd. ならびにエージーテックに帰属し、ACL製品の掲載は、ACL Services Ltd. の許可のもと行っています。

ACL Analyticsに関する問い合わせ先
株式会社エージーテック カスタマーセンター
PHONE 03-3293-5283
FAX：03-3293-5270
メール：info@agtech.co.jp
http://www.acljapan.com/

サンプルデータの使い方

読者専用ページで提供しているサンプルデータには以下のファイルが含まれています。本書の記載に従って操作を行う場合に使用してください。

第Ⅱ部第1章の操作には ACL Analytics に付属のサンプルファイルを使用してください。

フォルダー	サブフォルダー	ファイル	内容
00ACL	ACL操作研修	エラーの例01.csv エラーの例02.csv エラーの例02_OK.csv 在庫データ.txt 出荷実績データ.txt 売上データ01.txt 売上データ02.txt 売上取引データ.xlsx	第Ⅱ部第2章で使用するファイル。
	ACL操作研修2	エラーの例01.csv エラーの例02.csv エラーの例02_OK.csv 研修プロジェクト2.acl 研修プロジェクト2.LOG 研修プロジェクト2.LIX 在庫データ.fil 在庫データ.txt 残高確認データ.fil 残高確認データ.txt 残高確認回収データ.fil 残高確認回収データ.txt 出荷実績データ.txt 請求取引データ.fil 請求取引データ.txt 得意先マスタ.csv 得意先マスタ.fil 売掛金残高データ201502.csv 売掛金残高データ201502.fil 売掛金残高明細.csv 売掛金残高明細.fil 売上データ01.fil 売上データ01.txt 売上データ02.fil 売上データ02.txt 売上取引データ.fil 売上取引データ.xlsx	第Ⅱ部第2章以降で使用するファイル。（プロジェクトファイル「研修プロジェクト2.acl」の「Script」-「Sample」フォルダーのスクリプトは、本書の操作で作成するスクリプトのサンプルです。）

使用方法

「00ACL」フォルダーをパソコンの任意の場所に保存して使用してください。

第Ⅰ部
CAATの概要

第Ⅰ部では、CAATの概要を説明します。

CAATとは何か？
どのような局面で有効に使用できるのか？
を知り、実務に活用してください。

第1章
CAATとは

この章では：
　CAATの概要およびCAATの有用性について説明します。
　また、ACL Analytics（本文中は、「ACL」と表記）の特長についても説明します。

1-1　CAATとは

1-2　CAATの利用局面

1-3　ACLとは

1-1 CAATとは

ここでは、CAATの概要について説明します。

1-1-1 CAATとは

「コンピューター利用監査技法」は、Computer-assisted audit techniques（略称「CAAT」）の訳語であり、日本公認会計士協会のIT委員会研究報告第42号において、以下のように定義されています。

> 監査のツールとして、コンピュータを利用して監査手続を実施するための技法（IT実6号第3項（5））であり、監査手続の有効性及び効率性を改善することが可能となります。

（日本公認会計士協会　IT委員会研究報告第42号「IT委員会実務指針第6号「ITを利用した情報システムに関する重要な虚偽表示リスクの識別と評価及び評価したリスクに対応する監査人の手続について」に関するQ＆A」より）

簡単に言うと、コンピューター利用監査技法とは、従来監査先から紙面で入手していた帳票等を、電子ファイルで入手し、データ分析ソフトや表計算ソフト、データベースソフト等を利用して監査人のパソコンで監査手続を実施するための監査技法です。

本書では、コンピューター利用監査技法を「CAAT」と表記します。

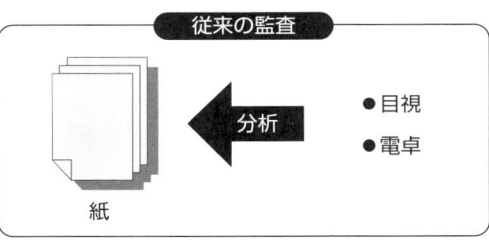
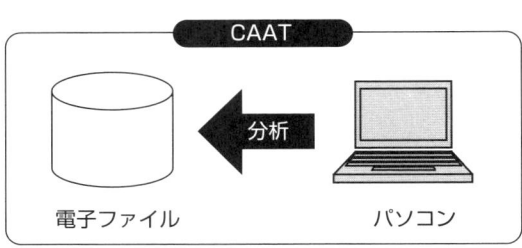

CAATにより、監査は次のように変わります。

● 監査品質の改善（有効性）

● 監査の効率性促進

1-1-2　CAATが重要になってきた背景

　CAATは、監査手続の一技法に過ぎません。
　そのため、CAATを用いなくても心証が得られるのであれば、CAATを用いる必要はありません。
　しかし、企業の情報システムの複雑化や処理のブラックボックス化、取引データの大量化により、手作業による監査やサンプリングによる監査に限界が来ているのも事実です。
　CAATを用いると、ブラックボックス化している処理の正確性を再計算により確かめたり、効率的に手続を再実施したりすることが可能です。また、手作業ではないため、大量のデータでも全件を監査対象とすることができます。
　上述のように企業の情報システムを取り巻く環境の変化により、CAATが重要になってきたと言えるでしょう。

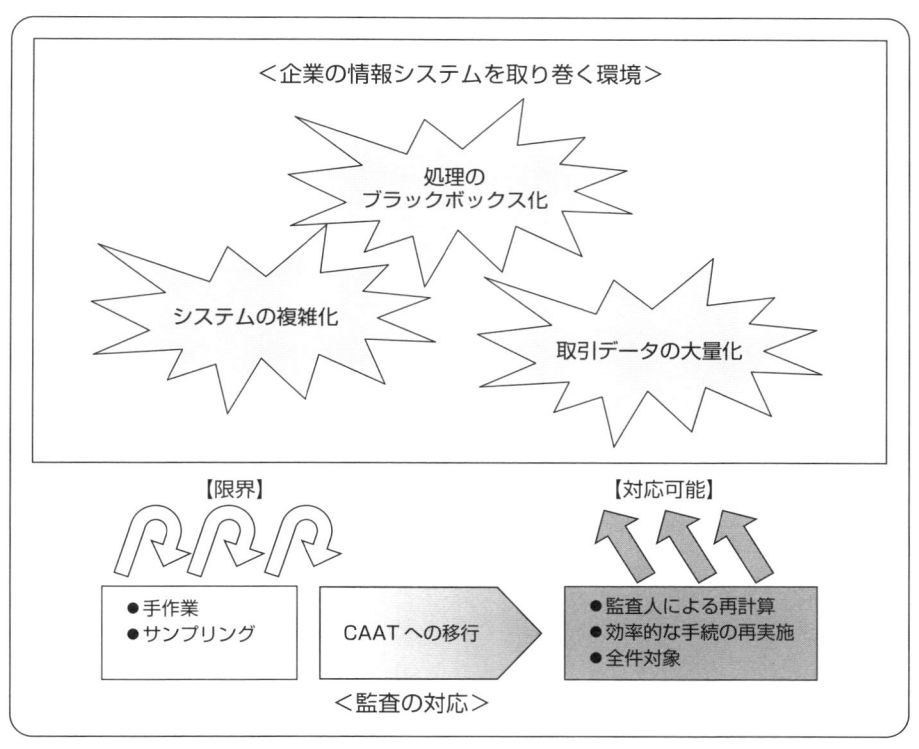

1-2 CAATの利用局面

1-2-1 CAATで実現できること

CAATで実現できることを分類すると、以下の4つになります。
実務では、以下の4分類を組み合わせて監査手続を実施することになります。

(1) 数値分析
　売上取引ごとの利益率の算定や前期比較、月次推移表の作成等による数値分析を効率的に実施できます。

(2) データの抽出
　特定の条件に合致したデータ抽出が効率的に行えます。
　（例）
- 特定の債権区分データの抽出
- 一定期間以上滞留している債権の抽出
- 一定金額以上の取引の抽出

(3) 関連データの整合性確認
　複数のデータベースに記録されたデータ相互間に関連性がある場合、関連データの整合性の確認が効率的に行えます。
　（例）
- 給与支払データと人事マスタを照合して、人事マスタに登録されていない、もしくは、退職済、休職中等の人（銀行口座）に給与が支払われていないかどうかの確認
- 売上取引データと得意先マスタを照合し、得意先マスタに設定されている与信限度額を超える売上取引がないかどうかの確認

(4) 再計算
　単純な四則演算の再計算はもちろんのこと、複雑な計算ロジックの再計算も行えます。
　（例）
- 金融機関における（未収）利息の再計算
- 製造業における原価計算上の配賦率の再計算
- 小売業における売価還元率の再計算

1-2-2　CAATの利用局面

前ページの4分類と監査手続の関係を監査の段階別に例示します。

監査の段階	監査手続の一例	数値分析	抽出	整合性	再計算
監査計画	【分析的レビュー】 (1) 前期の期首および期末、直近の勘定残高データを入手し、以下の分析を行い、全般的な動向を把握し、監査計画を立案する。 　●流動比率 　●自己資本比率 　●売上債権回転率 　●棚卸資産回転率 (2) 前期の期首から直近の製品、商品、サービス別の売上／売上原価データを月次単位で入手し、以下の分析を行い、会社の全般的な動向を把握し、監査計画を立案する。 　●製品（商品）／サービス別利益率	○			
	【立会対象事業所の選定】 　前期末と直近の在庫明細残高データを利用して以下の分析を行い、当事業年度の棚卸立会対象となる事業所を選定する。 　●事業所別在庫金額の期間比較 　●在庫金額合計に占める事業所別在庫金額の割合	○			
内部統制	【ウォークスルー】 (1) 選定したサンプルでフローチャートに記載された業務プロセスの流れを再現するために、以下の証憑を収集する。（販売プロセスの例：見積書発行→注文書発行→注文書受領→受注処理→売上伝票、請求書、受領書、納品書発行→出荷指示書→出荷処理→売上計上→入金消込） 　＜紙で入手する証憑＞ 　　見積書（控）、注文書、売上伝票、請求書（控）、受領書、納品書（控）、出荷指示書、売上明細表、売上総勘定元帳、売掛金総勘定元帳、当座勘定照合表 　＜データで入手する証憑＞ 　　受注データ、出荷データ、売上データ、入金データ (2) フローチャートに従って、コントロールが意図された通りに十分機能し得るかどうかを確認する。 　(ア) 紙の証憑 　　必要な承認印等の有無に留意してコントロールを確認する。 　(イ) データの証憑 　　受注データ、出荷データ、売上データ、入金データ相互間で正しくデータが記録されていることを確認する。			○	○
	【IT業務処理統制】 (1) 給与が正当に支払われているかどうかを確かめるために、人事マスタに登録されていない、もしくは、退職済、休職中等の人（銀行口座）に給与が支払われていないかどうかを給与支払データと人事マスタを照合して確認する。 (2) 得意先マスタに設定されている与信限度額を超える売上取引がないかどうかを確認するために、売上取引データと得意先マスタを照合する。		○	○	

監査の段階	監査手続の一例	CAATの4分類			
		数値分析	抽出	整合性	再計算
実証手続	【再計算】 　売掛金残高の金額の正確性を確かめるために、売掛金残高明細表をデータで入手し、「金額」欄の再計算を実施し、総合計金額と貸借対照表の金額を照合する。				◯
実証手続	【残高確認】 　売掛金の残高確認書の発送先を選定するため、統計的サンプリングを実施する。		◯		
実証手続	【期間帰属】 　決算日前後10日間の売上取引データを入手し、以下の取引を抽出する。 　●入力日付が決算日後になっている取引のうち、締め日以降の取引で決算上売上計上されている取引 　●入力日付が決算日後になっている取引のうち、締め日以降の取引で返品処理されている取引		◯		
不正対応	【収益認識】 （1）架空の得意先が登録されていないかどうかを確かめるため、得意先マスタを入手し、下記の得意先を抽出する。 　●得意先名が不適切もしくは空白 　●住所が不適切もしくは空白 　●電話番号が不適切もしくは空白 　●与信限度額が不自然もしくは空白 （2）上記で抽出された得意先に対する売上取引がないかどうかを確かめるため、得意先マスタと売上取引データを照合する。		◯	◯	
不正対応	【不正仕訳】 　不適切な取引がないかどうかを確かめるため仕訳取引データを入手し、以下の取引を抽出する。 　●年間を通じて12件以下の取引しかない勘定科目を使用した取引 　●摘要欄に、「不明」、「廃棄」、「調整」、「訂正」、「修正」、「特別」の単語が入っている取引		◯		

第1章 CAATとは

1-3 ACLとは

本書では、CAATのツールとして、ACL Analytics（以下、「ACL」）を使用します。

1-3-1 ACLとは

ACLは、データの抽出・分析が行えるCAAT用のソフトウェアです。

■ACLの特長

ACLには、CAATを行う上で非常に優れた特長があります。

特長1 ACLの画面上でデータの書き込みが行えない

ACLではデータの編集ができないため（読み取り専用）、操作中に誤ってデータを書き換えてしまう危険性がありません。これは、CAATを活用する上で、非常に重要な特長です。

特長2 処理できるデータ量が多い

ACLにはデータ件数の制限がないため、大量のデータを処理することが可能です。ただし、パソコンのスペックに依存するため、処理できるデータ量は実質的には無制限ではありません。

特長3 監査に特化したコマンドがある

年齢調べ等を関数を使わずにメニューコマンドで実行することができます。
関数等の詳しい知識がなくても分析ができ、操作が簡単なため、業務の引き継ぎも簡単です。

特長4 操作のログが残る

ACLでは、実行した操作のログが自動的に記録されます。監査証拠として利用することができ、監査手続の調書化に役立ちます。

■ACLとExcel、Accessの比較

CAATには、表計算ソフト（Microsoft Excel等）やデータベースソフト（Microsoft Access等）も使用できますが、CAATに特化して設計されたCAAT用のソフトウェアを使用することをお薦めします。

次の表は、CAATで使用するという観点からACL、Excel、Accessの機能を比較したものです。
ACLのような専用のソフトウェアがCAATに最も適していることが分かります。

＜ACL・Excel・Accessの比較＞

ポイント	説明	ACL	Excel	Access
大量のデータを扱うことができるか？	CAATではデータ件数が100万件を超える大量のデータを扱うことが想定されます。	◎ データ件数の制限がない（特長2参照）。	△ 約100万件まで（Excel2013の場合）。	○ データベース ファイルのサイズが約2GBまで（詳細はオンラインヘルプ等を参照してください）。
監査手続の調書化が容易か？	監査では、実施した手続の内容とその結果は監査調書として記録しなければなりません。	◎ 実行した操作を記録する機能がついており、プログラム言語に精通していなくても監査手続の実施過程を簡単に調書化できる（特長4参照）。	× セル（表を構成する1つ1つのマス目）に式を埋め込むことで計算結果が表示されるため、計算過程（監査手続の実施過程）を調書化することが非常に困難。	○ 処理プログラムによって計算結果を表示していくため、当該処理プログラムを調書化することは可能。
誤ってデータを書き換えてしまう危険性はないか？	入手したデータそのものが分析対象であり、監査人がデータを書き換えることは適切ではありません。	◎ 画面上でデータの編集ができないようになっているため、誤って編集・削除してしまう危険性がない（特長1参照）。	× セルがデータの管理単位になっているため、上下左右のセルとの関連付けがなく、誤操作等によって、セルが簡単にずれてしまう。（下図「データの管理単位の違い」参照）	× 1行のデータとして管理されているが、データの内容を編集／削除することは可能（データベースの設定による）。
監査に特化したコマンドがあるか？	メニューコマンドで簡単に操作できると、作業の効率化が図れます。	◎ 年齢調べ、サンプリング等がメニューコマンドに用意されている（特長3参照）。	× 関数を利用しなければならない。	× クエリや関数を利用しなければならない。

＜データの管理単位の違い＞

Excel

氏名	住所	電話番号	郵便番号	登録日
田中五郎	東京都世田谷区・・・	XX-XXXX-XXXX	XXX-XXXX	2003／11／29
佐藤三郎	千葉県佐倉市・・・	YY-YYYY-YYYY	YYY-YYYY	2004／05／17
山本六郎	東京都港区・・・	ZZ-ZZZZ-ZZZZ	ZZZ-ZZZZ	2004／09／14

それぞれのセルに格納されているデータ同士に関連はない
田中さんの氏名と住所は、それぞれ独立した情報です。

ACL、Access

氏名	住所	電話番号	郵便番号	登録日
田中五郎	東京都世田谷区・・・	XX-XXXX-XXXX	XXX-XXXX	2003／11／29
佐藤三郎	千葉県佐倉市・・・	YY-YYYY-YYYY	YYY-YYYY	2004／05／17
山本六郎	東京都港区・・・	ZZ-ZZZZ-ZZZZ	ZZZ-ZZZZ	2004／09／14

1行のデータとして管理される
田中さんの氏名、住所、電話番号、・・は田中さんの情報として、セットで管理されます。

第2章
CAATの前提知識

この章では：
　CAATでは、監査手続の実施に必要なデータを入手するため、監査先または関係部署等と詳細な打ち合わせを行う必要があります。

　システムの知識がないと相手と対等な話ができないのではないかと不安に感じる人もいるかもしれませんが、監査人として重要なことは、「監査手続の実施目的と手続を実施するために必要な項目を相手に伝えること」であり、必ずしもシステムの詳しい知識が必須となるわけではありません。

　しかし、打ち合わせ等でシステム用語が頻繁に出てくることが考えられるため、特にデータベースに係わる基本的な用語については、前提知識として知っておく必要があります。

　この章では、CAATに必要となる、データベースとファイルの基本的な知識について説明します。

2-1　データベース
2-2　ファイル形式

2-1 データベース

2-1-1 データベースとは

■データベースとは

　一般に、会社の情報はデータという形で整理され、いつでも簡単に検索等ができるように特定の目的に沿って集中的に管理されています。このように特定の目的に沿ってデータを集中的に管理し、いつでも簡単に検索等ができるようにしたものを**データベース**といいます。

　この定義から分かる通り、データベースは情報の保存方法によって定義されるものではありません。
　例えば、紙に印刷された従業員名簿や住所録等も従業員の氏名や住所等が簡単に分かる状態で保存されていれば、一種のデータベースであるといえるでしょう。
　本書では、紙ではなくコンピューター上にデータが保存されているデータベースを前提にして話を進めます。

　（コンピューター上の）データベースには、データの管理方法によっていくつかの種類がありますが、現在の主流は**リレーショナルデータベース**といわれるデータベースです（RDBともいいます）。
　リレーショナルデータベースには他の種類のデータベースに比べて多くのメリットと特徴がありますが、最大の特徴は、データを2次元の表（行・列）として管理していることです。例えば、住所録データベースでは、住所なら住所、電話番号なら電話番号のように、1つの列に同じ種類の情報が入った表でデータを整理しています。

＜住所録＞

氏名	住所	電話番号	郵便番号	登録日
田中五郎	東京都世田谷区…	XX-XXXX-XXXX	XXX-XXXX	2003/11/29
佐藤三郎	千葉県佐倉市…	YY-YYYY-YYYY	YYY-YYYY	2004/05/17
山本六郎	東京都港区…	ZZ-ZZZZ-ZZZZ	ZZZ-ZZZZ	2004/09/14

データの集合体＝データベース

"電話番号"の情報は同じ列に入力されています。

　現在の主流はリレーショナルデータベースであるということから、これより、データベース＝リレーショナルデータベースという前提で話を進めていきます。

　本書で学習するACLもリレーショナルデータベースの一種です。

■データベースとDBMS

　データベースはデータを蓄積する器に過ぎません。データの検索や入力を行うためにはデータベースを管理するシステムが必要です。このシステムを **DBMS**（DataBase Management System：データベース管理システム）といいます。

　DBMSは、システムの利用者からデータの検索や入力を行うための命令文を受け取り、データベースに蓄積されたデータを利用してその命令を実行し、その結果をシステムの利用者にフィードバックする役割を担います。いわば、DBMSはシステムの利用者とデータベースの仲介役のようなものです。

　DBMSが仲介役を果たすためには、データベースアプリケーションが必要となります。データベースアプリケーションとは、システムの利用者がDBMSに命令を伝え、DBMSを通じてデータベースからの結果のフィードバックを行う機能を持ったアプリケーションです。

　下図は、受注データをデータベースで管理するためのデータベースアプリケーション（以下、「受注登録システム」）のイメージです。システムの利用者が受注登録システムの画面から検索キーワードや受注データを入力すると、DBMSがその命令を受け取り、データベース上のデータを検索し、その結果をフィードバックします。

　システムの利用者とDBMSの間、DBMSとデータベースの間の命令の実行と結果のフィードバックは、コンピュータープログラムに従って実行されます。データベースを操作するためのプログラム言語で代表的なものは、**SQL**（Structured Query Language）という言語です。データベースアプリケーションの画面で検索や入力を実行すると、SQLによるプログラムが実行され、DBMSへ命令が出されるという仕組みになっています。

　なお、通常、データベースとDBMSは一体になっているため、一般に「データベース」という場合にはDBMSも含みます。

＜データベースとデータベースアプリケーション＞

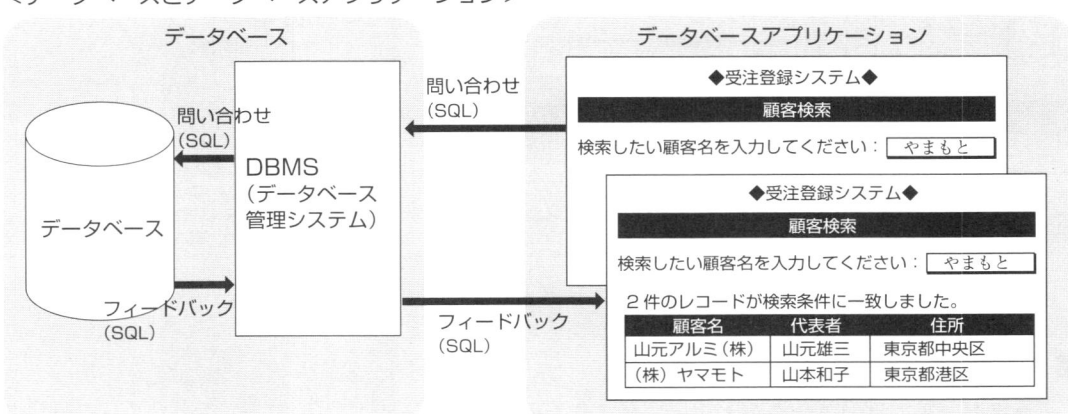

2-1-2 データベースに係わる基本的な用語

データベースに係わる基本的な用語を見てみましょう。

■テーブル、フィールド、レコード

リレーショナルデータベースでは、2次元の表でデータを管理しています。この表は次の用語で表されます。

- テーブル………データを蓄積する表
- フィールド……テーブルの項目（列）。同じ種類のデータが入力される。列見出しはフィールド名と呼ばれる。
- レコード………フィールドの値によって構成される1件1件のデータ（行）

紙の給与支払台帳をコンピューター上のデータベースに置き換えると、台帳そのものが「テーブル」であると考えられます。支払No、従業員ID等の各項目がデータベースの「フィールド」に当たり、列見出しがフィールド名になります。「支払No10002は従業員ID242への支払いのデータである」といった行の情報は「レコード」に当たります。

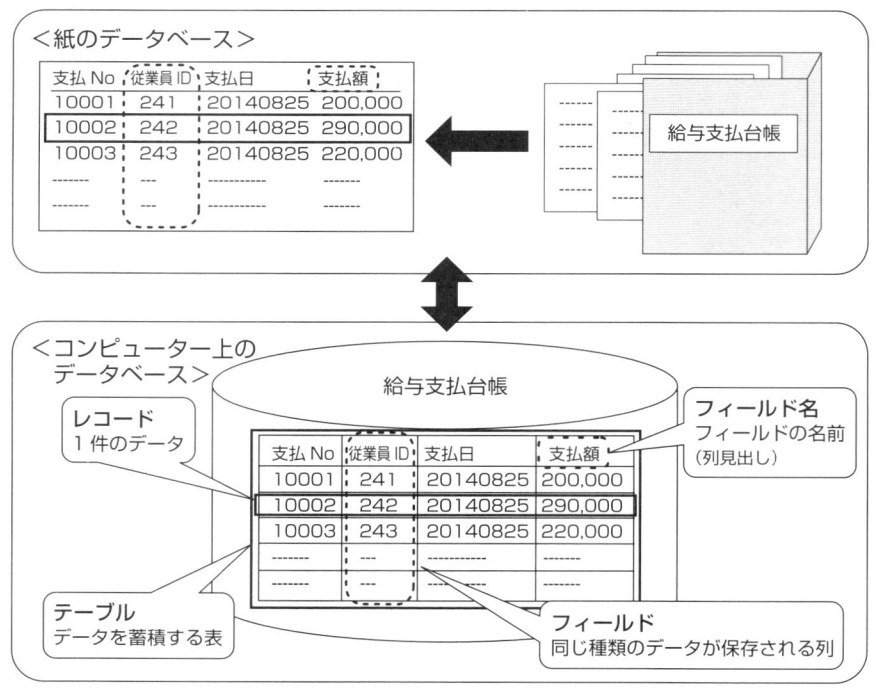

■データ型

データベースでは、データを適切に記録するため、各フィールドに入力できるデータの種類が決められています。このデータの種類がフィールドの**データ型**です。

データ型には、大きく分けて、文字型（テキスト型、キャラクタ型ともいいます）、数値型、日付型、論理型があります。

図のデータは、すべて同じ「20140825」という数字に見えます。

従業員ID	支払日	支払額
20140825	20140825	20140825

しかし、実際にはデータベースで定義されているフィールドのデータ型により、それぞれが異なる意味を持っています。

従業員ID	支払日	支払額
20140825	20140825	20140825

文字型
20140825
（番号）

日付型
2014年8月25日
（日付）

数値型
¥20,140,825
（数値）※計算が可能

> **Point** Hint 注意 重要
>
> **数字と数値**
> 　データ型では、「数字」と「数値」の違いを意識することが必要です。
> - 数字……計算に用いられることがないデータ　⇒文字型　（例）従業員ID
> - 数値……計算される可能性があるデータ　　　⇒数値型　（例）支払額

■主キー

通常、リレーショナルデータベースのテーブルには、**主キー**となるフィールドがあります。

主キーとは、そのレコードを他のレコードと区別できる**一意（他のレコードと重複しない）**の値を持つフィールドのことです（名称は、データベースソフトによって異なります）。

次ページの給与支払台帳のテーブルを例に見てみましょう。どのフィールドが主キーとなるでしょうか。

このテーブルでは、従業員に給与を支払うごとに支払Noが振られ、レコードが追加されます。

- × **従業員ID**…従業員IDは、従業員に個別に割り当てられるため、従業員間で重複しない一意の値を持ちます。しかし、給与支払台帳の場合には、支払日ごとにレコードが登録されるため、同じ従業員IDのレコードが重複して存在することになり、主キーとすることはできません。
- ○ **支払No**……支払Noは、支払いごとに新しい番号が振られるため、番号が重複しません。「支払No」フィールドにより、レコードを区別することができるため、このテーブルでは「支払No」フィールドが主キーとなります。

<給与支払台帳テーブル>

支払No	従業員ID	支払日	支払額
10001	241	20140825	200,000
10002	242	20140825	290,000
10003	243	20140825	220,000
10004	244	20140825	290000
10005	245	20140825	250,000
10006	241	20140925	200,000
10007	242	20140925	290,000

主キー
支払いごとに新しいNoが振られ、重複しない。

支払日ごとにレコードが登録されるため、従業員IDは重複する。

> **Hint**
> **複合キー、連結キー**
> 　複雑なデータベースの場合、1つのフィールドだけでは、他のレコードとの区別ができない場合があります。その場合は、複数のフィールドを組み合わせて主キーとします。
> 　このような主キーは、複合キーまたは連結キーと呼ばれます。

■リレーションシップ

　リレーショナルデータベースでは、関連するデータを複数のテーブルに分けて保存・管理しています。

　給与支払台帳のテーブルには、給与が支払われる人の従業員IDのフィールドはありますが、氏名は含まれていません。氏名の情報は従業員情報テーブルという別のテーブルに記録されており、給与支払台帳テーブルに重複して情報を持たせる必要がないためです。
　リレーショナルデータベースでは、複数のテーブルの間に、リレーションシップと呼ばれる関連付け（関係）の設定を行うことができます。リレーションシップとは、共通するフィールドを通じて複数のテーブルを関連付けることです。これにより、複数のテーブルに分かれているレコードを1つのテーブルのレコードのように扱うことができます。

　給与支払台帳テーブルと従業員情報テーブルに従業員ID（共通するフィールド）を用いたリレーションシップが設定されていれば、給与支払台帳の従業員ID「242」は、「山田次郎」であるということが分かります。そのため、給与支払台帳テーブルに氏名の情報を登録しておく必要がないのです。

<給与支払台帳テーブル>

支払No	従業員ID	支払日	支払額
10001	241	20140825	200,000
10002	242	20140825	290,000
10003	243	20140825	220,000
------	------	------	------

<従業員情報テーブル>

従業員ID	氏名	住所	入社日	退職日
241	渡辺五郎	東京都江東区	20050101	-
242	山田次郎	東京都港区	20050701	-
243	竹田花子	埼玉県浦和市	20050715	20080731

　テーブルを分けてデータを管理することは、リレーショナルデータベースの特性であり、以下のようなメリットがあります。
- 同じ値を何度も入力する手間がなく、何度も入力することによる入力ミスを防止できる。
- 変更があった場合の修正が容易（姓が変わった場合、従業員情報テーブルの氏名のみ修正すればよい）。

■トランザクションテーブルとマスタテーブル

　テーブルは、保持しているデータの内容によって、**トランザクションテーブルとマスタテーブル**に分けて考えることができます。

- トランザクションテーブル……取引ごとのデータを蓄積するテーブルです。
  - （例）売上取引テーブル：計上日、商品番号、出荷数量、売上金額等の取引明細のデータが蓄積される。数量や金額の集計ができる。
- マスタテーブル………………特定の属性データを蓄積するテーブルです。
  - （例）商品情報テーブル：商品名、単価、商品区分等の商品の属性を示すデータが蓄積される。一般的に数量や金額の集計を想定していない場合が多い。

トランザクションテーブル

<売上取引テーブル>

計上日	商品番号	数量	単価	金額
2014/2/1	A101	100	12,000	1,200,000
2014/2/2	A201	150	3,600	540,000
2014/2/2	A102	200	15,000	3,000,000
2014/2/3	A201	200	3,600	720,000
2014/2/3	A201	-200	3,600	-720,000
2014/2/3	A201	120	3,600	432,000

マスタテーブル

<商品情報テーブル>

商品番号	商品名	単価
A101	レトルトカレー王子様	12,000
A102	レトルトピラフお姫様	15,000
A201	うまさ一番ラーメン	3,600

■ファイルレイアウト

　ファイルレイアウトとは、個々のテーブルの設計情報に当たるもので、フィールドの名前、データ型、桁数等の情報を一覧できる資料を指します。

＜ファイルレイアウトのイメージ＞

売上取引テーブル

No	フィールド名	型	桁数	備考
1	取引番号	文字	6	
2	事業所番号	文字	2	
3	得意先番号	文字	5	
4	売上計上日	日付	10	
5	処理日	日付	10	
6	金額	数値	15	
7	取引明細番号	文字	10	
8	売上担当者番号	文字	6	

> **Point** | Hint | 注意 | 重要
>
> **ACLでのテーブル作成とファイルレイアウト**
> 　ACLでテーブルを作成するには、原則として、ファイルレイアウトの情報を使用します。監査先または関係部署等からデータファイルを入手する際、ファイルレイアウトも合わせて入手します。

第2章 CAATの前提知識

2-2 ファイル形式

2-2-1 ファイルの種類

ファイル形式とは、**ファイルの種類**のことです。

ファイルがどのアプリケーションで作成または出力されたか、データを区切る記号の種類は何か等によってファイル形式が異なります。

＜CAATで扱う主なファイル形式＞

ファイル形式			拡張子	説明
テキスト				すべてのデータが文字（キャラクタコード）からなるファイル。データの間を区切る文字の有無や違い等で種類が分かれる。
	固定長		TXT	1行の文字数が決まっていて、文字の桁数でフィールドを区別するタイプのテキストファイル。
	可変長			1行の文字数が一定ではなく、フィールドの間が何らかの区切り文字で区切られているテキストファイル。
		タブ区切り	TXT	区切り文字付きファイル。フィールドの間がタブで区切られているテキストファイル。
		CSV	CSV	区切り文字付きファイル。フィールドの間がカンマ（,）で区切られているテキストファイル。ERPパッケージから出力されるファイルは、一般にCSV形式が多い。
Excel			XLS、XLSX	Microsoft Excelで作成されたファイル。
Access			MDB、ACCDB	Microsoft Accessで作成されたファイル。

> **注意**
>
> **本書で扱うファイル形式について**
>
> ACLは、様々な形式のファイルを取り込むことが可能になっています。
>
> しかし、本書では、パソコン上で操作をすることを前提とし、パソコンで扱いやすいファイル形式として、テキストファイルの利用を推奨しています。
>
> 本書では、テキストファイルの利用を前提に説明を行います。

[Point] [**Hint**] [注意] [重要]

拡張子

　拡張子とは、そのファイルの種類を示す3～5文字の文字列のことです。ファイル名が「在庫データ.txt」であれば、ピリオド後の「txt」が拡張子です。拡張子は、ファイルの種類ごとに決められており、「txt」はテキストファイルを表します。

　ファイルの種類は、ファイルのアイコンでも識別できるため、パソコンの設定で拡張子を非表示にしている場合もあります。

　しかし、テキストファイルの場合、アイコンだけではCSVファイル（カンマ区切り）かその他の区切り文字（タブ等）のテキストファイルかが判別できません。CSVファイルは拡張子が「.csv」であるため、拡張子を表示すればファイルの種類を判別できます。

　ファイル名の拡張子が非表示になっている場合は、以下の操作で拡張子を表示できます。
① Windowsの〔スタート〕ボタンから〔コントロール パネル〕を開き、〔フォルダー オプション〕をクリックします。
②〔表示〕タブをクリックし、「詳細設定」から「登録されている拡張子は表示しない」をクリックしてチェックマークをオフにします。
③〔OK〕ボタンをクリックします。コントロール パネルを閉じて終了します。

※拡張子を表示する設定にした場合、ファイル名を変更する際に拡張子を消さないように注意してください。拡張子を消してしまうと、ファイルが開けなくなります。

2-2-2 固定長ファイルと可変長ファイル

テキストファイルは、固定長ファイルと可変長ファイルに分かれます。

●固定長ファイル

固定長ファイルは、ファイルの1行の文字数が予め決まっており、その何桁目が何を意味するのかを、ファイルレイアウトで規定しています。

＜ファイルレイアウト＞

フィールド名	開始位置	桁数（長さ）	データ型
会社コード	1	3	文字
会社名	④	22	文字
郵便番号	26	8	文字
住所	34	20	文字

会社名の開始位置が「4」なので、4桁目からが会社名であることが分かります。

＜固定長ファイル＞

```
101AA 興産      XXX-XXXX  千葉県千葉市
102BB 化学工業   XXX-XXXX  東京都千代田区
103CC 製薬      XXX-XXXX  東京都足立区
104DD 商事      XXX-XXXX  神奈川県横浜市
105EE 建設      XXX-XXXX  福岡県北九州市
1  ④           26        34
  3    22       8         20
```

●可変長ファイル

可変長ファイルは、固定長ファイルと異なり、1行の文字数が一定ではなく、フィールドとフィールドの間に何らかの記号が入力されているテキストファイルです。フィールドとフィールドの間に入力されている記号を区切り文字といいます。

CSVファイルは、区切り文字としてカンマ (,) が使用されているファイルです。

＜CSVファイル＞

```
会社コード,会社名,郵便番号,住所
101,AA 興産,XXX-XXXX,千葉県千葉市
102,BB 化学工業,XXX-XXXX,東京都千代田区
103,CC 製薬,XXX-XXXX,東京都足立区
104,DD 商事,XXX-XXXX,神奈川県横浜市
105,EE 建設,XXX-XXXX,福岡県北九州市
```

データの区切りを示すため、区切り文字としてカンマ (,) が入力されている。

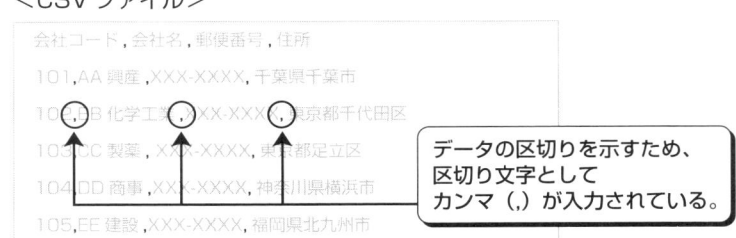

2-2-3 区切り文字付きテキストファイルの引用符

可変長のテキストファイルを使用する場合、ACLでデータがずれて表示されてしまうことがあります。

下記は、CSVファイルを読み込んだ例です。1件目の会社名がずれています。

これは、会社名の中のカンマ（,）が、区切り文字として認識されてしまったことが原因です。

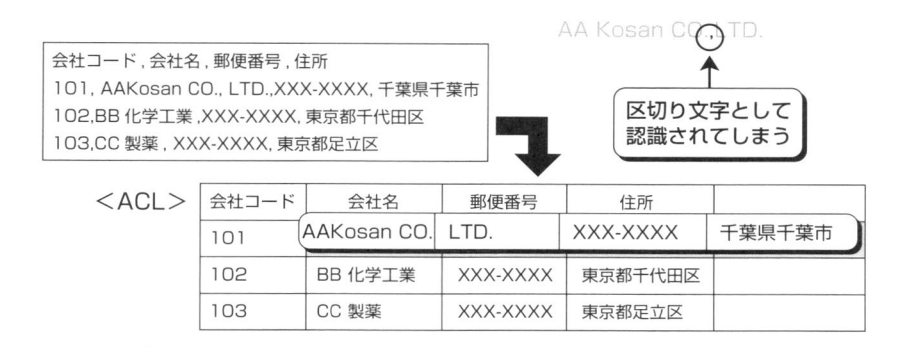

```
会社コード,会社名,郵便番号,住所
101,AAKosan CO., LTD.,XXX-XXXX,千葉県千葉市
102,BB化学工業,XXX-XXXX,東京都千代田区
103,CC製薬,XXX-XXXX,東京都足立区
```

AA Kosan CO., LTD.
（,）区切り文字として認識されてしまう

<ACL>

会社コード	会社名	郵便番号	住所	
101	AAKosan CO.	LTD.	XXX-XXXX	千葉県千葉市
102	BB化学工業	XXX-XXXX	東京都千代田区	
103	CC製薬	XXX-XXXX	東京都足立区	

これを回避するために、文字型のデータの最初と最後にデータを囲む引用符を付けます。

引用符には、二重引用符（"）が使用されることが一般的です。

引用符を付けると、引用符で囲まれたものを一続きのデータとみなすため、カンマ等の記号が区切り文字として認識されてしまうことを防ぐことができます。

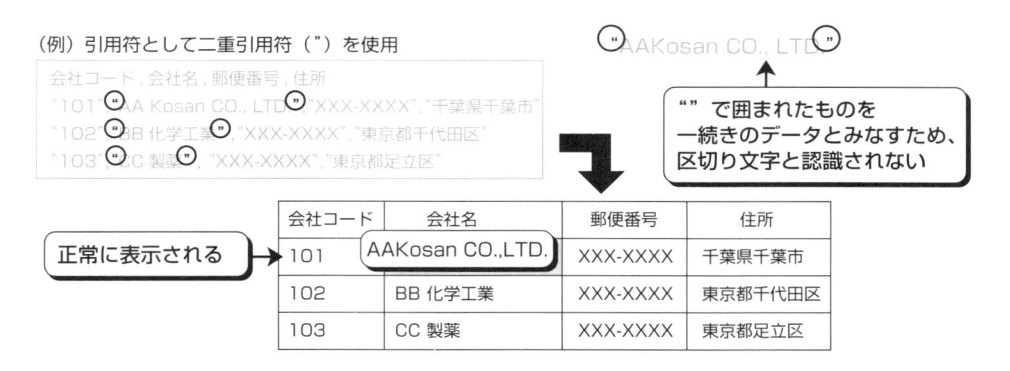

（例）引用符として二重引用符（"）を使用

```
会社コード,会社名,郵便番号,住所
"101","AA Kosan CO., LTD.","XXX-XXXX","千葉県千葉市"
"102","BB化学工業","XXX-XXXX","東京都千代田区"
"103","CC製薬","XXX-XXXX","東京都足立区"
```

"AAKosan CO., LTD."
""で囲まれたものを一続きのデータとみなすため、区切り文字と認識されない

正常に表示される

会社コード	会社名	郵便番号	住所
101	AAKosan CO.,LTD.	XXX-XXXX	千葉県千葉市
102	BB化学工業	XXX-XXXX	東京都千代田区
103	CC製薬	XXX-XXXX	東京都足立区

例のように、データにカンマが使用されることは比較的多いため、CSVファイルを入手する場合は、引用符を付けるように監査先または関係部署等に依頼をすることをお薦めします。

なお、同じ区切り文字付きテキストファイルでも、タブ区切りの場合は、タブがデータの中で使用されることは少ないため、CSVファイルと比較してデータのずれの発生率が低いといえます。

本書では、ACLによるCAATで使用するファイルの形式として、タブ区切りのテキストファイルを推奨します（ACLによるCAATで使用するファイルの推奨は、p.145にまとめています）。

第3章
CAATの業務の流れと監査調書の概要

この章では：
　CAATを用いた監査を行うには、どのようなステップが必要になるでしょうか。
　この章では、CAATを用いた場合の監査業務の流れと監査調書の概要を説明します。

3-1　CAATの業務の流れ
3-2　CAATの監査調書

3-1 CAATの業務の流れ

CAATは、下図のような流れで実施します。各項で、ステップごとの作業内容を説明します。

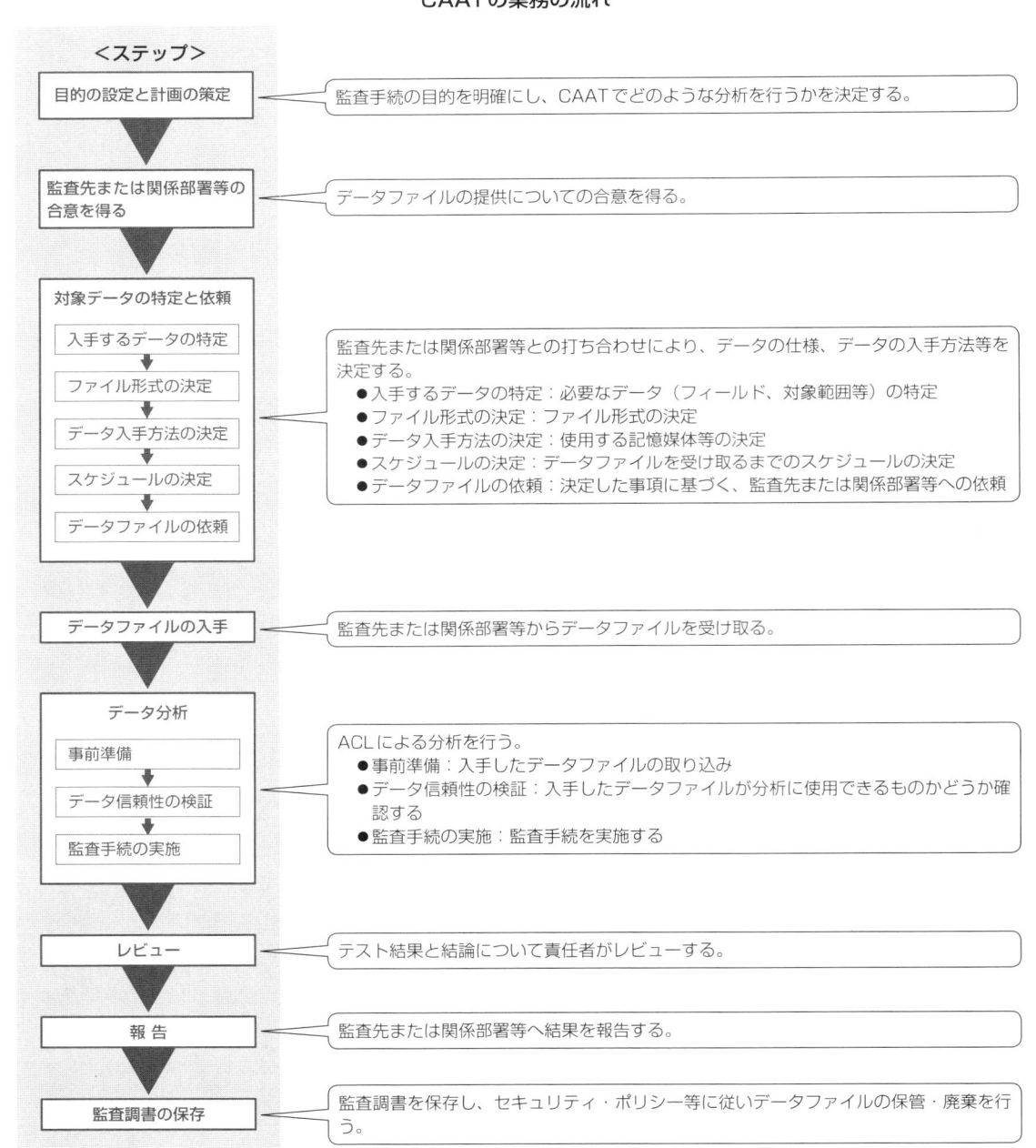

CAATの業務の流れ

<ステップ>

- **目的の設定と計画の策定** ── 監査手続の目的を明確にし、CAATでどのような分析を行うかを決定する。

- **監査先または関係部署等の合意を得る** ── データファイルの提供についての合意を得る。

- **対象データの特定と依頼**
  - 入手するデータの特定
  - ファイル形式の決定
  - データ入手方法の決定
  - スケジュールの決定
  - データファイルの依頼

  ── 監査先または関係部署等との打ち合わせにより、データの仕様、データの入手方法等を決定する。
  - 入手するデータの特定：必要なデータ（フィールド、対象範囲等）の特定
  - ファイル形式の決定：ファイル形式の決定
  - データ入手方法の決定：使用する記憶媒体等の決定
  - スケジュールの決定：データファイルを受け取るまでのスケジュールの決定
  - データファイルの依頼：決定した事項に基づく、監査先または関係部署等への依頼

- **データファイルの入手** ── 監査先または関係部署等からデータファイルを受け取る。

- **データ分析**
  - 事前準備
  - データ信頼性の検証
  - 監査手続の実施

  ── ACLによる分析を行う。
  - 事前準備：入手したデータファイルの取り込み
  - データ信頼性の検証：入手したデータファイルが分析に使用できるものかどうか確認する
  - 監査手続の実施：監査手続を実施する

- **レビュー** ── テスト結果と結論について責任者がレビューする。

- **報告** ── 監査先または関係部署等へ結果を報告する。

- **監査調書の保存** ── 監査調書を保存し、セキュリティ・ポリシー等に従いデータファイルの保管・廃棄を行う。

3-1-1 目的の設定と計画の策定

<ステップ>

```
目的の設定と計画の策定
         ↓
監査先または関係部署等の
合意を得る
         ↓
対象データの特定と依頼
  入手するデータの特定
         ↓
  ファイル形式の決定
         ↓
  データ入手方法の決定
         ↓
  スケジュールの決定
         ↓
  データファイルの依頼
         ↓
データファイルの入手
         ↓
データ分析
  事前準備
         ↓
  データ信頼性の検証
         ↓
  監査手続の実施
         ↓
レビュー
         ↓
報告
         ↓
監査調書の保存
```

「目的の設定と計画の策定」のステップでは、監査目的を明確にすることが最も重要です。

CAATを用いなくても、監査上、十分な心証が得られるのであれば、必ずしもCAATを用いる必要はありません。ただし、CAATを用いることで、手続がより効果的・効率的に実施できる場合は、積極的にCAATを用いることをお薦めします。

CAATの利用局面については、**1-2**を参照してください。

監査目的を達成するためにCAATの利用が適当であると判断したら、対象データや必要なデータ項目の特定、データ入手時期等、CAATの実施にあたり必要となる情報を整理します。

また、CAATの利用にあたっては、工数についても考慮が必要です。

一般に、CAATを利用すると監査時間を短縮できるといわれていますが、導入初年度は必ずしもそうとは言い切れません。それには、以下のような理由があります。

- 意図したデータを入手するために、監査先または関係部署等との入念なミーティングが必要
- 早い段階で監査先または関係部署等からデータ提供の合意を得ることが必要（事前の準備が重要）
- ACLの操作に慣れることが必要

…等

しかし、次期以降は、格段に効率化されます。

前期と同様のデータを監査先または関係部署等に依頼すればよいため、初年度のようにデータ入手に時間がかかることはなくなります。

また、ACLのスクリプト（ACLのコマンドを自動実行する簡易プログラム）で操作を自動化することもできるため、手続にかかる時間も短縮されます。スクリプトについては、**第Ⅱ部**で説明します。

CAATを利用するかどうかを検討するにあたっては、次期以降効率化が図られるということも考慮に入れてください。

3-1-2 監査先または関係部署等の合意を得る

＜ステップ＞

- 目的の設定と計画の策定
- **監査先または関係部署等の合意を得る**
- 対象データの特定と依頼
  - 入手するデータの特定
  - ファイル形式の決定
  - データ入手方法の決定
  - スケジュールの決定
  - データファイルの依頼
- データファイルの入手
- データ分析
  - 事前準備
  - データ信頼性の検証
  - 監査手続の実施
- レビュー
- 報告
- 監査調書の保存

「監査先または関係部署等の合意を得る」というステップでは、監査先または関係部署等との初回打ち合わせで、CAATを利用して監査手続を行う趣旨・目的を伝え実現可能性を確認します。

実現可能性とは、監査先または関係部署等から、適切な時期に適切なデータの提供を受けることが可能かどうかということです。

技術的に可能な場合でも、監査先または関係部署等がデータ提供に難色を示す場合もあります。

その理由としては、以下のようなものがあります。

- 余計な作業を増やしたくない、忙しくて時間がない
- 社内の手続が煩雑
- 情報漏えい等のセキュリティの問題が心配

…等

監査先または関係部署等が難色を示す場合は、監査手続の目的、監査上の必要性を説明します。

CAATを利用して監査手続を実施することで得られる心証がなければ監査が完了しないこと等を説明し、監査先または関係部署等の協力を得られるようにしてください。

また、情報漏えい等のリスクに関しては、セキュリティ・ポリシーを説明できるようにしておきます。

ただし、状況によっては、監査計画の修正を検討することも必要です。

- 技術的に困難なとき

  （例）

  ・監査先または関係部署等がデータを用意するのに新規プログラムの開発が必要であり、プログラムが複雑で開発が困難。

  ・バックアップファイルを半年分しか保存していない等で、物理的にデータが存在していない。

- 工数がかかり過ぎるとき

  （例）

  ・監査先または関係部署等がデータを用意するためには外

<ステップ>

- 目的の設定と計画の策定
- **監査先または関係部署等の合意を得る**
- 対象データの特定と依頼
  - 入手するデータの特定
  - ファイル形式の決定
  - データ入手方法の決定
  - スケジュールの決定
  - データファイルの依頼
- データファイルの入手
- データ分析
  - 事前準備
  - データ信頼性の検証
  - 監査手続の実施
- レビュー
- 報告
- 監査調書の保存

部へ開発委託を行う必要があり、データの準備に時間がかかる。監査人が希望した日時にデータを受け取れない可能性がある。

● データ提供に対する抵抗感を払拭できないとき

基本的には、監査上の必要性を説いて協力を得る必要がありますが、監査先または関係部署等側にも負担がかかることにも配慮する必要があります。

＜監査計画の修正の例＞

　データの範囲を絞る ⇒ 工数を減少できる、技術的に対応可能になる場合がある。

　　　　　（ただし、データの網羅性について検証する手続を検討する）

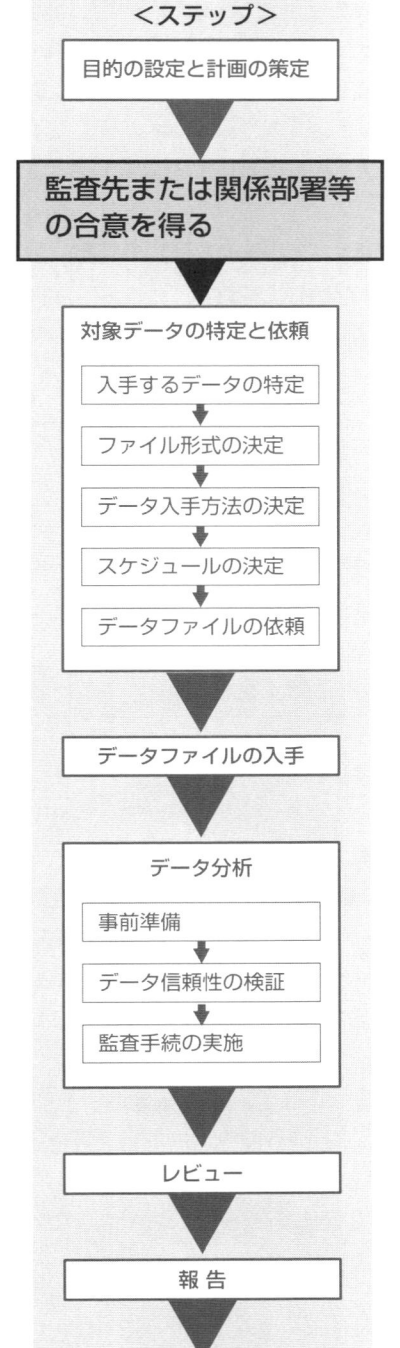

3-1-3 対象データの特定と依頼

「対象データの特定と依頼」のステップでは、監査先または関係部署等の実務担当者との打ち合わせを通して、CAATを用いて監査手続を実施するためにどのようなデータを提供してもらうかを決定します。

また、データの受取方法やスケジュールについても決定します。

（1）入手するデータ（データの内容、フィールド等）の特定

CAATの実施に必要となるデータを特定します。

監査先または関係部署等の担当者との打ち合わせでは、以下のような観点で協議するとよいでしょう。

---
① 監査目的と必要なデータを理解してもらう
② 監査目的に必要なデータの内容を特定する
③ 必要なフィールドを特定する
④ データの対象期間・範囲（データ抽出条件）を特定する
⑤ 入手データと会社の帳票類との整合性の確認手段を確認する
⑥ トライアル用データの提供を依頼する

各項目の概要について説明します。

① 監査目的と必要なデータを理解してもらう

まず、監査手続の目的を監査人から伝えることが最も重要です。何をしたいかを理解してもらうことで、監査先または関係部署等の担当者から、どのようなデータが必要か提案してもらうことができ、②以降の検討がスムーズに進められます。

（例）「○○事業所の特定の取引先との1億円超の販売取引を前年度と比較して分析したい」という監査目的を伝えると、以下のようなことが分かります。

- 対象となるシステムは、販売取引システム
- 必須のフィールドは、取引先が分かるフィールドと金額のフィールド
- 前年度のデータも必要（対象期間）
- ○○事業所のデータが対象（範囲（データ抽出条件））

＜ステップ＞

- 目的の設定と計画の策定
- 監査先または関係部署等の合意を得る
- **対象データの特定と依頼**
  - **入手するデータの特定**
  - ファイル形式の決定
  - データ入手方法の決定
  - スケジュールの決定
  - データファイルの依頼
- データファイルの入手
- データ分析
  - 事前準備
  - データ信頼性の検証
  - 監査手続の実施
- レビュー
- 報告
- 監査調書の保存

② 監査目的に必要なデータの内容を特定する

　監査目的に合致した手続を実施するために必要なデータ内容を特定します。このとき、データの関連や内容をより正確に把握するためにデータが保存されているシステムも把握しておくことをお薦めします。

　多くの場合は、複数のデータベースからデータを抽出することが必要となるため、システム的にデータ提供が可能かどうかを監査先または関係部署等に確認します。

　また、このときに監査先または関係部署等から受けたシステム構成の説明は、システム関連図として監査調書とします。

＜システム関連図の例＞

（日本公認会計士協会 IT委員会実務指針第6号「ITを利用した情報システムに関する重要な虚偽表示リスクの識別と評価及び評価したリスクに対応する監査人の手続について」を参考に作成）

＜ステップ＞

- 目的の設定と計画の策定
- 監査先または関係部署等の合意を得る
- **対象データの特定と依頼**
  - **入手するデータの特定**
  - ファイル形式の決定
  - データ入手方法の決定
  - スケジュールの決定
  - データファイルの依頼
- データファイルの入手
- データ分析
  - 事前準備
  - データ信頼性の検証
  - 監査手続の実施
- レビュー
- 報告
- 監査調書の保存

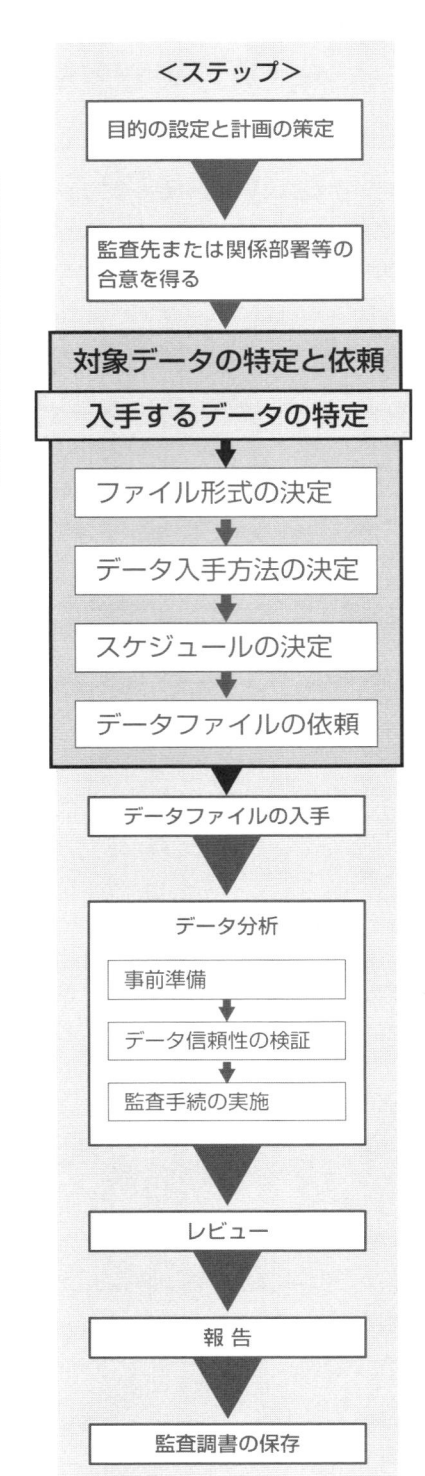

③ 必要なフィールドを特定する

　監査目的に基づき、必要となるフィールドを決定します。ファイルレイアウト等の資料を基に、監査先または関係部署等と協議します。
　一般的には、以下のようなフィールドが必要となります。

- 監査手続上必要なフィールド
- システム設計上必要なフィールド（主キー等）
- テーブルを結合するキーとなるフィールド
　　複数のテーブルのデータを同時に使用する場合は、テーブルを結合するキーとなるフィールドが必要です。
- マスタテーブルのフィールド
　　例えば、販売取引データのテーブルには、取引先の情報が取引先コードしかないことが一般的です。この場合、取引先名等の情報は、取引先マスタという別のテーブルで管理されています。取引先名を知るためには、取引先マスタのデータも入手する必要があります。

<ステップ>
- 目的の設定と計画の策定
- 監査先または関係部署等の合意を得る
- **対象データの特定と依頼**
- **入手するデータの特定**
  - ファイル形式の決定
  - データ入手方法の決定
  - スケジュールの決定
  - データファイルの依頼
- データファイルの入手
- データ分析
  - 事前準備
  - データ信頼性の検証
  - 監査手続の実施
- レビュー
- 報告
- 監査調書の保存

> **注意　必要なフィールドを特定する際の注意**
>
> 必要なフィールドを特定するには、次の点に注意してください。
>
> - ファイルレイアウトを入手してください。
>   　個々のフィールドの内容を把握するためにもファイルレイアウトは必要です。不明なフィールドは監査先または関係部署等に説明してもらいましょう。
>   　入手したファイルレイアウトは、監査調書とします。
> - 氏名等の個人データのフィールドは除外してください。
>   　監査手続に必要がない場合は、個人情報は入手しないようにしてください。
> - フィールド数が多いとファイルサイズが大きくなります。
>   　ファイルサイズが大きいと、ACLへのデータの取り込みに時間がかかる場合があります。すべてのフィールドを入手するのではなく、可能な限り必要なフィールドのみに絞るようにしてください（フィールドの桁数が大きいほどサイズが大きいことを意味します）。

④ データの対象期間・範囲（データ抽出条件）を特定する

　監査目的に基づき、入手するデータの期間や範囲を指定します。

　販売取引データのようなトランザクションテーブルのデータを入手する場合は、いつからいつまでという期間の明示が必要です。

　取引先マスタのようなマスタテーブルの場合は、データ入手時点の最新のデータを依頼することが一般的です。ただし、マスタテーブルの場合は、削除処理されたデータも入手するようにしてください。一般的に、マスタテーブルの更新記録はマスタテーブルに残されていますので、更新記録を含めて入手することをお薦めします。

⑤ 入手データと会社の帳票類との整合性の確認手段を確認する

　データを入手しても、そのデータを信頼して監査手続に利用できるかどうかを検証せずに、入手したデータを監査に使用することはできません。

　監査手続を開始する前に、入手したデータが会社の帳票類と整合するものであることを確認しなければなりません。

　そのため、入手したデータと帳票類の整合性を確認する方法を監査先または関係部署等に確認します。また、そのために必要となる帳票類の資料を入手できるよう、依頼することも必要です。

（例）

確認手段	入手データの金額合計値と合計残高試算表（T/B）が一致する。
入手する資料	合計残高試算表（T/B）

　その他に、入手データの信頼性を高める手段としては、監査先または関係部署等がデータを抽出する現場に立ち会うという方法があります。立ち会いの目的は、監査先または関係部署等による意図的なデータの除外または改ざん等を防止することです。ただし、現場に立ち会うことは現実的に難しい場合が多く、データの改ざんリスクが低い場合には、立ち会いの必要性は低いと考えてよいでしょう。

　参考までに、入手データの検証フローを示します。

＜ステップ＞

- 目的の設定と計画の策定
- 監査先または関係部署等の合意を得る
- **対象データの特定と依頼**
  - **入手するデータの特定**
  - ファイル形式の決定
  - データ入手方法の決定
  - スケジュールの決定
  - データファイルの依頼
- データファイルの入手
- データ分析
  - 事前準備
  - データ信頼性の検証
  - 監査手続の実施
- レビュー
- 報告
- 監査調書の保存

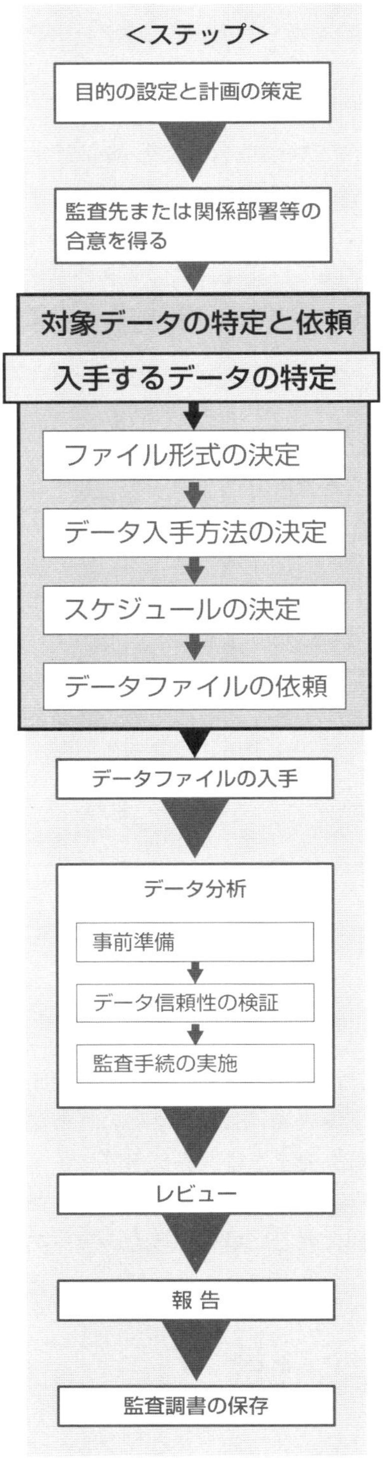

＜ステップ＞

- 目的の設定と計画の策定
- 監査先または関係部署等の合意を得る
- **対象データの特定と依頼**
  - **入手するデータの特定**
  - ファイル形式の決定
  - データ入手方法の決定
  - スケジュールの決定
  - データファイルの依頼
- データファイルの入手
- データ分析
  - 事前準備
  - データ信頼性の検証
  - 監査手続の実施
- レビュー
- 報告
- 監査調書の保存

＜入手データの検証フロー＞

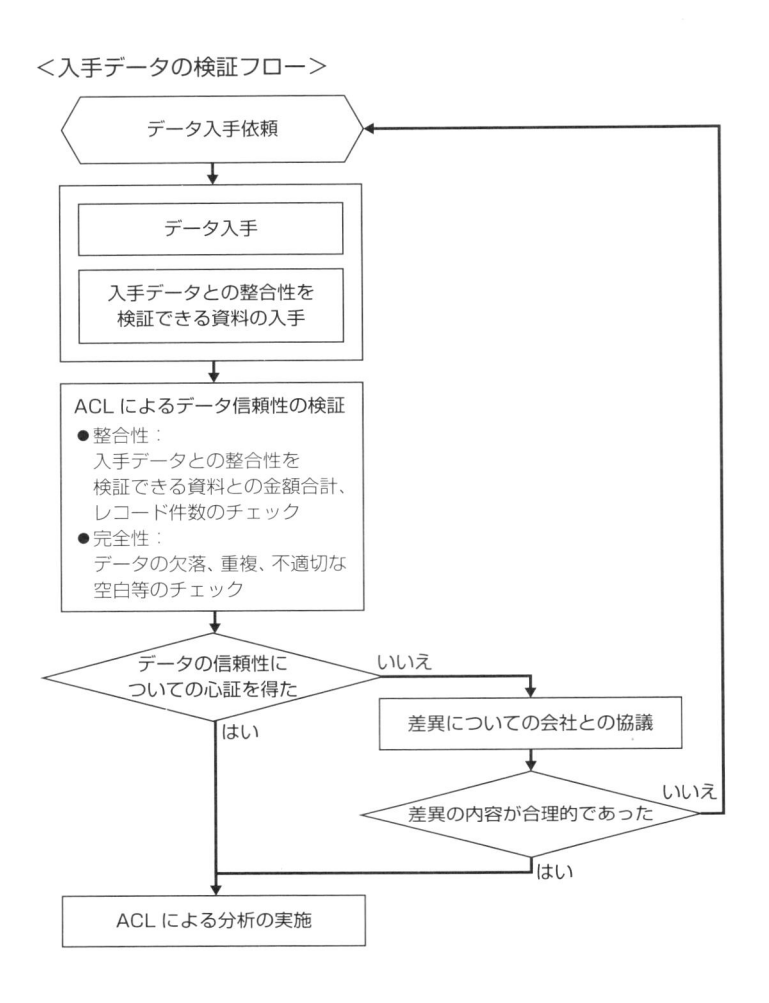

- データ入手依頼
- データ入手
- 入手データとの整合性を検証できる資料の入手
- ACLによるデータ信頼性の検証
  - 整合性：
    入手データとの整合性を検証できる資料との金額合計、レコード件数のチェック
  - 完全性：
    データの欠落、重複、不適切な空白等のチェック
- データの信頼性についての心証を得た
  - はい → ACLによる分析の実施
  - いいえ → 差異についての会社との協議
    - 差異の内容が合理的であった
      - はい → ACLによる分析の実施
      - いいえ → データ入手依頼へ戻る

36

⑥ トライアル用データの提供を依頼する

　トライアルとは、実際の監査手続を実施する前に、同じ仕様のデータを提供してもらい、想定している手続を実施することです。

　トライアルの目的は、入手したデータがACLに正常に取り込めるか、監査手続に必要なフィールドに過不足がないかを確認することです。

<ステップ>
- 目的の設定と計画の策定
- 監査先または関係部署等の合意を得る
- **対象データの特定と依頼**
  - **入手するデータの特定**
    - ファイル形式の決定
    - データ入手方法の決定
    - スケジュールの決定
    - データファイルの依頼
- データファイルの入手
- データ分析
  - 事前準備
  - データ信頼性の検証
  - 監査手続の実施
- レビュー
- 報告
- 監査調書の保存

トライアルの目的	入手したデータがACLに正常に取り込めるか、監査手続に必要なフィールドに過不足がないか等を確認すること。
効果	●フィールドに不足がある等の問題点を明らかにできるため、本番用のデータを正しく依頼することができる。 ●トライアル用データでスクリプト（ACLのコマンドを自動実行する簡易プログラム）を作成することで、本番の監査手続の実施時間を短縮できる。
実施するには	「対象データの特定と依頼」の段階で、トライアル用データの提供を監査先または関係部署等に依頼する。
例	3月末時点のデータを4月中旬に入手して手続を行う場合は、2月末時点のデータを3月に入手して、ACLへの取り込みから分析までのトライアルを行う。

　トライアルは、本番の手続をスムーズに行ううえで非常に重要です。特にCAAT導入初年度は、できる限りトライアルを実施するようにしてください。

　「入手するデータの特定」として①～⑥の項目を見てきましたが、ここでは、監査先または関係部署等の協力を得ることが非常に重要です。監査人が会社のシステム全体を把握しているとは限らないため、監査人からは「何をしたいか」（監査目的）を明確に説明し、システムに関する具体的な情報は監査先または関係部署等に提供してもらわなければなりません。

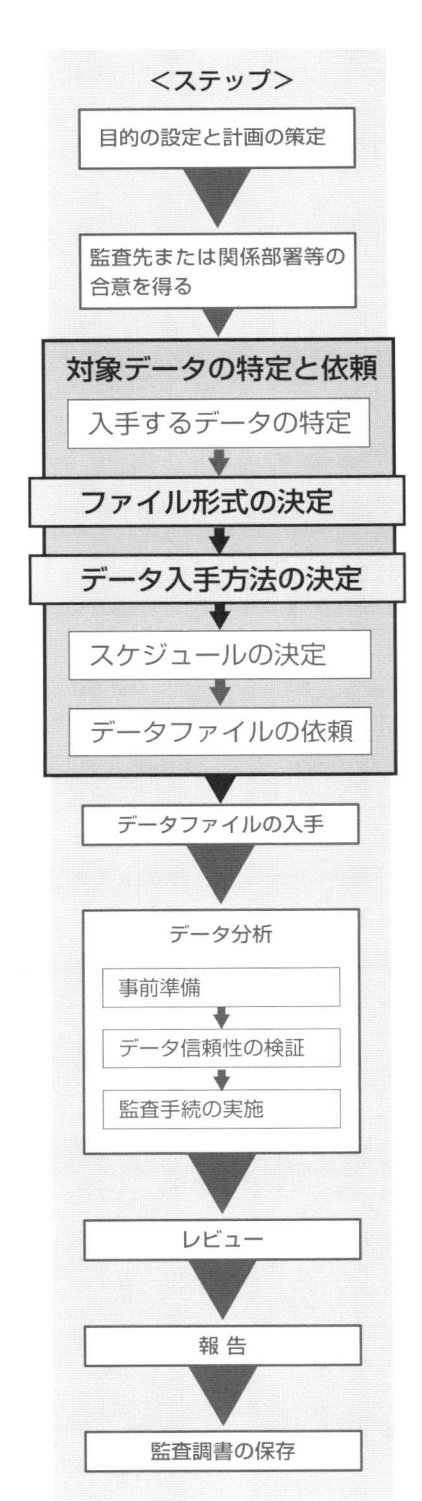

（2）ファイル形式の決定

入手するデータのファイル形式を決定します。

ACLでは様々なファイル形式のデータを読み込むことができますが、ACLの操作性の観点から、区切り文字付きテキストファイルをお薦めします。

※固定長のテキストファイルを推奨しない理由については、p.145を参照してください。

また、区切り文字付きテキストファイルの場合、p.25で見たように、区切り文字として使用されている記号（文字）により、データがずれる危険性があるため、タブ区切りのテキストファイルをお薦めします。

なお、タブ区切りのテキストファイルでは、一般に引用符を使用しないことが多いのですが、ACLの操作性の観点から、引用符を使用した方がよい場合があります。

※詳細は、p.162、p.182の 注意 を参照してください。

（3）データ入手方法の決定

CAAT実施者のパソコンへデータファイルを保存するために、どのような記憶媒体等を使用するかを決定します。

USBメモリ等が普及していますが、パソコンへのUSB接続を禁止している場合もあるため、使用可能な記憶媒体を確認しておく必要があります。

また、大容量のデータファイルを入手する場合、ハードディスクの購入等の機器の調達が必要となることも考えられるため、この段階でデータ入手方法を明確にしておきましょう。

Point｜Hint｜注意｜重要

データファイルの想定容量の目安

データファイルの容量の目安は、次の計算式で算出できます。

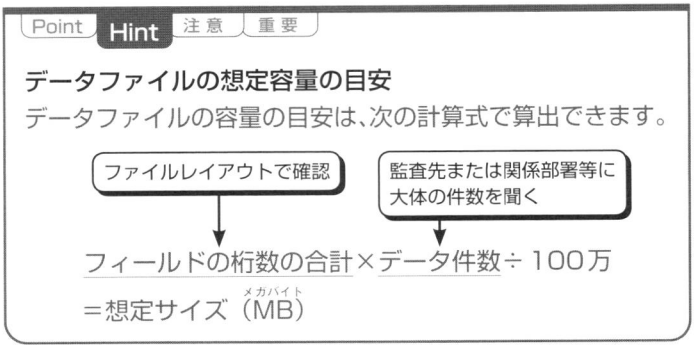

[ファイルレイアウトで確認]　[監査先または関係部署等に大体の件数を聞く]

フィールドの桁数の合計 × データ件数 ÷ 100万
= 想定サイズ（MB　メガバイト）

データファイルの入手に際しては、パスワードの設定や暗号化が行える機器を使用する等、セキュリティに十分注意しなければなりません。

＜ステップ＞

- 目的の設定と計画の策定
- 監査先または関係部署等の合意を得る
- **対象データの特定と依頼**
  - 入手するデータの特定
  - **ファイル形式の決定**
  - **データ入手方法の決定**
  - スケジュールの決定
  - データファイルの依頼
- データファイルの入手
- データ分析
  - 事前準備
  - データ信頼性の検証
  - 監査手続の実施
- レビュー
- 報告
- 監査調書の保存

(4) スケジュールの決定

監査手続が期限までに完了するように、データの依頼から手続実施までのスケジュールを決定することが重要です。

特に、以下のような項目の日程について、監査先または関係部署等の合意を得ておく必要があります。

- トライアル用データの入手日
- トライアルの実施期間（データ再入手等の調整期間も含む）
- 本番データの入手日
- 本番の監査手続の実施期間

データの入手について、監査先または関係部署等の対応可能日が遅すぎる場合は、実施する監査手続の修正の検討も必要になる可能性があります。

また、データ件数やデータの整合性の問題等で、ACLへのデータの取り込みに時間がかかる場合があります。そのため、本番に近いデータでトライアルを行うことが重要です。

(5) データファイルの依頼

監査先または関係部署等との協議のうえ決定した事項に基づいて、データの提供を依頼します。

必要に応じて、「データ依頼書」等の文書を作成してください。「データ依頼書」には、対象データ（データの内容、抽出条件等）、ファイル形式、ファイルレイアウトやデータ信頼性の検証に使用する帳票類の名称、受け取りに使用する記憶媒体、受け取り日時等を記載するとよいでしょう。

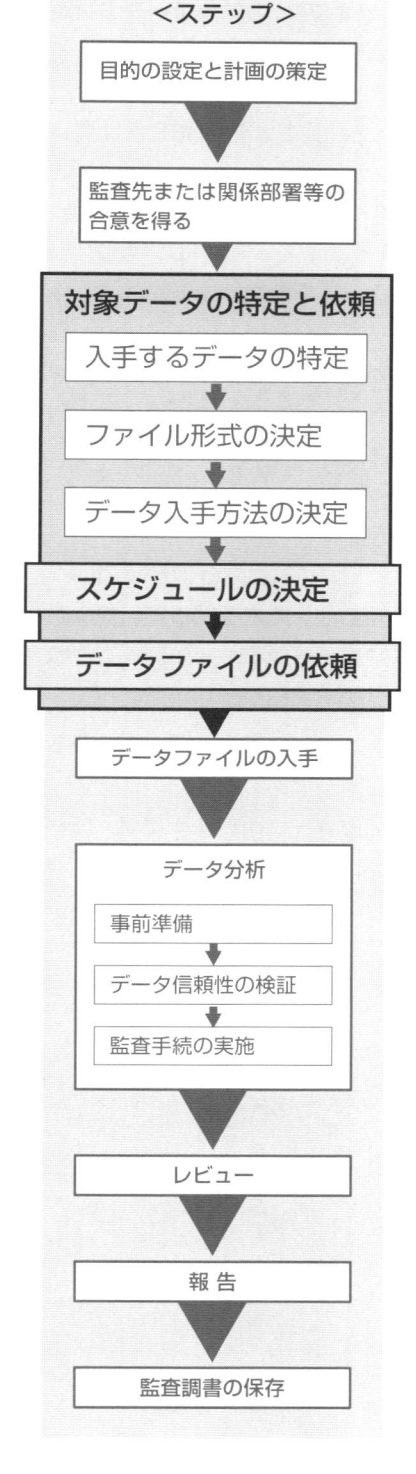

＜ステップ＞

- 目的の設定と計画の策定
- 監査先または関係部署等の合意を得る
- **対象データの特定と依頼**
  - 入手するデータの特定
  - ファイル形式の決定
  - データ入手方法の決定
- **スケジュールの決定**
- **データファイルの依頼**
- データファイルの入手
- データ分析
  - 事前準備
  - データ信頼性の検証
  - 監査手続の実施
- レビュー
- 報告
- 監査調書の保存

3-1-4 データファイルの入手

＜ステップ＞

- 目的の設定と計画の策定
- 監査先または関係部署等の合意を得る
- 対象データの特定と依頼
  - 入手するデータの特定
  - ファイル形式の決定
  - データ入手方法の決定
  - スケジュールの決定
  - データファイルの依頼
- **データファイルの入手**
- データ分析
  - 事前準備
  - データ信頼性の検証
  - 監査手続の実施
- レビュー
- 報告
- 監査調書の保存

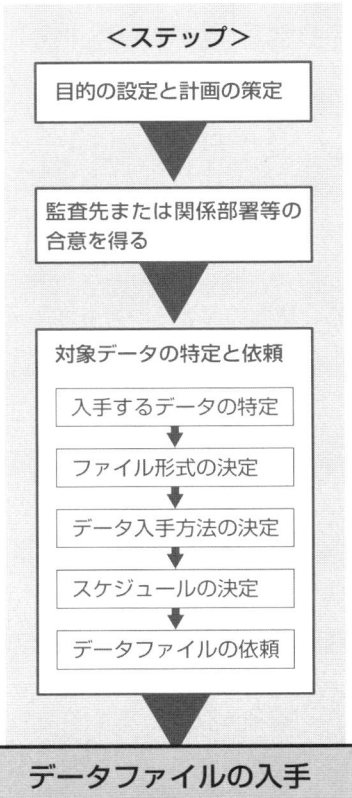

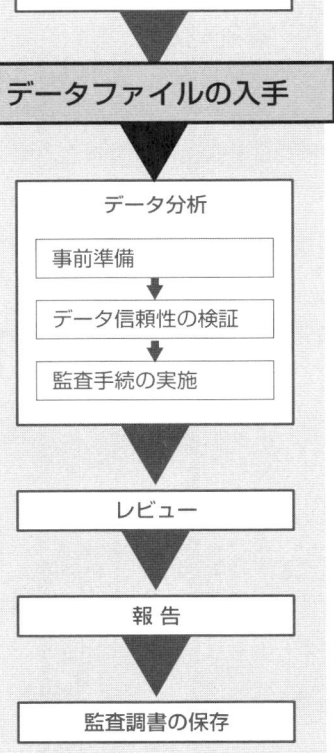

「データファイルの入手」のステップでは、「対象データの特定と依頼」のステップで取り決めたデータ入手方法でデータファイルを受け取ります。

必要に応じて、「データ受領書」を作成し、監査先または関連部署等に提出します。

「データ受領書」には、対象データ（データの内容、ファイル名、抽出条件等）、個人情報の有無、データ受領日、受領者、CAAT実施者、データ使用後の取扱い等を記載するとよいでしょう。

データファイルを受け取るにあたっては、盗難や紛失の危険を防ぐため、データファイルを保存したパソコンや記憶媒体を不用意に持ち歩かないように留意してください。

＜特に外部監査人の場合の留意事項＞

- 監査先が用意した記憶媒体からCAAT実施者のパソコンへデータファイルをコピーする際には、できる限り監査先の敷地内で行うことをお薦めします。データファイルが保存された記憶媒体は外部に持ち出さないようにしましょう。
- データファイルのコピーが終了したら、その場で記憶媒体を監査先に返却しましょう。
- 記憶媒体を監査人側が用意する場合は、コピー終了後、速やかに記憶媒体からデータファイルを削除しましょう。

3-1-5 データ分析

<ステップ>

- 目的の設定と計画の策定
- 監査先または関係部署等の合意を得る
- 対象データの特定と依頼
  - 入手するデータの特定
  - ファイル形式の決定
  - データ入手方法の決定
  - スケジュールの決定
  - データファイルの依頼
- データファイルの入手
- **データ分析**
  - **事前準備**
  - **データ信頼性の検証**
  - 監査手続の実施
- レビュー
- 報告
- 監査調書の保存

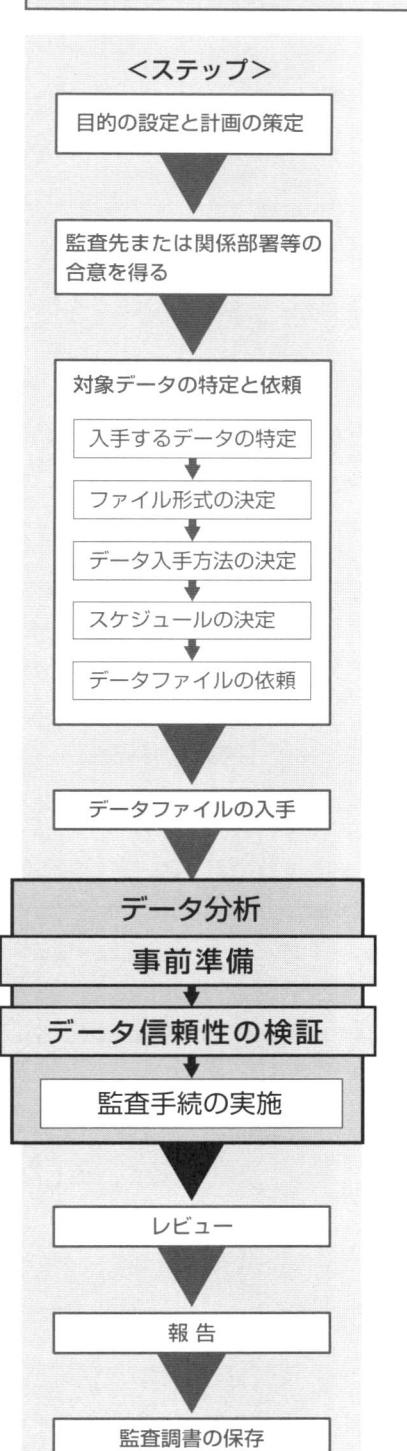

「データ分析」のステップでは、ACLを使用して監査手続を実施します。

ACLの具体的な操作は、**第Ⅱ部**で説明します。

また、作成する監査調書については、**3-2**で概要を紹介します。

(1) 事前準備

事前準備では、監査先または関係部署等から入手したデータファイルをACLに取り込み、ACLでデータを分析するための準備を行います。具体的には、プロジェクトの作成、テーブルの作成という操作を行います。

(2) データ信頼性の検証

データ信頼性の検証は、入手したデータが監査手続を実施するうえで適切なデータであることを確認するための作業です。

データファイルを入手しても、そのデータが会社の帳票類と整合性のあるものでなければ、監査手続を実施しても意味がありません。

そのため、予め監査先または関係部署等に確認しておいたデータ信頼性の確認手段および入手した資料（p.35）に沿って、検証を行います。

また、監査人が要望した通りのデータになっているか（例えば、指定した期間のデータになっているか）等の確認も重要です。

データ信頼性の検証によりデータに問題があることが判明した場合は、監査先または関係部署にデータを再作成してもらう必要があります。

データ信頼性の検証では一般的に、次ページのような検証を行います。

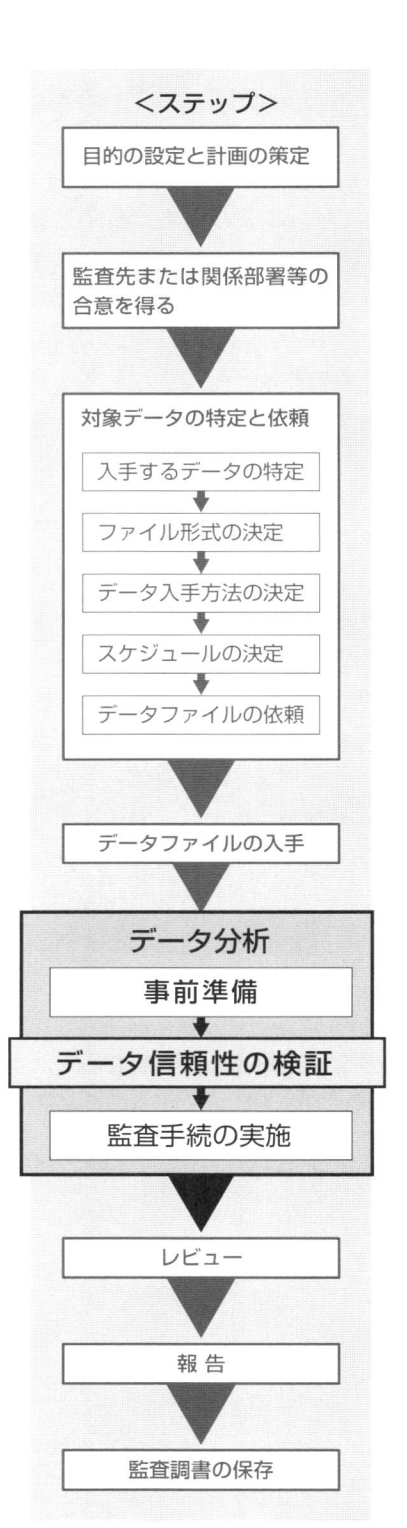

<データ信頼性の検証の例>

検証項目／目的／ACLのメニューコマンド

① データ型に対してデータが妥当か
　【目的】データ型に対して誤ったデータや正しくないフィールド定義がないか検証する。
　【ACLのメニューコマンド】
　　● 〔検証〕コマンド（p.214）

② 数値の合計が会社の帳票類等と整合するか
　【目的】入手データの金額合計等が会社の帳票類（合計残高試算表等）と整合しているかを検証する。
　【ACLのメニューコマンド】
　　● 〔合計〕コマンド（p.219）
　　● 〔統計〕コマンド（p.224）
　　● 〔分類化〕コマンド（p.246）または〔要約〕コマンド（p.250）

③ レコード件数が会社の帳票類等と整合するか
　【目的】入手データのレコード件数が会社の帳票類（データ抽出時のSQLの結果のハードコピー等）と一致しているかを検証する。
　【ACLのメニューコマンド】
　　● 〔カウント〕コマンド（p.221）
　　● 〔統計〕コマンド（p.224）

④ 数値型または日付型フィールドの範囲が正しいか
　【目的】金額や日付の対象範囲を指定してデータを入手している場合に、対象外のデータが含まれていないか検証する。
　【ACLのメニューコマンド】
　　● 〔統計〕コマンド（p.224）
　　● BETWEEN関数（p.238）

⑤ 文字型フィールドに不適切な空白がないか
　【目的】文字型のフィールドで、空白がありえない場合に、空白がないか検証する。
　【ACLのメニューコマンド】
　　● ISBLANK関数（p.242）

⑥ 文字型フィールドの範囲が正しいか
　【目的】事業部や勘定科目等を指定してデータを入手している場合に、対象外のデータが含まれていないか検証する。
　【ACLのメニューコマンド】
　　● 〔分類化〕コマンド（p.246）または〔要約〕コマンド（p.250）

⑦ レコードの欠落がないか
　【目的】連続しているデータにレコードの欠落がないか検証する。
　【ACLのメニューコマンド】
　　● 〔ギャップ〕コマンド（p.227）

⑧ レコードの重複がないか
　【目的】レコードが2重に出力されていないかを検証する。
　【ACLのメニューコマンド】
　　● 〔重複〕コマンド（p.230）

<ステップ>

- 目的の設定と計画の策定
- 監査先または関係部署等の合意を得る
- 対象データの特定と依頼
  - 入手するデータの特定
  - ファイル形式の決定
  - データ入手方法の決定
  - スケジュールの決定
  - データファイルの依頼
- データファイルの入手
- **データ分析**
  - 事前準備
  - **データ信頼性の検証**
  - 監査手続の実施
- レビュー
- 報告
- 監査調書の保存

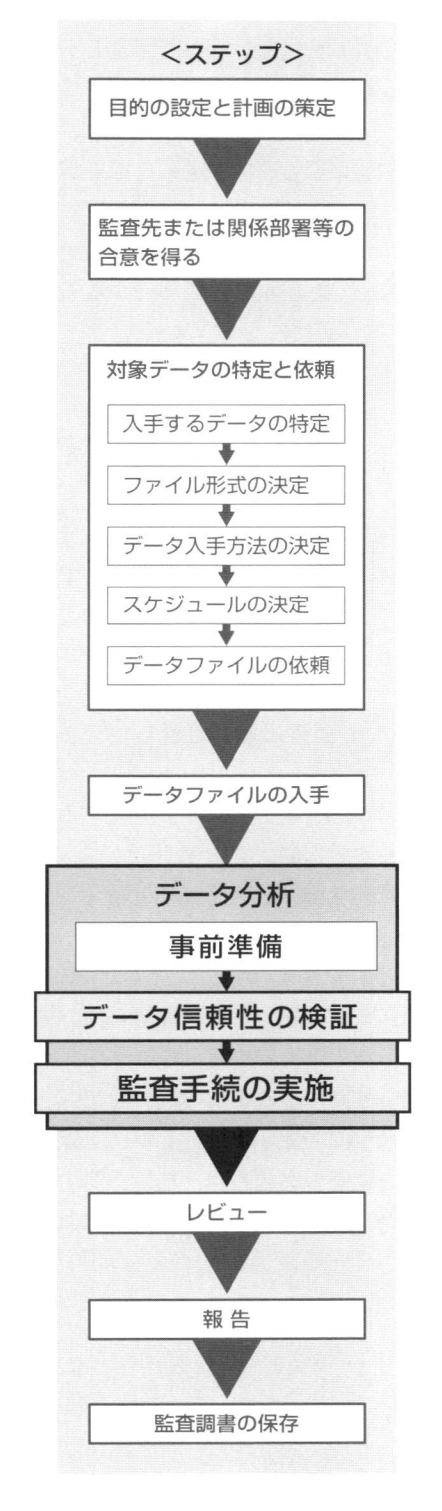

<ステップ>

- 目的の設定と計画の策定
- 監査先または関係部署等の合意を得る
- 対象データの特定と依頼
  - 入手するデータの特定
  - ファイル形式の決定
  - データ入手方法の決定
  - スケジュールの決定
  - データファイルの依頼
- データファイルの入手
- **データ分析**
  - 事前準備
  - **データ信頼性の検証**
  - **監査手続の実施**
- レビュー
- 報告
- 監査調書の保存

| Point | Hint | 注意 | **重要** |

必ず実施しなければならない検証項目

前ページに挙げた検証項目は、あくまでも一般的なものです。すべて実施しなければならないというわけではなく、入手したデータファイルの定義や内容によって、必要な検証項目を取捨選択します。また、検証項目が不足している場合は、独自に追加してください。

ただし、「②数値の合計が会社の帳票類等と整合するか」は最も重要な検証項目であるため、必ず実施してください。

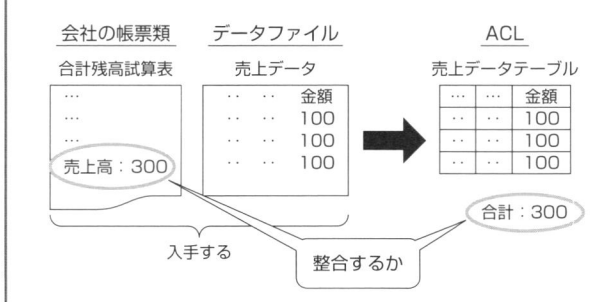

```
会社の帳票類      データファイル        ACL
合計残高試算表    売上データ           売上データテーブル
                        金額                  金額
                        100                   100
                        100        ➡        100
売上高：300             100                   100
                                           合計：300
   入手する        整合するか
```

また、どのような帳票とどのような手段でデータの信頼性を確認するかについては、「CAATの業務の流れ」の「対象データの特定と依頼」のステップで、監査先または関係部署等に確認し（p.35の⑤）、「CAAT実施計画書」（p.51）に記載しておきます。

（3）監査手続の実施

データ信頼性の検証により、入手したデータファイルが適切なものであることを確認したら、ACLを使用して、具体的な監査手続を実施します。

CAATにおける監査手続の例については、**1-2**を参照してください。

3-1-6 レビュー

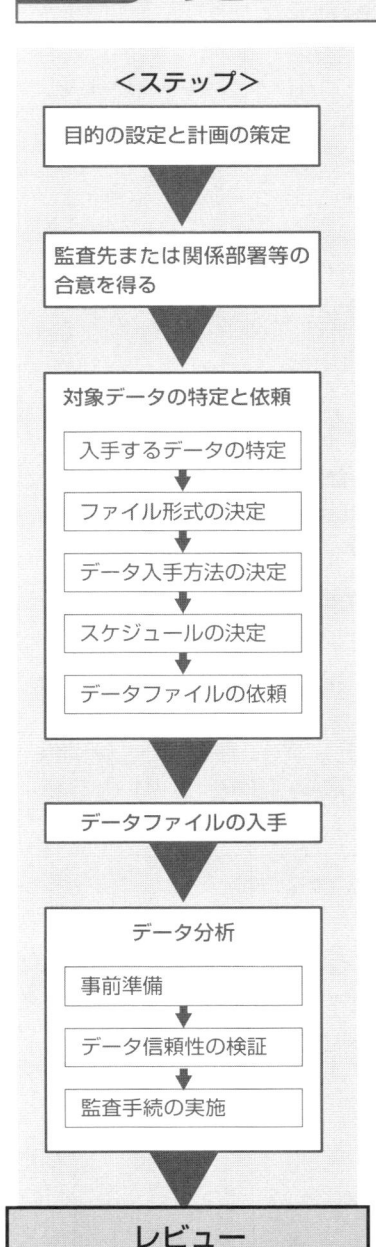

<ステップ>

- 目的の設定と計画の策定
- 監査先または関係部署等の合意を得る
- 対象データの特定と依頼
  - 入手するデータの特定
  - ファイル形式の決定
  - データ入手方法の決定
  - スケジュールの決定
  - データファイルの依頼
- データファイルの入手
- データ分析
  - 事前準備
  - データ信頼性の検証
  - 監査手続の実施
- **レビュー**
- 報告
- 監査調書の保存

「レビュー」のステップでは、CAAT実施者が行った手続とその結果について、監査の責任者がレビューします。

監査では、実施した監査手続と結論に至るまでの過程を監査調書に記録する必要があります。

CAATツールとしてACLを使用する場合、一般の監査調書の記述方法と異なる部分があるため、監査調書をレビューする人（以下、「査閲者」）には、以下の知識が必要になります。

● CAATで実現できることの理解

査閲者は**1-2**で詳述している「CAATで実現できること」を理解している必要があります。

監査調書をレビューする際に、実施している手続が、数値分析、抽出、関連データの整合性確認、再計算のどの分類に属しているのかを意識することで手続内容の理解がより深まります。

● 監査調書の記載項目の理解

査閲者は、**3-2**で詳述している監査調書に記載される項目を理解している必要があります。

CAATの実施者、査閲者がともに監査調書の項目を理解することで、監査調書の作成・レビューが効率的に行えます。

査閲者が特に注目すべき部分については、**3-2**で説明します。

● ACLの要素の理解

査閲者は**第Ⅱ部1-1**で詳述しているACLの要素を理解している必要があります。

監査調書は、実施した監査手続と結論に至るまでの過程を記録する必要がありますが、その記録がACL固有のファイルに記録される場合もあります。査閲者は、監査の実施過程と結論に関する監査調書が十分かどうかを判断するために、ACLの要素を理解している必要があります。

3-1-7 報告

<ステップ>

- 目的の設定と計画の策定
- 監査先または関係部署等の合意を得る
- 対象データの特定と依頼
  - 入手するデータの特定
  - ファイル形式の決定
  - データ入手方法の決定
  - スケジュールの決定
  - データファイルの依頼
- データファイルの入手
- データ分析
  - 事前準備
  - データ信頼性の検証
  - 監査手続の実施
- レビュー
- **報 告**
- 監査調書の保存

「報告」のステップでは、監査先または関係部署等へ監査手続の結果を報告します。

本書では、当ステップの説明は省略します。

3-1-8　監査調書の保存

<ステップ>

- 目的の設定と計画の策定
- 監査先または関係部署等の合意を得る
- 対象データの特定と依頼
  - 入手するデータの特定
  - ファイル形式の決定
  - データ入手方法の決定
  - スケジュールの決定
  - データファイルの依頼
- データファイルの入手
- データ分析
  - 事前準備
  - データ信頼性の検証
  - 監査手続の実施
- レビュー
- 報　告
- **監査調書の保存**

「監査調書の保存」のステップでは、監査調書として残すべき文書、ファイルの整理を行います。

ACLで監査手続を実施すると、手続の過程で多くのファイルが生成されます。

その中で、監査調書として保存すべきファイルと廃棄すべきファイルを整理し、適切に保存する必要があります。

CAATを用いた監査手続で作成する監査調書および監査調書として保存すべきファイルについては、**3-2**で概要を説明します。

具体的な操作については、**第Ⅱ部**で説明します。

第3章 CAATの業務の流れと監査調書の概要

3-2 CAATの監査調書

ここでは、CAATを用いた監査手続で作成する監査調書について説明します。

3-2-1 CAATの監査調書の概要

CAATを用いた監査手続では、どのような監査調書を作成すればよいのでしょうか。
日本公認会計士協会のIT委員会研究報告第42号「ＩＴ委員会実務指針第6号「ITを利用した情報システムに関する重要な虚偽表示リスクの識別と評価及び評価したリスクに対応する監査人の手続について」に関するＱ＆Ａ」（以下、「42号」）に、CAATを用いた監査手続で入手、利用、生成されるデータファイルと監査調書についてまとめられていますので、抜粋します。

＜42号より抜粋「Q35：CAATを利用した監査手続を実施する場合、どのような監査調書を作成すればよいか例示してください。」＞

> Q35：CAATを利用した監査手続を実施する場合、どのような監査調書を作成すればよいか例示してください。
>
> A35：
> まず、CAATを利用した監査手続を実施する場合に入手、利用、生成されるデータファイルの流れを整理しておきます。
> 以下の図はCAATを利用した監査手続を実施する場合のデータファイルの入手、利用、生成される大きな流れの概要を示しています。以下にそれぞれの定義を記述します。

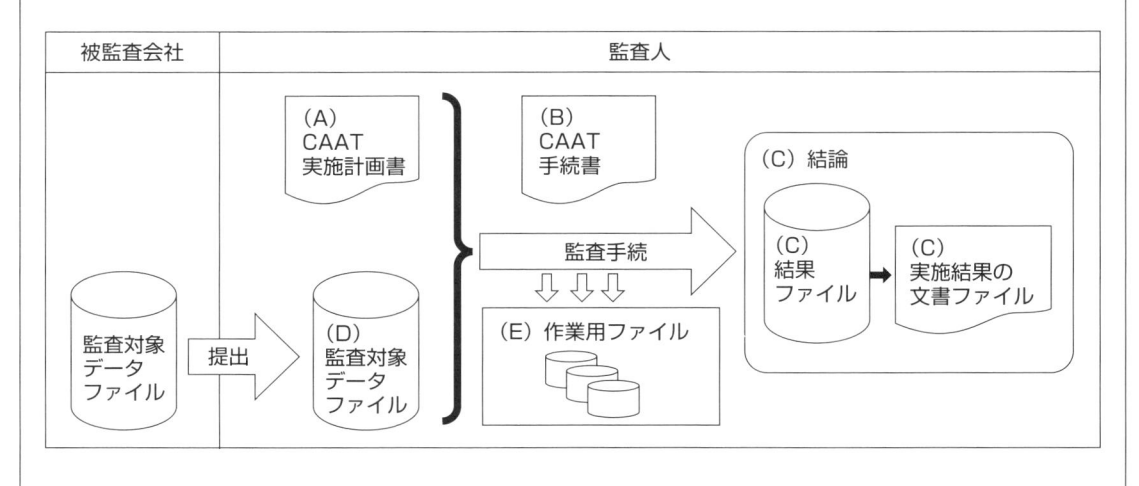

被監査会社	監査人
監査対象データファイル →提出→ (D)監査対象データファイル	(A) CAAT実施計画書　(B) CAAT手続書　→監査手続→　(E) 作業用ファイル　⇒　(C) 結論／(C) 結果ファイル → (C) 実施結果の文書ファイル

48

1．CAAT実施計画書

CAAT実施計画書とはCAATを利用して実施する監査手続を策定する段階において、手続の目的や概要、手続実施に必要な情報を詳細に記述した文書をいいます。CAAT実施計画書には、通常以下の内容が含まれ、プロセス単位あるいは勘定科目単位で作成されます。

(1) 実施対象のプロセス
(2) 実施目的
(3) 対象となるシステム
(4) データ入手依頼先
(5) 実施予定時期
(6) 想定されるデータ件数
(7) 会社へ依頼したデータの概要（会社へ提出した「データ依頼書」の控を含む。）
(8) 会社より入手したデータの概要（会社へ提出した「データ受領書」の控を含む。）
(9) 実施する監査手続の内容

なお、会社へCAATを利用して実施する監査手続を実施するためのデータを依頼する場合、会社へ提出するCAAT依頼書例については付録2を参照ください。

また、CAAT実施計画書に記述された事項に変更があった場合には、変更内容及び変更した根拠等をCAAT実施計画書に随時更新する必要があります。

2．CAAT手続書

CAAT手続書とは、CAATツール（※）のコマンド等を監査手続の実施目的、手続の具体的手順に沿って記述した表であり、手続の詳細を記述するものをいいます。

3．結論

結論には結果ファイルと実施結果の文書ファイルが含まれます。結果ファイルは、CAATツールで作成されたテーブル等を意味し、実施結果の文書ファイルは、結果ファイルを取りまとめたものであり、監査手続の最終的な結論を記録した文書を意味します。

4．会社から入手したデータファイル

上記1．(7)の「データ依頼書」に基づき会社から受領した監査対象となるデータファイルをいいます。

5．作業用ファイル

会社から入手したデータに上記（B）のCAAT手続書に記述した手続を適用する過程で一時的に作成される作業用ファイルをいいます。

監査人は、経験豊富な監査人が、以前に当該監査に関与していなくても、実施した監査手続の種類、時期及び範囲、監査手続を実施した結果及び入手した監査証拠、監査の過程で生じた重要な事項とその結論及びその際になされた職業的専門家としての判断等の事項を理解できるように監査調書を作成しなければならない。（監査基準委員会報告書230「監査調書」参照）この観点か

ら考えると、上記1．～5．のうち、「1．CAAT実施計画書」、「2．CAAT手続書」、「3．結論」を監査調書として保存し、「4．会社から入手したデータファイル」、「5．作業用ファイル」は監査人が保存する必要がないと考えることができます。ただし、「4．会社から入手したデータファイル」については、会社の記録が保存されていないリスク、後になって改ざんされるリスク、会社の状況が変化したため、同じデータファイルを入手できなくなるリスク等を考慮し、リスクが大きいと判断する状況では、監査人が保存することが必要になる場合もあります。

※CAATツールには、CAAT専用ソフトウェアと汎用的なデータ処理ソフトウェア、表計算ソフトウェアがあります。CAATに使用するソフトウェアによって、コマンドが異なるため、CAATを行うに当たってはあらかじめCAATツールを決めておきます。

42号によると、「(A) CAAT実施計画書」、「(B) CAAT手続書」、「(C) 結論」がCAATの監査調書として必要であるとされています。

これらの監査調書について、**3-2-2**より、本書で提案する文書およびファイルを紹介します。「CAATツール」としては、ACLを使用していることとします。

CAATの監査調書 （42号の図）		本書で提案する文書およびファイル	
^^	^^	文書	ACL関連ファイル
(A) CAAT実施計画書		CAAT実施計画書（p.51）	—
(B) CAAT手続書		CAAT手続書（p.55）	監査調書用のログファイルおよびプロジェクト（p.58）
(C) 結論	(C) 実施結果の文書ファイル		—
^^	(C) 結果ファイル	—	テスト結果となるテーブルのデータ（p.60）

3-2-2 CAAT実施計画書

42号では、「CAAT実施計画書」は、「CAATを利用して実施する監査手続を策定する段階において、手続の目的や概要、手続実施に必要な情報を詳細に記述した文書」であると定義されています。

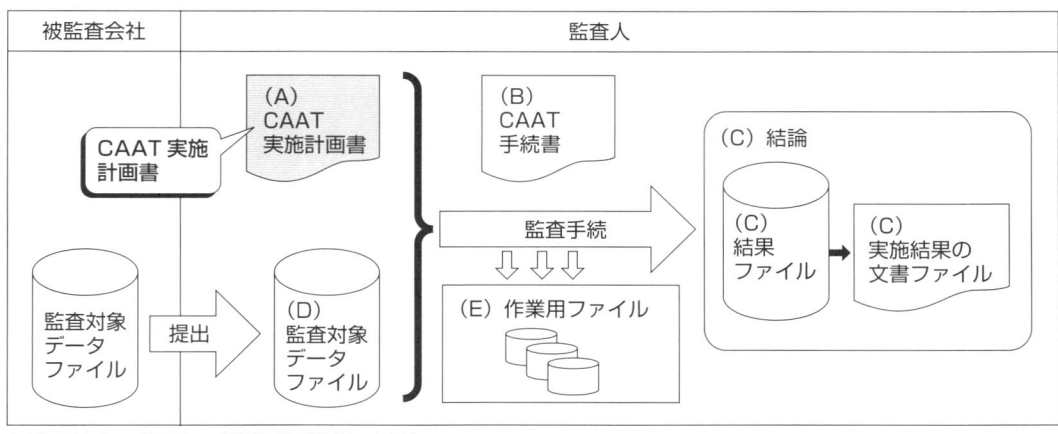

```
[被監査会社]                    [監査人]

CAAT実施              (A)              (B)
計画書  ────→       CAAT            CAAT             (C) 結論
                   実施計画書         手続書
                                                 (C)        (C)
                            監査手続            結果        実施結果の
監査対象  提出  →  (D)        ⇩⇩⇩           ファイル  →  文書ファイル
データ            監査対象
ファイル           データ           (E) 作業用ファイル
                  ファイル
```

（42号より。吹出し、網掛けは著者による）

「CAAT実施計画書」は、計画段階で作成するものですが、計画の変更が生じた場合等は、必要に応じて修正します。また、一部、データを入手してから記載する項目も含まれます。

次に、「CAAT実施計画書」の記載項目と記載のタイミングおよび記載例を示します。

＜「CAAT実施計画書」の記載項目と記載のタイミング＞

記載項目	内容	記載するタイミング（「CAATの業務の流れ」のステップ）
Ⅰ．監査の目的	何のためにCAATを利用するのか、また利用してどのような検証を行うのかを記入します。	目的の設定と計画の策定
Ⅱ．監査手続	監査手続の概要を簡潔に記入し、手続に関連する潜在的誤謬を選択します。	目的の設定と計画の策定
	「CAAT手続書のNo」欄には、「CAAT手続書」（p.55）作成後に、関連する番号を記入します。	データ分析
Ⅲ．入手データファイルの概要	対象システム、データ名、ファイル名、ファイル形式、対象期間を記入します。 これらの情報は、「対象データの特定と依頼」のステップで行った監査先または関係部署等との打ち合わせの結果に基づいて記入します。ファイルレイアウトは膨大になることもあるため、添付資料とします。	対象データの特定と依頼
Ⅳ．入手データと会社の帳票類との一致の検証方法	入手したデータが正しいものであること（会社の帳票類等と整合性があること）を確認する手段を記入します。	対象データの特定と依頼
Ⅴ．入手ファイル情報	データファイル入手後、データファイルのデータ名、件数、入手媒体、入手日等を記入します。	データファイルの入手

> **Point** Hint 注意 重要
>
> **査閲者がレビューするポイント**
> 「CAAT実施計画書」で、査閲者が注目すべき項目とレビューの観点は、以下の通りです。
>
> | 注目すべき項目 | レビューの観点 |
> |---|---|
> | Ⅰ．監査の目的 | 全体の監査計画に照らして、監査の目的が妥当かどうかを判断します。 |
> | Ⅱ．監査手続 | 監査の目的に照らして、必要十分な監査手続が記述されているかどうかを判断します。 |

<「CAAT実施計画書」の記載例>

CAAT実施計画書

会社名：CAAT商事株式会社
決算期：20X2年3月期

作成日：20X1年11月20日
作成者：田中五郎
承認日：20X1年12月10日
承認者：山口武男

Ⅰ．監査の目的
不正発見手続の一環として、仕訳入力テストを行う。

Ⅱ．監査手続

監査手続	網羅性	実在性	記録の正確性	期間帰属	評価の妥当性	表示の妥当性	CAAT手続書のNo
経理部員以外が仕訳入力を行っていないか確かめる。		○	○				20
……							

Ⅲ．入手データファイルの概要

対象システム	データ名	ファイル名	ファイル形式	対象期間・範囲	備考
財務会計システム	仕訳データ	仕訳データ.txt	テキストファイル（タブ区切り）	20X1/4/1～20X2/2/28	
	勘定科目マスタ	勘定科目MST.txt	〃	ファイル入手時点で最新のもの	
人事システム	職員マスタ	職員MST.txt	〃	ファイル入手時点で最新のもの	
	部署マスタ	部署MST.txt	〃	ファイル入手時点で最新のもの	
……	…	…			

ファイルレイアウトは、別紙添付。

Ⅳ．入手データと会社の帳票類との一致の検証方法
（検証方法を記入）

ACLで仕訳データの勘定科目ごとの借方、貸方の合計および借方、貸方の総合計を算出し、2月末の合計残高試算表と一致するかどうか確認する。
そのため、2月末の合計残高試算表を入手する。

Ⅴ．入手ファイル情報

データ名	件数	入手媒体	データ入手元	入手日
仕訳データ	11,325件	USBメモリ	情報システム部 鈴木一郎氏	20X2/3/15
勘定科目マスタ	99件	USBメモリ	情報システム部 鈴木一郎氏	20X2/3/15
職員マスタ	145件	USBメモリ	情報システム部 鈴木一郎氏	20X2/3/15
部署マスタ	78件	USBメモリ	情報システム部 鈴木一郎氏	20X2/3/15
……	..	…	……	…

（別紙：ファイルレイアウト）
　ファイルレイアウトは、監査先または関係部署等から紙面で入手した場合は、紙面を添付してもかまいません。

```
財務会計システム
仕訳データレイアウト
No   フィールド名   主キー   データ型   長さ   備考
01   仕訳NO         ○        文字       9
02   計上日                   日付      10     YYYY/MM/DD形式
03   科目コード               文字       5
04   借方                     数値      10     小数点以下0桁
05   貸方                     数値      10     小数点以下0桁
06   職員ID                   文字       5
07   処理年月日               日付      10     YYYY/MM/DD形式
08   処理時刻                 数値       6
```

```
財務会計システム
勘定科目マスタレイアウト
No   フィールド名   主キー   データ型   長さ   備考
01   ・・・・        ・・      ・・・・   ・・   ・・・・・・・・
02   ・・・・                 ・・・・   ・・   ・・・・・・・・
03   ・・・・                 ・・・・   ・・   ・・・・・・・・
04   ・・・・                 ・・・・   ・・   ・・・・・・・・
05   ・・・・                 ・・・・   ・・   ・・・・・・・・
‥   ・・・・                 ・・・・   ・・   ・・・・・・・・
‥   ・・・・                 ・・・・   ・・   ・・・・・・・・
‥   ・・・・                 ・・・・   ・・   ・・・・・・・・
```

︙

3-2-3 CAAT手続書と監査調書用のログファイル

42号では、「CAAT手続書」は「CAATツールのコマンド等を監査手続の実施目的、手続の具体的手順に沿って記述した表であり、手続の詳細を記述するもの」であると定義されています。

本書で提案する「CAAT手続書」には、結論を記載する欄が設けられているため、42号の「(C)実施結果の文書ファイル」にも相当します。

また、ACLでは、**ログファイル**と呼ばれるファイルが自動的に生成され、実行した操作の記録（ログ）が保存されます。このファイルを「手続の具体的手順」（手続の実施過程）の監査調書とすることができます。

ただし、ログファイルには、試行錯誤で行った操作や設定を間違えてやり直した操作の記録も残されてしまうため、手続の実施に関係するログのみが記録された監査調書用のログファイルを作成することが必要となります。

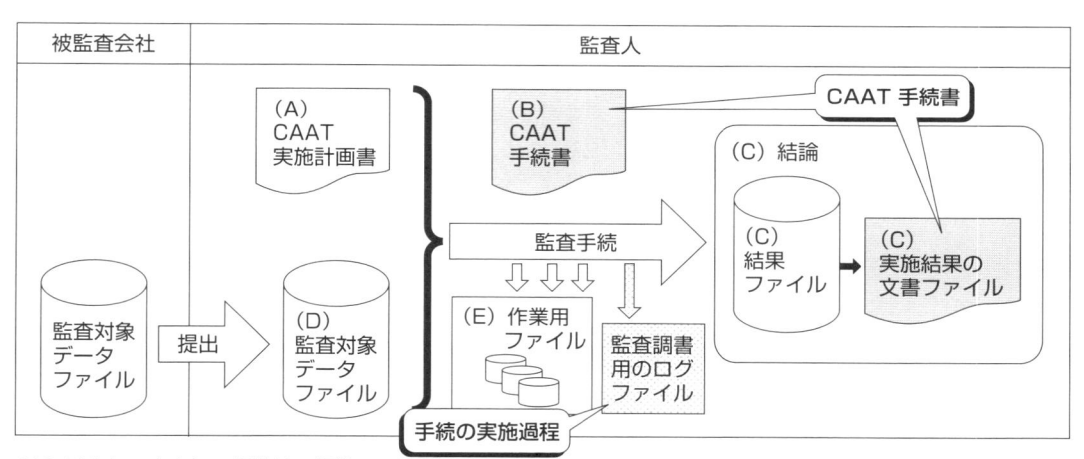

（42号より。吹出し、網掛け、網掛けの図の追加は著者による）

■CAAT手続書

「CAAT手続書」には、「CAATの業務の流れ」の「データ分析」のステップの3つの段階（事前準備・データ信頼性の検証・監査手続の実施）に分けて、具体的な操作手順やACLで使用するコマンドを記入します。計画段階で可能な限り詳細に記述しておくと、実際にデータを入手してACLでの操作を行う際に、手順書として活用できます。

操作の実行後、テスト結果と結論を記入します。

次に、「CAAT手続書」の記載項目と記載のタイミングおよび記載例を示します。

<「CAAT手続書」の記載項目と記載のタイミング>

記載項目	内容	記載するタイミング（「CAATの業務の流れ」のステップ）
段階	「CAATの業務の流れ」の「データ分析」のステップの項目に沿って、「事前準備」、「データ信頼性の検証」、「監査手続の実施」の3つの段階を見出しとして記入します。	●手続の計画：対象データの特定と依頼 ●実際に行った手続の内容：データ分析 （計画段階で、可能な限り具体的に「手続の手順」、「操作の内容」を記入します。データを入手したら、「操作の内容」に基づいて操作を行います。実際の操作で作業手順を変更した場合は、記載内容を修正します）
No	手続に連続番号を振ります。手続とACLで作成したテーブルやスクリプトのリファレンスにこの番号を使用します。 （次ページの記載例では、入手したデータをACLに取り込む操作のように、手続を行うための準備等で特に結論の出る作業ではない場合は、番号は付けていません（「－」と記入しています））	
目的	手続の目的です。「CAAT実施計画書」の「Ⅱ.監査手続」に記載した内容を転記します。	
手続の手順	どのような作業を行うかを文章で記入します。	
操作の内容	ACLでどのような操作を行うかが分かるように、具体的に操作内容を記入します。対象テーブル、使用するコマンド、主なオプションの設定を記入します。	
スクリプトNo	ACLで作成したスクリプトの名前を記入します。 スクリプト名は、長い名前にせず、連続番号を振ると管理が便利です（ACLではスクリプト名の先頭に数字が使えないため、次ページの記載例では、先頭にスクリプトを意味する「S」を付けています）。	
テスト結果	ACLの操作結果を簡潔に記入します。	データ分析
結論	ACLの操作結果から導き出される監査上の結論を記入します。	
実施者、実施日	手続の実施者、実施日を記入します。	

> **Point** Hint 注意 重要
>
> **査閲者がレビューするポイント**
>
> 「CAAT手続書」で、査閲者が注目すべき項目とレビューの観点は、以下の通りです。
>
> | 注目すべき項目 | レビューの観点 |
> |---|---|
> | 目的 | 「CAAT実施計画書」の「Ⅱ．監査手続」と整合が取れているかどうかを確認します。 |
> | 手続の手順 | 「目的」の手続を実施するにあたっての手続の流れを把握し、適切であるかどうかを確認します。 |
> | 結論 | ACLのテスト結果から導き出された監査上の結論が適切であるかどうかを確認します。 |

<「CAAT手続書」の記載例>

CAAT手続書

会社名：CAAT商事株式会社
決算期：20X2年3月期

作成日：20X1年11月20日
承認日：＿＿＿＿＿＿＿
承認者：山口武男

段階	No	目的	手続の手順	操作の内容	スクリプトNo	テスト結果	結論	実施者 実施日
事前準備	―	新規プロジェクトの作成	CAAT 商事 20X203 期中.acl を作成	[ファイル] - [新規作成] - [プロジェクト] の実行	―	―	―	田中五郎 20X2/3/15
	―	テーブルの作成	入手データファイルからテーブルを作成する。	[ファイル] - [新規作成] - [テーブル] の実行	S00	―	―	田中五郎 20X2/3/15
データ信頼性の検証	01	誤ったデータや正しくないフィールド定義がないかテストする。		・コマンド：検証 ・対象フィールド：すべて	S01	エラーは検出されなかった。	データ受当付エラーはなかった。	田中五郎 20X2/3/15
対象テーブル：仕訳データ 勘定科目マスタ	02	勘定科目名の借方・貸方フィールドの総合計を表示し、合計残高試算表と一致するか確認する。	仕訳データテーブルに勘定科目名を表示させるため、仕訳データテーブルに勘定科目マスタと関連付けする。	・対象テーブル：仕訳データ（親）、勘定科目マスタ ・コマンド：関連付け ・キー：仕訳データテーブルの勘定科目CD、勘定科目マスタテーブルの勘定科目CD	S02	―		田中五郎 20X2/3/15
			仕訳データテーブルを勘定科目CD、勘定科目名で要約し、表示された結果と合計残高試算表を確認する。	・対象テーブル：仕訳データ ・コマンド：要約 ・要約の対象：勘定科目CD、勘定科目名	S03	借方・貸方フィールドの合計は、それぞれ37,063,184,201円であった。勘定科目ごとの借方・貸方フィールドの合計は、S03の実行結果を参照。	借方・貸方フィールドの総合計及び勘定科目ごとの借方・貸方フィールドの合計は、合計残高試算表と一致した。	田中五郎 20X2/3/15
対象テーブル：仕訳データ 勘定科目マスタ	…	…	…	…	…	…	…	…
監査手続の実施	20	経理部員以外が仕訳入力を行っていないか確かめる。	部署名フィールドが"経理部"以外のレコードを抽出する。	・対象テーブル：仕訳データ ・コマンド：抽出 ・IF条件：部署名◇"経理部" ・保存先：a20_経理部以外	S26	a20_経理部以外.xlsx参照。	―	田中五郎 20X2/3/15
			上記テーブルをExcelファイルにエクスポートする。	・対象テーブル：a20_経理部以外 ・コマンド：エクスポート ・保存先：a20_経理部以外.xlsx	S27		個別検討は、a20_経理部以外.xlsxに基づき調書番号XXXXで実施する。	田中五郎 20X2/3/15

データ信頼性の検証は、データファイルごとに行います。

■監査調書用のログファイル

　前述のように、ログには、ACLでの手続の具体的な手順すなわち監査手続の実施過程が記録されますが、試行錯誤で行った操作や、設定を間違えてやり直した操作等も含まれるため、ログをそのまま監査手続の実施過程の調書として使用することは不適切です。

　本書では、ACLによる監査手続の終了後、手続に必要だった操作のみを再実行し、そこで記録されたログを新規ログファイルに記録することを提案します。このファイルが監査調書用のログファイルとなります。

　手続に必要だった操作の再実行および監査調書用のログファイルの作成には、スクリプトを使用します。

　スクリプトとは、ACLのコマンドを自動実行するための簡易プログラムです。通常、スクリプトの作成には、プログラムの知識が必要となりますが、ACLではログを元にしてスクリプトを作成することができるため、誰でもスクリプトを活用することができます。

　監査調書用のログファイルを作成するには、「CAATの業務の流れ」の「データ分析」のステップで、手続の個々の操作を行った都度、その操作を再実行するスクリプトを作成しておくことが必要となります。

＜監査調書用のログファイルを作成する手順＞

段階	手順
ACLでの手続実施中	1．個々の操作のスクリプト（以下、「操作のスクリプト」といいます）を作成する。
ACLでの手続終了後	2．調書作成用のスクリプトを作成する。 　＜スクリプトの要件＞ 　　(1) 操作のスクリプトを順に実行させる 　　(2) 「CAAT手続書」の手続の「No」とログを関連付ける 　　(3) 監査調書用のログファイルを新規作成する 3．調書作成用のスクリプトを実行する。

＜イメージ図＞

必要なログを記録するための手順

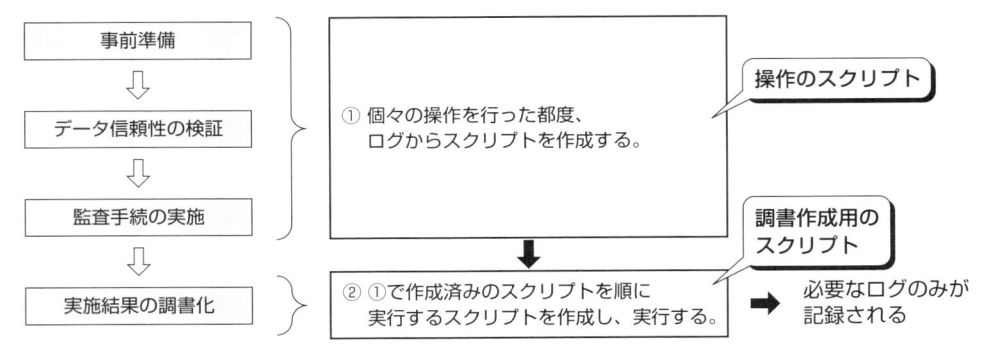

事前準備
　↓
データ信頼性の検証
　↓
監査手続の実施
　↓
実施結果の調書化

① 個々の操作を行った都度、ログからスクリプトを作成する。　→ 操作のスクリプト

② ①で作成済みのスクリプトを順に実行するスクリプトを作成し、実行する。　→ 調書作成用のスクリプト　→ 必要なログのみが記録される

<監査調書用のログファイルの画面>

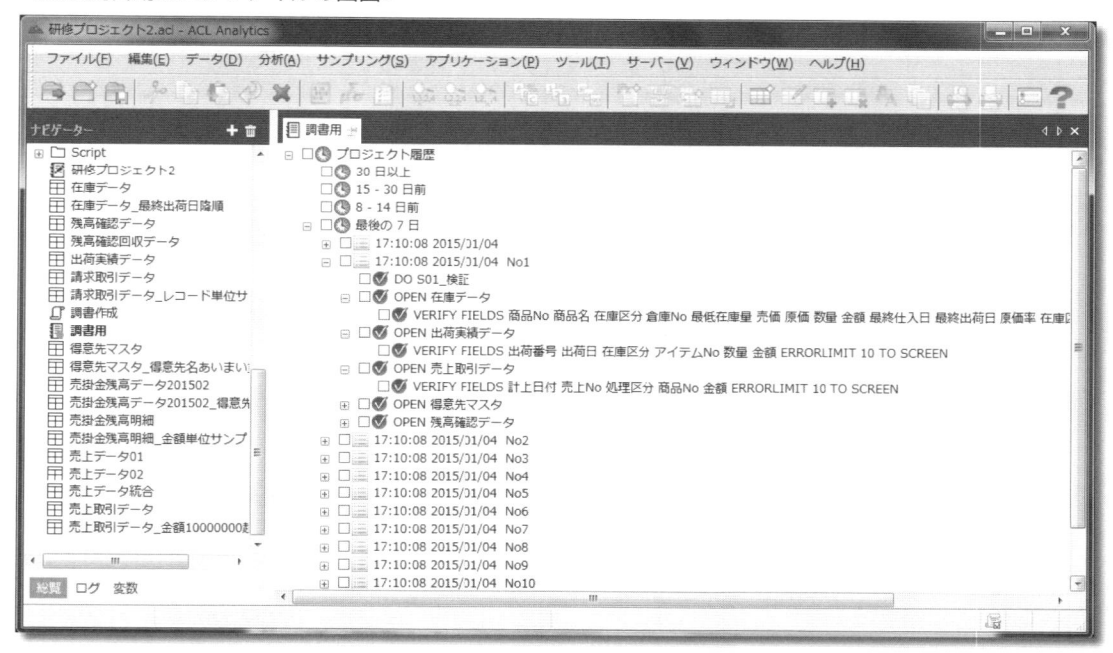

[画面図：研修プロジェクト2.acl - ACL Analytics のスクリーンショット]

なお、ログファイルの内容を見るには、プロジェクト（.acl）と呼ばれるACLのファイルが必要です。

詳細は、**第Ⅱ部**で説明します。

操作のスクリプトの作成については、**第Ⅱ部第2章、第3章**で各操作を実行した後に、そのスクリプトを作成する手順を紹介しています。

監査調書用のログファイルの作成については、**第Ⅱ部第5章**で説明します。

| Point | Hint | 注意 | **重要** |

操作のスクリプトを作成する目的

本書では、監査調書用のログファイルを作成するために操作のスクリプトを作成することをお薦めしています。操作のスクリプトは、手続の効率化という観点からも非常に有効であるため、調書作成の必要性にかかわらず、作成することをお薦めします。

（スクリプトの使用例）
- 手続の途中で監査先または関連部署等が差替えのデータファイルを提出してきた場合、スクリプトがあれば、スクリプトを実行するだけで新たなテーブルで手続を再実行できます。スクリプトがない場合は、一から手続をやり直さなければなりません。
- 毎期同じ手続を行う場合、前期のスクリプトを利用できます。
  ※ただし、スクリプトには、その期特有の条件式等が含まれている場合が多いため、前期のスクリプトを利用する際は、スクリプトの見直しおよび修正が必要です。

3-2-4 結果ファイル

ACLでの操作の過程で、テスト結果となるテーブルが作成されます。

作成されたテーブルはExcelに書き出すことができます。手続の結果としてテスト結果を保存する必要がある場合には、Excelファイルとして保存することをお薦めします。（Excelファイルであれば、証憑突合の結果等も容易に記録できます）。

そのため、テスト結果となるACLのテーブルを書き出したExcelファイルが下図の「(C) 結果ファイル」となります。

（ログにテスト結果が記録されることもあるため、監査調書用のログファイルも「(C) 結果ファイル」の一種といえます。）

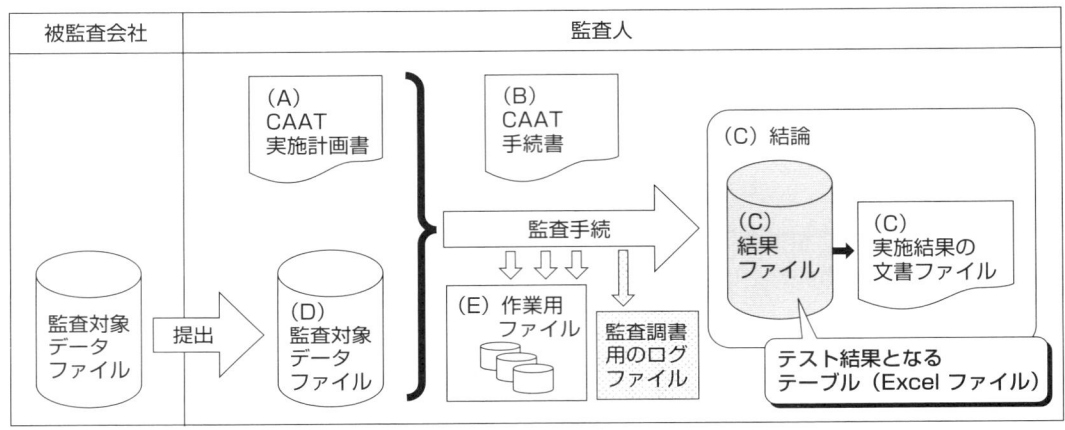

被監査会社	監査人

```
         (A)           (B)
         CAAT          CAAT           (C) 結論
         実施計画書    手続書
                                      (C)           (C)
                       監査手続        結果          実施結果の
                       ⇩ ⇩ ⇩          ファイル  →  文書ファイル
監査対象    (D)        (E) 作業用
データ  提出 監査対象   ファイル        監査調書
ファイル    データ                     用のログ      テスト結果となる
            ファイル                   ファイル      テーブル (Excel ファイル)
```

（42号より。吹出し、網掛け、網掛けの図の追加は著者による）

3-2-5 まとめ

■監査調書として保存すべきファイル

ここまでで紹介した文書およびファイルをまとめると、下図のようになります。

監査調書として保存すべきファイルは、網掛けで示しています。
　ACLの操作の過程では、最終的なテスト結果とはならない作業用のテーブル（「(E) 作業用ファイル）」も多数作成されます。それらのテーブルは監査調書として保存する必要はありません。

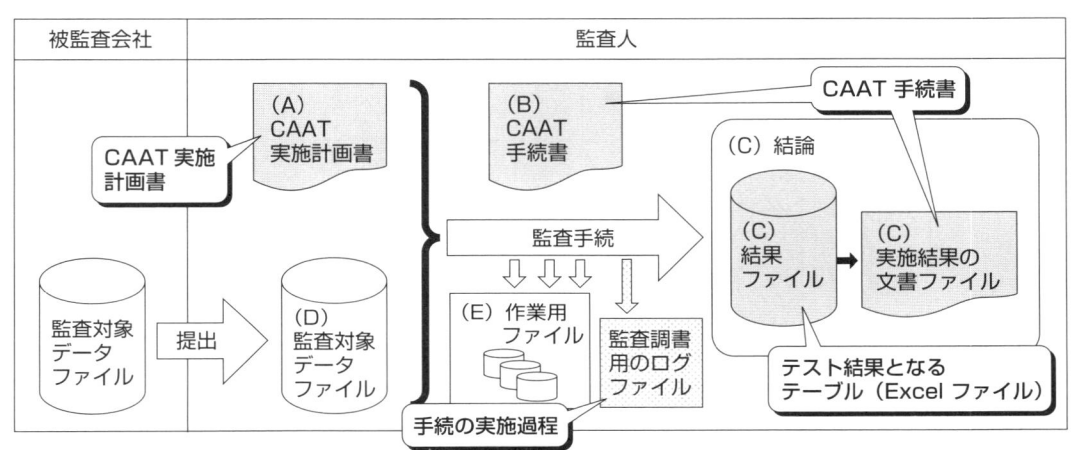

被監査会社	監査人

（図：CAAT実施計画書 → (A) CAAT実施計画書、(B) CAAT手続書、(C) 結論（(C) 結果ファイル、(C) 実施結果の文書ファイル）、監査対象データファイル → 提出 → (D) 監査対象データファイル、(E) 作業用ファイル、監査調書用のログファイル。吹出し：「CAAT手続書」、「テスト結果となるテーブル（Excelファイル）」、「手続の実施過程」）

（42号より。吹出し、網掛け、網掛けの図の追加は著者による）

＜監査調書として保存すべきファイル＞
- CAAT実施計画書（ファイルレイアウトを含む）
- CAAT手続書
- テスト結果となるACLのテーブルを書き出したExcelファイル
- 監査調書用のログファイルおよびプロジェクト

なお、システム関連図（p.33）や、データ依頼書（p.39）、データ受領書（p.40）を作成している場合は、これらも監査調書となります。

■調書間の関連

「CAAT実施計画書」と「CAAT手続書」は、相互に関連しており、手続の「No」で相互に参照できるようになっています。
　また、ACLの操作の結果作成されたファイルとの関連性も明確にすることが重要です。

<「CAAT実施計画書」と「CAAT手続書」、ACLファイルの相関関係>

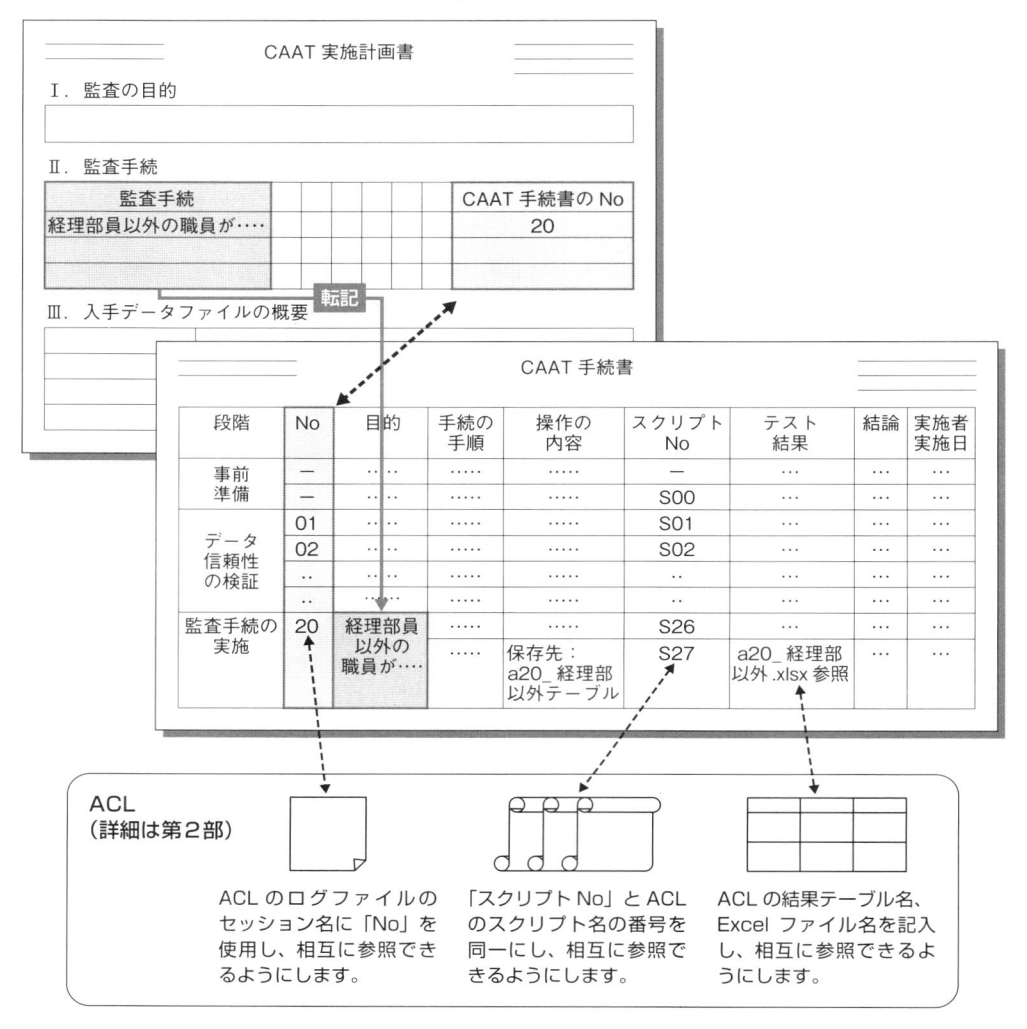

CAAT実施計画書

Ⅰ．監査の目的

Ⅱ．監査手続

監査手続			CAAT手続書のNo
経理部員以外の職員が……			20

転記

Ⅲ．入手データファイルの概要

CAAT手続書

段階	No	目的	手続の手順	操作の内容	スクリプトNo	テスト結果	結論	実施者実施日
事前準備	—	……	……	……	—	…	…	…
	—	……	……	……	S00	…	…	…
データ信頼性の検証	01	……	……	……	S01	…	…	…
	02	……	……	……	S02	…	…	…
	‥	……	……	……	‥	…	…	…
	‥							
監査手続の実施	20	経理部員以外の職員が……	……	……	S26	…	…	…
				保存先：a20_経理部以外テーブル	S27	a20_経理部以外.xlsx参照	…	…

ACL
（詳細は第2部）

ACLのログファイルのセッション名に「No」を使用し、相互に参照できるようにします。

「スクリプトNo」とACLのスクリプト名の番号を同一にし、相互に参照できるようにします。

ACLの結果テーブル名、Excelファイル名を記入し、相互に参照できるようにします。

第3章 CAATの業務の流れと監査調書の概要

第II部
ACLの操作

第II部では、ACLの具体的な操作について説明します。

「CAATの業務の流れ」の中で、ACLを使用するステップは、「データ分析」、「監査調書の保存」です。

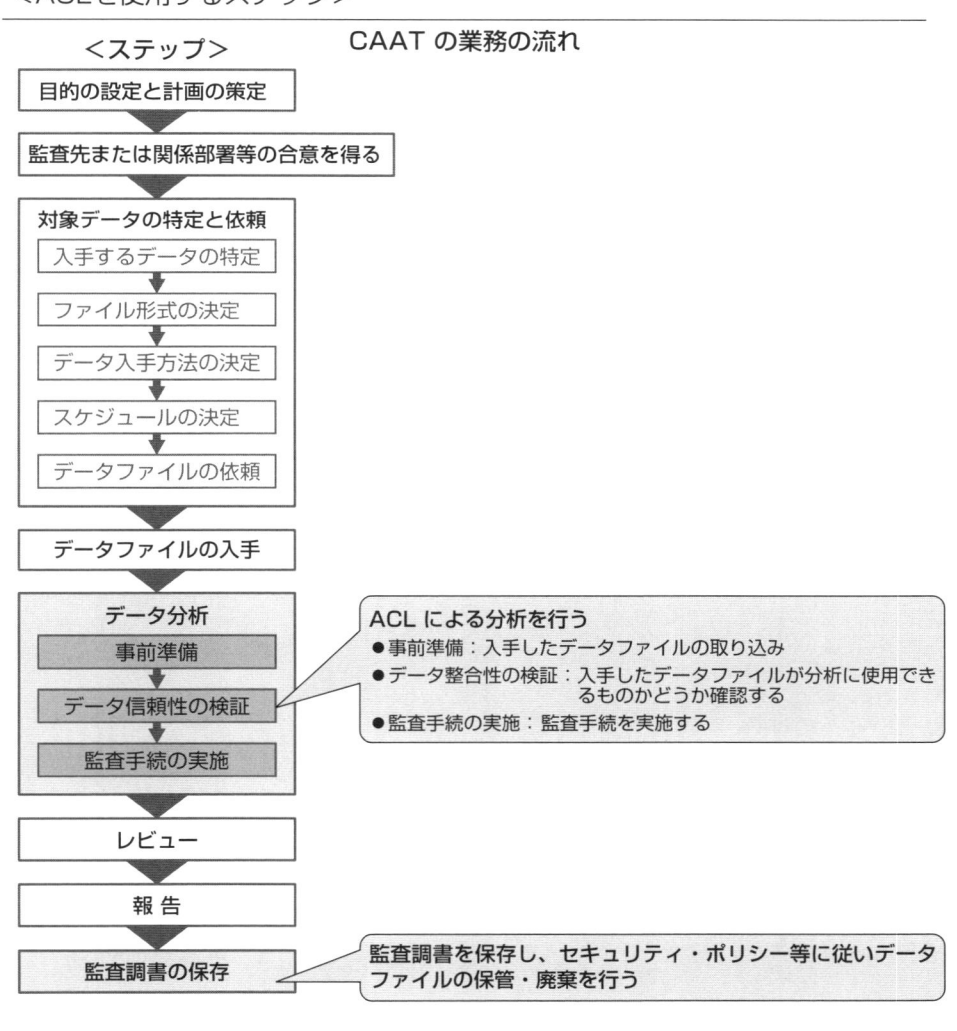

<ACLを使用するステップ>

<ステップ>　　　　　CAATの業務の流れ

- 目的の設定と計画の策定
- 監査先または関係部署等の合意を得る
- 対象データの特定と依頼
  - 入手するデータの特定
  - ファイル形式の決定
  - データ入手方法の決定
  - スケジュールの決定
  - データファイルの依頼
- データファイルの入手
- データ分析
  - 事前準備
  - データ信頼性の検証
  - 監査手続の実施

  ACLによる分析を行う
  - 事前準備：入手したデータファイルの取り込み
  - データ整合性の検証：入手したデータファイルが分析に使用できるものかどうか確認する
  - 監査手続の実施：監査手続を実施する

- レビュー
- 報告
- 監査調書の保存

  監査調書を保存し、セキュリティ・ポリシー等に従いデータファイルの保管・廃棄を行う

第1章
ACLの基本操作

この章では：
　ACLの概要および起動から終了までの基本操作を説明します。

1-1　ACLの要素
1-2　ACLの基本操作

1-1

ACLの要素

1-1-1　ACLの要素

ACLは複数の要素で構成されています。ACLの使用にあたって、基本となる要素を確認します。

＜ACLの要素＞

要素	説明
ソースデータ	分析の対象となるデータファイルのことです。監査先または関係部署等から入手したデータファイルがソースデータに当たります。
プロジェクト	プロジェクトとは、テーブル レイアウトやビュー、スクリプト等の要素を管理するためのものです。プロジェクトは、「**.ACL**」という拡張子のファイルで保存されます。 ACLで分析を行うには、まずプロジェクトを作成します。
テーブル	ACLでは、ソースデータの内容を表形式で表示します。この表をテーブルといいます。ソースデータをプロジェクトで表示するためにはテーブルの作成が必要となります。1つのプロジェクトに複数のテーブルを作成できます。
テーブルレイアウト	テーブルの定義情報で、ファイルレイアウトに相当するものです。テーブルの各フィールド（列）の長さやデータ型等の情報の閲覧、編集が行えます。
ビュー	テーブルのデータは、ビューを介して表示されます。テーブルを作成すると、自動的に標準的なビュー（「デフォルト_ビュー」）が作成され、データが表示されます。ビューは、1つのテーブルに対して複数作成できます。
filファイル	ソースデータがACLにインポート（次ページ参照）される場合、ソースデータのコピーのファイルが自動的に作成されます。そのコピーのファイルには、「**.fil**」という拡張子が付くため、本書ではfilファイルと記述します。
スクリプト	ACLのコマンドを自動実行するために使用する簡易プログラムのことです。
ログ	ACLでは、プロジェクトで行った操作が自動的に記録されます（一部記録されない操作もあります）。この記録をログといいます。ログは、「**.LOG**」という拡張子のファイルに記録されます。

これらの要素の関係を図で示すと、次のようになります。

<各要素の関係図>

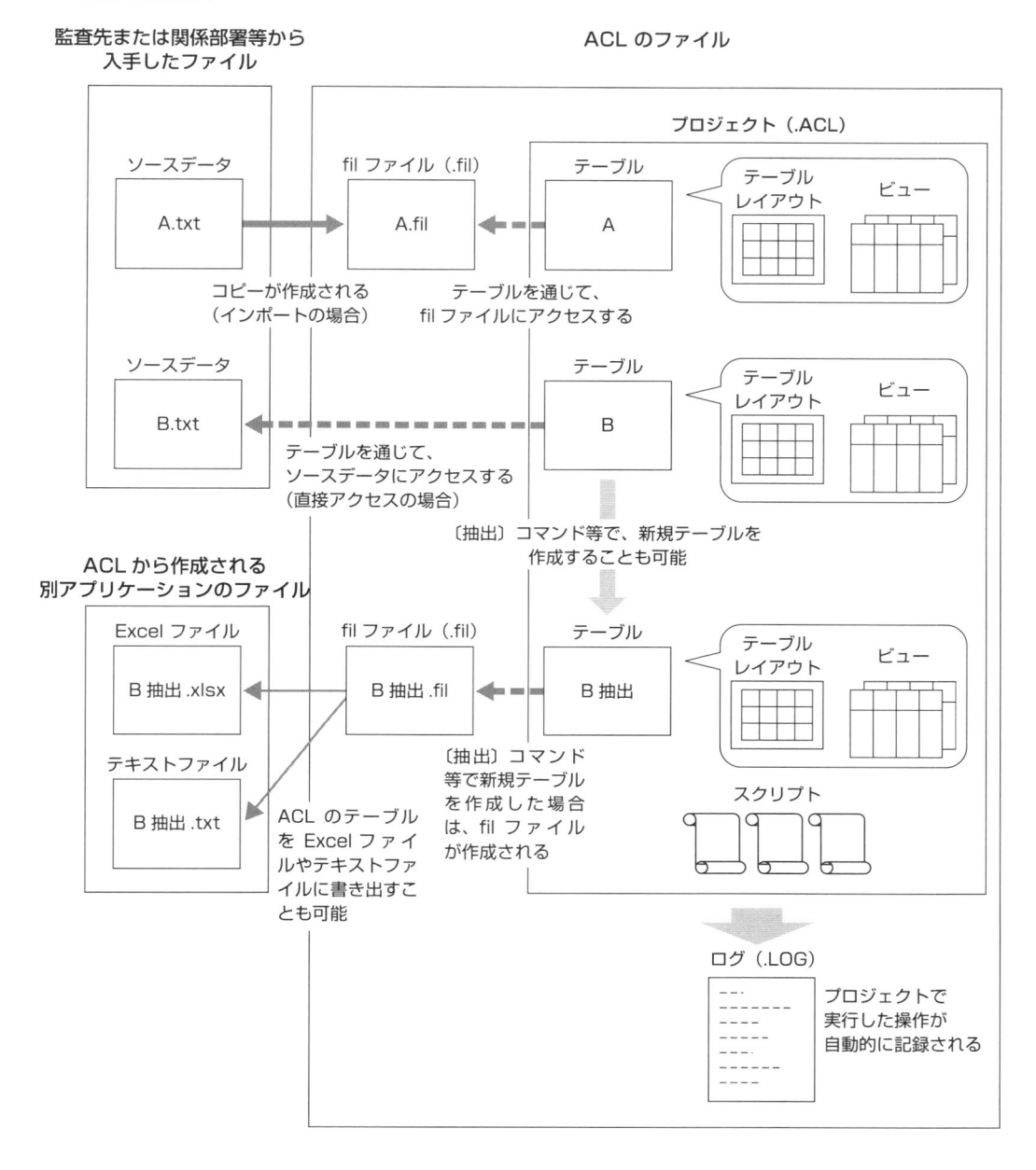

監査先または関係部署等から入手したファイル

- ソースデータ: A.txt
- fil ファイル (.fil): A.fil
  - コピーが作成される（インポートの場合）
- ソースデータ: B.txt
  - テーブルを通じて、ソースデータにアクセスする（直接アクセスの場合）

ACL のファイル

プロジェクト（.ACL）

- テーブル A ← テーブルを通じて、fil ファイルにアクセスする
  - テーブルレイアウト
  - ビュー
- テーブル B
  - テーブルレイアウト
  - ビュー

〔抽出〕コマンド等で、新規テーブルを作成することも可能

- fil ファイル (.fil): B 抽出.fil ← テーブル: B 抽出
  - テーブルレイアウト
  - ビュー

〔抽出〕コマンド等で新規テーブルを作成した場合は、fil ファイルが作成される

ACL から作成される別アプリケーションのファイル

- Excel ファイル: B 抽出.xlsx
- テキストファイル: B 抽出.txt

ACL のテーブルを Excel ファイルやテキストファイルに書き出すことも可能

スクリプト

ログ（.LOG）
プロジェクトで実行した操作が自動的に記録される

第1章 ACLの基本操作

ACLでは、プロジェクト（.ACL）自体にはデータそのものは保存されません。

データは独立したファイル（filファイルまたはソースデータ）として存在し、プロジェクトからはテーブルを介してそのファイルを参照します。そのため、プロジェクトのみでは、データの中身を見ることはできません。

テーブルがどのファイルを参照するかは、テーブルを作成する時に決められます。ファイルの参照方法には、インポートと直接アクセスという2種類のタイプがあり、それぞれ参照先が異なります。

- ●インポート………テーブル作成時にfilファイルが作成されます。この場合、テーブルからはfilファイルが参照されます。テーブル作成後は、ソースデータは使用されないため、ソースデータを削除したり、データを修正したりしてもACLのテーブルには影響しません。
  - ※REFRESHコマンドを使用すると、ソースデータの修正をテーブルに反映することができます。REFRESHコマンドについては、ACLのヘルプを参照してください。
- ●直接アクセス……テーブル作成時にfilファイルが作成されません。この場合、テーブルからは直接ソースデータのファイルが参照されます。ソースデータを削除したり、データを修正したりするとACLのテーブルに影響します。

> **Point　Hint　注意　重要**
>
> **インポートと直接アクセス**
> 　テーブルがインポートと直接アクセスのどちらの形式で作成されるかは、ソースデータのファイル形式と文字セットによって異なります。テーブル作成時に、ファイル形式を「その他のファイル形式」と設定し（p.106参照）、かつ文字セットで「IBMメインフレームまたはミニコンピューター（EBCDIC）」または「PCおよびその他全種類のコンピューター（ASCII）」を選択した（p.104参照）場合は、直接アクセスとなります。

> **Point　Hint　注意　重要**
>
> **インポートと直接アクセスの確認方法**
> 　テーブル作成後に、そのテーブルがインポートか直接アクセスか（どのファイルを参照しているか）を確認する方法は、p.155を参照してください。

> Point　Hint　注意　**重 要**
>
> **ACLのファイル**
>
> 　ACLでは、プロジェクト（.ACL）、filファイル（直接アクセスの場合はソースデータ）、ログ（.LOG）の各ファイルが独立して存在しています。作業の途中でバックアップを行う場合等は、もれなく保存するよう注意してください。
>
> 　プロジェクト以外の各ファイルの情報は、プロジェクトを介して閲覧する仕組みになっているため、各ファイルが単独で保存されていても使用することができません。必ずプロジェクトと合わせて保存してください。
>
> 　ただし、監査調書として保存する必要のないファイルもあります。監査手続終了後、ファイルの整理を行ってください。監査調書として保存するファイルについては、**第5章**を参照してください。

1-2 ACLの基本操作

ACLの基本操作について説明します。

1-2-1 ACLの画面構成

ACLの画面構成について説明します。

＜ACLを起動したときの画面＞

ACLを起動すると、「ACL Analytics Launcher」が表示されます。

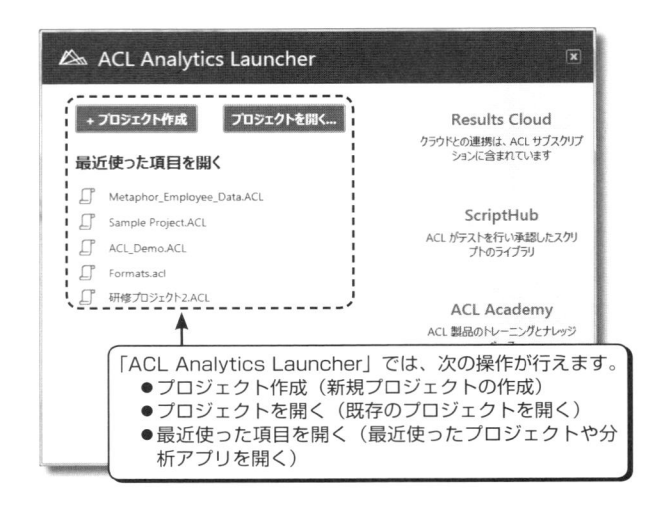

「ACL Analytics Launcher」では、次の操作が行えます。
- プロジェクト作成（新規プロジェクトの作成）
- プロジェクトを開く（既存のプロジェクトを開く）
- 最近使った項目を開く（最近使ったプロジェクトや分析アプリを開く）

Point | Hint | 注意 | 重要

オンラインサービス

ACL Analytics Launcherの画面右側のリンクから、ACL社（ACL Services Ltd.）のオンラインサービス（英語）にアクセスできます。サービスの利用には、インターネットブラウザーを使用します。
- Results Cloud … クラウド経由でデータ分析の結果を共有できます。
- ScriptHub ……… スクリプトのライブラリです。
- ACL Academy … オンライン学習ツールが提供されています。
- サポート………… ACL Support Centerにアクセスします。

※2014年12月時点の情報です。最新情報は、株式会社エージーテックのサイトを確認してください。

<プロジェクトを操作するときの画面>

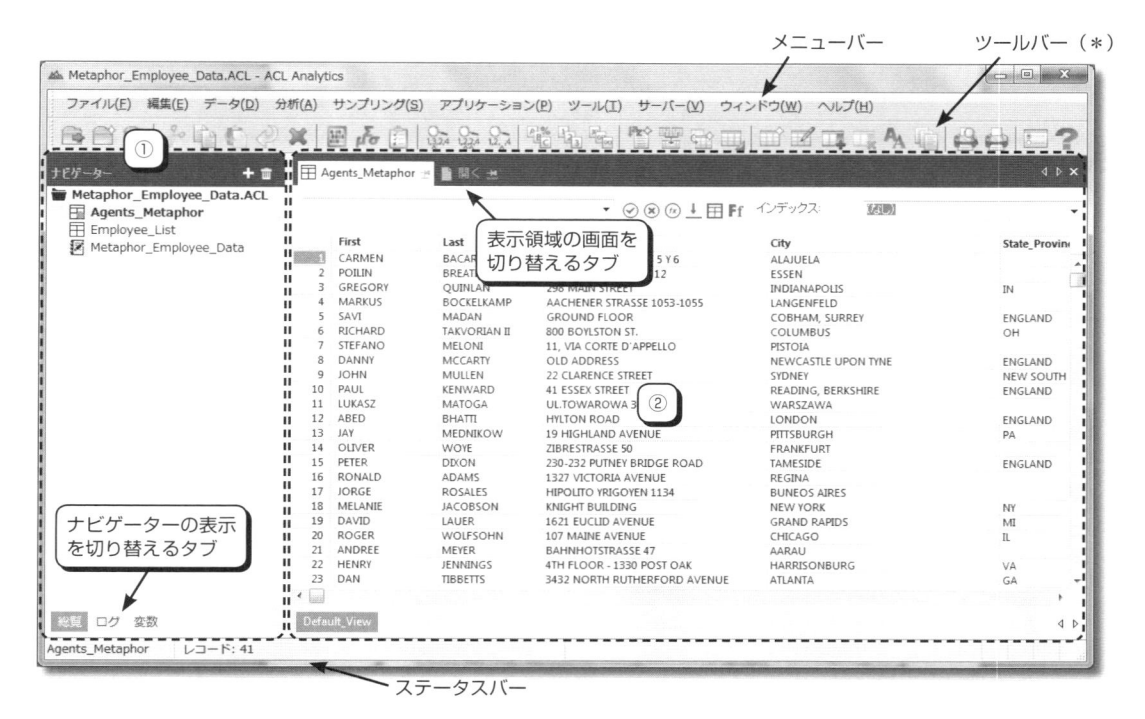

画面の各部の説明:
- メニューバー
- ツールバー（＊）
- ナビゲーターの表示を切り替えるタブ（①）
- 表示領域の画面を切り替えるタブ
- 表示領域（②）
- ステータスバー

	名称	説明
①	ナビゲーター	プロジェクト内のテーブルやスクリプトの一覧を表示する画面。ナビゲーター下部のタブの切り替えにより、表示する情報を切り替えられます。 ● 〔総覧〕タブ：テーブル、フォルダー、ログ、スクリプトの一覧が表示されます。項目の種類は、アイコンで区別できます。 田テーブル □フォルダー ログ スクリプト 表示領域（②）で表示されている項目は、ナビゲーターで太字で表示されます。 〔総覧〕タブでは、項目の種類に関わらず、名前順で表示されます。 ● 〔ログ〕タブ：ログの一覧が表示されます。 ● 〔変数〕タブ： 変数の一覧とその値が表示されます。
②	表示領域	ナビゲーターで選択した項目の内容が表示される領域。テーブルのデータやコマンドの実行結果、スクリプトの編集画面等が表示されます。 複数の画面が開いている場合は、表示領域上部のタブで切り替えます。

＊：ツールバーは、ACLを初めて起動したときは、非表示になっています。ツールバーを表示する場合は、p.86を参照してください。

1-2-2 ACLを起動する

操作 ACLを起動してみましょう。

① Windowsの〔スタート〕ボタンから〔すべてのプログラム〕-〔ACL Analytics〕-〔ACL Analytics〕をクリックします。

結果

ACLが起動し、「ACL Analytics Launcher」が表示されます。

```
ACL Analytics Launcher

+ プロジェクト作成    プロジェクトを開く...

最近使った項目を開く
    Metaphor_Employee_Data.ACL
    Sample Project.ACL
    ACL_Demo.ACL
    Formats.acl
    研修プロジェクト2.ACL

                        Results Cloud
                    クラウドとの連携は、ACL サブスクリプ
                        ションに含まれています

                        ScriptHub
                    ACL がテストを行い承認したスクリ
                        プトのライブラリ

                        ACL Academy
                    ACL 製品のトレーニングとナレッジ
                            ベース

                        サポート
                        オンライン ヘルプ
```

1-2-3 既存のプロジェクトを開く

操作 サンプルのプロジェクト「Metaphor_Employee_Data.ACL」を開いてみましょう。

① 「ACL Analytics Launcher」の〔プロジェクトを開く〕をクリックします。

② サンプルファイルをインストールしたフォルダーを開き、「Metaphor_Employee_Data.ACL」を選択して、〔開く〕ボタンをクリックします。

※「Metaphor_Employee_Data.ACL」は、ACLに同梱されているサンプルファイルです。
ACLのインストール先により、フォルダーが異なります。デフォルトでは、「マイドキュメント」の「ACL Data」-「Sample Data Files」フォルダーにインストールされます。

> 結 果

「Metaphor_Employee_Data」プロジェクトが開き、ナビゲーターにプロジェクト名、テーブル名等が表示されます。

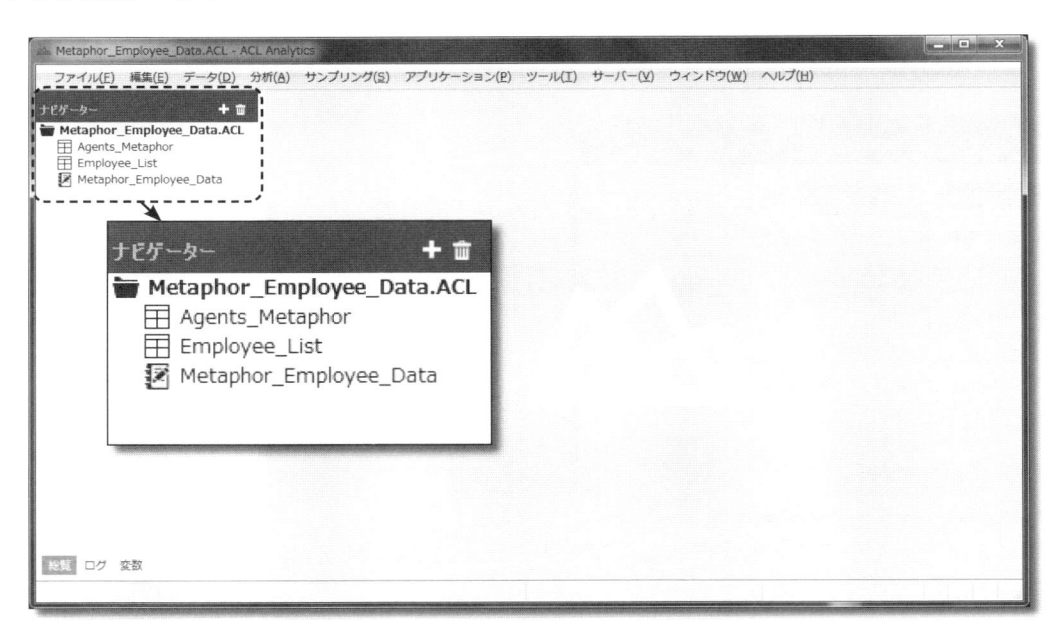

> Point | **Hint** | 注意 | 重要
>
> **ACLのヘルプ**
> 　ACLのヘルプは、メニューの〔ヘルプ〕-〔目次〕で開きます。
> 　オンラインヘルプのため、インターネットに接続している状態で使用します。

1-2-4 テーブルを開く

操作 テーブルを開いてみましょう。「Employee_List」テーブルを開きます。

「Metaphor_Employee_Data.ACL」が開いている状態で操作します。

① ナビゲーターで、「Employee_List」テーブルをダブルクリックします。

結果

テーブルの内容が表示されます。

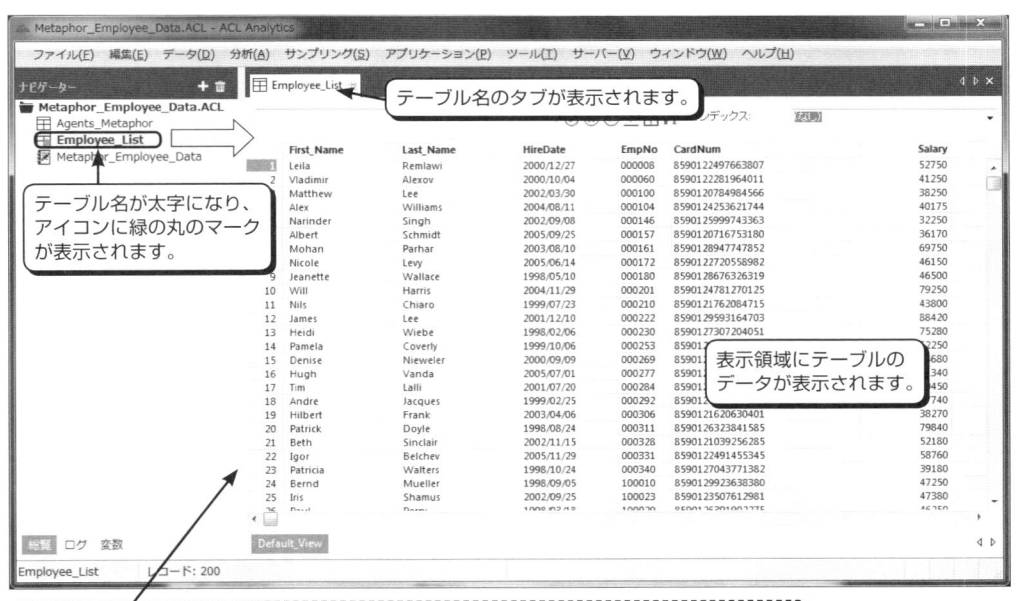

ナビゲーターの幅を変更する場合は、表示領域との境界線（グレーの線）をドラッグします。
また、境界線をダブルクリックすると、ナビゲーターを非表示にすることもできます。
（表示を戻す場合も、画面左端に表示される境界線をダブルクリックします。）

Point Hint 注意 重要

複数のテーブルを開いた状態にする

2つ目のテーブルを開くと、先に開いていたテーブルは自動的に閉じられます。複数のテーブルを開いた状態にしておきたい場合は、「ピン アイコン」を使用して、現在開いているテーブルのタブを固定します。

【手順】
① 現在開いているテーブルのタブのピン アイコンをクリックします。

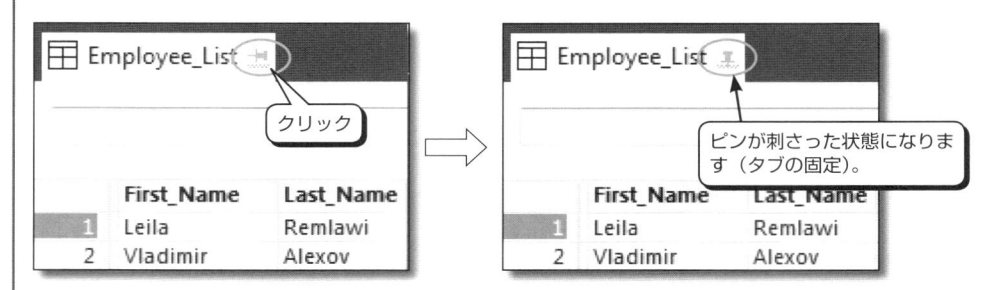

② ナビゲーターから次のテーブルを開きます。

【結果】
2つのテーブルが開かれた状態になります。最初に開いていたテーブルもタブが残っており、タブでテーブルを切り替えることができます。

タブの固定については、p.398も参照してください。

1-2-5 列幅を変更する

操作 列幅を変更してみましょう。「First_Name」列の列幅を変更します。

「Metaphor_Employee_Data.ACL」の「Employee_List」テーブルが開いている状態で操作します。

① 「First_Name」列の列見出し（グレー）の右端にマウスポインタを合わせます。

	First_Name	Last_Name
1	Leila	Remlawi
2	Vladimir	Alexov
3	Matthew	Lee

←列見出し

列と列を区切る縦線にマウスポインタを重ねます。

② ポインタが左右に矢印がついた形に変わったところでドラッグし、任意の幅に調整します。または、ダブルクリックし、自動調整します。
※自動調整では、列見出しまたはデータの一番長い値に合わせて、列幅が調整されます。

結果

列幅が変更されました。

	First_Name	Last_Name
1	Leila	Remlawi
2	Vladimir	Alexov
3	Matthew	Lee

Point / Hint / 注意 / 重要

数値型フィールドの列幅が足りない場合

数値型フィールドの数値の桁数に対し、列幅が足りない場合は、値が「#」で表示されます。値を表示したい場合は、適切な列幅に調整してください。

（例）「Salary」列の列幅が足りない

EmpNo	alary	Bonus_2005
000008	####	1405.40
000060	####	4557.43

⇒

EmpNo	Salary	Bonus_2005
000008	52750	1405.40
000060	41250	4557.43

Point　**Hint**　注意　重要

すべての列幅を自動調整する

テーブルのデータ上で右クリックし、〔すべての列をサイズ変更〕をクリックすると、すべての列幅が自動調整されます。

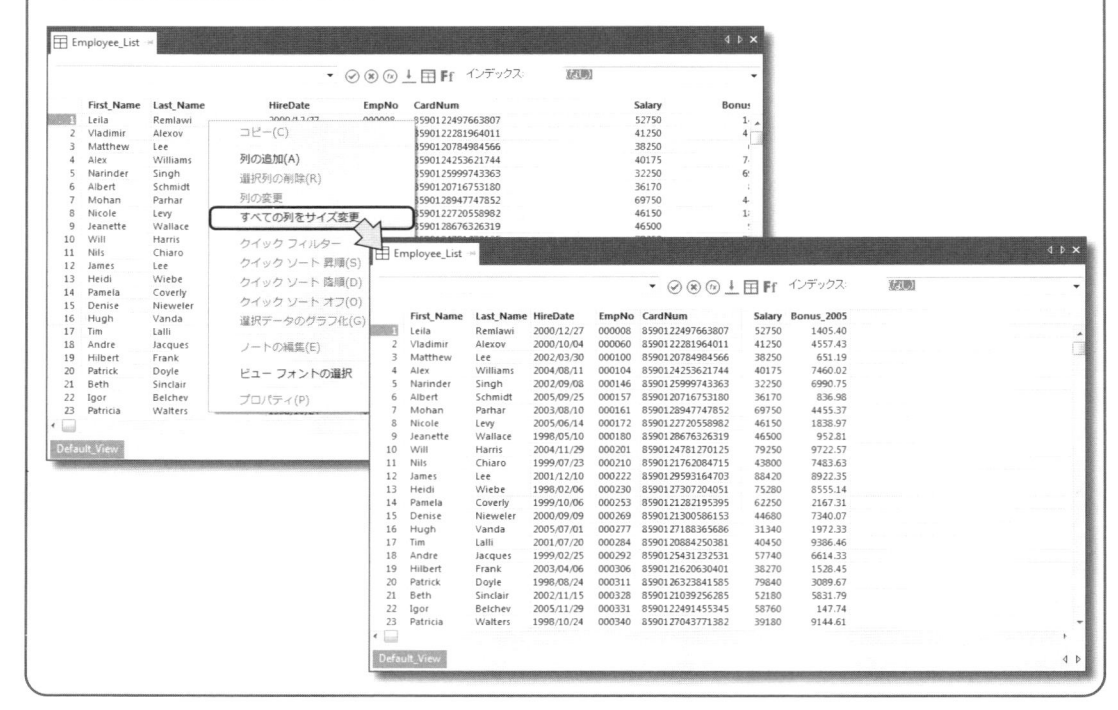

Point　**Hint**　注意　重要

任意の複数の列幅をまとめて自動調整する

任意の複数の列幅をまとめて自動調整する場合は、以下の操作を行います。

① 連続している列の場合は、先頭の列見出しをクリックし、Shiftキーを押しながら、末尾の列見出しをクリックします。

連続していない列の場合は、Ctrlキーを押しながら、それぞれの列見出しをクリックします。

② 選択した列のいずれかの列見出しの右端にマウスポインタを合わせ、ポインタの形が変わったところでダブルクリックします。

1-2-6 列を移動する

操作 列を移動し、列の並び順を変更してみましょう。「CardNum」列を「Salary」列の前に移動します。

「Metaphor_Employee_Data.ACL」の「Employee_List」テーブルが開いている状態で操作します。

① 「CardNum」列の列見出し（グレー）にマウスポインタを合わせ、「Salary」列の左側までドラッグします。

Last_Name	CardNum	HireDate	EmpNo	Salary
Remlawi	8590122497663807	2000/12/27	000008	52750
Alexov	8590122281964011	2000/10/04	000060	41250
Lee	8590120784984566	2002/03/30	000100	38250

ドラッグ
移動したい位置

結 果

ドラッグした先に列が移動します。

Last_Name	HireDate	EmpNo	CardNum	Salary
Remlawi	2000/12/27	000008	8590122497663807	52750
Alexov	2000/10/04	000060	8590122281964011	41250
Lee	2002/03/30	000100	8590120784984566	38250

1-2-7 列を削除する

　表示する必要がない列は削除することができます。ここで行う削除は、ビューから非表示にするのみであり、テーブル自体から削除するものではありません。そのため、**1-2-8**の〔列の追加〕（p.84）の操作で、再度表示させることができます。

操作　列を削除してみましょう。「CardNum」列を削除します。

「Metaphor_Employee_Data.ACL」の「Employee_List」テーブルが開いている状態で操作します。

① 「CardNum」列の列見出し（グレー）にマウスポインタを合わせて右クリックし、〔選択列の削除〕をクリックします。

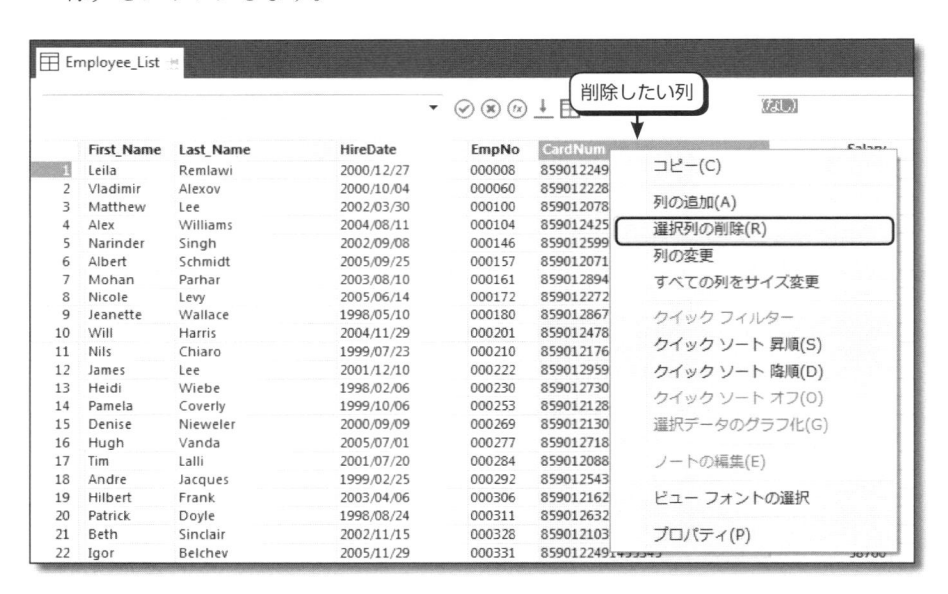

② 「ビューから'CardNum'を削除しますか？」とメッセージが表示されます（「ビューから」となっており、テーブルからの削除ではないことが確認できます）。〔削除〕ボタンをクリックします。

結果

選択した列がビューから削除されました。

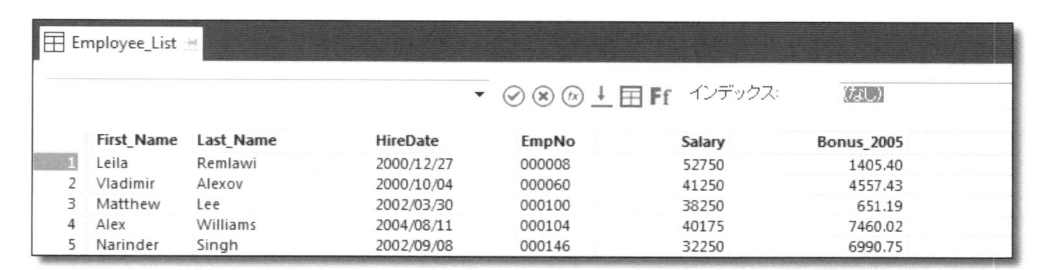

	First_Name	Last_Name	HireDate	EmpNo	Salary	Bonus_2005
1	Leila	Remlawi	2000/12/27	000008	52750	1405.40
2	Vladimir	Alexov	2000/10/04	000060	41250	4557.43
3	Matthew	Lee	2002/03/30	000100	38250	651.19
4	Alex	Williams	2004/08/11	000104	40175	7460.02
5	Narinder	Singh	2002/09/08	000146	32250	6990.75

> **Point** Hint 注意 重要
>
> **フィールドの削除**
>
> テーブルから列を削除する場合は、「フィールドの削除」という操作を行います。フィールドの削除を行うと、戻すことはできません。操作については、p.211を参照してください。

1-2-8 列を追加する

ビューから削除した列を、再度ビューに表示します。

操作 ビューから削除した列を追加してみましょう。「CardNum」列を追加します。

「Metaphor_Employee_Data.ACL」の「Employee_List」テーブルが開いている状態で操作します。

① 「Salary」列の前に列を追加するため、「Salary」列の列見出しにマウスポインタを合わせ、右クリックして〔列の追加〕をクリックします。

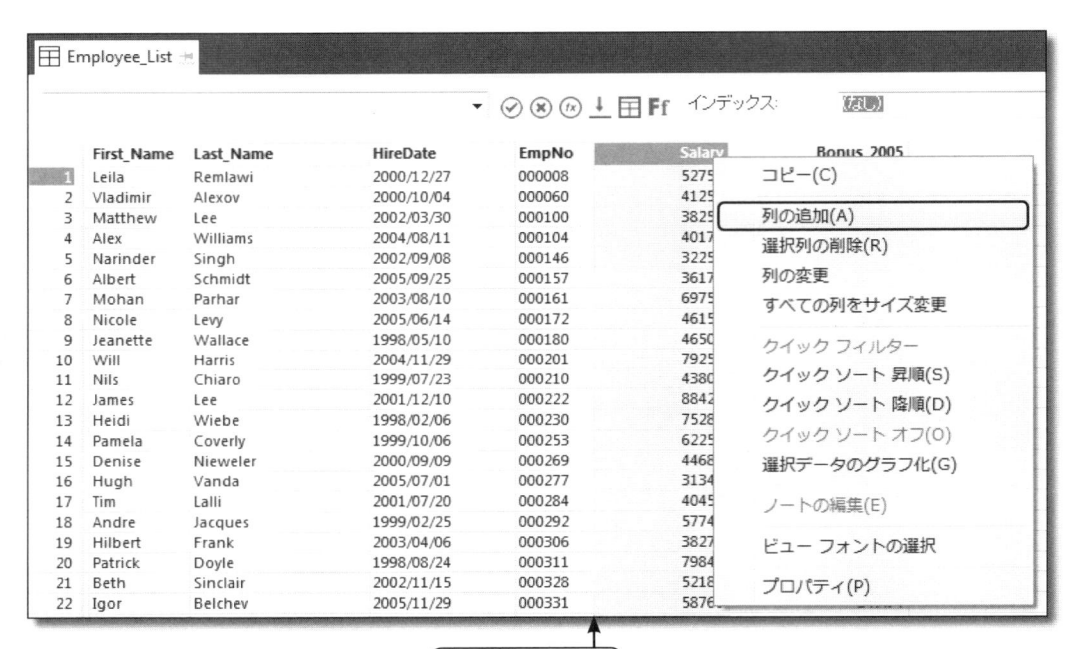

	First_Name	Last_Name	HireDate	EmpNo	Salary	Bonus 2005
1	Leila	Remlawi	2000/12/27	000008	5275	
2	Vladimir	Alexov	2000/10/04	000060	4125	
3	Matthew	Lee	2002/03/30	000100	3825	
4	Alex	Williams	2004/08/11	000104	4017	
5	Narinder	Singh	2002/09/08	000146	3225	
6	Albert	Schmidt	2005/09/25	000157	3617	
7	Mohan	Parhar	2003/08/10	000161	6975	
8	Nicole	Levy	2005/06/14	000172	4615	
9	Jeanette	Wallace	1998/05/10	000180	4650	
10	Will	Harris	2004/11/29	000201	7925	
11	Nils	Chiaro	1999/07/23	000210	4380	
12	James	Lee	2001/12/10	000222	8842	
13	Heidi	Wiebe	1998/02/06	000230	7528	
14	Pamela	Coverly	1999/10/06	000253	6225	
15	Denise	Nieweler	2000/09/09	000269	4468	
16	Hugh	Vanda	2005/07/01	000277	3134	
17	Tim	Lalli	2001/07/20	000284	4045	
18	Andre	Jacques	1999/02/25	000292	5774	
19	Hilbert	Frank	2003/04/06	000306	3827	
20	Patrick	Doyle	1998/08/24	000311	7984	
21	Beth	Sinclair	2002/11/15	000328	5218	
22	Igor	Belchev	2005/11/29	000331	5876	

右クリックメニュー:
- コピー(C)
- 列の追加(A)
- 選択列の削除(R)
- 列の変更
- すべての列をサイズ変更
- クイック フィルター
- クイック ソート 昇順(S)
- クイック ソート 降順(D)
- クイック ソート オフ(O)
- 選択データのグラフ化(G)
- ノートの編集(E)
- ビュー フォントの選択
- プロパティ(P)

↑ 列を追加したい位置

Hint
列見出しではなく、データ上で右クリックした場合は、最右列に追加されます。

② フィールドの一覧が表示されます。「使用可能なフィールド」から「CardNum」をクリックで選択し、〔→〕ボタンをクリックします。または、「CardNum」をダブルクリックします。

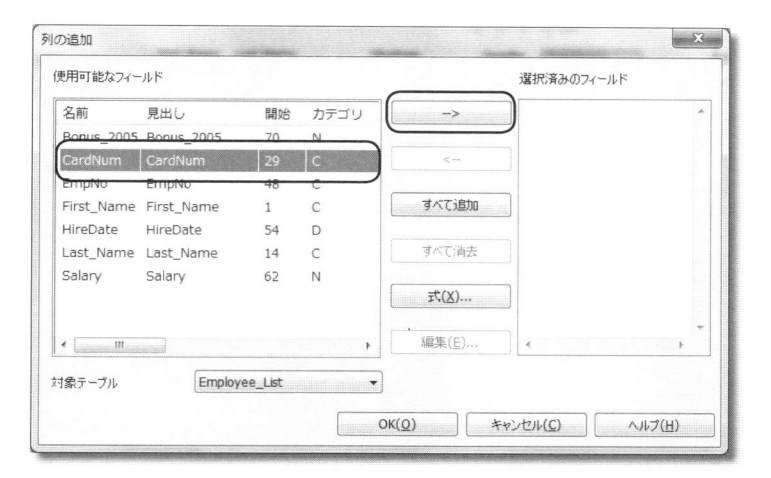

③ 「選択済みのフィールド」に表示されたら、〔OK〕ボタンをクリックします。

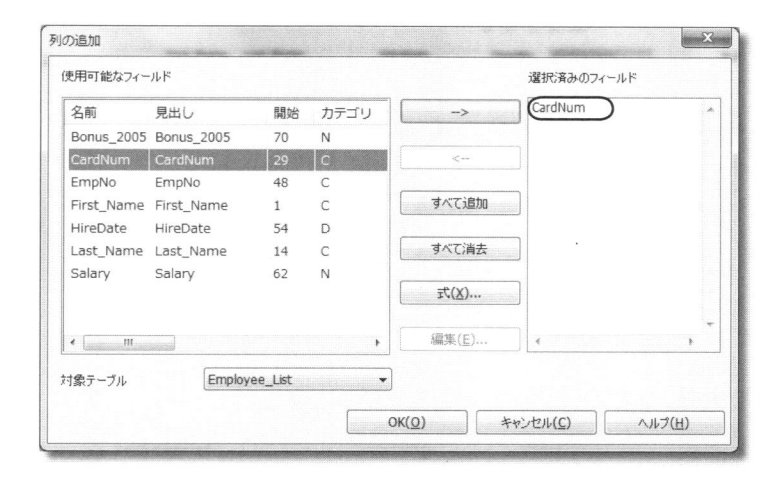

[結果]

ビューに列が追加されました。

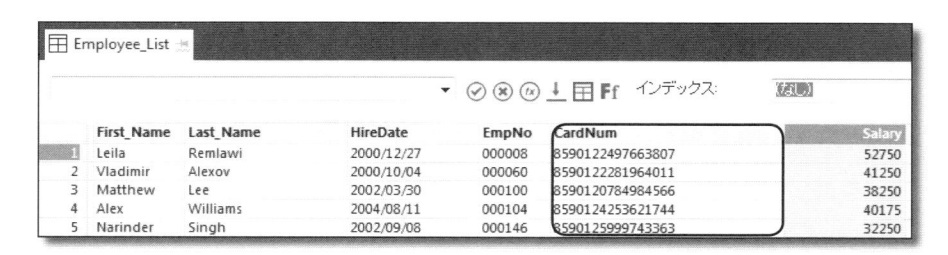

	First_Name	Last_Name	HireDate	EmpNo	CardNum	Salary
1	Leila	Remlawi	2000/12/27	000008	8590122497663807	52750
2	Vladimir	Alexov	2000/10/04	000060	8590122281964011	41250
3	Matthew	Lee	2002/03/30	000100	8590120784984566	38250
4	Alex	Williams	2004/08/11	000104	8590124253621744	40175
5	Narinder	Singh	2002/09/08	000146	8590125999743363	32250

1-2-9 ツールバーを表示する

初めてACLを起動したときは、ツールバーは非表示になっています。

操作 ツールバーを表示してみましょう。

「Metaphor_Employee_Data.ACL」が開いている状態で操作します。
（プロジェクトが開いていなくても操作できます。）

① メニューの〔ウィンドウ〕−〔ツールバー〕をクリックします。

結果

ツールバーが表示されます。

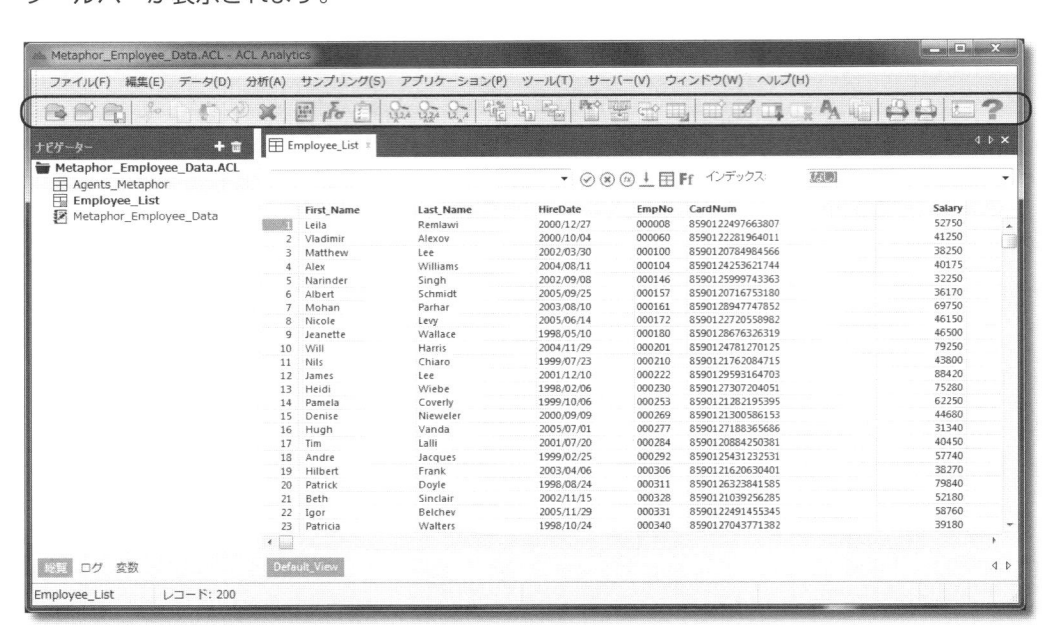

再度同じ操作を行うと、ツールバーを非表示にできます。
（本書では、以降の操作は、ツールバーを表示した状態で行っています。）

1-2-10 ログを開く

操作 ログを開いてみましょう。ログを開く操作は、2通りあります。

方法A ナビゲーターの〔総覧〕タブから開く
方法B ナビゲーターの〔ログ〕タブから開く

「Metaphor_Employee_Data.ACL」が開いている状態で操作します。

方法A ナビゲーターの〔総覧〕タブから開く

① ナビゲーターで〔総覧〕タブが表示されている状態で、一覧からログをダブルクリックします（ログは、通常プロジェクト名と同じ名前です）。

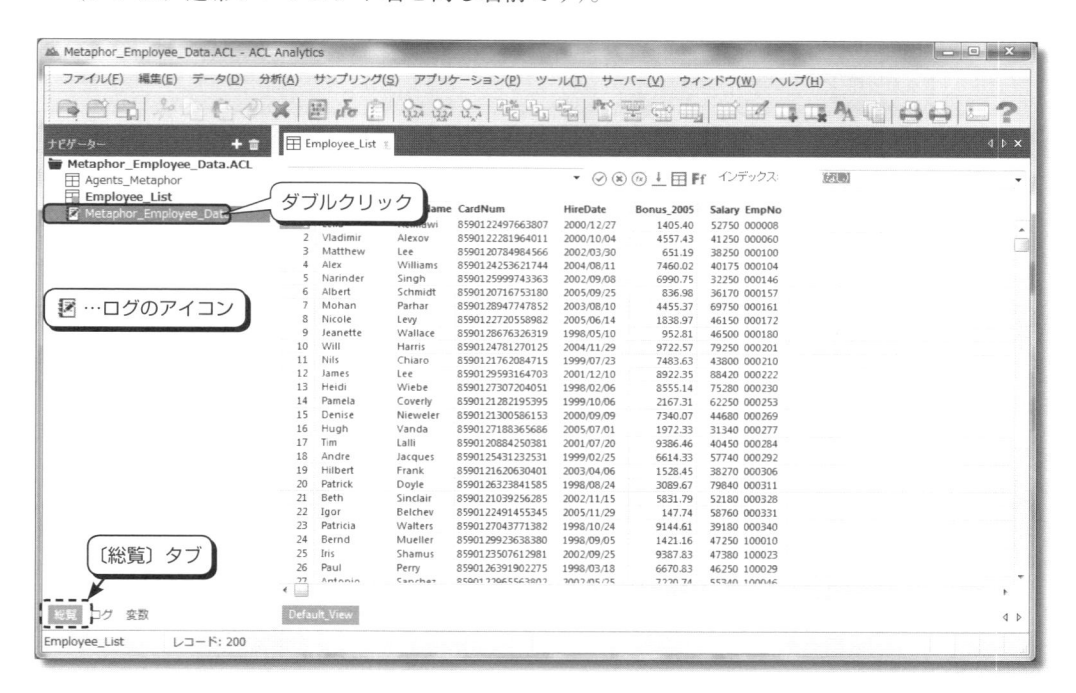

結果

ログの一覧が表示されます。

プロジェクトを開いた日付・時刻ごとに分類（ のアイコンで表示。このカテゴリをセッションといいます）されており、プロジェクトを閉じるまでに実行したコマンドが記録されています。

セッションの先頭のプラスマークをクリックして展開すると、その日時に実行した操作のログを表示できます。操作のログをダブルクリックすると、その内容を表示できます。

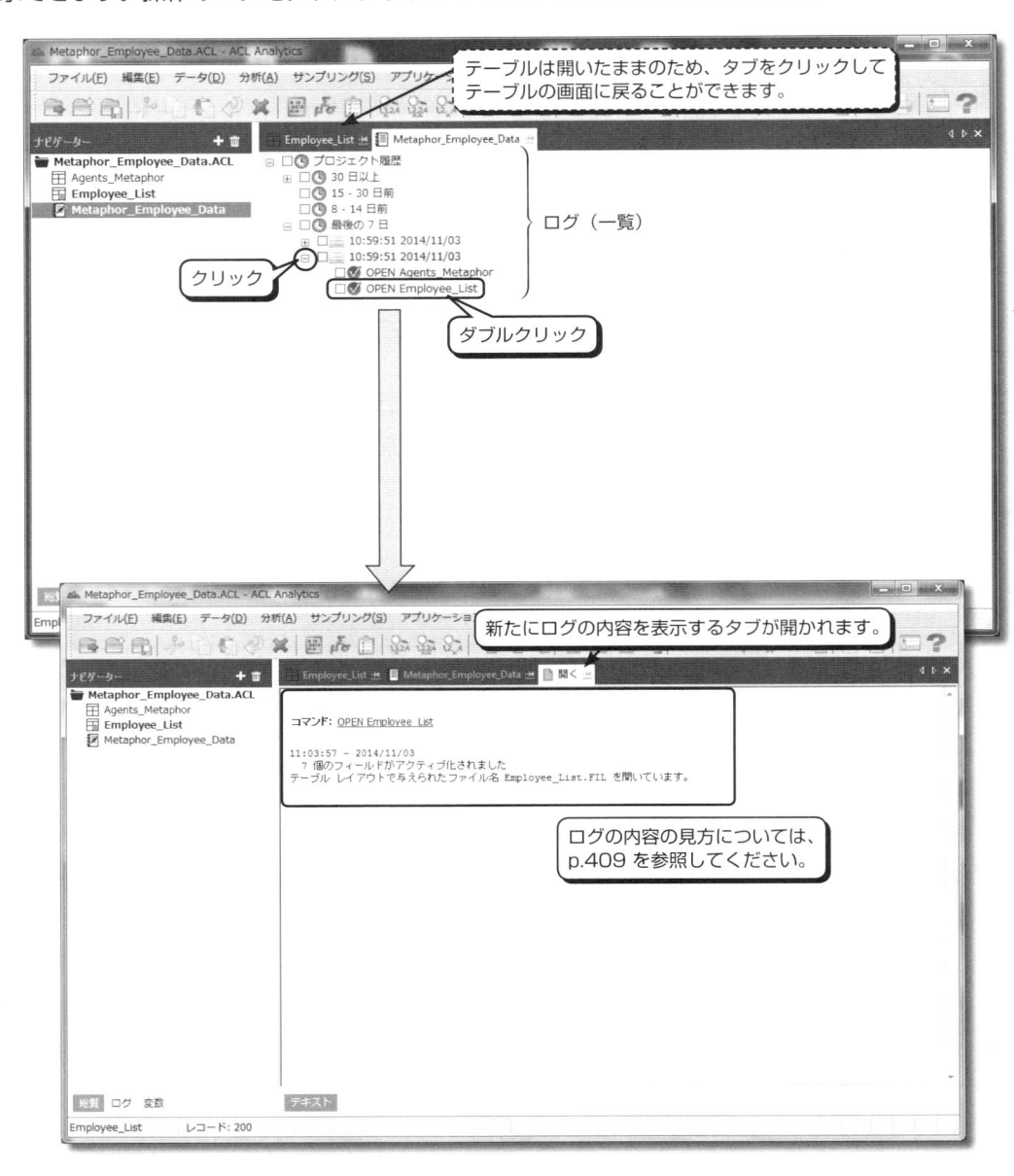

（スクリーンショット：プロジェクト履歴のログ一覧が表示されている画面。「クリック」「ダブルクリック」の吹き出し、「テーブルは開いたままのため、タブをクリックしてテーブルの画面に戻ることができます。」の吹き出し、「ログ（一覧）」のラベルが付いている。）

（スクリーンショット：ログの内容を表示するタブが開かれた画面。コマンド: OPEN Employee_List、11:03:57 - 2014/11/03、7 個のフィールドがアクティブ化されました、テーブル レイアウトで与えられたファイル名 Employee_List.FIL を開いています。「新たにログの内容を表示するタブが開かれます。」「ログの内容の見方については、p.409 を参照してください。」の吹き出し。）

方法B ナビゲーターの〔ログ〕タブから開く

① ナビゲーターの〔ログ〕タブをクリックします。

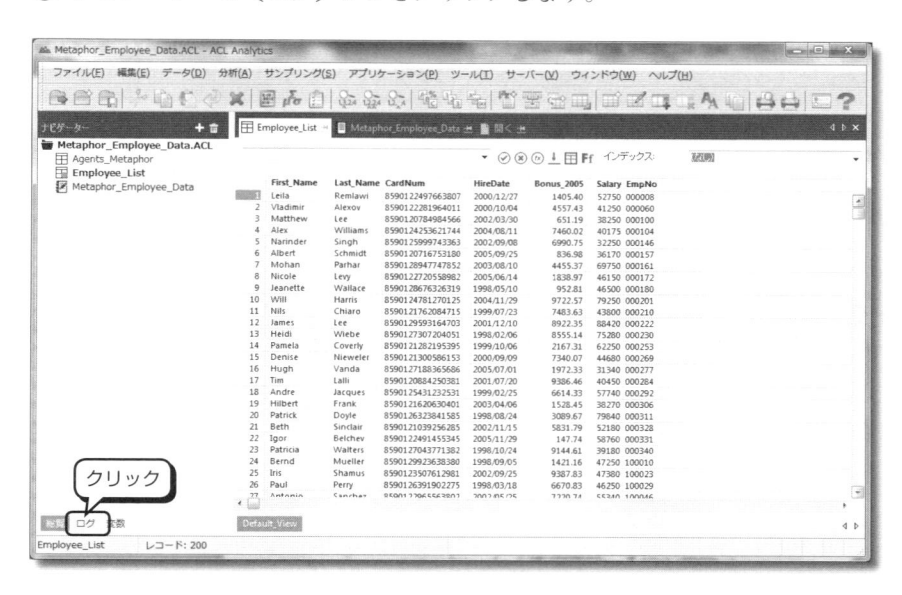

[クリック]

結果

〔ログ〕タブに切り替わり、ナビゲーターにログの一覧が表示されます。

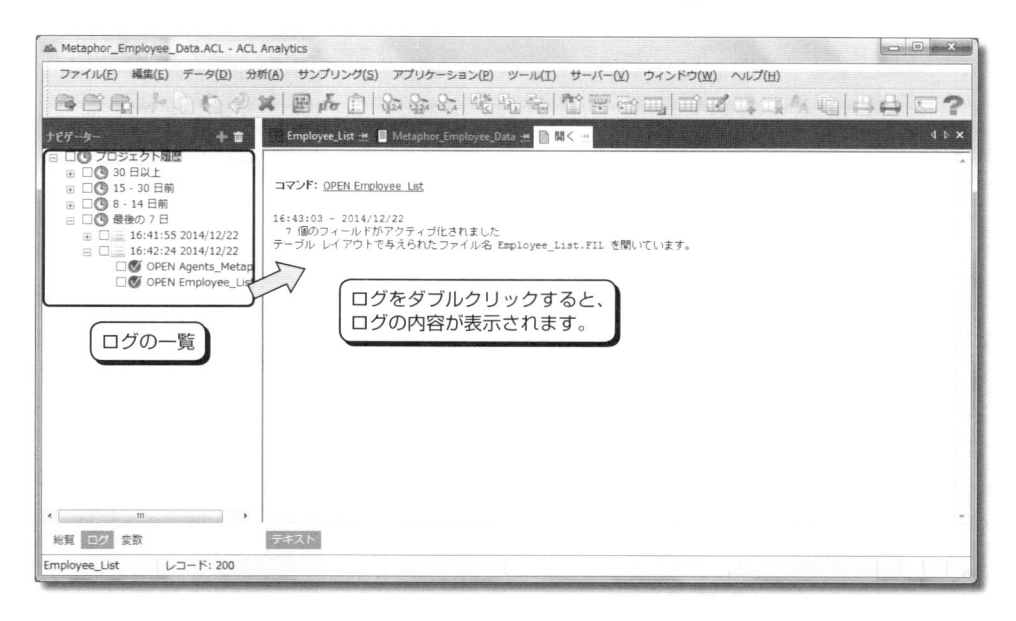

[ログの一覧]

[ログをダブルクリックすると、ログの内容が表示されます。]

ナビゲーターの〔総覧〕タブをクリックし、ナビゲーターを元の表示に戻します。

1-2-11 テーブルやログを閉じる

操作 開いているテーブルを閉じてみましょう。「Employee_List」テーブルを閉じます。

「Metaphor_Employee_Data.ACL」の「Employee_List」テーブルが開いている状態で操作します。

① 「Empoyee_List」テーブルのタブをクリックし、テーブルを表示した状態にします。

② 表示領域の右上の〔閉じる〕（×）ボタンをクリックします。

③ テーブルで列幅の変更、列の追加・削除等の表示の変更を行っている場合は、テーブルを閉じる前に変更を保存するかを確認するメッセージが表示されます。〔はい〕ボタンをクリックします。

結果

開いていたテーブルが閉じます。
ログの画面も同様の手順で閉じることができます。

1-2-12 プロジェクトを閉じる

操作 「Metaphor_Employee_Data」プロジェクトを閉じてみましょう。

「Metaphor_Employee_Data.ACL」が開いている状態で操作します。

① メニューの〔ファイル〕-〔プロジェクトを閉じる〕をクリックします。

結果

プロジェクトが閉じられます。

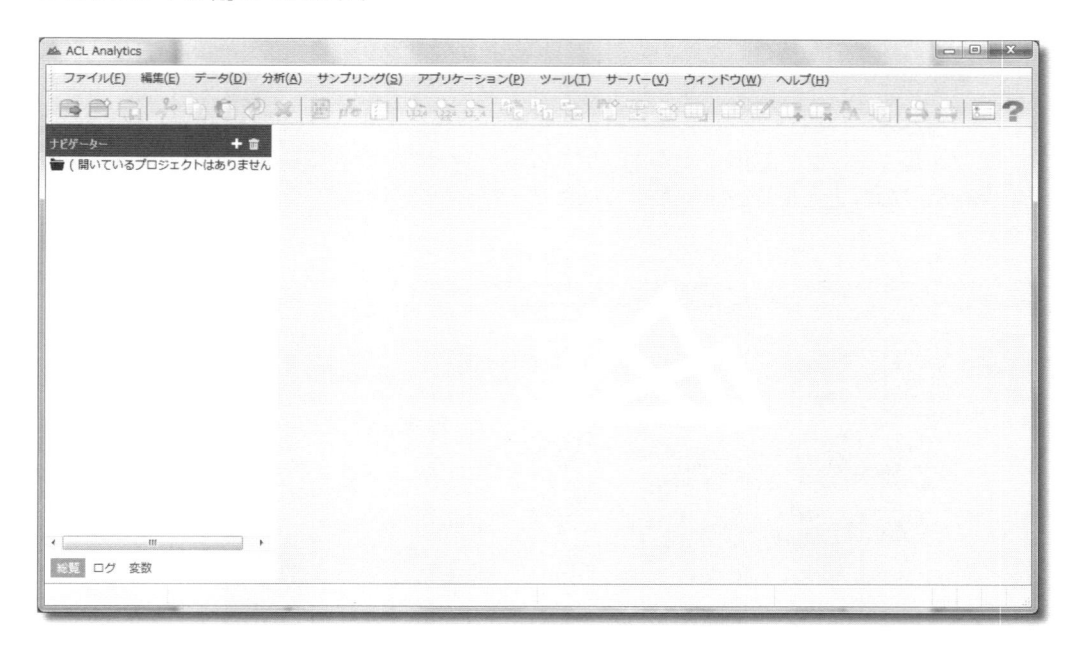

Point **Hint** 注意 重要

プロジェクトの上書き保存

作業の途中で保存を行う場合は、メニューの〔ファイル〕-〔プロジェクトを上書き保存〕（または、ツールバーの〔開いているプロジェクトを上書き保存〕( )）を行います。

ACLでは、プロジェクトの最新の作業コピーが作成されていますが（拡張子「.AC」のファイル。プロジェクトを正常に終了すると削除されます）、パソコンが異常終了した場合等は、作業コピーも破損する可能性があります。作業内容を失わないようにするため、こまめに上書き保存を行うようにしてください。

パソコンが異常終了した場合は、プロジェクトを再度開く際に、作業コピーのファイルを使用するかどうかを確認するメッセージが表示されます。

- 〔作業中〕：前回作業していた時の作業コピーのプロジェクトが開きます。前回保存時点のファイルは上書きされます。
- 〔前回の保存〕：前回保存した時点のプロジェクトが開きます。作業コピーのファイルは削除されます。
- 〔キャンセル〕：プロジェクトを開く操作をキャンセルします。プロジェクトが保存されているフォルダーには、拡張子「.AC」のファイル（作業コピー）、「.ACL」のファイル（前回保存時点のファイル）が残っているため、それぞれのバックアップを作成することができます。

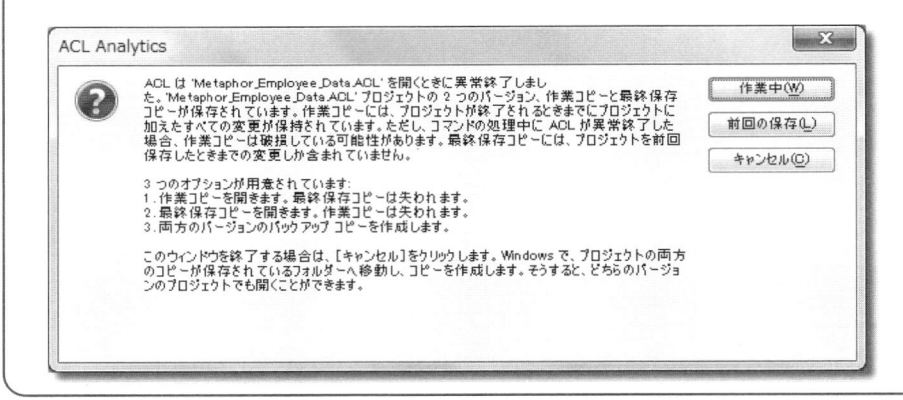

Point **Hint** 注意 重要

ログファイルの上書き保存

ログファイル（.LOG）には、明示的に上書き保存を行うメニューコマンドはありません。
ログファイルは以下のタイミングで保存されています。

- メニューコマンドを実行し、ログの一覧からログの内容を開いて、コマンドの実行結果を表示した時
- メニューコマンドの実行結果を画面表示（p.395参照）にした時
- プロジェクトを正常に終了した時

1-2-13 ACLを終了する

操作　ACLを終了してみましょう。

① メニューの〔ファイル〕-〔終了〕をクリックします。または、ACLのウィンドウの〔閉じる〕（赤い×）ボタンをクリックします。

結 果

ACLが終了します。

第2章
プロジェクトとテーブルの作成

この章では：
ACLのメインのファイルであるプロジェクトの作成と、ソースデータを分析するためのテーブルの作成を行います。

2-1 新規プロジェクトの作成
2-2 テーブルの作成
2-3 テーブルの情報
2-4 テーブル作成時のエラーの例
2-5 フォルダー

2-1 新規プロジェクトの作成

入手したデータファイルをACLで使用するために、新規プロジェクトを作成します。

2-1-1 新規プロジェクトを作成する

本書の操作で使用するプロジェクトを作成します。

操作 新規に「研修プロジェクト.acl」を作成します。

※「00ACL」フォルダーをパソコンの任意の場所に保存してください。ここでは、「00ACL」フォルダーのサブフォルダーである「ACL操作研修」フォルダーに新規プロジェクトを作成します。
（本書では、パソコンのDドライブに保存しています。）

ACLが起動している状態で操作します。

①「ACL Analytics Launcher」の〔プロジェクト作成〕をクリックします。

Point Hint 注意 重要

すでに下図のように別のプロジェクトを開いている場合は、メニューの〔ファイル〕-〔新規作成〕-〔プロジェクト〕をクリックするか、ナビゲーターの〔+〕ボタンをクリックし、〔プロジェクト〕をクリックします。

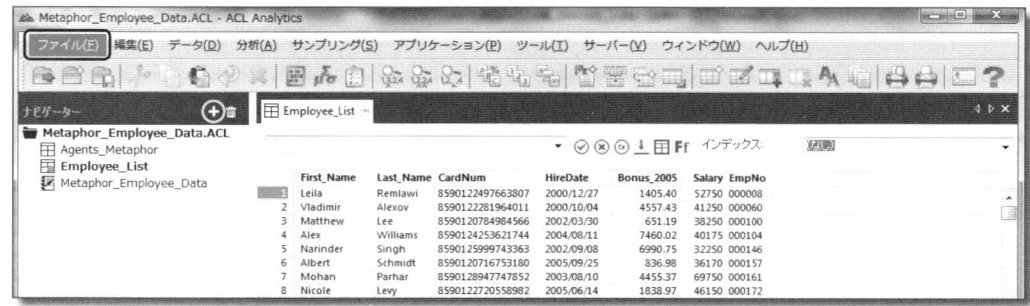

② ファイル名（プロジェクト名）を入力する画面が表示されます。「00ACL」フォルダー－「ACL操作研修」フォルダーを開き、ファイル名に「研修プロジェクト」と入力して〔保存〕ボタンをクリックします。

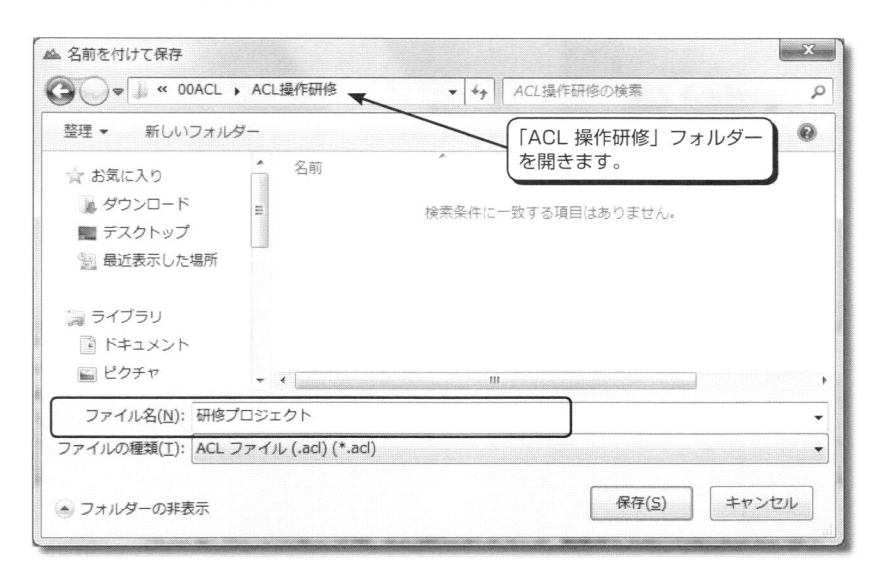

```
「ACL操作研修」フォルダー
を開きます。
```

Point　Hint　注意　重要

ファイルの保存について

　ACLで分析を進めていくと、複数のファイルが生成されます。関連するファイルが分散することを防ぐため、1つのプロジェクトに関連するファイルは、すべて同じフォルダーに保存する等して、プロジェクトごとにフォルダーを分けて管理しましょう。

Point　Hint　注意　重要

ファイル名（プロジェクト名）について

　ファイル名（プロジェクト名）には特に命名規則はありませんが、監査先や手続の内容が分かるような名前にするとよいでしょう。
　（例）CAAT商事の2015年3月期の売掛金分析ファイルの場合：CAAT商事売掛金
　　　　201503.acl

結果

ナビゲーターに、作成したプロジェクトが表示されます。

- 作成したプロジェクトが表示されます。
- プロジェクト名と同じ名前でログが作成されています。

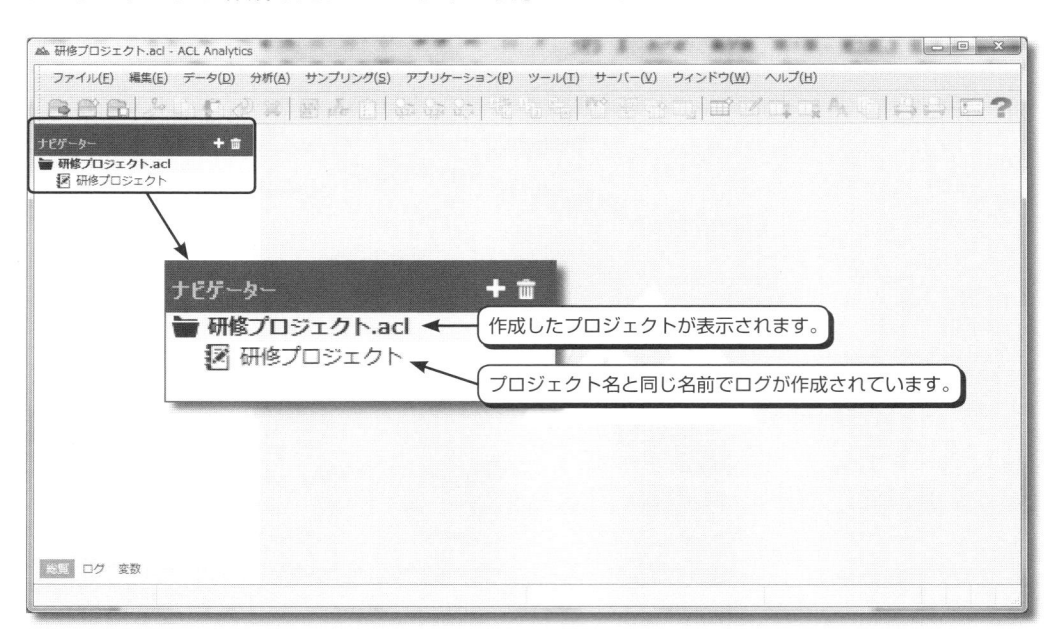

「OOACL」-「ACL操作研修」フォルダーには、以下のファイルが作成されています。
- 研修プロジェクト.acl（プロジェクトファイル）
- 研修プロジェクト.LOG（ログファイル）
- 研修プロジェクト.AC（作業コピーのファイル） ※プロジェクトを閉じると削除されます。
- 研修プロジェクト.LIX（ログインデックスファイル）

[Point] **Hint** [注意] [重要]

ナビゲーターからテーブルやスクリプトを新規作成する

ナビゲーターの上部（青いバーの部分）の〔+〕ボタンをクリックすると、テーブルやスクリプトの新規作成が行えます。

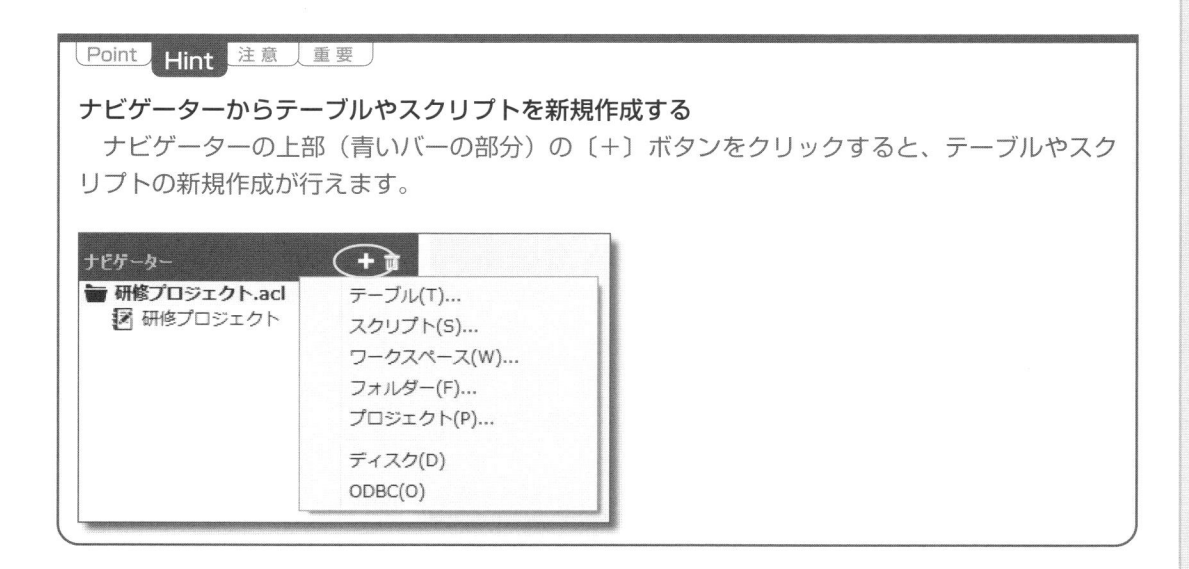

- テーブル(T)...
- スクリプト(S)...
- ワークスペース(W)...
- フォルダー(F)...
- プロジェクト(P)...
- ディスク(D)
- ODBC(O)

第2章 プロジェクトとテーブルの作成

2-2 テーブルの作成

ACLでは、「データ定義ウィザード」を使用してテーブルを作成します。
ソースデータのファイル形式により、データ定義ウィザードでの設定項目が異なります。
ここでは、以下のファイル形式のファイルをソースデータとして、それぞれのテーブル作成の手順を確認します。

- 区切り文字付きテキストファイル
- 固定長のテキストファイル
- Excelファイル

通常、ソースデータとなるデータファイルをCAAT実施者が使用するパソコンに保存している状態で操作します。

> Point / Hint / **注意** / 重要
>
> 本書では、パソコンで扱えるファイル形式のうち、一般的なファイルである区切り文字付きテキストファイル、固定長のテキストファイル、Excelファイルのみをソースデータとして使用します。
> しかし、ACLでは、さまざまなファイル形式のデータをソースデータとして使用することができます。
> ACLで使用可能なファイル形式については、ヘルプを参照してください。

以降の操作で使用しているソースデータは、読者専用ページ（p.(11)）で提供しているサンプルデータです。

2-2-1 区切り文字付きテキストファイルのテーブルを作成する

区切り文字付きテキストファイルのテーブルを「研修プロジェクト.acl」に作成します。
ここでは、タブ区切りのテキストファイルを使用しますが、CSVファイルの場合も同様の操作になります。

入手データファイルの概要（監査先または関係部署等から得た情報）
- ファイル名　：在庫データ.txt
- レコード件数：152件

＜概要＞

対象システム	在庫管理システム
データ内容	棚卸資産明細データ
対象期間・範囲	データ入手時点で最新のもの
ファイル形式	タブ区切りのテキストファイル、引用符なし

＜ファイルレイアウト＞

No	フィールド名	主キー	データ型	長さ	備考
01	商品No	○	文字	9	
02	商品名		文字	22	
03	在庫区分		文字	2	01：内部倉庫、02：外部倉庫
04	倉庫No		文字	2	01：東京第1、02：東京第2、03：大阪第1、04：大阪第2、05：千葉中央、91：熊田倉庫、92：柴山倉庫
05	最低在庫量		数値	4	小数点以下桁数0桁
06	売価		数値	6	小数点以下桁数0桁
07	原価		数値	6	小数点以下桁数0桁
08	数量		数値	5	小数点以下桁数0桁
09	金額		数値	8	小数点以下桁数0桁
10	最終仕入日		日付	10	YYYY/MM/DD形式
11	最終出荷日		日付	10	YYYY/MM/DD形式

＜データのサンプル＞

（1行目には、列見出しが入力されています。）

商品No	商品名	在庫区分	倉庫No	最低在庫量	売価	原価	数量	金額	最終仕入日	最終出荷日
70104347	ラテックス セミグロス オレンジ	01	05	980	1149	790	870	687300	2014/10/10	2014/10/18
70104397	ラテックス セミグロス キャラメル	01	05	985	1149	790	460	363400	2014/10/10	2014/10/18
70104177	ラテックス セミグロス ライラック	01	05	-750	1480	-790	1480	-1169200	2014/10/10	2014/10/18
70104677	ラテックス セミグロス アプリコット	01	05	780	1149	790	1290	1019100	2014/10/10	2014/10/18

操 作 「在庫データ.txt」のテーブルを作成します。

「研修プロジェクト.acl」（p.96で作成）を開いている状態で操作します。

① メニューの〔ファイル〕-〔新規作成〕-〔テーブル〕をクリックします。
② 「データ定義ウィザード」が起動し、「データ定義ウィザード-データソースのプラットフォームの選択」画面が表示されます。「ローカル」を選択し、〔次へ〕ボタンをクリックします。
※本書では、ACLサーバーは使用していません。

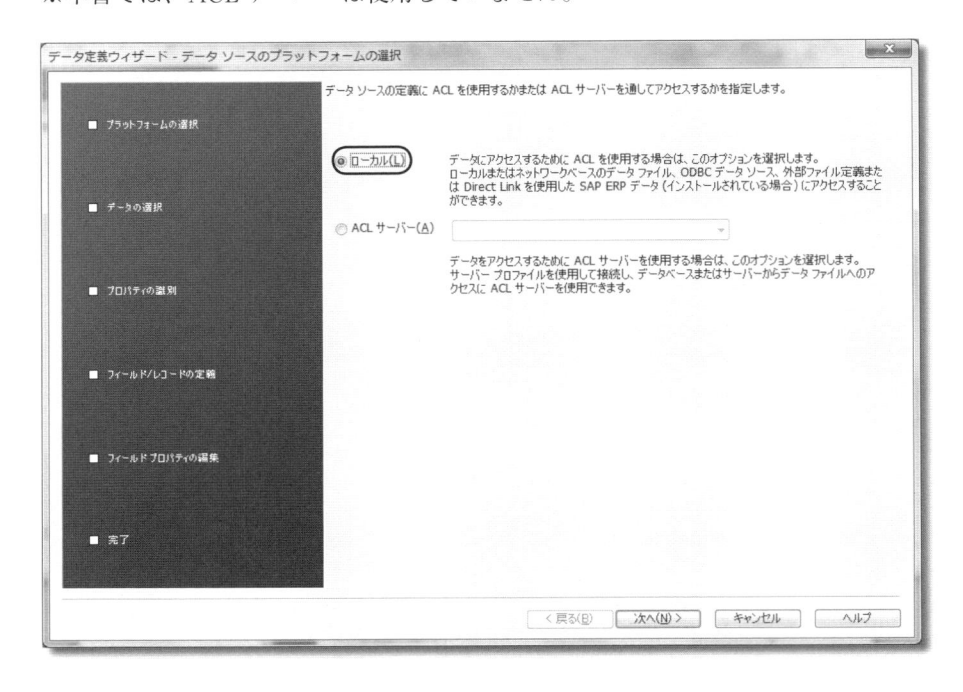

③「データ定義ウィザード－ローカルデータソースの選択」画面が表示されます。「ディスク」を選択し、〔次へ〕ボタンをクリックします。

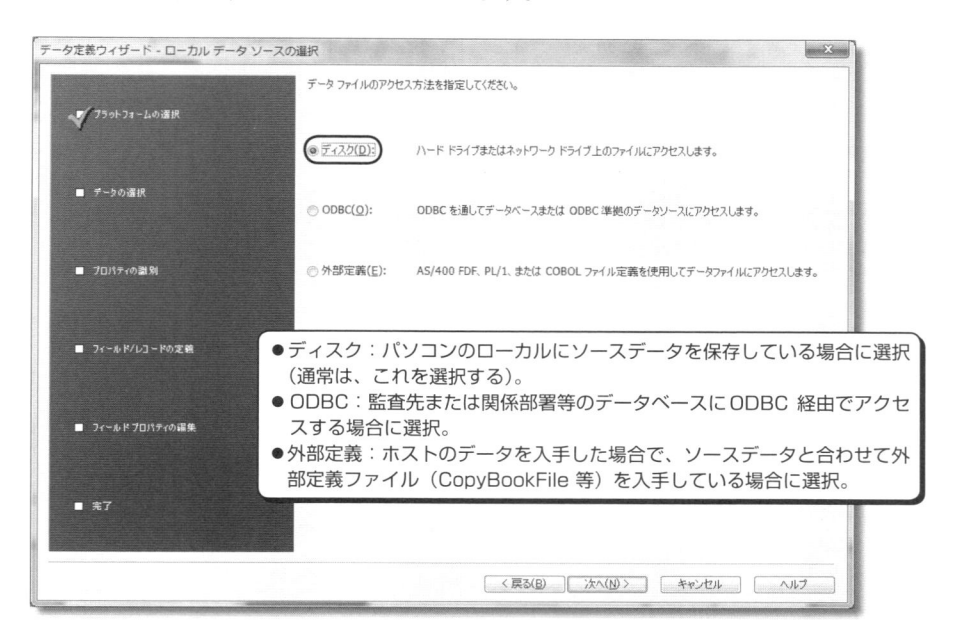

- ディスク：パソコンのローカルにソースデータを保存している場合に選択（通常は、これを選択する）。
- ODBC：監査先または関係部署等のデータベースにODBC経由でアクセスする場合に選択。
- 外部定義：ホストのデータを入手した場合で、ソースデータと合わせて外部定義ファイル（CopyBookFile等）を入手している場合に選択。

④ テーブル作成を行うファイルの選択を行います。「00ACL」－「ACL操作研修」フォルダーの「在庫データ.txt」を選択し、〔開く〕ボタンをクリックします。

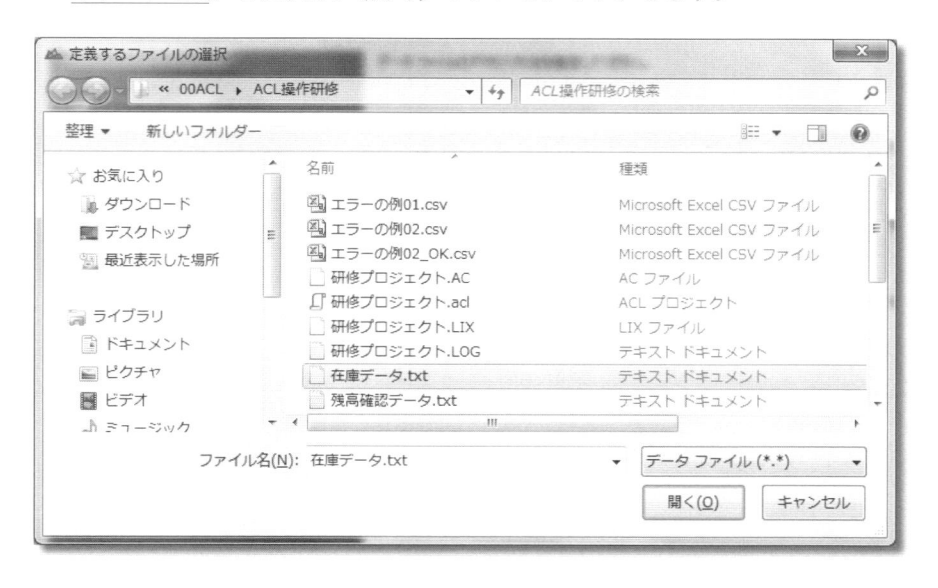

⑤「データ定義ウィザード－文字セット」画面が表示されます。データに日本語が含まれている場合、ACLが自動選択したオプションでウィザードを進めて行くと日本語が文字化けする場合があります。「在庫データ.txt」にも日本語が含まれているため、自動選択された「PCおよびその他全種類のコンピューター（ASCII）」ではなく、「エンコードされたテキスト」を選択します。続けて、右に表示されるボックスで、「932（ANSI/OEM－日本語 Shift－JIS)」を選択し、〔次へ〕ボタンをクリックします。

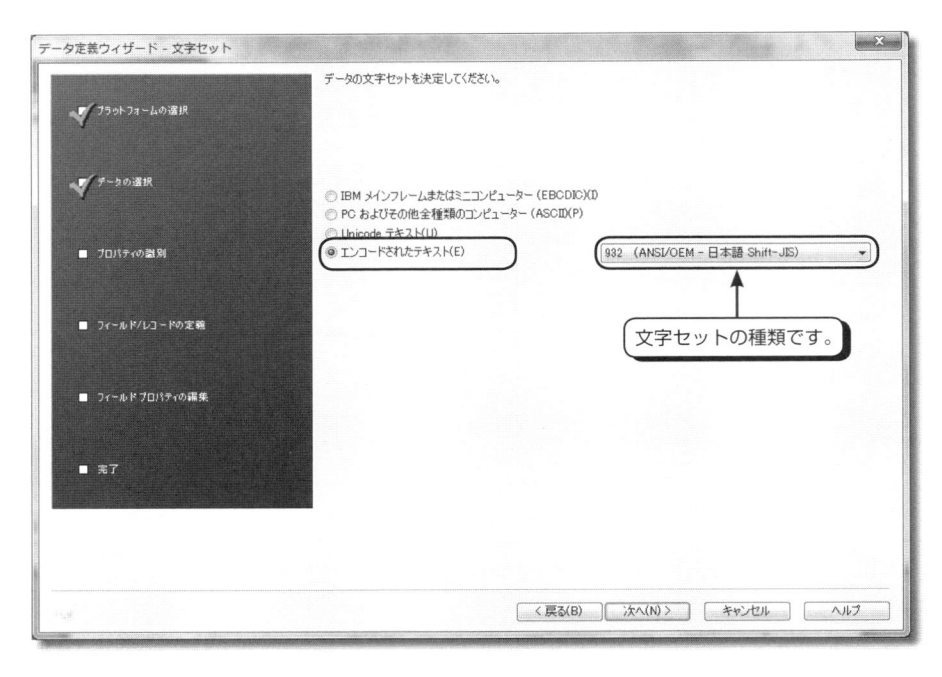

文字セットの選択

ACLにより自動選択されたオプションが正しいか不明な場合、データ定義ウィザードの過程で文字化けが起こるかどうかで文字セットが適切かどうかを判断できます。ウィザードを進めて文字化けが起きた場合は、〔戻る〕ボタンで操作⑤の画面まで戻り、オプションを変更してください。

「ファイルのプロパティ」画面まで進んだところで、文字化けが確認されます。

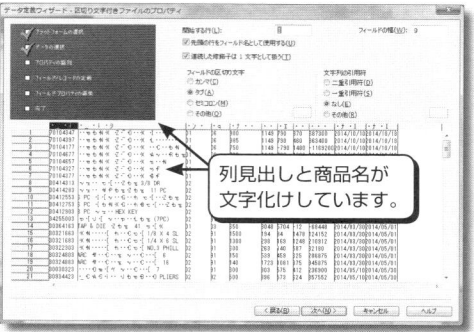

列見出しと商品名が文字化けしています。

文字セットの選択にあたっては、下表を参考にしてください。

文字セットのタイプ	適用ファイル例
IBM メインフレームまたはミニコンピューター（EBCDIC）	IBM のメインフレームから出力されたファイル。
PC およびその他全種類のコンピューター（ASCII）	主に、テキストファイル。日本語が含まれているデータは不可。
Unicode テキスト	Unicode テキストファイルとして保存されているファイル。（Excel ファイル、Access ファイルは、自動的にUnicodeが選択されるため、文字セットの選択画面は表示されません。）
エンコードされたテキスト	主に、テキストファイル。日本語が含まれているデータが可。文字セットの種類で、「932（ANSI/OEM-日本語Shift-JIS）」を選択する。

⑥ 「データ定義ウィザード-ファイル形式」画面が表示されます。「在庫データ.txt」は、タブ区切りのテキストファイルです。ACLにより自動選択されたオプションは「区切り文字付きテキストファイル」であり、正しく選択されています。〔次へ〕ボタンをクリックします。

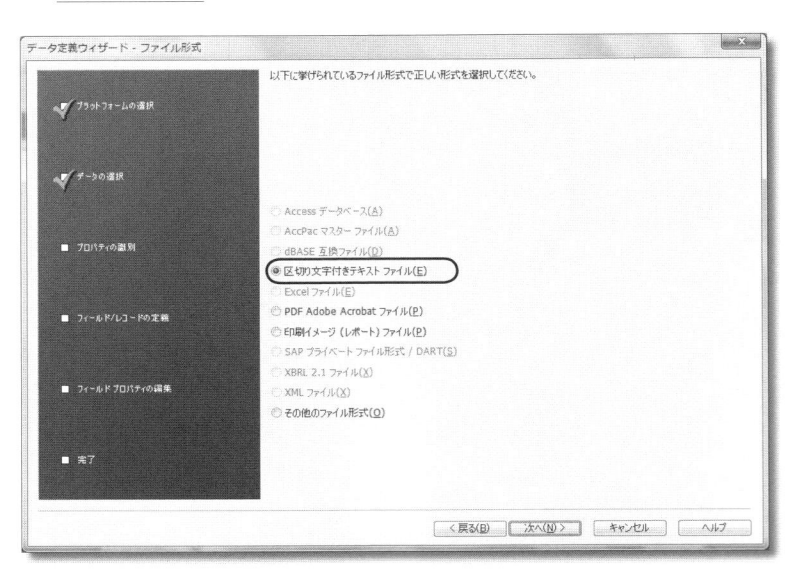

⑦ 「データ定義ウィザード-区切り文字付きファイルのプロパティ」画面が表示されます。「在庫データ.txt」は、タブでデータが区切られているため、タブの位置に列を区切る線が自動的に設定されています。「入手データファイルの概要」(p.101)を参照し、設定を確認します。

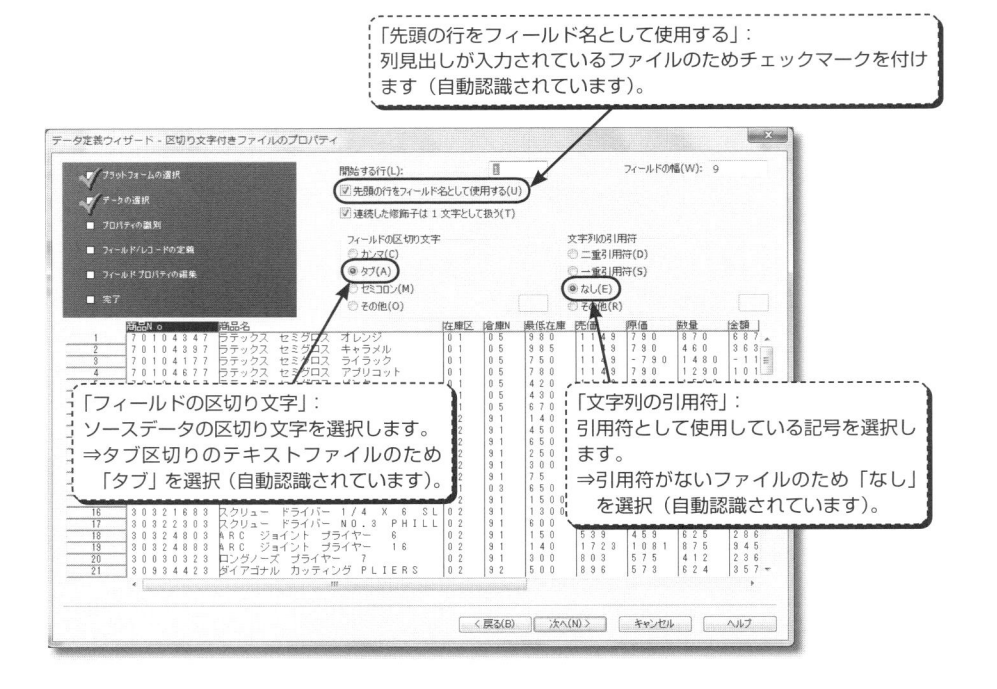

「先頭の行をフィールド名として使用する」:
列見出しが入力されているファイルのためチェックマークを付けます(自動認識されています)。

「フィールドの区切り文字」:
ソースデータの区切り文字を選択します。
⇒タブ区切りのテキストファイルのため「タブ」を選択(自動認識されています)。

「文字列の引用符」:
引用符として使用している記号を選択します。
⇒引用符がないファイルのため「なし」を選択(自動認識されています)。

⑧ 引き続き、「データ定義ウィザード－区切り文字付きファイルのプロパティ」画面で、「フィールドの幅」を設定します。「入手データファイルの概要」（p.101）を参照し、1つずつフィールドの見出しをクリックし、フィールドごとに設定してください。必要な設定が終了したら、〔次へ〕ボタンをクリックします。

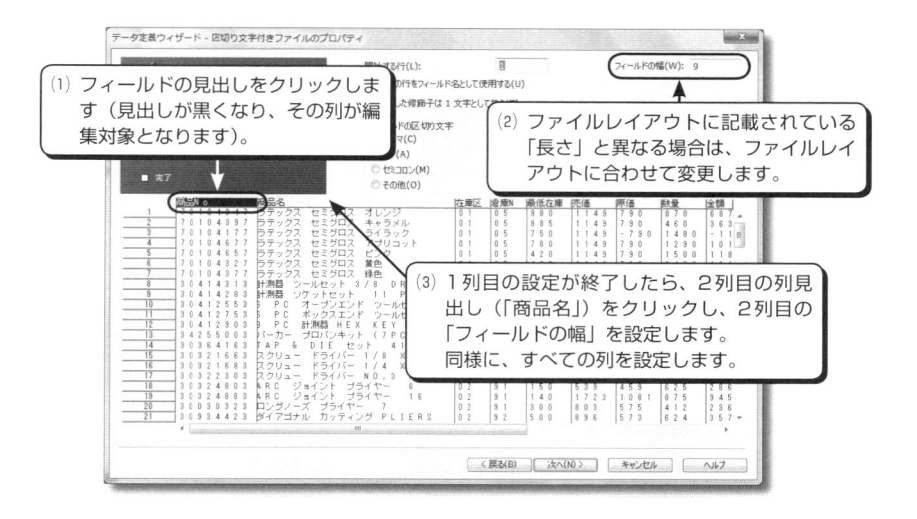

(1) フィールドの見出しをクリックします（見出しが黒くなり、その列が編集対象となります）。

(2) ファイルレイアウトに記載されている「長さ」と異なる場合は、ファイルレイアウトに合わせて変更します。

(3) 1列目の設定が終了したら、2列目の見出し（「商品名」）をクリックし、2列目の「フィールドの幅」を設定します。
同様に、すべての列を設定します。

| Point | Hint | 注意 | 重要 |

フィールドの幅について

　データ定義ウィザードの段階で、「フィールドの幅」は必ず設定してください。幅の設定は、ファイルレイアウト等を参照し、システム上の長さの定義に合わせます。

（理由）

　「フィールドの幅」はACLの自動認識によって設定されます。ACLはフィールドの全データを見て、フィールド名を含め一番長いデータに合わせて幅を決める仕様になっています。そのため、システム上の長さと一致するとは限りません。
　例えば4月と5月の売上データで、売上金額の最大値が4月は6桁で、5月は7桁であったとします。この場合、ACLの自動認識では、「売上金額」フィールドの「フィールドの幅」は、4月の売上データでは「6」、5月の売上データでは「7」となります。このまま「フィールドの幅」を修正せずにテーブルを作成してしまうと、4月のテーブルのレコードに5月のレコードを追加する（p.298参照）場合等に、問題が生じる原因となります。

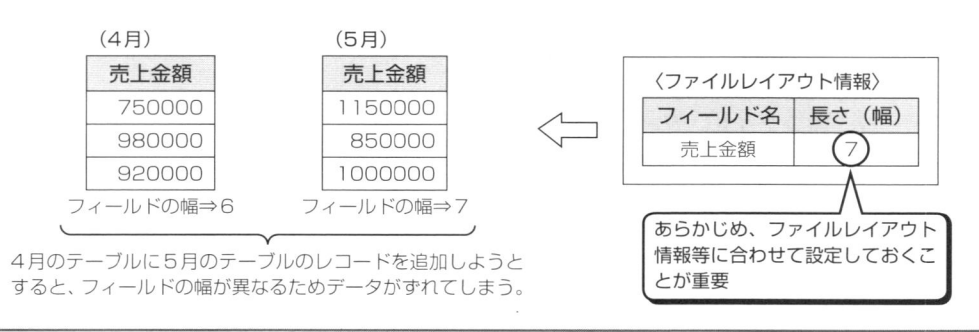

（4月）
売上金額
750000
980000
920000

フィールドの幅⇒6

（5月）
売上金額
1150000
850000
1000000

フィールドの幅⇒7

4月のテーブルに5月のテーブルのレコードを追加しようとすると、フィールドの幅が異なるためデータがずれてしまう。

〈ファイルレイアウト情報〉
フィールド名	長さ（幅）
売上金額	7

あらかじめ、ファイルレイアウト情報等に合わせて設定しておくことが重要

> **Point** **Hint** 注意 重要
>
> **半角文字の変換**
> 　「フィールドの幅」の数値は半角で入力します。
> 　Microsoft IME日本語入力システムでは、F8キーが文字を半角に変換するショートカットキーになっていますが、ACLでは、F8キーは「日付と時刻セレクター」を表示するショートカットキーです。
>
> 　ショートカットキーで半角に変換する場合は、F8キーの代わりに、Ctrlキー＋Oキーを使用します。

⑨「データファイルを別名で保存」画面が表示されます。ここでは、テーブルのデータを保存するfilファイルが作成されるため、そのファイル名を指定します。
　「ACL操作研修」フォルダーを開き、〔ファイル名〕に「在庫データ」と入力して、〔保存〕ボタンをクリックします。

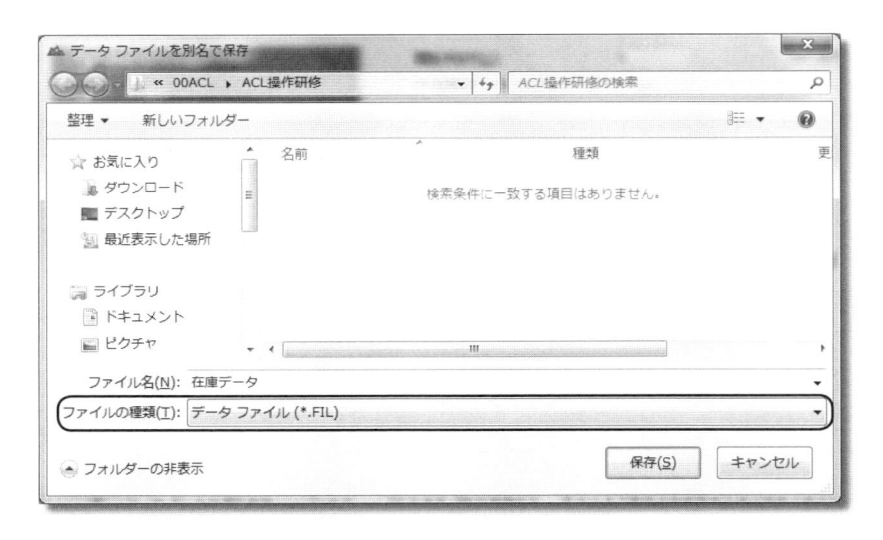

> **Point** **Hint** 注意 重要
>
> **ソースデータ、filファイル、テーブルの名前**
> 　ソースデータとfilファイルは同じファイル名にする必要はありません。ここでは、分かりやすいように同じ名前にしています。
> 　また、データ定義ウィザードの最後にテーブル名を設定しますが、テーブル名も同じ名前である必要はありません。テーブル名の命名規則については、p.110、p.148を参照してください。

⑩「データ定義ウィザード−フィールドプロパティの編集」画面が表示されます。

「名前」には、フィールド名として、「在庫データ.txt」の列見出しが設定されているため（操作⑦の設定による）、変更は必要ありません。「入手データファイルの概要」（p.101）を参照し、ACLに自動認識されたデータ型が適当でない場合は、「型」の変更を行います（下表参照）。

1列目の設定が終了したら、2列目の見出しをクリックし、同様に設定します。すべての列の設定が終了したら、〔次へ〕ボタンをクリックします。

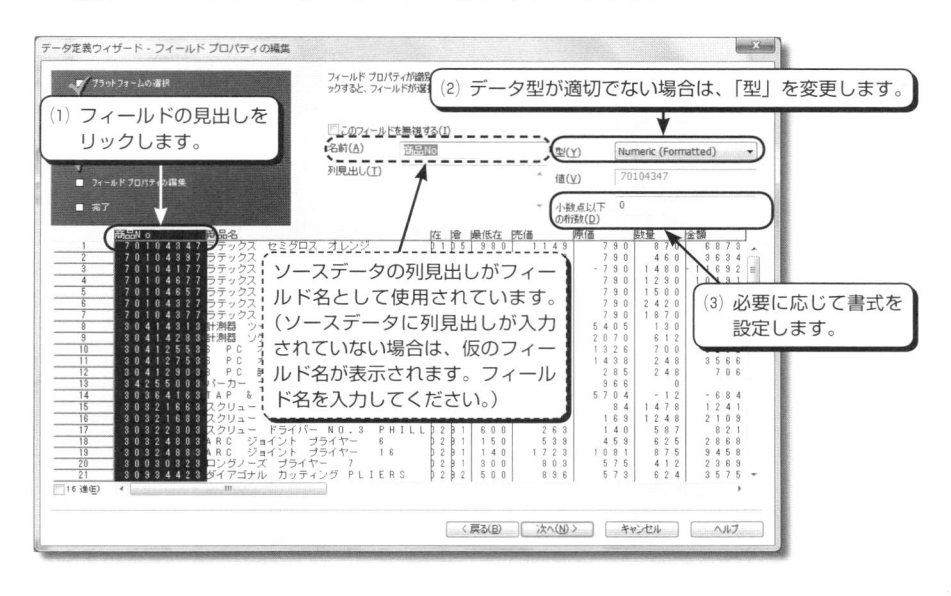

＜フィールドの情報＞

名前	データ型	ACLのデータ型	入力書式/小数点以下の桁数
商品No	文字	UNICODE	
商品名	文字	UNICODE	
在庫区分	文字	UNICODE	
倉庫No	文字	UNICODE	
最低在庫量	数値	Numeric (Formatted)	0
売価	数値	Numeric (Formatted)	0
原価	数値	Numeric (Formatted)	0
数量	数値	Numeric (Formatted)	0
金額	数値	Numeric (Formatted)	0
最終仕入日	日付	日付時刻	YYYY/MM/DD
最終出荷日	日付	日付時刻	YYYY/MM/DD

※ACLのデータ型の選択については、p.110〜111のPointを参照してください。
※日付時刻型の入力書式は、大文字でも小文字でも構いません。

Point | Hint | 注意 | 重要

フィールド名・テーブル名の命名規則

フィールド名には、次の命名規則があります。テーブル名も同様です。
- 31文字以内（全角・半角にかかわらず）
- 特殊文字や空白は使用できない
- 名前の先頭に数字は使用できない

※ACLが認識できない特殊文字、空白、名前の先頭の数字は、アンダースコア「_」に変換されます。

- フィールド名には「予約キーワード」にあたる名称は使用できない

※「予約キーワード」（予約語）は、スクリプトで使用される特定の言葉です。詳細は、ヘルプを参照してください。予約キーワードの例：ALL、CANCEL、FIELDS、OTHER、PAGE 等

名前の付け方のヒントは、p.148の **Point** を参照してください。

Point | Hint | 注意 | 重要

文字型のタイプ

ソースデータがテキストファイルの場合、データ定義ウィザードで選択した文字セット（操作⑤）により、文字型の型が決まります。

データ定義ウィザードで選択した文字セットのタイプ	選択する型
PCおよびその他全種類のコンピューター（ASCII）	ASCII Text
Unicodeテキスト	UNICODE
エンコードされたテキスト（932 ANSI/OEM-日本語Shift-JIS）	UNICODE

Point | Hint | 注意 | 重要

Numericの種類

Numericは、数値型です。Numericには、「Numeric(Formatted)」、「Numeric(Unformatted)」の2つのタイプがあります。この2つの違いは、小数点位の取り扱いが異なる点です。

「Numeric(Unformatted)」は、フィールドのすべての値に小数点位が含まれる場合に使用します。小数点位を含まない値は、正しく解釈されないため、注意してください。

元の値	選択したデータ型での値 Unformatted (Numeric)	Formatted (PRINT)
12	0.12	12.00
12.3	12.30	12.30
12.34	12.34	12.34

※小数点以下桁数の桁数を「2」で設定した場合

「Numeric（Unformatted）」では、小数点位を含まない値も、小数点位を含む値として解釈されてしまいます。

カッコ内の表記は、テーブルレイアウト（p.150）で表示されるデータ型です。

> **Point** Hint 注意 重要
>
> **日付書式の入力**
> データ型で「日付時刻」を選択した場合は、「入力書式」の欄に、ソースデータで使用されている日付書式を入力してください。
> （例）ソースデータが「20140101」の場合　：「YYYYMMDD」
> 　　　ソースデータが「2014-01-01」の場合　：「YYYY-MM-DD」

> **Point** Hint 注意 重要
>
> **データ型の選択**
> データ型は、ファイルレイアウトと同じ型を選択することが基本ですが、異なるデータ型を選択した方がよい場合もあります。
> 　下表は、ファイルレイアウトのデータ型と異なるデータ型を選択する例です。
>
> | ファイルレイアウトのデータ型 | ACLで選択するデータ型 | 理由 |
> |---|---|---|
> | 日付型 | 文字型
（UNICODE等） | ACLでは、日付時刻型のフィールドで、無効な日付時刻と空白の日付時刻を区別しません。いずれも「1900年1月1日」「00:00:00」に変換され、ビュー上は空白で表示されます。無効な日付時刻と空白の日付時刻を区別する必要がある場合は、データ定義ウィザードで文字型を選択します。 |
> | 数値型 | 文字型
（UNICODE等） | ACLでは、数値型のフィールドで「0」（ゼロ）と空白を区別しません。ソースデータが空白の場合、自動的に「0」に変換されます。「0」と空白を区別する必要がある場合は、データ定義ウィザードで文字型を選択します。 |
> | 文字型 | 数値型
（Numeric (Formatted)等） | ACLでは、数字のみのフィールドは数値型として自動認識されます。分析上問題がなければ数値型のままにしておいても構いません。ただし、「01」のように先頭に「0」がついているデータは、数値型では「0」が削除されます（「1」と表示されます）。「01」とするためには、データ定義ウィザードで文字型を選択します。
※ソースデータがExcelファイルの場合は、先頭が「0」のデータは文字型と自動認識されます。 |

⑪「データ定義ウィザード - 最終」画面が表示されます。〔完了〕ボタンをクリックします。

> **Hint** データ型の表記
>
> データ定義ウィザードのデータ型の選択（操作⑩）で表示されるデータ型と、「最終」画面（操作⑪）で表示されるデータ型は、表記が異なり、「最終」画面での表記は省略形のようなものになっています。
> ただし、一部のデータ型は表記が大きく異なりますので、下表を参考にしてください。
> なお、テーブル レイアウト（p.150）では、「最終」画面と同様に表記されます。
>
> | データ型 | データ型選択時の表記 | 「最終」画面・テーブル レイアウトでの表記 |
> |---|---|---|
> | 数値 | Numeric（Formatted） | PRINT |
> | | PC Binary | MICRO |
> | 文字 | PC DOS Text | PCASCII |

⑫ テーブル名を入力する画面が表示されます。「在庫データ」（filファイルと同じ名前）になっていることを確認し、〔OK〕ボタンをクリックします。

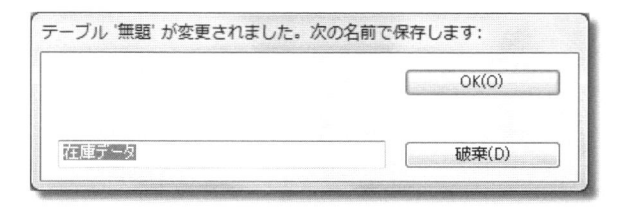

※ソースデータのファイル名、filファイル名、テーブル名は、異なっていても構いません。本書では、分かりやすいように同じ名前にしています。

結 果

テーブルの作成が完了し、「在庫データ」テーブルが表示されます。
「ACL操作研修」フォルダーに「在庫データ.fil」が作成されています。

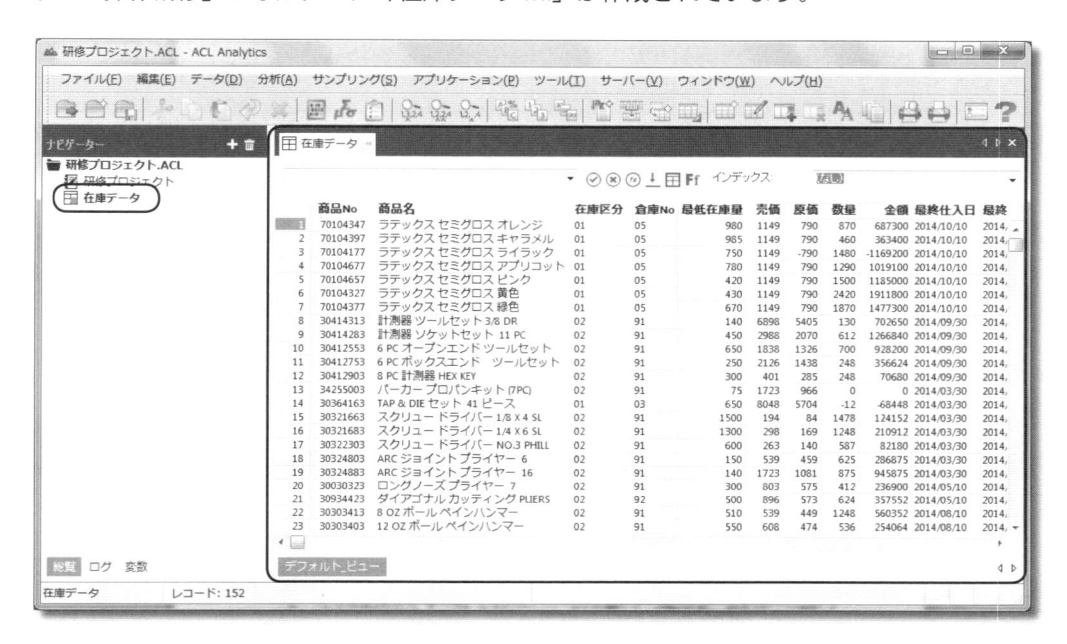

Point | Hint | 注意 | 重要

テーブル レイアウトの確認

テーブルが作成されたら、テーブル レイアウト（フィールドの幅やデータ型）が正しく設定されているか確認するようにしましょう。確認方法は、p.150を参照してください。

Point | **Hint** | 注意 | 重要

テーブルの変更を保存する

テーブルを閉じる際に、テーブルの変更を保存するか確認するメッセージが表示されます。〔はい〕ボタンをクリックし、保存します。

スクリプトの作成

「在庫データ」テーブルを作成するスクリプトを作成します。

> **Point** Hint 注意 重要
>
> ここでは、手続実施後に監査調書用のログファイルを作成することを主な目的として、「操作のスクリプト」を作成します（p.58、440参照）。
> 操作のスクリプトは、手続の効率化という観点からも非常に有効であるため、調書作成の必要性に係わらず、作成することをお薦めします。

※スクリプトの作成・実行の操作の詳細は、**第4章**を参照してください。

① ナビゲーターからログ（📋研修プロジェクト）をダブルクリックし、ログの一覧を表示します。

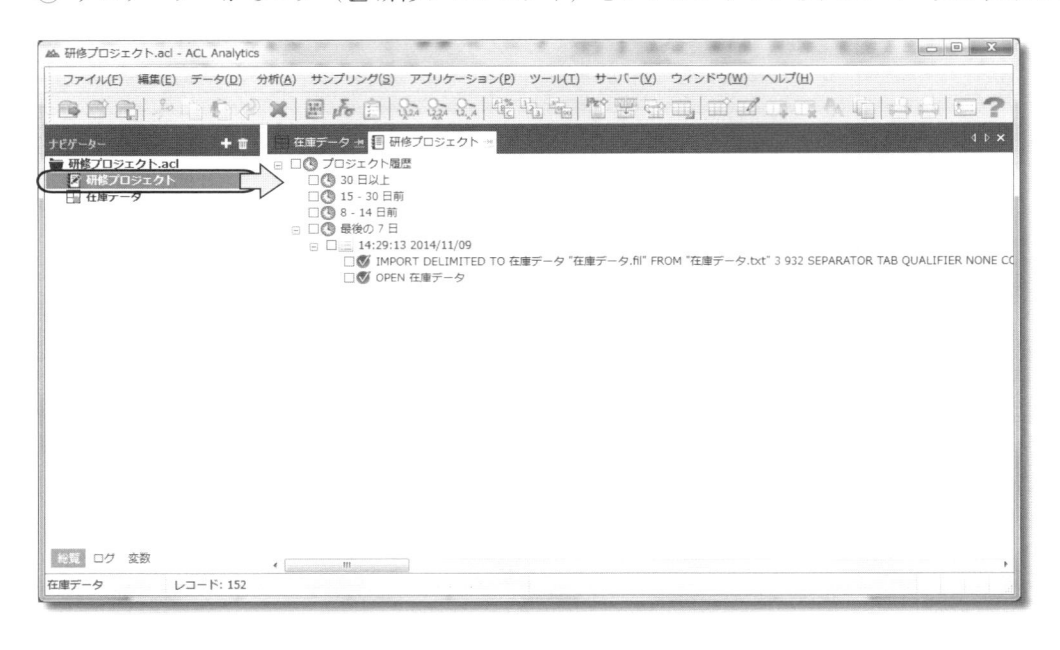

② 実行した操作のログを選択します。テーブル作成のログは、「IMPORT …」です。

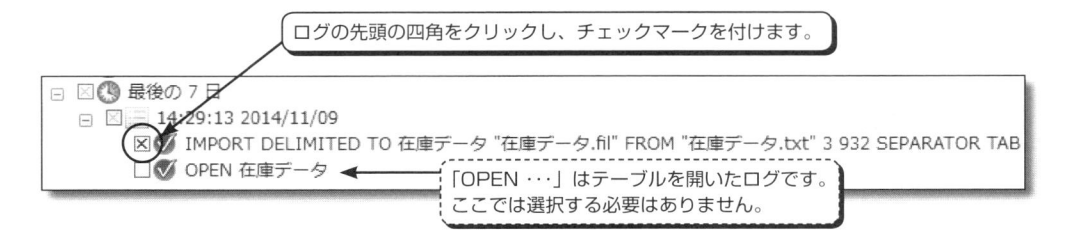

ログの先頭の四角をクリックし、チェックマークを付けます。

「OPEN …」はテーブルを開いたログです。
ここでは選択する必要はありません。

③ ログの一覧の画面上で右クリックし、〔選択項目の保存〕-〔スクリプト〕をクリックします。

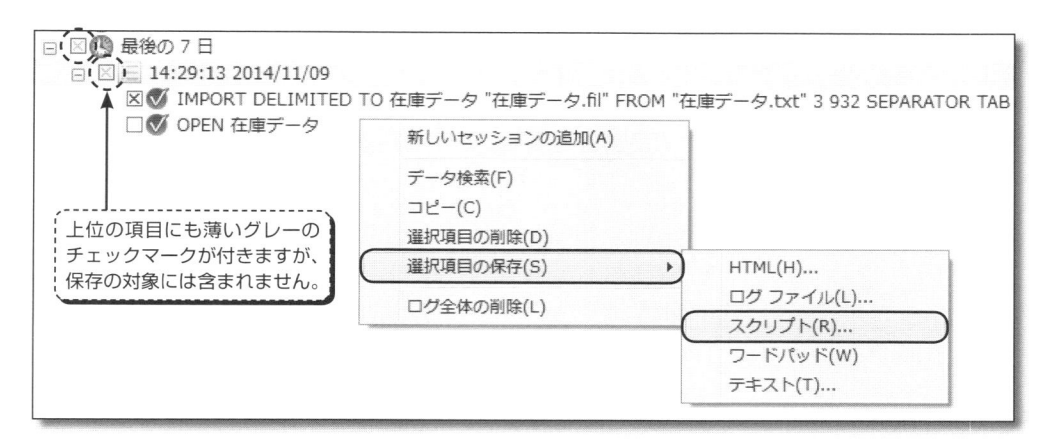

> 上位の項目にも薄いグレーのチェックマークが付きますが、保存の対象には含まれません。

④ スクリプトの名前を入力します。「S00_在庫データ」と入力して〔OK〕ボタンをクリックします。

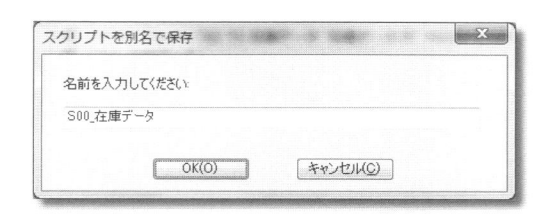

Point

スクリプト名

「CAAT手続書」（p.55）では、スクリプト名を「スクリプトNo」欄に記載することとしています。

これは、「CAAT手続書」の操作ごとに、対応するスクリプトを参照できるようにするためです。

「CAAT手続書」へのスクリプト名の記載を簡略にするため、スクリプト名の先頭に「S01」のように連続番号をつけることを推奨しています（ACLの命名規則で、名前の先頭に半角数字を使用することができないため、スクリプトの意味で先頭に"S"を付けています）。

スクリプト名の命名規則は、フィールド、テーブルと同様です（p.148参照）。

結果

スクリプト「S00_在庫データ」が作成されました。

作成したスクリプトはナビゲーターに表示されます。スクリプト名をダブルクリックすると、スクリプトの内容を確認できます。

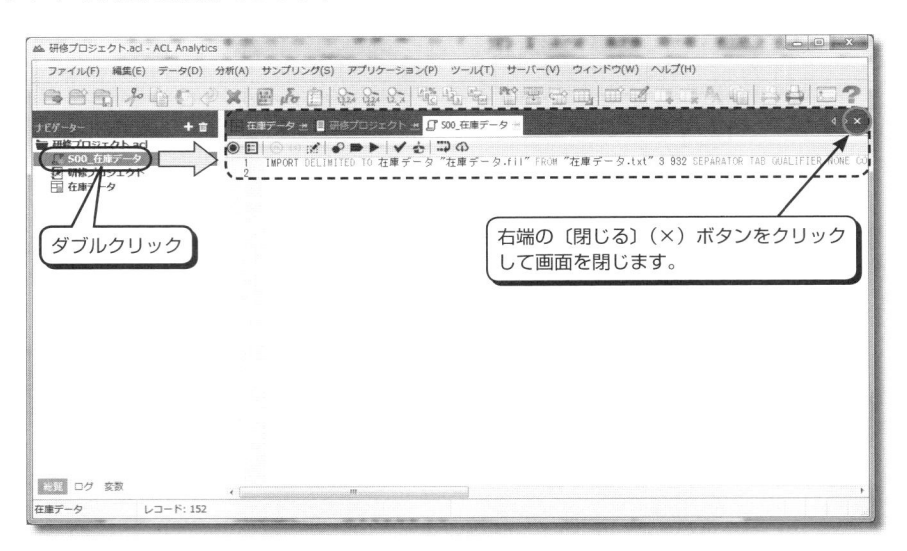

（画面図：ナビゲーターに「S00_在庫データ」が表示されており、ダブルクリックするとスクリプトの内容が表示される。右端の〔閉じる〕（×）ボタンをクリックして画面を閉じます。）

注意

操作によっては、ログが記録されないものもあります（p.411参照）。

テーブル作成（〔ファイル〕-〔新規作成〕-〔テーブル〕）では、ソースデータのファイルの種類により、ログが記録されるかどうかが異なります。

ソースデータ	ログ
区切り文字付きテキストファイル、Excel、Access	記録される
固定長のテキストファイル	記録されない

Hint

スクリプトの次期の利用

スクリプトを作成しておけば、次期に同じ形式のソースデータを入手した際に、スクリプトの実行によりテーブル作成の操作を自動化できます。

ただし、テーブル作成のスクリプトには、テーブル名、filファイル名、ソースデータのファイル名が含まれるため、次期に入手したファイル名が前期と異なる場合は、スクリプト内に記述されているファイル名を変更する必要があります。詳細は、p.135～を参照してください。

前期に作成したスクリプトを次期のプロジェクトで使用する操作は、p.452を参照してください。

2-2-2　固定長のテキストファイルのテーブルを作成する

固定長のテキストファイルのテーブルを「研修プロジェクト.acl」に作成します。

入手データファイルの概要（監査先または関係部署等から得た情報）
- ファイル名　：出荷実績データ.txt
- レコード件数：59件

＜概要＞

対象システム	販売管理システム
データ内容	出荷実績データ
対象期間・範囲	2014/1/1 ～ 2014/3/8
ファイル形式	固定長ファイル、引用符なし
レコード長	38

＜ファイルレイアウト＞

No	フィールド名	主キー	データ型	開始位置	長さ	備考
01	出荷番号	○	文字	1	6	
02	出荷日		日付	7	10	YYYY/MM/DD形式
03	在庫区分		文字	17	2	
04	アイテムNo		文字	19	8	
05	数量		数値	27	3	小数点以下桁数0桁
06	金額		数値	30	7	小数点以下桁数0桁

＜データのサンプル＞

（1行目からデータが入力されています。列の並び順は、ファイルレイアウトの順です。）

```
12852 2014/01/020505253015 36    124
12853 2014/01/020505253015  3     10
12854 2014/01/040909050476  1    710
12855 2014/01/050808010261 54 104328
12856 2014/01/050303425500  7   6762
12857 2014/01/050404024066120 408480
12857 2014/01/060101080376 44 -16243
12858 2014/01/060606011229977 1258376
12859 2014/01/070808012393676 321844
12860 2014/01/070303093442871 498822
```

操作 「出荷実績データ.txt」のテーブルを作成します。

「研修プロジェクト.acl」（p.96で作成）を開いている状態で操作します。

① メニューの〔ファイル〕-〔新規作成〕-〔テーブル〕をクリックします。
② 「データ定義ウィザード-データソースのプラットフォームの選択」画面で「ローカル」を選択し、〔次へ〕ボタンをクリックします。
③ 「データ定義ウィザード-ローカルデータソースの選択」画面が表示されます。「ディスク」を選択し、〔次へ〕ボタンをクリックします。

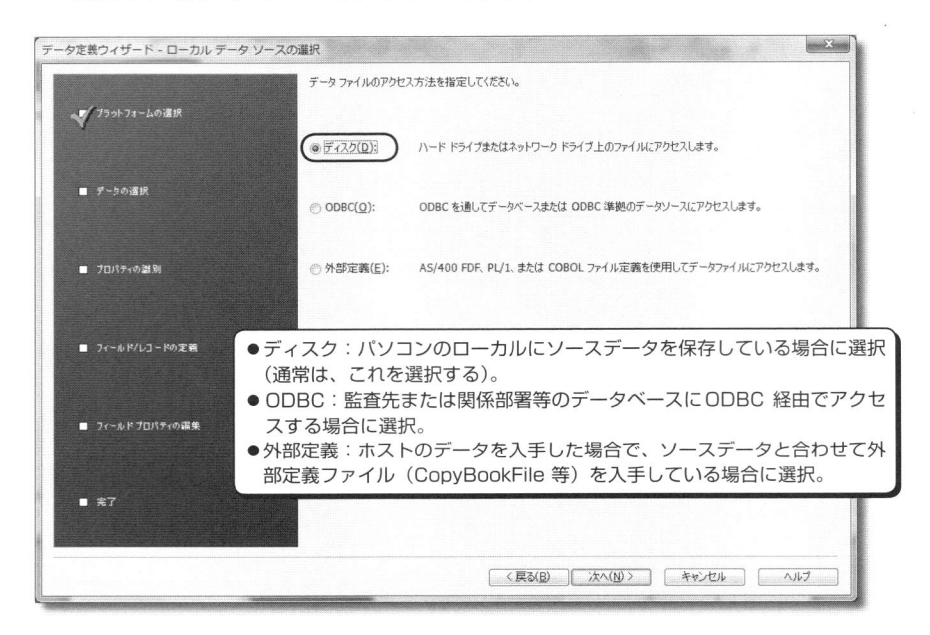

- ディスク：パソコンのローカルにソースデータを保存している場合に選択（通常は、これを選択する）。
- ODBC：監査先または関係部署等のデータベースにODBC経由でアクセスする場合に選択。
- 外部定義：ホストのデータを入手した場合で、ソースデータと合わせて外部定義ファイル（CopyBookFile等）を入手している場合に選択。

④ テーブル作成を行うファイルの選択を行います。「00ACL」-「ACL操作研修」フォルダーの「出荷実績データ.txt」を選択し、〔開く〕ボタンをクリックします。

⑤「データ定義ウィザード－文字セット」画面が表示されます。ACLにより自動選択されたオプション「PCおよびその他全種類のコンピューター（ASCII）」を選択し、〔次へ〕ボタンをクリックします。
（このままデータ定義ウィザードを進めても以降の画面で文字化けしないため、この文字セットを使用します。文字セットの変更については、p.105を参照してください。）

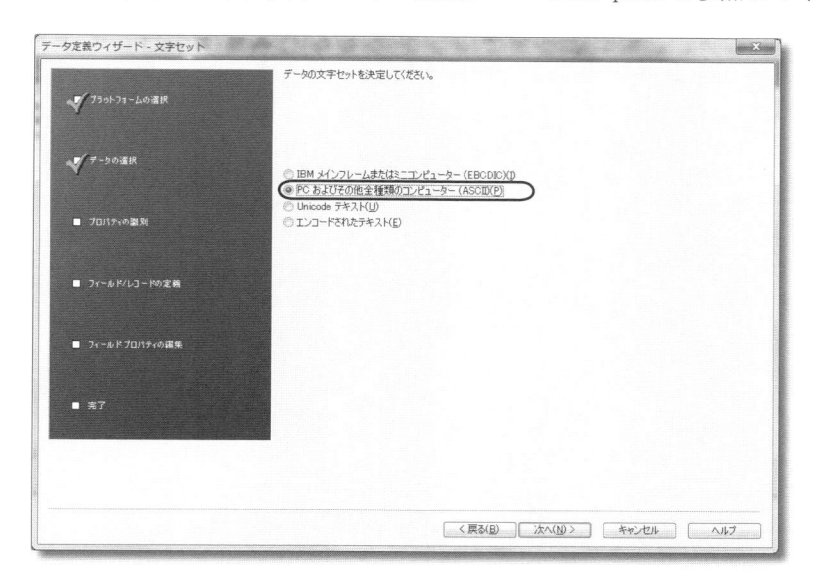

⑥「データ定義ウィザード－ファイル形式」画面が表示されます。ACLにより自動選択されたオプションは「その他のファイル形式」です。「出荷実績データ.txt」は固定長のテキストファイルであり、該当するファイル形式がないため、「その他のファイル形式」のまま、〔次へ〕ボタンをクリックします。

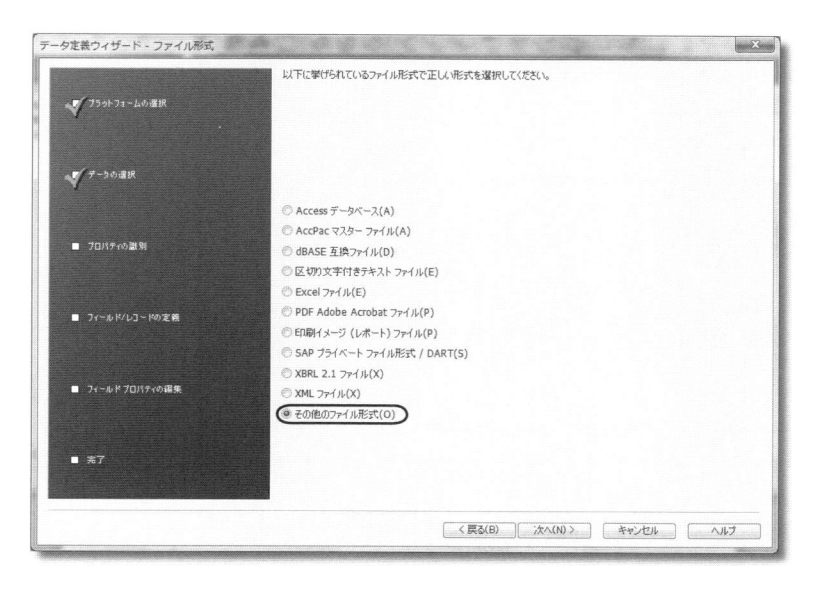

⑦ 「データ定義ウィザード－ファイルプロパティ」画面が表示されます。「固定長」が選択され、「レコード長」は「38」が設定されています。「入手データファイルの概要」(p.117)の「レコード長」と一致しており、変更は不要なため、〔次へ〕ボタンをクリックします。

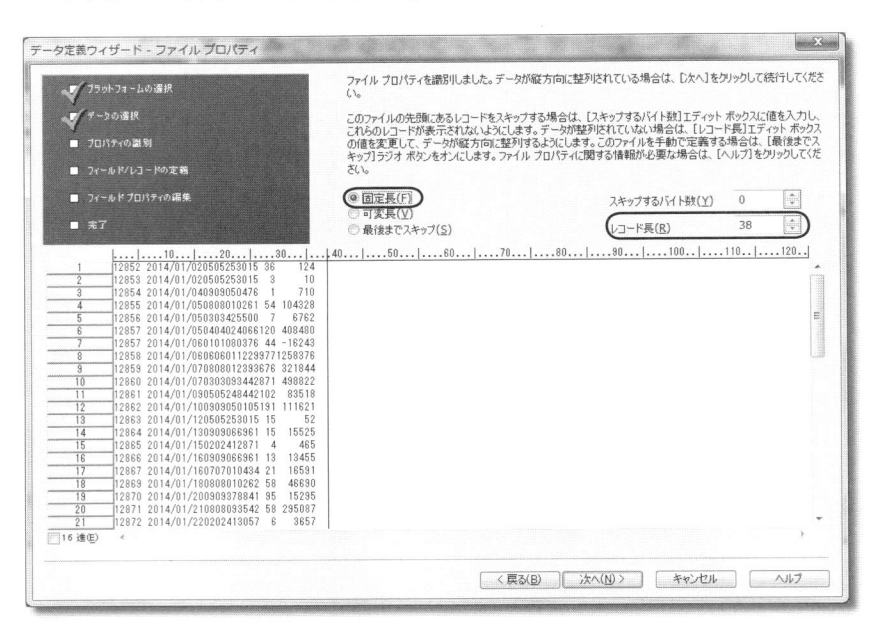

⑧ 「データ定義ウィザード－ファイルの種類」画面が表示されます。「出荷実績データ.txt」は、単一レコードタイプのファイルであるため、「データファイル（単一レコードタイプ）」を選択し、〔次へ〕ボタンをクリックします。

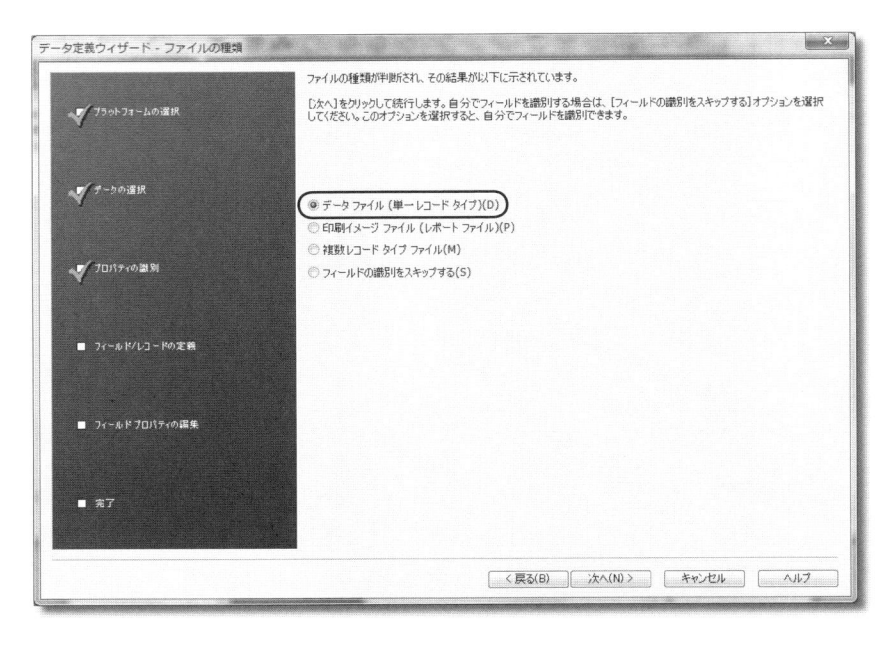

⑨「データ定義ウィザード－フィールドの識別」画面が表示されます。ACLが自動的にフィールドの区切りを識別し、線で示しています。「入手データファイルの概要」(p.117)を参照し、各フィールドの幅を正しい区切りに修正して、〔次へ〕ボタンをクリックします（フィールドの幅を変更する理由については、p.107の 注意 を参照してください）。

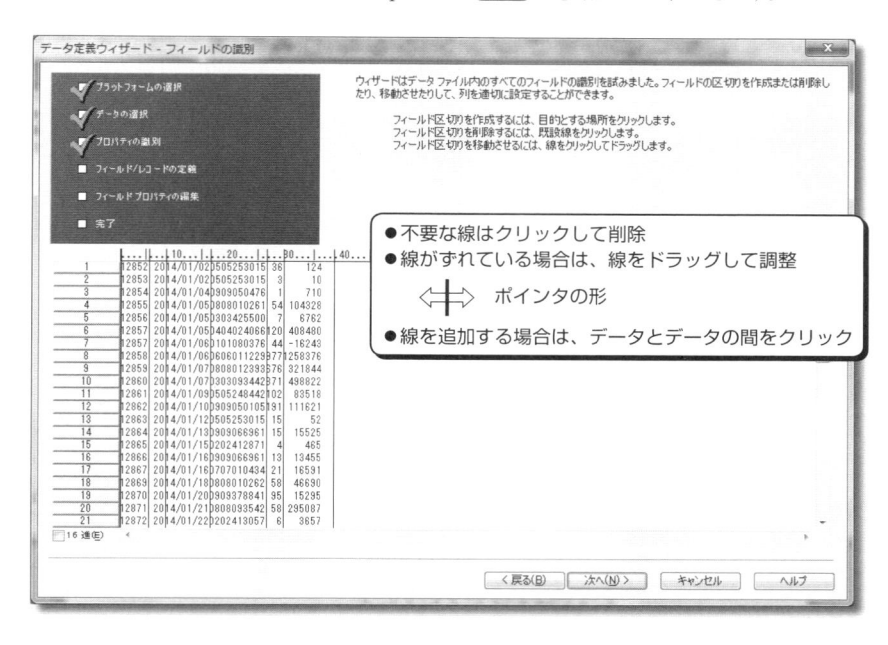

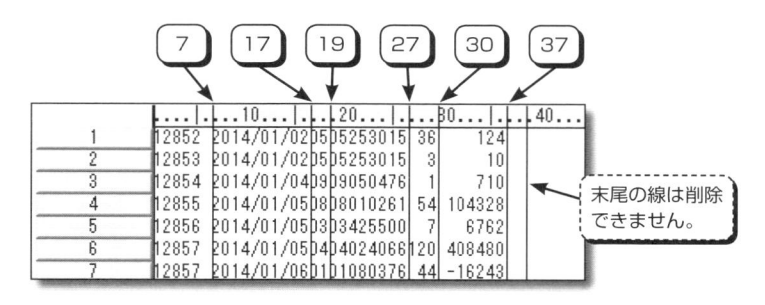

- 不要な線はクリックして削除
- 線がずれている場合は、線をドラッグして調整
  ⇔　ポインタの形
- 線を追加する場合は、データとデータの間をクリック

末尾の線は削除できません。

＜フィールドの情報＞

列	フィールド名	データ型	開始位置	長さ	備考
1	出荷番号	文字	1	6	
2	出荷日	日付	7	10	YYYY/MM/DD形式
3	在庫区分	文字	17	2	
4	アイテムNo	文字	19	8	
5	数量	数値	27	3	小数点以下桁数0桁
6	金額	数値	30	7	小数点以下桁数0桁

⑩ 「データ定義ウィザード－フィールドプロパティの編集」画面が表示されます。「入手データファイルの概要」(p.117) を参照し、1列目（黒く反転した状態）のフィールドの名前を入力します。ACLに自動認識されたデータ型が適当でない場合は、「型」も変更します（フィールド名の命名規則、データ型の選択については、p.110～111を参照してください）。1列目の設定が終了したら、2列目の列見出しをクリックし、同様に設定します。すべての列の設定が終了したら、〔次へ〕ボタンをクリックします。

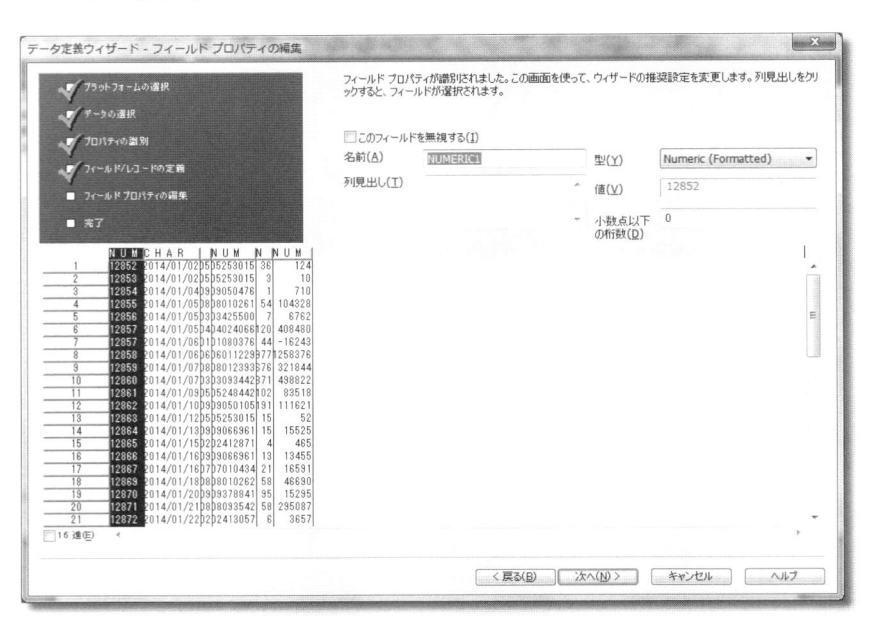

＜フィールドの情報＞

	名前	データ型	ACLのデータ型	入力書式/小数点以下の桁数
NUMERIC1	出荷番号	文字	ASCII Text	
CHARACTER1	出荷日	日付	日付時刻	YYYY/MM/DD
NUMERIC2	在庫区分	文字	ASCII Text	
NUMERIC3	アイテムNo	文字	ASCII Text	
NUMERIC4	数量	数値	Numeric (Formatted)	0
NUMERIC5	金額	数値	Numeric (Formatted)	0

※操作⑤で選択した文字セットが「PCおよびその他全種類のコンピューター（ASCII）」のため、文字型フィールドの型は「ASCII Text」になります（p.110参照）。

⑪「データ定義ウィザード－最終」画面が表示されます。〔完了〕ボタンをクリックします。

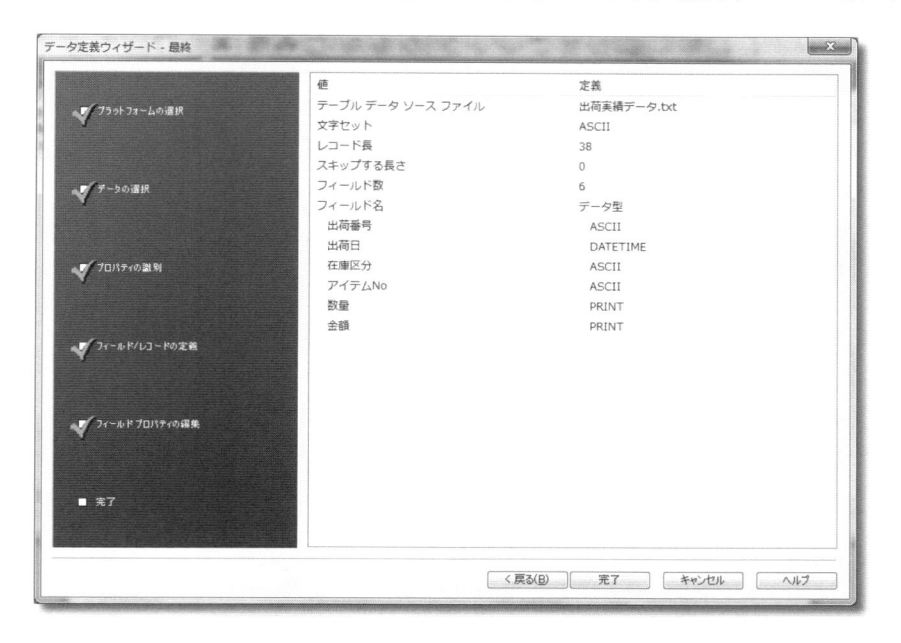

※データ定義ウィザードのデータ型の選択（操作⑩）で表示されるデータ型と、「最終」画面（操作⑪）で表示されるデータ型は、表記が異なります。「最終」画面での表記は省略形のようなものになっています。詳細は、p.112を参照してください。

⑫ テーブル名を入力する画面が表示されます。「出荷実績データ」という名前で〔OK〕ボタンをクリックします。

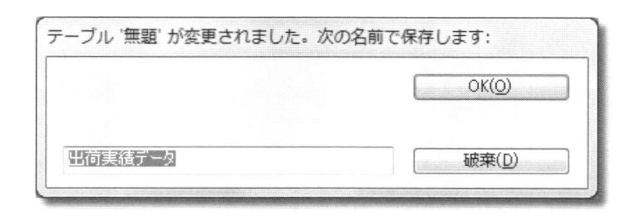

※ソースデータのファイル名、テーブル名は、異なっていても構いません。本書では、分かりやすいように同じ名前にしています。テーブル名の命名規則は、p.148を参照してください。

結 果

テーブルの作成が完了し、「出荷実績データ」テーブルが表示されます。

直接アクセス（p.70参照）のため、filファイルは作成されていません。「ACL操作研修」フォルダー内の「出荷実績データ.txt」を直接参照しています。

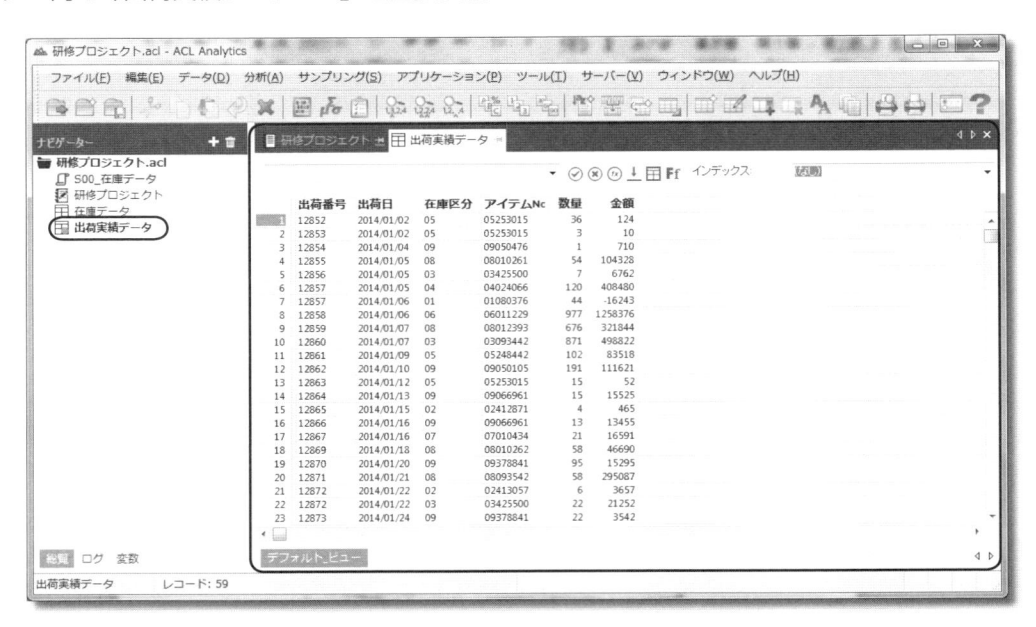

ログが記録されない操作のため、「出荷実績データ」テーブルを作成したログは記録されていません。

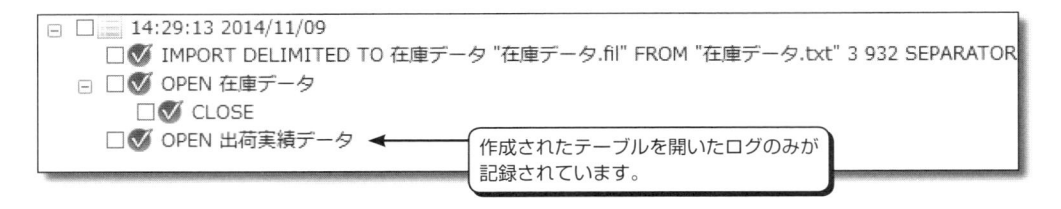

```
14:29:13 2014/11/09
    IMPORT DELIMITED TO 在庫データ "在庫データ.fil" FROM "在庫データ.txt" 3 932 SEPARATOR
    OPEN 在庫データ
        CLOSE
    OPEN 出荷実績データ    ← 作成されたテーブルを開いたログのみが
                              記録されています。
```

Point Hint **注意** 重要

固定長のテキストファイルのテーブル作成はログが記録されない

固定長のテキストファイルをソースデータとしたテーブル作成は、ログに記録されません。

ログを調書作成に利用すること（第5章参照）、ログから作成したスクリプトを次期に利用することを考慮し、ソースデータは区切り文字付きテキストファイルで入手することをお薦めします。

2-2-3 Excelファイルのテーブルを作成する

Excelファイルのテーブルを「研修プロジェクト.acl」に作成します。

入手データファイルの概要（監査先または関係部署等から得た情報）
- ファイル名　：売上取引データ.xlsx
- レコード件数：339件

＜概要＞

対象システム	販売管理システム
データ内容	売上取引データ
対象期間・範囲	計上日付が2014年のデータのみ
ファイル形式	Excel

＜ファイルレイアウト＞

No	フィールド名	主キー	データ型	長さ	備考
01	計上日付		日付	10	YYYY/M/D形式
02	売上No	○	文字	6	
03	処理区分	○	文字	1	0：新規、1：取り消し
04	商品No		文字	9	
05	金額		数値	9	小数点以下桁数0桁

＜データのサンプル＞

計上日付	売上No	処理区分	商品No	金額
2014/1/2	112852	0	052530155	12,400
2014/1/2	112853	0	052530155	1,000
2014/1/4	112854	0	090504761	71,000
2014/1/5	112855	0	080102618	10,432,800
2014/1/5	112856	0	034255003	676,200
2014/1/5	112857	0	040240664	40,848,000
2014/1/6	112857	1	010803760	-1,624,300

> **Hint**
>
> **Excelのファイルレイアウト情報**
>
> Excelファイル自体には、長さ等の定義はありません。しかし、一般的には、データ出力の元となった監査先または関係部署等のシステムでは、長さやデータ型の情報は定義されているため、その情報を入手してください。どうしても不明な場合は、データの内容を見て、個別に判断してください。

操作　「売上取引データ.xlsx」のテーブルを作成します。

「研修プロジェクト.acl」（p.96で作成）を開いている状態で操作します。

① メニューの〔ファイル〕-〔新規作成〕-〔テーブル〕をクリックします。
② 「データ定義ウィザード－データソースのプラットフォームの選択」画面で、「ローカル」を選択し、〔次へ〕ボタンをクリックします。
③ 「データ定義ウィザード－ローカルデータソースの選択」画面が表示されます。「ディスク」を選択し、〔次へ〕ボタンをクリックします。

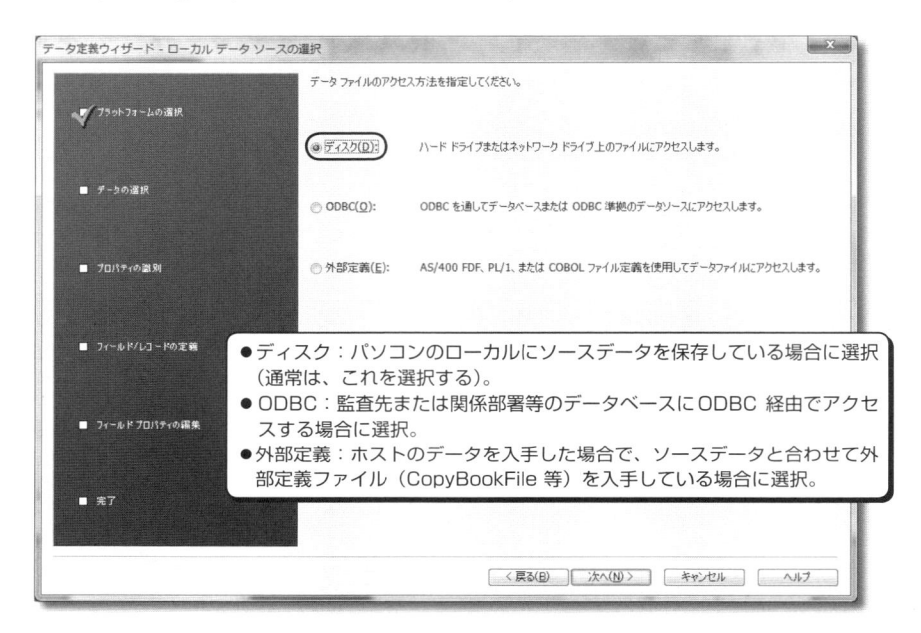

- ディスク：パソコンのローカルにソースデータを保存している場合に選択（通常は、これを選択する）。
- ODBC：監査先または関係部署等のデータベースにODBC経由でアクセスする場合に選択。
- 外部定義：ホストのデータを入手した場合で、ソースデータと合わせて外部定義ファイル（CopyBookFile等）を入手している場合に選択。

④ テーブル作成を行うファイルを選択します。「00ACL」-「ACL操作研修」フォルダーの「売上取引データ.xlsx」を選択し、〔開く〕ボタンをクリックします。

⑤ 「データ定義ウィザード-ファイル形式」画面が表示されます。ACLにより自動選択されたオプション「Excelファイル」を選択し、〔次へ〕ボタンをクリックします

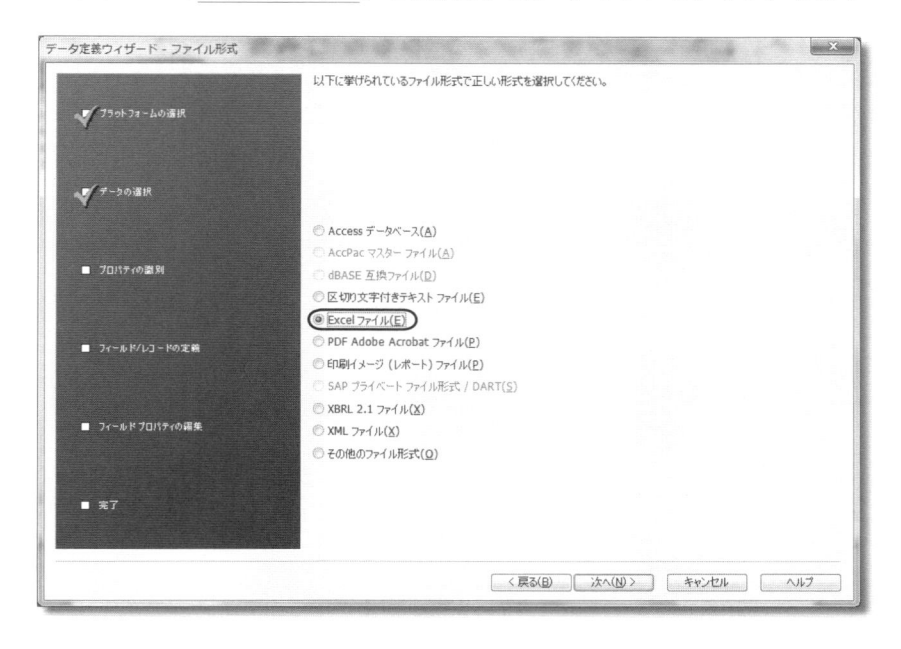

⑥ 「データ定義ウィザード-データソース」画面が表示されます。Excelファイル内のワークシート名が表示されます。「売上取引$」を選択し、「タイプと長さに基づいて検出」で「先頭100レコード」を選択して、〔次へ〕ボタンをクリックします。

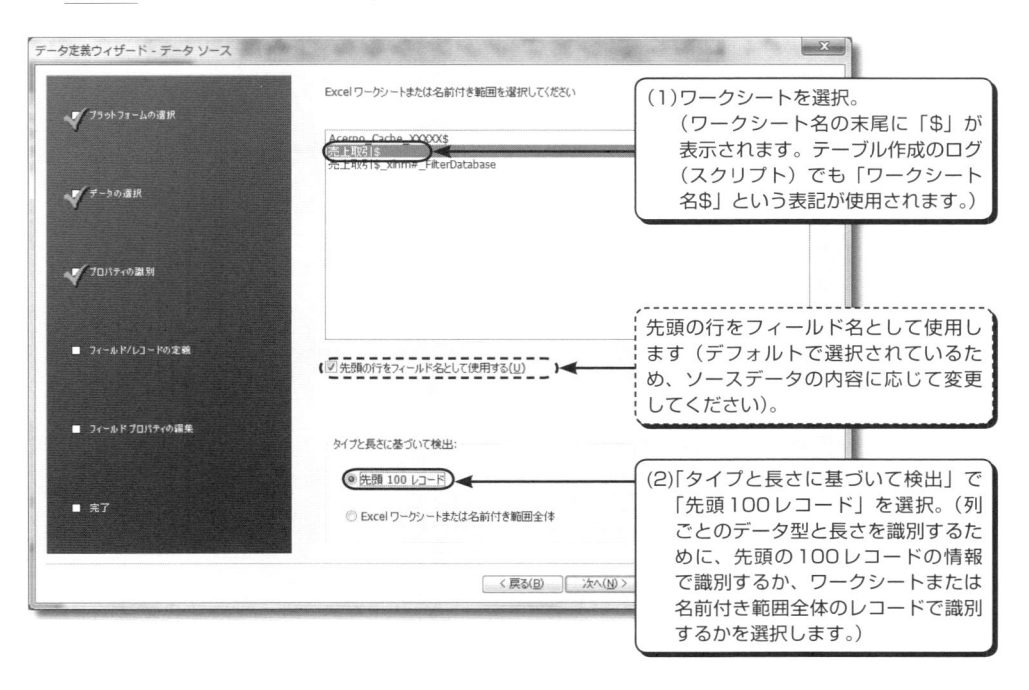

(1) ワークシートを選択。（ワークシート名の末尾に「$」が表示されます。テーブル作成のログ（スクリプト）でも「ワークシート名$」という表記が使用されます。）

先頭の行をフィールド名として使用します（デフォルトで選択されているため、ソースデータの内容に応じて変更してください）。

(2)「タイプと長さに基づいて検出」で「先頭100レコード」を選択。（列ごとのデータ型と長さを識別するために、先頭の100レコードの情報で識別するか、ワークシートまたは名前付き範囲全体のレコードで識別するかを選択します。）

⑦ 「データ定義ウィザード－Excel インポート」画面が表示されます。

「名前」には、フィールド名として、「売上取引データ.xlsx」の列見出しが設定されているため（操作⑥の設定による）、変更は必要ありません。「長さ」、「型」は、「入手データファイルの概要」（p.125）を参照し、ACL が自動認識した定義が適当でない場合は、変更します。

1列目の「計上日付」は、「長さ」が「19」と自動認識されますが、「入手データファイルの概要」では、「長さ」は「10」となっています。「入手データファイルの概要」に合わせて、変更します。

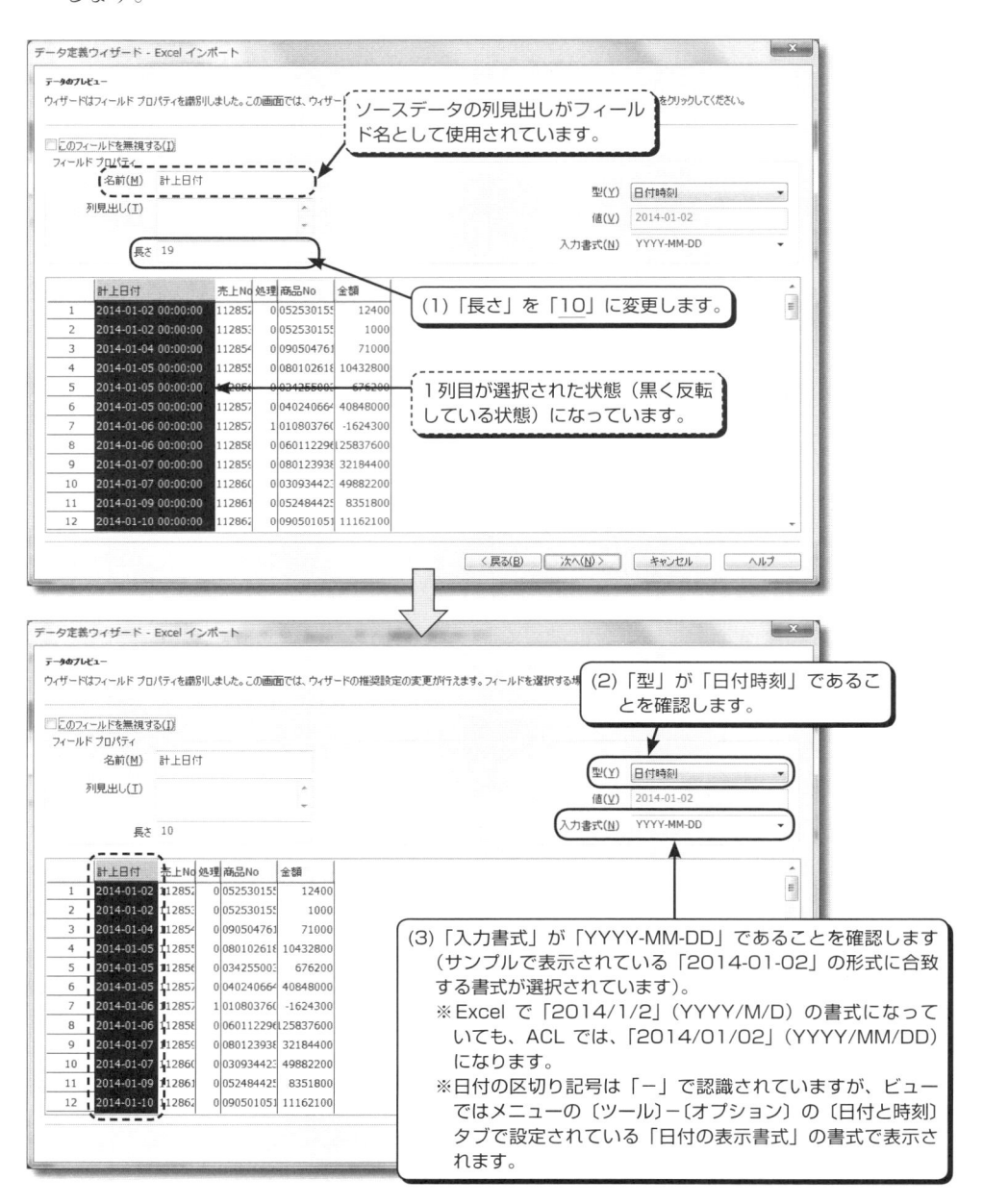

［データ定義ウィザード － Excel インポート画面］

- ソースデータの列見出しがフィールド名として使用されています。
- (1)「長さ」を「10」に変更します。
- 1列目が選択された状態（黒く反転している状態）になっています。
- (2)「型」が「日付時刻」であることを確認します。
- (3)「入力書式」が「YYYY-MM-DD」であることを確認します（サンプルで表示されている「2014-01-02」の形式に合致する書式が選択されています）。
  ※ Excel で「2014/1/2」（YYYY/M/D）の書式になっていても、ACL では、「2014/01/02」（YYYY/MM/DD）になります。
  ※ 日付の区切り記号は「－」で認識されていますが、ビューではメニューの〔ツール〕－〔オプション〕の〔日付と時刻〕タブで設定されている「日付の表示書式」の書式で表示されます。

Point Hint 注意 重要

Excelファイルの日付データ

　Excelで日付のみを入力している場合でも、ACLは、時刻までの値を保持します。
　操作⑦で「計上日付」フィールドの「長さ」を「19」のままで設定すると、作成されるテーブルでは、「2014/01/02 00:00:00」という値を持つことになります。

Point Hint 注意 重要

Excelファイルの時刻データ

　Excelで時刻のみを入力している場合、ACLは、日付と時刻の値を保持します。
　Excelで「10:45:20」と入力していた場合、テーブルでは「1899-12-30 10:45:20」という値が保存されます。
　日付も含めてフィールドの「長さ」が認識されているため、「長さ」は変更しないようにしてください。
　ただし、日付の値（1899-12-30）は、使用することができないため、「入力書式」で日付を含む書式を選択すると、ビューでは空白しか表示されません。入力書式は、時刻用の書式を選択してください。

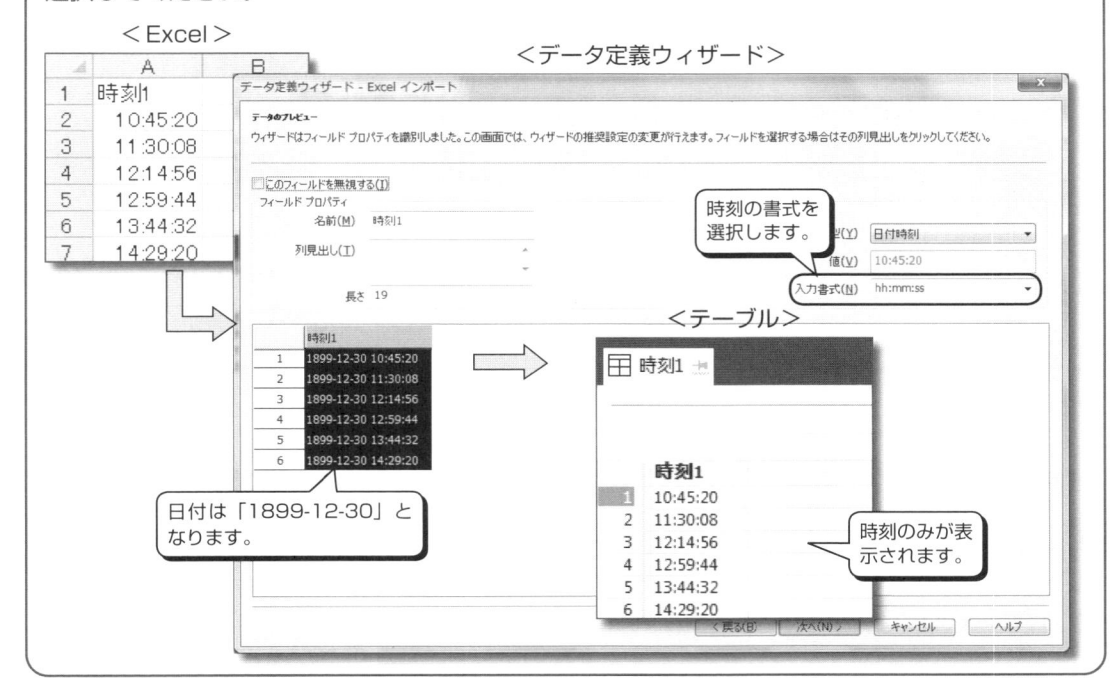

＜Excel＞

	A	B
1	時刻1	
2	10:45:20	
3	11:30:08	
4	12:14:56	
5	12:59:44	
6	13:44:32	
7	14:29:20	

＜データ定義ウィザード＞

データ定義ウィザード - Excel インポート

データのプレビュー
ウィザードはフィールド プロパティを識別しました。この画面では、ウィザードの推奨設定の変更が行えます。フィールドを選択する場合はその列見出しをクリックしてください。

□ このフィールドを無視する(I)

フィールド プロパティ
　名前(M)　時刻1
　列見出し(T)
　長さ　19

　　　　　　　　　　　時刻の書式を選択します。
　　　　　　　　　　(Y)　日付時刻
　　　　　　　　　　値(V)　10:45:20
　　　　　　　　　　入力書式(N)　hh:mm:ss

	時刻1
1	1899-12-30 10:45:20
2	1899-12-30 11:30:08
3	1899-12-30 12:14:56
4	1899-12-30 12:59:44
5	1899-12-30 13:44:32
6	1899-12-30 14:29:20

日付は「1899-12-30」となります。

＜テーブル＞

田 時刻1

	時刻1
1	10:45:20
2	11:30:08
3	12:14:56
4	12:59:44
5	13:44:32
6	14:29:20

時刻のみが表示されます。

＜戻る(B)　次へ(N)＞　キャンセル　ヘルプ

⑧ 1列目の設定が終了したら、続けて、2列目の列見出しをクリックします。「入手データファイルの概要」（p.125）を参照し、ACLが自動認識した定義と異なる場合は、「長さ」、「型」、「入力書式」を変更します（下表参照）。すべての列の設定が終了したら、〔次へ〕ボタンをクリックします。

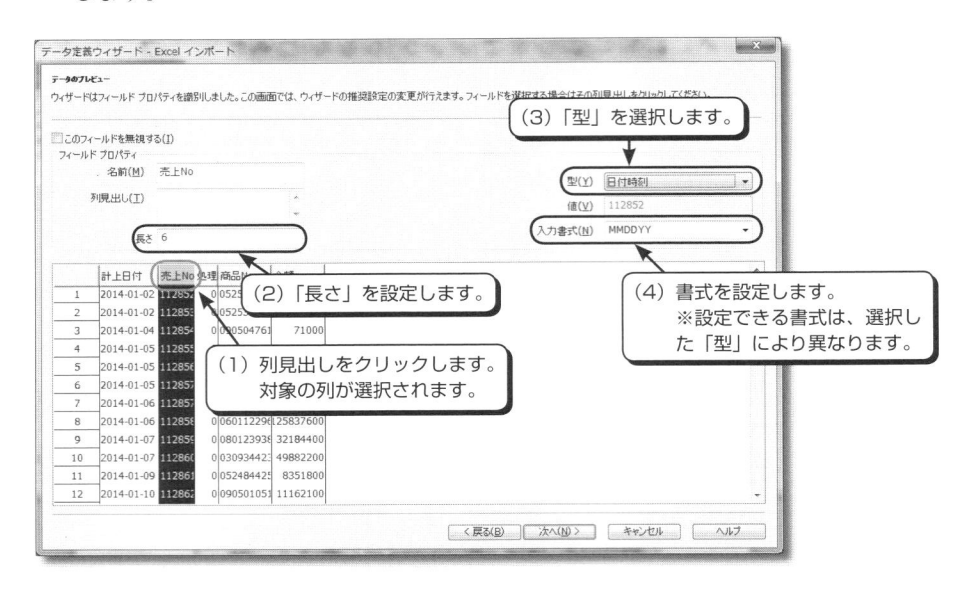

＜フィールドの情報＞

名前	長さ	データ型	ACLのデータ型	入力書式/小数点以下の桁数
計上日付	10	日付	日付時刻	YYYY-MM-DD
売上No	6	文字	テキスト	
処理区分	1	文字	テキスト	
商品No	9	文字	テキスト	
金額	9	数値	数値	0

> **Point** Hint 注意 重要
>
> **ソースデータがExcelファイルの場合のデータ型**
>   ソースデータがExcelファイルの場合、ACLのデータ型（「型」）は、「テキスト」、「数値」、「日付時刻」の3種類から選択します。

> **Point** Hint 注意 重要
>
> **文字セット**
>   ソースデータがExcelファイルの場合、文字セットは、自動的に「Unicode」で設定されます。

Point │ Hint │ 注意 │ 重要

Excelファイルの数値データのデータ型の定義

「売上取引データ.xlsx」の「売上No」「処理区分」「商品No」列は、「入手データファイルの概要」および「データのサンプル」（p.125）によると文字型であり、データは数字のみで構成されています。

数字のみのデータの場合、Excelで文字データとして入力（数字の先頭に「'」を付けて入力する、または、「書式設定」で「文字列」を選択する）していても、ACLは、数値型と認識します。そのため、「処理区分」は数値型と認識されました。

しかし、「売上No」、「商品No」は数値型と認識されませんでした。その理由は、以下の通りです。

フィールド	ACLで認識された データ型	理由
売上No	日付時刻	以下の2つの条件に合致する場合、日付時刻型として認識されます。 ● その列のすべての値が単一の日付書式に合致する。 ● その日付書式に照らして、すべての値が有効な日付である。 （「売上No」は「MMDDYY」の日付と認識されました。）
商品No	テキスト	数字の先頭に「0」（ゼロ）が付いているデータが含まれている場合、テキスト型として認識されます。

ACLが認識したデータ型が適当でない場合は、操作⑦⑧の「データ定義ウィザードーExcelインポート」画面で変更してください。

⑨「データファイルを別名で保存」画面が表示されます。「ACL操作研修」フォルダーが開いていることを確認し、「ファイル名」に「売上取引データ」と入力して、〔保存〕ボタンをクリックします。

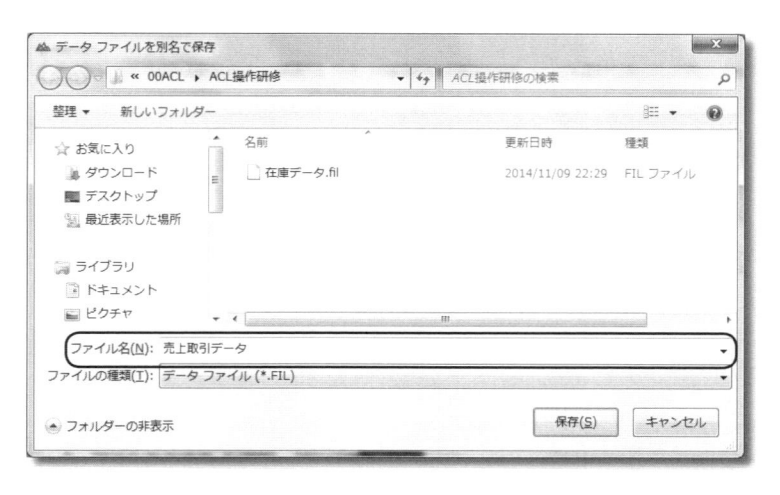

⑩「データ定義ウィザード−最終」画面が表示されます。〔完了〕ボタンをクリックします。

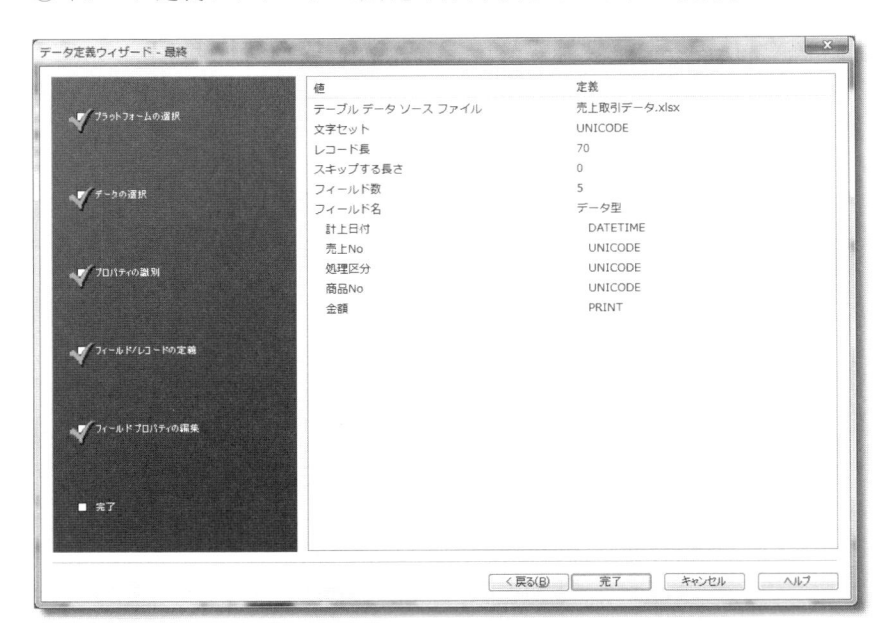

⑪テーブル名を入力する画面が表示されます。「売上取引データ」となっていることを確認し、〔OK〕ボタンをクリックします。

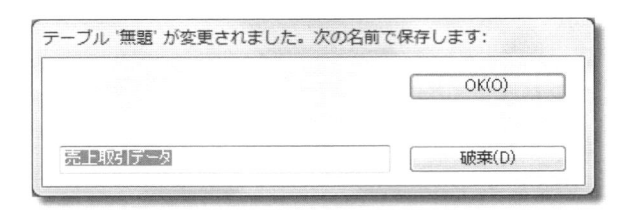

※ソースデータのファイル名、filファイル名、テーブル名は、異なっていても構いません。本書では、分かりやすいように同じ名前にしています。テーブル名の命名規則は、p.148を参照してください。

結果

テーブルの作成が完了し、「売上取引データ」テーブルが表示されます。
「ACL操作研修」フォルダーに「売上取引データ.fil」が作成されています。

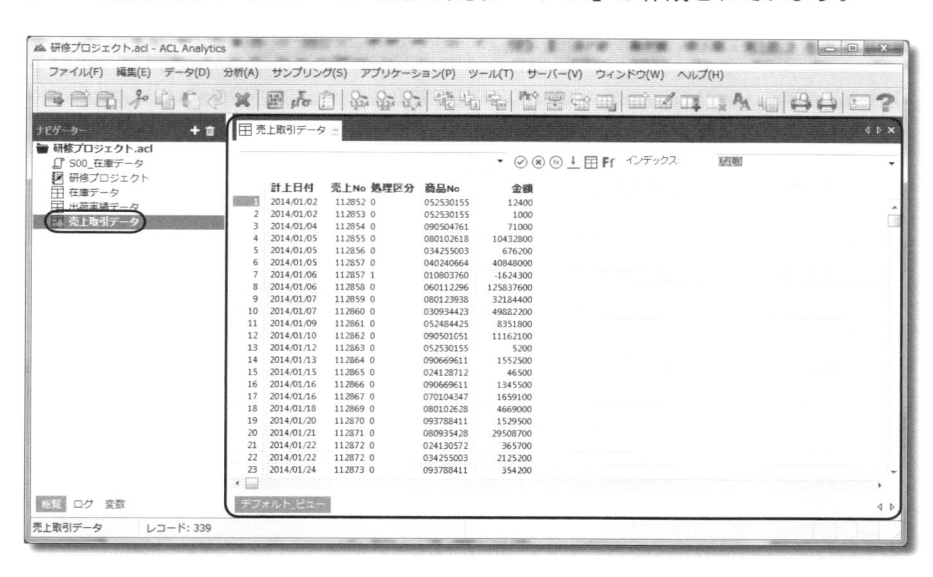

```
研修プロジェクト.acl - ACL Analytics
ファイル(F) 編集(E) データ(D) 分析(A) サンプリング(S) アプリケーション(P) ツール(T) サーバー(V) ウィンドウ(W) ヘルプ(H)

ナビゲーター                売上取引データ
研修プロジェクト.acl                                                    インデックス
  S00_在庫データ
  研修プロジェクト              計上日付    売上No  処理区分   商品No      金額
    在庫データ              1  2014/01/02  112852  0      052530155    12400
    出荷実績データ          2  2014/01/02  112853  0      052530155     1000
    売上取引データ          3  2014/01/04  112854  0      090504761    71000
                         4  2014/01/05  112855  0      080102618 10432800
                         5  2014/01/05  112856  0      034255003   676200
                         6  2014/01/05  112857  0      040240664 40848000
                         7  2014/01/06  112857  1      010803760  -1624300
                         8  2014/01/06  112858  0      060112296 125837600
                         9  2014/01/07  112859  0      080123938 32184400
                        10  2014/01/07  112860  0      030934423 49582200
                        11  2014/01/09  112861  0      052484425  8351800
                        12  2014/01/10  112862  0      090501051 11162100
                        13  2014/01/12  112863  0      052530155     5200
                        14  2014/01/13  112864  0      090669611  1552500
                        15  2014/01/15  112865  0      024128712    46500
                        16  2014/01/16  112866  0      090669611  1345500
                        17  2014/01/16  112867  0      070104347  1659100
                        18  2014/01/18  112869  0      080102628  4669000
                        19  2014/01/20  112870  0      093788411  1529500
                        20  2014/01/21  112871  0      080935428 29508700
                        21  2014/01/22  112872  0      024130572   365700
                        22  2014/01/22  112872  0      034255003  2125200
                        23  2014/01/24  112873  0      093788411   354200

総覧 ログ 変数                デフォルト_ビュー
売上取引データ  レコード: 339
```

スクリプトの作成

テーブルを作成した操作のログからスクリプトを作成します。

※スクリプトの作成・実行の操作の詳細は、**第4章**を参照してください。

① ナビゲーターからログ（研修プロジェクト）をダブルクリックし、ログの一覧を表示します。
② 実行した操作のログを選択し、画面上で右クリックして、〔選択項目の保存〕-〔スクリプト〕をクリックします。Excelファイルのテーブル作成のログは、「IMPORT EXCEL …」です。

> ここでは、「IMPORT EXCEL …」のみにチェックマークが付いた状態にします。
> その他のログにチェックマークが付いている場合は、チェックマークをクリックして解除します。

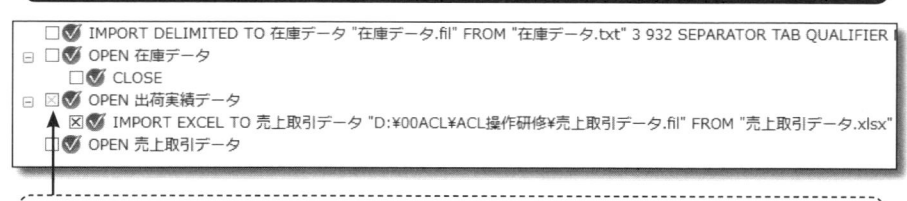

```
☐✓ IMPORT DELIMITED TO 在庫データ "在庫データ.fil" FROM "在庫データ.txt" 3 932 SEPARATOR TAB QUALIFIER
  ☐✓ OPEN 在庫データ
      ☐✓ CLOSE
  ☒✓ OPEN 出荷実績データ
      ☒✓ IMPORT EXCEL TO 売上取引データ "D:¥00ACL¥ACL操作研修¥売上取引データ.fil" FROM "売上取引データ.xlsx"
      ☐✓ OPEN 売上取引データ
```

> 薄いグレーのチェックマークは保存対象にならないため、チェックマークが付いていて構いません。

> **Point** | Hint | 注意 | 重要
>
> **filファイル名の記録**
>
> 　テーブル作成のログ（スクリプト）にはfilファイル名が記録されます。
>
> 　ソースデータがテキストファイルの場合は、プロジェクト（.acl）とfilファイルを同一のフォルダーに保存すると、filファイルのパス（保存場所）は記録されません。
>
> 　それに対して、ソースデータがExcelファイルの場合は、filファイルの名前がパスも含めて記録されます。
>
> 　（例）「研修プロジェクト.acl」がCドライブの「CAAT」フォルダー（C:￥CAAT）にあり、「売上取引データ.fil」を同じフォルダーに保存した場合
>
> - ソースデータがテキストファイルの場合のログ（スクリプト）
>   IMPORT␣DELIMETED␣TO␣売上取引データ␣"<u>売上取引データ.fil</u>"␣FROM␣"売上取引データ.txt"␣（以下、略）
> - ソースデータがExcelファイルの場合のログ（スクリプト）
>   IMPORT␣EXCEL␣TO␣売上取引データ␣"<u>C:￥CAAT￥売上取引データ.fil</u>"␣FROM␣"売上取引データ.xlsx"␣（以下、略）
>
> 　ログにファイルのパスが記録されている場合、ログから作成したスクリプトを実行する際にファイルの場所が異なっていると、正しい処理が実行されません。そのため、ファイル名が記録されているスクリプトを使用する際は、ファイルの保存場所を確認することが必要です。

③　スクリプトの名前を入力します。「<u>S00_売上取引データ</u>」と入力して〔OK〕ボタンをクリックします。

結果

作成したスクリプトがナビゲーターに表示されます。

2-2-4 スクリプトを利用して前期と同じテーブルを作成する

スクリプトを作成すると、手作業で行った操作を自動化できます。

毎回同じファイルレイアウトのデータファイルを入手して、継続して監査を行う場合、初回作業時にスクリプトを作成しておくことをお薦めします。

特に、テーブル作成は、フィールドの幅やデータ型の設定等、データ定義ウィザードでの操作が煩雑ですが、スクリプトがあれば、スクリプトに記録されているファイル名を次期に入手したファイル名に変更するという簡単な作業で、次期のテーブル作成を自動化することができます。

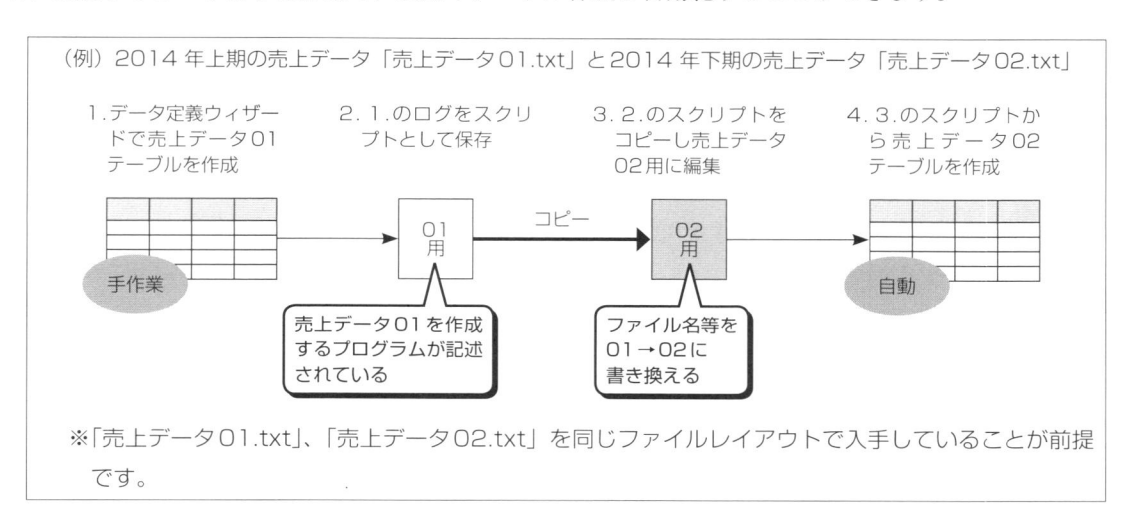

（例）2014年上期の売上データ「売上データ01.txt」と2014年下期の売上データ「売上データ02.txt」

1. データ定義ウィザードで売上データ01テーブルを作成（手作業）
2. 1.のログをスクリプトとして保存（01用：売上データ01を作成するプログラムが記述されている）
3. 2.のスクリプトをコピーし売上データ02用に編集（02用：ファイル名等を01→02に書き換える）
4. 3.のスクリプトから売上データ02テーブルを作成（自動）

※「売上データ01.txt」、「売上データ02.txt」を同じファイルレイアウトで入手していることが前提です。

操作 上図の（例）の操作を行います。ファイルの形式はタブ区切りのテキストファイルです。
1. データ定義ウィザードで「売上データ01」（1〜6月のデータ）テーブルを作成
2. テーブルを作成した操作のログを利用してスクリプトを作成
3. 2．のスクリプトをコピーし「売上データ02」（7〜12月のデータ）用に編集して保存
4. 3．のスクリプトを実行し「売上データ02」テーブルを作成

入手データファイル1の概要（監査先または関係部署等から得た情報）
- ファイル名　　：売上データ01.txt
- レコード件数：161件

＜概要＞

対象システム	販売管理システム
データ内容	売上取引データ
対象期間・範囲	2014年1〜6月のデータ
ファイル形式	タブ区切りのテキストファイル、引用符なし

<ファイルレイアウト>

No	フィールド名	主キー	データ型	長さ	備考
01	売上番号	○	文字	5	
02	計上日		日付	10	YYYY/MM/DD形式
03	商品No		文字	8	
04	事業所CD		文字	2	01：本社、02：大阪、03：名古屋、04：福岡、05：札幌、06：静岡、07：高松、08：広島、09：那覇
05	数量		数値	3	小数点以下桁数0桁
06	金額		数値	7	小数点以下桁数0桁
07	処理日		日付	10	YYYY/MM/DD形式
08	処理担当者ID		文字	4	

<データのサンプル>

（1行目にはフィールド名が入力されています。）

計上日	商品No	事業所CD	数量	売上番号	金額	処理日	処理担当者ID
2014/01/01	052530155	05	4	12909	14	2014/01/01	0038
2014/01/01	040226054	04	5	12910	5003	2014/01/01	0038
2014/01/01	024128712	02	55	12911	6388	2014/01/01	0052
2014/01/02	052530155	05	36	12852	124	2014/01/03	0045

入手データファイル2の概要（監査先または関係部署等から得た情報）

- ファイル名　：売上データ02.txt
- レコード件数：177件

対象期間が2014年7～12月であること以外は、入手データファイル1と同じ（概要、ファイルレイアウト、データのサンプルは省略）。

1．データ定義ウィザードで「売上データ01.txt」（1～6月のデータ）のテーブルを作成

「研修プロジェクト.acl」（p.96で作成）を開いている状態で操作します。

① メニューの〔ファイル〕-〔新規作成〕-〔テーブル〕をクリックします。
②「データ定義ウィザード－データソースのプラットフォームの選択」画面で、「ローカル」を選択し、〔次へ〕ボタンをクリックします。
③「データ定義ウィザード－ローカルデータソースの選択」画面で、「ディスク」を選択し、〔次へ〕ボタンをクリックします。
④ テーブル作成を行うファイルの選択を行います。「00ACL」-「ACL操作研修」フォルダーの「売上データ01.txt」を選択し、〔開く〕ボタンをクリックします。
⑤「データ定義ウィザード－文字セット」画面が表示されます。「エンコードされたテキスト」-「932（ANSI/OEM－日本語 Shift－JIS）」を選択し、〔次へ〕ボタンをクリックします（オプションを変更する理由は、p.105参照）。
⑥「データ定義ウィザード－ファイル形式」画面が表示されます。「区切り文字付きテキストファイル」が選択されていることを確認し、〔次へ〕ボタンをクリックします。
⑦「データベース定義ウィザード－区切り文字付きファイルのプロパティ」画面が表示されます。「入手データファイル1の概要」（p.135）を参照し、「フィールドの幅」の設定を行います。終了したら、〔次へ〕ボタンをクリックします。

⑧「データファイルを別名で保存」画面が表示されます。「ACL操作研修」フォルダーを開き、「ファイル名」に「売上データ01」と入力して、〔保存〕ボタンをクリックします。

⑨ 「データ定義ウィザード－フィールドプロパティの編集」画面が表示されます。「入手データファイル1の概要」(p.135) を参照し、「型」の変更および書式の設定を行います(「名前」は変更なし)。必要な設定が終了したら、〔次へ〕ボタンをクリックします。

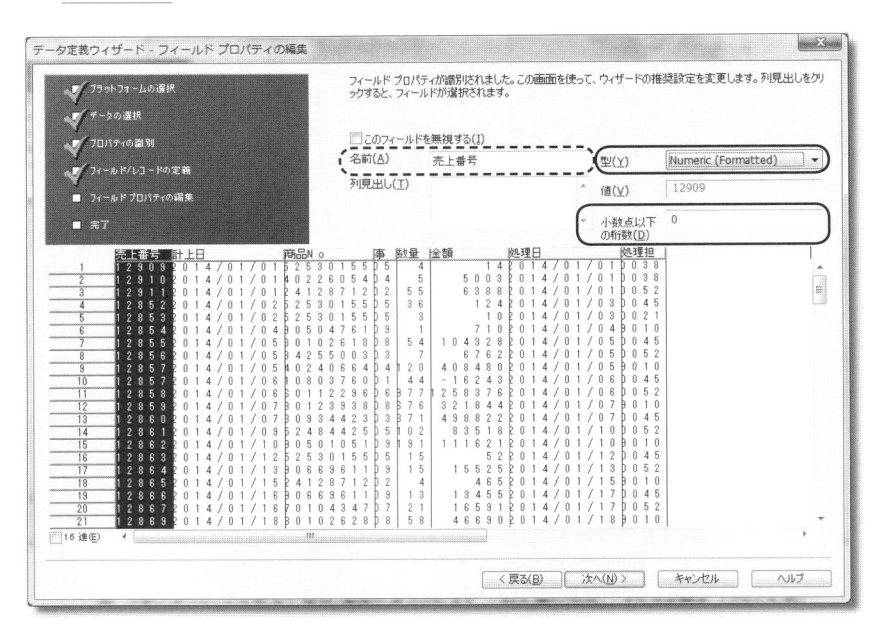

<フィールドの情報>

フィールド名	データ型	ACLのデータ型	入力書式/小数点以下の桁数
売上番号	文字	UNICODE	
計上日	日付	日付時刻	YYYY/MM/DD
商品No	文字	UNICODE	
事業所CD	文字	UNICODE	
数量	数値	Numeric (Formatted)	0
金額	数値	Numeric (Formatted)	0
処理日	日付	日付時刻	YYYY/MM/DD
処理担当者ID	文字	UNICODE	

※操作⑤で選択した文字セットが「932（ANSI/OEM－日本語Shift－JIS）」のため、文字型フィールドの型は「UNICODE」になります（p.110参照）。

⑩ 「データ定義ウィザード－最終」画面が表示されます。〔完了〕ボタンをクリックします。
⑪ テーブル名を入力する画面が表示されます。「売上データ01」となっていることを確認し、〔OK〕ボタンをクリックします。

結果

テーブルの作成が完了し、「売上データ01」テーブルが表示されます。
(「ACL操作研修」フォルダーに「売上データ01.fil」も作成されています。)

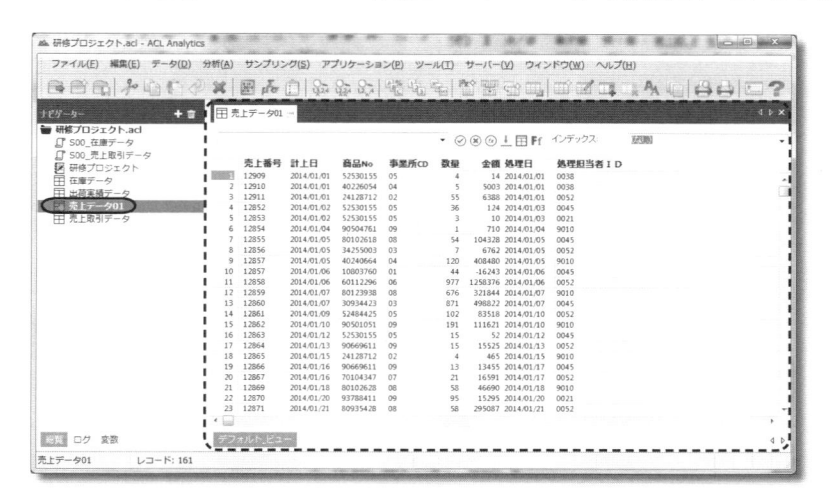

2．テーブルを作成した操作のログを利用してスクリプトを作成

※スクリプトの作成・実行の操作の詳細は、**第4章**を参照してください。

① ナビゲーターからログ（📗研修プロジェクト）をダブルクリックし、ログの画面を開きます。
② 「売上データ01」テーブルを作成した操作のログを選択します。

```
☒✓ OPEN 売上取引データ
    ☒✓ IMPORT DELIMITED TO 売上データ01 "売上データ01.fil" FROM "売上データ01.txt" 3 932 S
☐✓ OPEN 売上データ01
```

③ 画面上で右クリックし、〔選択項目の保存〕-〔スクリプト〕を選択します。
④ スクリプトの名前を入力します。「S00_売上データ01」と入力して〔OK〕ボタンをクリックします。

結果

スクリプトが作成され、ナビゲーターに表示されます。

3．2．のスクリプト（S00_売上データ01）をコピーし「売上データ02」（7～12月の データ）用に編集して保存

① 2．で作成したスクリプトをコピーします。ナビゲーターの「S00_売上データ01」上で右クリックし、〔コピー〕をクリックします。または、「S00_売上データ01」をクリックし、メニューの〔編集〕-〔コピー〕をクリックします。

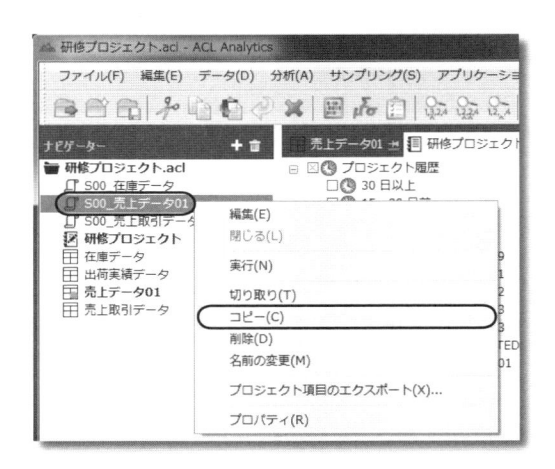

② ナビゲーターの「研修プロジェクト.acl」上で右クリックし、〔貼り付け〕をクリックします。または、「研修プロジェクト.acl」をクリックし、メニューの〔編集〕-〔貼り付け〕をクリックします。

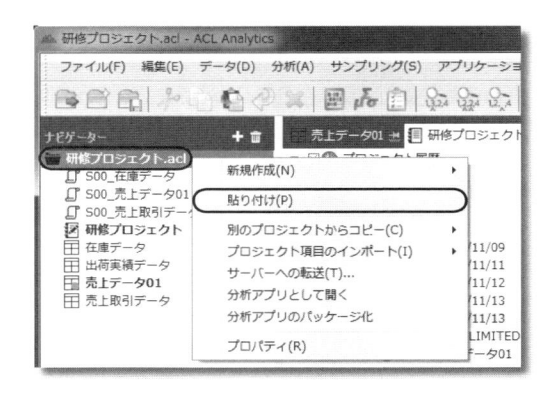

③「S00_売上データ012」というスクリプトが作成され（＊）、ナビゲーターに表示されます。ダブルクリックして内容を表示させ、スクリプトを編集します。

※コピー先のスクリプトは、コピー元のスクリプトの名前の末尾に「2」をつけた名前となります。

> 編集する箇所：テーブル名、fil ファイル名、ソースデータ名
> 編集する内容：「売上データ01」という名称を「売上データ02」にする

（1）ダブルクリック
（2）"01"を"02"に書き換える
テーブル名　fil ファイル名　ソースデータ名

編集後のスクリプト：

> IMPORT DELIMITED TO 売上データ02 "売上データ02.fil" FROM "売上データ02.txt" 3 932 SEPARATOR TAB QUALIFIER NONE（以下、省略）

重要

ソースデータの保存場所

　ここでの操作のように、ソースデータが区切り文字付きテキストファイルの場合、プロジェクト（「研修プロジェクト.acl」）とソースデータ（「売上データ01.txt」）が同じフォルダーに存在していれば、テーブル作成のスクリプトにファイルのパス（保存場所）は記述されません。

　プロジェクトとソースデータが異なるフォルダーに保存されている場合は、スクリプトにソースデータのパスを含めたファイル名が記述されます。
　（例）「売上データ01.txt」がCドライブの「CAAT」フォルダーにある場合：
　　　IMPORT DELIMITED TO 売上データ01 "売上データ01.fil" FROM "C:¥CAAT¥売上データ01.txt" 3 932 …

　この場合は、売上データ02用にスクリプトを編集する際、「売上データ02.txt」が保存されているパスを正しく指定するよう注意してください。

④ スクリプトの編集が終了したら、編集画面の右上の〔閉じる〕（×）ボタンで画面を閉じます。

⑤ 保存を確認するメッセージが表示されます。〔はい〕ボタンをクリックします。

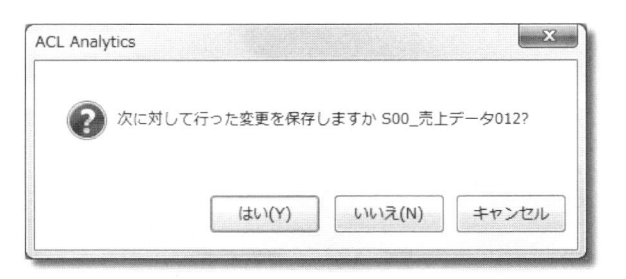

⑥ ナビゲーターの「S00_売上データ012」上で右クリックし、〔名前の変更〕をクリックします。スクリプトの名前を、「S00_売上データ02」に変更します。

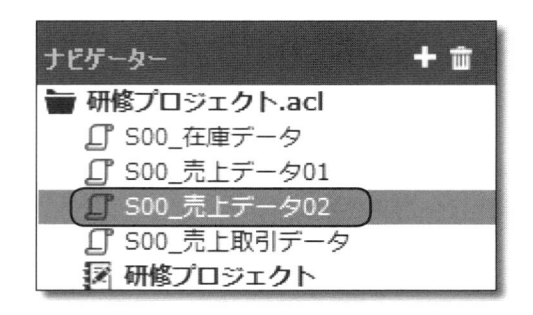

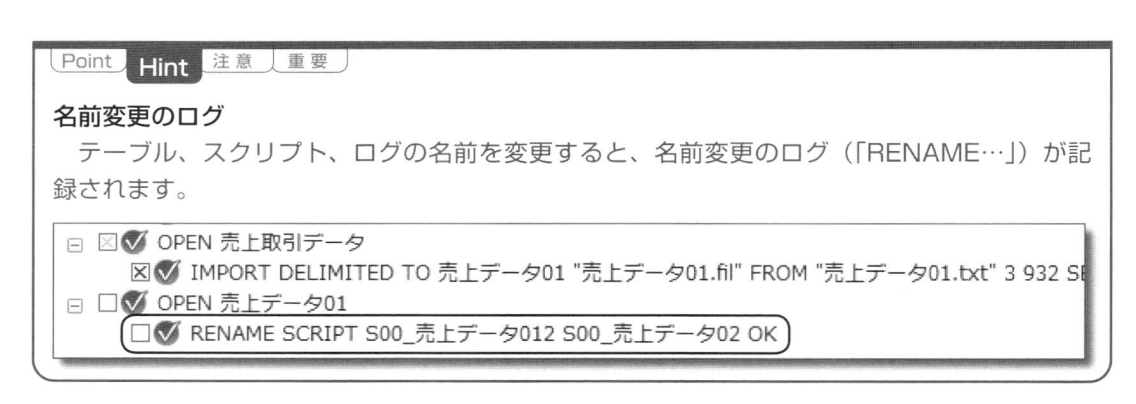

| Point | **Hint** | 注意 | 重要 |

名前変更のログ

　テーブル、スクリプト、ログの名前を変更すると、名前変更のログ（「RENAME…」）が記録されます。

```
☒✓ OPEN 売上取引データ
    ☒✓ IMPORT DELIMITED TO 売上データ01 "売上データ01.fil" FROM "売上データ01.txt" 3 932 S
☐✓ OPEN 売上データ01
    ☐✓ RENAME SCRIPT S00_売上データ012 S00_売上データ02 OK
```

[結 果]

　「売上データ02.txt」のテーブルを作成するための「S00_売上データ02」スクリプトが作成されました。

4．3．のスクリプトを実行し「売上データ02」テーブルを作成

① ナビゲーターでスクリプト「S00_売上データ02」を右クリックし、〔実行〕をクリックします。（「売上データ01」テーブルに対する変更を保存するか確認するメッセージが表示された場合は、〔はい〕をクリックします。）

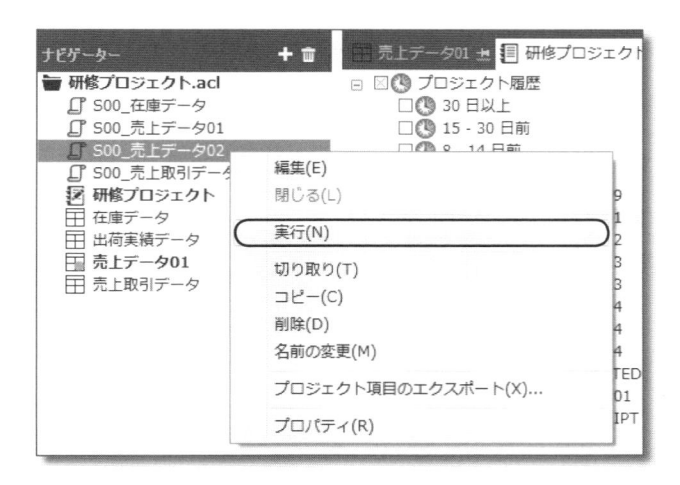

結 果

スクリプトが実行され、「売上データ02」テーブルが作成されました。ナビゲーターに「売上データ02」テーブルが表示されています。

データ定義ウィザードを使用せずに、自動で新しいテーブルを作成することができました。

操作のログは、下図のように記録されます。

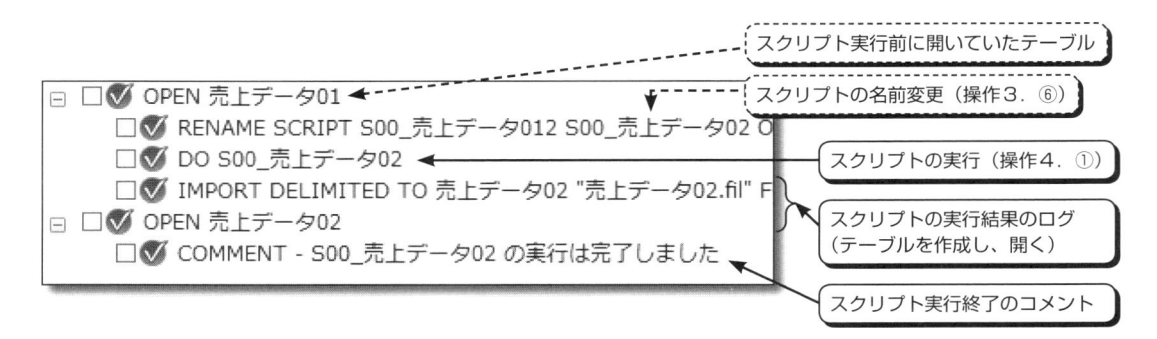

```
□☑ OPEN 売上データ01        ← ------- スクリプト実行前に開いていたテーブル
   □☑ RENAME SCRIPT S00_売上データ012 S00_売上データ02    ← スクリプトの名前変更（操作3．⑥）
   □☑ DO S00_売上データ02    ← スクリプトの実行（操作4．①）
   □☑ IMPORT DELIMITED TO 売上データ02 "売上データ02.fil" F   ← スクリプトの実行結果のログ（テーブルを作成し、開く）
□☑ OPEN 売上データ02
   □☑ COMMENT - S00_売上データ02 の実行は完了しました    ← スクリプト実行終了のコメント
```

> **Point** Hint 注意 重要
>
> **Doコマンド**
> スクリプトの実行には、DOコマンドが使用されます。
>
> スクリプトの構文：
>
> `DO␣スクリプト名`
>
> ※上記の構文は、オプション等を省略して記載しています。
>
> スクリプトに記述された処理が終了すると、「COMMENT - スクリプト名 の実行は完了しました」とコメントが記録されます。

2-2-5 テーブル作成に関する注意

テーブル作成に関する注意点をまとめます。

■入手するデータファイルの仕様について

以下のような形式のファイルの提供を監査先または関係部署等へ依頼することをお薦めします。
(あくまでも推奨であり、以下の形式でないとACLで処理できないというものではありません。)

- ファイル形式はタブ区切りのテキストファイル
  - 区切り文字付きテキストファイルは、ログが記録されるため、スクリプトを作成することができます。ただし、区切り文字付きテキストファイルでも、CSVファイルは、区切り記号のカンマがデータに含まれている可能性があり、データ定義ウィザードでテーブルを作成する際に、データがずれる原因になるため、タブ区切りのテキストファイルを推奨します。
  - 固定長のテキストファイルは、ログが記録されず、スクリプトも作成できないため、推奨しません。
  - Excelファイルもログからスクリプトが作成でき、データ定義ウィザードでのデータ型等の設定が簡易なため、便利です。ただし、レコード件数は、ワークシートの最大行数(Excel2013の場合は、約100万レコード)までとなるため、膨大なレコード件数のデータを入手する際は、テキストファイルが適しています。
- 文字型のデータに引用符を付ける

  区切り文字付きテキストファイルの場合、文字型データに引用符(二重引用符(")が一般的)が付いていると、以下のエラーの発生を防止することができます。

  ＜発生し得るエラー＞
  - データに区切り文字と同じ記号(例：数値の桁区切りのカンマ、英文会社名のco.,ltd.のカンマ)が含まれているとデータがずれてしまう。特にCSVファイルは注意が必要(p.25、164参照)。
  - 文字型のデータがACLで数値型と認識され、データの先頭に余分なスペースが追加されてしまう(p.182の 注意 参照)。
  - 最右列のフィールドに空白があると、データ定義ウィザードでフィールドの欠落とみなされてしまう(p.162参照)。
- 1行目にフィールド名を入れる

  ソースデータの1行目にフィールド名が入力されていると、ACLでもそれをフィールド名として使用できます。データ定義ウィザードでのフィールド名の入力の手間を省くことができます。

■データ定義ウィザードでの設定について

データ定義ウィザードでは、以下の点に注意してください。

- ●フィールドの幅は必ず設定する

  データ定義ウィザードで「フィールドの幅」をファイルレイアウトに合わせて設定するようにしてください。フィールドの幅を正しく設定しておかないと、複数のテーブルを統合して利用する場合に、問題が生じることがあります（p.107の 注意 参照）。

- ●テーブル作成時に自動変換されるデータがある

  ➤数値型フィールドの空白は、「0」（ゼロ）に変換される

  ソースデータに「0」と空白があった場合、ビュー上は、いずれも「0」で表示され、区別することができません。データ分析上、「0」と空白を区別する必要がある場合は、以下のようにしてください。

  方法A. データ定義ウィザードで、データ型を文字型に変更する。

  方法B. テーブル作成後、テーブル レイアウト（p.151）でデータ型を文字型に変更する。

  ※文字型の場合は、空白は空白のまま表示されます。

  ➤数値型フィールドの無効な値は、数値型に合致する値に変換される

  ソースデータに数値として無効な値（小数点が複数ある、文字が含まれている等）があると、ACLは、データ定義ウィザードでそのフィールドを文字型と認識します。手動で数値型に変更してテーブルを作成すると、ビュー上は、数値型に合致する値に変換されて表示されます。例えば、ソースデータに「100a」（文字が含まれている）が入力されている場合、ビューでは「100」と表示され、この値が分析に使用されます（filファイルでは、「100a」の値を保持しています）。

  ソースデータ通りのデータを扱う必要がある場合は、上記の方法A.またはB.で文字型に変更します。ソースデータの誤りである場合は、正しいソースデータを再入手する必要があります。

Point Hint 注意 重要

無効な数値データを「0」で表示する

　無効な数値データがACLにより自動変換された場合、その値がデータの分析結果に影響することも考えられます。メニューの〔ツール〕－〔オプション〕の〔数値〕タブで、「データを検証する」および「無効なデータを空白にする」を選択すると、無効な数値データは「0」で表示することができます。

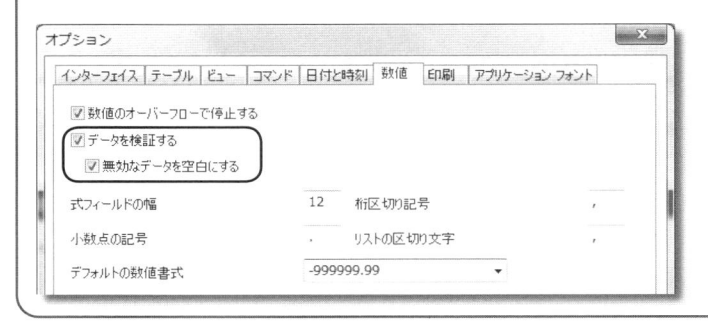

➢ 日付時刻型フィールドの空白、無効な値は、「1900年1月1日」、「00:00:00」に変換される

空白や無効な日付（2014/11/31等）は「1900年1月1日」に、時刻は「00時00分00秒」に変換されます。

ビュー上は空白で表示され、ソースデータが空白か無効な値のいずれであったのかを区別することはできません。（filファイルでは、ソースデータの値を保持しています。）

ソースデータ通りのデータを扱う必要がある場合は、前ページの方法A.またはB.で文字型に変更します。

ソースデータの誤りである場合は、正しいソースデータを再入手する必要があります。

Hint

〔検証〕コマンドによる無効な値の検証

〔検証〕コマンド（p.214）は、フィールドのデータ型に一致しないデータがないかを検証するメニューコマンドです。無効な値はエラーとして検出されるため、〔検証〕コマンドを実行すれば、ソースデータが無効なデータであったかを確認できます。

ただし、エラーの内容は16進表記で表示されます。

■命名規則について

フィールド名、テーブル名には、以下の命名規則があります。

スクリプト名、フォルダー名（p.166）の命名規則も同様です。

- 31文字以内（全角・半角に係わらず）
- 特殊文字や空白は使用できない
- 名前の先頭に数字は使用できない

※ ACLが認識できない特殊文字、空白、名前の先頭の数字は、アンダースコア「_」に変換されます。

- フィールド名には「予約キーワード」にあたる名称は使用できない

※「予約キーワード」（予約語）は、スクリプトで使用される特定の言葉です。詳細は、ヘルプを参照してください。予約キーワードの例：ALL、CANCEL、FIELDS、OTHER、PAGE 等

Point | Hint | 注意 | 重要

新規テーブルの名前

ACLでは、多くのメニューコマンドで、実行結果を新規テーブルとして保存することができます。

新規テーブルに名前を付ける際は、以下の例のように、テーブルの使用目的が明確になること、「CAAT手続書」と関連付けできるようにすることをお薦めします。

（例）
- 新規テーブルが作業用のテーブルの場合：「W01_振替仕訳抽出」 等
  先頭に"W"と連続番号を付ける（Work fileの意味で"W"とする）。
- 新規テーブルが手続の結果になる場合：「A20_年齢調べ」 等
  先頭に"A"と「CAAT手続書」の「No」の番号を付ける（手続との相互参照のため。また、先頭を"A"にするとナビゲーターで上位に表示され、見やすい）。

また、ソースデータから作成するテーブルの名前も、先頭に統一のアルファベット（Tableの意味で"T"等）と作成順の連続番号を付ける等するとナビゲーターが見やすくなります。

■テーブル作成に時間がかかる場合

　フィールド数が多い、レコード件数が多い等でソースデータのファイルの容量が大きい場合は、テーブル作成に時間がかかる場合があります。

　時間がかかる場合は、データ定義ウィザードの実行中に、下図のような画面が表示されます。

　時間がかかる場合の対応策としては、以下のようなことが考えられます。
- フィールド数を減らし、ファイルの容量を小さくする（データファイルは再度監査先または関係部署等に提供してもらう）。
- すべて必要なフィールドであるため、フィールド数を減らせない場合で、監査手続の目的別に必要なフィールドが異なる場合は、目的別にファイルを分割する（データファイルは再度監査先または関係部署等に提供してもらう）。
- 処理能力が高いパソコンを使用する。

2-3

テーブルの情報

テーブルを作成したら、テーブル レイアウトを確認しましょう。

データ定義ウィザードでフィールド定義を誤った場合等は、テーブルを使用する前にテーブル レイアウトを変更しておくことをお薦めします。

※ただし、長さ（フィールドの幅）の設定を誤った場合は、テーブル レイアウトで修正してもデータがずれてしまうことがあるため、テーブルを再作成してください。

2-3-1 テーブル レイアウトを確認する

テーブル レイアウトでは、フィールドのデータ型や長さ（フィールドの幅）を確認できます。

操作　「売上取引データ」テーブルのテーブル レイアウトを確認します。

「研修プロジェクト2.acl」で操作します（「00ACL」-「ACL操作研修2」フォルダー）。
※2-2までのテーブルを作成している場合は、「研修プロジェクト.acl」で操作できます。

① 「売上取引データ」テーブルを開きます。
② メニューの〔編集〕-〔テーブル レイアウト〕を選択します。または、ツールバーの〔テーブル レイアウトの編集〕ボタン（🖾）をクリックします。

結果

テーブル レイアウト画面（〔フィールド/式の編集〕タブ）が表示されます。データ型や長さ（フィールドの幅）が確認できます。

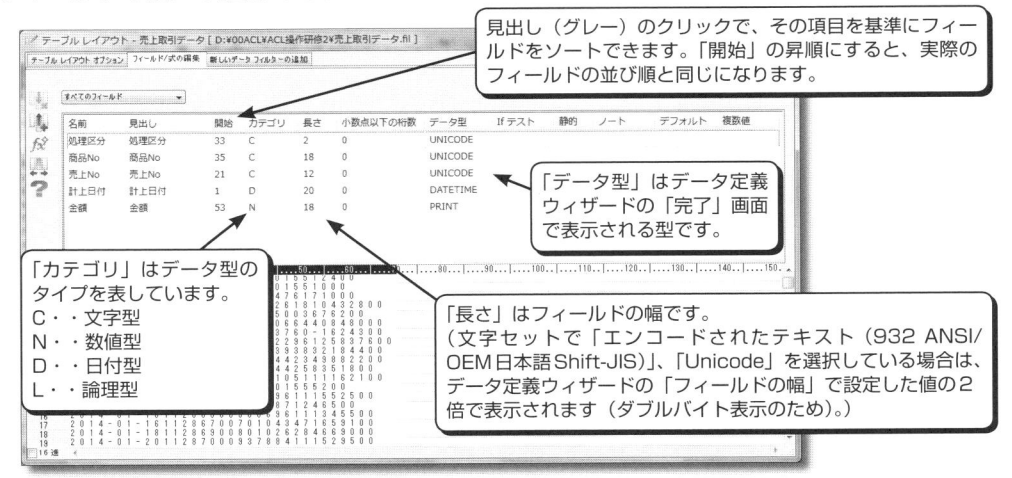

見出し（グレー）のクリックで、その項目を基準にフィールドをソートできます。「開始」の昇順にすると、実際のフィールドの並び順と同じになります。

名前	見出し	開始	カテゴリ	長さ	小数点以下の桁数	データ型
処理区分	処理区分	33	C	2	0	UNICODE
商品No	商品No	35	C	18	0	UNICODE
売上No	売上No	21	C	12	0	UNICODE
計上日付	計上日付	1	D	20	0	DATETIME
金額	金額	53	N	18	0	PRINT

「データ型」はデータ定義ウィザードの「完了」画面で表示される型です。

「カテゴリ」はデータ型のタイプを表しています。
C・・文字型
N・・数値型
D・・日付型
L・・論理型

「長さ」はフィールドの幅です。
（文字セットで「エンコードされたテキスト（932 ANSI/OEM日本語Shift-JIS）」、「Unicode」を選択している場合は、データ定義ウィザードの「フィールドの幅」で設定した値の2倍で表示されます（ダブルバイト表示のため）。

2-3-2 テーブル レイアウトを変更する

テーブル レイアウトの画面から各フィールドの詳細設定を確認・変更できます。

操作　「売上取引データ」テーブルの「金額」フィールドの設定を変更してみましょう。書式を3桁区切りのカンマと小数点第2位までを表示する書式に変更します。
（スクリプトの作成は省略します。）

「研修プロジェクト2.acl」の「売上取引データ」テーブルの「テーブル レイアウト」画面が表示されている状態で操作します。

※2-2までのテーブルを作成している場合は、「研修プロジェクト.acl」で操作できます。

① テーブル レイアウトの画面で「金額」フィールドをダブルクリックします。

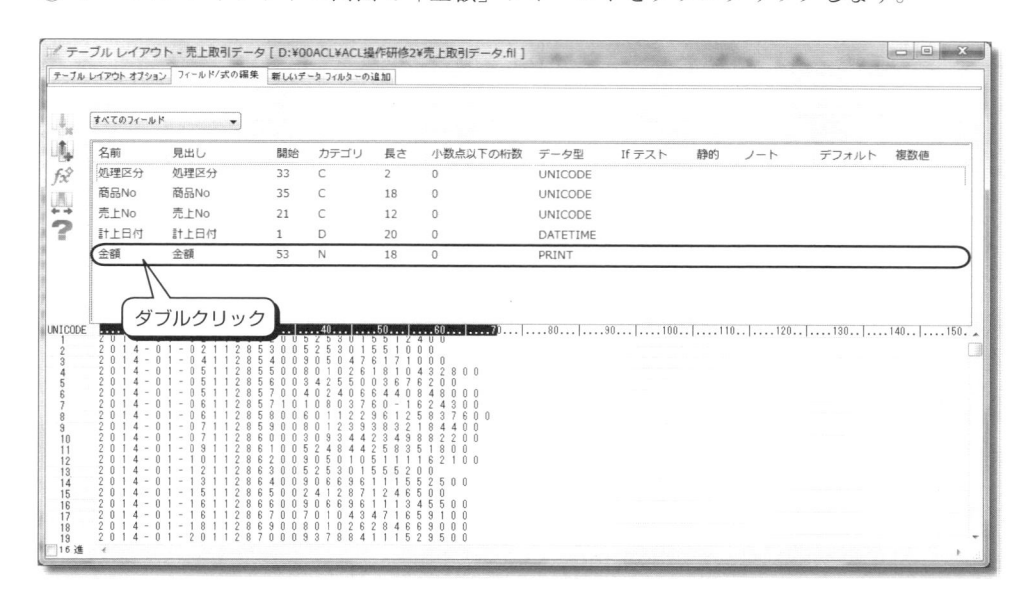

② フィールドの詳細情報の画面が表示されます。「書式」のリストから「-9,999,999.99」を選択し、〔入力を受け入れる〕（緑のチェックマーク）ボタンをクリックして変更を保存します。

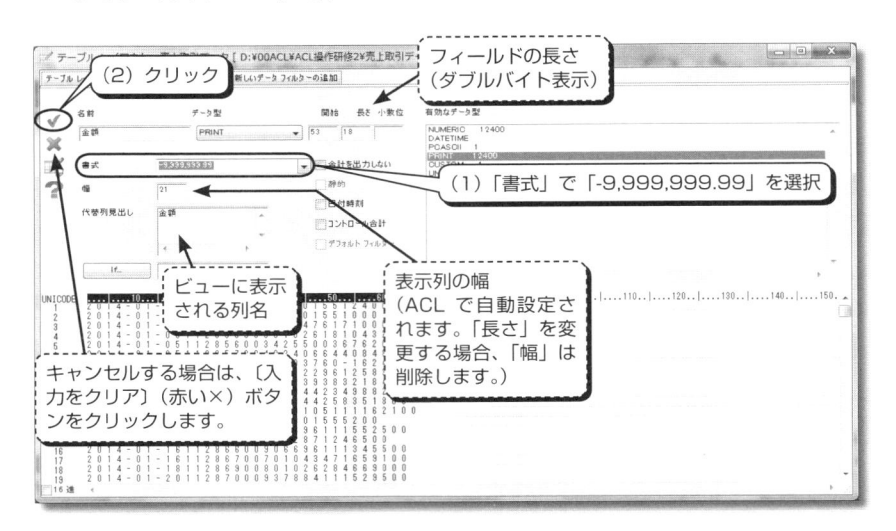

(2) クリック

(1) 「書式」で「-9,999,999.99」を選択

フィールドの長さ（ダブルバイト表示）

ビューに表示される列名

表示列の幅（ACLで自動設定されます。「長さ」を変更する場合、「幅」は削除します。）

キャンセルする場合は、〔入力をクリア〕（赤い×）ボタンをクリックします。

Point Hint 注意 重要

書式の設定

　数値型フィールド、日付時刻型フィールドの場合は、「書式」で数値書式、日付時刻書式を設定できます。

　ここで行った書式の変更は、フィールドの定義として保存されるため、このテーブルを元に〔抽出〕コマンド（p.278）等で新しいテーブルを作成した場合にも引き継がれます。

Point Hint 注意 重要

通貨記号

　数値書式では、通貨記号は「$」しか表示されませんが、手入力で「¥」に変更することができます。

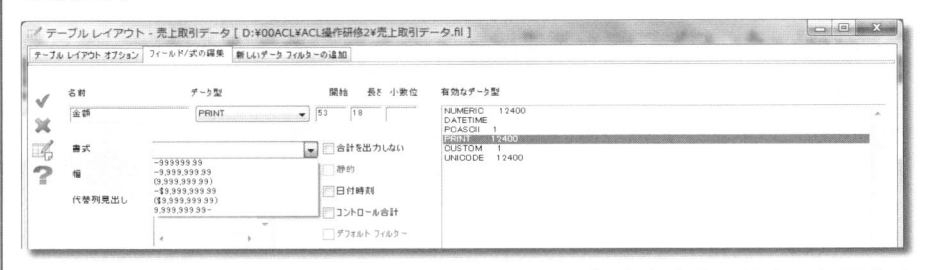

　（デフォルトのアプリケーション フォントでは、「¥」を半角で入力した場合は、ビューではバックスラッシュで表示されます。半角の「¥」を表示したい場合は、メニューの〔ツール〕－〔オプション〕の〔アプリケーション フォント〕タブで、「プロポーショナルフォント」を変更するか、ビューのフォントの変更（p.403）を行います。）

③ フィールドの一覧の画面に戻ります。〔閉じる〕（赤い×）ボタンで終了します。

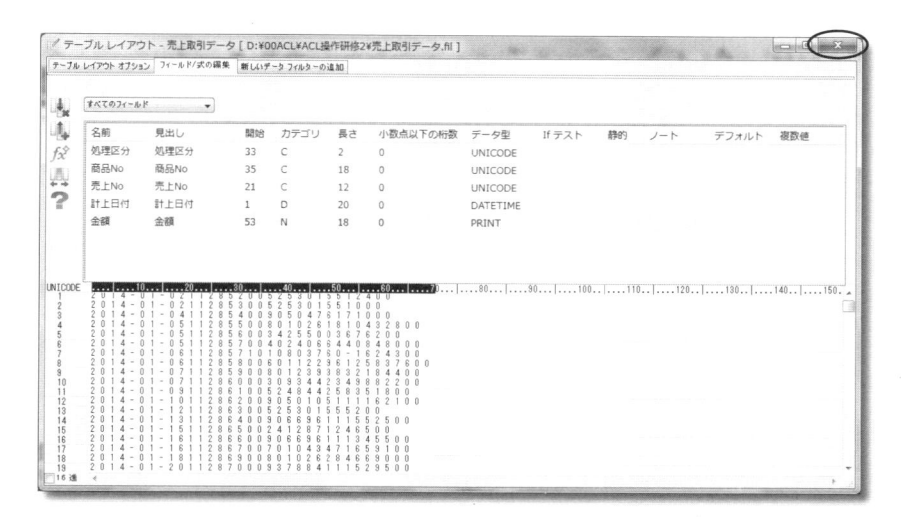

[結果]

「金額」フィールドの書式が変更されました。

ただし、書式変更は、自動ではビューに反映されません。いったん「金額」列をビューから削除し、追加しなおします。列の削除と追加の操作の詳細は、p.82 〜 p.85を参照してください。

① 「金額」列の列見出しを右クリックし、〔選択列の削除〕をクリックします。

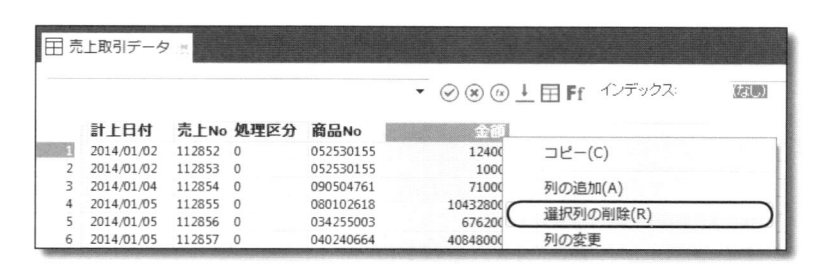

② 削除を確認するメッセージが表示されたら、〔削除〕ボタンをクリックします。「金額」列がビューから削除されます。

③ 続けて、「金額」列を追加します。最右列に追加するため、データ上で右クリックし、〔列の追加〕をクリックします。

153

④「使用可能なフィールド」から「金額」を選択し、〔→〕ボタンをクリックして「選択済みのフィールド」に表示させ、〔OK〕ボタンをクリックします。

追加された「金額」列は、3桁区切りのカンマと、小数点第2位の書式になっています。

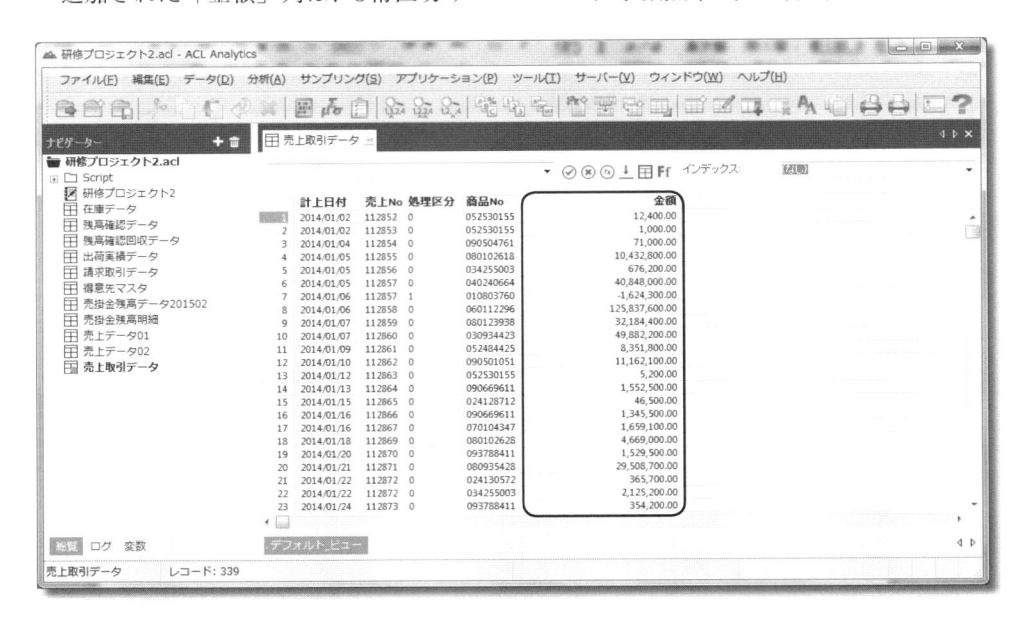

⑤ メニューの〔ファイル〕-〔上書き保存〕を選択し、列の追加を保存します。

ログは、下図のように記録されます。

「DELETE FIELD ・・・」で現在の定義のフィールドを削除し、「DEFINE FIELD ・・・」で新たな定義のフィールドを作成するという処理になっています。

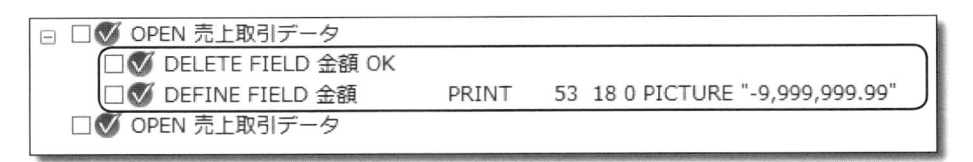

```
□ ☑ OPEN 売上取引データ
     □ ☑ DELETE FIELD 金額 OK
     □ ☑ DEFINE FIELD 金額        PRINT    53  18 0 PICTURE "-9,999,999.99"
  □ ☑ OPEN 売上取引データ
```

ビューから列を削除した操作およびビューに列を追加した操作は、ログに記録されません。

2-3-3 テーブルのプロパティを確認する

プロジェクトにはデータそのものは保存されず、テーブルを介してfilファイル（またはソースデータ）を参照しています。テーブルのプロパティで、テーブルの参照先のファイルを確認できます。

操作　「在庫データ」テーブルの参照先のファイルを確認します。

「研修プロジェクト2.acl」で操作します（「00ACL」-「ACL操作研修2」フォルダー）。
※ 2-2までのテーブルを作成している場合は、「研修プロジェクト.acl」で操作できます。

① ナビゲーターで「在庫データ」テーブルを右クリックし、〔プロパティ〕をクリックします。

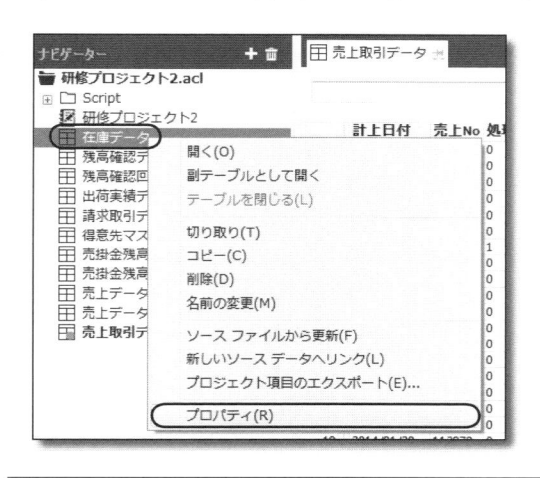

結果

プロパティの画面が表示されます。〔全般〕タブの「名前」と「場所」で参照しているファイルを確認できます。
確認したら、〔OK〕ボタンでプロパティの画面を閉じます。

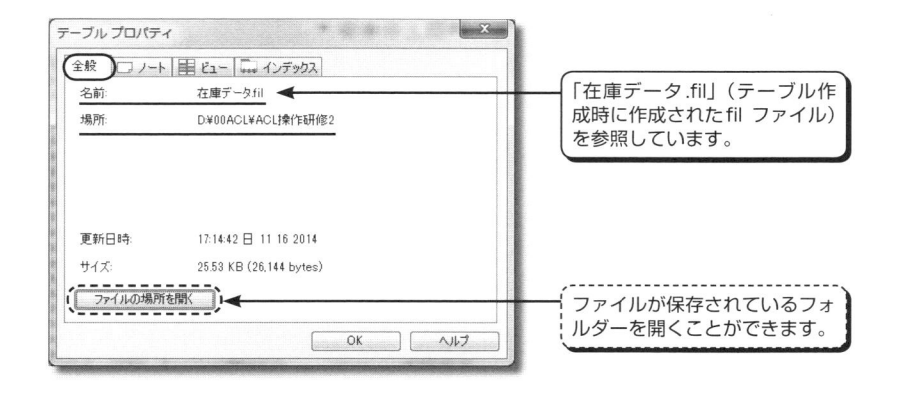

- 「在庫データ.fil」（テーブル作成時に作成されたfilファイル）を参照しています。
- ファイルが保存されているフォルダーを開くことができます。

※「出荷実績データ」テーブルは、直接アクセス（p.70参照）のため、ソースデータである「出荷実績データ.txt」を参照しています。

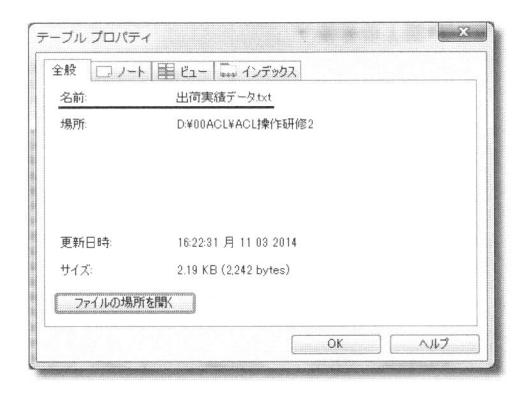

第2章 プロジェクトとテーブルの作成

2-4
テーブル作成時のエラーの例

ソースデータに何らかの問題があると、テーブルの作成が正しく行えません。
また、ソースデータに問題がない場合でも、ACLでエラーと認識される場合があります。
ここでは、テーブル作成時に検出されるエラーについて紹介します。
※区切り文字付きテキストファイルをソースデータとして使用していることを前提に説明します。

2-4-1 データ型の不一致

フィールドに入力されている値とデータ型が一致しないと、ACLはデータ定義ウィザードの途中でエラーとして検出します。(ソースデータがExcelファイルの場合は、数値データに文字が混在している場合等は、そのフィールドを文字型と認識するため、エラーは検出されません。)

操作　「エラーの例01.csv」のテーブルを作成し、データ定義ウィザードでエラーが検出されることを確認します。
このファイルには「アイテムNo」フィールドがあります。「アイテムNo」は8桁の数字ですが、特別な製品だけ"数字7桁+アルファベット1文字"になっています。

「研修プロジェクト2.acl」で操作します(「00ACL」-「ACL操作研修2」フォルダー)。
※「研修プロジェクト.acl」(p.96で作成)および「ACL操作研修」フォルダーでも操作できます。

① メニューの〔ファイル〕-〔新規作成〕-〔テーブル〕をクリックします。データ定義ウィザードが開きます。
② 「データソースのプラットフォームの選択」画面で「ローカル」を選択し、〔次へ〕ボタンをクリックします。
③ 「ローカルデータソースの選択」画面で、「ディスク」を選択し、〔次へ〕ボタンをクリックします。
④ 「00ACL」-「ACL操作研修2」フォルダーの「エラーの例01.csv」を選択し、〔開く〕ボタンをクリックします。
⑤ 「文字セット」画面で、「エンコードされたテキスト」-「932 (ANSI/OEM - 日本語 Shift - JIS)」を選択し、〔次へ〕ボタンをクリックします(操作⑦で文字化けが発生するため文字セットを変更します)。
⑥ 「ファイル形式」画面で、「区切り文字付きテキストファイル」を選択し、〔次へ〕ボタンをクリックします。

⑦ 「区切り文字付きファイルのプロパティ」画面が表示されます。ここでは、設定は省略し、〔次へ〕ボタンをクリックします。

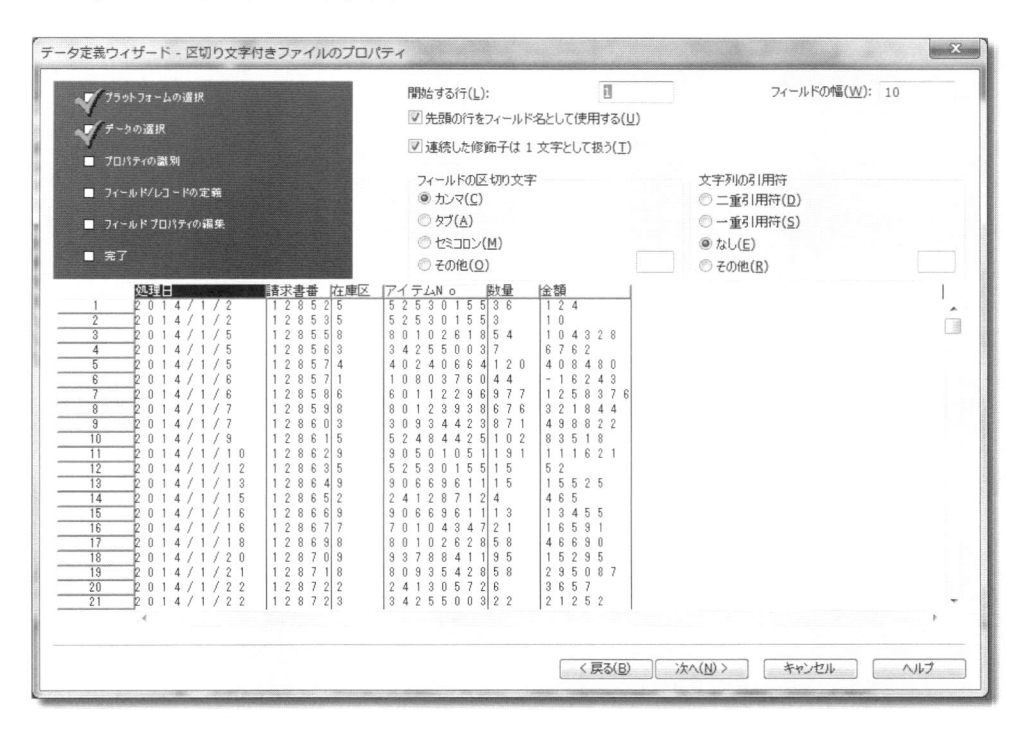

⑧ エラーが検出されたこととテーブル作成を続行するかを確認するメッセージが表示されます。エラーが検出されたレコードを確認するため、〔いいえ〕をクリックします。

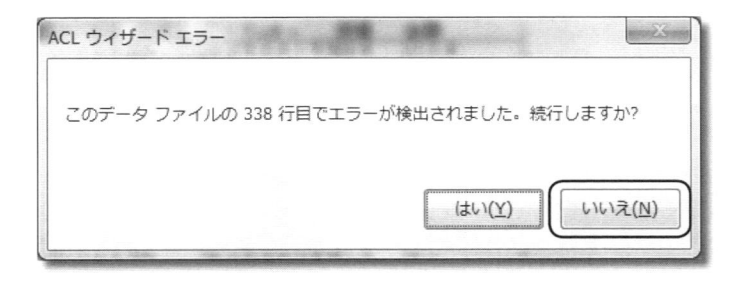

⑨ ⑦の画面に戻ります。エラーが検出されたレコードが黒く反転して表示されます。

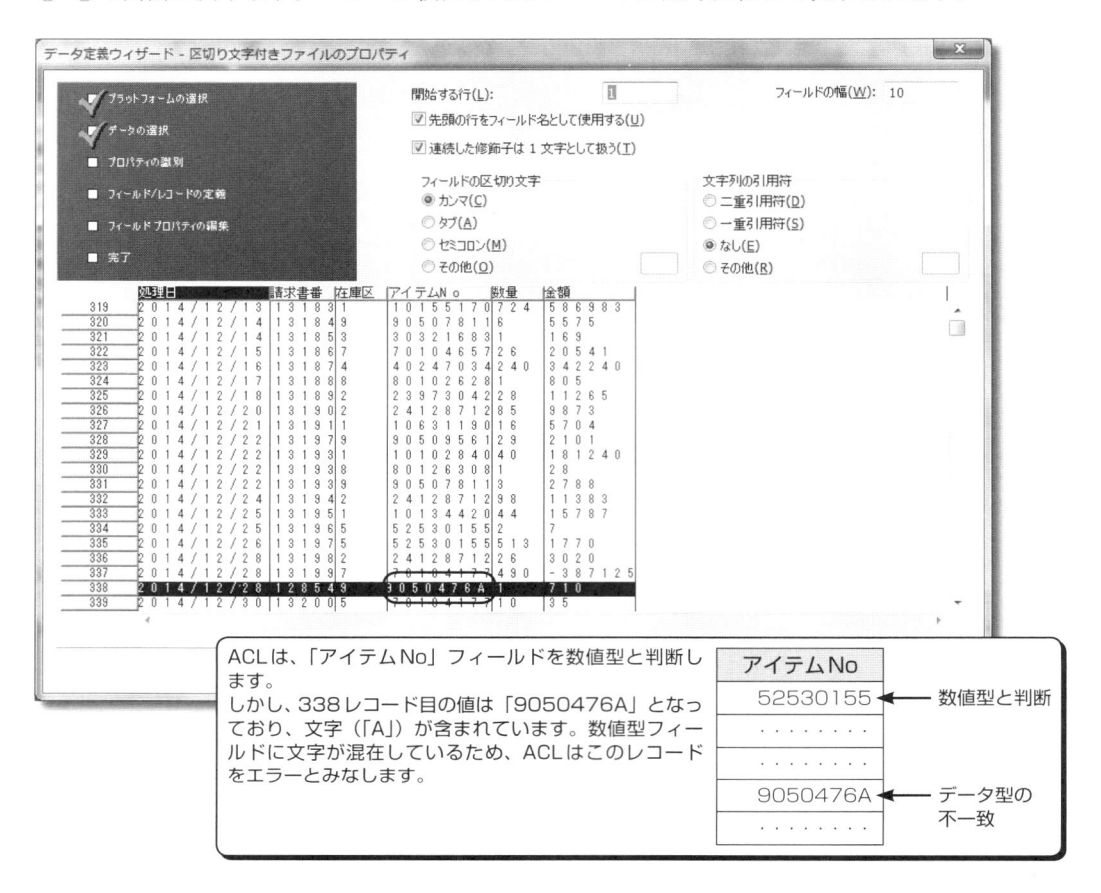

> ACLは、「アイテムNo」フィールドを数値型と判断します。
> しかし、338レコード目の値は「9050476A」となっており、文字（「A」）が含まれています。数値型フィールドに文字が混在しているため、ACLはこのレコードをエラーとみなします。

アイテムNo	
52530155	← 数値型と判断
....	
....	
9050476A	← データ型の不一致
....	

■テーブル作成を続行する

> この例のように、「アイテムNo」に数字のみでなく、文字も使用されることが予めわかっている場合は、エラーを無視してテーブル作成を続行します。
> しかし、金額のフィールドに文字が入力されている等の場合は、ソースデータ自体に問題があることが考えられるため、監査先または関係部署等への確認が必要です。
> テーブル作成を中止する場合は、データ定義ウィザードの〔キャンセル〕ボタンをクリックしてください。

⑩ データ定義ウィザードの〔次へ〕ボタンをクリックします。再度⑧のメッセージが表示されるため、〔はい〕ボタンをクリックします。
⑪ filファイルの名前を付ける画面が表示されます。「ACL操作研修2」フォルダーが選択されていることを確認し、「エラーの例01.fil」という名前で保存します。

⑫「不正な行」画面で、エラーの説明が表示されます。〔次へ〕ボタンをクリックします。

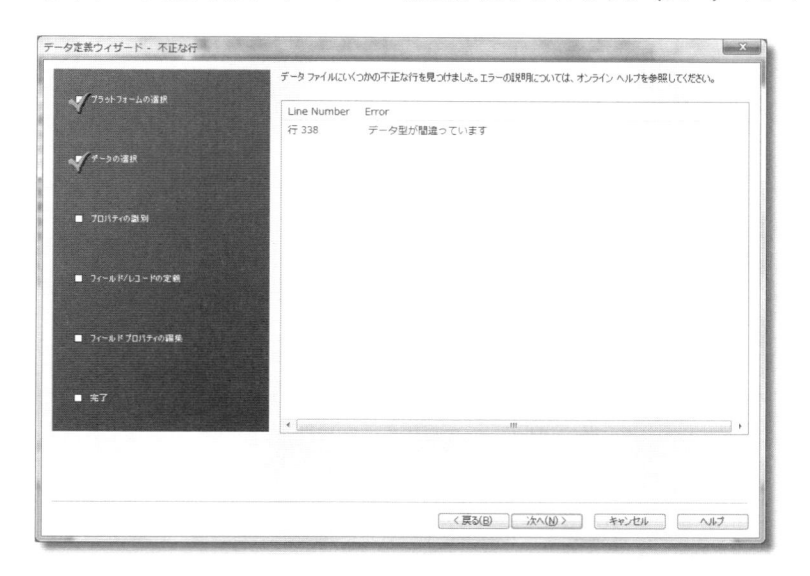

⑬「フィールドプロパティの編集」画面が表示されます。「アイテムNo」フィールドは、「UNICODE」（文字型）で定義されています。「型」、「入力書式」等の設定は省略し、〔次へ〕ボタンをクリックします。

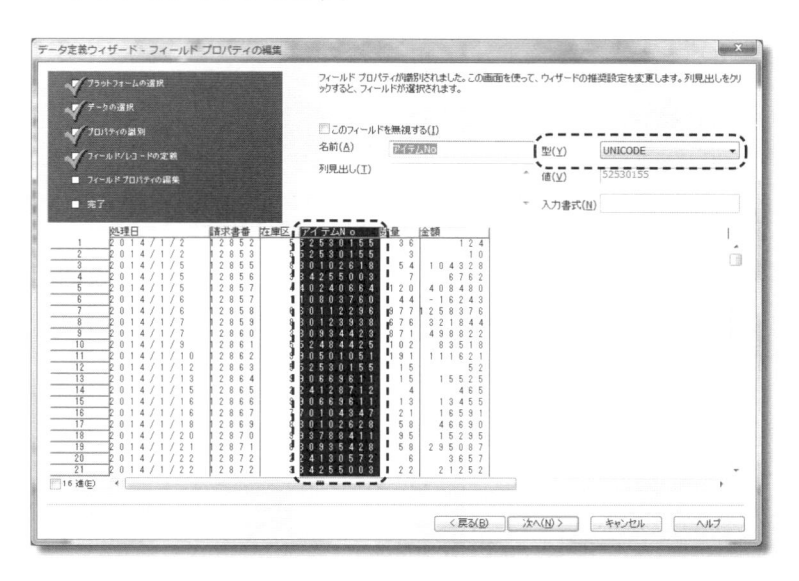

⑭「最終」画面は〔完了〕ボタンで進み、最後にテーブル名を「エラーの例01」とし、〔OK〕ボタンをクリックします。

結 果

「アイテムNo」フィールドは、文字型（UNICODE）として定義されました。テーブルは正常に作成されます。

2-4-2 フィールド数の不足

　データの最右列のフィールドが空白になっているレコードがあると、ACLはフィールドが欠けていると認識する場合があります。

　図のようなソースデータを使用してテーブルを作成すると、10レコード目がエラーとして検出されます。

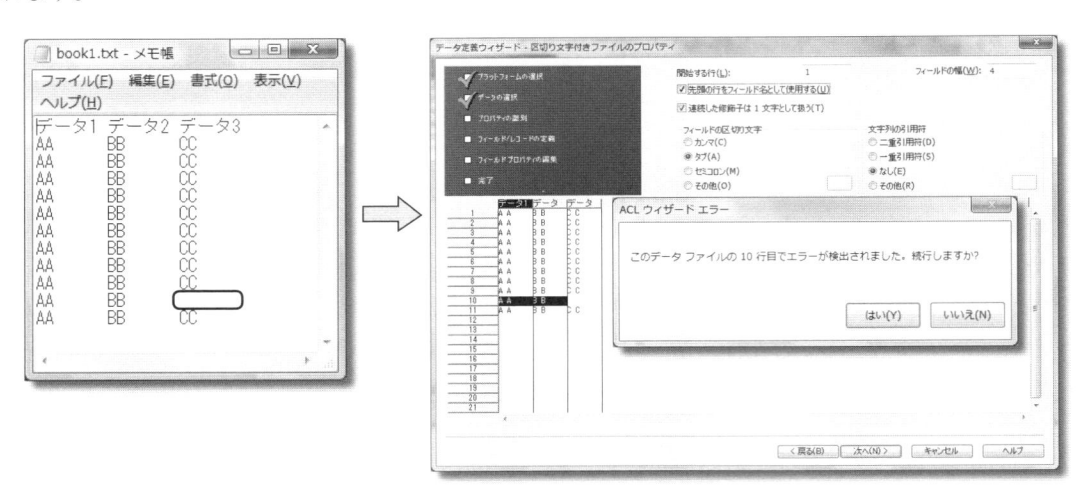

問題がなければ、テーブル作成を続行します。

エラーの説明には、「フィールドが少なすぎます」と表示されます。

【作成されるテーブル】

【エラーを回避する方法】

データに引用符（p.25参照）が付いている場合は、データが空白でもフィールドの欠落とはみなされません。

監査先または関係部署等と入手するデータの仕様について取り決める際に、引用符を付けるよう依頼することをお薦めします。

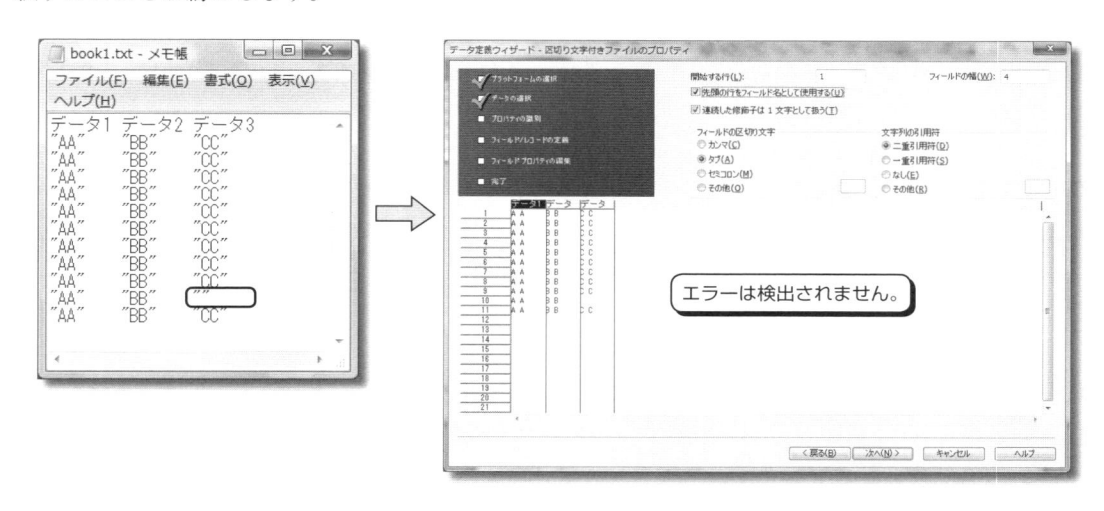

2-4-3 データがずれる

テキストファイルの区切り文字が正しく認識されない等の理由で、データがずれてしまうことがあります。

操作　「エラーの例02.csv」のテーブルを作成し、データ定義ウィザードでエラーが検出されることを確認します。
このファイルには、「顧客CD」、「顧客名」、「郵便番号」、「住所」の4つのフィールドがあります。

「研修プロジェクト2.acl」で操作します（「00ACL」-「ACL操作研修2」フォルダー）。
※「研修プロジェクト.acl」（p.96で作成）および「ACL操作研修」フォルダーでも操作できます。

① メニューの〔ファイル〕-〔新規作成〕-〔テーブル〕をクリックします。データ定義ウィザードが開きます。
② 「データソースのプラットフォームの選択」画面で「ローカル」を選択し、〔次へ〕ボタンをクリックします。
③ 「ローカルデータソースの選択」画面で、「ディスク」を選択し、〔次へ〕ボタンをクリックします。
④ 「00ACL」-「ACL操作研修2」フォルダーの「エラーの例02.csv」を選択し、〔開く〕ボタンをクリックします。
⑤ 「文字セット」画面で、「エンコードされたテキスト」-「932（ANSI/OEM－日本語 Shift－JIS）」を選択し、〔次へ〕ボタンをクリックします（操作⑦で文字化けが発生するため文字セットを変更します）。
⑥ 「ファイル形式」画面で、「区切り文字付きテキストファイル」を選択し、〔次へ〕ボタンをクリックします。
⑦ 「区切り文字付きファイルのプロパティ」画面で、読み込まれるデータを見ると、1行目のレコードがずれていることが分かります。正しいテーブルが作成できないため、〔キャンセル〕ボタンをクリックし、データ定義ウィザードを中断します。キャンセルを確認するメッセージが表示されるため、〔はい〕をクリックします。

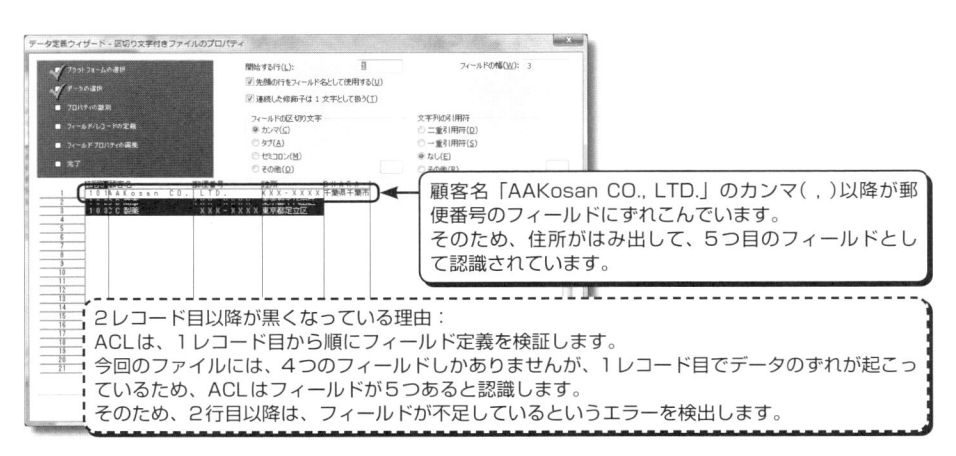

顧客名「AAKosan CO., LTD.」のカンマ（,）以降が郵便番号のフィールドにずれこんでいます。
そのため、住所がはみ出して、5つ目のフィールドとして認識されています。

2レコード目以降が黒くなっている理由：
ACLは、1レコード目から順にフィールド定義を検証します。
今回のファイルには、4つのフィールドしかありませんが、1レコード目でデータのずれが起こっているため、ACLはフィールドが5つあると認識します。
そのため、2行目以降は、フィールドが不足しているというエラーを検出します。

結果

区切り文字であるカンマ（,）がデータの中で使用されていることが原因で、データのずれが生じることが分かりました。正しいテーブルが作成できないため、データ定義ウィザードを中断しました。

【エラーを回避する方法】

テキストファイルを入手する場合、監査先または関係部署等とデータの仕様を取り決める際に、データに引用符を付けるよう依頼してください。引用符により、データの括りが明確になります（p.25参照）。

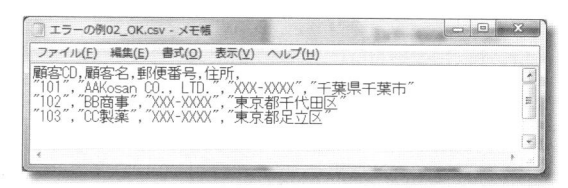

引用符が付いているCSVファイルの場合は、データ定義ウィザードで「文字列の引用符」が認識され、正しくデータが区切られます。

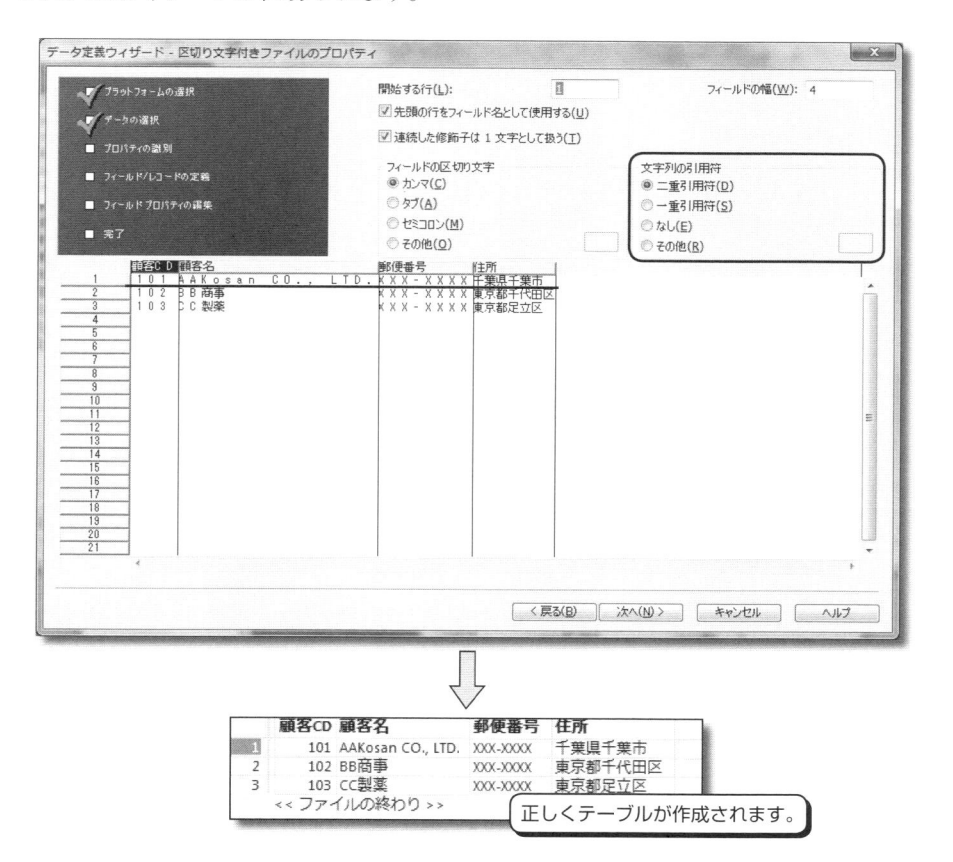

正しくテーブルが作成されます。

2-5 フォルダー

2-5-1 フォルダーを使用する

　ACLでは、ナビゲーター上でフォルダーを作成し、テーブルやスクリプトを整理することができます。

　ACLのフォルダーは、物理的にコンピュータ上に作成されるものではありません。ナビゲーターでの表示上の機能です。

■フォルダーを作成する

【手順】

① メニューの〔ファイル〕-〔新規作成〕-〔フォルダー〕をクリックします。
② ナビゲーターにフォルダーのアイコンが追加されます。「New_Folder」と表示されている箇所に、フォルダー名を入力します。

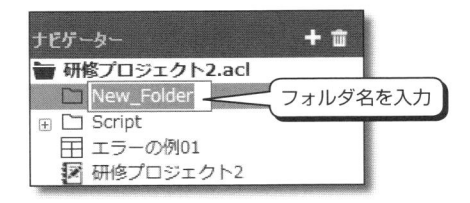

> **Hint ナビゲーターの表示順**
> テーブル、スクリプト、ログ、フォルダーは、種類に関わらず、すべて名前順で表示されます。
> フォルダーの命名規則は、テーブルと同様です（p.148参照）。

> **Hint サブフォルダーの作成**
> 既存のフォルダーを選択してフォルダーの新規作成を行うと、サブフォルダーとして作成されます。

【結果】

　フォルダーが作成されます。

■作成したフォルダーにテーブルを移動する
【手順】
① ナビゲーター上で、対象のテーブルを目的のフォルダーまでドラッグします。

【結果】
テーブルがフォルダーに移動されました。

■新規テーブルを指定のフォルダーに作成する
【手順】
① ナビゲーター上で、対象のフォルダーをクリックします。
② メニューの〔ファイル〕-〔新規作成〕-〔テーブル〕で、通常通りテーブルを作成します。

【結果】
選択していたフォルダー内にテーブルが作成されます。

選択していたフォルダー内にテーブルが作成されます。

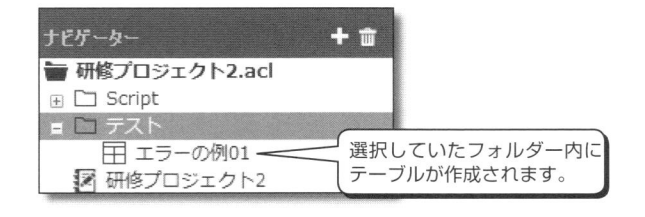

■スクリプトでフォルダーを作成する

手動で行ったフォルダーの作成や、フォルダーへのテーブルの移動はログに記録されません。
スクリプトを使用して作成した場合は、ログに記録されます。

スクリプトの構文

```
SET␣FOLDER␣/フォルダー
```
「フォルダー」には、ナビゲーターのツリー内の場所とフォルダー名を指定します。

（例）
SET␣FOLDER␣/テスト
　　……ナビゲーターの最上位のプロジェクト名の下位に「テスト」フォルダーが作成されます。

SET␣FOLDER␣/テスト/サブテスト
　　……「テスト」フォルダーの下位に「サブテスト」フォルダーが作成されます。

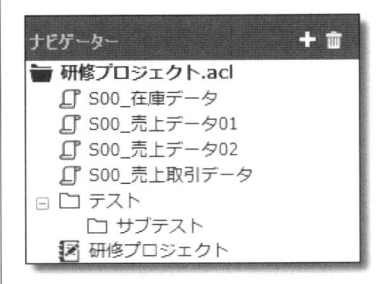

```
ナビゲーター
📁 研修プロジェクト.acl
　📄 S00_在庫データ
　📄 S00_売上データ01
　📄 S00_売上データ02
　📄 S00_売上取引データ
　📁 テスト
　　📁 サブテスト
　☑ 研修プロジェクト
```

SET␣FOLDER␣/
　　……「ナビゲーターの最上位のプロジェクト名のフォルダーに戻ります。

※SET FOLDERは、フォルダーをアクティブにするスクリプトです。その名前のフォルダーが存在しない場合は、フォルダーを新規作成します。
※上記の構文は、オプション等を省略して記載しています。

フォルダーを作成するスクリプトは、テーブルを所定のフォルダーに作成したい場合等に、テーブル作成のスクリプトと組み合わせて使用します。

（例）「在庫データ」テーブルを「入手データ」フォルダーに作成するスクリプト

```
SET␣FOLDER␣/入手データ ↵
IMPORT␣DELIMITED␣TO␣在庫データ␣"在庫データ.fil"␣FROM␣…（以下略）↵
SET␣FOLDER␣/
```

> その後に作成するテーブル等も「入手データ」フォルダーに作成されてしまうため、最上位のフォルダーに戻るスクリプトを加えます。

第2章 プロジェクトとテーブルの作成

第3章
データ分析

この章では：
データ分析で使用するACLの主な機能やコマンドを説明します。

3-1　式
3-2　演算フィールド
3-3　テーブルの全般分析
3-4　データのプロファイル分析
3-5　データの抽出
3-6　レコードの並べ替え
3-7　複数テーブルの利用
3-8　サンプリング
3-9　分析アプリ
3-10　便利な機能

3-1

式

式を使用すると、複雑な条件でのレコードの抽出やフィールド同士の計算が行えます。

式は、主にフィルター（p.266～）や演算フィールド（p.188～）で使用します。メニューコマンドを実行する際も、If条件として式を設定することが可能です。ここでは、式の規則と注意点を説明します。

3-1-1 式の要素

式は、以下の要素を組み合わせて記述します。

■フィールド

あるフィールドの値を使用して計算を行う場合は、式の中でフィールド名を使用します。
フィールド名は記号で囲む必要はありません。

■演算子

演算子は、半角で入力します。

演算子	説明	演算子	説明	演算子	説明
=	等しい	*	乗算	NOT	（論理）否定
>	より大きい	/	除算	ANDまたは&	（論理）かつ
<	より小さい	+	加算、文字連結	ORまたは|	（論理）または
>=	以上	-	減算		
<=	以下				
<>	等しくない				

■値

式の中で文字や日付を使用する場合、値の前後に特定の記号を付けます。記号は半角で入力します。

入力する値	記号	使用例
文字	二重引用符（"）	部署名 = "営業部" 部署コード = "06"
数値	なし	金額 > 5000000
日付・時刻	バッククォート（`）	取引日 <= `20140501` 取引時間 = `t141025` 取引日時 >= `20140501t141025`

■ 関数

関数の詳細は、ヘルプ（メニューの〔ヘルプ〕-〔目次〕）を参照してください。

「ACL ランゲージ リファレンス」-「関数」で関数の情報を参照できます。

3-1-2　式の入力方法

式は手入力でも入力できますが、式を入力するダイアログボックス（式ビルダー）を使用すると入力ミスを防ぐことができます。

＜式ビルダー＞（テーブル上部の〔ビューフィルターの編集〕ボタンで表示できます。）

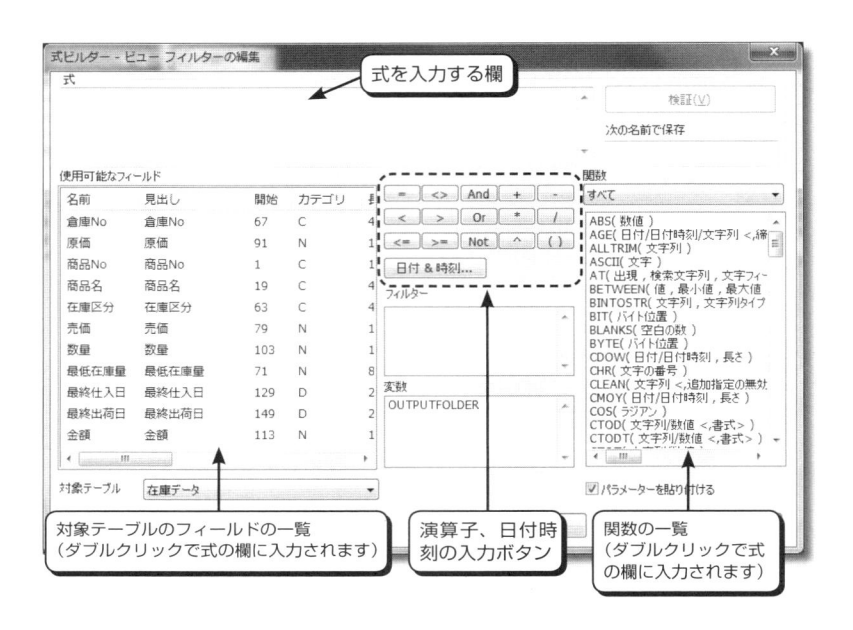

「原価 >= 5000」という式を入力する場合は、以下のような手順になります。

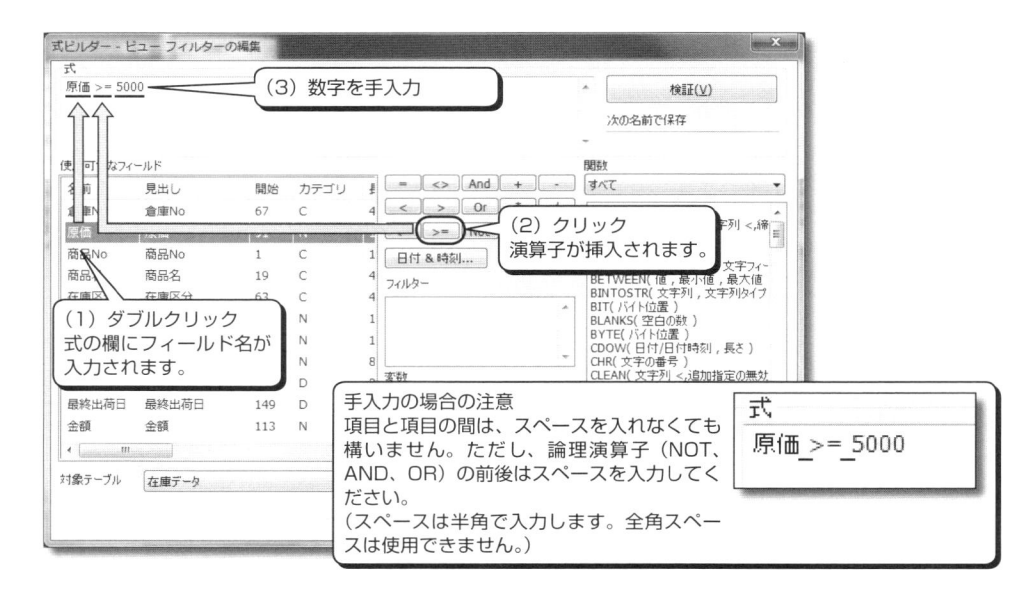

手入力の場合の注意
項目と項目の間は、スペースを入れなくても構いません。ただし、論理演算子（NOT、AND、OR）の前後はスペースを入力してください。
（スペースは半角で入力します。全角スペースは使用できません。）

■日付・時刻の入力

　日付は、スラッシュ（/）等の記号を含めず、年（4桁）＋月（2桁）＋日（2桁）を半角数字で入力します（入手データの年が2桁の場合は、年（2桁）＋月（2桁）＋日（2桁））。

　時刻は、時刻であることを示す「t」(半角。大文字可）に続けて、時（2桁）＋分（2桁）＋秒（2桁）を半角数字で入力します（入手データに秒がない場合は、時（2桁）＋分（2桁））。

　値の前後には、バッククォート（`）を付けます。

> 2014年5月1日の場合： `20140501`
> 午前8時10分25秒の場合： `t081025`
> 午後8時10分25秒の場合： `t201025`
> 2014年5月1日 午前8時10分25秒の場合： `20140501t081025` または
> 　　　　　　　　　　　　　　　　　　　　　　　　`20140501 081025`
>
> ※日付と時刻を指定する場合は、時刻の「t」の代わりに半角スペースも使用できます。

　〔日付＆時刻〕ボタンを使用すると、バッククォート（`）も含めて入力できます。

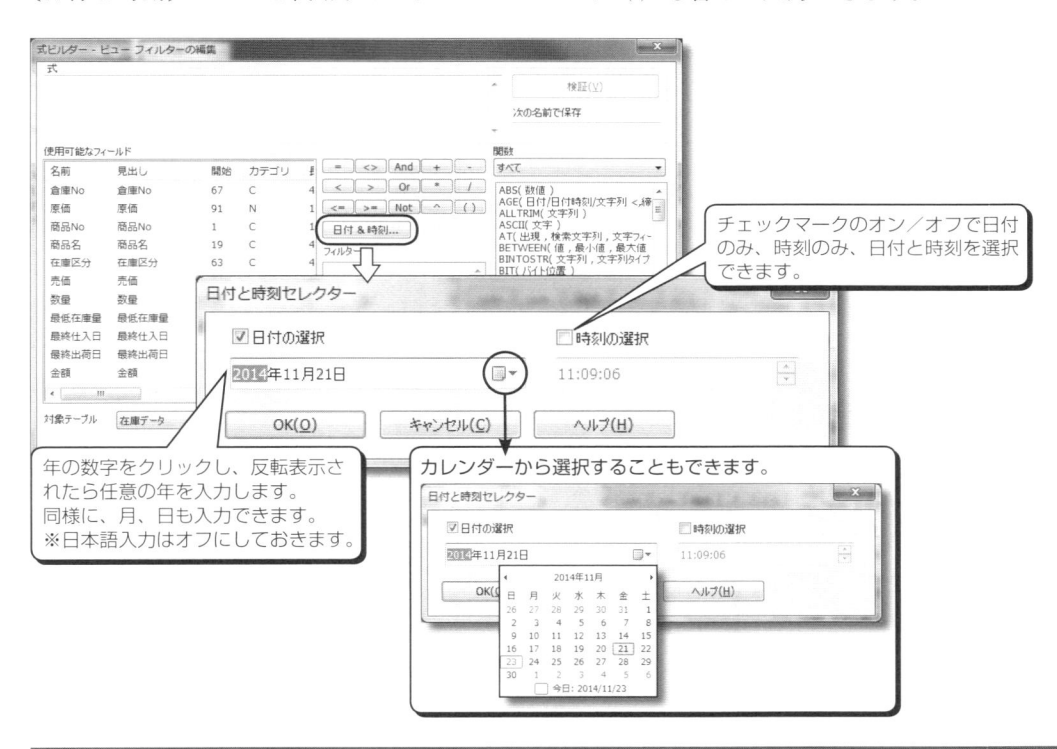

- チェックマークのオン／オフで日付のみ、時刻のみ、日付と時刻を選択できます。
- 年の数字をクリックし、反転表示されたら任意の年を入力します。
  同様に、月、日も入力できます。
  ※日本語入力はオフにしておきます。
- カレンダーから選択することもできます。

Hint

バッククォート（`）の入力
　手入力する場合は、日本語入力をオフにしている状態で、Shiftキー＋@キーで入力できます。（Microsoft IME日本語入力システムの場合）

■関数の入力

「関数」の一覧から使用する関数をダブルクリックすると、パラメーターも含めて式の欄に入力されます（「パラメーターを貼り付ける」オプションにチェックマークが付いている場合）。

パラメーターとは、関数を実行する際に使用される引数のことをいいます。引数を指定することで、引数に応じた結果が返されます。

パラメーターが入力されると、関数の構文が分かり、またパラメーターを区切るカンマ (,) も入力され、便利です。

> 関数はアルファベット順に表示されています。
> 関数名が分かっている場合は、以下の操作ですばやく選択できます。
> ① 日本語入力システムをオフにする。
> ② 「関数」の一覧で任意の関数をクリック。
> ③ キーボードで関数名の頭文字をタイプ。
> その文字で始まる関数の1件目にカーソルが移動します。下にスクロールして目的の関数を選択します。

図のBETWEEN関数では、「値」というパラメーターには、通常フィールド名が入ります。

この場合は、式の欄で「値」を範囲選択し、「使用可能なフィールド」から対象のフィールドをダブルクリックして入力します。

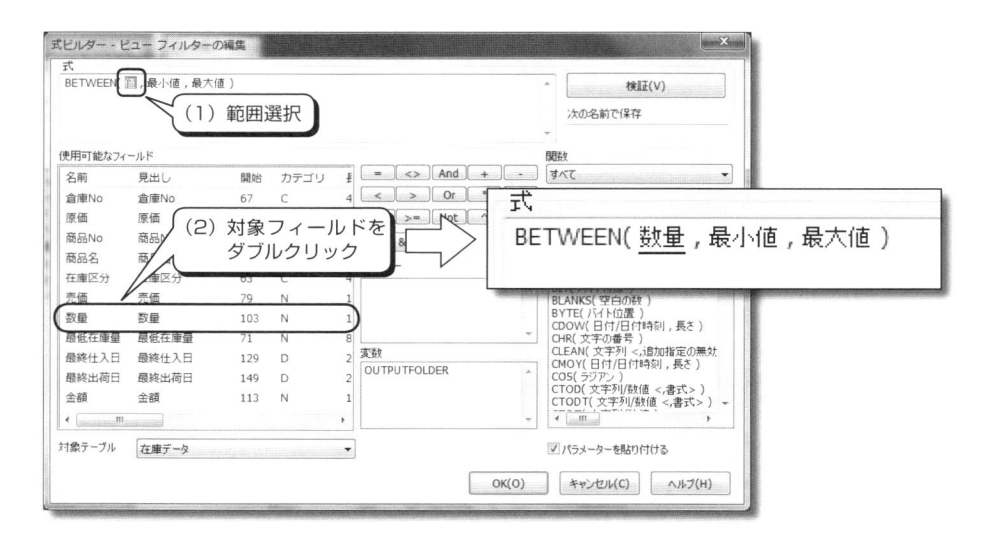

■AND、ORの使用
論理演算子のAND（かつ）、OR（または）を使用すると、複数の条件を設定できます。

（例）金額が5,000,000円以上で、かつ取引日が2014年4月1日以降のレコードを抽出する。
　　　金額>= 5000000␣AND␣取引日>=`20140401`

■式のエラー
式の入力後、〔検証〕ボタンをクリックすると、式にエラーがないかを検証することができます。入力した式にエラーがあると、下図のようなエラーメッセージが表示されます。

エラーがある場合は、式ビルダーの〔OK〕ボタンをクリックしても、同じエラーメッセージが表示され、エラーを修正するまで先に進めることができません。

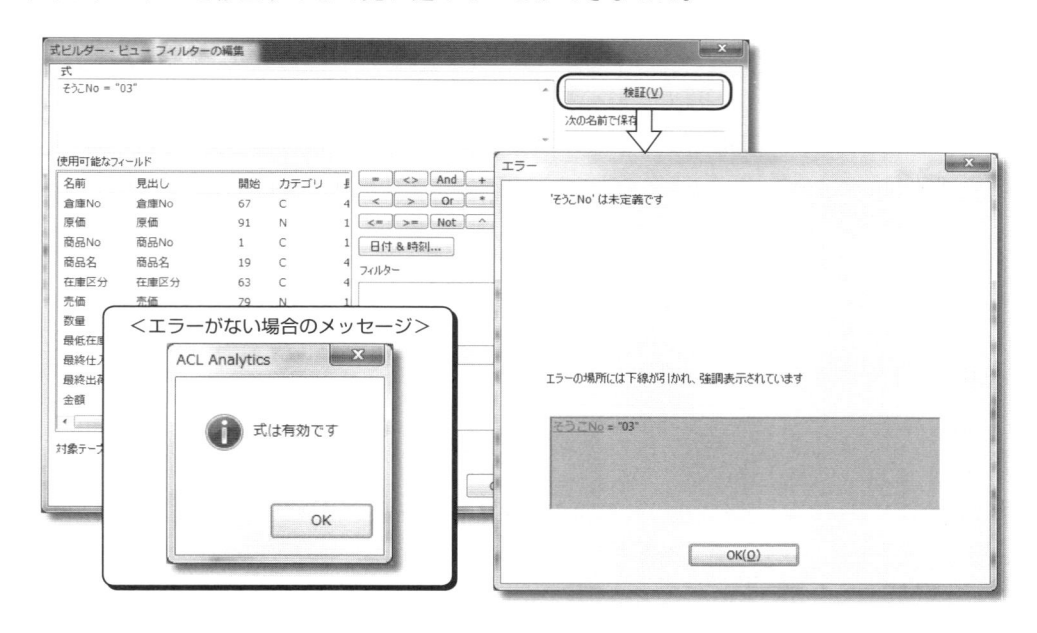

＜エラーの原因として考えられること＞
- 入力ミス等でそのテーブルに存在しないフィールド名を使用している（上図の例）。
- 演算子等の記号や、項目の間のスペースに全角文字が使用されている。
- 値の記号が不適切。
  （例）「原価」フィールドが数値型フィールドの場合
    　　○　原価 >= 5000
    　　×　原価 >= "5000"　　　「"」で囲むのは文字型の値のみのため。
- 関数のパラメーターが間違っている。
- 式の途中で改行されている。
　　　　　　　　　…等

3-1-3 式についての注意

式を作成する際は、次の点に注意してください。
- 数値計算の小数点の取扱い
- 文字型フィールドのスペース
- 空白の日付・時刻の検索
- データ型の変換

■数値計算の小数点の取扱い

ACLでは、計算に使用する2つの数値で小数点以下桁数がより大きいものに合わせて計算結果を算出します。

＜ACLのヘルプ「数式での丸めの制御」より＞

> ACLは次の2つの理由から、財務関数を除く数値演算に対し、固定小数点演算を採用しています。
> - 処理速度が向上する
> - ユーザー側で小数の桁数や丸めを制御することができる
>
> 2つ以上の値の計算では、ACLは最初の 2 つのオペランド（被演算子）のうち、小数点以下の桁数がより大きい側の桁数に四捨五入します。この規則はあらゆる計算の各レベルに適用されています。最下位レベルから始まり、式の値が出るまで繰り返されます。丸めは、ACLにおける数値エラーの最もよくある原因です。

オペランド（被演算子）…コンピュータで演算の対象となる値や変数のこと。

この演算方法では、以下の例のように、計算過程①②のそれぞれの計算式で使用される数値のうち、小数点以下桁数が大きい数値に合わせて桁が決定されます。

式：$(1.02/4.7)*1.3$

計算過程①：**1.02**/**4.7** ＝ 0.21702… →2桁に合わせるため小数第3位で四捨五入→ **0.22**
　　　　　　　2桁　1桁

計算過程②：**0.22**＊**1.3** ＝ 0.286 →2桁に合わせるため小数第3位で四捨五入→ **0.29**
　　　　　　　2桁　1桁

通常の計算では、①の段階での四捨五入を行わず、最後の結果を四捨五入します。
その場合の計算結果は、0.282127659… → 0.28であり、ACLでの計算結果と異なります。

【丸め（四捨五入）による誤差を抑えるヒント】

正確な数値が求められる場合は、式に使う小数点以下の桁数をなるべく多くしてください。

式：**(1.020000/4.7)＊1.300000**

計算過程①：**1.020000**/4.7 ＝ 0.21702127…　→小数第7位で四捨五入　→　0.217021

計算過程②：**0.217021**＊1.300000 ＝ 0.2821273　→小数第7位で四捨五入　→　**0.282127**

> この結果を小数第3位で四捨五入すると、「0.28」となり、結果が変わることが分かります。

小数点以下桁数を設定する方法は、次の3通りがあります。

方法A　テーブル作成時のデータ定義ウィザードで設定する

データ定義ウィザードの「小数点以下の桁数」で桁数を指定できます。

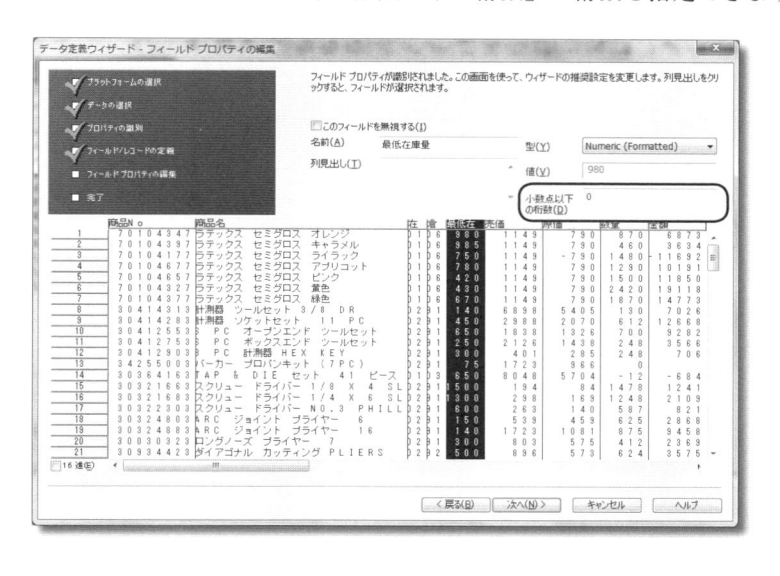

方法B　テーブル レイアウトで編集する

テーブル作成後、テーブル レイアウト（p.150参照）の「小数位」で設定できます。

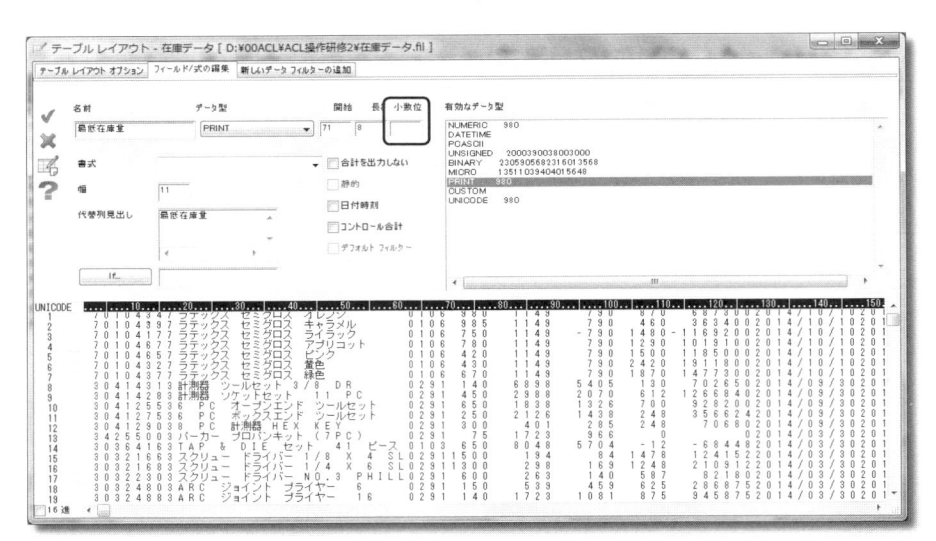

方法C　DEC関数を使用する

計算式の中でDEC関数を使用して小数点桁数を増やすことができます。

> DEC（数値, 小数位）
> 数値型フィールドの小数点以下桁数を小数位で指定された数に合わせます。
> ※小数点以下桁数を減らすと、数値は四捨五入されます。

（例）　原価率（％）を計算する　：DEC(原価, 3)/DEC(売価, 3)*100
「原価」が790、「売価」が1149の場合、次のように計算されます。

DEC(790, 3)/DEC(1149, 3)*100
　　　　↓
　　　790.000/1149.000 = 0.688
　　　（0.68755…を小数第4位で四捨五入）
　　　　↓
　　　0.688　　　　　*100 = **68.800**（％）

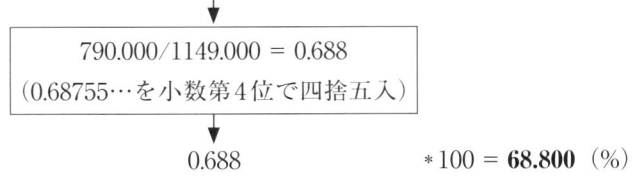

DEC関数を使用しない場合は、「790/1149」の計算結果が「1」となるため（0.687…が小数第1位で四捨五入される）、最終的な計算結果が「100」となってしまいます。

■文字型フィールドのスペース

ACLでは、文字型フィールドの値の検索は前方一致で行われるため、値の前方に余分なスペースがあると、検索が正しく行なわれない原因になります。

操作　「在庫データ」テーブルの1レコード目の「商品No」フィールドの値は、「70104347」（半角）です。
フィルターで以下の式を実行し、1レコード目が抽出されるか試してみましょう。

式
| 商品No = "70104347" |

※フィルターの詳細は、p.266～を参照してください。

「研修プロジェクト2.acl」で操作します（「00ACL」-「ACL操作研修2」フォルダー）。

① 「在庫データ」テーブルを開き、テーブル上部の〔ビューフィルターの編集〕ボタンをクリックします。

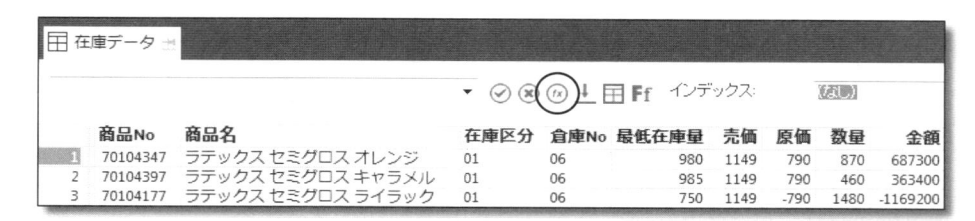

② 「式」に「商品No = "70104347"」と入力し、〔OK〕ボタンをクリックします。

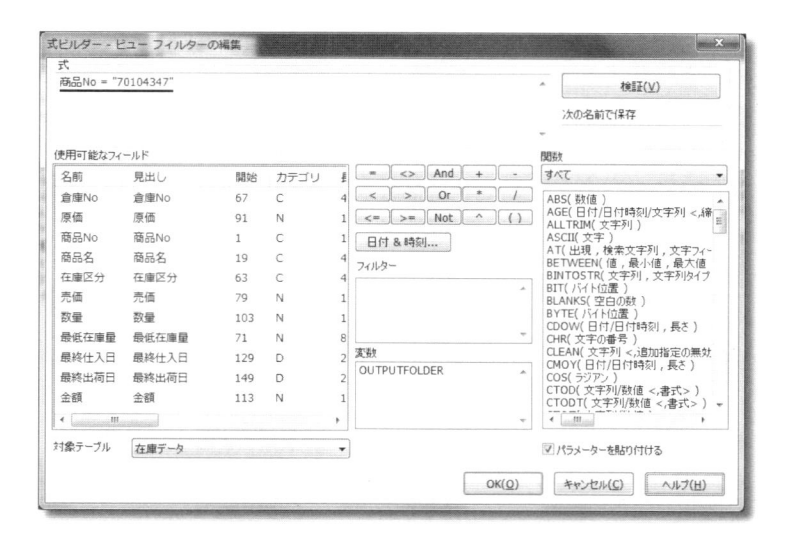

結果

レコードは抽出されません。これは、「商品No」の先頭に余分なスペースが入っているためです。

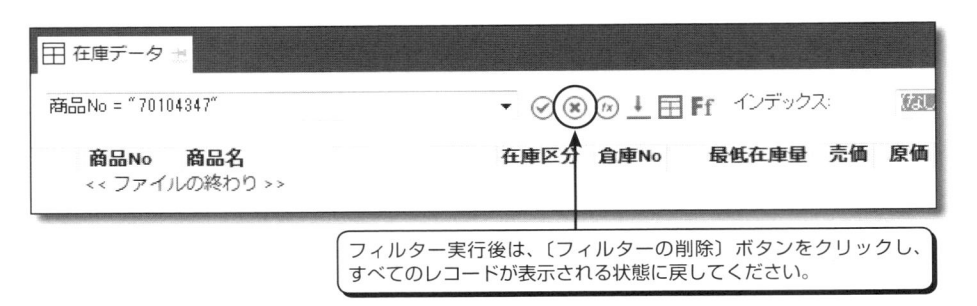

```
田 在庫データ
商品No = "70104347"                ✓ ⊗ fx ↓ 田 Ff  インデックス：

    商品No    商品名              在庫区分  倉庫No  最低在庫量  売価  原価
    << ファイルの終わり >>
```

フィルター実行後は、〔フィルターの削除〕ボタンをクリックし、すべてのレコードが表示される状態に戻してください。

> **注意**
>
> **ACLの操作の過程でフィールドの先頭に余分なスペースが追加されてしまう例**
>
> 　ソースデータが「在庫データ.txt」のような区切り文字付きテキストファイルの場合、データ定義ウィザードでのテーブル作成の際に、「商品No」フィールドのような値が数字だけの文字型フィールドは、数値型フィールドとして認識されます。
>
> 　データ定義ウィザードで文字型に変更することは可能ですが、数値と同じく右詰の設定になり、データの先頭に桁揃えのためのスペースが追加されてしまいます。 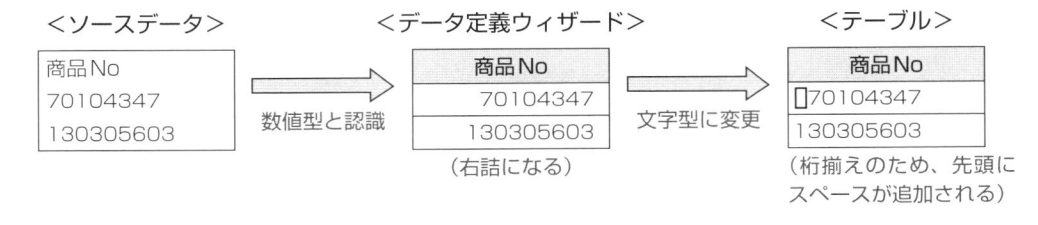
>
> <ソースデータ>　　　　　<データ定義ウィザード>　　　　　<テーブル>
>
> | 商品No |　　　　| 商品No |　　　　| 商品No |
> | 70104347 |　数値型と認識　| 70104347 |　文字型に変更　| □70104347 |
> | 130305603 |　　　　| 130305603 |　　　　| 130305603 |
> 　　　　　　　　　　　　　　（右詰になる）　　　　　（桁揃えのため、先頭に
> 　　　　　　　　　　　　　　　　　　　　　　　　　スペースが追加される）
>
> 　この現象を発生させないためには、監査先または関係部署等と入手するデータファイルの仕様を取り決める際に、文字型フィールドのデータに引用符を付けるよう依頼することが重要です。
>
> 　引用符が付いているデータは、文字型フィールドとして認識されるため、右詰にする処理が行われません。
>
> 引用符を付けた場合
>
> | 商品No |　　　　　　　　　　　　　　　| 商品No |
> | "70104347" |　　　文字型と認識　　　　| 70104347 |
> | "130305603" |　　　　　　　　　　　　| 130305603 |
> 　　　　　　　　　　　　　　　　　　　　（左詰のままのため、先頭に余
> 　　　　　　　　　　　　　　　　　　　　分なスペースが追加されない）

【値の先頭にスペースが追加されることを回避するヒント】

フィールドの値の先頭に余分なスペースが追加されることを回避するには、以下の3つの方法があります。

方法A 文字型フィールドに引用符を付けたソースデータを入手する

ソースデータを入手する際に、文字型のフィールドには引用符を付けるように依頼します。

これにより、データ定義ウィザードで文字型と認識されるため、数値型と認識されて先頭にスペースが追加されてしまうことを回避できます（p.182の 注意 参照）。

方法B スクリプトを利用してテーブルを作成する

スクリプトを利用してテーブル作成した場合、スクリプトに記述されているデータ型で定義されます。

このため、ソースデータに引用符が付いていなくても、文字型フィールドとして認識され、左詰で値が格納されます。

方法C LTRIM関数を使用する

方法A. またはB. が採用できない場合、またはテーブルが作成済みの場合には、関数を使用して先頭のスペースを削除します。

> LTRIM(文字列)
> 先頭のスペースを除去した文字列を返します。文字列内部および末尾のスペースは除去されません。

（例）LTRIM(商品No) = "70104347"

「在庫データ」テーブルでこの式を実行すると、1件目のレコードが正しく抽出されます。

	商品No	商品名	在庫区分	倉庫No	最低在庫量	売価	原価
1	70104347	ラテックス セミグロス オレンジ	01	05	980	1149	790

<< ファイルの終わり >>

> **Point** | Hint | 注意 | 重要
>
> **文字型フィールドの値の末尾のスペース**
>
> 　ACLでは、テーブル作成時に、文字型のフィールドの値の末尾に、フィールドの長さに合わせるためのスペースが自動的に挿入されます。
>
> 　例えば、「フィールド1」というフィールドの幅が「5」で設定されている場合、「abc」という値は、「abc␣␣」となります。
>
> 　値の末尾のスペースを除去する必要がある場合は、TRIM関数を使用します。
>
> | TRIM(文字列) |
> | 末尾のスペースを除去した文字列を返します。 |
>
> また、ALLTRIM関数を使用すると、値の前後のスペースを除去することができます。
>
> | ALLTRIM(文字列) |
> | 先頭と末尾のスペースを除去した文字列を返します。文字列内のスペースは除去されません。 |

＜文字型フィールドの式の例＞

　ACLには、ワイルドカード（任意の文字を指示するための特殊な文字記号）にあたる記号がないため、関数を使用して目的のデータを抽出します。

　下記の例では、先頭または末尾に余分なスペースがある可能性を考慮し、LTRIM関数、TRIM関数、ALLTRIM関数を使用しています。

　※ ACL Analytics 11では、REGEXFIND関数で正規表現を使用した検索が可能になりました。ただし、英語以外の言語の検索は完全にはサポートされていません。詳細は、ヘルプを参照してください。

（例）
フィールド1
abc
abcd
abcde
bc
bcd
bcde

●値の先頭が"bcd"で始まるデータを抽出

| LTRIM(フィールド1) = "bcd" |

抽出されるデータ：bcd、bcde

●値のどこかに"bcd"を含むデータを抽出

```
FIND("bcd",フィールド1)
```

抽出されるデータ：abcd、abcde、bcd、bcde

【関数】FIND(文字列，検索フィールド)
指定されたフィールド内で任意の文字列を検索します。

●値が"bcd"のデータを抽出

```
ALLTRIM(フィールド1) = "bcd" AND LENGTH(ALLTRIM(フィールド1)) = 3
```

抽出されるデータ：bcd

【関数】LENGTH(文字列)
指定された文字列の長さを返します。

●値が"bcd"で終わるデータを抽出

```
LAST(TRIM(フィールド1),3) ="bcd"
```

抽出されるデータ：abcd、bcd

【関数】LAST(文字列，長さ)
文字列の末尾から指定された数の文字を返します。

※アルファベットは、大文字と小文字の違いが区別されます。「abc」、「ABC」、「Abc」はすべて違う値とみなされます。

■空白の日付・時刻の検索

　空白または無効な日付は、ACLでは1900年1月1日に変換されます。ビュー上は、空白と無効な日付はいずれも空白で表示されますが、検索する場合は「19000101」という値で検索します。
　また、空白または無効な時刻は、00時00分00秒に変換されます。ビュー上は空白で表示されますが、検索する場合は、「t000000」という値で検索します。

日付・時刻が空白または無効なレコードを検索するには、以下のフィルター式が使用できます。

```
日付の場合：日付フィールド = `19000101`
時刻の場合：時刻フィールド = `t000000`
```

または、

```
日付の場合：ISBLANK(DATE(日付フィールド))
　※DATE関数は、日付を文字列に変換します。

    DATE(日付)
    日付データを日付を表す文字列に変換します。

時刻の場合：ISBLANK(TIME(時刻フィールド))
　※TIME関数は、時刻を文字列に変換します。

    TIME(時刻)
    時刻データを時刻を表す文字列に変換します。

ISBLANK関数（p.242参照）は、文字列の空白を検索します。無効な日付・時刻は、文字型に変換すると空白になります。そのため、文字型に変換して、ISBLANK関数で検索することができます。
```

または、

```
日付の場合：日付フィールド = CTOD("")
　※CTOD関数は、文字列または数値を日付に変換します。

    CTOD(フィールド,"日付書式")
    文字列または数値のフィールドの値を日付データに変換します。「"日付書式"」には、データで使用されている書式を指定します（日付書式が"YYYYMMDD"の場合は、省略可能です）。

　空白の文字列("")は、CTOD関数により、「19000101」に変換されます。
時刻の場合：時刻フィールド = CTOT("")
　※CTOT関数は、文字列または数値を時刻に変換します。

    CTOT(フィールド)
    文字列または数値のフィールドの値を時刻データに変換します。

　空白の文字列("")は、CTOT関数により、「000000」に変換されます。
```

> **Point / Hint / 注意 / 重要**
>
> 1つのフィールドに日付と時刻の値が入っている場合は、空白または無効なデータの検索には、日付を検索する式を使用します。
>
> (例)
>
> | | 取引日時 |
> |---|---|
> | 1 | 2014/05/01 14:10:25 |
> | 2 | |
> | 3 | 2014/05/02 09:33:18 |
>
> × 取引日時 = `19000101t000000`　　…式のエラーになります。
> ○ 取引日時 = `19000101`　　　　　…2レコード目を検索できます。

■データ型の変換

　メニューコマンドや関数では、使用可能なフィールドのデータ型が予め決められています。

　例えば、DEC 関数（p.180参照）は、数値型フィールドにのみ使用可能です。異なるデータ型のフィールドを指定すると、式はエラーになります。

　ACLには、フィールドのデータ型を変換する関数が用意されているため、データ型を変換することで、エラーを回避することができます。

　また、データ定義ウィザードで設定したフィールドのデータ型を、テーブル作成後に別のデータ型に変更したい場合も、データ型変換関数を使用します。（この場合は、新しいフィールド（演算フィールドといいます）を作成することになります。演算フィールドの作成方法は、p.188 ～を参照してください。）

＜データ型変換関数＞

変換元のデータ型	変換先のデータ型	データ型変換関数
文字	数値	VALUE
	日付時刻	（日付用）CTOD
		（時刻用）CTOT
数値	文字	STRING
	日付時刻	（日付用）CTOD
		（時刻用）CTOT
日付時刻	文字	（日付用）DATE
		（時刻用）TIME

3-2

演算フィールド

　演算フィールドとは、ソースデータのフィールド以外に、監査人が独自にフィールドを追加できる機能です。

　演算フィールドを利用すると、入手したデータファイルでの計算が正しいことを確かめる再計算を実施できます。
　例えば、在庫価額フィールドの値が単価フィールド×在庫数フィールドの計算結果である場合、ACLの演算フィールドで同じ計算を実行し、在庫価額フィールドの値と一致することを確認することができます。

> **演算フィールド**
> 設定されている式：単価 * 在庫数
> この式の計算結果が各レコードの値になります。

・・・	単価	在庫数	在庫価額	在庫価額再計算
・・・	100	30	3,000	3,000
・・・	200	25	5,000	5,000
・・・	150	18	2,700	2,700

> 在庫価額の値と演算フィールドの結果が一致すれば、計算が正しいことが確認できます。

　演算フィールドは、通常のフィールドと同様に使用することができますが、ソースデータに物理的にフィールドが追加されるわけではありません。ACLのテーブル上のフィールドです。

3-2-1　演算フィールドを作成する

■演算フィールドの作成方法

　演算フィールドの作成方法は、2通りあります。

　演算フィールドの作成（1）：〔テーブル レイアウト〕から作成…基本的な操作方法
　演算フィールドの作成（2）：〔列の追加〕から作成 ……………演算フィールドの作成と同時に
　　　　　　　　　　　　　　　　　　　　　　　　　　　　　　　ビューに列を追加する操作方法

　基本的な操作方法は（1）ですが、演算フィールドを作成した後、ビューに演算フィールド（列）を追加する操作が必要です。（2）の〔列の追加〕から作成する方法は、演算フィールドの作成と同時に、ビューに演算フィールドを追加することができます。本書では、（2）を活用しています。
　ここでは、それぞれの作成方法を説明します。

■演算フィールドの作成（1）〔テーブル レイアウト〕から作成

操作　「在庫データ」テーブルで原価率を計算するための演算フィールド「原価率」を作成します。

「研修プロジェクト2.acl」で操作します（「00ACL」-「ACL操作研修2」フォルダー）。

① 「在庫データ」テーブルを開きます。
② メニューの〔編集〕-〔テーブル レイアウト〕をクリックします。または、ツールバーの〔テーブル レイアウトの編集〕ボタン（🗒）をクリックします。
③ 〔フィールド/式の編集〕タブの〔新しい式の追加〕ボタンをクリックします。

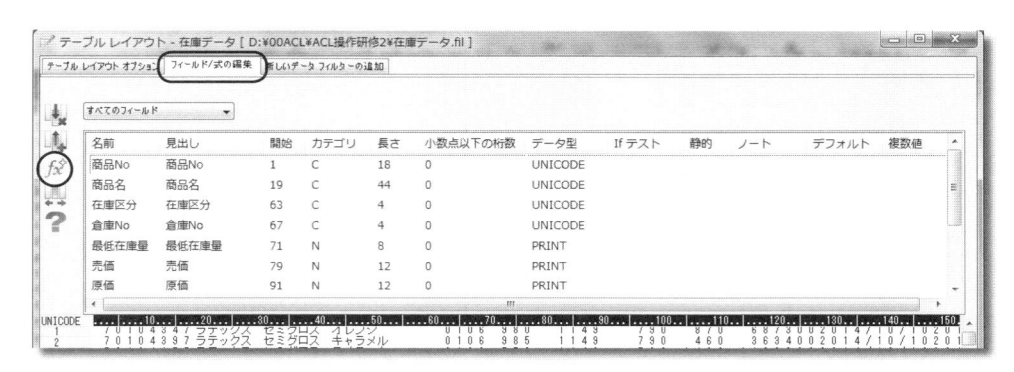

④ 作成する演算フィールドの名前として、「名前」に「原価率」と入力します。

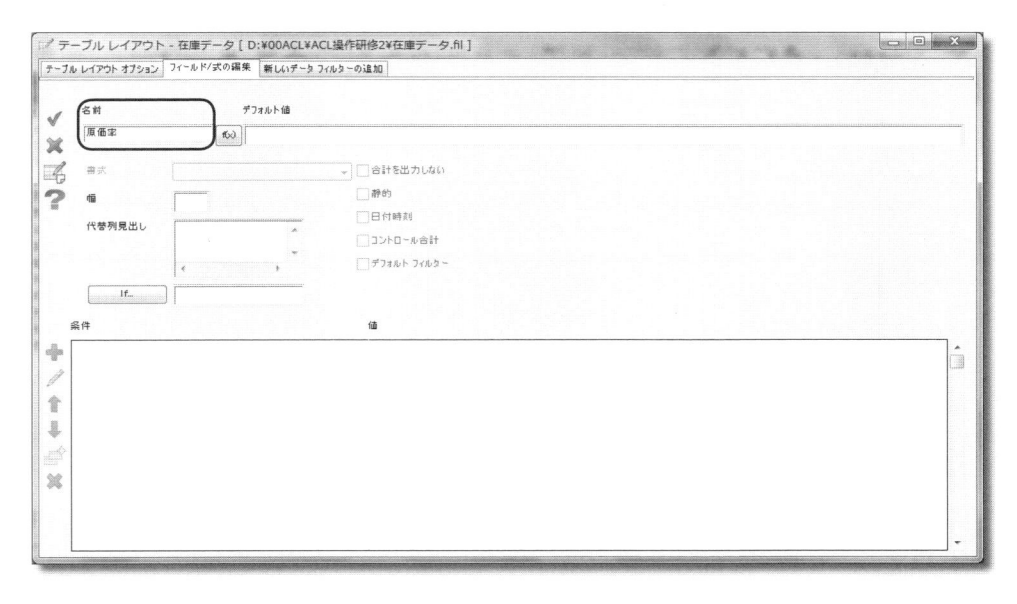

⑤ 式を入力するため、「デフォルト値」の前のボタン（ ）をクリックします。式ビルダーが表示されたら、原価率を計算する式を入力し、〔OK〕ボタンで式ビルダーの画面を閉じます。

入力する式

```
DEC（原価, 3) / DEC（売価, 3)
```

※ DEC関数で、小数点以下桁数を第3位にします。

(1) クリック
(2) 式を入力

| Point | Hint | **注意** | 重要 |

小数点以下桁数の設定を確認する

　原価率の式は、「原価 / 売価」です。両フィールドとも、小数点以下桁数の設定は0桁です。
　原価率の計算結果は小数になることが予想されますが、p.178「数値計算の小数点の取扱い」にあるように、計算に使用されるフィールドの小数点桁数で四捨五入してしまうため、このままでは正確な計算結果を出すことができません。
　数値の計算を行う場合は、フィールドの小数点以下桁数を事前に確認し、必要に応じて、p.180の方法C.で小数点桁数を変更してください。

⑥ 「デフォルト値」の欄に式が入力されたことを確認し、〔入力を受け入れる〕（緑のチェックマーク）ボタンをクリックします。

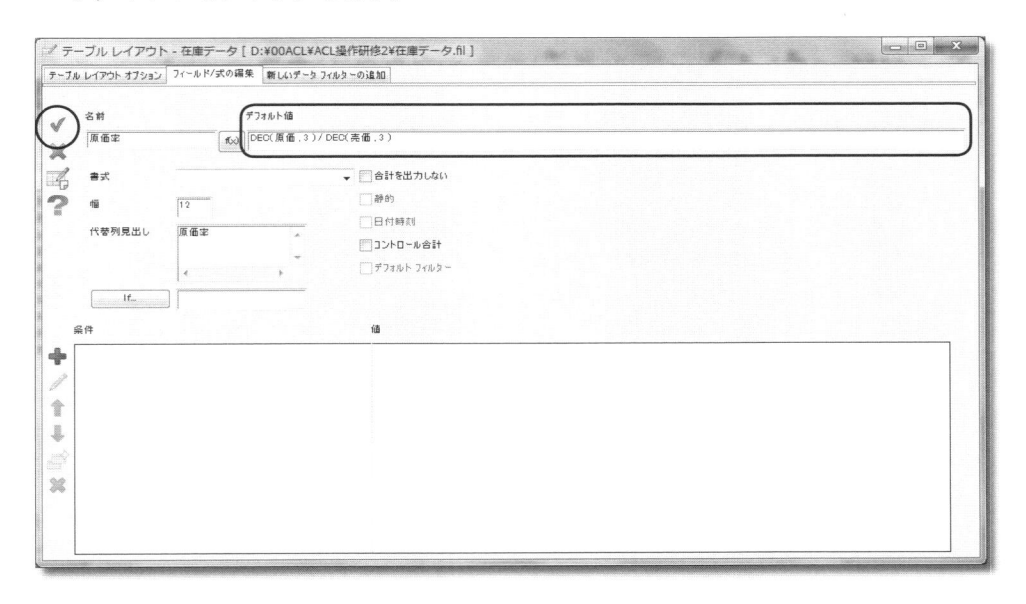

⑦ フィールドの一覧に「原価率」が追加されたことを確認します。〔閉じる〕（赤い×）ボタンでテーブル レイアウトの画面を閉じます。

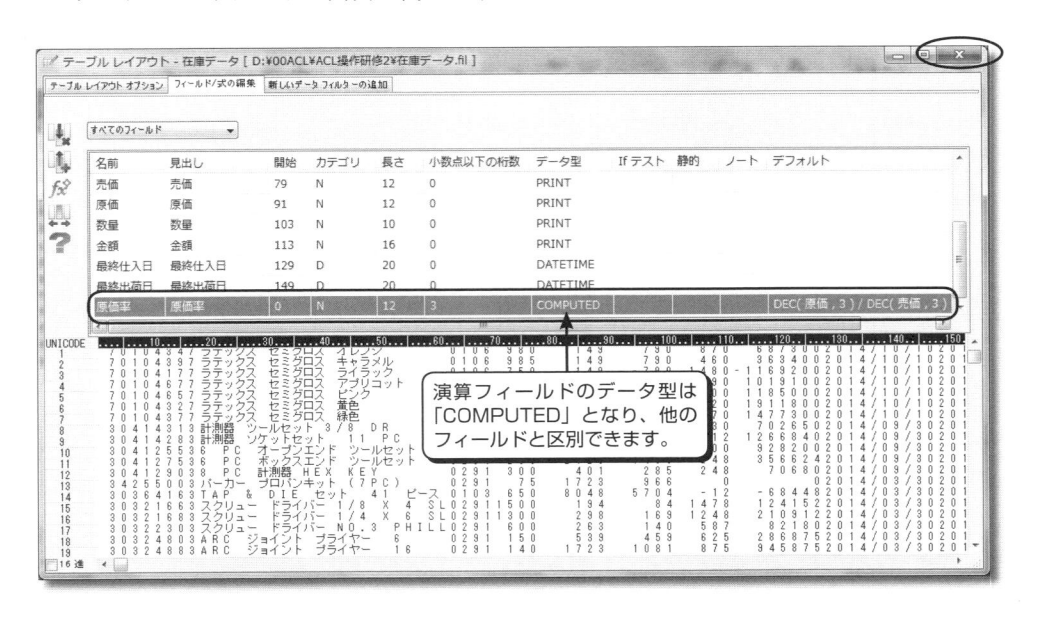

演算フィールドのデータ型は「COMPUTED」となり、他のフィールドと区別できます。

⑧ テーブル レイアウトの画面から作成した演算フィールドは、自動ではビューに追加されません。「数量」フィールドの前に「原価率」フィールドを追加するため、「数量」フィールドの列見出しを右クリックして〔列の追加〕をクリックし、「使用可能なフィールド」から「原価率」をダブルクリックして、〔OK〕ボタンをクリックします。

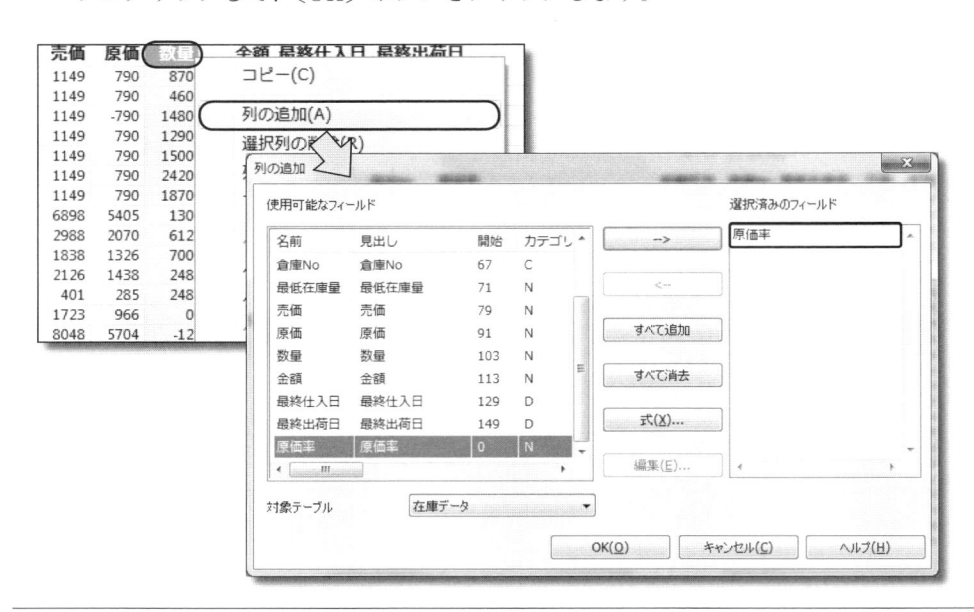

結 果

「原価率」フィールドが作成され、ビューに追加されます。

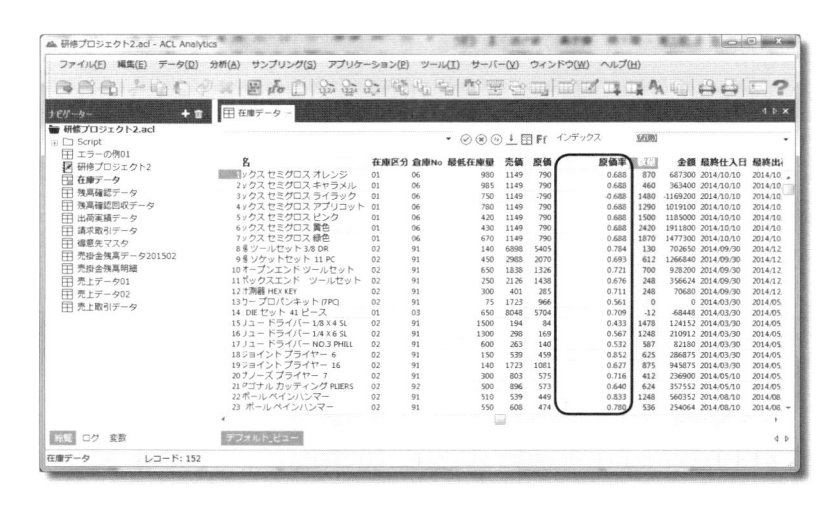

スクリプトの作成

演算フィールドの作成の操作のログからスクリプトを作成します。
※スクリプトの作成・実行の操作の詳細は、**第4章**を参照してください。

> **Point** Hint 注意 重要
>
> 　演算フィールドを作成した後、ビューに演算フィールドが表示（追加）されないため、〔列の追加〕でビューに追加する操作を行いました（p.192の操作⑧）。演算フィールドをビューに追加する操作は、ログに記録されません。そのため、演算フィールド作成のスクリプトで、演算フィールドをビューに追加する処理までを実行させる場合は、スクリプトを編集し、〔列の追加〕のスクリプトを手動で加える必要があります。

① ナビゲーターからログ（■研修プロジェクト2）をダブルクリックし、ログの一覧を開きます。
② 必要なログを選択し、画面上で右クリックして、〔選択項目の保存〕-〔スクリプト〕をクリックします。
　「OPEN テーブル名」は、テーブルを開くログ、「DEFINE FIELD … COMPUTED …」は、演算フィールド作成のログです。
　※テーブルを開くログを選択する理由は、p.417の 重要 を参照してください。

```
□ ☒✓ OPEN 在庫データ
    ☒✓ DEFINE FIELD 原価率     COMPUTED  DEC( 原価 , 3 ) / DEC( 売価 , 3 )
```
（半角スペースが複数挿入されていますが、問題ありません。）

（この図は、選択するログのみを示しています。）

③ スクリプトの名前を入力します。「S21_演算フィールド」と入力して〔OK〕ボタンをクリックします。
④ ナビゲーターから「S21_演算フィールド」をダブルクリックし、スクリプトの編集画面を開きます。
⑤ スクリプトの末尾で改行し、追加するスプリットを入力します。

スクリプトの構文

> ● ビューにフィールド（列）を追加する：
>   DEFINE␣COLUMN␣ビュー名␣フィールド名␣〈AS␣"代替列見出し"〉␣POSITION␣位置
>   ➤ビュー名は、任意で作成した場合を除き、「デフォルト_ビュー」という名前です。
>
>   ```
>   21  30934423  ダイアゴナル カッティング PLIERS   02     92
>   22  30303413  8 OZ ボール ペインハンマー
>   23  30303403  12 OZ ボール ペインハンマー
>   ◀
>   [ デフォルト_ビュー ]
>   ```
>   （表示領域の左下にビュー名が表示されています。ビューについては、p.399を参照してください。）
>
>   ➤「位置」には、フィールドを追加したい位置を、対象のビューの列を左から数えて何列目かの数字で指定します（POSITIONを省略すると、最右列に追加されます）。
>   ➤列見出しを変更したい場合は、「AS␣"代替列見出し"」を使用します。
> ● ビューからフィールド（列）を削除する：
>   DELETE␣COLUMN␣ビュー名␣フィールド名␣〈OK〉
>   ※「OK」は削除を確認するメッセージを表示せず、自動削除するためのオプションです。
>   　「OK」をつけない場合は、削除を確認するメッセージが表示されます。

※上記の構文は、オプション等を省略して記載しています。

入力するスクリプト

```
OPEN␣在庫データ ↵
DEFINE␣FIELD␣原価率␣COMPUTED␣DEC（原価,3）/ DEC（売価,3）↵
↵     ← 空白行は見易さのために挿入しています。
DELETE␣COLUMN␣デフォルト_ビュー␣原価率␣OK ↵     ← 入力①（＊）
DEFINE␣COLUMN␣デフォルト_ビュー␣原価率␣POSITION␣8     ← 入力②
```

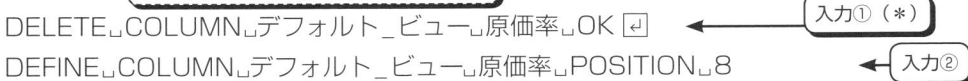

＊すでにビューにフィールドが表示されている場合、「DEFINE COLUMN …」を実行すると、列が2重に表示されます。そのため、「DEFINE COLUMN …」の前に既存の列を削除する式を挿入します。

⑥ メニューの〔ファイル〕−〔上書き保存〕をクリックし、〔閉じる〕（×）ボタンでスクリプトの編集画面を閉じます。

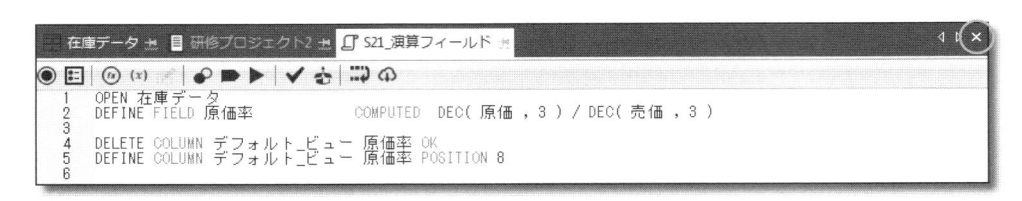

```
1  OPEN 在庫データ
2  DEFINE FIELD 原価率             COMPUTED  DEC( 原価 , 3 ) / DEC( 売価 , 3 )
3
4  DELETE COLUMN デフォルト_ビュー 原価率 OK
5  DEFINE COLUMN デフォルト_ビュー 原価率 POSITION 8
6
```

結 果

演算フィールドを作成し、ビューに表示するスクリプトが作成されました。

> **Point** Hint 注意 重要
>
> **SET SAFETYの追加**
>
> 　演算フィールドを作成するスクリプトを実行する際、すでに同じ名前のフィールドが存在していると、上書きを確認するメッセージが表示されます。 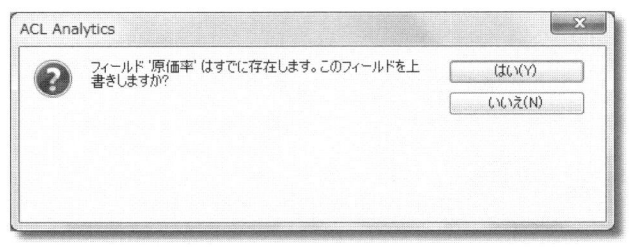
>
> ACL Analytics
> フィールド "原価率" はすでに存在します。このフィールドを上書きしますか？
> はい(Y)　いいえ(N)
>
> 　何度もメッセージが表示されるとスクリプトによる自動化の利点が失われてしまうため、自動で上書きしてよい場合は、スクリプトを編集して、上書きを自動化するスクリプト「SET SAFETY …」（p.426参照）を追加してください。

■演算フィールドの作成（2）〔列の追加〕から作成

操 作　「在庫データ」テーブルで利益率を計算するための演算フィールド「利益率」を作成します。
（スクリプトの作成は省略します。）

「研修プロジェクト2.acl」で操作します（「00ACL」-「ACL操作研修2」フォルダー）。
※「原価率」フィールド（p.189で作成）を使用します。作成していない場合は、作成してください。

① 「在庫データ」テーブルを開きます。
② 「数量」フィールドの列見出しを右クリックし、〔列の追加〕をクリックします。または、「数量」フィールドの列見出しをクリックし、ツールバーの〔列の追加〕ボタン（🔲）をクリックします。

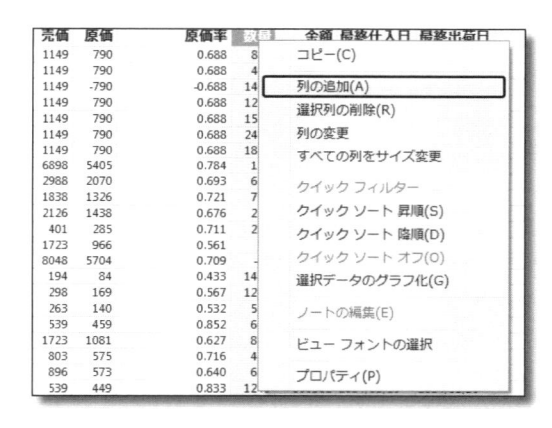

③ 〔式〕ボタンをクリックします。

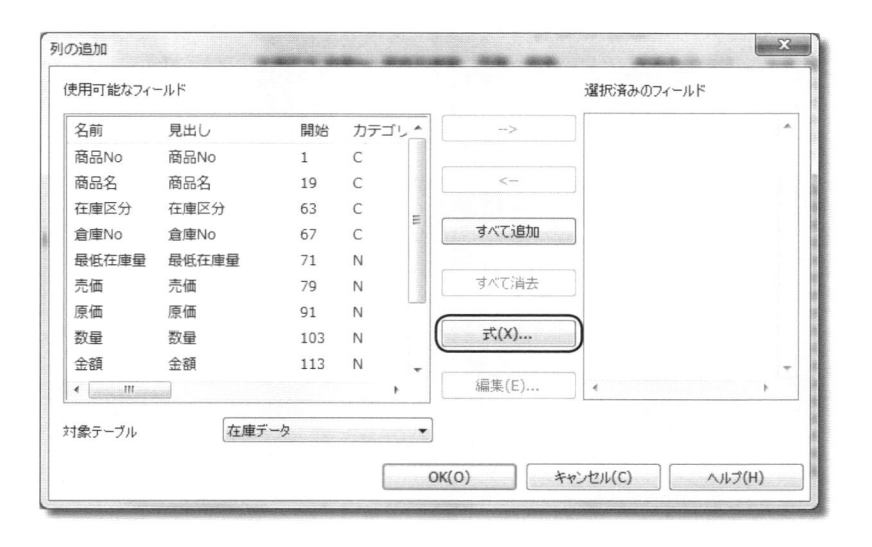

④ 式ビルダーが表示されます。利益率を計算する式を入力します。

入力する式

1－原価率

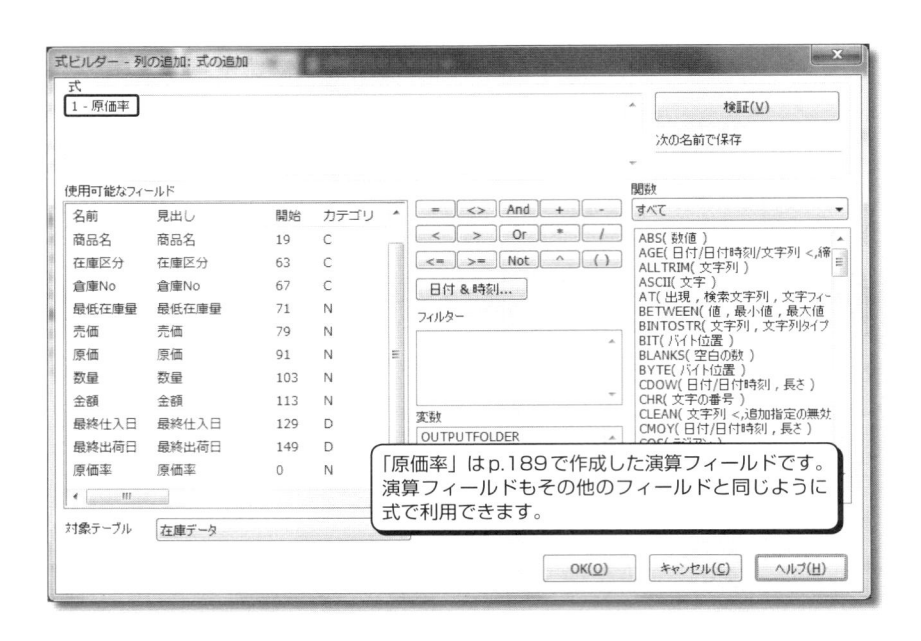

「原価率」はp.189で作成した演算フィールドです。演算フィールドもその他のフィールドと同じように式で利用できます。

⑤ 続けて、「次の名前で保存」に「利益率」と入力し、〔OK〕ボタンをクリックします。

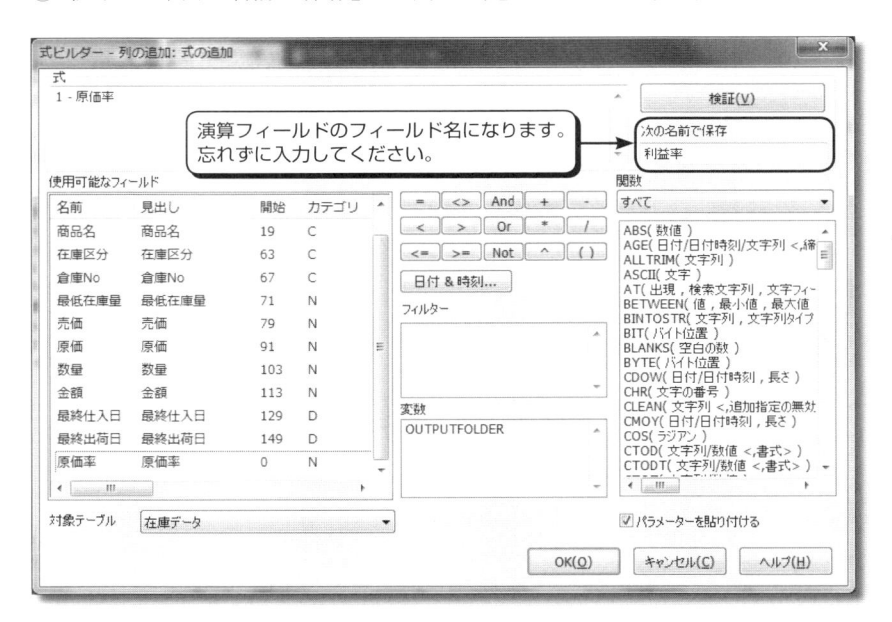

演算フィールドのフィールド名になります。忘れずに入力してください。

⑥ 「列の追加」画面に戻ります。「選択済みのフィールド」に「利益率」が表示されていることを確認し、〔OK〕ボタンをクリックします。

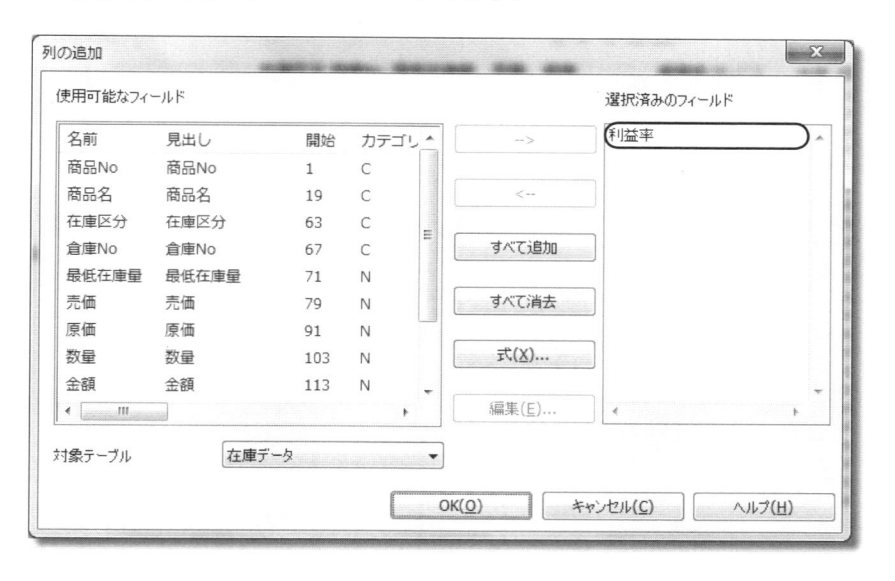

結果

「利益率」フィールドが作成され、ビューに追加されます。

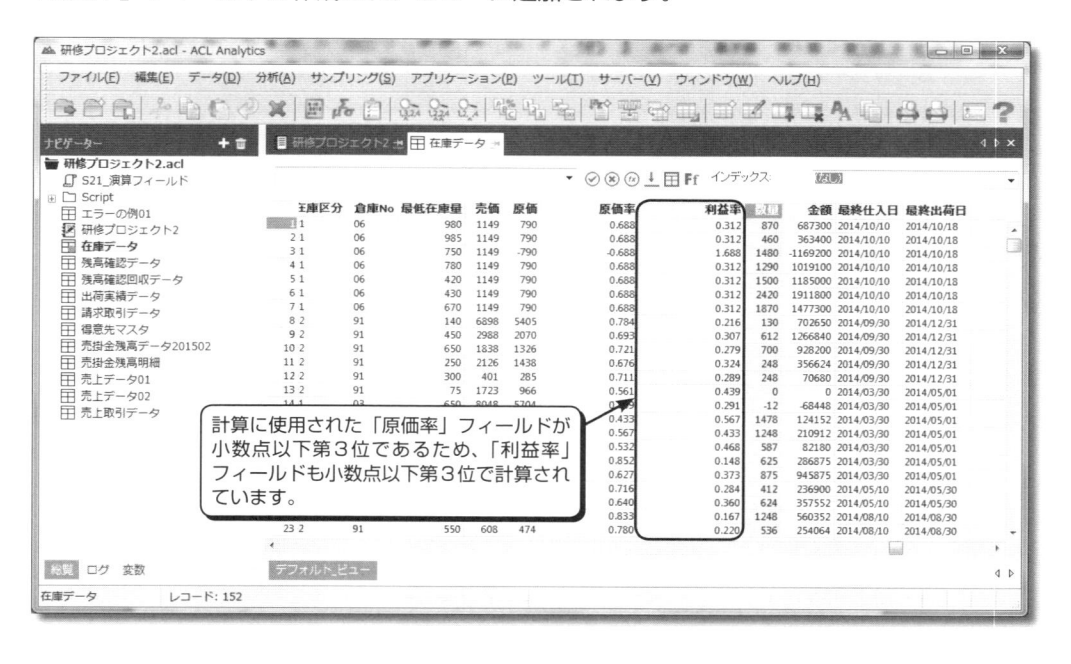

計算に使用された「原価率」フィールドが小数点以下第3位であるため、「利益率」フィールドも小数点以下第3位で計算されています。

テーブル レイアウト（メニューの〔編集〕-〔テーブル レイアウト〕）を見ると、演算フィールドとして「利益率」フィールドが追加されています。

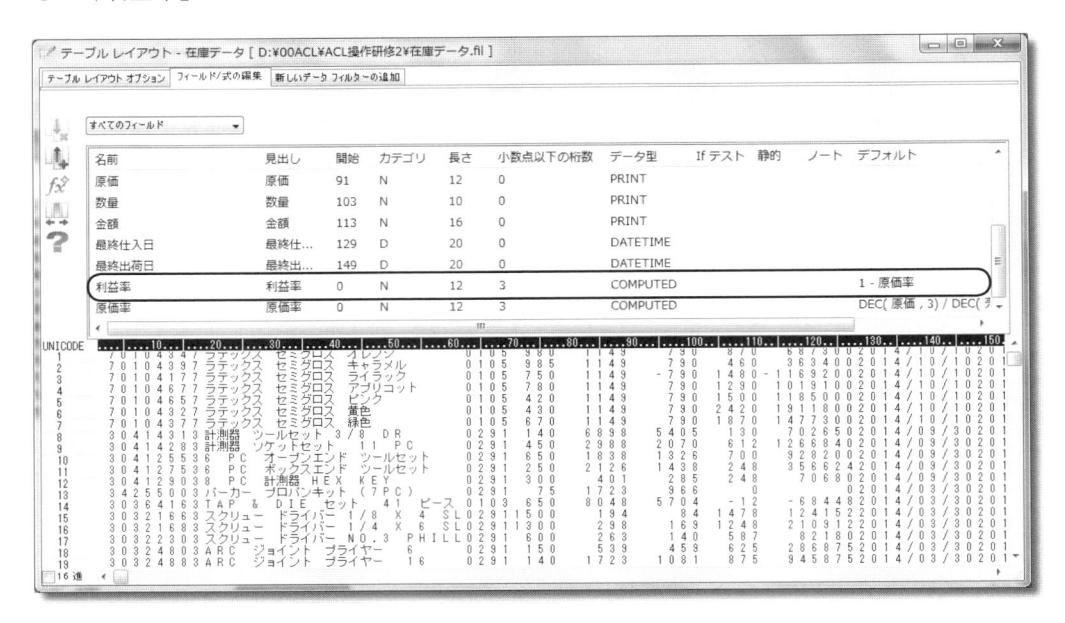

ログは、下図のように記録されます。

〔式〕ボタンから演算フィールドを作成した操作（操作③～⑤）のログは記録されますが、〔列の追加〕（ビューにフィールドを追加する）自体は、ログが記録されません。

そのため、ビューに「利益率」フィールドを表示する処理までを行うスクリプトを作成する場合は、ログから作成したスクリプトに、列を追加するスクリプトを加える必要があります（p.193～p.194参照）。

```
□ □✓ OPEN 在庫データ
    □✓ DEFINE FIELD 利益率 COMPUTED 1 - 原価率
```

（図は、関連するログのみを示しています。）

| Point | **Hint** | 注意 | 重要 |

フィールド名を入力し忘れた場合

p.196の操作⑤で「次の名前で保存」にフィールド名を入力し忘れると、下図のように「式」の内容がフィールド名として表示されます。

原価	原価率	1 - 原価率	数量
790	0.688	0.312	870
790	0.688	0.312	460

また、名前を付けずに作成したフィールドは、ビューでのみ表示され、フィールドとして保存されず（テーブル レイアウトのフィールド名の一覧に表示されません）、フィールド作成のログも記録されません。

フィールド名を入力し忘れた場合は、以下の手順でフィールド名を設定してください。

【手順】

① ビューで対象の列の列見出しを右クリックし、〔列の変更〕をクリックします。

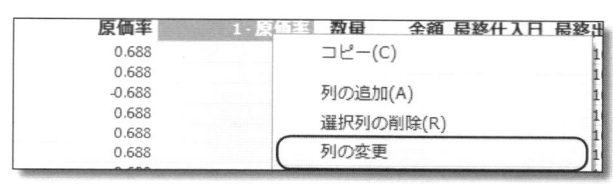

② 〔列の内容〕をクリックします。

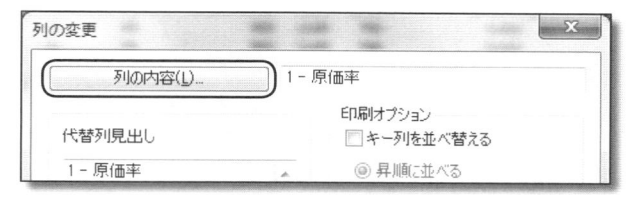

③ 「次の名前で保存」にフィールド名となる名前を入力して〔OK〕ボタンをクリックします。

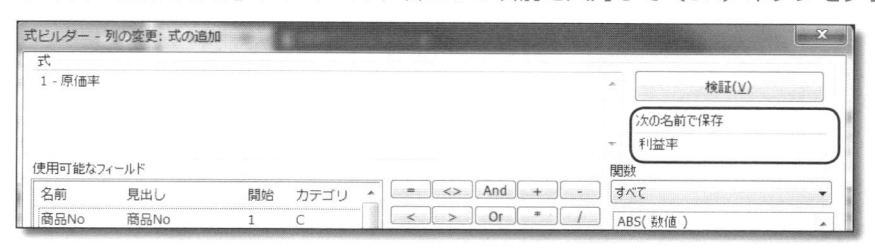

④ 〔列の内容〕が更新されます。続けて、「代替列見出し」もフィールド名に修正し、〔OK〕ボタンをクリックします。

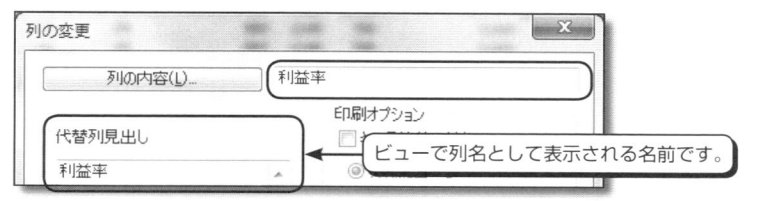

> ビューで列名として表示される名前です。

3-2-2 条件付き演算フィールドを作成する

条件によって実行する計算式を変えたい場合は、条件付き演算フィールドを作成します。

> **注意**
>
> **条件付き演算フィールドの作成は〔テーブル レイアウト〕から行う**
> 条件付き演算フィールドの作成は、〔列の追加〕(演算フィールドの作成(2))からは行えません。〔テーブル レイアウト〕(演算フィールドの作成(1))から作成してください。

操作　「在庫データ」テーブルでは、「在庫区分」フィールドに区分の番号が表示されていますが、その番号がどのような区分を意味しているかが分かりません。在庫区分に対応した在庫区分名を表示する条件付き演算フィールドを作成し、区分の意味を表示するようにします。フィールド名は「在庫区分名」とします。

<在庫区分の番号と対応する区分名>

在庫区分	在庫区分名
01	内部倉庫
02	外部倉庫

「研修プロジェクト2.acl」で操作します(「00ACL」-「ACL操作研修2」フォルダー)。

① 「在庫データ」テーブルを開きます。
② メニューの〔編集〕-〔テーブル レイアウト〕をクリックします。または、ツールバーの〔テーブル レイアウトの編集〕ボタン（🖉）をクリックします。
③ 〔フィールド/式の編集〕タブの〔新しい式の追加〕ボタンをクリックします。

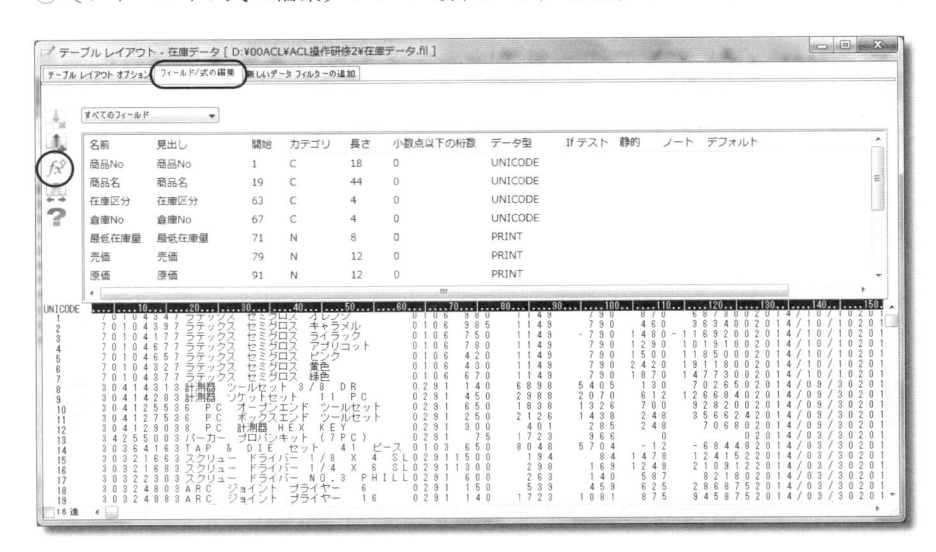

④「名前」に「在庫区分名」と入力します。続けて、「デフォルト値」に「"不明"」と入力します。

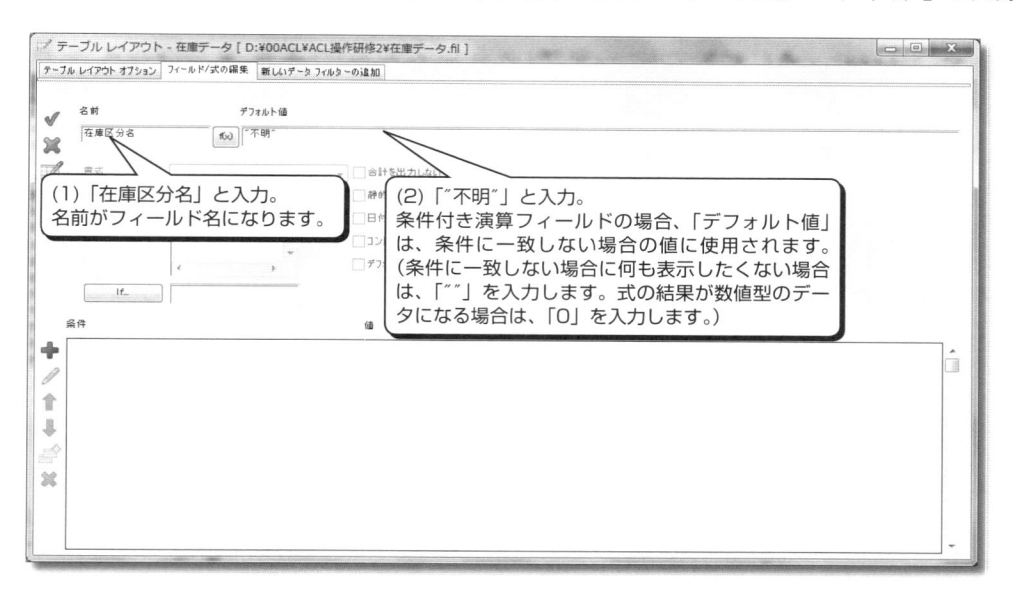

(1)「在庫区分名」と入力。
名前がフィールド名になります。

(2)「"不明"」と入力。
条件付き演算フィールドの場合、「デフォルト値」は、条件に一致しない場合の値に使用されます。
(条件に一致しない場合に何も表示したくない場合は、「""」を入力します。式の結果が数値型のデータになる場合は、「0」を入力します。)

⑤〔条件の挿入〕ボタンをクリックします。

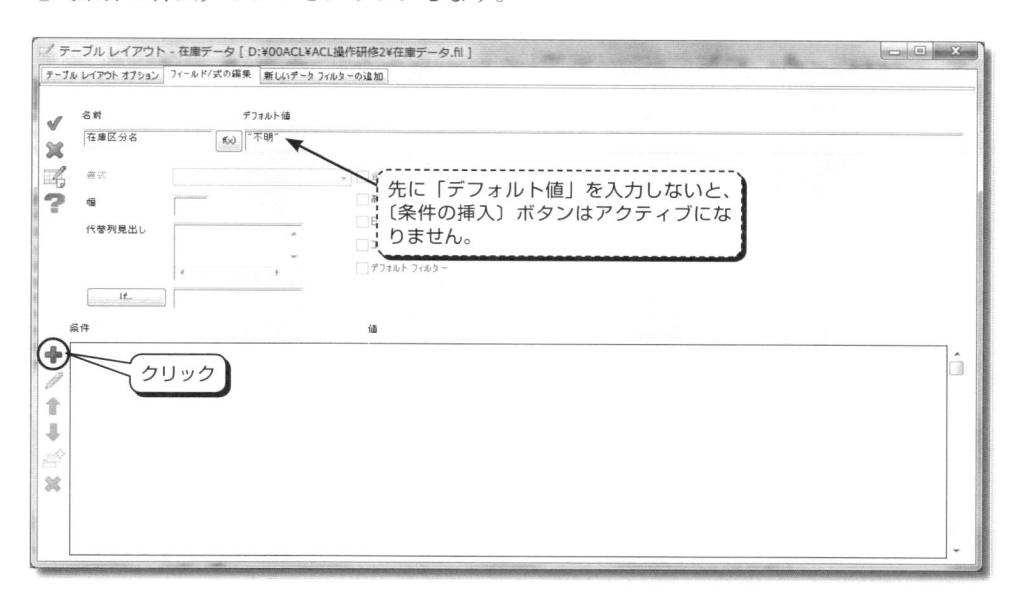

先に「デフォルト値」を入力しないと、〔条件の挿入〕ボタンはアクティブになりません。

クリック

⑥ 「条件と値の追加」画面が表示されます。1つ目の条件式「在庫区分="01"」と値「"内部倉庫"」を入力し、〔OK〕ボタンをクリックします。

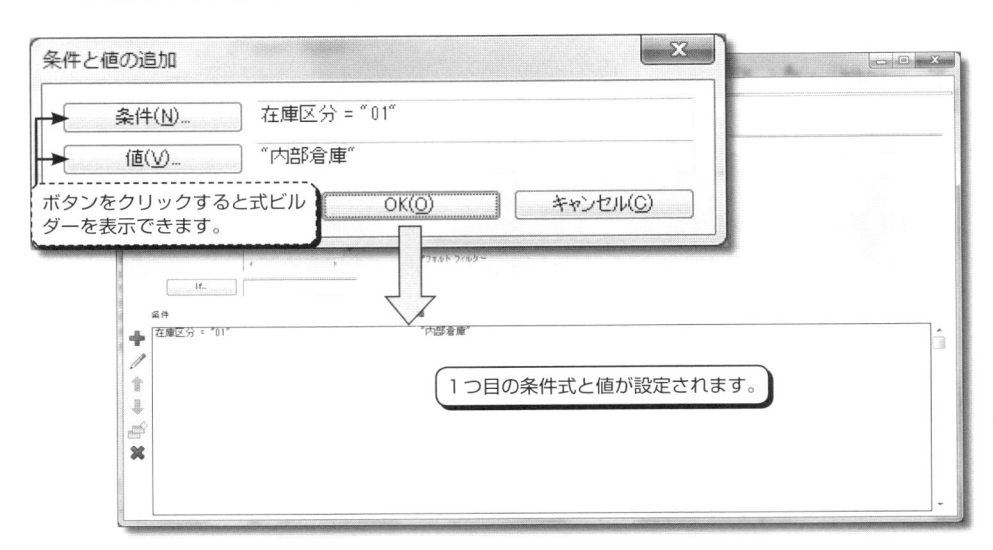

ボタンをクリックすると式ビルダーを表示できます。

1つ目の条件式と値が設定されます。

⑦ 続けて2つ目の条件式と値を入力します。条件式は「在庫区分="02"」、値は「"外部倉庫"」です。
〔条件のコピー〕ボタンを使用すると入力が簡単です（操作⑥と同様の操作で、〔条件の挿入〕ボタンから入力することもできます）。

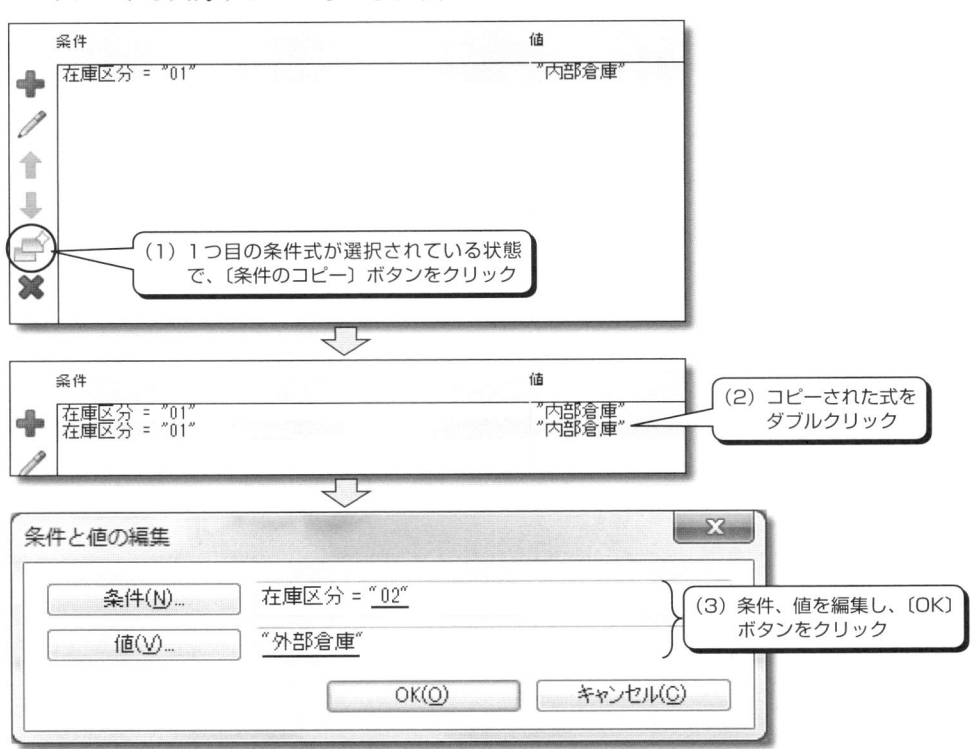

(1) 1つ目の条件式が選択されている状態で、〔条件のコピー〕ボタンをクリック

(2) コピーされた式をダブルクリック

(3) 条件、値を編集し、〔OK〕ボタンをクリック

⑧ すべての条件式と値を入力したら、〔入力を受け入れる〕（緑のチェックマーク）ボタンをクリックします。

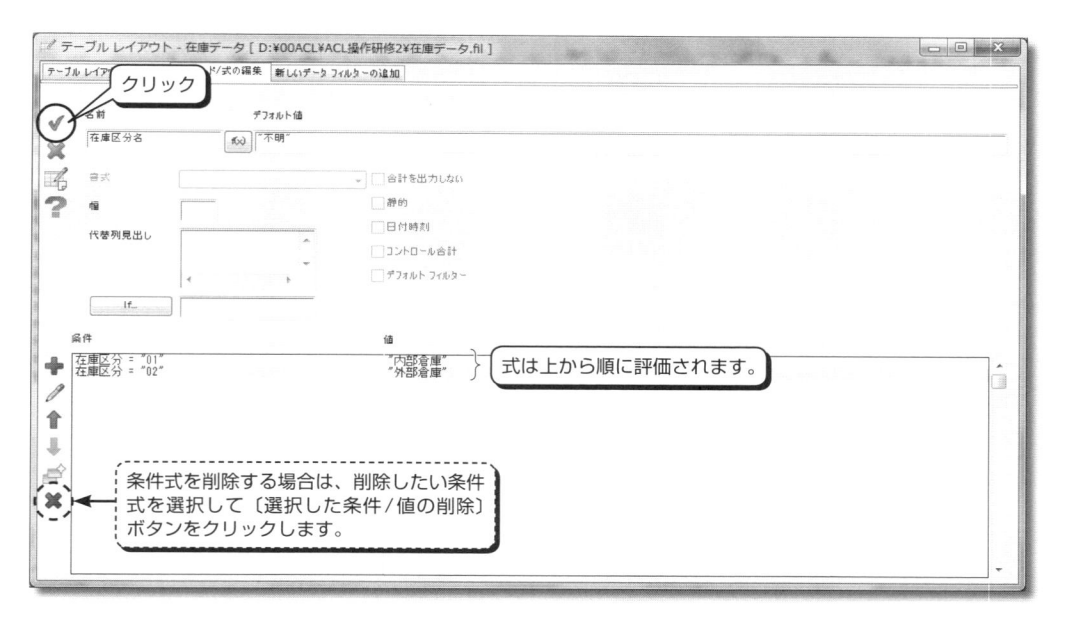

（クリック）

式は上から順に評価されます。

条件式を削除する場合は、削除したい条件式を選択して〔選択した条件/値の削除〕ボタンをクリックします。

⑨ フィールドの一覧に「在庫区分名」フィールドが追加されたことを確認し、テーブル レイアウトの画面を〔閉じる〕（赤い×）ボタンで閉じます。

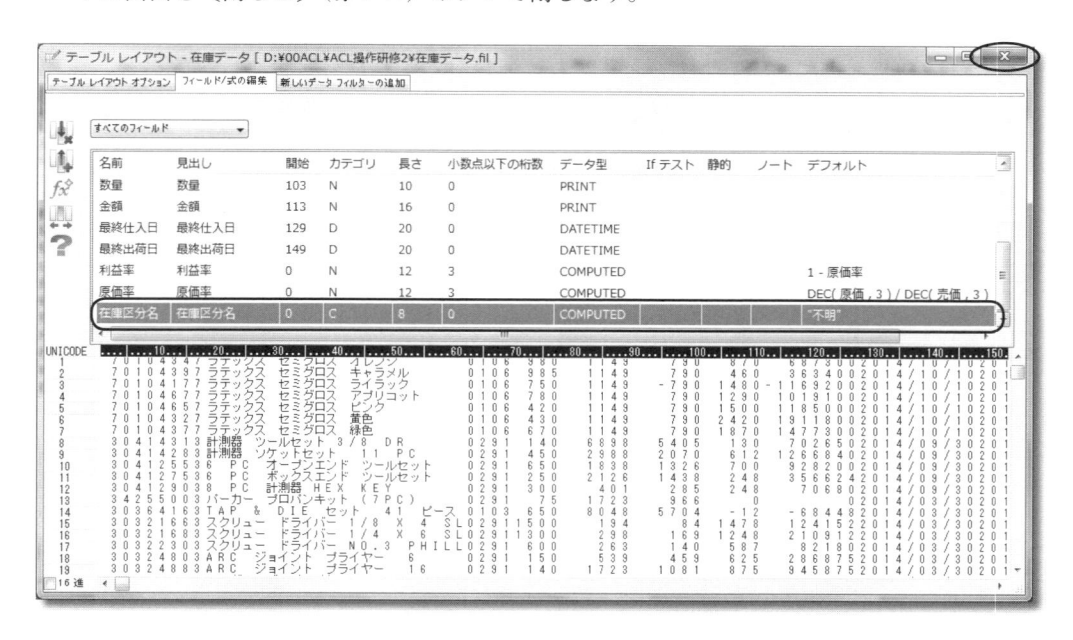

⑩ ビュー画面に戻ったら、「倉庫No」フィールドの列見出しを右クリックし、〔列の追加〕をクリックします。

⑪ 「使用可能なフィールド」の一覧から「在庫区分名」フィールドを選択し、〔OK〕ボタンをクリックします。

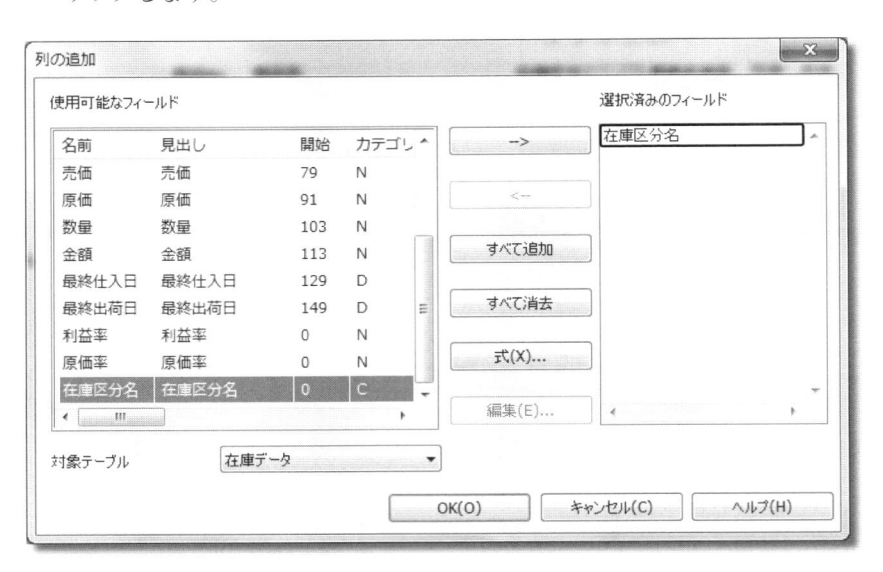

結 果

「在庫区分」フィールドの番号に応じて在庫区分名を表示する演算フィールド「在庫区分名」が作成されました。

在庫区分「01」は、「内部倉庫」であること、「02」は「外部倉庫」であることが分かるようになりました。

> スクリプトの作成

　条件付き演算フィールドの作成の操作のログからスクリプトを作成します。ビューに演算フィールドを追加するため、スクリプトの編集も行います。
　※スクリプトの作成・実行の操作の詳細は、**第4章**を参照してください。

① ナビゲーターからログ（📁研修プロジェクト2）をダブルクリックし、ログの一覧を開きます。
② 必要なログを選択し、画面上で右クリックして、〔選択項目の保存〕-〔スクリプト〕をクリックします。

```
☒ ✓ OPEN 在庫データ
   ☒ ✓ DEFINE FIELD 在庫区分名    COMPUTED
```

（この図は、選択するログのみを示しています。）

③ スクリプトの名前を入力します。「S22_条件付き演算フィールド」と入力し、〔OK〕ボタンをクリックします。
④ ナビゲーターから「S22_条件付き演算フィールド」をダブルクリックし、編集画面を開きます。
⑤ スクリプトを編集します。

スクリプトの構文（条件付き演算フィールドの構文は、複数行で構成されます。）

```
DEFINE␣FIELD␣フィールド名␣COMPUTED ⏎
〈IF 条件〉␣〈COMMENT〉␣〈STATIC〉␣〈PIC "書式"〉(略) ⏎
値1␣IF␣条件1 ⏎
値2␣IF␣条件2 ⏎
… ⏎
デフォルト値
```

〈〉は、オプションのコマンドパラメーターや選択肢を表します。

入力するスクリプト

```
OPEN␣在庫データ ⏎
DEFINE␣FIELD␣在庫区分名␣COMPUTED ⏎
⏎                           ← 空白行（*1）
"内部倉庫"␣IF␣在庫区分="01" ⏎
"外部倉庫"␣IF␣在庫区分="02" ⏎
"不明" ⏎
⏎
DELETE␣COLUMN␣デフォルト_ビュー␣在庫区分名␣OK ⏎
DEFINE␣COLUMN␣デフォルト_ビュー␣在庫区分名␣POSITION␣4
```

条件付き演算フィールド作成のスクリプト
（ログから保存されます。）

入力（*2）

＊1：空白行
条件付き演算フィールド作成のスクリプトの構文は、2行目（「DEFINE FIELD … COMPUTED」の次の行）でフィールドのオプションを指定するようになっています。オプションを指定しない場合は、2行目を空白行にします。「DEFINE FIELD … COMPUTED」の行と「値1 IF 条件1」の行の間に空白行がなく連続していると、「値1 IF 条件1」の条件式が無視されてしまいます。

＊2：ビューの列を削除／追加するスクリプトを入力する
演算フィールドを作成するスクリプト（DEFINE FIELD …）では、ビューにフィールド（列）が追加（表示）されないため、スクリプトを追加します。すでに表示されている場合は2重になってしまうため、列を削除するスクリプトと合わせて使用します（p.193 〜 p.194参照）。

⑥ 編集が終了したら、メニューの〔ファイル〕-〔上書き保存〕をクリックし、〔閉じる〕（×）ボタンでスクリプトの編集画面を閉じます。

```
1  OPEN 在庫データ
2  DEFINE FIELD 在庫区分名          COMPUTED
3
4    "内部倉庫" IF 在庫区分 = "01"
5    "外部倉庫" IF 在庫区分 = "02"
6    "不明"
7
8  DELETE COLUMN デフォルト_ビュー 在庫区分名 OK
9  DEFINE COLUMN デフォルト_ビュー 在庫区分名 POSITION 4
10
```

結果

条件付き演算フィールドを作成し、ビューに追加するスクリプトが作成されました。

> **Point** Hint 注意 重要
>
> **SET SAFETYの追加**
>
> 　演算フィールドを作成するスクリプトを実行する際、すでに同じ名前のフィールドが存在していると、上書きを確認するメッセージが表示されます（条件付き演算フィールドも同様です）。
>
> 　何度もメッセージが表示されるとスクリプトによる自動化の利点が失われてしまうため、自動で上書きしてよい場合は、スクリプトを編集して、上書きを自動化するスクリプト「SET SAFETY …」（p.426参照）を追加してください。

3-2-3 演算フィールドでフィルターを作成する

演算フィールドに論理式（結果がTrue（真）またはFalse（偽）になる式）を設定すると、繰り返し使用できるフィルターが作成できます。

フィルターとは、特定の条件を指定し、その条件にあったレコードを抽出（表示）する機能です。詳細は、p.266～を参照してください。

操作　「在庫データ」テーブルで「倉庫No」の値が「03」のレコードを抽出するフィルターを作成します。
（〔テーブル レイアウト〕（演算フィールドの作成（1））から作成します。スクリプトの作成は省略します。）

「研修プロジェクト2.acl」で操作します（「00ACL」-「ACL操作研修2」フォルダー）。

① 「在庫データ」テーブルを開きます。
② メニューの〔編集〕-〔テーブル レイアウト〕をクリックします。または、ツールバーの〔テーブル レイアウトの編集〕ボタン（ ）をクリックします。
③ 〔新しい式の追加〕ボタンをクリックします。

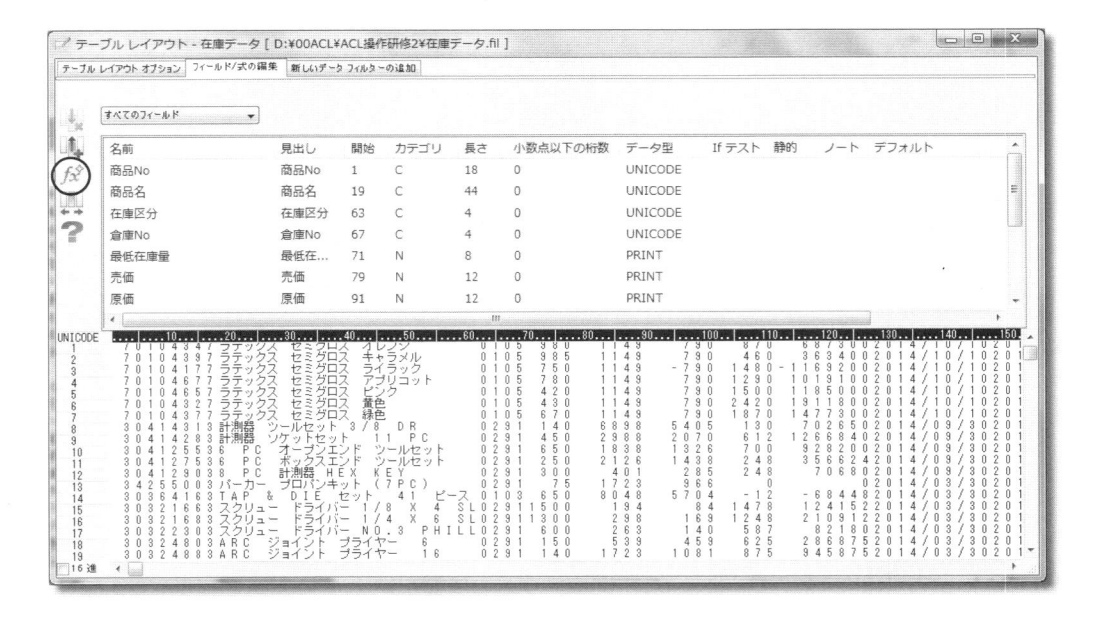

④ 「名前」に「倉庫No03」と入力し、「デフォルト値」に式を入力します。(「デフォルト値」の前のボタン（f_x）をクリックして、式ビルダーを表示することもできます。)

入力する式

倉庫No ="03"

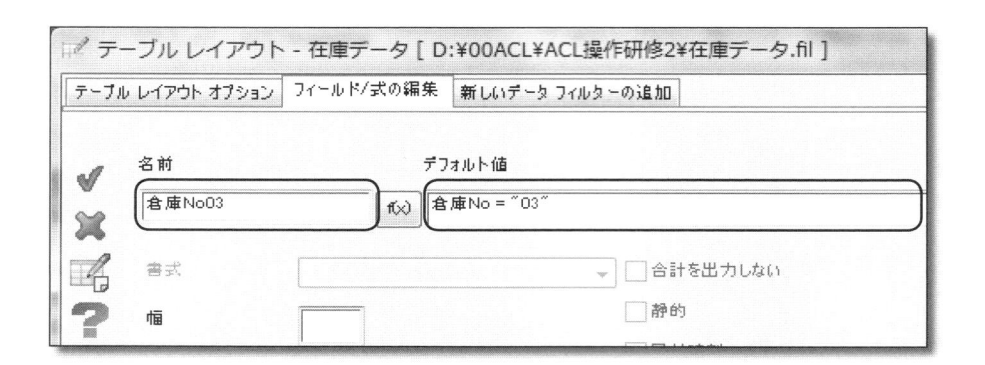

⑤ 入力が終了したら、〔入力を受け入れる〕（緑のチェックマーク）ボタンをクリックします。
⑥ フィールドの一覧の画面に戻ります。「倉庫No03」が追加されていることを確認します。

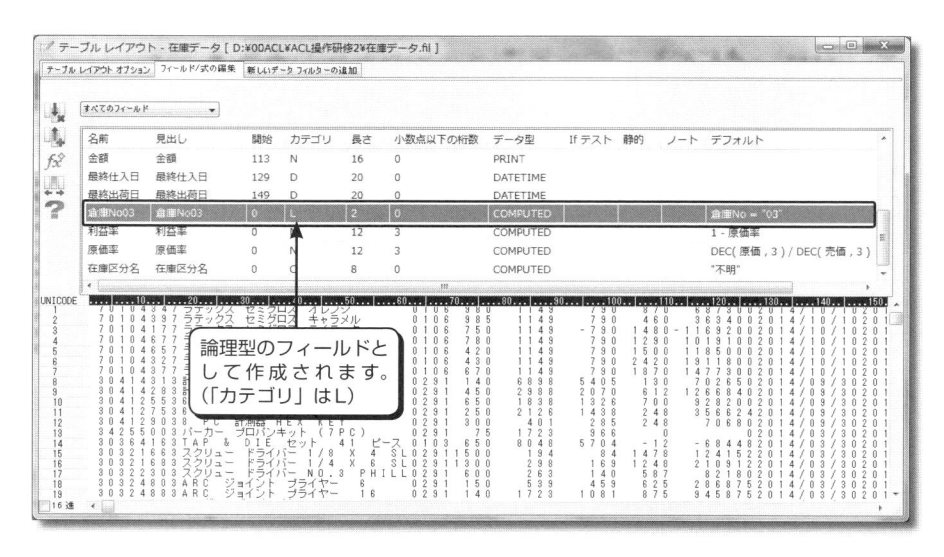

論理型のフィールドとして作成されます。(「カテゴリ」はL)

⑦ 〔閉じる〕（赤い×）ボタンで、テーブル レイアウトの画面を閉じます。

結 果

フィルターとして使用できる演算フィールドが作成されました。

■フィルターとして使用する

操作 「倉庫No03」をフィルターとして使用してみましょう。

① 「在庫データ」テーブルが開いている状態で、テーブル上部の〔ビュー フィルターの編集〕ボタンをクリックします。

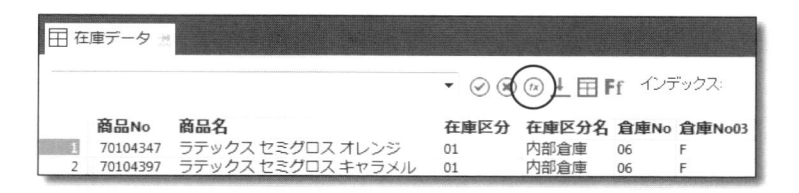

② 「フィルター」に「倉庫No03」が表示されています。ダブルクリックし、「式」の欄に設定されたことを確認して、〔OK〕ボタンをクリックします。

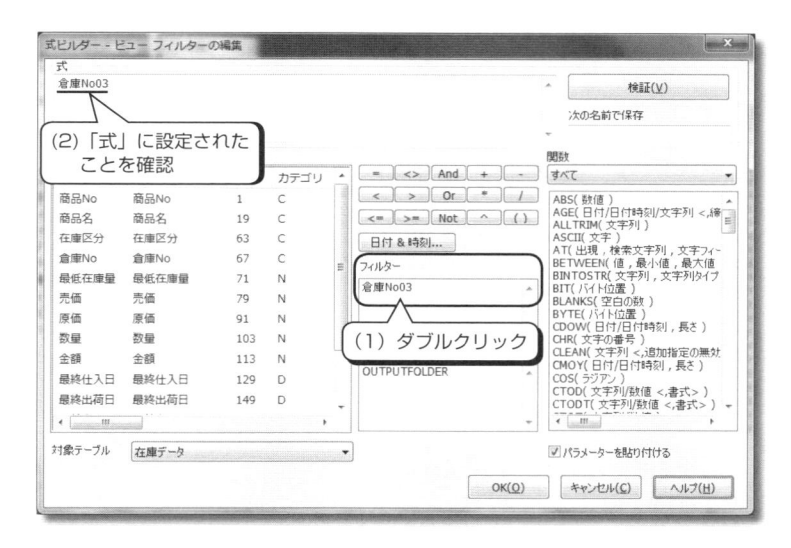

(2)「式」に設定されたことを確認

(1) ダブルクリック

結 果

フィルターが適用され、式（倉庫No = "03"）の条件に該当するレコードが抽出されます（2件）。レコードを確認したら、〔フィルターの削除〕ボタンをクリックし、フィルターを解除してください。

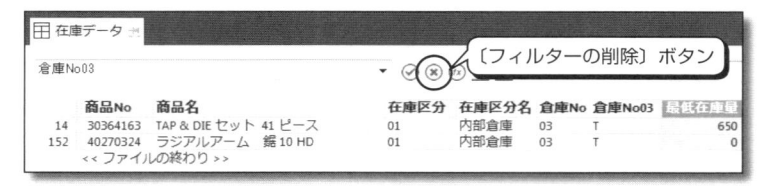

〔フィルターの削除〕ボタン

| Point | **Hint** | 注意 | 重要 |

フィルターを編集する

演算フィールドとして作成したフィルターの内容の編集は、以下の手順で行います。

【手順】
① フィルターを作成したテーブルを開きます。
② メニューの〔編集〕-〔フィルター〕をクリックします。
③ 対象のフィルターを選択し、〔OK〕ボタンをクリックします。

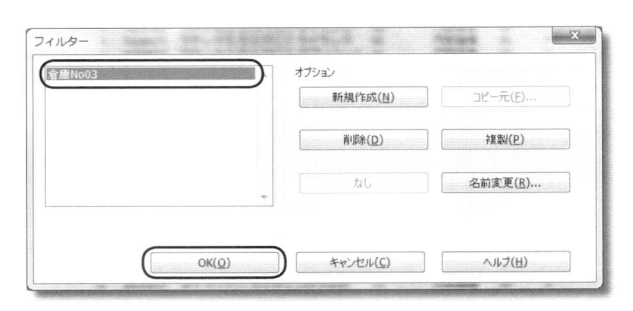

④ 式ビルダーが表示されます。式の内容等を編集します。

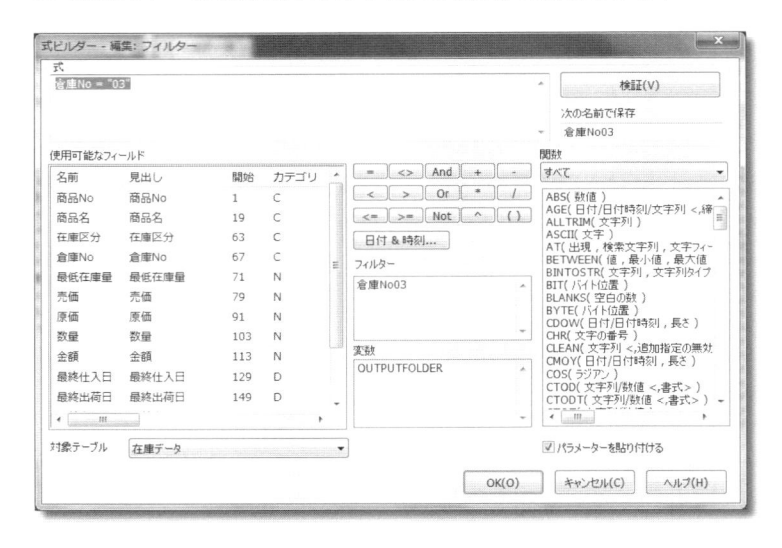

⑤ 編集が終了したら、〔OK〕ボタンをクリックし、画面を閉じます。
※式の内容を修正した場合は、操作のログは記録されません。フィルター名の変更（手順③の〔名前変更〕ボタン）を行った場合は、「RENAME FIELD …」というログが記録されます。

【結果】
　フィルターが修正されました。次回より、新しい内容のフィルターが適用されます。

3-2-4 フィールドの削除

ビューに表示されているフィールドが不要な場合は、〔列の削除〕（p.82参照）でビューから削除します。

〔列の削除〕は、ビューから非表示にするのみであり、フィールドそのものは削除されません。誤って作成した演算フィールド等、フィールドそのものが不要な場合は、テーブルからフィールドを削除します。

削除の操作は、演算フィールドもテーブル作成時にソースデータを元に作成された通常のフィールドも同様です。

> **注意** 重要
>
> フィールドの削除の操作は取り消すことができません。
> 演算フィールドを誤って削除した場合は、再度演算フィールドを作成してください。

操作 「利益率」フィールドをテーブルから削除します。

「研修プロジェクト2.acl」で操作します（「00ACL」-「ACL操作研修2」フォルダー）。
※「利益率」フィールド（p.195で作成）を使用します。作成していない場合は、作成してください。

① 「在庫データ」テーブルを開き、メニューの〔編集〕-〔テーブル レイアウト〕をクリックします。または、ツールバーの〔テーブル レイアウトの編集〕ボタン（☑）をクリックします。
② フィールドの一覧から「利益率」を選択し、〔フィールドの削除〕ボタンをクリックします。

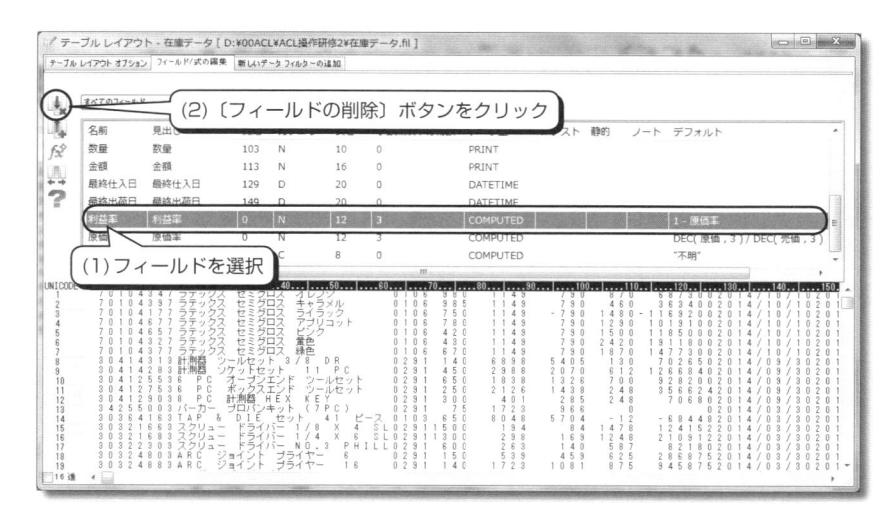

③ 削除の確認メッセージが表示されます。〔削除〕ボタンをクリックします。

```
削除
'利益率' を削除しますか?          [削除(D)]
                              [キャンセル(C)]
```

結 果

テーブル レイアウトから「利益率」フィールドが削除されました。
テーブル レイアウトの画面を〔閉じる〕（赤い×）ボタンで閉じて終了します。

ログには、以下のように記録されます。

```
□☑ OPEN 在庫データ
    □☑ DELETE FIELD 利益率 OK
```

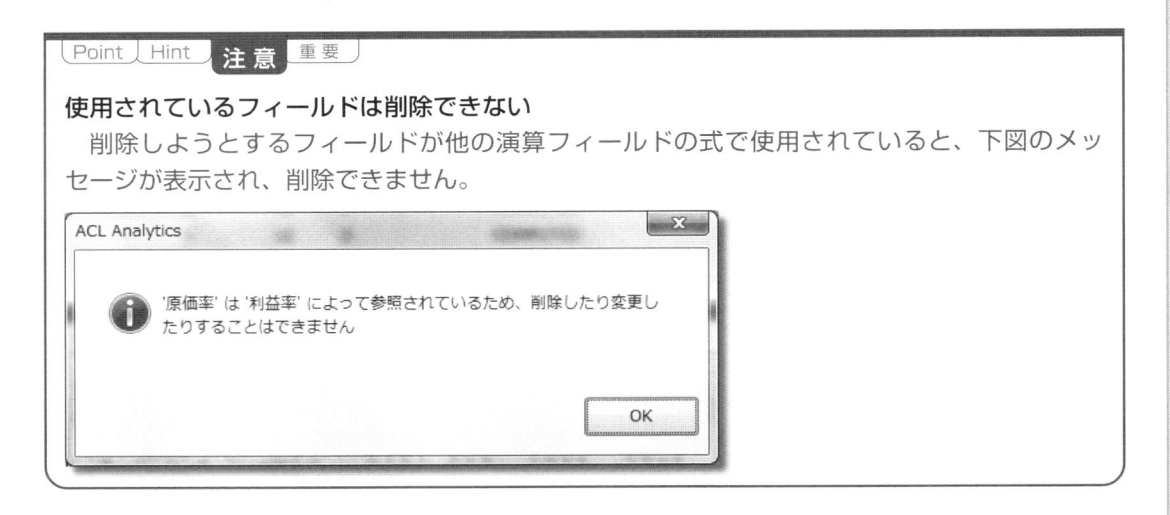

> **注意**
>
> **使用されているフィールドは削除できない**
> 　削除しようとするフィールドが他の演算フィールドの式で使用されていると、下図のメッセージが表示され、削除できません。
>
> ```
> ACL Analytics
> '原価率' は '利益率' によって参照されているため、削除したり変更し
> たりすることはできません
>                                                    OK
> ```

第3章 データ分析

3-3 テーブルの全般分析

ここでは、テーブル全体の概観を把握するのに役立つメニューコマンドと一部の関数を紹介します。

これらは、データ信頼性の検証で使用されることが多いコマンドです。

- 〔検証〕コマンド
- 〔合計〕コマンド
- 〔カウント〕コマンド
- 〔統計〕コマンド
- 〔ギャップ〕コマンド
- 〔重複〕コマンド
- 〔あいまい重複〕コマンド
- BETWEEN関数
- ISBLANK関数

3-3-1 〔検証〕コマンド

〔検証〕コマンドは、テーブル内のデータが、テーブル レイアウトで定義されたデータ型と一致しているかを確認し、検出されたエラーを報告します。

具体的には、文字型フィールドでは印刷できない文字、数値型フィールドでは無効な数値（例えば、数字の前に"＋"や"−"記号が複数付いている、小数点が複数ある等）、日付時刻型フィールドでは無効な日付、時刻や空白の日付、時刻がエラーとして検出されます。

操作 「売上取引データ」テーブルのすべてのフィールドを〔検証〕コマンドで検証します。

「研修プロジェクト2.acl」で操作します（「00ACL」-「ACL操作研修2」フォルダー）。

① 「売上取引データ」テーブルを開きます。
② メニューの〔データ〕-〔検証〕をクリックします。または、ツールバーの〔検証〕ボタン（🔲）をクリックします。

③ フィールドの一覧が表示されます。検証するフィールドを選択するため、〔検証フィールド〕ボタンをクリックします。

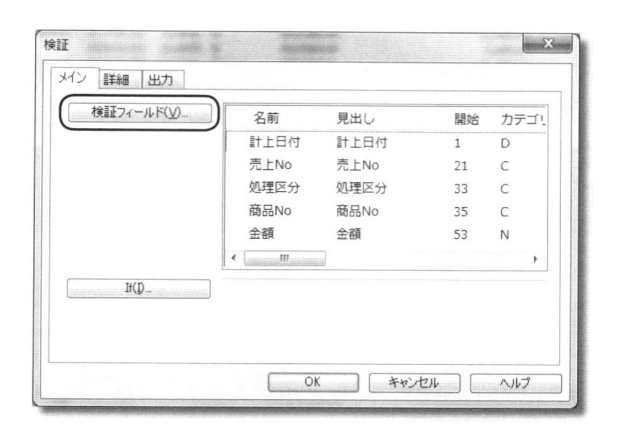

④ すべてのフィールドを検証するため、〔すべて追加〕ボタンをクリックし、〔OK〕ボタンをクリックします。

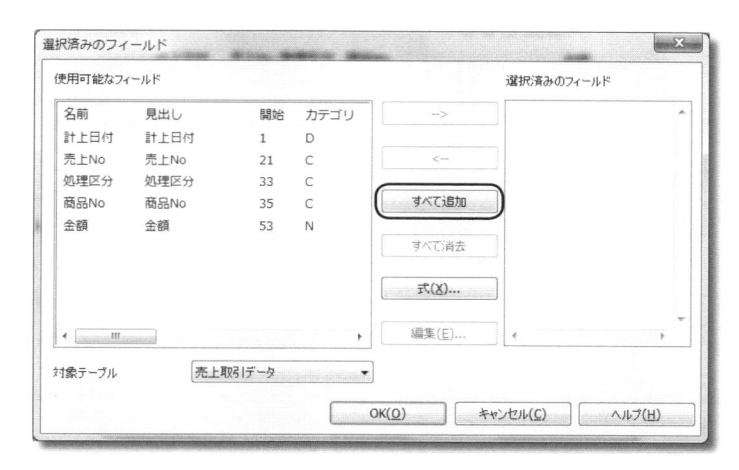

⑤ 元の画面に戻ります。すべてのフィールドが選択された状態になっていることを確認します。

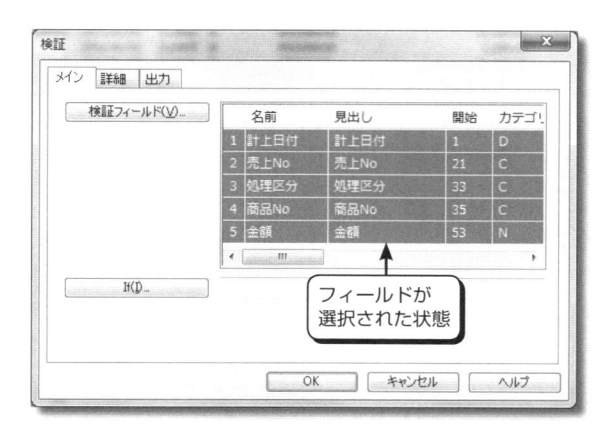

> Point / Hint / **注意** / 重要
>
> **〔検証〕コマンドの対象フィールド**
>
> 　通常は、すべてのフィールドを対象とします。
>
> 　ただし、日付時刻型フィールドでは、空白のデータがエラーとして検出されるため、空白が許容されるフィールド（例えば、「従業員情報」テーブルの「退職日」フィールドのように、在職の場合は空白になっているフィールド）を〔検証〕コマンドの対象とすると、問題がない空白もエラーとして検出されてしまいます。
>
> 　これを避けるには、操作⑤の画面で、〔If〕欄に条件式を設定し、日付時刻型フィールドの空白のレコードを除外する等の対応が必要です。
>
> 　空白の日付・時刻の検索については、p.186を参照してください。

⑥〔出力〕タブをクリックし、「出力先」を「画面」にして〔OK〕ボタンをクリックします。
※「出力先」については、p.394～を参照してください。

> Point / **Hint** / 注意 / 重要
>
> **エラーの検出数**
>
> 　エラーの検出数は、初期値で10件と設定されています。エラーが10件を超える場合は、結果が表示される前に、「エラーの最大制限に達しました」とメッセージが表示されます。この時は、制限数内のエラーの詳細のみが結果の画面に表示されます。すべてのエラーの詳細を確認したい場合は、再度、メニューの〔データ〕-〔検証〕を選択し、〔詳細〕タブで「エラー制限」の数値を増やして実行してください。

結果

〔検証〕コマンドが実行され、その結果（ログの内容）が表示されます。
48～50件目のデータの「計上日付」フィールドのエラーが検出されました。

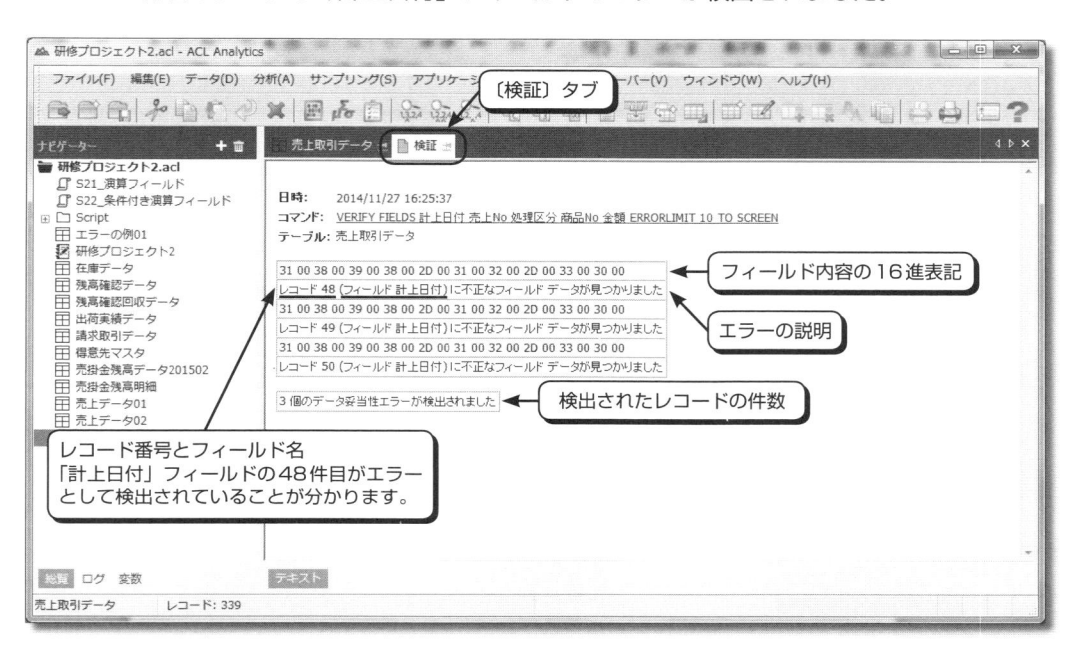

![検証結果画面]

- 〔検証〕タブ
- フィールド内容の16進表記
- エラーの説明
- 検出されたレコードの件数
- レコード番号とフィールド名
  「計上日付」フィールドの48件目がエラーとして検出されていることが分かります。

（エラーがなかった場合の表示）

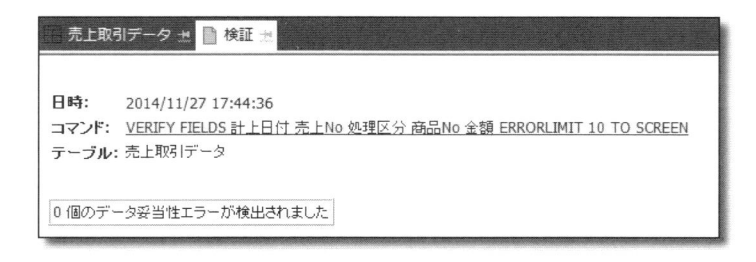

![エラーなし画面]

「売上取引データ」テーブルでは、48～50件目の「計上日付」フィールドのデータにエラーがあることが分かりました。テーブルの画面に戻り、48～50件目の「計上日付」フィールドのデータを確認します。

	計上日付	売上No	処理区分	商品No	金額
46	2014/02/28	112907	0	024128712	917600
47	2014/12/31	112908	0	080126008	83100
48		112909	0	052530155	1400
49		2910	0	040226054	500300
50		112911	0	024128712	638800
51	2014/03/01	112912	0	010102840	57090600
52	2014/03/01	112913	0	090669611	80316000

対象のデータは、「計上日付」が空白になっており、エラーとして検出されました。

> **Hint** 指定したレコード番号にジャンプする
>
> 【手順】
> ① メニューの〔データ〕-〔レコード検索〕をクリックします。
> ② 「シーケンシャル」で「レコード検索」を選択し、「式」の欄にレコード番号を半角数字で入力して〔OK〕ボタンをクリックします。
>
> 48レコード目にジャンプします。

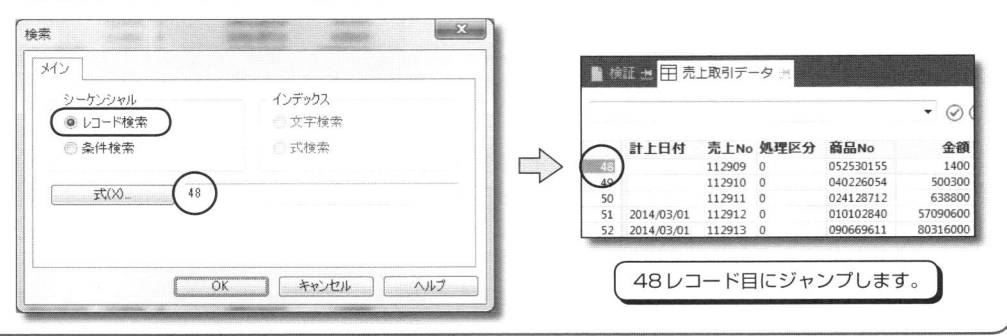

スクリプトの作成

〔検証〕コマンドの操作のログからスクリプトを作成します。

※スクリプトの作成・実行の操作の詳細は、**第4章**を参照してください。

① ナビゲーターからログ（研修プロジェクト2）をダブルクリックし、ログの一覧を開きます。
② 必要なログを選択し、画面上で右クリックして、〔選択項目の保存〕-〔スクリプト〕をクリックします。〔検証〕コマンドのログは、「VERIFY …」です。

```
OPEN 売上取引データ
    VERIFY FIELDS 計上日付 売上No 処理区分 商品No 金額 ERRORLIMIT 10 TO SCREEN
```

③ スクリプトの名前を入力します。「S31_検証」と入力して〔OK〕ボタンをクリックします。

結果

作成したスクリプトがナビゲーターに表示されます。

3-3-2 〔合計〕コマンド

〔合計〕コマンドは、フィールドの縦の合計を計算するコマンドです。

> **Point Hint 注意 重要**
> 合計は、〔統計〕コマンド（p.224）でも確認できます。

> **Point Hint 注意 重要**
> **〔分類化〕コマンドまたは〔要約〕コマンドでグループ集計する**
> 　フィールドの縦の合計ではなく、グループごとの合計値を出したい場合は、〔分類化〕（p.246）または〔要約〕コマンド（p.250）を使用します。
> 　（例）仕訳データの検証で、試算表の勘定科目ごとの借方、貸方の合計を出したい。

操作　「売上取引データ」テーブルの「金額」フィールドの合計を確認します。

「研修プロジェクト2.acl」で操作します（「00ACL」-「ACL操作研修2」フォルダー）。

① 「売上取引データ」テーブル開きます。
② メニューの〔分析〕-〔合計〕を選択します。
③ 合計するフィールドとして「金額」を選択し、〔OK〕ボタンをクリックします。

結果

「金額」フィールドの合計が表示されます。

```
コマンド： TOTAL FIELDS 金額
テーブル： 売上取引データ

金額  3,457,844,200
```

> スクリプトの作成

〔合計〕コマンドの操作のログからスクリプトを作成します。
※スクリプトの作成・実行の操作の詳細は、**第4章**を参照してください。

① ナビゲーターからログ（🗐研修プロジェクト2）をダブルクリックし、ログの一覧を開きます。
② 必要なログを選択し、画面上で右クリックして、〔選択項目の保存〕-〔スクリプト〕をクリックします。
   〔合計〕コマンドのログは、「TOTAL …」です。

```
☒✓ OPEN 売上取引データ
  ☐✓ VERIFY FIELDS 計上日付 売上No 処理区分 商品No 金額 ERRORLIMIT 10 TO SCREEN
  ☒✓ TOTAL FIELDS 金額
```

③ スクリプトの名前を入力します。「S32_合計」と入力して〔OK〕ボタンをクリックします。

> 結 果

作成したスクリプトがナビゲーターに表示されます。

3-3-3 〔カウント〕コマンド

〔カウント〕コマンドで、レコード件数を確認できます。

> **Point** **Hint** 注意 重要
> レコード件数は、〔統計〕コマンド（p.224）でも確認できます。

操作 「売上取引データ」テーブルのレコード件数を確認します。

「研修プロジェクト2.acl」で操作します（「00ACL」-「ACL操作研修2」フォルダー）。

① 「売上取引データ」テーブルを開きます。
② メニューの〔分析〕-〔カウント〕を選択します。または、ツールバーの〔カウント〕ボタン（🔢）をクリックします。

〔IF〕が空欄の状態で、現在ビューに表示されているレコードの件数をカウントします。
（フィルター（p.266～）が実行されている場合は、フィルターで抽出されたレコードの件数をカウントします。）

③ 〔OK〕ボタンをクリックします。

> 結 果

操作を実行しても画面の表示は変わりません。ログを開いて結果を確認します。

① ナビゲーターからログ（☑研修プロジェクト2）をダブルクリックし、ログの一覧を開きます。
② ログの一覧の末尾に記録された「COUNT」をダブルクリックします。「COUNT」が〔カウント〕コマンドのログです。

```
□☑ OPEN 売上取引データ
    □☑ VERIFY FIELDS 計上日付 売上No 処理区分 商品No 金額 ERRORLIMIT 10 TO SCREEN
    □☑ TOTAL FIELDS 金額
    □☑ COUNT
```

③〔カウント〕コマンドの実行結果が表示されます。

```
コマンド: COUNT
テーブル: 売上取引データ

339 件のレコードがカウントされました
```

「売上取引データ」テーブルのレコード件数が339件であることが分かりました。

Point Hint 注意 重要

〔カウント〕コマンドのログ

　テーブルを開くと、ステータスバーにレコード件数が表示されます。
　この表示でもレコード件数は確認できますが、ログに記録が残りません。調書作成を考慮し、〔カウント〕コマンドを実行してログを残すことをお薦めします。

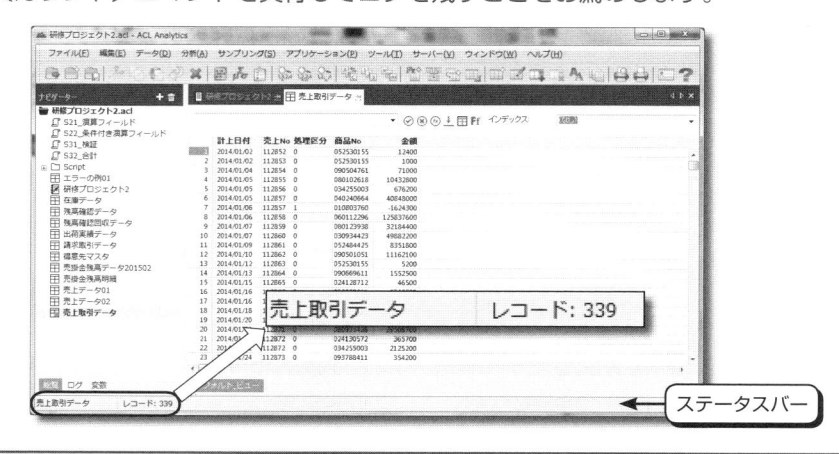

（画面図：ステータスバーに「売上取引データ　レコード: 339」と表示されている）

222

> スクリプトの作成

〔カウント〕コマンドの操作のログからスクリプトを作成します。
※スクリプトの作成・実行の操作の詳細は、**第4章**を参照してください。

① ナビゲーターからログ（研修プロジェクト2）をダブルクリックし、ログの一覧を開きます。
② 必要なログを選択し、画面上で右クリックして、〔選択項目の保存〕-〔スクリプト〕をクリックします。
   〔カウント〕コマンドのログは、「COUNT」です。

```
☒✓ OPEN 売上取引データ
  ☐✓ VERIFY FIELDS 計上日付 売上No 処理区分 商品No 金額 ERRORLIMIT 10 TO SCREEN
  ☐✓ TOTAL FIELDS 金額
  ☒✓ COUNT
```

③ スクリプトの名前を入力します。「S33_件数」と入力して〔OK〕ボタンをクリックします。

> 結 果

作成したスクリプトがナビゲーターに表示されます。

3-3-4 〔統計〕コマンド

〔統計〕コマンドは、数値型および日付時刻型のフィールドを対象に、合計、レコード件数、最大値・最小値等を生成します。

数値型フィールドの場合、〔合計〕コマンド、〔カウント〕コマンドを実行する代わりに、〔統計〕コマンドでフィールドの合計、レコード件数の確認を行うこともできます。

また、最大値・最小値を見ることで、データの期間や範囲を確認することもできます。

さらに、数値型、日付時刻型のフィールドの空白（数値の場合は「0」、日付、時刻の場合は1900年1月1日、00時00分00秒）のチェックにも使用できます。

操作　「売上取引データ」テーブルについて、以下の確認を行います。
- 「金額」フィールドの合計
- レコード件数

「研修プロジェクト2.acl」で操作します（「00ACL」-「ACL操作研修2」フォルダー）。

① 「売上取引データ」テーブルを開きます。
② メニューの〔分析〕-〔統計〕をクリックします。または、ツールバーの〔統計〕ボタン（ ）をクリックします。
③ 〔統計の対象〕から「金額」フィールドを選択します。

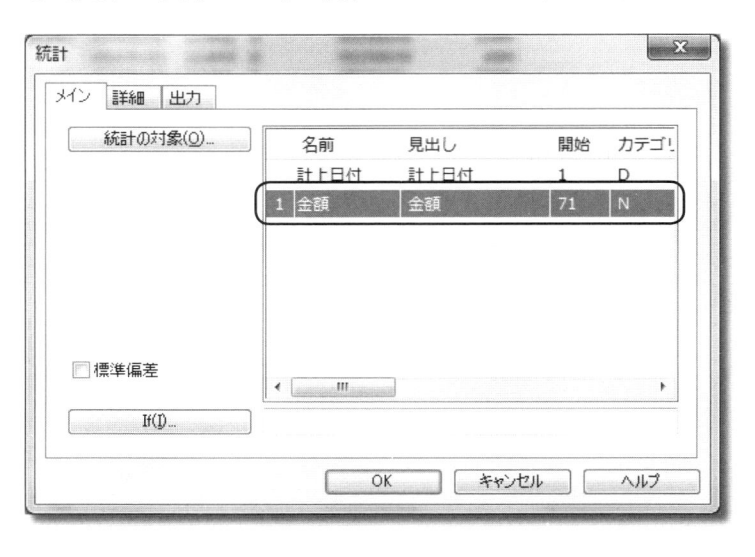

④ 〔出力〕タブで「出力先」が「画面」になっていることを確認し、〔OK〕ボタンをクリックします。

※「出力先」については、p.394 〜を参照してください。

結果

「金額」フィールド（数値型）の統計情報が表示されます。（日付時刻型フィールドの場合は、統計情報の項目が若干異なります。）

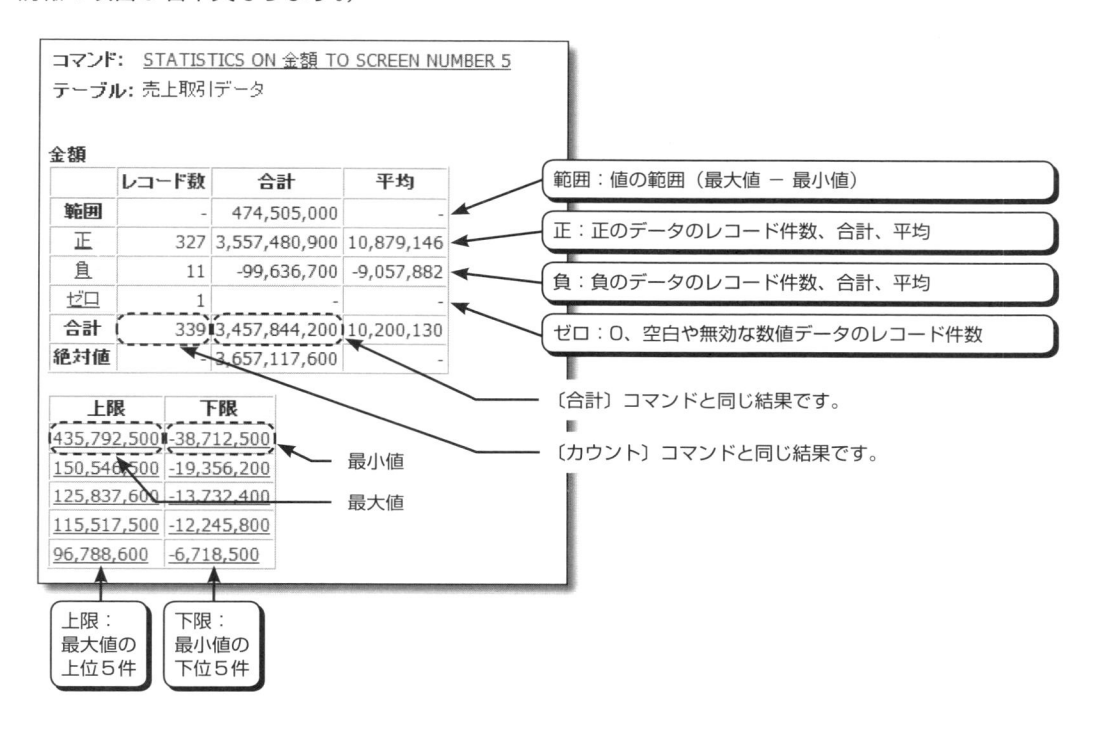

```
コマンド： STATISTICS ON 金額 TO SCREEN NUMBER 5
テーブル： 売上取引データ
```

金額

	レコード数	合計	平均
範囲	-	474,505,000	-
正	327	3,557,480,900	10,879,146
負	11	-99,636,700	-9,057,882
ゼロ	1	-	-
合計	339	3,457,844,200	10,200,130
絶対値	-	3,657,117,600	-

上限	下限
435,792,500	-38,712,500
150,546,500	-19,356,200
125,837,600	-13,732,400
115,517,500	-12,245,800
96,788,600	-6,718,500

- 範囲：値の範囲（最大値 － 最小値）
- 正：正のデータのレコード件数、合計、平均
- 負：負のデータのレコード件数、合計、平均
- ゼロ：0、空白や無効な数値データのレコード件数
- 〔合計〕コマンドと同じ結果です。
- 〔カウント〕コマンドと同じ結果です。
- 最小値
- 最大値
- 上限：最大値の上位5件
- 下限：最小値の下位5件

> **注意**
>
> **「0」（ゼロ）、空白**
>
> ACLでは、数値型のフィールドに空白がある場合、値を「0」に変換します。
> ソースデータに「0」が入力されている場合も、空白の場合もすべて「0」に変換され、ビュー上は区別することができません。

スクリプトの作成

〔統計〕コマンドの操作のログからスクリプトを作成します。
※スクリプトの作成・実行の操作の詳細は、**第4章**を参照してください。

① ナビゲーターからログ（📁研修プロジェクト2）をダブルクリックし、ログの一覧を表示します。
② 必要なログを選択し、画面上で右クリックして、〔選択項目の保存〕-〔スクリプト〕をクリックします。
〔統計〕コマンドのログは、「STATISTICS …」です。

```
☐ ☒✓ OPEN 売上取引データ
    ☐✓ VERIFY FIELDS 処理区分 商品No 売上No 計上日付 金額 ERRORLIMIT 10 TO SCREEN
    ☐✓ TOTAL FIELDS 金額
    ☐✓ COUNT
    ☒✓ STATISTICS ON 金額 TO SCREEN NUMBER 5
```

③ スクリプトの名前を入力します。「S34_統計」と入力して〔OK〕ボタンをクリックします。

結果

作成したスクリプトがナビゲーターに表示されます。

3-3-5 〔ギャップ〕コマンド

〔ギャップ〕コマンドを使用すると、連続番号等に欠落がないかを確認することができます。

操作　「売上取引データ」テーブルの「売上No」に欠落がないかを確認します。

「研修プロジェクト2.acl」で操作します（「00ACL」-「ACL操作研修2」フォルダー）。

① 「売上取引データ」テーブルを開きます。
② メニューの〔分析〕-〔ギャップ〕をクリックします。または、ツールバーの〔ギャップ〕ボタン（ ）をクリックします。
③ 欠落をチェックするフィールドとして、〔ギャップの対象〕から「売上No」を選択し、「ギャップの幅を列挙する」を選択します。

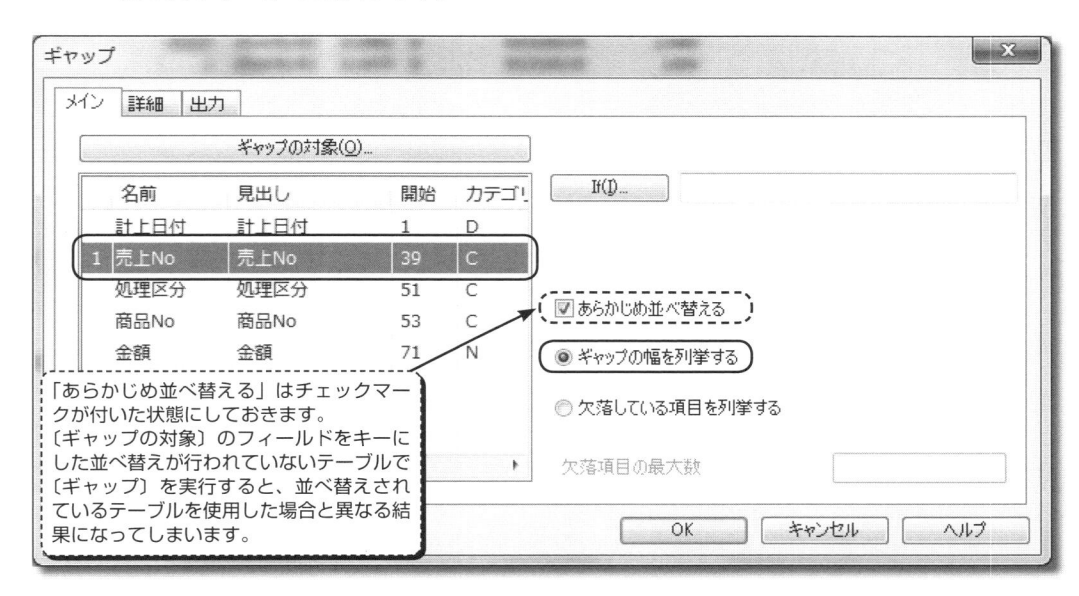

「あらかじめ並べ替える」はチェックマークが付いた状態にしておきます。
〔ギャップの対象〕のフィールドをキーにした並べ替えが行われていないテーブルで〔ギャップ〕を実行すると、並べ替えされているテーブルを使用した場合と異なる結果になってしまいます。

Hint

ギャップの検出のオプション
- 「ギャップの幅を列挙する」：欠落がある場合に、範囲が表示されます。
- 「欠落している項目を列挙する」：欠落している値が表示されます。表示する項目数を「欠落項目の最大数」で数字で指定します。「999999」のように大きい数字を指定します。

④ 〔出力〕タブで「出力先」が「画面」になっていることを確認し、〔OK〕ボタンをクリックします。
※「出力先」については、p.394～を参照してください。

結果

「売上No」の欠落が検出されました。

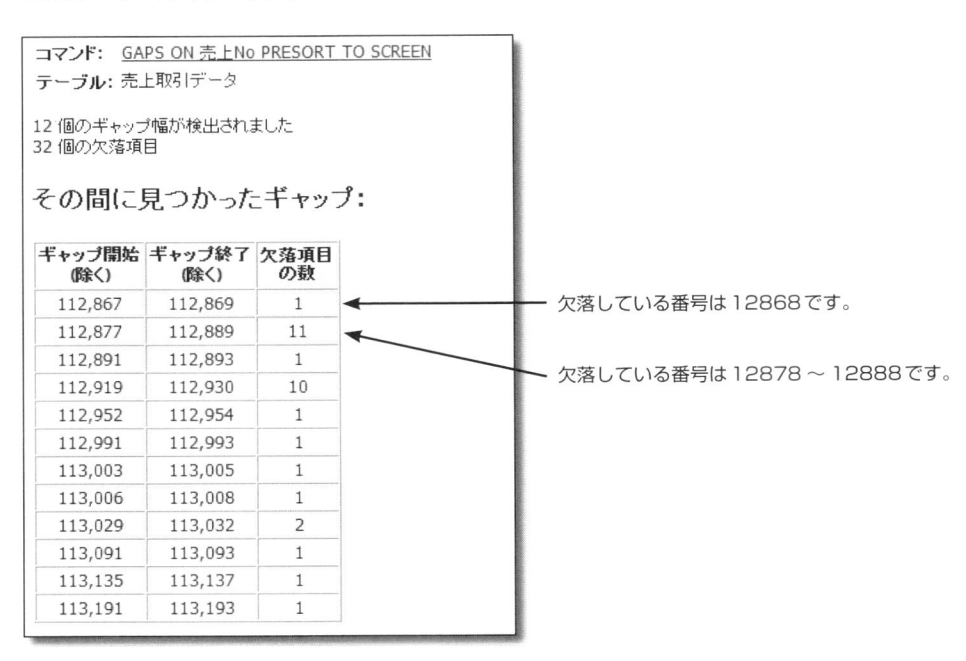

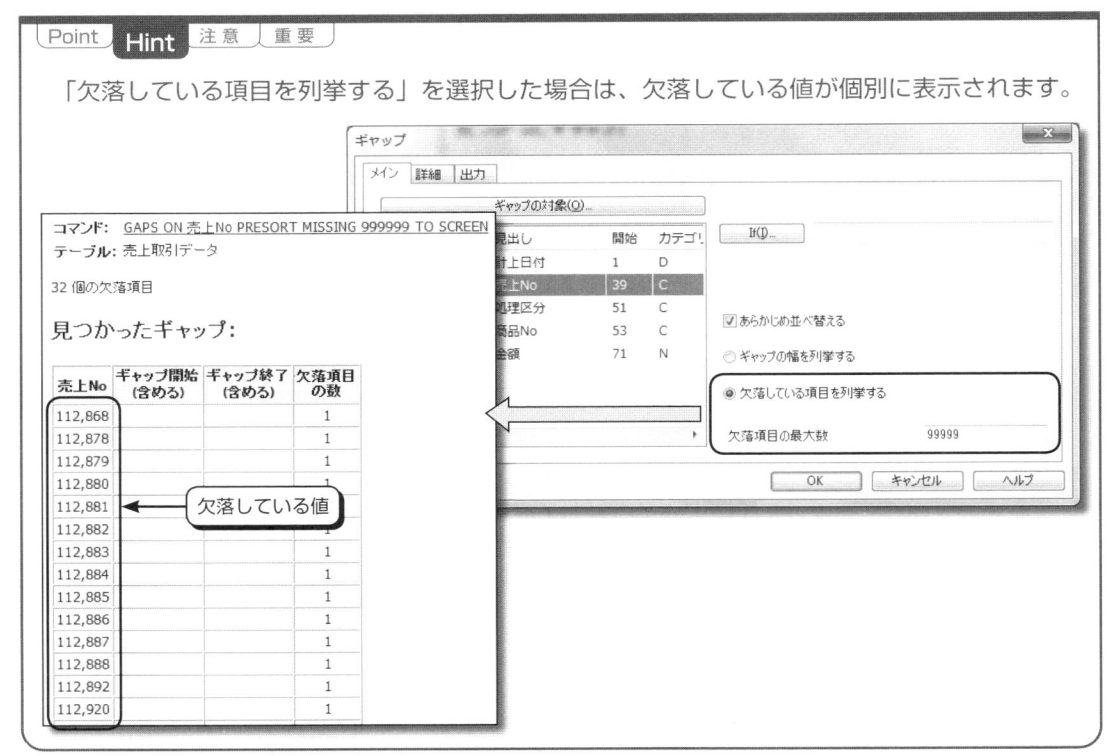

```
コマンド: GAPS ON 売上No PRESORT TO SCREEN
テーブル: 売上取引データ

12 個のギャップ幅が検出されました
32 個の欠落項目
```

その間に見つかったギャップ：

ギャップ開始 (除く)	ギャップ終了 (除く)	欠落項目 の数
112,867	112,869	1
112,877	112,889	11
112,891	112,893	1
112,919	112,930	10
112,952	112,954	1
112,991	112,993	1
113,003	113,005	1
113,006	113,008	1
113,029	113,032	2
113,091	113,093	1
113,135	113,137	1
113,191	113,193	1

← 欠落している番号は 12868 です。

← 欠落している番号は 12878 ～ 12888 です。

Hint

「欠落している項目を列挙する」を選択した場合は、欠落している値が個別に表示されます。

```
コマンド: GAPS ON 売上No PRESORT MISSING 999999 TO SCREEN
テーブル: 売上取引データ

32 個の欠落項目
```

見つかったギャップ：

売上No	ギャップ開始 (含める)	ギャップ終了 (含める)	欠落項目 の数
112,868			1
112,878			1
112,879			1
112,880			1
112,881			1
112,882			1
112,883			1
112,884			1
112,885			1
112,886			1
112,887			1
112,888			1
112,892			1
112,920			1

← 欠落している値

スクリプトの作成

〔ギャップ〕コマンドの操作のログからスクリプトを作成します。
※スクリプトの作成・実行の操作の詳細は、**第4章**を参照してください。

① ナビゲーターからログ（☑研修プロジェクト2）をダブルクリックし、ログの一覧を開きます。
② 必要なログを選択し、画面上で右クリックして、〔選択項目の保存〕-〔スクリプト〕をクリックします。
　〔ギャップ〕コマンドのログは、「GAPS …」です。

```
☒ ✓ OPEN 売上取引データ
   ☐ ✓ VERIFY FIELDS 処理区分 商品No 売上No 計上日付 金額 ERRORLIMIT 10 TO SCREEN
   ☐ ✓ TOTAL FIELDS 金額
   ☐ ✓ COUNT
   ☐ ✓ STATISTICS ON 金額 TO SCREEN NUMBER 5
   ☒ ✓ GAPS ON 売上No PRESORT TO SCREEN
```

③ スクリプトの名前を入力します。「S35_ギャップ」と入力して〔OK〕ボタンをクリックします。

結果

作成したスクリプトがナビゲーターに表示されます。

3-3-6 〔重複〕コマンド

「売上取引データ」テーブルのようなテーブルであれば、同じ商品の取引が複数回発生するため、「商品No」フィールドの値は重複します。

それに対して、「得意先マスタ」テーブルの「得意先コード」フィールドは、テーブルの中でレコードを固有に識別する値をもつフィールドであり、値の重複は許されません。一般に、こうしたフィールドは主キーと呼ばれます。

〔重複〕コマンドを使用すると、主キーに重複がないかを検証することができます。

操作 「得意先マスタ」テーブルで「得意先コード」が重複していないかをチェックします。

「研修プロジェクト2.acl」で操作します（「00ACL」-「ACL操作研修2」フォルダー）。

① 「得意先マスタ」テーブルを開きます。
② メニューの〔分析〕-〔重複〕をクリックします。または、ツールバーの〔重複〕ボタン（🗔）をクリックします。
③ 重複をチェックしたいフィールドとして、〔重複の対象〕で「得意先コード」を選択します。

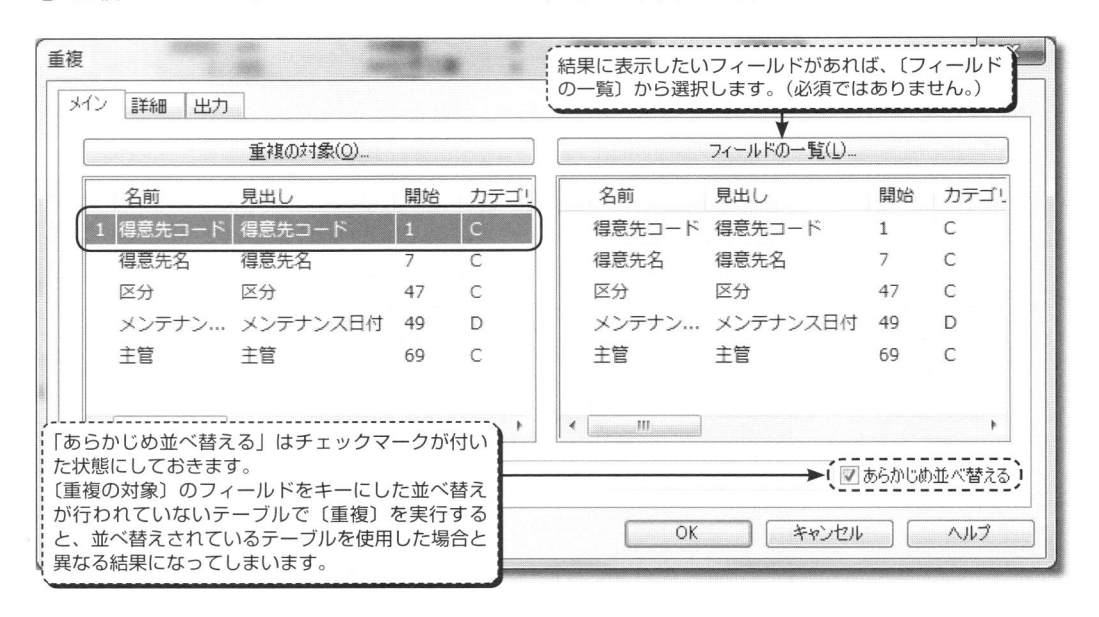

結果に表示したいフィールドがあれば、〔フィールドの一覧〕から選択します。（必須ではありません。）

「あらかじめ並べ替える」はチェックマークが付いた状態にしておきます。
〔重複の対象〕のフィールドをキーにした並べ替えが行われていないテーブルで〔重複〕を実行すると、並べ替えされているテーブルを使用した場合と異なる結果になってしまいます。

④ 〔出力〕タブで「出力先」を「画面」にし、〔OK〕ボタンをクリックします。
※「出力先」については、p.394～を参照してください。

結果

「得意先コード」の値に重複がないことが分かりました。

```
コマンド:   DUPLICATES ON 得意先コード PRESORT TO SCREEN ISOLOCALE ja_JP
テーブル: 得意先マスタ

0 個の重複が検出されました
```

(重複があった場合の表示)

　重複が検出されると、下図のように表示されます。結果に表示される「レコード番号」は、〔重複〕コマンドの実行時に行われた並べ替えによる番号です。そのため、実際のテーブルのレコード番号とは異なります。
　ドリルダウン（p.395参照）して該当レコードを確認できます。

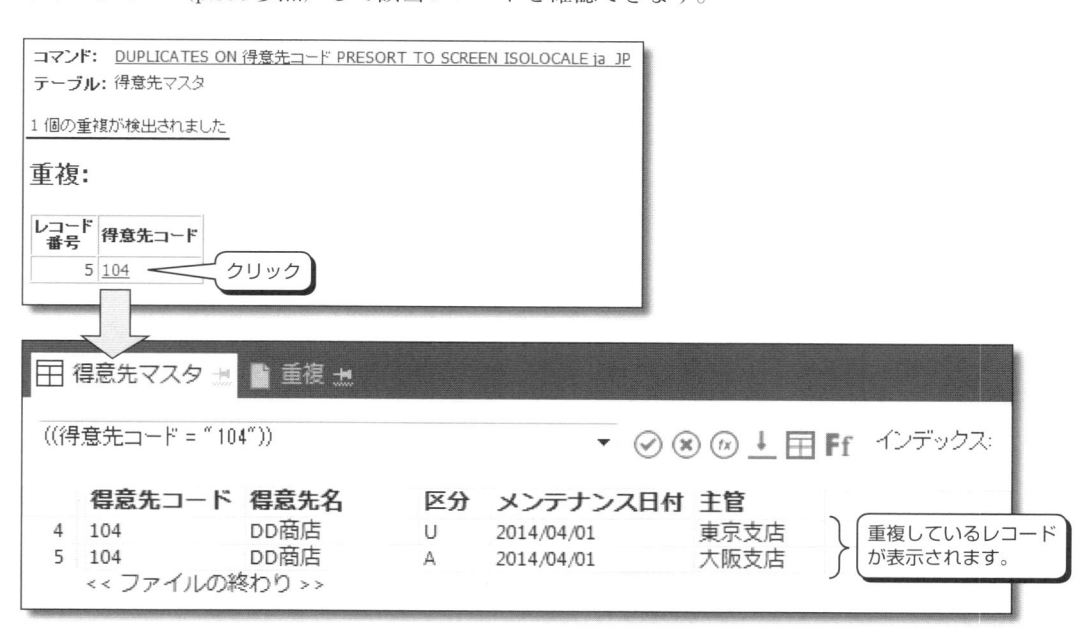

```
コマンド:   DUPLICATES ON 得意先コード PRESORT TO SCREEN ISOLOCALE ja_JP
テーブル: 得意先マスタ

1 個の重複が検出されました

重複:

| レコード番号 | 得意先コード |
|---|---|
| 5 | 104 |  ← クリック
```

	得意先コード	得意先名	区分	メンテナンス日付	主管
4	104	DD商店	U	2014/04/01	東京支店
5	104	DD商店	A	2014/04/01	大阪支店

<< ファイルの終わり >>

重複しているレコードが表示されます。

> Point / **Hint** / 注意 / 重要
>
> **複数のフィールドを組み合わせた時に重複していないかを確認する**
>
> 　テーブルによっては、複数のフィールドを組み合わせて主キー（連結キー）としている場合があります。〔重複〕コマンドでは、複数のフィールドを組み合わせ、その上で重複がないかどうかをチェックできます。下図は、「請求No」、「顧客No」、「商品CD」を組み合わせた場合に重複していないかを確認するものです。
>
> （ダイアログ画像：〔重複〕コマンドのメイン画面。重複の対象欄に「請求No」「明細No」「請求日」「処理日」「顧客No」「商品CD」が表示され、「複数のフィールドを選択できます。」と注記されている）

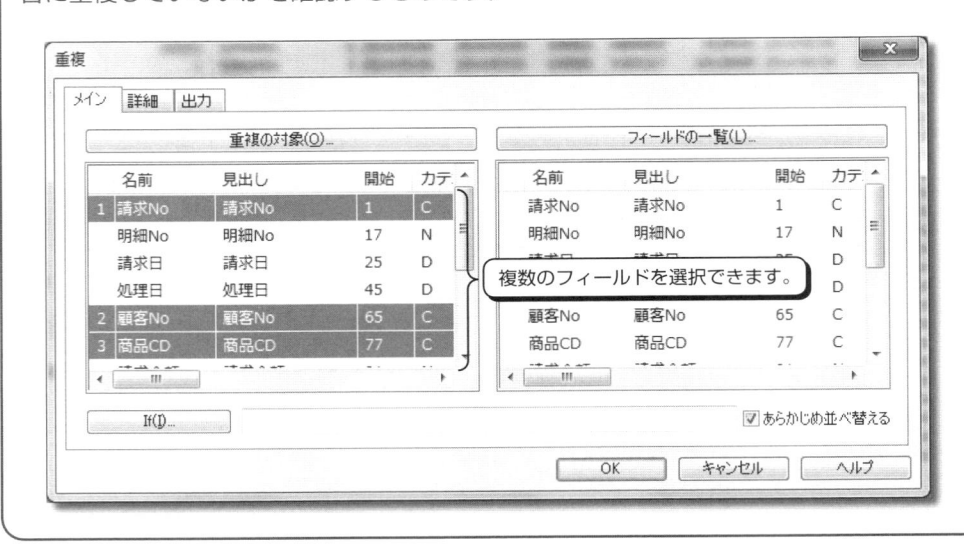

スクリプトの作成

〔重複〕コマンドの操作のログからスクリプトを作成します。

※スクリプトの作成・実行の操作の詳細は、**第4章**を参照してください。

① ナビゲーターからログ（■研修プロジェクト2）をダブルクリックし、ログの一覧を開きます。
② 必要なログを選択し、画面上で右クリックして、〔選択項目の保存〕-〔スクリプト〕をクリックします。
　〔重複〕コマンドのログは、「DUPLICATES ON …」です。

```
☒ ✓ OPEN 得意先マスタ
    ☒ ✓ DUPLICATES ON 得意先コード PRESORT TO SCREEN ISOLOCALE ja_JP
```

③ スクリプトの名前を入力します。「S36_重複」と入力して〔OK〕ボタンをクリックします。

結果

作成したスクリプトがナビゲーターに表示されます。

3-3-7 〔あいまい重複〕コマンド

〔あいまい重複〕コマンドでは、文字型フィールドにほぼ同一の値（あいまい重複）が存在するかどうかを検出することができます。

例えば、得意先名のフィールドでは、「CAAT商事」と「CATT商事」をあいまい重複しているレコードとして検出することができます。これにより、得意先名を誤って入力していて同一の得意先が二重に登録されていることを発見したり、既存の得意先の名前に似せて不正に登録された得意先のレコードを発見したりすることができます。

操 作　「得意先マスタ」テーブルの「得意先名」フィールドのあいまい重複を検査します。

「研修プロジェクト2.acl」で操作します（「00ACL」-「ACL操作研修2」フォルダー）。

① 「得意先マスタ」テーブルを開きます。
② メニューの〔分析〕-〔あいまい重複〕をクリックします。
③ 〔あいまい重複の対象〕で「得意先名」を選択します。

④「相違のしきい値」を「2」、「相違のパーセント」を「50」、「結果サイズ（％）」を「100」と入力します。

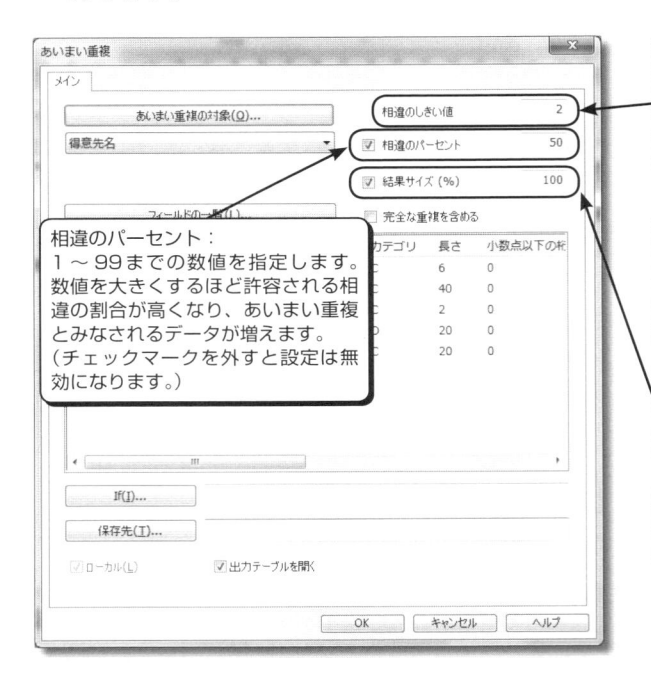

相違のしきい値：
1～10までの数値を指定します。数値を大きくするほど許容される相違の文字数が多くなり、あいまい重複とみなされるデータが増えます。

相違のパーセント：
1～99までの数値を指定します。数値を大きくするほど許容される相違の割合が高くなり、あいまい重複とみなされるデータが増えます。（チェックマークを外すと設定は無効になります。）

結果サイズ：
1～1000までの数値を指定します。フィールドのサイズに対して、あいまい重複の結果として生成されるデータのサイズがこの割合を超えると、あいまい重複の処理が自動的に終了されます。
チェックマークを外すと設定は無効になりますが、大量の結果が生成される場合、処理時間が非常に長くなったり、メモリ不足となったりする可能性があります。通常は、チェックマークを付けた状態で使用します。

※「相違のしきい値」、「相違のパーセント」、「結果サイズ（％）」の詳細については、ヘルプを参照してください。

Point **Hint** 注意 重要

共通する文字列をあらかじめ除去する

得意先名に「株式会社」等の文字列が含まれている場合、その文字列を除去してから〔あいまい重複〕コマンドを実行すると、あいまい重複の精度を上げることができます。
特定の文字列を除去するには、OMIT関数を使用します。

> OMIT（文字列1, 文字列2）
> 指定した部分文字列が削除された文字列を返します。文字列1には、対象となる値、文字列2には、削除したい部分文字列を指定します。

※上記の構文は、オプション等を省略して記載しています。

Point **Hint** 注意 重要

完全な重複を含める

「完全な重複を含める」オプションを選択すると、完全に一致している値もあいまい重複の結果に含めることができます。

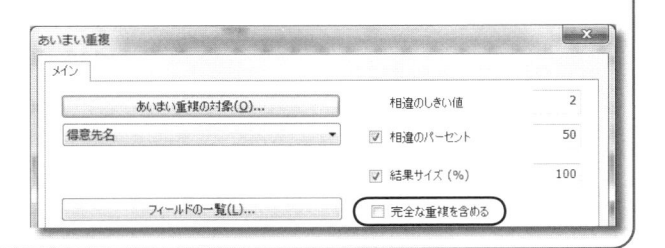

⑤ 〔あいまい重複〕コマンドの結果は、新しいテーブルに出力されます。〔保存先〕にテーブル名となる名前を入力します。「得意先マスタ_得意先名あいまい重複」と入力し、〔OK〕ボタンをクリックします。

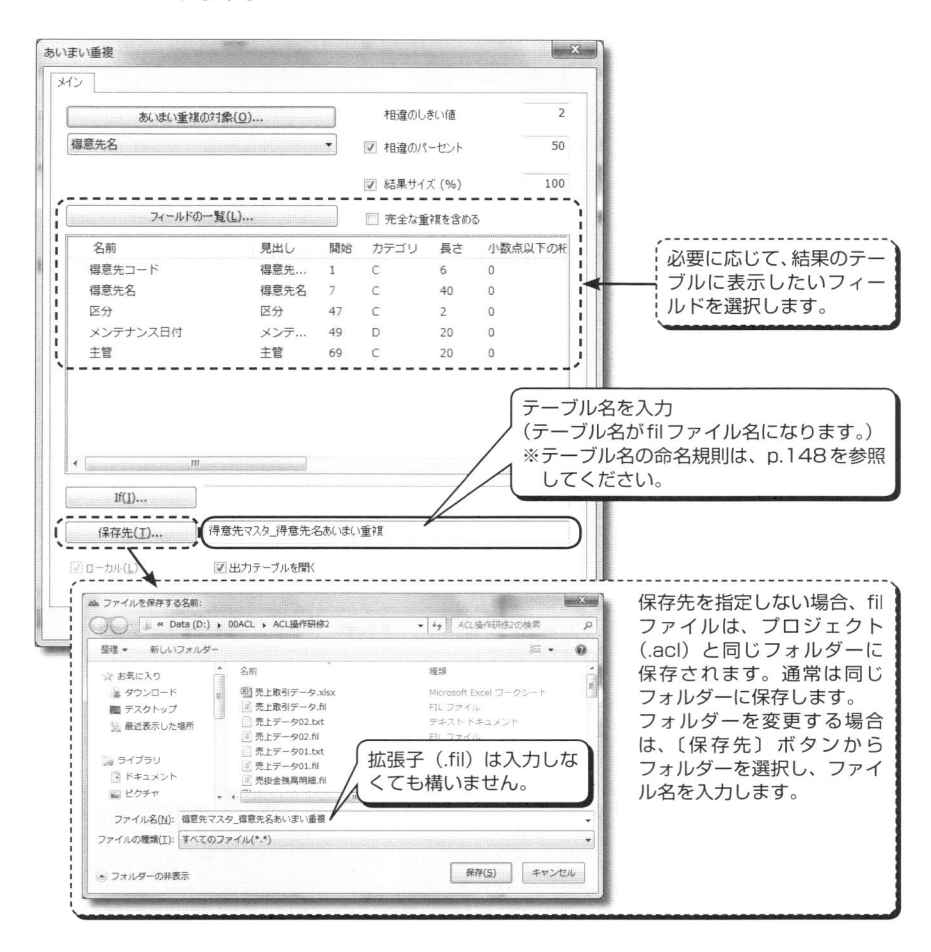

必要に応じて、結果のテーブルに表示したいフィールドを選択します。

テーブル名を入力
（テーブル名がfilファイル名になります。）
※テーブル名の命名規則は、p.148を参照してください。

拡張子（.fil）は入力しなくても構いません。

保存先を指定しない場合、filファイルは、プロジェクト（.acl）と同じフォルダーに保存されます。通常は同じフォルダーに保存します。フォルダーを変更する場合は、〔保存先〕ボタンからフォルダーを選択し、ファイル名を入力します。

結果

作成されたテーブルが表示されます。
あいまい重複しているとみなされたデータがグループごとに表示されています。

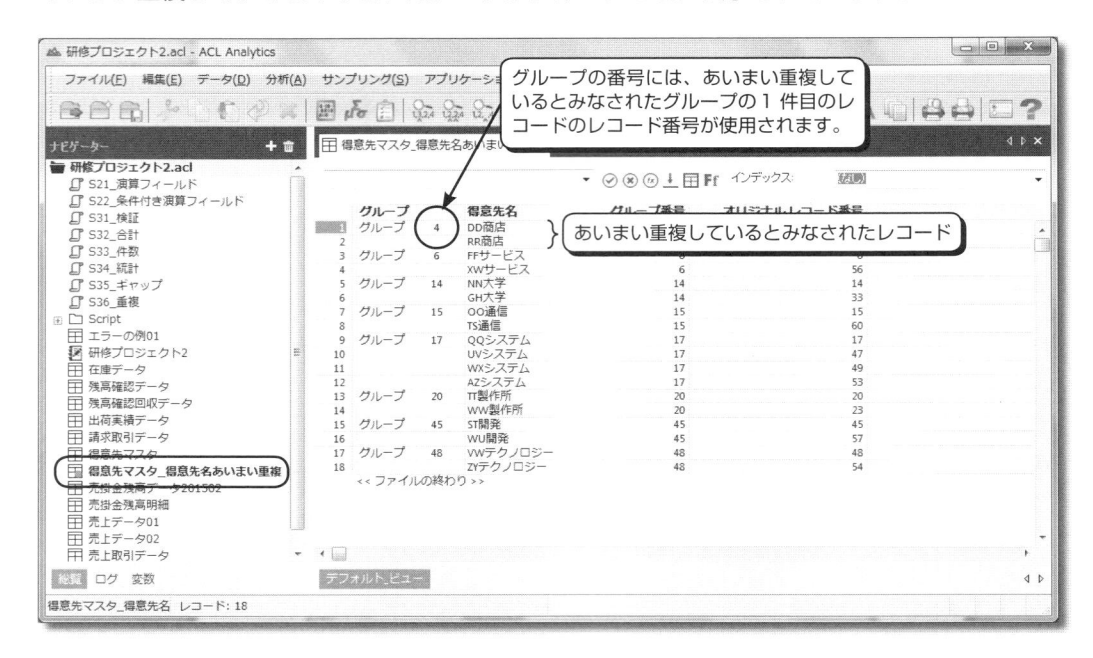

（スクリーンショット：研修プロジェクト2.acl - ACL Analytics の「得意先マスタ_得意先名あいまい重複」テーブル表示画面）

- グループの番号には、あいまい重複しているとみなされたグループの1件目のレコードのレコード番号が使用されます。
- あいまい重複しているとみなされたレコード

	グループ		得意先名	グループ番号	オリジナルレコード番号
1	グループ	4	DD商店		
2			RR商店		
3	グループ	6	FFサービス	6	6
4			XWサービス	6	56
5	グループ	14	NN大学	14	14
6			GH大学	14	33
7	グループ	15	OO通信	15	15
8			TS通信	15	60
9	グループ	17	QQシステム	17	17
10			UVシステム	17	47
11			WXシステム	17	49
12			AZシステム	17	53
13	グループ	20	TT製作所	20	20
14			WW製作所	20	23
15	グループ	45	ST開発	45	45
16			WU開発	45	57
17	グループ	48	VWテクノロジー	48	48
18			ZYテクノロジー	48	54

Point / **Hint** / 注意 / 重要

テーブル履歴

既存のテーブルを元に作成したテーブルには、テーブル履歴が作成されます。
テーブル履歴を表示するには、対象のテーブルを開いた状態で、メニューの〔ツール〕－〔テーブル履歴〕をクリックします。

```
日時：    2014/12/29 13:09:52
コマンド： DISPLAY HISTORY

.2014/12/29 13:03:15 得意先マスタ FUZZYDUP ON 得意先名 LEVDISTANCE 2 DIFFPCT 50 RESULTSIZE 100 TO "得意
入力：レコード件数:128 コントロール合計:0
出力：レコード件数:64 コントロール合計:0
```

→ どのテーブルからどのようなコマンドで作成されたテーブルなのかが分かります。

〔テーブル履歴〕を実行したログは、以下のように記録されます。

```
□ ☑ OPEN 得意先マスタ_得意先名あいまい重複
     □ ☑ DISPLAY HISTORY
```

> スクリプトの作成

〔あいまい重複〕コマンドの操作のログからスクリプトを作成します。
※スクリプトの作成・実行の操作の詳細は、**第4章**を参照してください。

① ナビゲーターからログ（☑研修プロジェクト2）をダブルクリックし、ログの一覧を開きます。
② 必要なログを選択し、画面上で右クリックして、〔選択項目の保存〕-〔スクリプト〕をクリックします。
〔あいまい重複〕コマンドのログは、「FUZZYDUP …」です。

```
☒ ☑ OPEN 得意先マスタ
    ☒ ☑ FUZZYDUP ON 得意先名 LEVDISTANCE 2 DIFFPCT 50 RESULTSIZE 100 TO "得意先マス
```

（この図は、選択するログのみを示しています。）

③ スクリプトの名前を入力します。「S37_あいまい重複」と入力して〔OK〕ボタンをクリックします。

> 結果

作成したスクリプトがナビゲーターに表示されます。

> **Point** Hint 注意 重要
>
> **SET SAFETYとSET FOLDERの追加**
> 　演算フィールドや新規テーブル、新規ファイルの作成を含むスクリプトを実行する場合、すでに同じ名前のフィールドやテーブル、ファイルが存在していると、上書きしてよいか確認するメッセージが表示されます。
> 　自動で上書きしてよい場合は、ログから作成したスクリプトを編集し、上書きを自動化するスクリプト「SET SAFETY …」（p.426参照）を追加します。
> 　また、作成されるテーブルをナビゲーターの所定のフォルダーに表示したい場合は、「SET FOLDER …」（p.168参照）を追加します。

3-3-8 BETWEEN関数

データの範囲を検証する方法として、BETWEEN関数を使用する方法があります。

BETWEEN関数は、日付時刻型、数値型、文字型のいずれのデータ型も対象とすることができます。

> BETWEEN(値, 最小値, 最大値)
> フィルターで使用すると、指定した最小値・最大値の範囲以内にあるレコードを抽出します。

操作　「売上取引データ」テーブルの「計上日付」が2014年のデータのみになっているか、日付の範囲を確認します。
該当レコードのレコード件数を確認するため、〔カウント〕コマンドを使用します。

「研修プロジェクト2.acl」で操作します（「00ACL」-「ACL操作研修2」フォルダー）。

① 「売上取引データ」テーブルを開きます。
② メニューの〔分析〕-〔カウント〕をクリックします。または、ツールバーの〔カウント〕ボタン（🖳）をクリックします。
③ 〔If〕ボタンをクリックします。

④ 日付の範囲を確認するための式を入力し、〔OK〕ボタンをクリックします。

入力する式

```
NOT BETWEEN(計上日付,`20140101`,`20141231`)
```

※この式は計上日付が2014/01/01～2014/12/31の範囲にないデータを抽出します（NOTは否定の論理演算子です）。
〔カウント〕コマンドにより、この条件に該当するレコードが何件あるかが分かります。

Point Hint 注意 重要

日付の範囲を確認する
BETWEEN関数を使用する代わりに、以下の式も使用できます。

式
```
計上日付<`20140101` OR 計上日付>`20141231`
```

Point **Hint** 注意 重要

式の入力方法
式の入力方法については、p.174～を参照してください。
式の中での日付の入力については、p.175を参照してください。

⑤ 元の画面に戻ります。式が入力されていることを確認して、〔OK〕ボタンをクリックします。

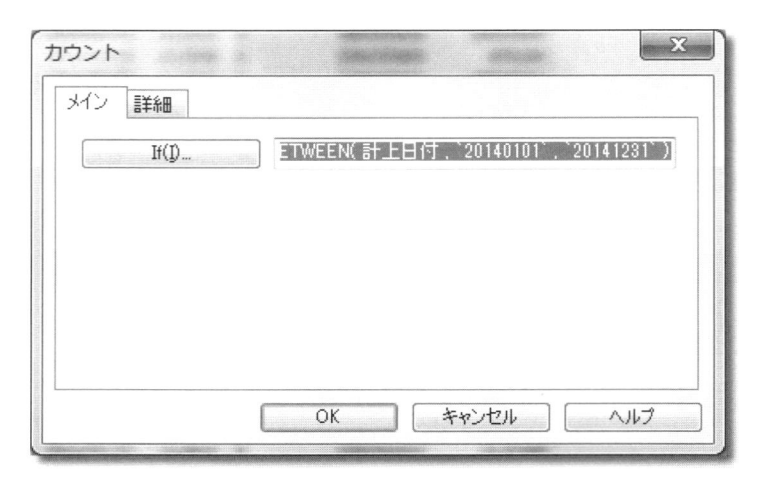

```
カウント
[メイン] [詳細]
    If(I)...    ETWEEN(計上日付,`20140101`,`20141231`)

            OK      キャンセル    ヘルプ
```

結果

「計上日付」の値が2014年でないレコードが3件あることが分かりました。

ログの画面には該当するレコードは表示されませんが、「条件」の式からドリルダウン（p.395参照）できます。

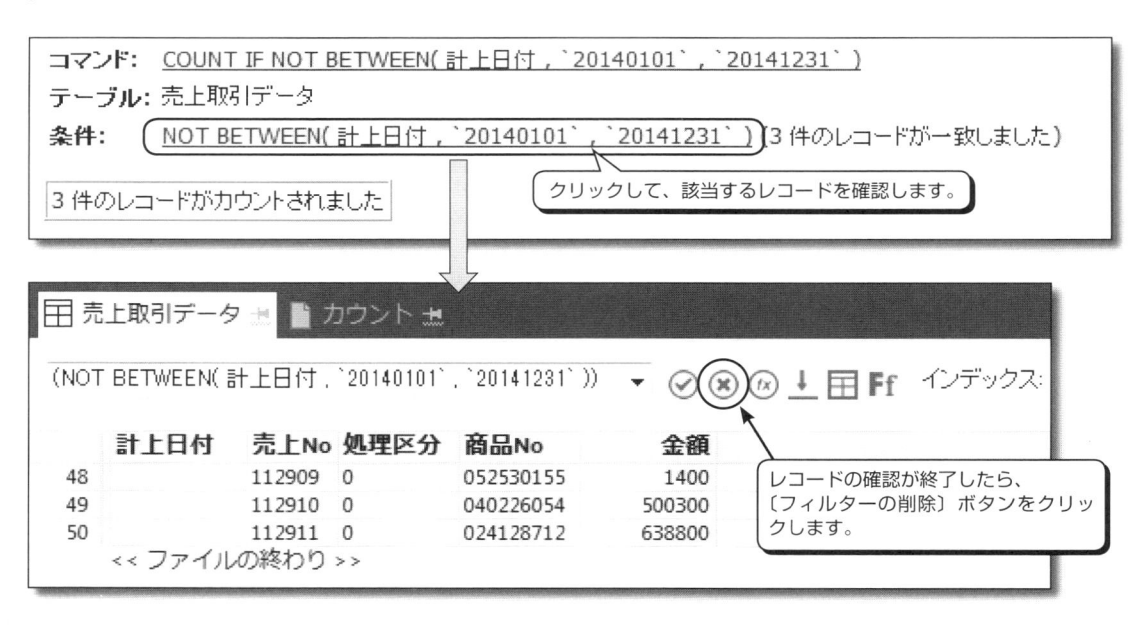

```
コマンド:　COUNT IF NOT BETWEEN( 計上日付 ,`20140101`,`20141231`)
テーブル: 売上取引データ
条件:　　  NOT BETWEEN( 計上日付 ,`20140101`,`20141231`)  (3件のレコードが一致しました)
```

3件のレコードがカウントされました

クリックして、該当するレコードを確認します。

```
田 売上取引データ    カウント
(NOT BETWEEN( 計上日付 ,`20140101`,`20141231` ))    ⊘ ⊗ fx ↓ 田 Ff  インデックス:

        計上日付    売上No  処理区分  商品No      金額
48                 112909    0       052530155    1400
49                 112910    0       040226054    500300
50                 112911    0       024128712    638800
        << ファイルの終わり >>
```

レコードの確認が終了したら、〔フィルターの削除〕ボタンをクリックします。

> スクリプトの作成

〔カウント〕コマンドの操作のログからスクリプトを作成します。
※スクリプトの作成・実行の操作の詳細は、**第4章**を参照してください。

① ナビゲーターからログ（🗂研修プロジェクト2）をダブルクリックし、ログの一覧を開きます。
② 必要なログを選択し、画面上で右クリックして、〔選択項目の保存〕-〔スクリプト〕をクリックします。「COUNT」のログに、If条件の式が含まれています。

```
☒✓ OPEN 売上取引データ
   ☒✓ COUNT IF  NOT BETWEEN( 計上日付 ,`20140101`,`20141231`)
   ☐✓ SET FILTER TO (NOT BETWEEN( 計上日付 ,`20140101`,`20141231`))
   ☐✓ SET FILTER
```

Point **Hint** 注意 重要

SET FILTERの保存
「SET FILTER …」は、ドリルダウンのログです。
ここでは、スクリプトの保存対象に含めていませんが、必要に応じて、含めるようにしてください。
ただし、ドリルダウンが実行されても、実行結果（ここでは、計上日付が2014年でない3件のレコード）は、保存されません。ドリルダウンの実行結果を保存する場合は、ドリルダウンの実行結果が表示されている状態で、〔抽出〕コマンド（p.278）で新規テーブルに書き出すか、〔エクスポート〕コマンド（p.282）でExcelファイル等へ書き出すか、いずれかの操作が必要となります。

---

③ スクリプトの名前を入力します。「S38_BETWEEN」と入力して〔OK〕ボタンをクリックします。

> 結 果

作成したスクリプトがナビゲーターに表示されます。

3-3-9　ISBLANK関数

空白が不適切な文字型フィールド（例：従業員情報テーブルの従業員IDや氏名のフィールド）に空白がないことをISBLANK関数で確認できます。

> ISBLANK(文字列)
> ISBLANKは、論理関数の1つで、文字列がすべてスペースで構成されているかどうかを確認してTrue（真）またはFalse（偽）を返します。

操作　「売上取引データ」テーブルで「商品No」が空白になっているレコードがないかを確認します。
該当レコードのレコード件数を確認するため、〔カウント〕コマンドを使用します。

「研修プロジェクト2.acl」で操作します（「00ACL」-「ACL操作研修2」フォルダー）。

① 「売上取引データ」テーブルを開きます。
② メニューの〔分析〕-〔カウント〕をクリックします。または、ツールバーの〔カウント〕ボタン（■）をクリックします。
③ 〔If〕ボタンをクリックし、式を入力します。

入力する式

> ISBLANK(商品No)

④ 式を入力したら、式ビルダーの画面の〔OK〕ボタンをクリックします。
⑤ 元の画面に戻ります。式が入力されていることを確認して、〔OK〕ボタンをクリックします。

```
カウント
┌メイン┐詳細
   If(I)...      ISBLANK( 商品No )

        OK    キャンセル   ヘルプ
```

結 果

「商品No」の値が空白のレコードは0件であることが分かりました。

```
コマンド：  COUNT IF ISBLANK( 商品No )
テーブル：  売上取引データ
条件：     ISBLANK( 商品No ) (0 件のレコードが一致しました)

0 件のレコードがカウントされました
```

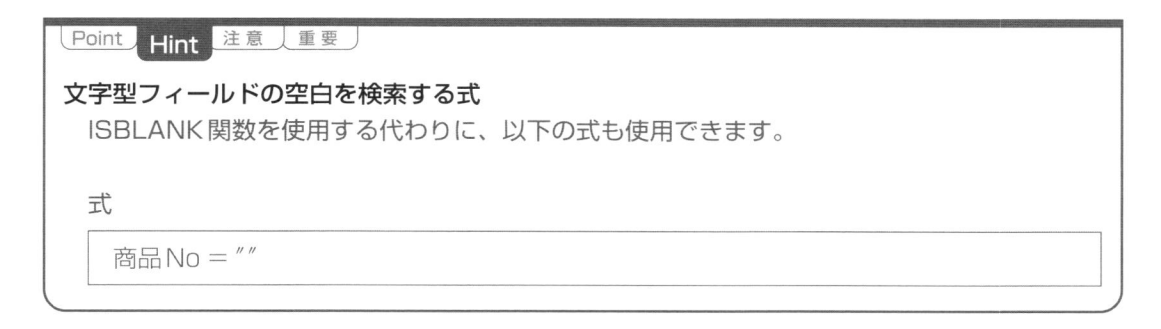

> **Hint**
>
> **文字型フィールドの空白を検索する式**
>   ISBLANK関数を使用する代わりに、以下の式も使用できます。
>
>   式
>
>   商品No＝""

> **Point** **Hint** **注意** 重要
>
> **数値型、日付時刻型フィールドの空白の検索**
> 　数値型、日付時刻型のフィールドは、ソースデータが空白であっても、ACLでデータが変換されているため、空白を検索することができません。
>
> 数値型の場合：空白は「0」（ゼロ）に変換されています。「0」のレコードを検索するには、以下の式を使用します。
>
> 式
>
> 　　数値型フィールド ＝ 0
>
> 日付時刻型の場合：空白、無効な日付・時刻は1900年1月1日00時00分00秒に変換されます。1900年1月1日00時00分00秒のレコードを検索する方法は、p.186を参照してください。

スクリプトの作成

〔カウント〕コマンドの操作のログからスクリプトを作成します。
※スクリプトの作成・実行の操作の詳細は、**第4章**を参照してください。

① ナビゲーターからログ（研修プロジェクト2）をダブルクリックし、ログの一覧を開きます。
② 必要なログを選択し、画面上で右クリックして、〔選択項目の保存〕-〔スクリプト〕をクリックします。

```
☒ ✓ OPEN 売上取引データ
    ☒ ✓ COUNT IF ISBLANK( 商品No )
```

（この図は、選択するログのみを示しています。）

③ スクリプトの名前を入力します。「S39_ISBLANK」と入力して〔OK〕ボタンをクリックします。

結果

作成したスクリプトがナビゲーターに表示されます。

第3章 データ分析

3-4 データのプロファイル分析

データのプロファイル分析は、テーブルの概要を知り、傾向と異常を識別することに役立ちます。以下のメニューコマンドを使用すると、フィールドの値や数値の範囲等でテーブルを集計することができます。

- 〔分類化〕コマンド
- 〔要約〕コマンド
- 〔クロス集計〕コマンド
- 〔階層化〕コマンド
- 〔年齢調べ〕コマンド

3-4-1 〔分類化〕コマンド

〔分類化〕コマンドは、文字型のデータを値ごとにグループ化し、指定した数値型フィールドを集計します。

例えば、会社の帳票である製品別集計表が適切に作成されていることを確かめるため、在庫残高データを製品別に集計する場合等に使用できます。

なお、〔分類化〕コマンドと同様のグループ化のコマンドには、〔要約〕コマンドもあります。〔要約〕コマンドについては、p.250を参照してください。

操作　「在庫データ」テーブルを「在庫区分」フィールドで〔分類化〕し、在庫区分ごとの金額集計を行います。

「研修プロジェクト2.acl」で操作します（「00ACL」-「ACL操作研修2」フォルダー）。

① 「在庫データ」テーブルを開きます。
② メニューの〔分析〕-〔分類化〕をクリックします。または、ツールバーの〔分類化〕ボタン（🔲）をクリックします。

③〔分類化の対象〕のリストから、分類化（グループ化）するフィールドとして、「在庫区分」フィールドを選択し、〔小計フィールド〕から「金額」フィールドを選択します。

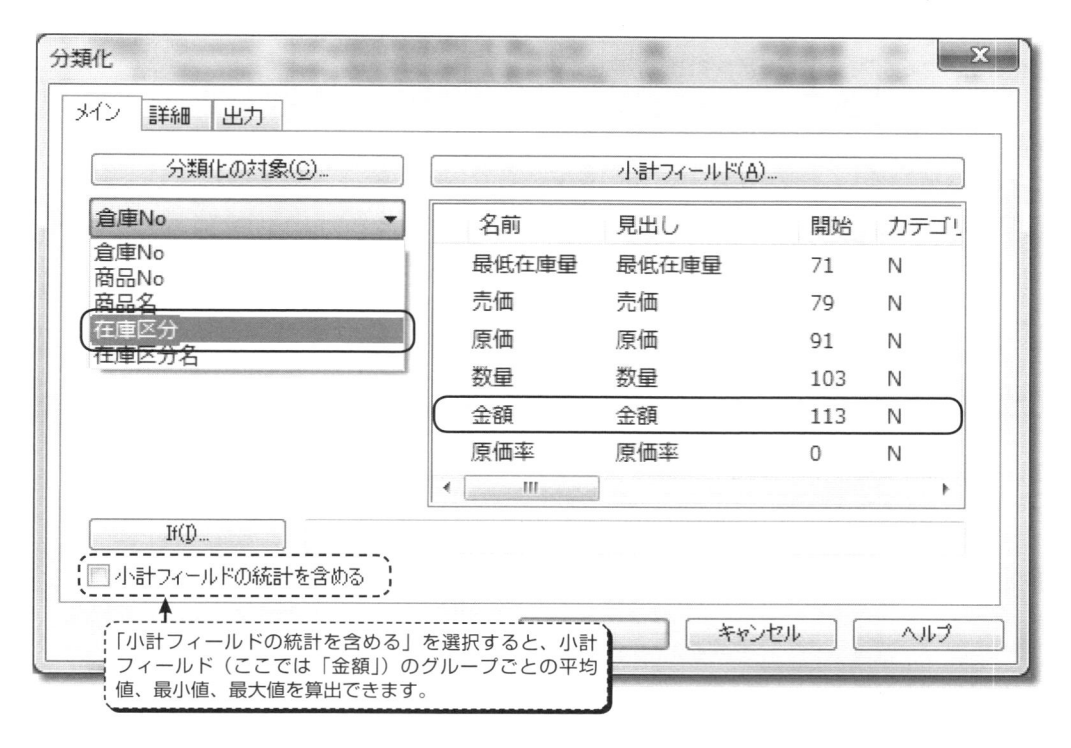

「小計フィールドの統計を含める」を選択すると、小計フィールド（ここでは「金額」）のグループごとの平均値、最小値、最大値を算出できます。

> **Point** Hint 注意 重要
>
> **分類化の対象にできるフィールド**
>   〔分類化の対象〕で選択できるフィールドは、文字型のみで、1フィールドのみです。
>   日付時刻型フィールドを使用する場合、また、複数のフィールドでの集計を行う場合は、〔要約〕コマンド（p.250）を使用します。

④〔出力〕タブで「出力先」が「画面」になっていることを確認し、〔OK〕ボタンをクリックします。

※「出力先」については、p.394～を参照してください。

結果

〔分類化〕コマンドの結果が表示されます。

```
コマンド：　CLASSIFY ON 在庫区分 SUBTOTAL 金額 TO SCREEN
テーブル：　在庫データ
```

「在庫区分」ごとのレコード件数

在庫区分	カウント	カウントの割合	フィールドの割合	金額
01	96	63.16%	59.92%	46,874,939
02	56	36.84%	40.08%	31,354,820
合計	152	100%	100%	78,229,759

分類化された値ごとにドリルダウン（P.395）できます。

「在庫区分」ごとの「金額」の合計

（「小計フィールドの統計を含める」オプションを選択した場合の結果）

```
コマンド：　CLASSIFY ON 在庫区分 SUBTOTAL 金額 TO SCREEN STATISTICS
テーブル：　在庫データ
```

在庫区分	カウント	カウントの割合	フィールドの割合	合計 金額	平均 金額	最小 金額	最大 金額
01	96	63.16%	59.92%	46,874,939	488,281	-1,169,200	11,592,000
02	56	36.84%	40.08%	31,354,820	559,908	-319,056	2,938,089
合計	152	100%	100%	78,229,759	1,048,189	-1,488,256	14,530,089

平均、最小値、最大値が追加されます。

Point　Hint　注意　重要

グループごとのレコード件数のみを確認したい場合

　ビューで分類化の対象とするフィールド（文字型）を選択した状態で〔分類化〕を実行すると、ダイアログボックス（操作③）が表示されず、すぐに分類化が実行されます。
　操作が簡略化されるため、グループごとのレコード件数を画面出力すればよい場合に便利です。

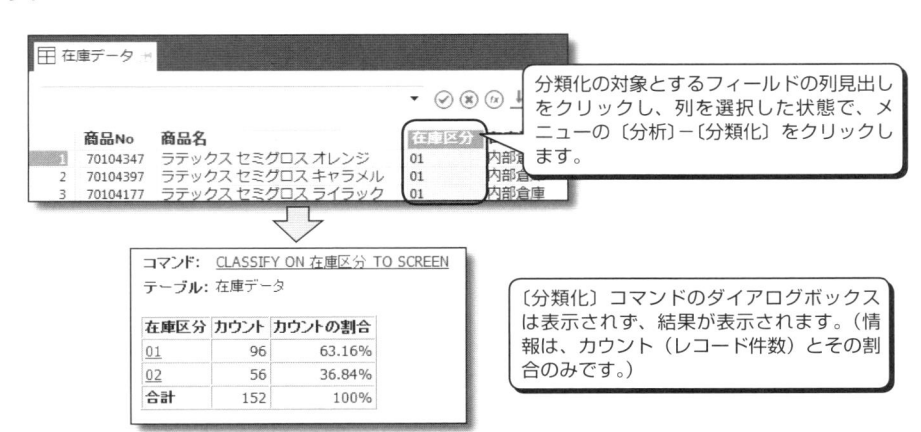

	商品No	商品名	在庫区分	
1	70104347	ラテックス セミグロス オレンジ	01	内部倉庫
2	70104397	ラテックス セミグロス キャラメル	01	内部倉庫
3	70104177	ラテックス セミグロス ライラック	01	内部倉庫

分類化の対象とするフィールドの列見出しをクリックし、列を選択した状態で、メニューの〔分析〕－〔分類化〕をクリックします。

```
コマンド：　CLASSIFY ON 在庫区分 TO SCREEN
テーブル：　在庫データ
```

在庫区分	カウント	カウントの割合
01	96	63.16%
02	56	36.84%
合計	152	100%

〔分類化〕コマンドのダイアログボックスは表示されず、結果が表示されます。（情報は、カウント（レコード件数）とその割合のみです。）

スクリプトの作成

〔分類化〕コマンドの操作のログからスクリプトを作成します。
※スクリプトの作成・実行の操作の詳細は、**第4章**を参照してください。

① ナビゲーターからログ（🗐研修プロジェクト2）をダブルクリックし、ログの一覧を開きます。
② 必要なログを選択し、画面上で右クリックして、〔選択項目の保存〕-〔スクリプト〕をクリックします。
　〔分類化〕コマンドのログは、「CLASSIFY　…」です。

```
☒ ✓ OPEN 在庫データ
    ☒ ✓ CLASSIFY ON 在庫区分 SUBTOTAL 金額 TO SCREEN
```

③ スクリプトの名前を入力します。「S41_分類化」と入力して〔OK〕ボタンをクリックします。

結果

作成したスクリプトがナビゲーターに表示されます。

3-4-2 〔要約〕コマンド

〔要約〕コマンドは、3-4-1の〔分類化〕コマンドと同じタイプの分析を実行します。
〔分類化〕コマンドとは異なり、日付時刻型のフィールドも集計のキーとして選択することができます。例えば、期末に異常な売上がないかどうかを確認するために出荷日ごとに売上金額を集計する場合に使用すると便利です。
また、複数のフィールドを集計のキーとすることもできます。

操作　「在庫データ」テーブルで「倉庫No」・「最終出荷日」ごとの「金額」の集計を行います。

「研修プロジェクト2.acl」で操作します（「00ACL」-「ACL操作研修2」フォルダー）。

① 「在庫データ」テーブルを開きます。
② メニューの〔分析〕-〔要約〕をクリックします。
③ 〔要約の対象〕ボタンをクリックし、「使用可能なフィールドの一覧」から、「倉庫No」、「最終出荷日」フィールドを選択して、〔OK〕ボタンをクリックします。

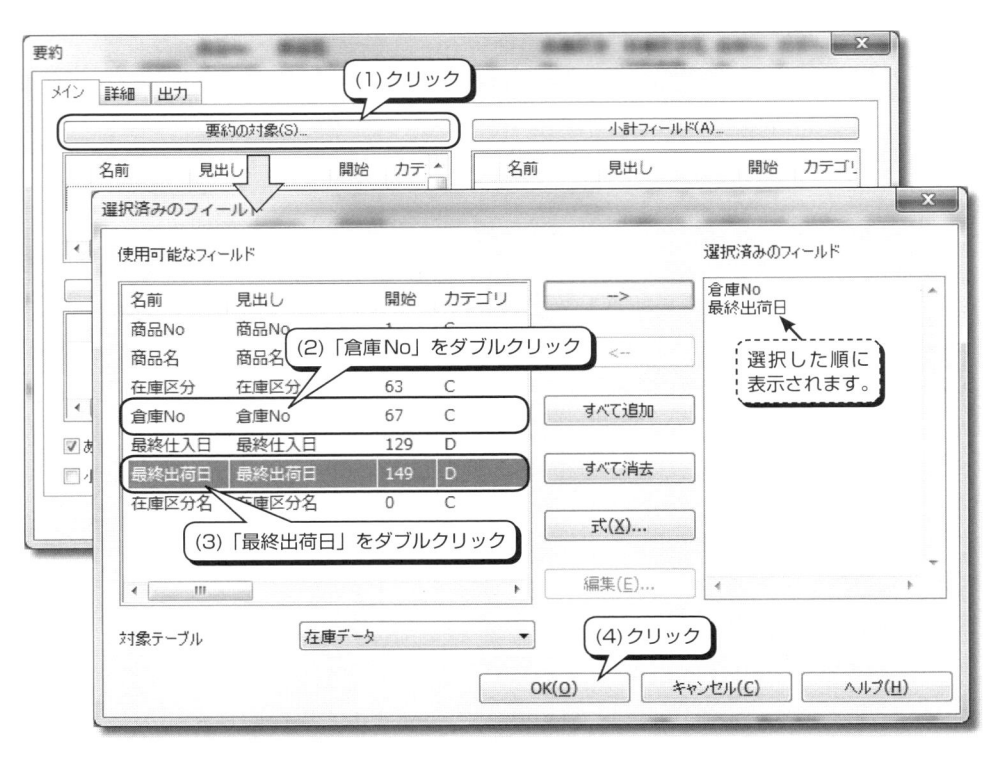

Point │ Hint │ 注意 │ 重要

フィールドを選択する順番

複数のフィールドが選択可能な項目では、選択した順番で、フィールドに番号が表示されます。

〔要約〕コマンドでは、〔要約の対象〕で選択したフィールドの順番で、データが集計されます。

選択した順番により実行結果が変わるため、選択の際に注意が必要です。

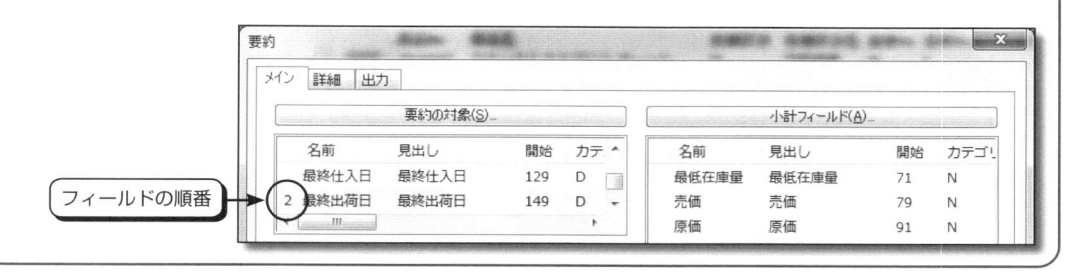

---

④〔小計フィールド〕から「金額」フィールドを選択します。

必要に応じて、結果の表に表示したいフィールドを選択します。

〔要約〕コマンドの実行には、テーブルが並べ替えられていることが前提です。チェックマークが付いている状態にします。

「小計フィールドの統計を含める」を選択すると、小計フィールドのグループごとの平均値、最小値、最大値を算出できます。

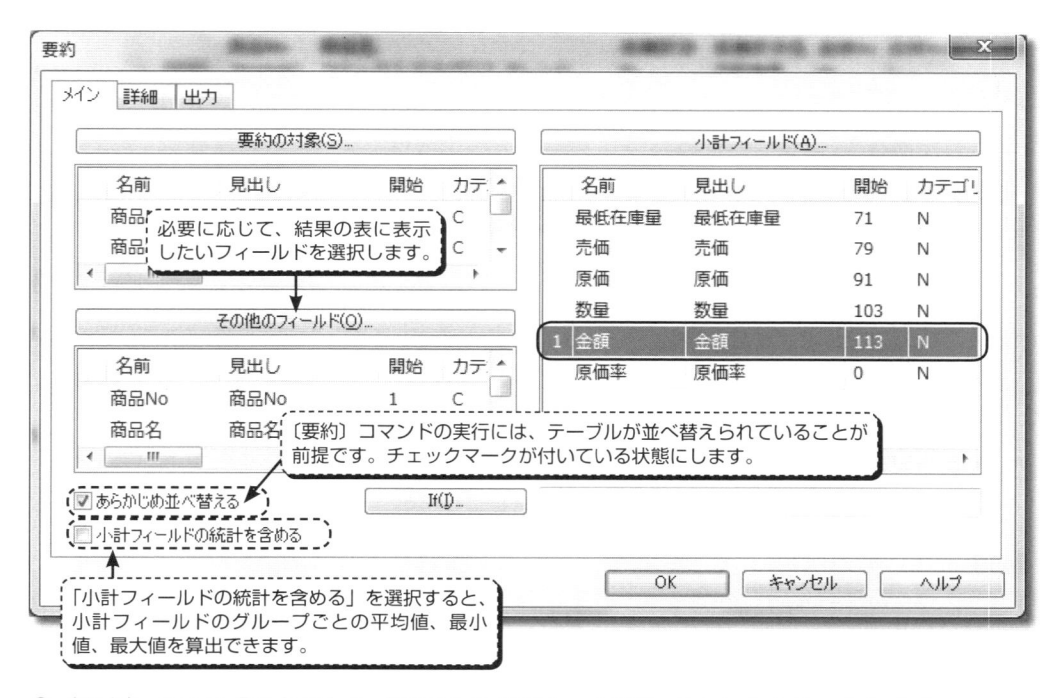

⑤〔出力〕タブで「出力先」を「画面」に変更し、〔OK〕ボタンをクリックします。

※「出力先」については、p.394〜を参照してください。

結果

〔要約〕コマンドの結果が表示されます。

コマンド：	SUMMARIZE ON 倉庫No 最終出荷日 SUBTOTAL 金額 TO SCREEN PRESORT ISOLOCALE ja_JP
テーブル：	在庫データ

倉庫No	最終出荷日	金額	カウント
01	2014/08/31	4,019,660	17
01	2014/11/10	81,290	1
02	2014/01/01	16,923,560	10
02	2014/01/21	97,290	1
02	2014/02/06	184,760	1
02	2014/02/08	532,400	3
02	2014/02/10	49,610	1
02	2014/06/10	238,290	2
02	2014/07/01	1,600,807	4
02	2014/07/15	3,239,790	4
02	2014/08/09	71,604	2
02	2014/09/14	1,889,588	1
02	2014/09/15	1,562,380	2
02	2014/10/08	619,350	5

「倉庫No」が01で、「最終出荷日」が2014/8/31のレコードの金額合計とレコード件数

表の末尾には、合計が表示されます。
（「金額」の合計とレコード件数の合計）

92	2014/05/30	357,552	1
92	2014/08/10	852,410	3
92	2014/09/21	7,603,674	6
92	2014/09/30	427,260	6
合計		78,229,759	152

49 件のレコードが生成されました

要約された値ごとにドリルダウン（P.395）できます。

スクリプトの作成

〔要約〕コマンドの操作のログからスクリプトを作成します。
※スクリプトの作成・実行の操作の詳細は、**第4章**を参照してください。

① ナビゲーターからログ（研修プロジェクト2）をダブルクリックし、ログの一覧を開きます。
② 保存するログを選択し、画面上で右クリックして、〔選択項目の保存〕-〔スクリプト〕をクリックします。
〔要約〕のログは、「SUMMARIZE …」です。

```
☒✓ OPEN 在庫データ
   ☒✓ SUMMARIZE ON 倉庫No 最終出荷日 SUBTOTAL 金額 TO SCREEN PRESORT ISOLOCALE ja_JP
```

（この図は、選択するログのみを示しています。）

③ スクリプトの名前を入力します。「S42_要約」と入力して〔OK〕ボタンをクリックします。

結果

作成したスクリプトがナビゲーターに表示されます。

Point | Hint | 注意 | 重要

〔分類化〕コマンドと〔要約〕コマンドの比較

	分類化	要約
グループ化するフィールドのデータ型	文字型	文字型、日付時刻型
グループ化できるフィールドの数	1つのみ	複数可
グループ化するフィールドの長さ	最大64文字	制限なし
その他のフィールドの出力	できない	できる
結果のソート	ソートされる	「あらかじめ並べ替える」オプションの設定による ・オンの場合：ソートされる ・オフの場合：ソートされない
割合の表示	表示される	表示されない
グラフの生成	できる	できない
その他の注意点	パソコンのメモリを使用してレコードのソートを行うため、レコード件数が多いとメモリが不足する可能性がある	一時ファイルを作成してレコードのソートを行うため、メモリを使用する〔分類化〕と比較して、大量のデータを処理するのに適している

3-4-3 〔クロス集計〕コマンド

月次推移表のように縦横の軸のある表を作成するには、〔クロス集計〕コマンドを使用します。
クロス集計とは、フィールドを縦軸（行）と横軸（列）に配して数値データを集計する機能です。行・列に配したフィールドの相互関係を見ることができます。
クロス集計の行・列に指定できるフィールドは、文字型のみです。

操作　「売上取引データ」テーブルで、「商品No」と計上年月のクロス集計を行い、商品別月次推移表を作成します。
計上年月は、「計上日付」フィールドから年月の情報を取り出した演算フィールドを作成して使用します。

「研修プロジェクト2.acl」で操作します（「00ACL」-「ACL操作研修2」フォルダー）。

① 「売上取引データ」テーブルを開きます。
② メニューの〔分析〕-〔クロス集計〕を選択します。
③ 〔行〕で「商品No」を選択します。

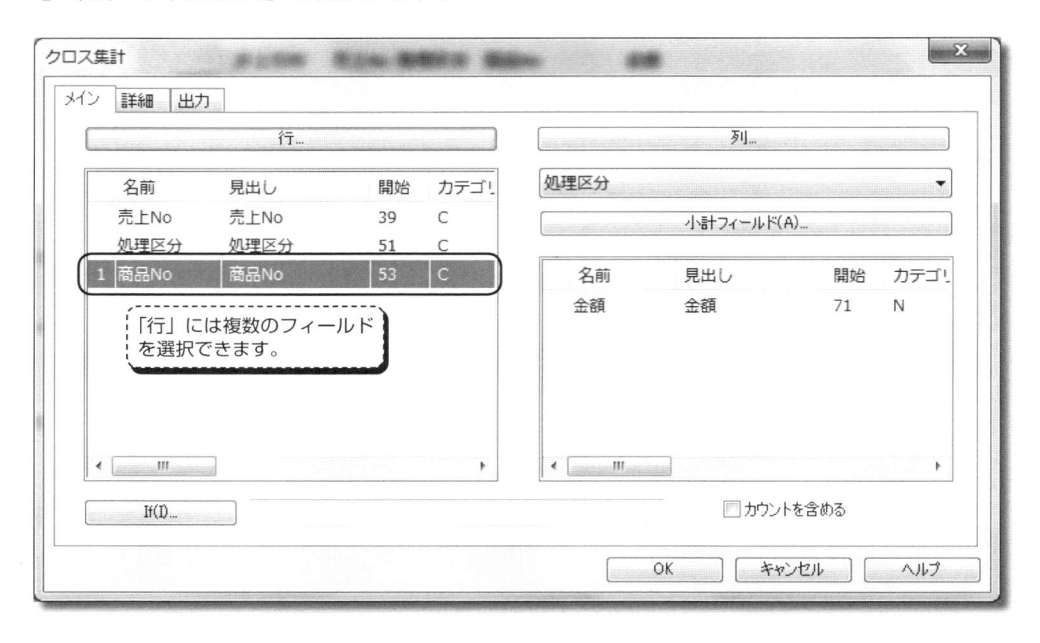

254

④〔列〕ボタンをクリックし、「選択済みのフィールド」画面で〔式〕ボタンをクリックします。

「列」は1つのフィールドしか選択できません。
今回は、〔式〕ボタンから演算フィールドを作成して使用します。

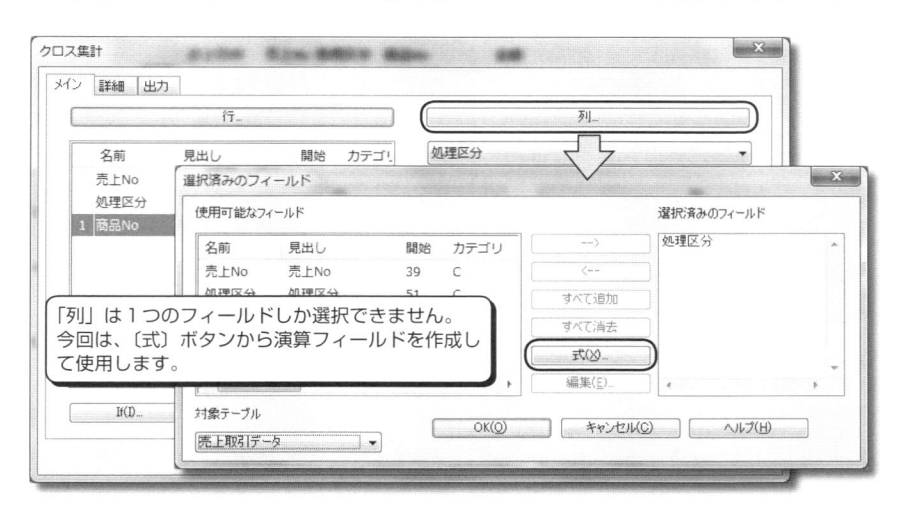

⑤ 計上年月を表示する式を入力し、「次の名前で保存」に「計上年月」と入力して〔OK〕ボタンをクリックします。

入力する式

SUBSTR (DATE (計上日付) , 1 , 7)

SUBSTR（文字列, 開始位置, 長さ）
指定された部分文字列（サブストリング）のみを含む文字列を返します

この式では、「計上日付」フィールドの1～7文字目（2014/01/01であれば「2014/01」）をSUBSTR関数で取り出します。SUBSTR関数が文字列（文字型フィールド）を処理する関数であるため、DATE関数を用いて「計上日付」フィールドを文字列に変換しています。

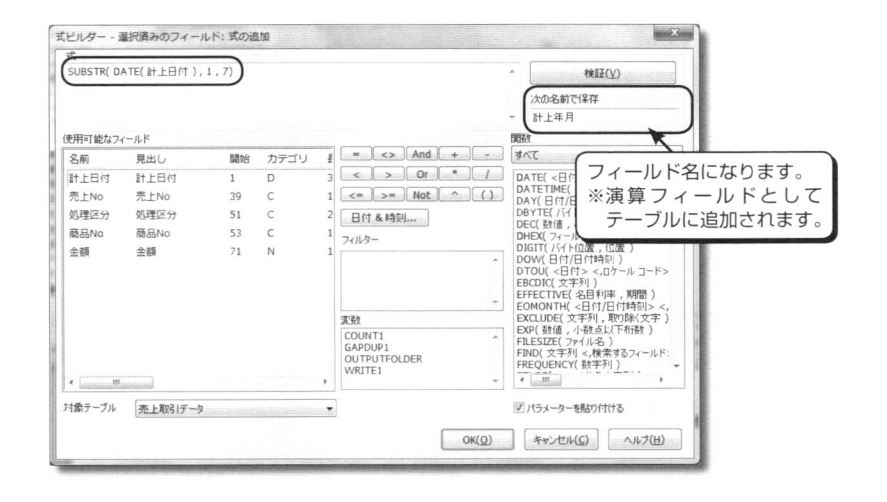

フィールド名になります。
※演算フィールドとしてテーブルに追加されます。

⑥「選択済みのフィールド」画面に戻ります。「計上年月」が選択されていることを確認し、〔OK〕ボタンをクリックします。

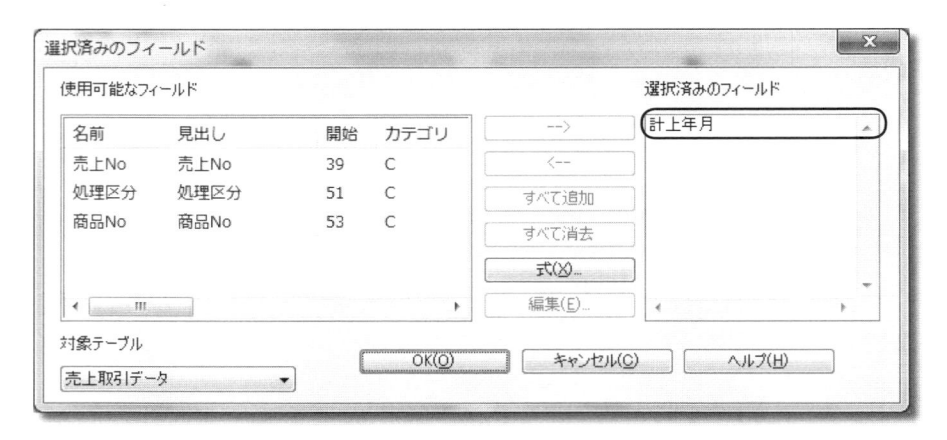

⑦〔小計フィールド〕で「金額」を選択します。

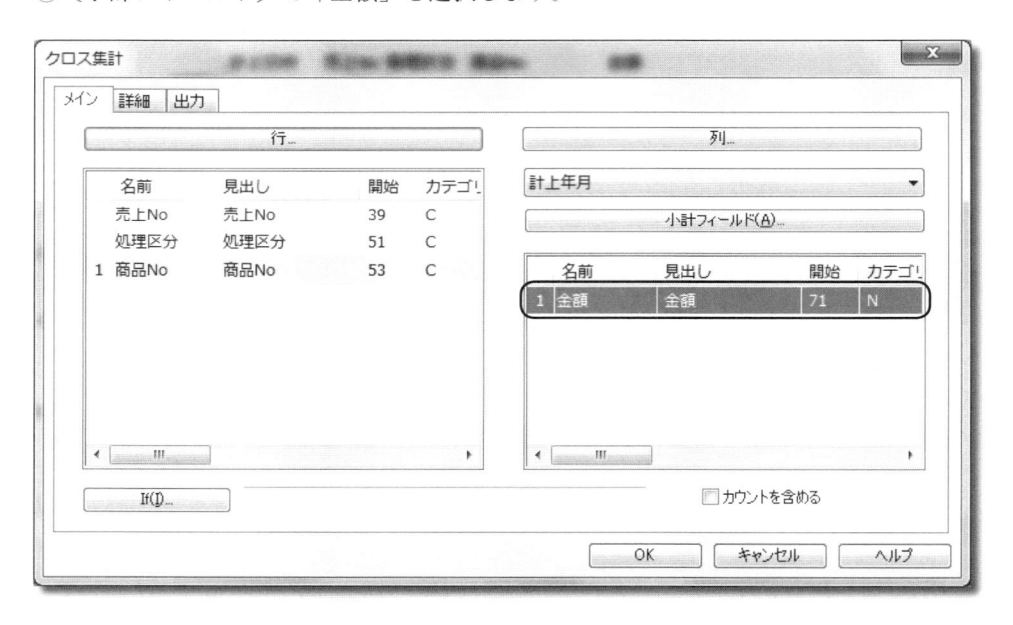

⑧〔出力〕タブで「出力先」を「画面」に変更し、〔OK〕ボタンをクリックします。
※「出力先」については、p.394〜を参照してください。

結果

〔クロス集計〕コマンドの結果が表示されます。

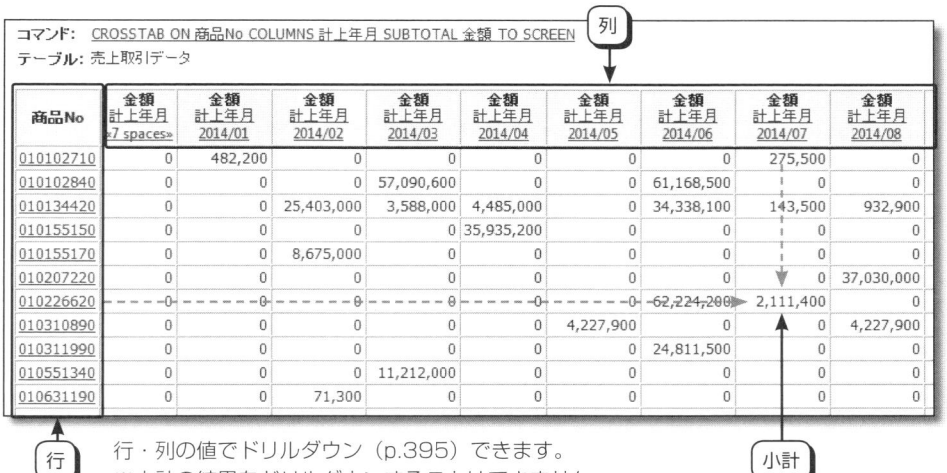

```
コマンド:   CROSSTAB ON 商品No COLUMNS 計上年月 SUBTOTAL 金額 TO SCREEN
テーブル: 売上取引データ
```

商品No	金額 計上年月 «7 spaces»	金額 計上年月 2014/01	金額 計上年月 2014/02	金額 計上年月 2014/03	金額 計上年月 2014/04	金額 計上年月 2014/05	金額 計上年月 2014/06	金額 計上年月 2014/07	金額 計上年月 2014/08
010102710	0	482,200	0	0	0	0	0	275,500	0
010102840	0	0	0	57,090,600	0	0	61,168,500	0	0
010134420	0	0	25,403,000	3,588,000	4,485,000	0	34,338,100	143,500	932,900
010155150	0	0	0	0	35,935,200	0	0	0	0
010155170	0	0	8,675,000	0	0	0	0	0	0
010207220	0	0	0	0	0	0	0	0	37,030,000
010226620	0	0	0	0	0	0	-62,224,200	2,111,400	0
010310890	0	0	0	0	0	4,227,900	0	0	4,227,900
010311990	0	0	0	0	0	0	24,811,500	0	0
010551340	0	0	0	11,212,000	0	0	0	0	0
010631190	0	0	71,300	0	0	0	0	0	0

行・列の値でドリルダウン（p.395）できます。
※小計の結果をドリルダウンすることはできません。
「商品No」でドリルダウンすると、計上年月の値にかかわらず、
該当の商品No のレコードが全て抽出されます。

Hint 不要なデータを集計から除外する

「売上取引データ」テーブルをクロス集計した結果、列に「計上年月«7spaces»」という項目が表示されました。これは、「計上日付」フィールドに空白のデータが存在しているためです（48～50レコード目）。

このデータが集計に不要な場合は、操作⑦で〔If〕欄に条件式を設定し、除外することができます。

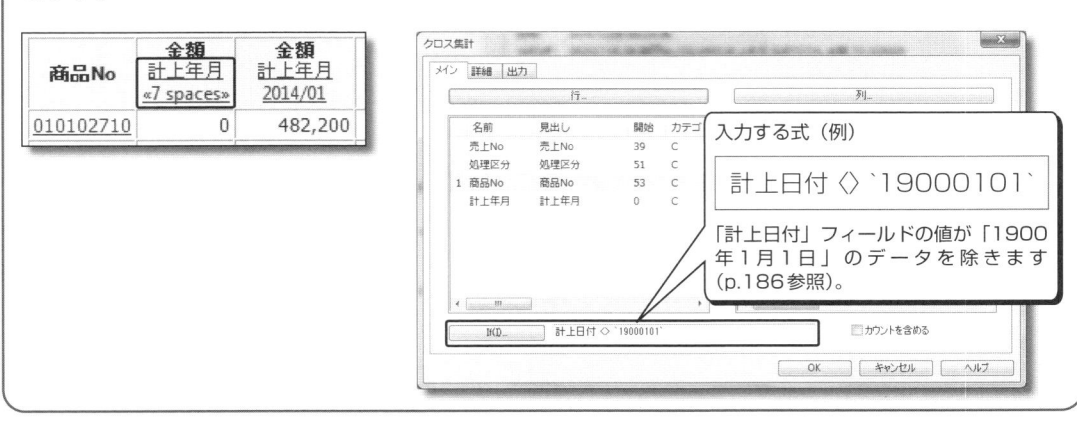

入力する式（例）

```
計上日付 <> `19000101`
```

「計上日付」フィールドの値が「1900年1月1日」のデータを除きます（p.186参照）。

「売上取引データ」テーブルに「計上年月」フィールドを表示したい場合は、〔列の追加〕（p.84参照）を行ってください。

スクリプトの作成

〔クロス集計〕コマンドの操作のログからスクリプトを作成します。
※スクリプトの作成・実行の操作の詳細は、**第4章**を参照してください。

① ナビゲーターからログ（🗒研修プロジェクト2）をダブルクリックし、ログの一覧を開きます。
② 必要なログを選択し、画面上で右クリックして、〔選択項目の保存〕-〔スクリプト〕をクリックします。
〔クロス集計〕のログは、「CROSSTAB …」です。

```
☒ ✓ OPEN 売上取引データ
   ☒ ✓ DEFINE FIELD 計上年月 COMPUTED SUBSTR( DATE( 計上日付 ) , 1 , 7)
   ☒ ✓ CROSSTAB ON 商品No COLUMNS 計上年月 SUBTOTAL 金額 TO SCREEN
```
← 演算フィールド（計上年月）の作成

③ スクリプトの名前を入力します。「S43_クロス集計」と入力して〔OK〕ボタンをクリックします。
※演算フィールドをビューへ追加するスクリプトの編集（p.193〜p.194参照）は省略します。

結果

作成したスクリプトがナビゲーターに表示されます。

> **Point** Hint 注意 重要
>
> **SET SAFETYの追加**
> 　演算フィールドを作成するスクリプトを実行する際、すでに同じ名前のフィールドが存在していると、上書きを確認するメッセージが表示されます。
> 　何度もメッセージが表示されるとスクリプトによる自動化の利点が失われてしまうため、自動で上書きしてよい場合は、スクリプトを編集して、上書きを自動化するスクリプト「SET SAFETY …」（p.426参照）を追加してください。

3-4-4 〔階層化〕コマンド

〔階層化〕コマンドを使用すると、指定した数値型フィールドの間隔（階層）に該当するレコード数および、指定したフィールドの階層ごとの小計を計算でき、データの分布を見ることができます。
例えば、在庫単価の分布を全体的に確認する場合には、〔階層化〕コマンドが便利です。

操作　「在庫データ」テーブルの「原価」の階層化を行い、1,000円以上～2,000円未満、2,000円以上～3,000円未満、3,000円以上～5,000円以下のレコードの分布を確認します。

「研修プロジェクト2.acl」で操作します（「00ACL」-「ACL操作研修2」フォルダー）。

① 「在庫データ」テーブルを開きます。
② メニューの〔分析〕-〔階層化〕をクリックします。または、ツールバーの〔階層化〕ボタン（ ）をクリックします。
③ 〔階層化の対象〕として「原価」を選択し、〔小計フィールド〕から「金額」を選択します。

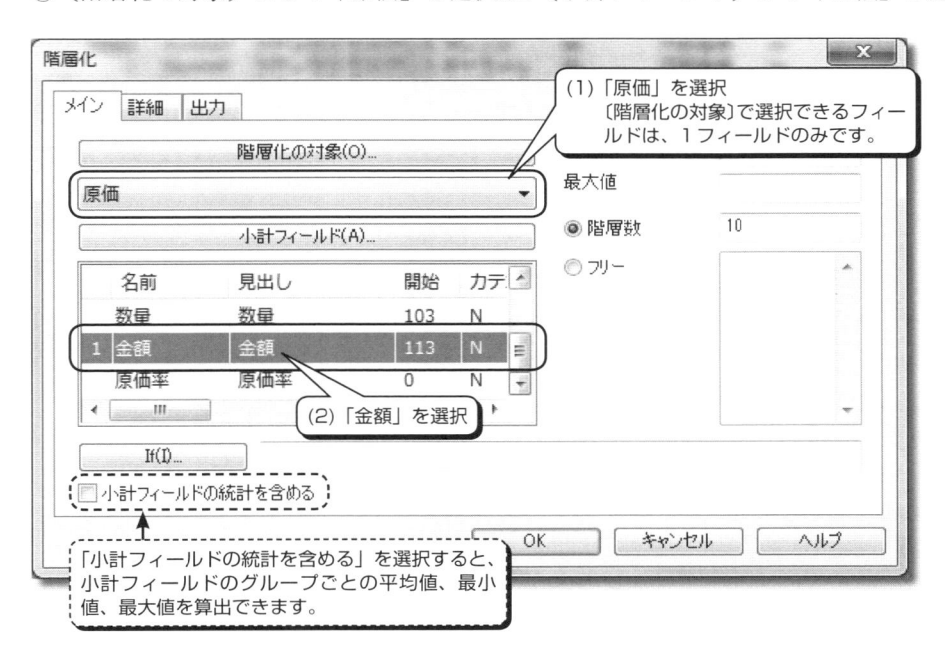

(1)「原価」を選択
　　〔階層化の対象〕で選択できるフィールドは、1フィールドのみです。

(2)「金額」を選択

「小計フィールドの統計を含める」を選択すると、小計フィールドのグループごとの平均値、最小値、最大値を算出できます。

④「フリー」を選択し、「1000」、「2000」、「3000」、「5000」と入力します。

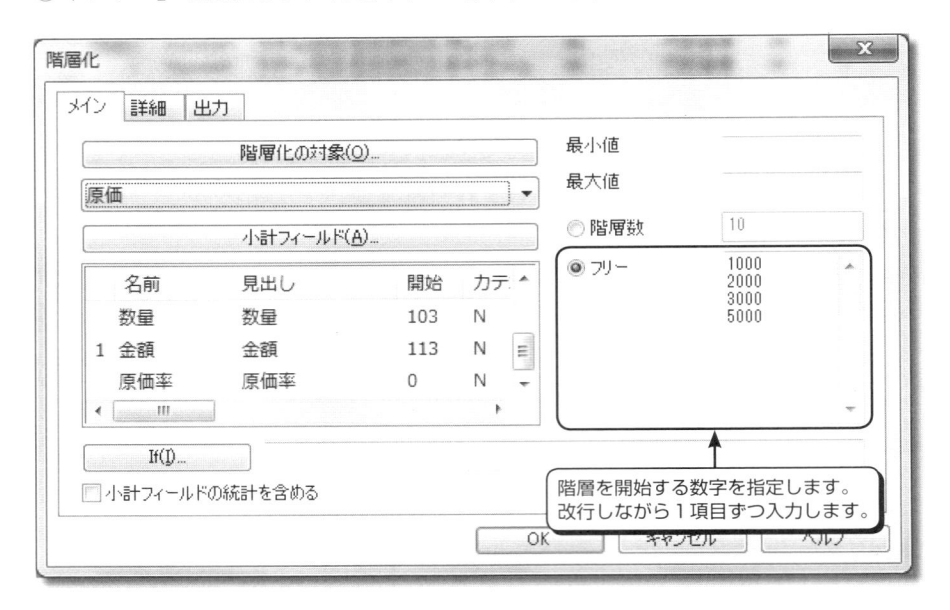

階層を開始する数字を指定します。
改行しながら1項目ずつ入力します。

⑤〔出力〕タブの「出力先」が「画面」になっていることを確認して〔OK〕ボタンをクリックします。
※「出力先」については、p.394 〜を参照してください。

結 果

〔階層化〕コマンドの結果が表示されます（1,000円未満、5,000円超の階層も表示されます）。

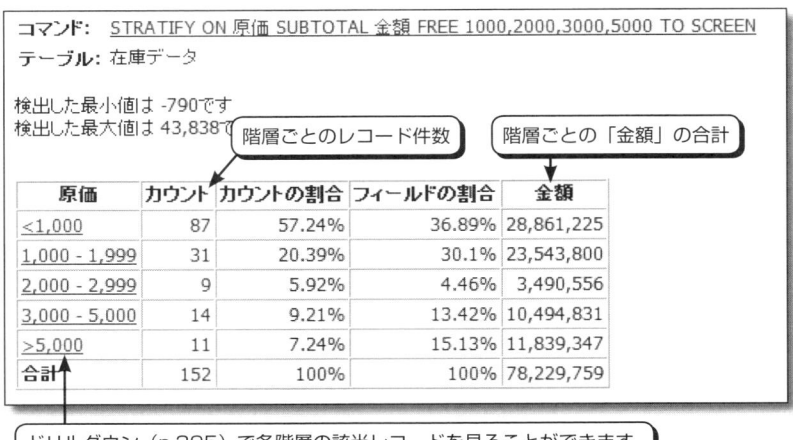

コマンド： STRATIFY ON 原価 SUBTOTAL 金額 FREE 1000,2000,3000,5000 TO SCREEN
テーブル：在庫データ

検出した最小値は -790です
検出した最大値は 43,838で

階層ごとのレコード件数　　階層ごとの「金額」の合計

原価	カウント	カウントの割合	フィールドの割合	金額
<1,000	87	57.24%	36.89%	28,861,225
1,000 - 1,999	31	20.39%	30.1%	23,543,800
2,000 - 2,999	9	5.92%	4.46%	3,490,556
3,000 - 5,000	14	9.21%	13.42%	10,494,831
>5,000	11	7.24%	15.13%	11,839,347
合計	152	100%	100%	78,229,759

ドリルダウン（p.395）で各階層の該当レコードを見ることができます。

〔階層化〕コマンドの「階層数」オプションを使用する

操作④で、「フリー」ではなく「階層数」を選択すると、〔階層化の対象〕に指定したフィールドの最小値から最大値の幅を階層数で等分した階層が使用されます。

「階層数」を選択する場合は、対象フィールドの最小値と最大値の入力が必要です。手動で入力することもできますが、事前に〔統計〕コマンドを実行しておくことにより、統計情報から最小値と最大値を自動で入力できます。

【手順】
（1）〔統計〕コマンドを実行する
　　① 対象のテーブルを開きます。
　　② メニューの〔分析〕－〔統計〕をクリックします。
　　③ 〔統計の対象〕で対象フィールドを選択し、〔OK〕ボタンをクリックします。
（2）〔階層化〕コマンドを実行する
　　① 対象のテーブルを開いた状態で、メニューの〔分析〕－〔階層化〕をクリックします。
　　② 〔階層化の対象〕で対象フィールドを選択すると、「最小値」「最大値」の値が表示されます。〔小計フィールド〕を選択し、「階層数」に任意の数字を設定して〔OK〕ボタンをクリックします。

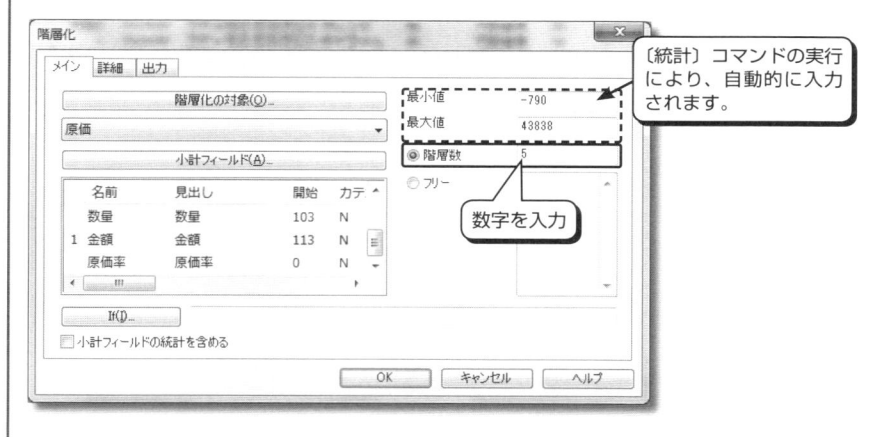

【結果】
最小値から最大値を「階層数」で指定した数字で等分した階層の集計結果が表示されます。

「階層数」を5とした場合、最小値から最大値までを5等分した階層になります。

コマンド： STRATIFY ON 原価 SUBTOTAL 金額 INTERVALS 5 TO SCREEN
テーブル：在庫データ

検出した最小値は -790 です
検出した最大値は 43,838 です

原価	カウント	カウントの割合	フィールドの割合	金額
-790 - 8,135	147	96.71%	90.09%	70,477,402
8,136 - 17,061	2	1.32%	4.2%	3,284,124
17,062 - 25,986	2	1.32%	4.03%	3,153,093
25,987 - 34,912	0	0%	0%	0
34,913 - 43,838	1	0.66%	1.68%	1,315,140
合計	152	100%	100%	78,229,759

> スクリプトの作成

〔階層化〕コマンドの操作のログからスクリプトを作成します。
※スクリプトの作成・実行の操作の詳細は、**第4章**を参照してください。

① ナビゲーターからログ（📁研修プロジェクト2）をダブルクリックし、ログの一覧を開きます。
② 必要なログを選択し、画面上で右クリックして、〔選択項目の保存〕-〔スクリプト〕をクリックします。
　〔階層化〕コマンドのログは、「STRATIFY …」です。

```
☒✓ OPEN 在庫データ
☒✓ STRATIFY ON 原価 SUBTOTAL 金額 FREE 1000,2000,3000,5000 TO SCREEN
```

③ スクリプトの名前を入力します。「S44_階層化」と入力して〔OK〕ボタンをクリックします。

> 結 果

作成したスクリプトがナビゲーターに表示されます。

3-4-5 〔年齢調べ〕コマンド

ACLには、年齢調べを実行するメニューコマンドがあります。
滞留債権や滞留在庫の状況を確認する場合は、〔年齢調べ〕コマンドが便利です。

操作　「在庫データ」テーブルで、「最終出荷日」の年齢調べを行い、滞留在庫を確認します。

「研修プロジェクト2.acl」で操作します（「00ACL」-「ACL操作研修2」フォルダー）。

① 「在庫データ」テーブルを開きます。
② メニューの〔分析〕-〔年齢調べ〕をクリックします。または、ツールバーの〔年齢調べ〕ボタン（🗒）をクリックします。
③ 〔年齢調べの対象〕で「最終出荷日」を選択し、「締切日」を「2014年12月31日」とします。
　　※データが2014年1月〜12月のものであるため。

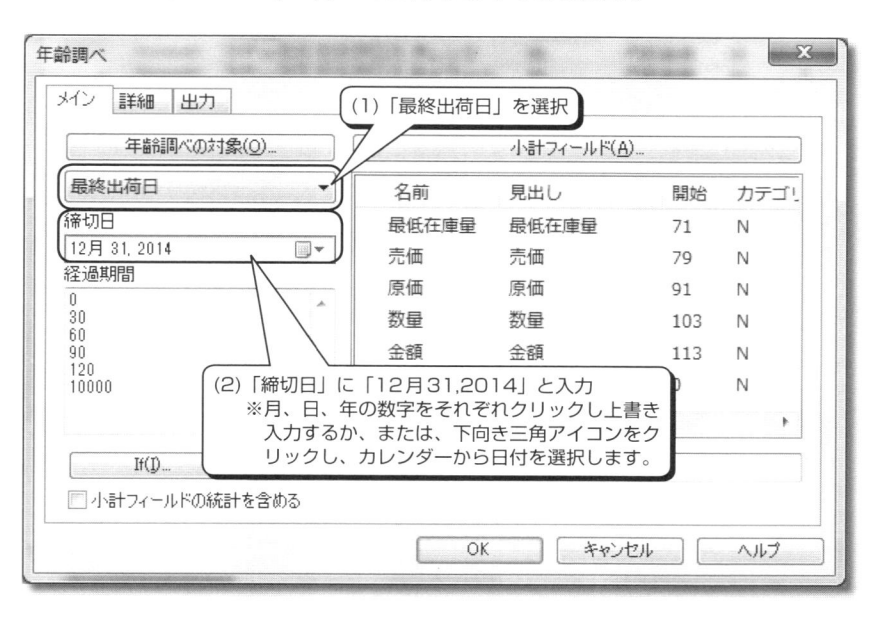

（1）「最終出荷日」を選択

（2）「締切日」に「12月31,2014」と入力
　　※月、日、年の数字をそれぞれクリックし上書き入力するか、または、下向き三角アイコンをクリックし、カレンダーから日付を選択します。

263

④「経過期間」を入力します。30日単位の年齢調べを行うため、「0」、「30」、「60」、「90」、「120」、「180」と入力します（150日は割愛）。

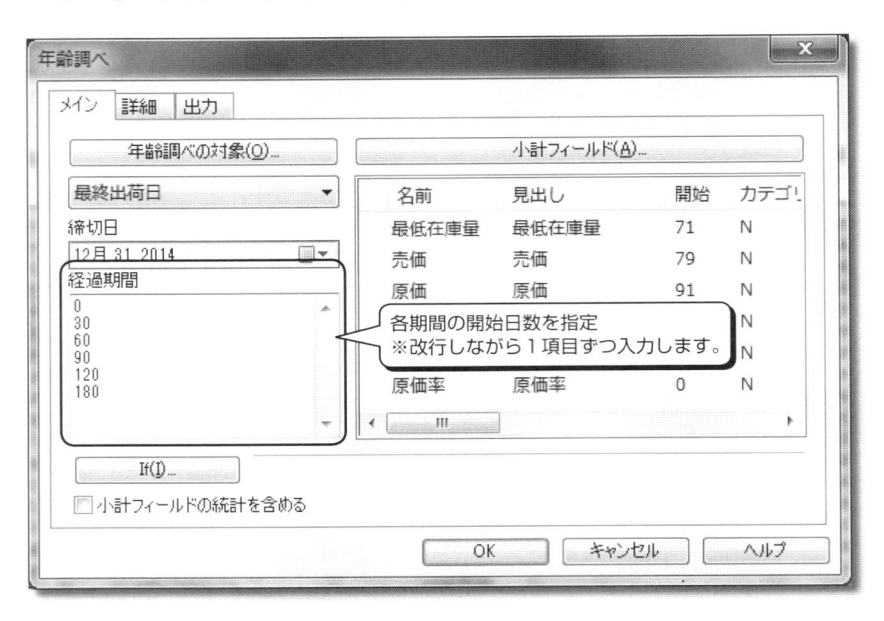

（年齢調べダイアログ画面）
※各期間の開始日数を指定
※改行しながら1項目ずつ入力します。

⑤〔小計フィールド〕で「金額」フィールドを選択します。

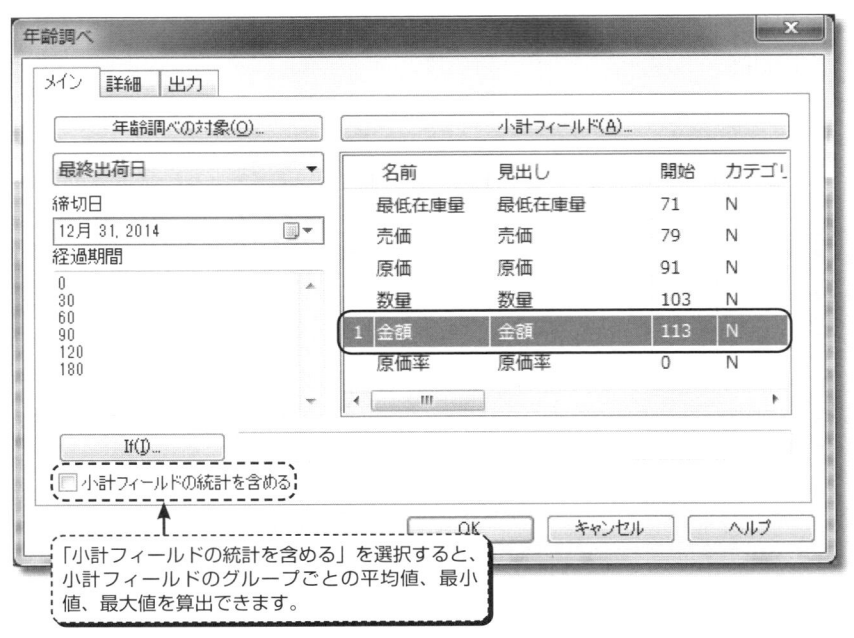

（年齢調べダイアログ画面：金額フィールド選択）
「小計フィールドの統計を含める」を選択すると、小計フィールドのグループごとの平均値、最小値、最大値を算出できます。

⑥〔出力〕タブで「出力先」が「画面」になっていることを確認し、〔OK〕ボタンをクリックします。
※「出力先」については、p.394～を参照してください。

結果

〔年齢調べ〕コマンドの結果が表示されます。

```
コマンド： AGE ON 最終出荷日 CUTOFF 20141231 INTERVAL 0,30,60,90,120,180 SUBTOTAL 金額 TO SCREEN
テーブル： 在庫データ
```

検出した最小値は 0 です
検出した最大値は 364 です

経過期間ごとのレコード件数 → カウント
経過期間ごとの「金額」の合計 → 金額

経過期間	カウント	カウントの割合	フィールドの割合	金額
0 - 29	13	8.55%	10.16%	7,945,319
30 - 59	10	6.58%	2.52%	1,968,516
60 - 89	29	19.08%	19.95%	15,605,351
90 - 119	19	12.5%	16.92%	13,234,738
120 - 180	31	20.39%	14.92%	11,668,915
>180	50	32.89%	35.55%	27,806,920
合計	152	100%	100%	78,229,759

ドリルダウン（p.395）で各経過期間の該当レコードを見ることができます。

スクリプトの作成

〔年齢調べ〕コマンドの操作のログからスクリプトを作成します。
※スクリプトの作成・実行の操作の詳細は、**第4章**を参照してください。

① ナビゲーターからログ（📁研修プロジェクト2）をダブルクリックし、ログの一覧を開きます。
② 必要なログを選択し、画面上で右クリックして、〔選択項目の保存〕-〔スクリプト〕をクリックします。
〔年齢調べ〕のログは、「AGE …」です。

```
☒✓ OPEN 在庫データ
  ☒✓ AGE ON 最終出荷日 CUTOFF 20141231 INTERVAL 0,30,60,90,120,180 SUBTOTAL 金額 TO SCREEN
```

（この図は、選択するログのみを示しています。）

③ スクリプトの名前を入力します。「S45_年齢調べ」と入力して〔OK〕ボタンをクリックします。

結果

作成したスクリプトがナビゲーターに表示されます。

3-5 データの抽出

監査手続では、特定の取引を抽出して検討することがあります。
ACLでテーブルから特定のデータを抽出するための機能を説明します。

- フィルター
- 〔抽出〕コマンド
- 〔エクスポート〕コマンド

3-5-1 フィルター

フィルターは、特定の条件を指定し、その条件にあったレコードを抽出（表示）するための機能です。

フィルターは、テーブルに物理的な影響は与えません。条件に一致しないレコードは一時的に非表示になるだけで、テーブルから削除される訳ではありません。

フィルターには、次の3種類があります。
- グローバル フィルター
- クイック フィルター
- コマンド フィルター

■グローバル フィルター

グローバル フィルターは、ビューの上部に表示される〔ビュー フィルターの編集〕ボタンから実行できます。

一度適用すると、〔フィルターの削除〕を実行するまで有効です（テーブルを閉じると無効になります）。

また、使用したフィルターは、最大10個までテーブルに記憶されるため、繰り返し使用することができます。

操 作　「在庫データ」テーブルで「数量」がマイナスのレコードを抽出します。（スクリプトの作成は省略します。）

「研修プロジェクト2.acl」で操作します（「00ACL」-「ACL操作研修2」フォルダー）。

① 「在庫データ」テーブルを開きます。
② ビューの上部に表示されている〔ビュー フィルターの編集〕ボタンをクリックします。

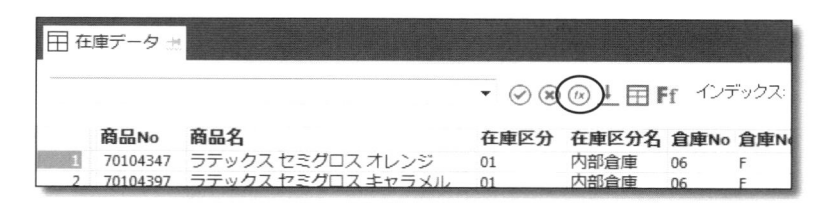

③ 式を入力します。入力が終了したら、式ビルダーの画面の〔OK〕ボタンをクリックします。

入力する式

数量 ＜ 0

結果

フィルターが実行され、条件に一致したレコードが表示されます。

ステータスバーでは、レコード件数の表示が「?/152」となります。

「152」は「在庫データ」テーブルの全レコード数です。フィルター式の条件に一致したレコードの件数が不明なため、「?」と表示されます（クイック フィルターを実行した場合も同様に表示されます）。

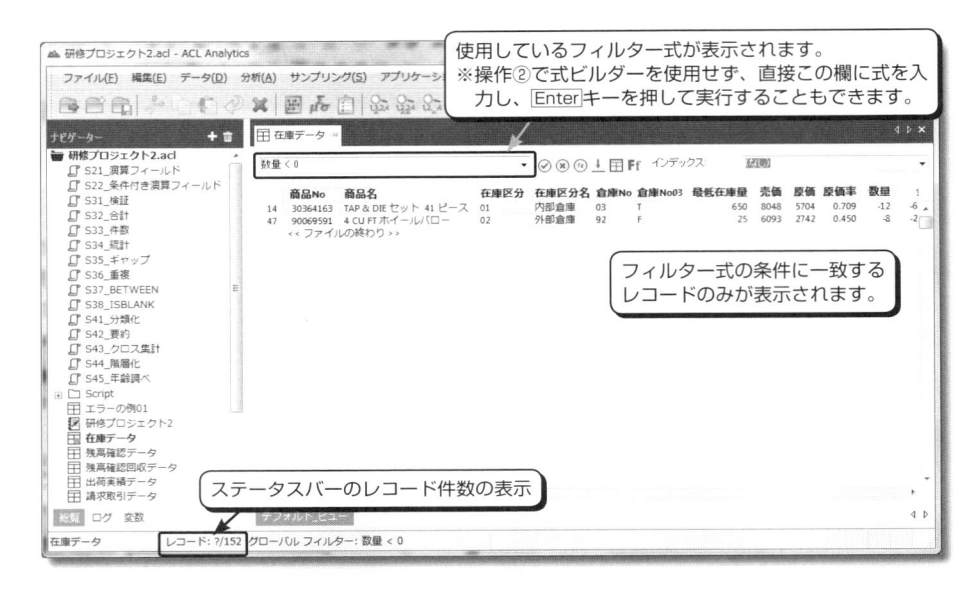

（使用しているフィルター式が表示されます。
※操作②で式ビルダーを使用せず、直接この欄に式を入力し、Enterキーを押して実行することもできます。）

（フィルター式の条件に一致するレコードのみが表示されます。）

（ステータスバーのレコード件数の表示）

レコード件数を確認するには、〔カウント〕コマンドを使用します。

① フィルターが実行されている状態で、メニューの〔分析〕−〔カウント〕をクリックします。
② 〔If〕は空欄のまま、〔OK〕ボタンをクリックします。

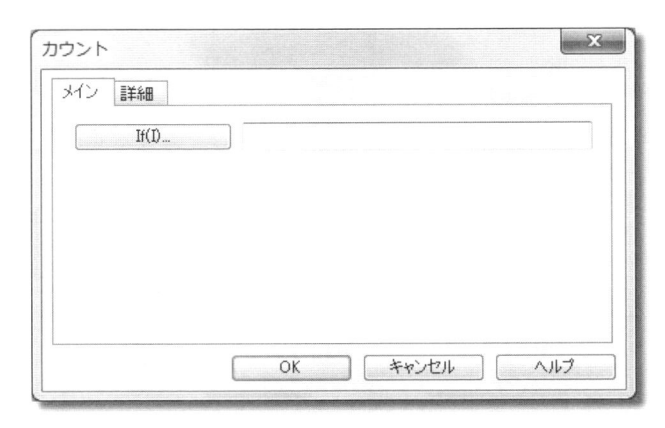

③ ステータスバーを確認します。現在表示されているレコード（フィルター式の条件に一致したレコード）の件数がカウントされ、ステータスバーに表示されます。

レコード: 2/152 → レコード件数は2件でした。

Point / Hint / 注意 / 重要

フィルターで抽出されたレコード件数のカウント

　フィルター実行のログには、抽出されたレコードの件数は記録されていません。
　監査調書としてログを使用するという観点からもフィルターの実行後、〔カウント〕コマンドを実行し、該当のレコードが何件あったかを記録することをお奨めします。

＜フィルターのログ＞

コマンド: SET FILTER TO 数量 < 0
11:26:07 - 2014/11/30

式と実行日時のみが記録されます。

＜フィルター実行後の〔カウント〕のログ＞

日時: 2014/11/30 11:37:49
コマンド: COUNT
テーブル: 在庫データ
フィルター: 数量 < 0 (2 件のレコードが一致しました)
2 件のレコードがカウントされました

レコード件数が記録されます。

　または、グローバル フィルターを使用せず、〔カウント〕コマンドのIf条件式を使用する方法もあります。

【手順】
① テーブルの全レコードが表示されている状態で、メニューの〔分析〕－〔カウント〕をクリックします。
② 〔If〕ボタンをクリックし、データを抽出するための式を入力します。
③ 〔OK〕ボタンをクリックし、式ビルダーの画面を閉じ、さらに〔OK〕ボタンをクリックして実行します。

Point　Hint　注意　**重要**

フィルターで抽出されたレコードを保存する

　フィルターの抽出結果はあくまでも一時的に表示されるものです。フィルターの抽出結果を別の分析で使用する場合、または抽出結果を監査調書として保存する場合は、以下のいずれかの方法で抽出結果のレコードを保存してください。
- 〔抽出〕コマンドで新しいテーブルにレコードを抽出する（p.278）
- 〔エクスポート〕コマンドでExcel等の別アプリケーションにエクスポートする（p.282）

　レコードの内容や件数の確認が終了したら、〔フィルターの削除〕ボタンをクリックしてください。全レコード（152件）が表示された状態に戻ります。

Point　Hint　注意　**重要**

フィルターの削除

　フィルターを実行した後は、次の操作に移る前に、必ずフィルターの削除を行ってください。
　同じテーブルで続けて別のコマンドを実行する場合、フィルターを削除しないと、フィルターで抽出されたレコードのみが対象となってしまいます（フィルターを削除すると全レコードが表示された状態に戻ります）。

グローバル フィルターのログは、下図のように記録されます。

グローバル フィルターの実行時は、2行のログが記録されますが、ログからスクリプトを作成する場合は、フィルター式（下図では、「数量<0」）を含んだログを選択してください。

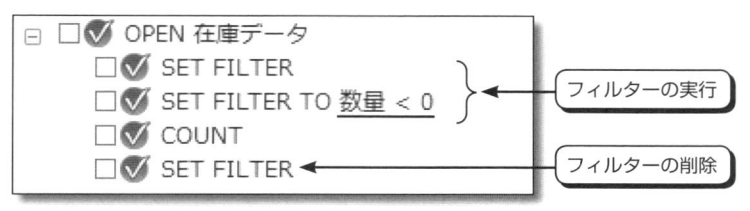

```
□ ☑ OPEN 在庫データ
    □ ☑ SET FILTER            ┐
    □ ☑ SET FILTER TO 数量 < 0 ┘ → フィルターの実行
    □ ☑ COUNT
    □ ☑ SET FILTER            ← フィルターの削除
```

（この図は、関連のログのみを示しています。）

Point

グローバル フィルターの再実行

グローバル フィルターの式は、最大10個までテーブルに記憶されています。使用したフィルターの一覧から再度実行できます。

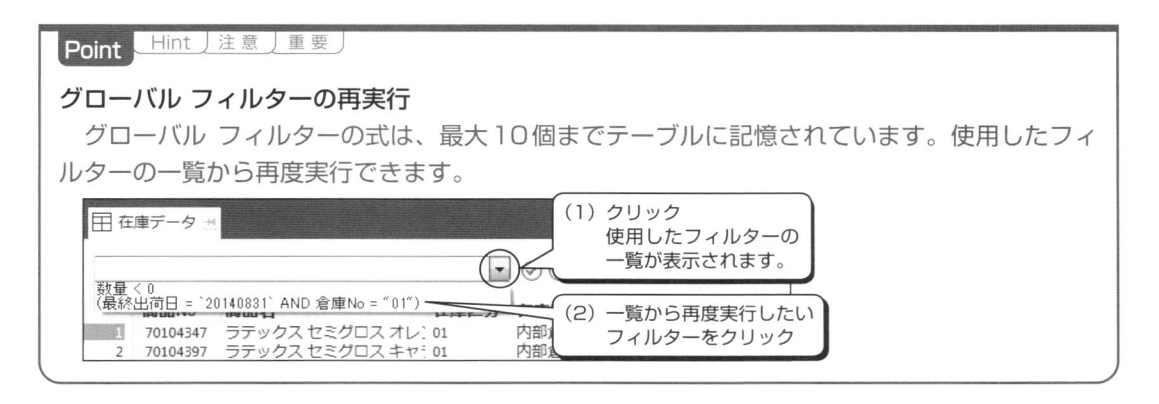

(1) クリック
使用したフィルターの一覧が表示されます。

(2) 一覧から再度実行したいフィルターをクリック

Hint

グローバル フィルターの絞込み検索

グローバル フィルターでは、絞り込み検索は行えません。

フィルターを実行した結果のビュー上で、更に別のグローバル フィルターを実行すると、新たな検索の実行となります。

絞り込み検索と同様の結果を得たい場合は、1つの式で論理演算子の「AND」を使用して複数の条件を設定します。

（例）「数量」が12以上かつ40以下のレコードを抽出する

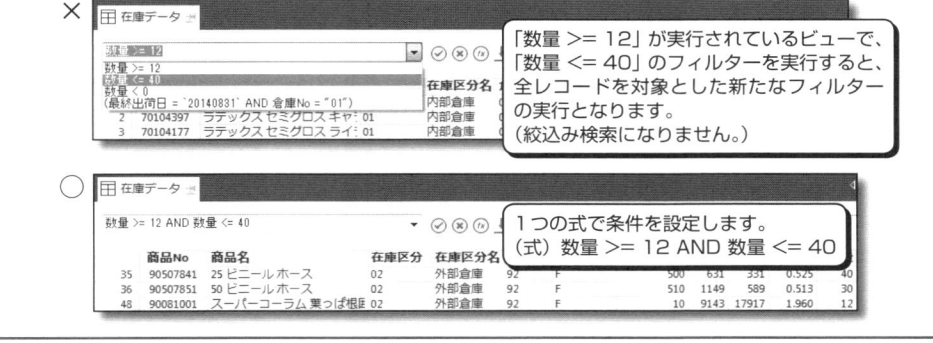

「数量 >= 12」が実行されているビューで、「数量 <= 40」のフィルターを実行すると、全レコードを対象とした新たなフィルターの実行となります。
（絞込み検索になりません。）

1つの式で条件を設定します。
（式）数量 >= 12 AND 数量 <= 40

■クイック フィルター

ビュー上で値を選択し、その値を基準としたフィルター式を実行できます。実行後の動作はグローバル フィルターと同様です。

操作　「在庫データ」テーブルで、「数量」が1,500以上のレコードを抽出します。（スクリプトの作成は省略します。）

「研修プロジェクト2.acl」で操作します（「00ACL」−「ACL操作研修2」フォルダー）。

① 「在庫データ」テーブルを開きます。
② 「数量」フィールドで値が「1500」のセル（5レコード目）の中でクリックし、そのセルだけが選択された状態にします。

数量	金額	最終仕入日
870	687300	2014/10/10
460	363400	2014/10/10
1480	-1169200	2014/10/10
1290	1019100	2014/10/10
1500	1185000	2014/10/10
2420	1911800	2014/10/10
1870	1477300	2014/10/10

枠の中でクリック

③ 画面上で右クリックし、〔クイック フィルター〕−〔以上〕をクリックします。

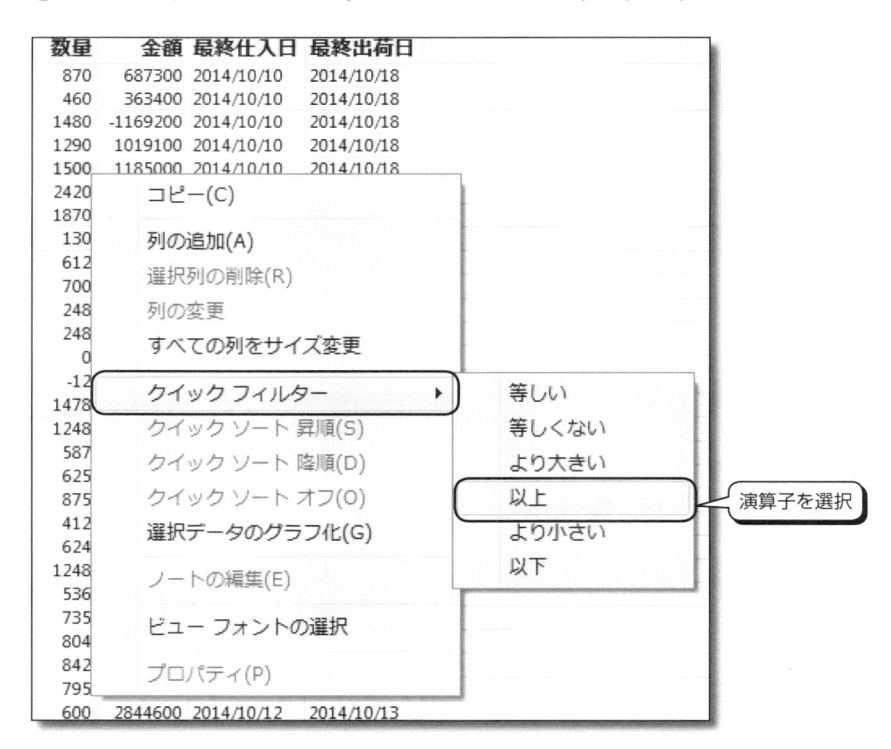

演算子を選択

結果

「数量」の値が1,500以上のレコードのみが表示されます。ビューの上部に自動的に作成されたフィルター式が表示されます。以降の動作は、グローバル フィルターと同様です。

レコードを確認したら、〔フィルターの削除〕ボタンをクリックしてください。

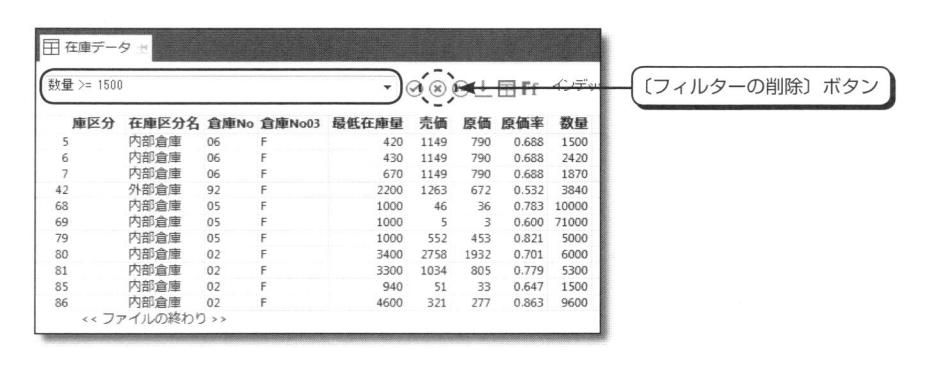

庫区分	在庫区分名	倉庫No	倉庫No03	最低在庫量	売価	原価	原価率	数量
5	内部倉庫	06	F	420	1149	790	0.688	1500
6	内部倉庫	06	F	430	1149	790	0.688	2420
7	内部倉庫	06	F	670	1149	790	0.688	1870
42	外部倉庫	92	F	2200	1263	672	0.532	3840
68	内部倉庫	05	F	1000	46	36	0.783	10000
69	内部倉庫	05	F	1000	5	3	0.600	71000
79	内部倉庫	05	F	1000	552	453	0.821	5000
80	内部倉庫	02	F	3400	2758	1932	0.701	6000
81	内部倉庫	02	F	3300	1034	805	0.779	5300
85	内部倉庫	02	F	940	51	33	0.647	1500
86	内部倉庫	02	F	4600	321	277	0.863	9600

〔フィルターの削除〕ボタン

Hint

クイック フィルターの絞込み検索

フィルターを実行した結果のビューで、更にクイック フィルターを実行すると、絞込み検索が行えます。

（例）「数量」が1,500以上のレコードを抽出し、さらに5,000未満のレコードのみに絞り込む（「在庫データ」テーブル使用）

① 「数量」が「1500」以上のレコードを抽出するクイック フィルターを実行します。

② レコードが抽出されたら、数量が「5000」のセルをクリックして選択します。

③ 画面上で右クリックし、〔クイック フィルター〕-〔AND〕-〔より小さい〕を選択します。

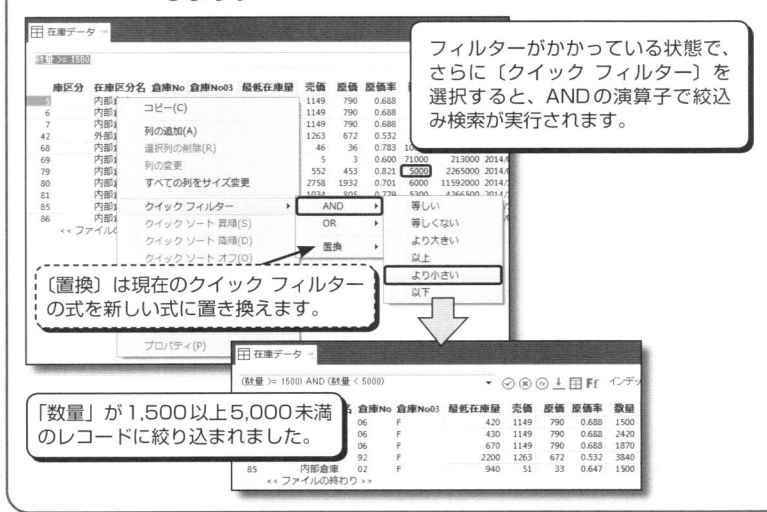

フィルターがかかっている状態で、さらに〔クイック フィルター〕を選択すると、ANDの演算子で絞込み検索が実行されます。

〔置換〕は現在のクイック フィルターの式を新しい式に置き換えます。

「数量」が1,500以上5,000未満のレコードに絞り込まれました。

■コマンド フィルター

　コマンド フィルターとは、メニューコマンドのダイアログボックスの中で設定するIf条件式のことです。

　条件に一致するレコードのみをコマンドの処理の対象とすることができます。

操作　「在庫データ」テーブルで、「在庫区分」が「01」のレコードのみを対象に、「倉庫No」ごとの「数量」を〔分類化〕コマンドで集計します。（スクリプトの作成は省略します。）

「研修プロジェクト2.acl」で操作します（「00ACL」-「ACL操作研修2」フォルダー）。

① 「在庫データ」テーブルを開きます。
② メニューの〔分析〕-〔分類化〕をクリックします。
③ 〔分類化の対象〕で「倉庫No」、〔小計フィールド〕で「数量」を選択します。

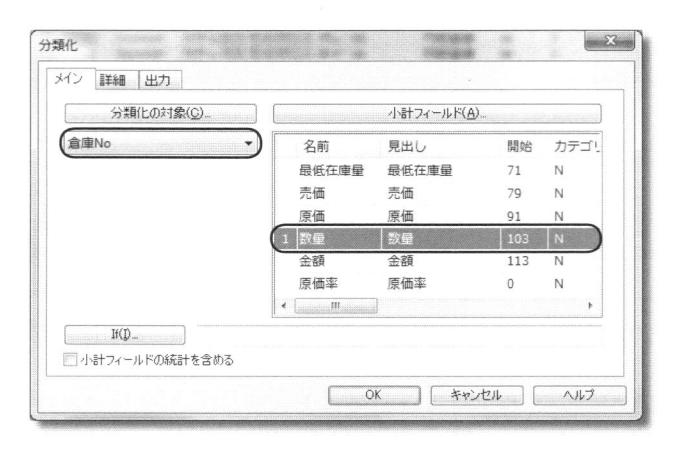

④ 〔If〕ボタンをクリックします。

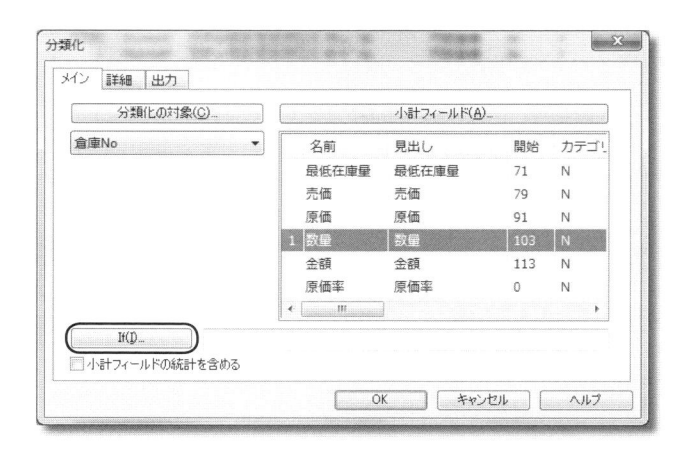

274

⑤ 在庫区分が「01」のレコードに限定するため、式を入力して〔OK〕ボタンをクリックします。

入力する式

在庫区分 = "01"

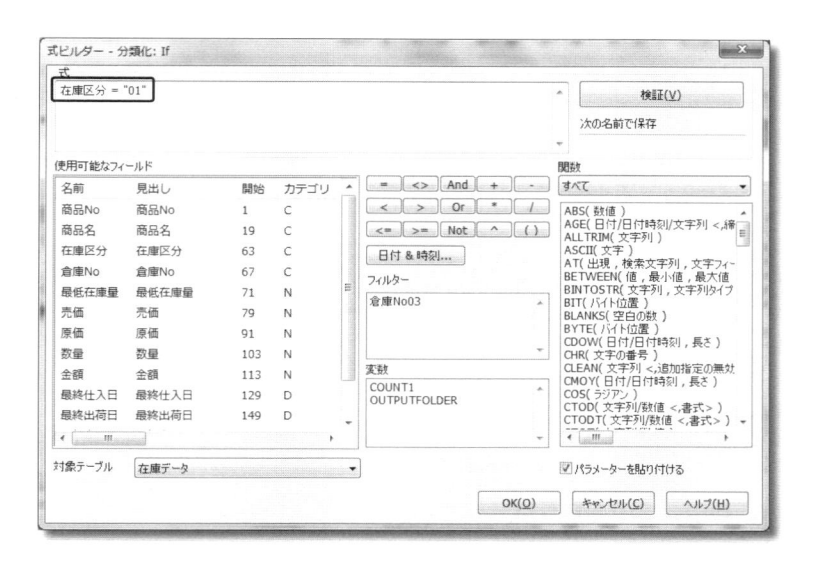

⑥ 〔If〕欄に式が入力されていることを確認します。

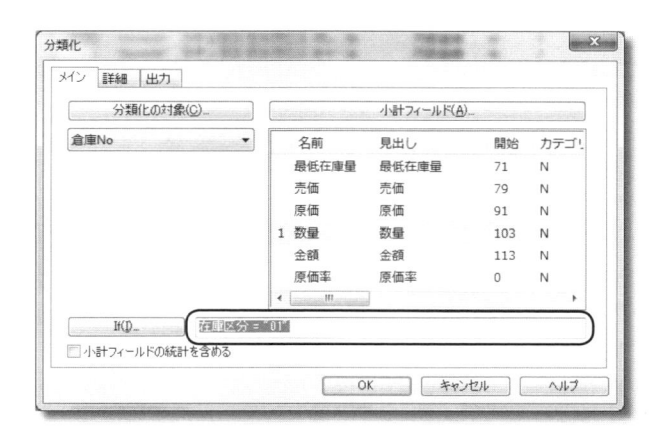

> **Point** Hint 注意 重要
>
> 〔If〕の条件式を設定しない場合は、現在ビューで表示されている全レコードが処理の対象となります。

⑦ 〔出力〕タブで「出力先」が「画面」になっていることを確認し、〔OK〕ボタンをクリックします。

※「出力先」については、p.394〜を参照してください。

結 果

96件のレコードが条件に該当し、その96件を対象に〔分類化〕コマンドが実行されました。

```
コマンド： CLASSIFY ON 倉庫No SUBTOTAL 数量 IF 在庫区分 = "01" TO SCREEN
テーブル： 在庫データ
条件：    在庫区分 = "01" (96件のレコードが一致しました)
```

倉庫No	カウント	カウントの割合	フィールドの割合	数量
01	18	18.75%	1.95%	2,744
02	54	56.25%	27.32%	38,517
03	2	2.08%	0.01%	18
04	1	1.04%	0.13%	186
05	13	13.54%	63.46%	89,466
06	7	7.29%	7.01%	9,890
22	1	1.04%	0.12%	163
合計	96	100%	100%	140,984

→ 96件を対象にした〔分類化〕コマンドの結果

コマンド フィルターの場合は、該当レコード自体は表示されないため、該当するレコードを確認する場合は、ドリルダウン（p.395参照）を行います。

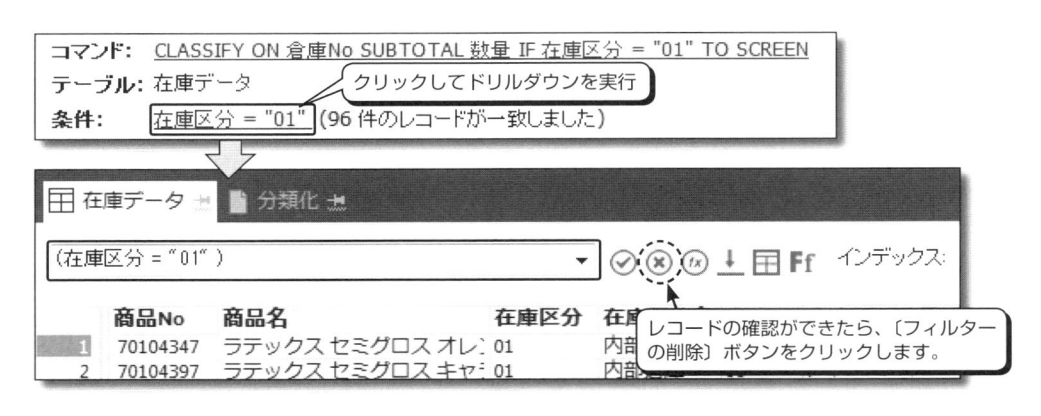

```
コマンド： CLASSIFY ON 倉庫No SUBTOTAL 数量 IF 在庫区分 = "01" TO SCREEN
テーブル： 在庫データ
条件：    在庫区分 = "01"  (96件のレコードが一致しました)
```
→ クリックしてドリルダウンを実行

```
田 在庫データ    分類化
(在庫区分 = "01")    ⊘ ⊗ fx ↓ 田 Ff  インデックス：
      商品No      商品名                在庫区分  在庫
  1   70104347   ラテックス セミグロス オレ: 01      内部
  2   70104397   ラテックス セミグロス キャ: 01      内部
```
→ レコードの確認ができたら、〔フィルターの削除〕ボタンをクリックします。

コマンド フィルターのログは、下図のように記録されます。
コマンド（ここでは、〔分類化〕の「CLASSIFY …」）のログに、条件式が記録されています。

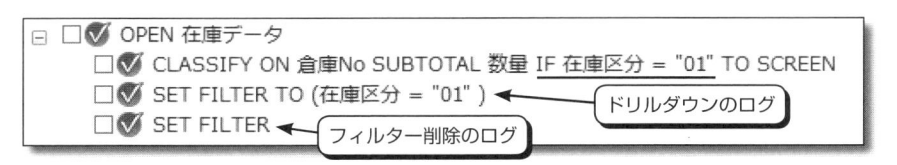

```
□ ☑ OPEN 在庫データ
    □ ☑ CLASSIFY ON 倉庫No SUBTOTAL 数量 IF 在庫区分 = "01" TO SCREEN
    □ ☑ SET FILTER TO (在庫区分 = "01") ← ドリルダウンのログ
    □ ☑ SET FILTER ← フィルター削除のログ
```

■3つのフィルターの機能の相違点

機能の相違点は、下表を参照してください。

<グローバル フィルター、クイック フィルター、コマンド フィルターの相違点>

	グローバル フィルター	クイック フィルター	コマンド フィルター
繰り返し実行できるか	可	可	不可
絞込み検索	不可	可	不可
ログに記録される内容	フィルター式と実行日時 コマンド: SET FILTER TO 数量 >= 1500 15:53:15 - 2014/11/30	グローバル フィルターと同じ	メニューコマンドの実行結果とフィルター式に一致したレコードの件数（「条件」欄に表示）

3-5-2 〔抽出〕コマンド

〔抽出〕コマンドを使用すると、既存のテーブルからレコードやフィールドを抽出して新規テーブルを作成できます（テーブルと同時にfilファイルも作成されます）。
このコマンドは、以下のような目的で使用します。
- テーブルの全レコードが作業対象ではない場合、対象レコードのみの新規テーブルを作成し、作業用テーブルとして使用する。
- テーブルの全レコードから、監査手続の結果となるレコードのみを抽出する。

…等

操作　「売上取引データ」テーブルから「金額」が10,000,000円超のデータを抽出します。

「研修プロジェクト2.acl」で操作します（「00ACL」-「ACL操作研修2」フォルダー）。

① 「売上取引データ」テーブルを開きます。
② メニューの〔データ〕-〔抽出〕をクリックします。または、ツールバーの〔抽出〕ボタン（ ）をクリックします。
③ 「レコード」を選択します。

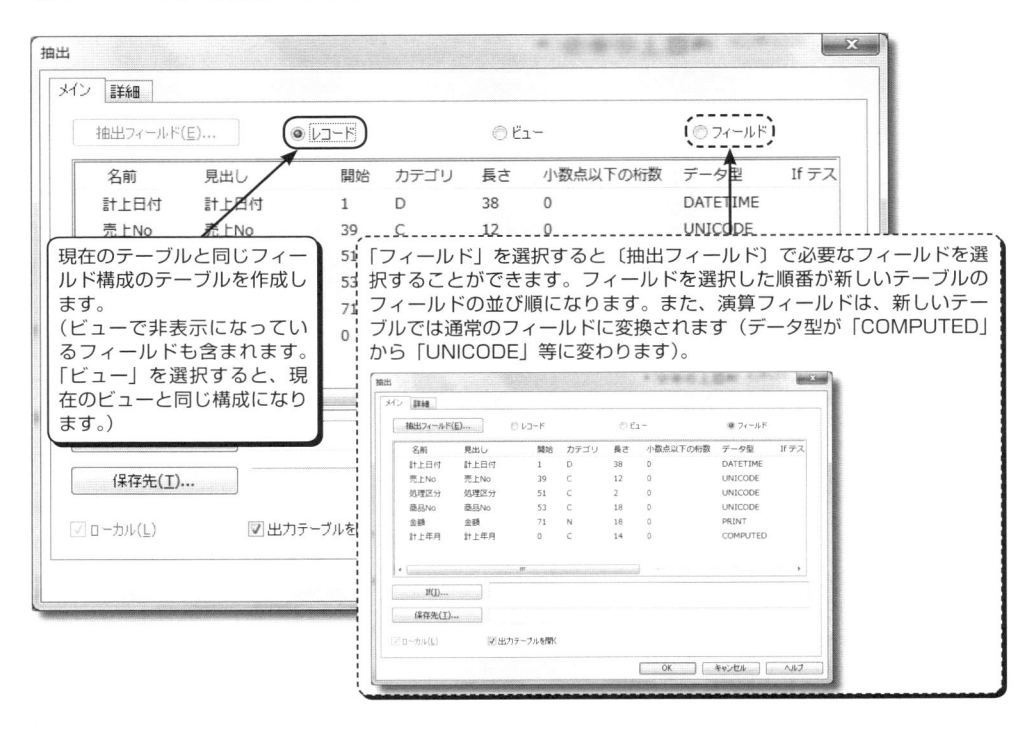

> 現在のテーブルと同じフィールド構成のテーブルを作成します。
> （ビューで非表示になっているフィールドも含まれます。「ビュー」を選択すると、現在のビューと同じ構成になります。）

> 「フィールド」を選択すると〔抽出フィールド〕で必要なフィールドを選択することができます。フィールドを選択した順番が新しいテーブルのフィールドの並び順になります。また、演算フィールドは、新しいテーブルでは通常のフィールドに変換されます（データ型が「COMPUTED」から「UNICODE」等に変わります）。

④ 〔IF〕ボタンをクリックし、式ビルダーの画面で抽出の条件式を入力して、〔OK〕ボタンをクリックします。

入力する式

金額 > 10000000

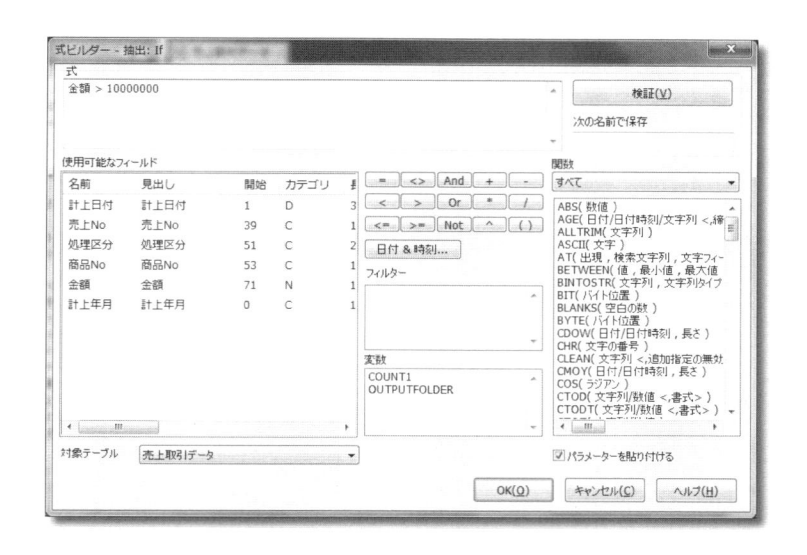

⑤ 〔If〕欄に式が入力されたことを確認したら、新規作成されるテーブルのテーブル名（filファイル名）を入力します。〔保存先〕に「売上取引データ_金額10000000超」と入力し、〔OK〕ボタンをクリックします（filファイルは、保存先を指定しない場合、プロジェクト（.acl）と同じフォルダーに保存されます。〔保存先〕ボタンでフォルダーを変更できますが、通常は、同じフォルダーに保存します）。

※テーブル名の命名規則は、p.148を参照してください。

結果

「売上取引データ_金額10000000超」テーブルが作成されました。
条件に一致した69レコードが抽出されています。

> スクリプトの作成

〔抽出〕コマンドの操作のログからスクリプトを作成します。
※スクリプトの作成・実行の操作の詳細は、**第4章**を参照してください。

① ナビゲーターからログ（☑研修プロジェクト2）をダブルクリックし、ログの一覧を開きます。
② 必要なログを選択し、画面上で右クリックして、〔選択項目の保存〕−〔スクリプト〕をクリックします。
　〔抽出〕コマンドのログは、「EXTRACT …」です。作成されたテーブルを開くログ（OPEN "売上取引データ_金額10000000超"）は選択する必要はありません。

```
☒ ✓ OPEN 売上取引データ
    ☒ ✓ EXTRACT RECORD IF 金額 > 10000000 TO "売上取引データ_金額10000000超" OPEN
☐ ✓ OPEN "売上取引データ_金額10000000超"
```

③ スクリプトの名前を入力します。「S52_抽出」と入力して〔OK〕ボタンをクリックします。

> 結 果

作成したスクリプトがナビゲーターに表示されます。

> **Point** / Hint / 注意 / 重要
>
> **SET SAFETYとSET FOLDERの追加**
> 　演算フィールドや新規テーブル、新規ファイルの作成を含むスクリプトを実行する場合、すでに同じ名前のフィールドやテーブル、ファイルが存在していると、上書きしてよいか確認するメッセージが表示されます。
> 　自動で上書きしてよい場合は、ログから作成したスクリプトを編集し、上書きを自動化するスクリプト「SET SAFETY …」（p.426参照）を追加します。
> 　また、作成されるテーブルをナビゲーターの所定のフォルダーに表示したい場合は、「SET FOLDER …」（p.168参照）を追加します。

3-5-3 〔エクスポート〕コマンド

ACLでは、テーブルのレコードを他のアプリケーションのファイル形式に出力することができます。

主なファイル形式は、Excel、CSVファイル、Access等です。

次のような場合に使用します。
- 監査先または関係部署等に調査を依頼する場合、Excel等に出力してデータを提供する。
- 抽出した取引ごとに証憑突合する場合、該当の取引を出力したExcelファイルに突合結果を記録する。
- 監査手続の結果のテーブルを保存するため、Excelファイルに出力する。

…等

操作 「売上取引データ_金額10000000超」テーブルをExcelファイルにエクスポートします。

「研修プロジェクト2.acl」で操作します（「00ACL」-「ACL操作研修2」フォルダー）。

※「売上取引データ_金額10000000超」テーブル（p.278で作成）を使用します。作成していない場合は、他のテーブルを使用してください。

① 「売上取引データ_金額10000000超」テーブルを開きます。
② 〔データ〕-〔エクスポート〕をクリックします。または、ツールバーの〔エクスポート〕ボタン（🖼）をクリックします。
③ 「ビュー」を選択します。

現在のビューと同じフィールドが同じ並び順でエクスポートされます。

「フィールド」を選択すると、〔エクスポートフィールド〕で、エクスポートしたいフィールドを選択できます。
フィールドを選択した順番がエクスポート先のフィールドの並び順になります。

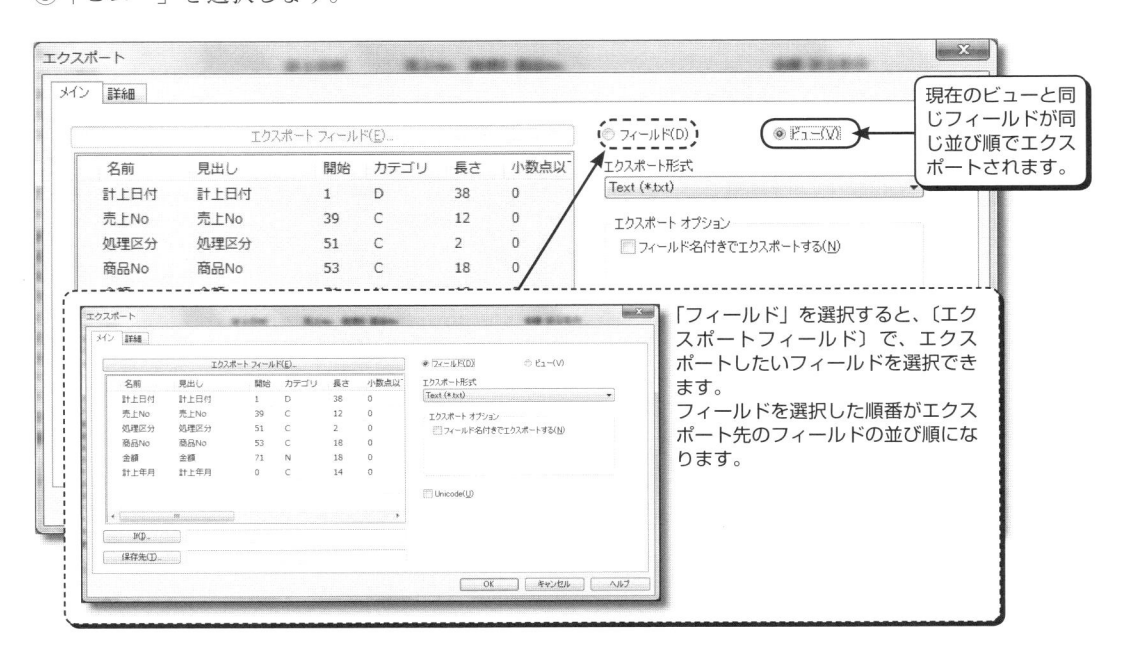

④「エクスポート形式」で、使用しているExcelのバージョンに一致する選択肢を選択します。
（図では「Excel 07-2010（*.xlsx）」を選択しています。）

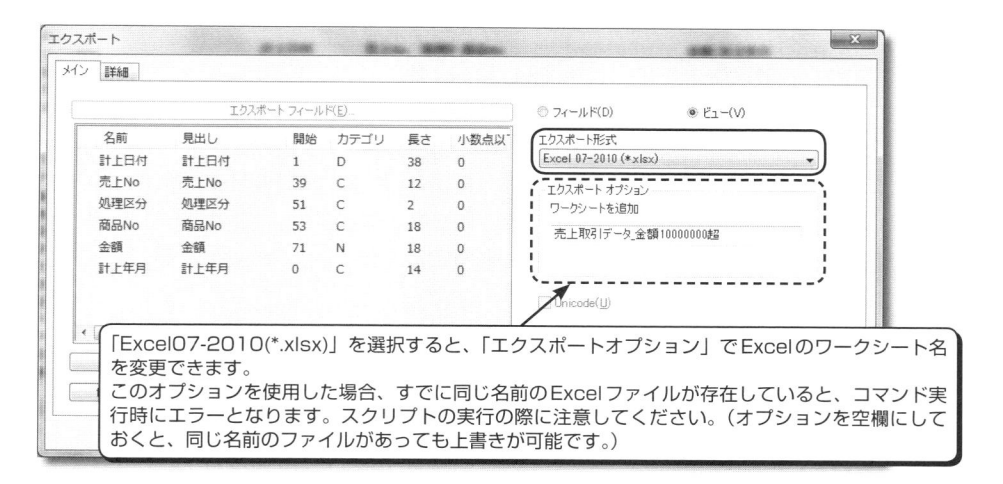

> 「Excel07-2010(*.xlsx)」を選択すると、「エクスポートオプション」でExcelのワークシート名を変更できます。
> このオプションを使用した場合、すでに同じ名前のExcelファイルが存在していると、コマンド実行時にエラーとなります。スクリプトの実行の際に注意してください。（オプションを空欄にしておくと、同じ名前のファイルがあっても上書きが可能です。）

注意

Excelのバージョン

　Excelは、バージョンによって、「エクスポート形式」での選択肢が異なります。お使いのExcelのバージョンに合わせて選択してください。
- Excel 07-2010（*.xlsx）　…Excel2007以降のバージョン
- Excel 97-2003（*.xls）……Excel97からExcel2003
- Excel 2.1（*.xls）…………Excel2000より前のバージョン

⑤「保存先」に新規作成されるExcelファイル名として「売上取引エクスポート」と入力し、〔OK〕ボタンをクリックします（保存先を指定しない場合、プロジェクト（.acl）と同じフォルダーに保存されます。保存先を指定する場合は、〔保存先〕ボタンでフォルダーを指定してください）。

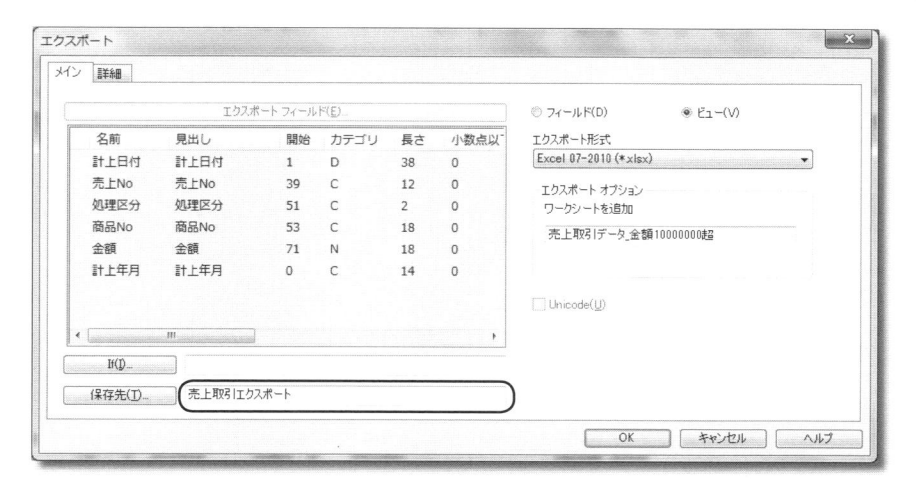

[Point] [**Hint**] [注意] [重要]

カンマ区切りテキスト形式にエクスポートする場合

　〔エクスポート〕コマンドで「保存先」(ファイル名)を入力する際、ファイルの拡張子は入力しなくてもエクスポート形式に応じて自動的に付けられます。

　ただし、エクスポート形式で「カンマ区切りテキスト (*.del)」を選択した場合、自動で付けられる拡張子は、「.del」となります。この拡張子は、通常Windowsに認識されていないため、作成されたファイルを開こうとすると「プログラムがありません」といったエラーメッセージが表示されます(メモ帳等を指定すれば開くことができます)。

　エクスポート形式として「カンマ区切りテキスト (*.del)」を選択する場合は、ファイル名に「.csv」という拡張子を入力するようにしてください。

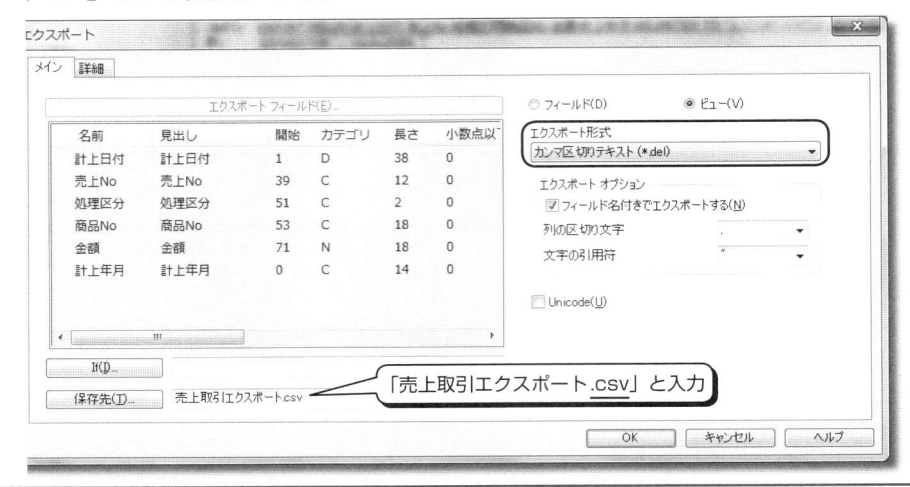

「売上取引エクスポート.csv」と入力

結 果

処理の結果が表示されます。

「ACL操作研修2」フォルダーに、「売上取引データ_金額10000000超」テーブルのデータを持つExcelファイル「売上取引エクスポート.xlsx」が作成されました。

```
コマ   EXPORT FIELDS 計上日付 AS '計上日付' 売上No AS '売上No' 処理区分 AS '処理区分' 商品No AS '商品No' 金額 AS '金額' 計上年月
ンド:  AS '計上年月' XLSX TO "売上取引エクスポート" WORKSHEET 売上取引データ_金額10000000超

18:06:57 - 2014/11/30
   69 件のレコードが生成されました
   D:\00ACL\ACL操作研修2\売上取引エクスポート.xlsx への出力は完了しました
```

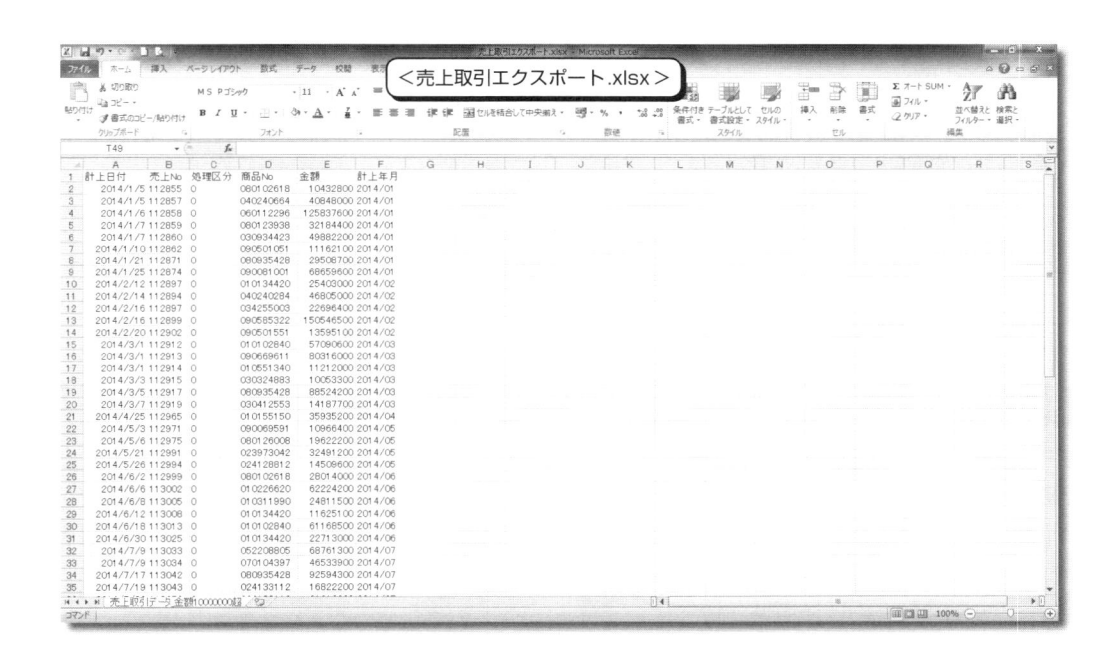

＜売上取引エクスポート.xlsx＞

> スクリプトの作成

〔エクスポート〕コマンドの操作のログからスクリプトを作成します。
※スクリプトの作成・実行の操作の詳細は、**第4章**を参照してください。

① ナビゲーターからログ（📄研修プロジェクト2）をダブルクリックし、ログの一覧を開きます。
② 必要なログを選択し、画面上で右クリックして、〔選択項目の保存〕−〔スクリプト〕をクリックします。
　〔エクスポート〕コマンドのログは、「EXPORT …」です。

```
☒✓ OPEN 売上取引データ_金額10000000超
   ☒✓ EXPORT FIELDS 計上日付 AS '計上日付' 売上No AS '売上No' 処理区分 AS '処理区分' 商品
```

③ スクリプトの名前を入力します。「S53_エクスポート」と入力して〔OK〕ボタンをクリックします。

> 結果

作成したスクリプトがナビゲーターに表示されます。

> **Point** Hint 注意 重要
>
> **SET SAFETYの追加**
> 　演算フィールドや新規テーブル、新規ファイルの作成を含むスクリプトを実行する場合、すでに同じ名前のフィールドやテーブル、ファイルが存在していると、上書きしてよいか確認するメッセージが表示されます。
> 　自動で上書きしてよい場合は、ログから作成したスクリプトを編集し、上書きを自動化するスクリプト「SET SAFETY …」（p.426参照）を追加します。

第3章 データ分析

3-6 レコードの並べ替え

監査では、特定の条件に従ってデータを抽出することも必要ですが、データを並び替える等で、異なった視点でデータ全体を俯瞰することも重要です。
ACLでは、以下の機能でレコードの並べ替えが行えます。

- 〔並べ替え〕コマンド
- 〔インデックス〕コマンド
- クイック ソート

3-6-1 〔並べ替え〕コマンド

〔並べ替え〕コマンドは、指定したフィールドに基づいてレコードを並べ替えて新規テーブルを作成します。

> **注意**
> 〔並べ替え〕コマンドの実行には、十分なディスクの空き容量が必要です。

操作 「在庫データ」テーブルを「最終出荷日」の降順に並べ替えたテーブルを作成します。

「研修プロジェクト2.acl」で操作します(「00ACL」-「ACL操作研修2」フォルダー)。

① 「在庫データ」テーブルを開きます。
② メニューの〔データ〕-〔並べ替え〕をクリックします。または、ツールバーの〔並べ替え〕ボタン（ ）をクリックします。

③〔並べ替えの対象〕ボタンをクリックし、「使用可能なフィールド」から「最終出荷日」をダブルクリックして、「選択済みのフィールド」の三角のアイコンで降順の設定にします。

（1）クリック
（2）ダブルクリック
（3）▲をクリック 降順（▼）にします。

並べ替えのキーとなるフィールドは複数指定できます。指定した順に並べ替えの優先順位が設定されます。

④「選択済みのフィールド」画面で、〔OK〕ボタンをクリックします。
⑤「保存先」にテーブル名（filファイル名）を入力します。「在庫データ_最終出荷日降順」として〔OK〕ボタンをクリックします（filファイルは、保存先を指定しない場合、プロジェクト（.acl）と同じフォルダーに保存されます。〔保存先〕ボタンでフォルダーを変更できますが、通常はプロジェクトと同じフォルダーに保存します）。
※テーブル名の命名規則は、p.148を参照してください。

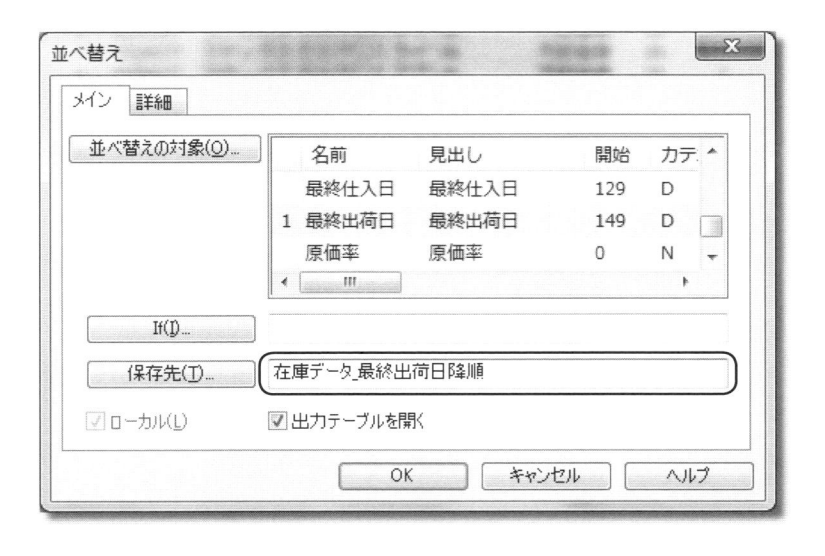

結果

「在庫データ_最終出荷日降順」テーブルが作成されます。
最終出荷日の降順でレコードが並べ替えられています。

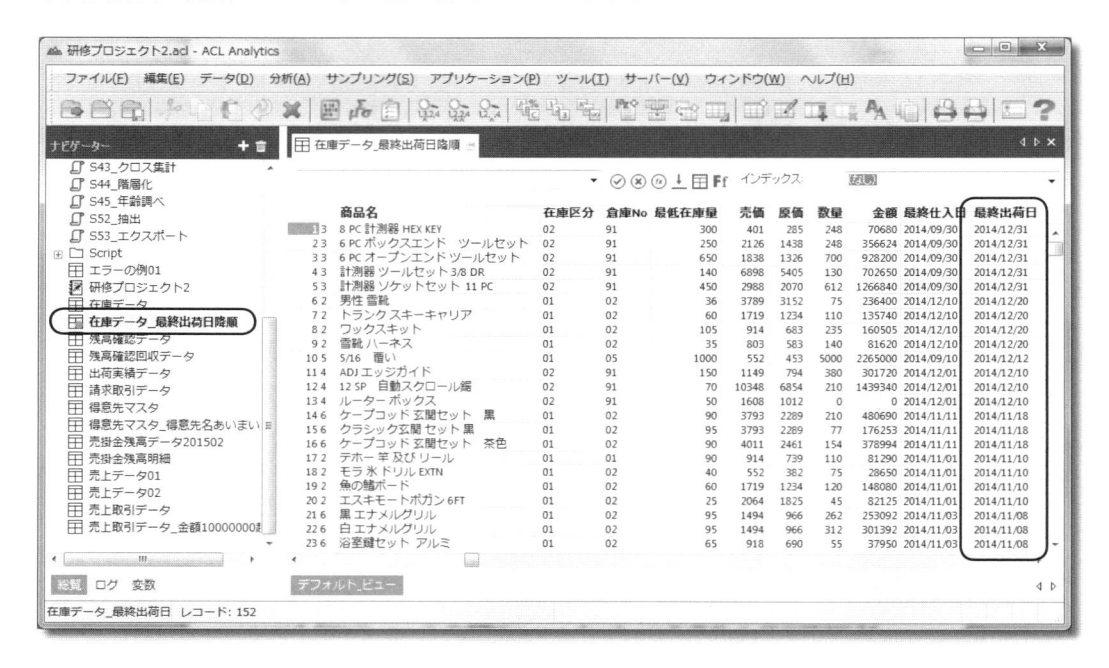

> スクリプトの作成

〔並べ替え〕コマンドの操作のログからスクリプトを作成します。
※スクリプトの作成・実行の操作の詳細は、**第4章**を参照してください。

① ナビゲーターからログ（📁研修プロジェクト2）をダブルクリックし、ログの一覧を開きます。
② 必要なログを選択し、画面上で右クリックして、〔選択項目の保存〕-〔スクリプト〕をクリックします。
〔並べ替え〕コマンドのログは、「SORT …」です。作成されたテーブルを開くログ（OPEN "在庫データ_最終出荷日降順"）は選択する必要はありません。

```
☒ ✅ OPEN 在庫データ
    ☒ ✅ SORT ON 最終出荷日 D TO "在庫データ_最終出荷日降順" OPEN ISOLOCALE ja_JP
    ☐ ✅ OPEN "在庫データ_最終出荷日降順"
```

③ スクリプトの名前を入力します。「S61_並べ替え」と入力して〔OK〕ボタンをクリックします。

> 結 果

作成したスクリプトがナビゲーターに表示されます。

> **Point** Hint 注意 重要
>
> **SET SAFETYとSET FOLDERの追加**
> 　演算フィールドや新規テーブル、新規ファイルの作成を含むスクリプトを実行する場合、すでに同じ名前のフィールドやテーブル、ファイルが存在していると、上書きしてよいか確認するメッセージが表示されます。
> 　自動で上書きしてよい場合は、ログから作成したスクリプトを編集し、上書きを自動化するスクリプト「SET SAFETY …」（p.426参照）を追加します。
> 　また、作成されるテーブルをナビゲーターの所定のフォルダーに表示したい場合は、「SET FOLDER …」（p.168参照）を追加します。

3-6-2 〔インデックス〕コマンド

3-6-1の〔並べ替え〕コマンドでは、新規テーブルが作成されます。

〔インデックス〕コマンドでは、テーブルとは別にインデックスファイルを作成し、その情報によりレコードを並べ替えます。レコードが物理的に並べ替えられるわけではないため、インデックスの適用を無効にすると元の並び順に戻ります。

インデックスファイルには、「.inx」という拡張子が付きます。インデックスファイルは、並べ替えの基準となるフィールドと順番の情報のみのファイルであるため、ファイルサイズは大きくありません。

操作 インデックスを使用して、「在庫データ」テーブルを「最終出荷日」の降順に並べ替えます。

「研修プロジェクト2.acl」で操作します（「00ACL」-「ACL操作研修2」フォルダー）。

① 「在庫データ」テーブルを開きます。
② メニューの〔データ〕-〔インデックス〕をクリックします。
③ 〔インデックスの対象〕ボタンをクリックし、「使用可能なフィールド」から「最終出荷日」をダブルクリックして、「選択済みのフィールド」の三角のアイコンで降順の設定にします。

(1) クリック
(2) ダブルクリック
(3) ▲をクリック 降順（▼）にします。

並べ替えのキーとなるフィールドは複数指定できます。指定した順に並べ替えの優先順位が設定されます。

④「選択済みのフィールド」画面で、〔OK〕ボタンをクリックします。

⑤「保存先」にインデックスファイル名を入力します。「在庫データ_最終出荷日降順インデックス」として〔OK〕ボタンをクリックします（保存先を指定しない場合、プロジェクト（.acl）と同じフォルダーに保存されます。〔保存先〕ボタンでフォルダーを変更できますが、通常はプロジェクトと同じフォルダーに保存します）。

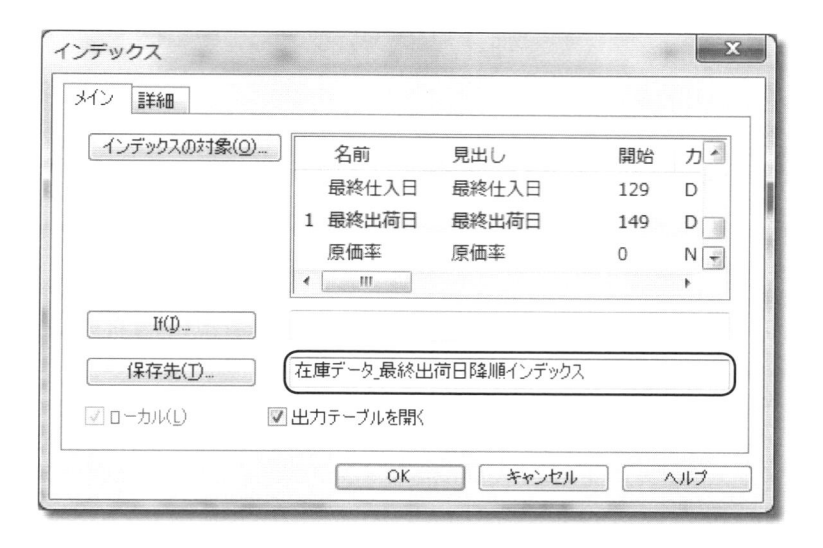

結果

「在庫データ」テーブルが最終出荷日の降順に並べ替えられました。
ビューの右上部を見ると、作成したインデックスが適用されていることが分かります。

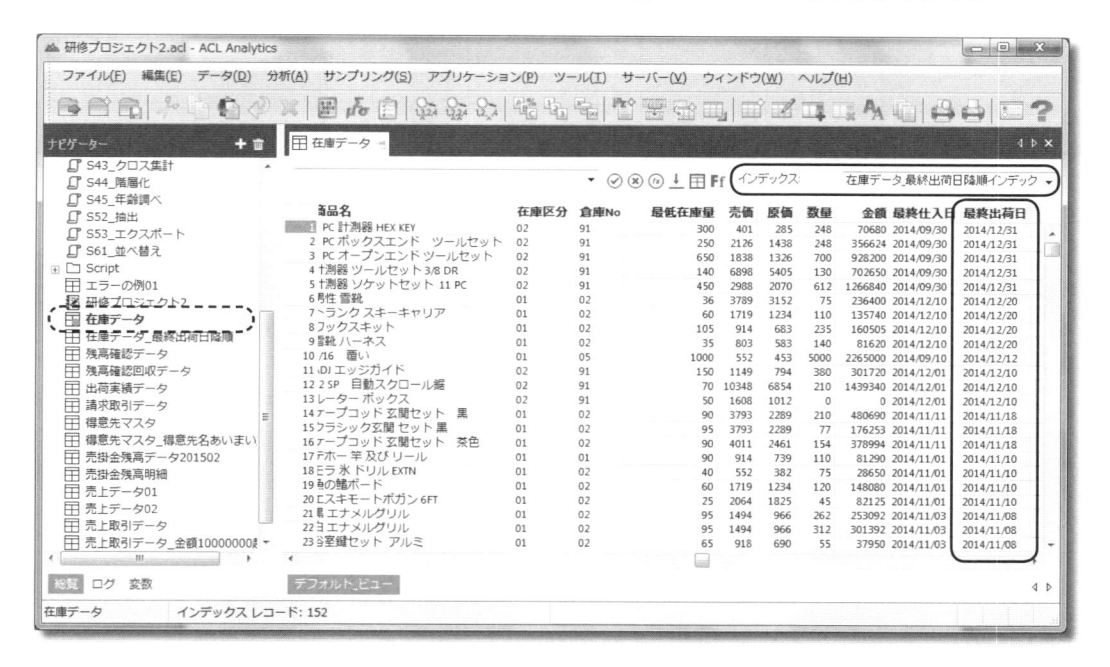

> **Hint** インデックスの有効／無効
>
> テーブルを閉じるとインデックスの適用は無効になります。インデックスファイルが削除されるわけではないため、再度選択すれば有効になります。有効／無効は、インデックスのリストからインデックス名または「(なし)」を選択することで切り替えられます。

> **Hint** 複数のインデックスが作成できる
>
> インデックスは、1つのテーブルにつき、複数作成できます(1度に有効にできるのは1つのみ)。

> **Point** 〔並べ替え〕コマンドと〔インデックス〕コマンドで作成したインデックスを使用する場合の比較
>
> | | 〔並べ替え〕コマンド | インデックスの使用 |
> | --- | --- | --- |
> | 実行結果の新規テーブル | 作成される | 作成されない |
> | レコードの物理的な並べ替え | 実行される | 実行されない |
> | 実行速度 | 遅い | 速い |
> | 処理に必要なディスクの空き容量 | 多い | 少ない |
> | コマンド実行後のファイルサイズ | 大きい | 小さい |
> | コマンド実行後のファイル全体の処理 | 速い | 遅い |
> | コマンド実行後の文字型フィールドの検索 | 遅い | 速い |

> **Hint** インデックスの削除・名前変更
>
> インデックスの削除や名前変更は、テーブルプロパティの〔インデックス〕タブで行います。
>
> 【手順】
> ① ナビゲーターで対象のテーブルを右クリックし、〔プロパティ〕をクリックします。
> ② 「テーブル プロパティ」画面の〔インデックス〕タブをクリックします。
> ③ 対象のインデックスを選択し、〔名前変更〕や〔削除〕を実行します。

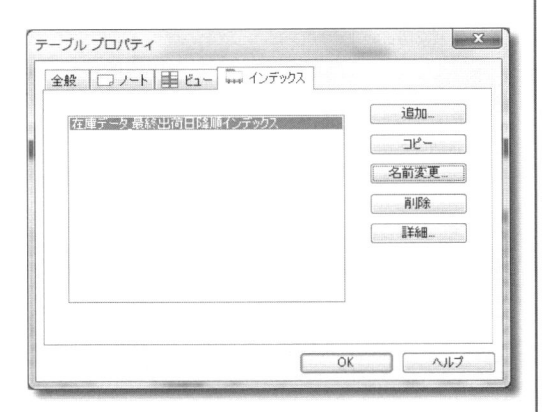

スクリプトの作成

〔インデックス〕コマンドの操作のログからスクリプトを作成します。
※スクリプトの作成・実行の操作の詳細は、**第4章**を参照してください。

① ナビゲーターからログ（📁 研修プロジェクト2）をダブルクリックし、ログの一覧を開きます。
② 必要なログを選択し、画面上で右クリックして、〔選択項目の保存〕-〔スクリプト〕をクリックします。
　〔インデックス〕コマンドのログは、「INDEX …」です。
　「SET INDEX …」はインデックスの適用です。

```
☒✓ OPEN 在庫データ
    ☒✓ INDEX ON 最終出荷日  D  TO "在庫データ_最終出荷日降順インデックス" OPEN ISOLOCALE ja_JP
    ☒✓ SET INDEX TO "在庫データ_最終出荷日降順インデックス"
```

③ スクリプトの名前を入力します。「S62_インデックス」と入力して〔OK〕ボタンをクリックします。

結果

作成したスクリプトがナビゲーターに表示されます。

> **Point**　Hint　注意　重要
>
> **SET SAFETYの追加**
> 　インデックスの作成を含むスクリプトを実行する場合、すでに同じ名前のインデックスファイル（.INX）が存在していると、上書きしてよいか確認するメッセージが表示されます。
> 　自動で上書きしてよい場合は、ログから作成したスクリプトを編集し、上書きを自動化するスクリプト「SET SAFETY …」（p.426参照）を追加します。

3-6-3 クイック ソート

簡単に並べ替えの結果を見たい場合は、クイック ソートが便利です。

クイック ソートは、新規テーブルを作成することなく、テーブル上で並べ替えができます。ただし、テーブルを閉じると無効になります。また、並べ替えの基準にできるフィールドは1つのみです。

クイック ソートは簡易的な並べ替えであるため、並べ替えが必要かどうか試行錯誤の過程で使用することが多い機能です。並べ替えの操作を監査手続の実施過程として残す必要がある場合は、〔並べ替え〕または〔インデックス〕コマンドを使用してください。

操作 「在庫データ」テーブルで、クイック ソートの機能で「最低在庫量」を昇順に並べ替えます。

「研修プロジェクト2.acl」で操作します（「00ACL」－「ACL操作研修2」フォルダー）。

① 「在庫データ」テーブルを開きます。
② 「最低在庫量」フィールドの列見出しを右クリックし、〔クイック ソート 昇順〕をクリックします。（インデックスが適用されている場合は、インデックスが無効になります。）

結果

レコードが並べ替えられて表示されます。

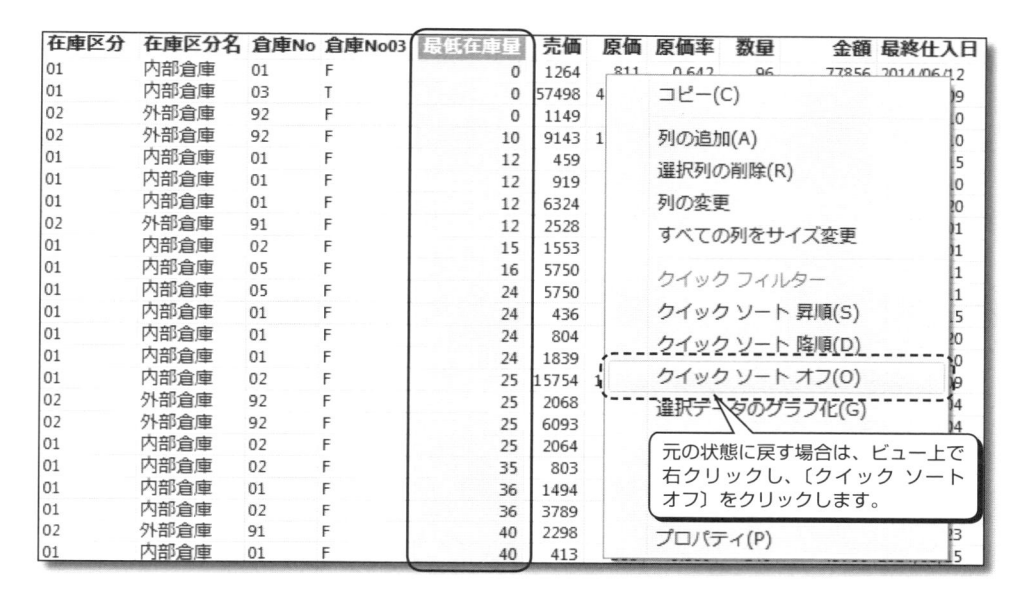

在庫区分	在庫区分名	倉庫No	倉庫No03	最低在庫量	売価	原価	原価率	数量	金額	最終仕入日
01	内部倉庫	01	F	0	1264	811	0.642	96	77856	2014/06/12
01	内部倉庫	03	T	0	57498					
02	外部倉庫	92	F	0	1149					
02	外部倉庫	92	F	10	9143					
01	内部倉庫	01	F	12	459					
01	内部倉庫	01	F	12	919					
01	内部倉庫	01	F	12	6324					
02	外部倉庫	91	F	12	2528					
01	内部倉庫	02	F	15	1553					
01	内部倉庫	05	F	16	5750					
01	内部倉庫	05	F	24	5750					
01	内部倉庫	01	F	24	436					
01	内部倉庫	01	F	24	804					
01	内部倉庫	01	F	24	1839					
01	内部倉庫	02	F	25	15754					
02	外部倉庫	92	F	25	2068					
02	外部倉庫	92	F	25	6093					
01	内部倉庫	02	F	25	2064					
01	内部倉庫	02	F	35	803					
01	内部倉庫	01	F	36	1494					
01	内部倉庫	02	F	36	3789					
02	外部倉庫	91	F	40	2298					
01	内部倉庫	01	F	40	413					

右クリックメニュー:
- コピー(C)
- 列の追加(A)
- 選択列の削除(R)
- 列の変更
- すべての列をサイズ変更
- クイック フィルター
- クイック ソート 昇順(S)
- クイック ソート 降順(D)
- クイック ソート オフ(O)
- 選択データのグラフ化(G)
- プロパティ(P)

元の状態に戻す場合は、ビュー上で右クリックし、〔クイック ソート オフ〕をクリックします。

Point

インデックスとクイック ソートの相違点

クイック ソートは、簡易ソートのため、インデックスの作成等の準備が必要ありません。

ただし、ソートした結果は保存されません。インデックスのように、繰り返し同じソート設定を適用することができないため、ソートの都度操作が必要です。

並べ替えのキーとなるフィールドも1つしか選択できません。

注意

クイック ソートのログから作成したスクリプトは使用できない

クイック ソートを実行すると図のようなログが記録されます（〔クイック ソート オフ〕のログは記録されません）。

```
OPEN 在庫データ
    INDEX ON 最低在庫量 TO "ACLQSTMP13" ISOLOCALE ja_JP
```

「ACLQSTMPXX」（XXは数字）はクイック ソートで内部的に作成されるインデックスファイル（ACLQSTMPXX.INX）で、クイック ソートをオフにすると、自動的に削除されます。

そのため、このログからスクリプトを作成しても、スクリプト実行時に同じインデックスファイルが存在せず、スクリプトを正常に実行することができません（スクリプトのエラーは出ませんが、ソートされません）。

3-7 複数テーブルの利用

監査手続を実施する際には、複数のテーブルのデータを使用することが多くなります。
複数のテーブルのデータを使用するには、以下のメニューコマンドでテーブルを統合します。

- 既存のテーブルに別のテーブルのレコードを追加する：
  - 〔抽出〕コマンド（「既存のファイルに追加する」オプション使用）
- 別のテーブルのフィールドを利用する：
  - 〔結合〕コマンド
  - 〔関連付け〕コマンド

3-7-1 〔抽出〕コマンドでレコードを追加する

例えば、売上取引のデータを単月で入手して個々のテーブルを作成している場合に、4〜6月の3ヶ月のデータからサンプリングを行うことがあります。このときは、4、5、6月の各テーブルのレコードを1つのテーブルにまとめなければなりません。
〔抽出〕コマンド（p.278）の「既存のファイルに追加する」オプションを使用すると、同じテーブルレイアウトのテーブルのレコードを1つのテーブルにまとめることができます。

操作　「売上データ01」テーブル（1〜6月の売上データ）のレコードに、「売上データ02」テーブル（7〜12月の売上データ）のレコードを追加してみましょう。以下の手順で操作します。
1. 1つ目のテーブル（売上データ01）のレコードを抽出した統合用の新規テーブルを作成
2. 2つ目のテーブル（売上データ02）のレコードを統合用テーブルに追加

> **注意**
> レコードの追加の操作は、取り消すことができません。そのため、ここでは、「売上データ01」テーブルに直接レコードを追加せず、統合用のテーブルを新規に作成します。

「研修プロジェクト2.acl」で操作します（「00ACL」-「ACL操作研修2」フォルダー）。

1. 1つ目のテーブル（売上データ01）のレコードを抽出した統合用の新規テーブルを作成

① 「売上データ01」テーブルを開きます（レコード数は161件です）。

② メニューの〔データ〕-〔抽出〕をクリックします。または、ツールバーの〔抽出〕ボタン（🔲）をクリックします。

③「売上データ01」テーブルの全レコードを新しいテーブルに出力します。「レコード」を選択し、新しいテーブル名として、〔保存先〕に「売上データ統合」と入力して〔OK〕ボタンをクリックします（filファイルは、保存先を指定しない場合、プロジェクト（.acl）と同じフォルダーに保存されます。〔保存先〕ボタンでフォルダーを変更できますが、通常はプロジェクトと同じフォルダーに保存します）。

※テーブル名の命名規則は、p.148を参照してください。

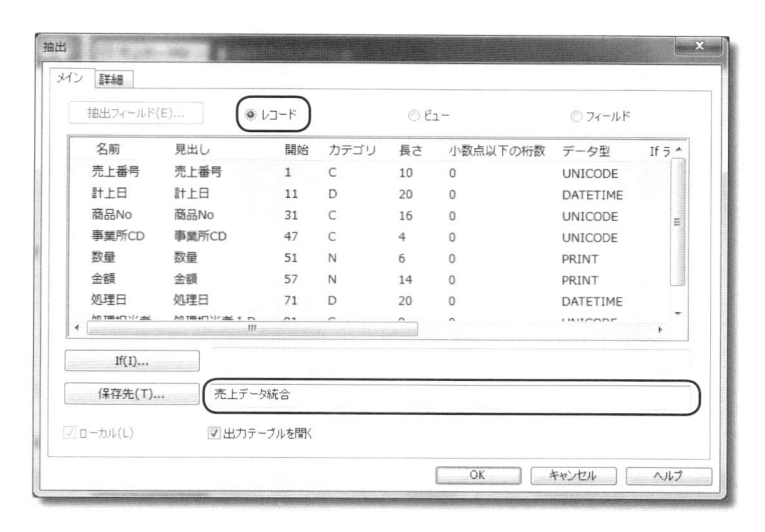

結果

「売上データ01」テーブルと同じ内容の「売上データ統合」テーブルが作成されます。
「ACL操作研修2」フォルダーに、「売上データ統合.FIL」ファイルも作成されています。

2．2つ目のテーブル（売上データ02）のレコードを統合用テーブルに追加

① 「売上データ02」テーブルを開きます（レコード件数は177件です）。
② メニューの〔データ〕-〔抽出〕をクリックします（または、ツールバーの〔抽出〕ボタン（🔲）をクリック）。
③ 〔詳細〕タブで、「既存のファイルに追加する」にチェックマークを付けます。

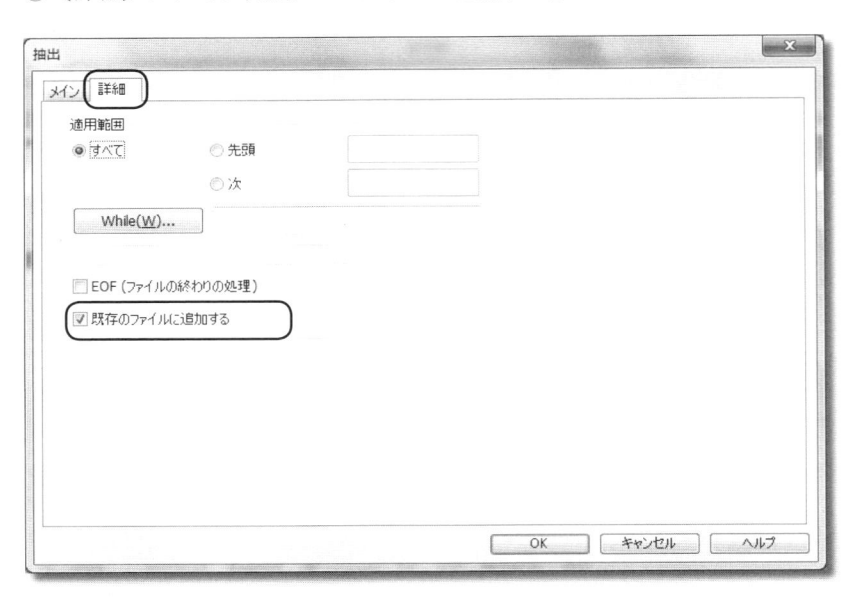

④ 〔メイン〕タブに戻り、「レコード」を選択します。

⑤〔保存先〕に1.で作成したテーブル「売上データ統合」を指定します。〔保存先〕ボタンをクリックし、「ACL操作研修2」フォルダーから「売上データ統合.FIL」を選択して、〔保存〕ボタンをクリックします。

> ファイル名を手入力することもできますが、filファイルを選択することで、ファイル名の入力ミスを防ぐことができます。

⑥〔OK〕ボタンをクリックします。

Point **Hint** 注意 重要

「既存のファイルに追加する」にチェックマークを付け忘れた場合

「既存のファイルに追加する」オプションにチェックマークを付けていない状態で、〔保存先〕に既存のテーブル名を指定すると、既存テーブルを上書きしてよいかを確認するメッセージが表示されます。

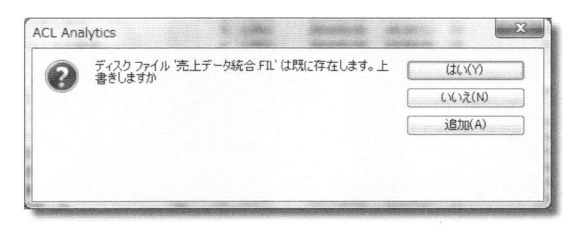

〔追加〕ボタンをクリックすると、上書きではなく、レコードの追加が行えます。

ただし、記録されるログの内容は、「既存のファイルに追加する」にチェックマークを付けていた場合とは異なりますので、スクリプト作成時には注意が必要です。詳細は、p.305の 注意 を参照してください。

結果

「売上データ統合」テーブル（「売上データ01」テーブルのレコード）に「売上データ02」テーブルのレコードが追加されました。レコード件数は、338件になりました。

（レコードの追加が失敗している場合）

レコードの追加が失敗している場合は、2つ目に追加したテーブルのデータがずれて表示されます。

作成されたテーブルを下方までスクロールし、データがずれていないことを確認しましょう。

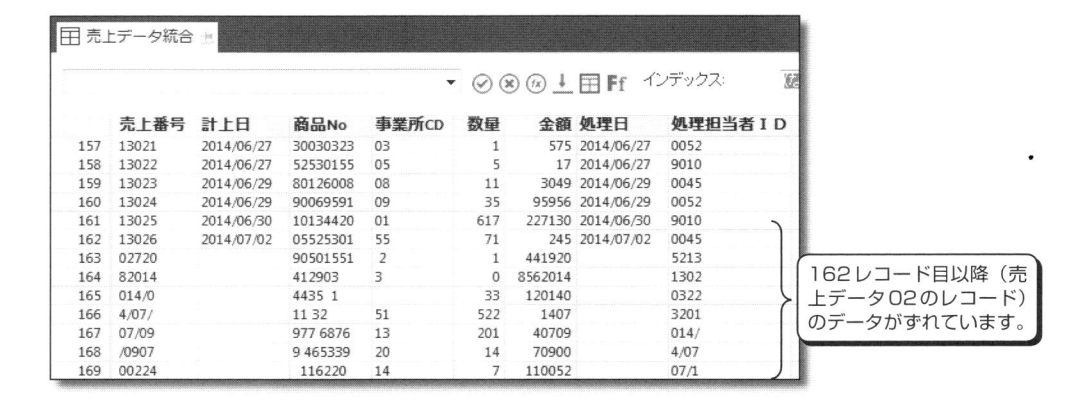

162レコード目以降（売上データ02のレコード）のデータがずれています。

既存のテーブルに、別のテーブルのレコードを追加するには、テーブル同士の構造が同じでなければなりません。次ページの 注意 を参照してください。

[注 意]

レコードを追加する場合のテーブル同士のテーブル構造について

レコードを追加する互いのテーブルは、以下のテーブル構造が同じでなければなりません。

- フィールドの数と並び順

    並び順とは、ビュー上の並び順ではなく、テーブル レイアウト（p.150）上の並び順です。

    2つのテーブルで並び順が異なる場合は、〔抽出〕コマンドを実行する際に、フィールドの並び順を指定してください。

※フィールド名は異なっていても構いません。

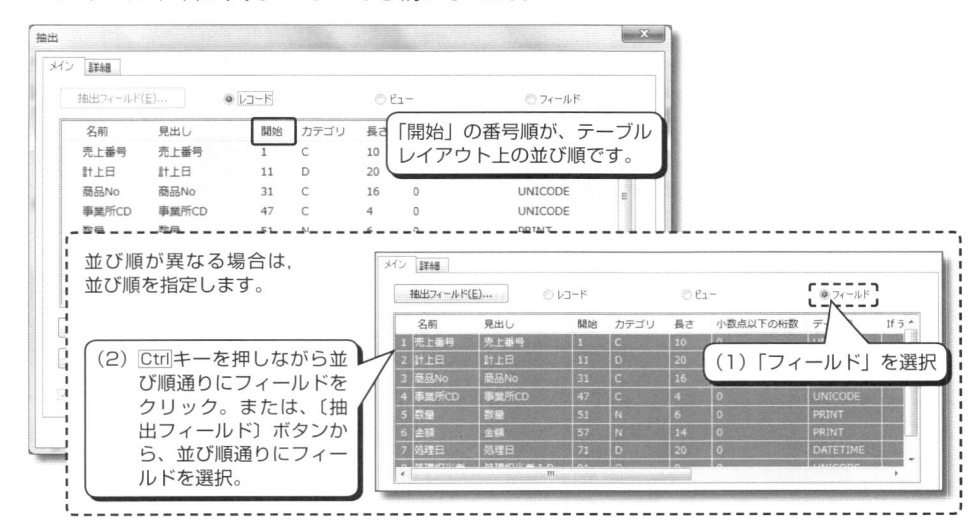

「開始」の番号順が、テーブル レイアウト上の並び順です。

並び順が異なる場合は、並び順を指定します。

(1)「フィールド」を選択

(2) Ctrl キーを押しながら並び順通りにフィールドをクリック。または、〔抽出フィールド〕ボタンから、並び順通りにフィールドを選択。

- フィールドのデータ型 ※日付時刻型の場合は、書式も同一であることが必要。
- フィールドの長さ

    データ型、長さは、テーブル レイアウトで確認できます。

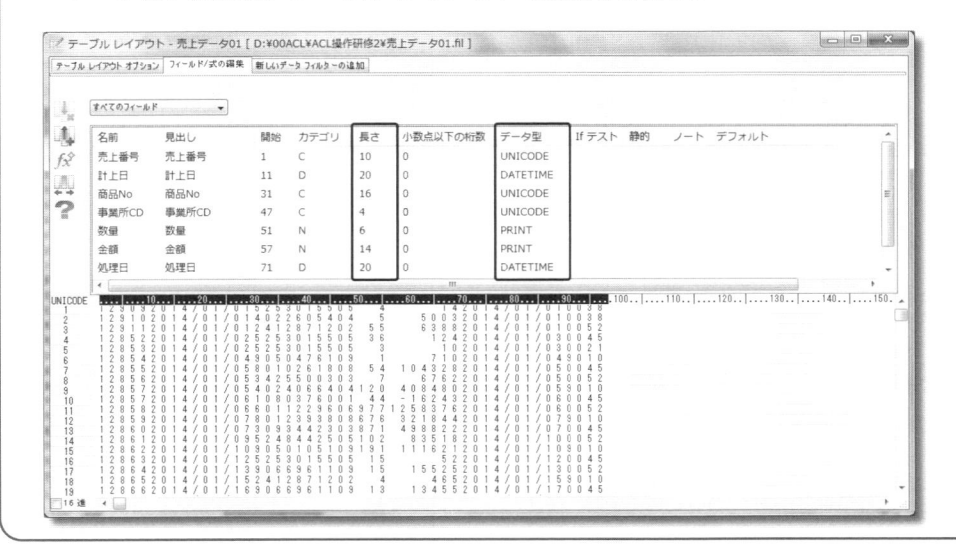

> スクリプトの作成

レコードの追加の操作のログからスクリプトを作成します。
※スクリプトの作成・実行の操作の詳細は、**第4章**を参照してください。

① ナビゲーターからログ（📁研修プロジェクト2）をダブルクリックし、ログの一覧を開きます。
② 必要なログを選択し、画面上で右クリックして、〔選択項目の保存〕-〔スクリプト〕をクリックします。
　〔抽出〕コマンドのログは、「EXTRACT …」です。

```
☐ ☒✓ OPEN 売上データ01
       ☒✓ EXTRACT RECORD TO "売上データ統合" OPEN
   ☐✓ OPEN "売上データ統合"
☐ ☒✓ OPEN 売上データ02
       ☒✓ EXTRACT RECORD TO "売上データ統合.FIL" OPEN APPEND
   ☐✓ OPEN "売上データ統合"
```

作成されたテーブルを開くログです（選択する必要はありません）。

「既存のファイルに追加する」を選択していると、末尾に「APPEND」がつきます。

③ スクリプトの名前を入力します。「S71_レコードの追加」と入力して〔OK〕ボタンをクリックします。

> 結 果

作成したスクリプトがナビゲーターに表示されます。

> Point / Hint / **注意** / 重要
>
> #### 「既存のファイルに追加する」にチェックマークを付け忘れた場合のスクリプト
> 　「既存のファイルに追加する」オプションにチェックマークを付けず、既存テーブルの上書きを確認するメッセージで〔追加〕ボタンをクリックした場合、オプションを選択していた場合と同様に、レコードを追加できます（p.301「 Hint 「既存のファイルに追加する」にチェックマークを付け忘れた場合」）。
> 　しかし、ログに記録される内容は異なりますので、スクリプト作成時には注意が必要です。
> ●「既存のファイルに追加する」にチェックマークを付けた場合：
>
> ```
> ☐ ✓ OPEN 売上データ02
>     ☐ ✓ EXTRACT RECORD TO "売上データ統合.FIL" OPEN APPEND
> ```
>
> ●「既存のファイルに追加する」にチェックマークを付けず、〔追加〕ボタンをクリックした場合：
>
> ```
> ☐ ✓ OPEN 売上データ02
>     ☐ ✓ EXTRACT RECORD TO "売上データ統合.FIL" OPEN [      ]
> ```
> 「APPEND」が付きません。
>
> 　「既存のファイルに追加する」にチェックマークを付けず、〔追加〕ボタンをクリックした場合は、ログからスクリプトを作成した後、作成されたスクリプトを編集して末尾に「APPEND」を追加する必要があります。

> Point / Hint / **注意** / 重要
>
> #### SET SAFETYを使用する際の注意
> 　新規テーブルの作成を含むスクリプトを実行する場合、すでに同じ名前のテーブルが存在していると、上書きしてよいか確認するメッセージが表示されるため、本書では、上書きを自動化するスクリプト「SET SAFETY OFF」（p.426参照）を追加することを推奨しています。
> 　ただし、〔抽出〕コマンドで既存のテーブルにレコードを追加するスクリプトでは、注意が必要です。
> 　p.301の「 Hint 「既存のファイルに追加する」にチェックマークを付け忘れた場合」、および、上の「 注意 「既存のファイルに追加する」にチェックマークを付け忘れた場合のスクリプト」にあるように、スクリプトに「APPEND」オプションが記述されていない場合、スクリプトの実行時に、既存のテーブルを上書きするかを確認するメッセージが表示されます。このときに、「SET SAFETY OFF」を追加していると、上書きを確認するメッセージが表示されないため、自動で上書きされてしまいます。
> 　スクリプトの内容を確認した上で、「SET SAFETY …」を使用するかどうかを決定してください。

> **Point** / Hint / 注意 / 重要
>
> #### SET FOLDERの追加
> 　新規テーブルが作成されるスクリプトで、テーブルをナビゲーターの所定のフォルダーに表示したい場合は、「SET FOLDER …」（p.168参照）を追加します。

3-7-2 〔結合〕コマンド

〔結合〕コマンドでは、2つのテーブルのレコードを結合して、1つの新しいテーブルを作成することができます。

下図の「給与支払台帳テーブル」と「従業員情報テーブル」を使用して、給与の支払額が適正かどうかを検証するとします。「給与支払台帳テーブル」は、給与の支払いごとのデータを蓄積したテーブルです。いつ誰にいくら支払ったかは分かりますが、従業員の「月額給与」の情報がないため、金額が適正かどうかはこのテーブルだけでは判断できません。

ここで、2つのテーブルを結合すると、「支払額」と「月額給与」の情報を持ったテーブルが作成できるため、2つの金額を比較し、適正な金額が支払われているかを検証することができます。

結合の基本的な動作は、2つのテーブルに共通のフィールド（キーフィールドと呼びます）の値が一致するレコード同士を1つのレコードとして連結し、そのレコードを新しいテーブルに出力するというものです。

下図の例では、「従業員ID」がキーフィールドです。

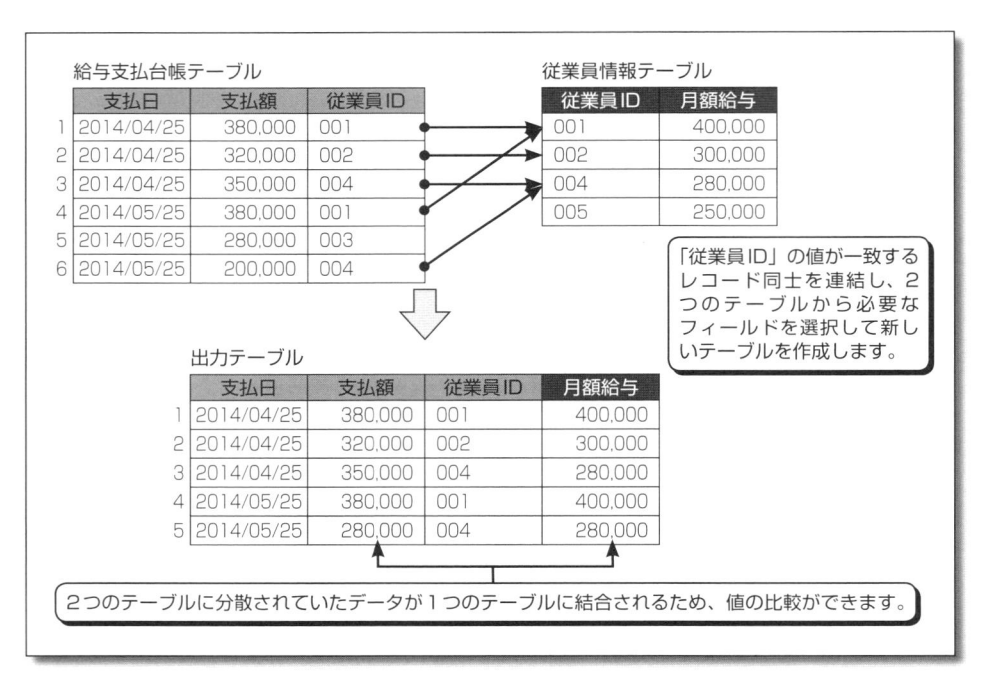

給与支払台帳テーブル

	支払日	支払額	従業員ID
1	2014/04/25	380,000	001
2	2014/04/25	320,000	002
3	2014/04/25	350,000	004
4	2014/05/25	380,000	001
5	2014/05/25	280,000	003
6	2014/05/25	200,000	004

従業員情報テーブル

従業員ID	月額給与
001	400,000
002	300,000
004	280,000
005	250,000

「従業員ID」の値が一致するレコード同士を連結し、2つのテーブルから必要なフィールドを選択して新しいテーブルを作成します。

出力テーブル

	支払日	支払額	従業員ID	月額給与
1	2014/04/25	380,000	001	400,000
2	2014/04/25	320,000	002	300,000
3	2014/04/25	350,000	004	280,000
4	2014/05/25	380,000	001	400,000
5	2014/05/25	280,000	004	280,000

2つのテーブルに分散されていたデータが1つのテーブルに結合されるため、値の比較ができます。

結合では、2つのテーブルを「主テーブル」と「副テーブル」に位置付けて考えます。結合は、多対1結合が一般的です。「多」とは、キーフィールドに同じ値が繰り返し出てくるテーブル（トランザクションテーブル）を指し、「1」は、キーフィールドに同じ値が1度しか出てこないテーブル（マスタテーブル）を指します。

一般に、トランザクションテーブルを主テーブル、マスタテーブルを副テーブルとして結合しま

す。図の例では、「給与支払台帳テーブル」が主テーブル、「従業員情報テーブル」が副テーブルです。

■結合のオプション

〔結合〕コマンドでは、「結合カテゴリ」というオプションを設定することにより、目的に応じて、出力テーブルに出力するレコードを変更することができます。

「結合カテゴリ」は6タイプあります。目的に合わせて適切なものを選択するようにしてください。

「結合カテゴリ」は、〔結合〕コマンドの〔詳細〕タブで設定します。

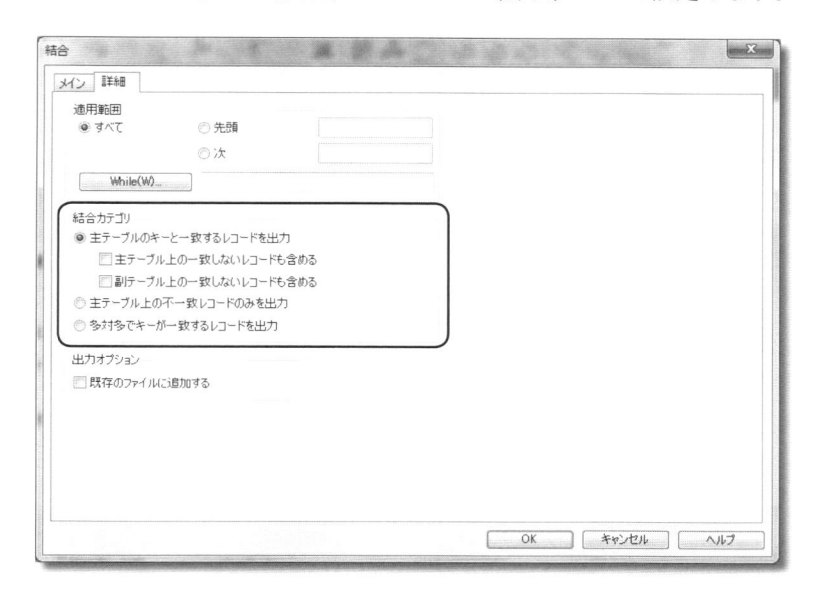

次ページから、「結合カテゴリ」の6タイプについて説明します。

(1) 主テーブルのキーと一致するレコードを出力

結合の最も基本的なタイプです。

主テーブルのキーフィールドの値が、副テーブルのキーフィールドの値と一致した場合、そのレコードを結合し、出力します。

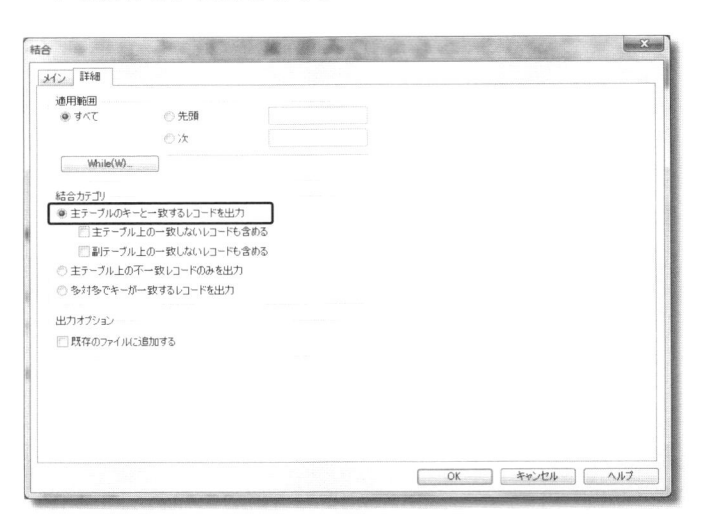

下図は、「給与支払台帳テーブル」（主テーブル）と「従業員情報テーブル」（副テーブル）の例です。キーフィールドは、「従業員ID」です。キーフィールドの値が一致したレコードのみが出力されます。（出力されるレコードを網掛けで示しています。）

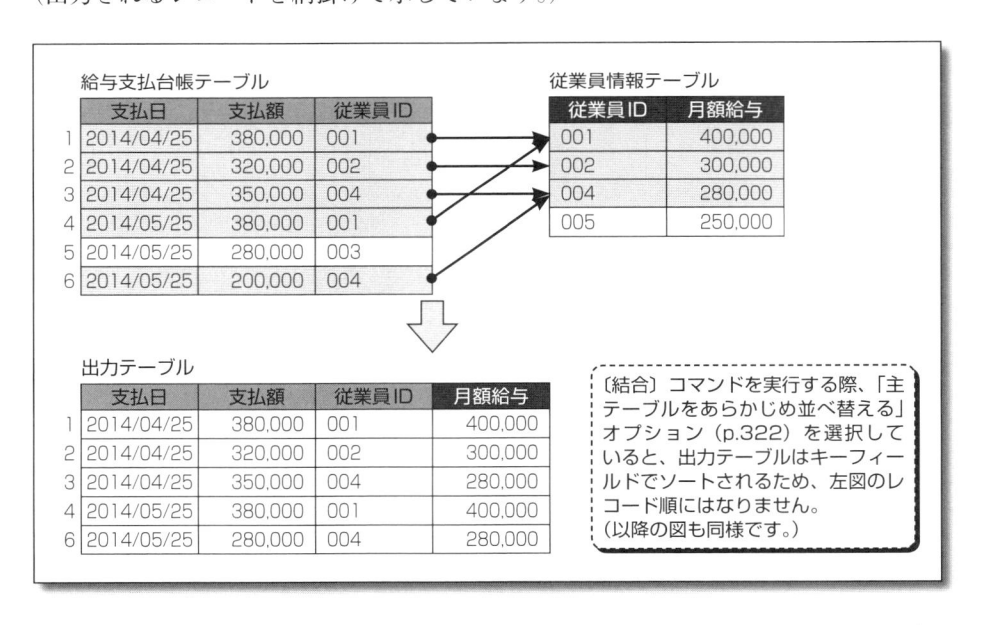

〔結合〕コマンドを実行する際、「主テーブルをあらかじめ並べ替える」オプション（p.322）を選択していると、出力テーブルはキーフィールドでソートされるため、左図のレコード順にはなりません。
（以降の図も同様です。）

「支払額」と「月額給与」を比較し、規定の給与との差額が異常に多い（少ない）ものをチェックできます。

(2) 主テーブルのキーと一致するレコードを出力＋主テーブル上の一致しないレコードも含める

キーフィールドの値が一致して出力されるレコードに加え、キーフィールドの値が副テーブルに存在しない主テーブルのレコードも出力されます。（主テーブルのレコードは、すべて出力されます。）

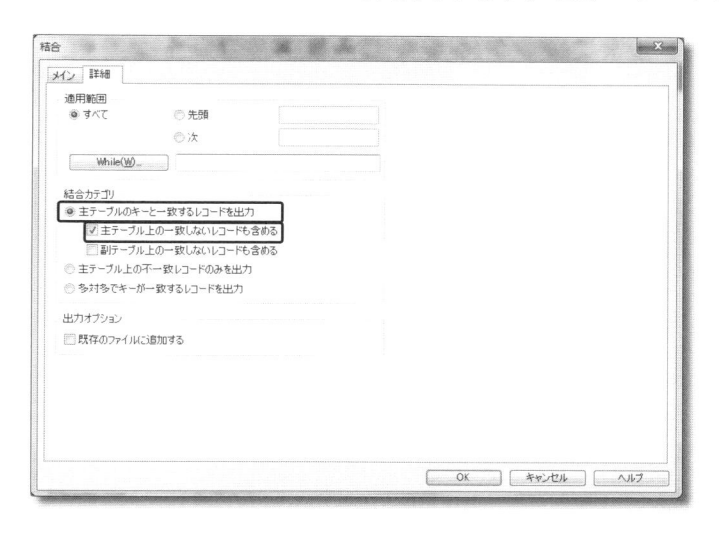

「給与支払台帳テーブル」からは、すべてのレコードが出力されます。5件目のレコードは、「従業員情報テーブル」に「従業員ID」の値が一致するレコードが存在しないため、「月額給与」のデータが「0」（ゼロ）になります。（キーフィールドの値が一致するレコードがないものを太枠で示しています。）

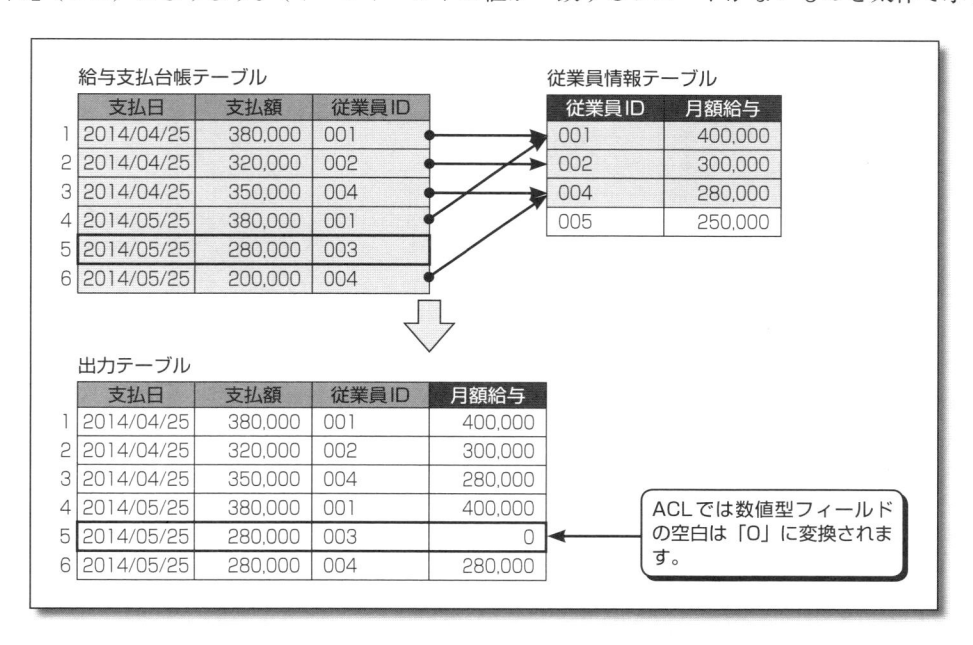

給与支払台帳テーブル

	支払日	支払額	従業員ID
1	2014/04/25	380,000	001
2	2014/04/25	320,000	002
3	2014/04/25	350,000	004
4	2014/05/25	380,000	001
5	2014/05/25	280,000	003
6	2014/05/25	200,000	004

従業員情報テーブル

従業員ID	月額給与
001	400,000
002	300,000
004	280,000
005	250,000

出力テーブル

	支払日	支払額	従業員ID	月額給与
1	2014/04/25	380,000	001	400,000
2	2014/04/25	320,000	002	300,000
3	2014/04/25	350,000	004	280,000
4	2014/05/25	380,000	001	400,000
5	2014/05/25	280,000	003	0
6	2014/05/25	280,000	004	280,000

ACLでは数値型フィールドの空白は「0」に変換されます。

出力テーブルで、「月額給与 = 0」のレコードを抽出することにより、「従業員情報テーブル」に存在しない従業員（退職者等）に給与が支払われていないかをチェックできます。

(3) 主テーブルのキーと一致するレコードを出力＋副テーブル上の一致しないレコードも含める

キーフィールドの値が一致して出力されるレコードに加え、キーフィールドの値が主テーブルに存在しない副テーブルのレコードも出力されます。（副テーブルのレコードは、すべて出力されます。）

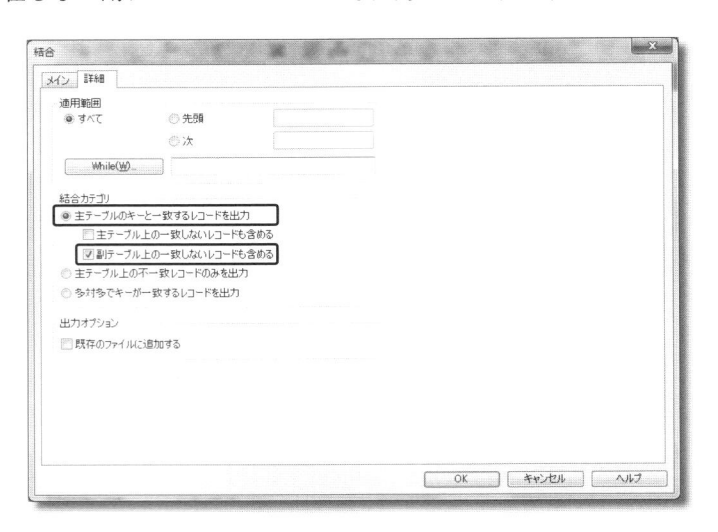

「従業員情報テーブル」からは、すべてのレコードが出力されます。「従業員ID」が「005」のレコードは、「給与支払台帳テーブル」に結合すべきレコードが存在しないため、「支払日」「支払額」「従業員ID」のデータがありません。

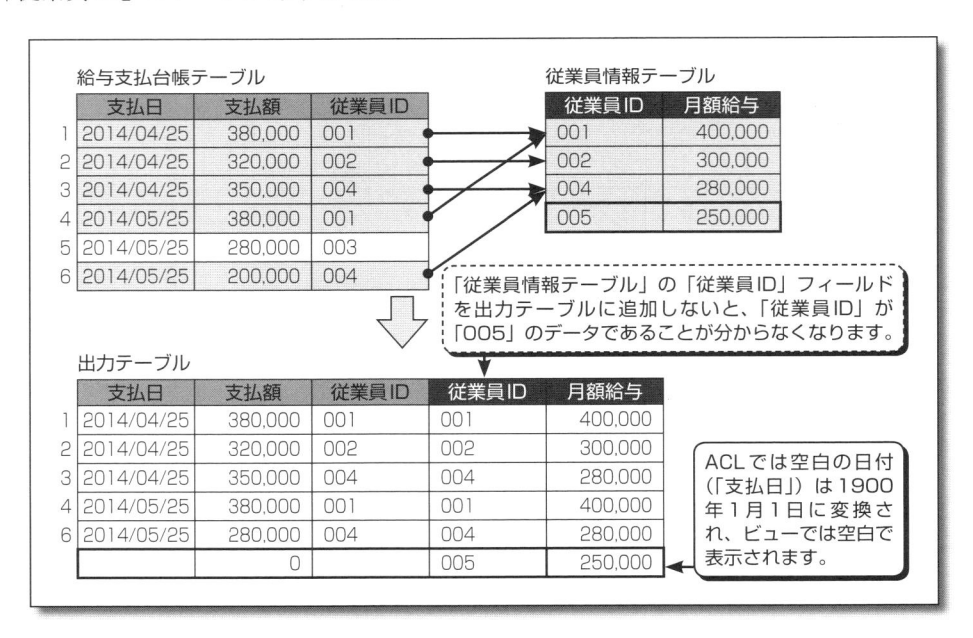

給与支払台帳テーブル

	支払日	支払額	従業員ID
1	2014/04/25	380,000	001
2	2014/04/25	320,000	002
3	2014/04/25	350,000	004
4	2014/05/25	380,000	001
5	2014/05/25	280,000	003
6	2014/05/25	200,000	004

従業員情報テーブル

従業員ID	月額給与
001	400,000
002	300,000
004	280,000
005	250,000

「従業員情報テーブル」の「従業員ID」フィールドを出力テーブルに追加しないと、「従業員ID」が「005」のデータであることが分からなくなります。

出力テーブル

	支払日	支払額	従業員ID	従業員ID	月額給与
1	2014/04/25	380,000	001	001	400,000
2	2014/04/25	320,000	002	002	300,000
3	2014/04/25	350,000	004	004	280,000
4	2014/05/25	380,000	001	001	400,000
6	2014/05/25	280,000	004	004	280,000
		0		005	250,000

ACLでは空白の日付（「支払日」）は1900年1月1日に変換され、ビューでは空白で表示されます。

出力テーブルで、「支払額＝0」のレコードを抽出することにより、給与が支払われていない従業員がいないかどうかをチェックできます。

(4) 主テーブルのキーと一致するレコードを出力＋主テーブル上の一致しないレコードも含める＋副テーブル上の一致しないレコードも含める

　キーフィールドの値が一致して出力されるレコードに加え、キーフィールドの値が副テーブルに存在しない主テーブルのレコード、キーフィールドの値が主テーブルに存在しない副テーブルのレコードも出力されます。（主テーブル、副テーブルのすべてのレコードが出力されます。）

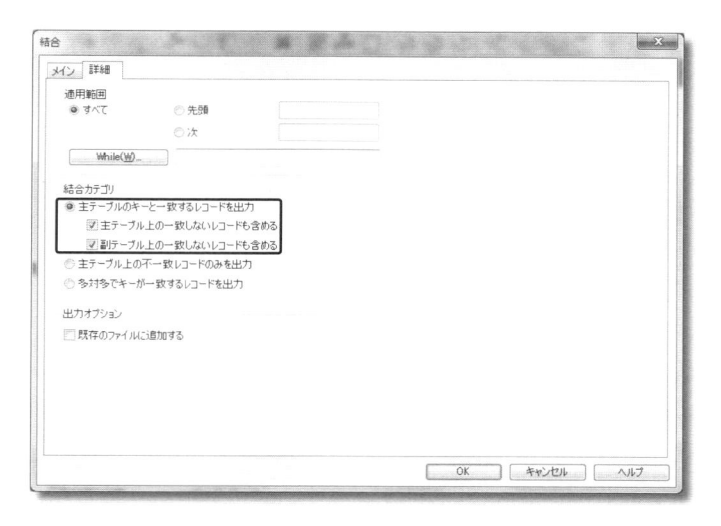

「給与支払台帳テーブル」、「従業員情報テーブル」の双方から、すべてのレコードが出力されます。

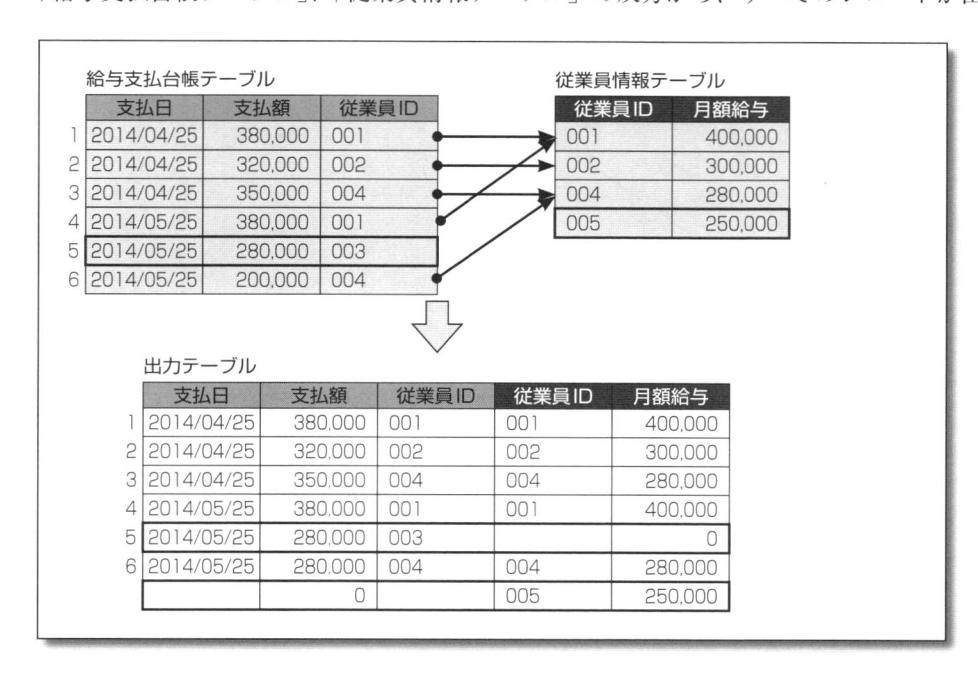

給与支払台帳テーブル

	支払日	支払額	従業員ID
1	2014/04/25	380,000	001
2	2014/04/25	320,000	002
3	2014/04/25	350,000	004
4	2014/05/25	380,000	001
5	2014/05/25	280,000	003
6	2014/05/25	200,000	004

従業員情報テーブル

従業員ID	月額給与
001	400,000
002	300,000
004	280,000
005	250,000

出力テーブル

	支払日	支払額	従業員ID	従業員ID	月額給与
1	2014/04/25	380,000	001	001	400,000
2	2014/04/25	320,000	002	002	300,000
3	2014/04/25	350,000	004	004	280,000
4	2014/05/25	380,000	001	001	400,000
5	2014/05/25	280,000	003		0
6	2014/05/25	280,000	004	004	280,000
		0		005	250,000

　1つの出力テーブルで、存在しない従業員への支払がないかのチェック（「月額給与 = 0」）、支払が行われていない従業員がいないかのチェック（「支払額 = 0」）のいずれも行うことができます。

(5) 主テーブル上の不一致レコードのみを出力

キーフィールドの値が一致するレコードは出力されず、キーフィールドの値が副テーブルに存在しない主テーブルのレコードのみが出力されます

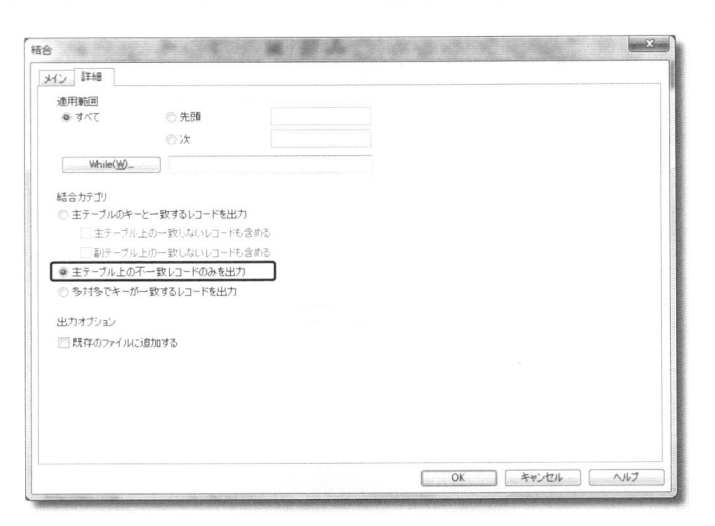

「給与支払台帳テーブル」からのみ、レコードが出力されます。出力されるレコードは、「従業員ID」の値が「従業員情報テーブル」に存在しないもののみです。

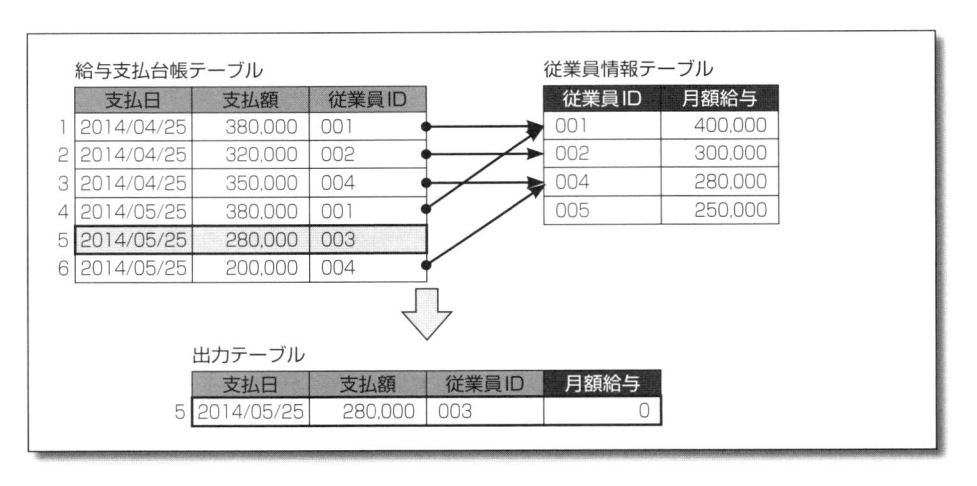

給与支払台帳テーブル

	支払日	支払額	従業員ID
1	2014/04/25	380,000	001
2	2014/04/25	320,000	002
3	2014/04/25	350,000	004
4	2014/05/25	380,000	001
5	2014/05/25	280,000	003
6	2014/05/25	200,000	004

従業員情報テーブル

従業員ID	月額給与
001	400,000
002	300,000
004	280,000
005	250,000

出力テーブル

	支払日	支払額	従業員ID	月額給与
5	2014/05/25	280,000	003	0

出力テーブルには、「従業員情報テーブル」に存在しない従業員への給与支払のデータが出力されます。そのため、この出力テーブルが、「存在しない従業員への給与支払リスト」となります。

(6) 多対多でキーが一致するレコードを出力

主テーブルと副テーブルのレコード間で、キーフィールドの値が一致するものをそれぞれ結合したレコードが出力されます。

多対多の結合は、一般的な結合ではないため、通常は使用しません。そのため、詳細は省略します。

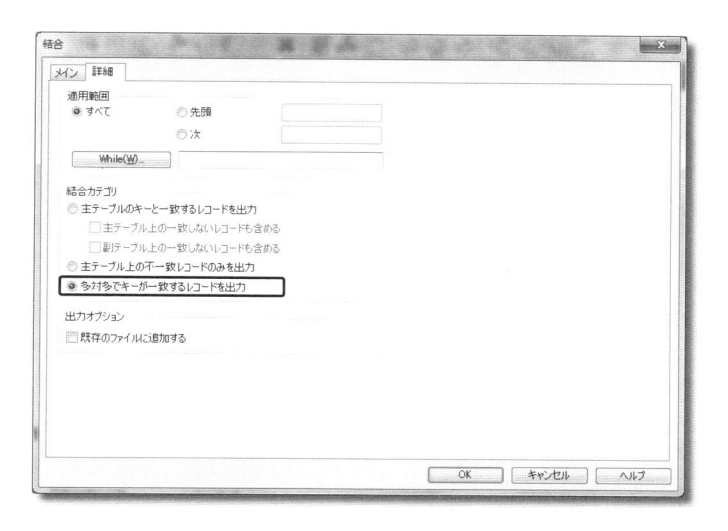

Point **Hint** 注意 重要

ExcelのVLOOKUP関数との比較

　Excelでは、VLOOKUP関数を使用すると、別のワークシートのデータを参照できます（詳細は、Excelのヘルプを参照してください）。
　ACLの〔結合〕コマンドと同様の操作が行えますが、特に正確性の観点から、CAATのツールとして使用するのは、ACLの方が適切です。

（Vlookup関数の例）
「給与支払台帳ワークシート」のD列に「従業員情報ワークシート」の「月額給与」のデータを表示します。「従業員ID」の値をキーにします。

D2セルの式： =VLOOKUP（C2,従業員情報ワークシート!$A$1:$B$5,2,FALSE）

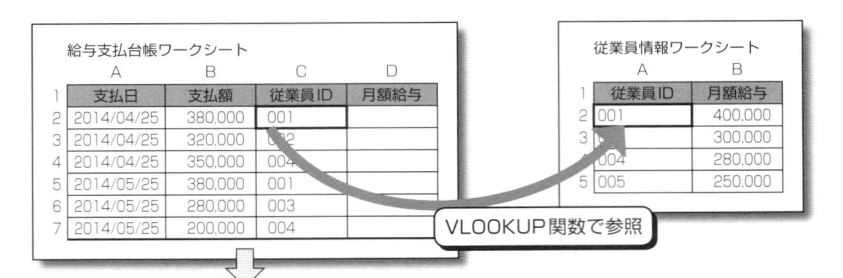

給与支払台帳ワークシート

	A	B	C	D
1	支払日	支払額	従業員ID	月額給与
2	2014/04/25	380,000	001	
3	2014/04/25	320,000	002	
4	2014/04/25	350,000	004	
5	2014/05/25	380,000	001	
6	2014/05/25	280,000	003	
7	2014/05/25	200,000	004	

従業員情報ワークシート

	A	B
1	従業員ID	月額給与
2	001	400,000
3	002	300,000
4	004	280,000
5	005	250,000

VLOOKUP関数で参照

	A	B	C	D
1	支払日	支払額	従業員ID	月額給与
2	2014/04/25	380,000	001	400,000
3	2014/04/25	320,000	002	
4	2014/04/25	350,000	004	
5	2014/05/25	380,000	001	
6	2014/05/25	280,000	003	
7	2014/05/25	200,000	004	

＜ACLとExcelの比較＞

	ACLの〔結合〕コマンド	ExcelのVLOOKUP関数
結合のタイプ	「結合カテゴリ」で6つのタイプが設定できる。	タイプの設定はない。（ACLの「(2) 主テーブルのキーと一致するレコードを出力＋主テーブル上の一致しないレコードも含める」と同様の結果になる。）
操作性	メニューコマンドで実行できるため簡単。	VLOOKUP関数の式を作成しなければならない
正確性	キーフィールドを設定するため正確。	書式等にも左右され、正確性が低下する。（上図の例で、一方の「従業員ID」の書式が数値でもう一方が文字列に設定されている場合等に、データが参照されないことがある。見た目では判別できないため、参照できない原因が分かりにくい。）

■〔結合〕コマンドの規則

- 主テーブルと副テーブルは、同一のプロジェクト内に存在している必要があります。
- 2つのテーブルには、最低1個の共通フィールド（キーフィールド）が必要です。

  ＜キーフィールドのガイドライン＞
  - ➢ キーフィールドには、文字型、日付時刻型、数値型のいずれのデータ型も使用できます。
  - ➢ キーフィールドのフィールド名は異なっていても構いません。
  - ➢ キーフィールドは、同じデータ型でなければなりません。
    - ・〔結合〕コマンドの実行時に、キーフィールドのデータ型の不一致が検出されると、ACLはデータ型を一致させる処理を行います（次ページの Point 参照）。
      ただし、それにより、正しい結合結果が得られるかは不明なため、事前にデータ型変換関数（p.187参照）を使用して、データ型を統一した演算フィールドを作成し、そのフィールドをキーフィールドとして使用するようにしてください。
    - ・数値型フィールドと文字型フィールドはデータ型が異なっていてもキーフィールドとして使用可能です。
  - ➢ キーフィールドは、同じ長さであることが推奨されます。
    - ・文字型フィールドの長さが異なる場合は、ACLは、長さを一致させる処理を行います（次ページの Point 参照）。事前にBLANKS関数を使用して長さを一致させた演算フィールドを作成し、演算フィールドをキーフィールドに使用するようにしてください。

> BLANKS（スペースの数）
> 指定した長さのスペースのみで作成された文字列を作成します。

（例）
「在庫区分」フィールド（長さ4）の長さを6にする演算フィールドの式（UNICODEの場合）：
在庫区分 + BLANKS（1）

＜「在庫データ」テーブルのテーブル レイアウト＞

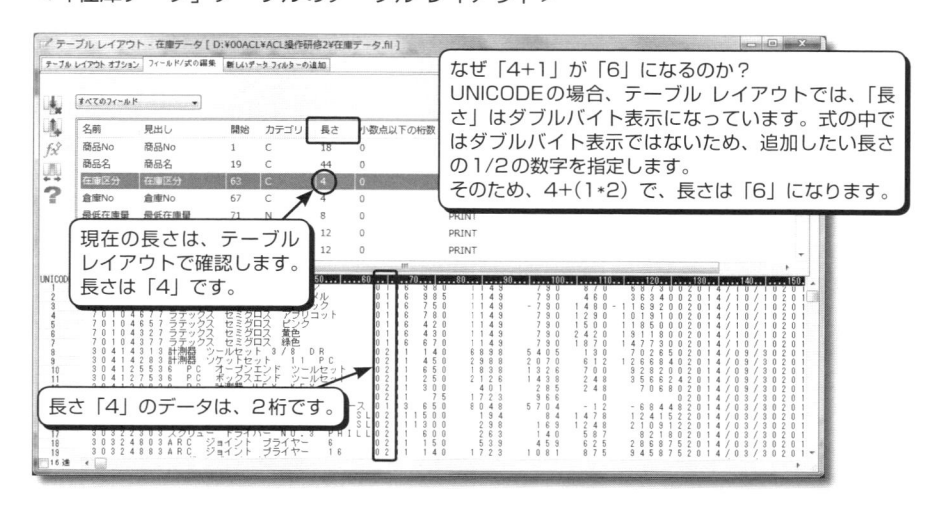

なぜ「4+1」が「6」になるのか？
UNICODEの場合、テーブル レイアウトでは、「長さ」はダブルバイト表示になっています。式の中ではダブルバイト表示ではないため、追加したい長さの1/2の数字を指定します。
そのため、4+(1*2) で、長さは「6」になります。

現在の長さは、テーブル レイアウトで確認します。
長さは「4」です。

長さ「4」のデータは、2桁です。

・日付時刻型、数値型の場合は、長さが異なっていても自動調整されず、そのまま〔結合〕コマンドが実行されます。

> **Point** Hint 注意 重要
>
> **キーフィールド同士のデータ型と長さ**
>
> 　ACLは、〔結合〕コマンドの実行時に、キーフィールドのデータ型、長さの不一致を検出し、不一致がある場合は、一致させる処理を行います。
>
> 　ただし、それにより、正しい結合結果が得られるかは不明なため、通常は、〔結合〕コマンドの実行前に、テーブル レイアウト等でキーフィールドの情報を確認します。必要に応じて、データ型や長さを変更した演算フィールドを作成し、演算フィールドをキーフィールドとして使用してください。
>
> ＜不一致が検出された場合のメッセージ＞
> 　〔キャンセル〕ボタンで、〔結合〕コマンドのダイアログボックスに戻ります。〔結合〕コマンドをいったんキャンセルし、キーフィールドの情報を確認してください。 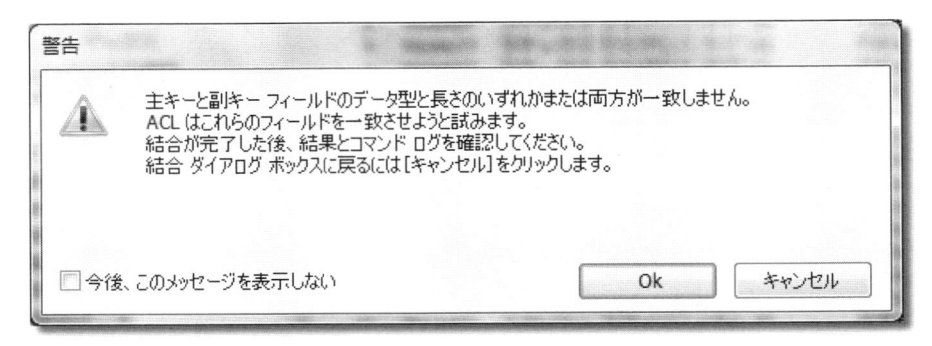
>
> ［警告ダイアログ：主キーと副キー フィールドのデータ型と長さのいずれかまたは両方が一致しません。ACLはこれらのフィールドを一致させようと試みます。結合が完了した後、結果とコマンド ログを確認してください。結合 ダイアログ ボックスに戻るには［キャンセル］をクリックします。　□今後、このメッセージを表示しない　［Ok］［キャンセル］］
>
> ＜自動調整が行われない場合＞
> 　キーフィールドのデータ型等により、データ型、長さを一致させる処理が行われない場合もあります。その場合は、下図のメッセージが表示され、〔結合〕コマンドのダイアログボックスに戻ります。
>
> ［ACL Analytics：キー フィールド '売上No' と '売上No' は型が異なるため、一致しません。　［OK］］

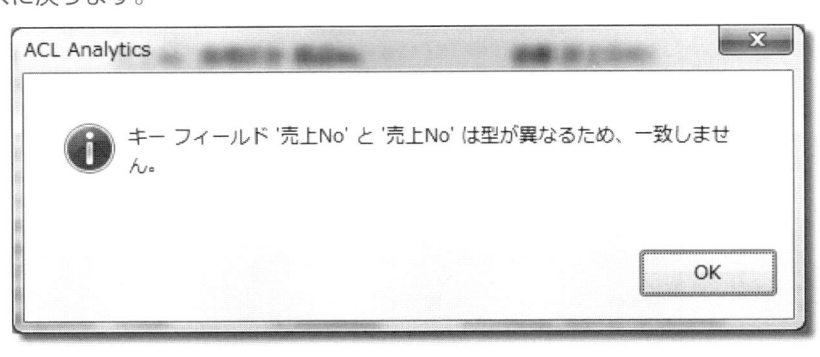

➢ 日付時刻型をキーフィールドとする場合は、日付時刻書式も同一でなければなりません。書式が同一でない場合は、〔結合〕コマンド実行時に下図のメッセージが表示されます。

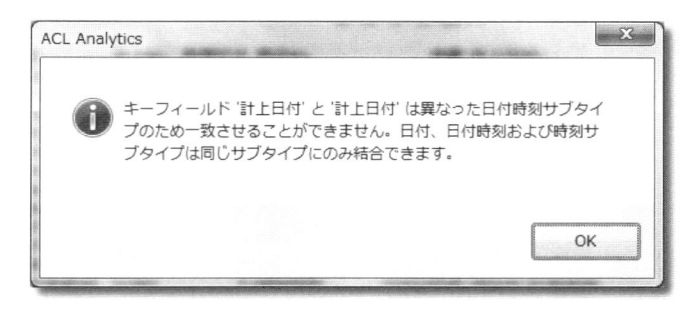

![ACL Analytics ダイアログ：キーフィールド '計上日付' と '計上日付' は異なった日付時刻サブタイプのため一致させることができません。日付、日付時刻および時刻サブタイプは同じサブタイプにのみ結合できます。]

➢ キーフィールドは、複数のフィールドを組み合わせることができます。

単独のフィールドでは値が重複する場合でも、複数のフィールドを組み合わせると重複がなくなり、一意にレコードを識別できる場合があります。その場合は、複数のフィールドをキーフィールドとして設定します。

下図の例では、「品番」フィールドと「カラー」フィールドの2つをキーフィールドとしています。

主テーブル

数量	品番	カラー
300	001	赤
300	002	白
150	001	白

副テーブル

品番	カラー	年間出荷数
001	白	100
001	赤	200
002	白	300

<キーフィールドの値のガイドライン>

➢ キーフィールドには、値に空白がないフィールドを使用します。

キーフィールドの値が空白の場合、空白同士のレコードを結合してしまうため、正しい結合結果を得られません。

➢ キーフィールドは、同じ行揃えでなければなりません。

どちらかの値の前方に余分なスペースが入っている場合等は、レコードが結合されません。キーフィールドが文字型の場合は、LTRIM関数を使用し（p.183参照）、余分なスペースを削除した演算フィールドを別途作成し、キーフィールドに使用します。

➢ キーフィールドの値にアルファベットが含まれる場合は大文字/小文字の表記が同一でなければなりません。「ABC」と「abc」は異なる値とみなされ、レコードが結合されません。この場合は、大文字/小文字を変換する関数を使用し、表記を統一した演算フィールドを作成してキーフィールドに使用します。

関数	説明	例
UPPER	すべて大文字に変換	UPPER("Abc") → ABC
LOWER	すべて小文字に変換	LOWER("Abc") → abc
PROPER	先頭のみが大文字となるように変換	PROPER("abc") → Abc

➤副テーブル側のキーフィールドには、値に重複がないフィールドを使用します。

多対1の結合では、副テーブルのキーフィールドの値に重複があると、主テーブルのレコードは、副テーブルで見つかる最初の一致キーとのみ結合を行います。

この場合は、副テーブルで、キーフィールドを基準に〔分類化〕または〔要約〕コマンドを実行し、重複を除去したテーブルを作成する等の工夫が必要です。

下図の例では、キーフィールドは「在庫コード」です。副テーブル①では、「在庫コード」が重複しており、「AA」という値が1レコード目にあるため、このレコードとの結合が行われています。

そのため、「出荷数量」は「5」となり、2～3レコード目の「出荷数量」は無視されます。

これを避けるために、〔分類化〕または〔要約〕コマンドで、「在庫コード」を対象に集計したテーブルを作成します（副テーブル②）。このテーブルと結合を行えば、「AA」の「出荷数量」が「23」となるテーブルを作成することができます。

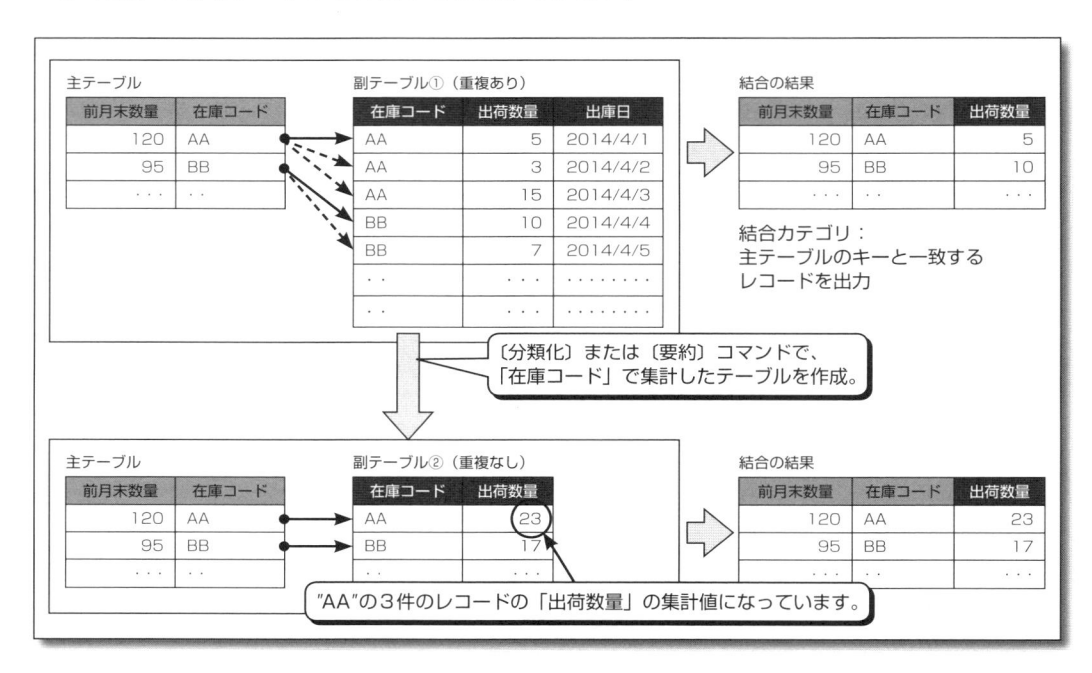

主テーブル		副テーブル①（重複あり）			結合の結果		
前月末数量	在庫コード	在庫コード	出荷数量	出庫日	前月末数量	在庫コード	出荷数量
120	AA	AA	5	2014/4/1	120	AA	5
95	BB	AA	3	2014/4/2	95	BB	10
…	…	AA	15	2014/4/3	…	…	…
		BB	10	2014/4/4			
		BB	7	2014/4/5			
		…	…	…			
		…	…	…			

結合カテゴリ：
主テーブルのキーと一致するレコードを出力

〔分類化〕または〔要約〕コマンドで、「在庫コード」で集計したテーブルを作成。

主テーブル		副テーブル②（重複なし）		結合の結果		
前月末数量	在庫コード	在庫コード	出荷数量	前月末数量	在庫コード	出荷数量
120	AA	AA	23	120	AA	23
95	BB	BB	17	95	BB	17
…	…	…	…	…	…	…

"AA"の3件のレコードの「出荷数量」の集計値になっています。

Point | **Hint** | 注意 | 重要

キーフィールドとして使用する演算フィールドの作成

主テーブルでは、〔結合〕コマンド内で演算フィールドを作成することができます。

しかし、副テーブルでは〔結合〕コマンド内で演算フィールドを作成することができません。

そのため、〔結合〕コマンドを実行する前に、事前に演算フィールドを作成してください。

操作

「売掛金残高データ201502」テーブルには、「得意先CD」フィールドがありますが、「得意先名」フィールドは存在しません。得意先名の情報は、「得意先マスタ」テーブルにあります。
そこで、「売掛金残高データ201502」テーブルと「得意先マスタ」テーブルを結合し、売掛金残高の情報に得意先名を表示したテーブルを作成します。結合のキーフィールドは「得意先CD」と「得意先コード」です。

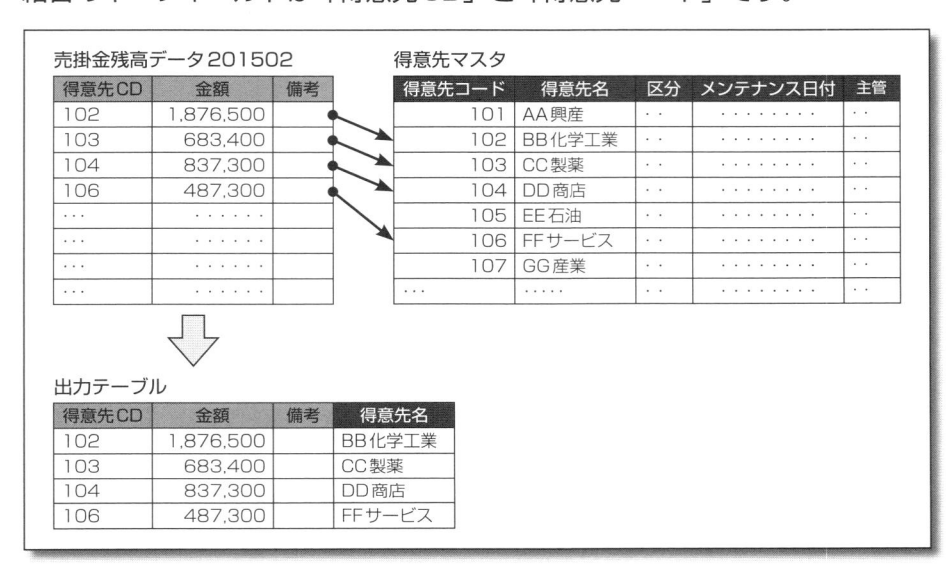

売掛金残高データ201502

得意先CD	金額	備考
102	1,876,500	
103	683,400	
104	837,300	
106	487,300	
…	……	
…	……	
…	……	

得意先マスタ

得意先コード	得意先名	区分	メンテナンス日付	主管
101	AA興産	‥	‥‥‥‥	‥
102	BB化学工業	‥	‥‥‥‥	‥
103	CC製薬	‥	‥‥‥‥	‥
104	DD商店	‥	‥‥‥‥	‥
105	EE石油	‥	‥‥‥‥	‥
106	FFサービス	‥	‥‥‥‥	‥
107	GG産業	‥	‥‥‥‥	‥
…	‥‥‥			

出力テーブル

得意先CD	金額	備考	得意先名
102	1,876,500		BB化学工業
103	683,400		CC製薬
104	837,300		DD商店
106	487,300		FFサービス

「研修プロジェクト2.acl」で操作します（「00ACL」-「ACL操作研修2」フォルダー）。

① 主テーブルとして使用する「売掛金残高データ201502」テーブルを開きます（レコード件数55件）。
② メニューの〔データ〕-〔結合〕をクリックします。または、ツールバーの〔結合〕ボタン（🖳）をクリックします。

③〔主キー〕に「得意先CD」を選択します。（主テーブルのキーフィールドを「主キー」と呼びます。）

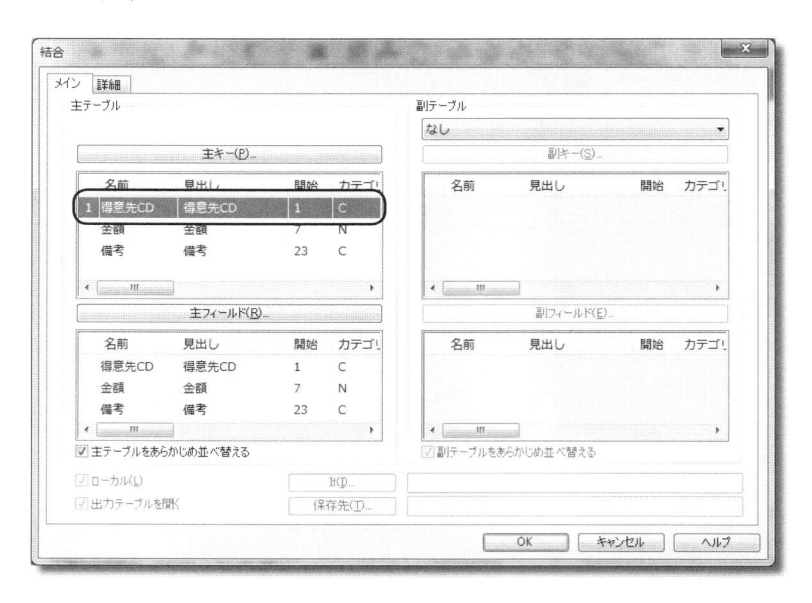

④ 新規作成されるテーブルに必要なフィールドを選択します。〔主フィールド〕ボタンをクリックし、〔すべて追加〕ボタンをクリックします。「選択済みのフィールド」に表示されたことを確認し、〔OK〕ボタンをクリックします。

〔結合〕コマンドにより新規作成されるテーブルでは、「選択済みのフィールド」に表示した順番で列が並びます。
任意の並び順にする場合は、順番にフィールドを選択してください。

⑤「副テーブル」に「得意先マスタ」テーブルを選択し、〔副キー〕に「得意先コード」を選択します。

> **Point / Hint / 注意 / 重要**
>
> **ナビゲーターでの主テーブル、副テーブルの表示**
>
> 操作⑤で「副テーブル」を選択すると、ナビゲーターで、主テーブルのアイコンには①、副テーブルのアイコンには②という記号が表示されます。

> **Point / Hint / 注意 / 重要**
>
> **副テーブルを閉じる**
>
> 〔結合〕コマンド実行後、副テーブルは自動で閉じられます。〔結合〕コマンドをキャンセルした場合やスクリプトで結合を実行した場合等に、副テーブルが開いたままの状態になっていることがあります。操作に支障はありませんが、副テーブルが開いたままになっていると、次に行った操作のログに副テーブル名が記録されてしまうため、必要に応じて副テーブルを閉じてください。
>
> **方法A コマンドで閉じる**
> ナビゲーターで、副テーブルを右クリックし、〔テーブルを閉じる〕をクリックします。
>
> **方法B 別のテーブルを開く**
> ナビゲーターで、副テーブル・主テーブル以外の別のテーブルをダブルクリックで開きます。
>
> **方法C スクリプトで閉じる**
> 以下のスクリプトで、副テーブルを閉じることができます。
>
> ```
> CLOSE SECONDARY
> ```

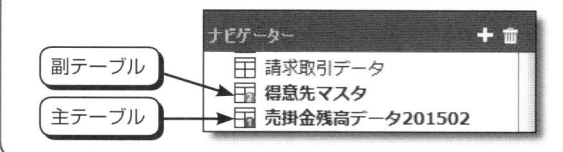

⑥ 副テーブルから新規作成されるテーブルに必要なフィールドを選択します。〔副フィールド〕で「得意先名」をクリックします。

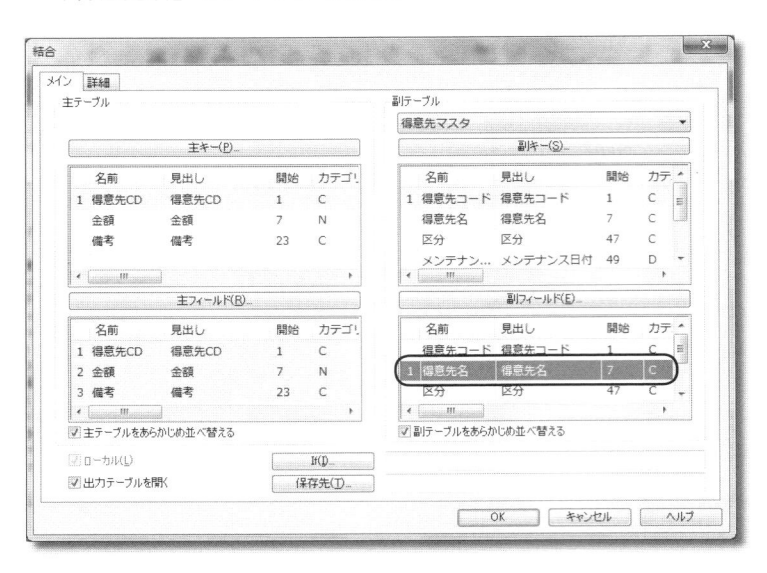

⑦「副テーブルをあらかじめ並べ替える」にチェックマークを付けます（デフォルトで選択されています）。

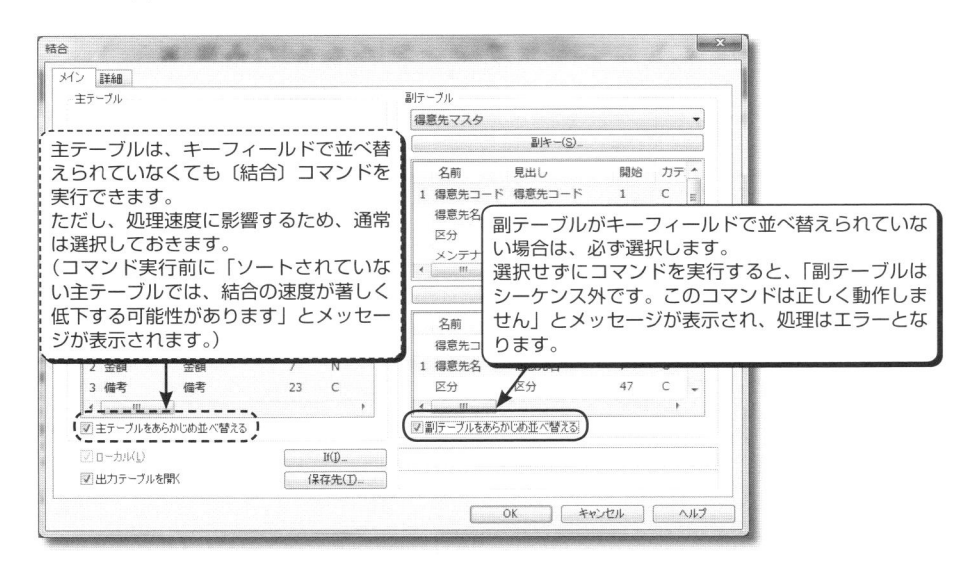

主テーブルは、キーフィールドで並べ替えられていなくても〔結合〕コマンドを実行できます。
ただし、処理速度に影響するため、通常は選択しておきます。
（コマンド実行前に「ソートされていない主テーブルでは、結合の速度が著しく低下する可能性があります」とメッセージが表示されます。）

副テーブルがキーフィールドで並べ替えられていない場合は、必ず選択します。
選択せずにコマンドを実行すると、「副テーブルはシーケンス外です。このコマンドは正しく動作しません」とメッセージが表示され、処理はエラーとなります。

Point　Hint　注意　重要

主テーブルをあらかじめ並べ替える
　「主テーブルをあらかじめ並べ替える」を選択していると、結合により作成される新規テーブルは、主テーブルのキーフィールドで並べ替えられた状態で作成されます。

⑧〔詳細〕タブに切り替えます。「結合カテゴリ」で「主テーブルのキーと一致するレコードを出力」を選択します。

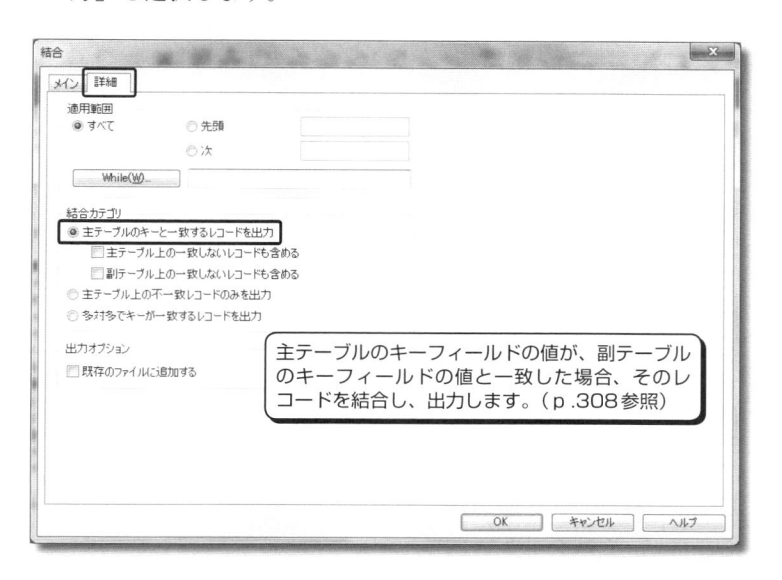

> 主テーブルのキーフィールドの値が、副テーブルのキーフィールドの値と一致した場合、そのレコードを結合し、出力します。（p.308参照）

⑨〔メイン〕タブに戻り、「保存先」にテーブル名（filファイル名）を入力します。「売掛金残高データ201502_得意先名」と入力し、〔OK〕ボタンをクリックします（filファイルは、保存先を指定しない場合、プロジェクト（.acl）と同じフォルダーに保存されます。〔保存先〕ボタンでフォルダーを変更できますが、通常はプロジェクトと同じフォルダーに保存します）。
※テーブル名の命名規則は、p.148を参照してください。

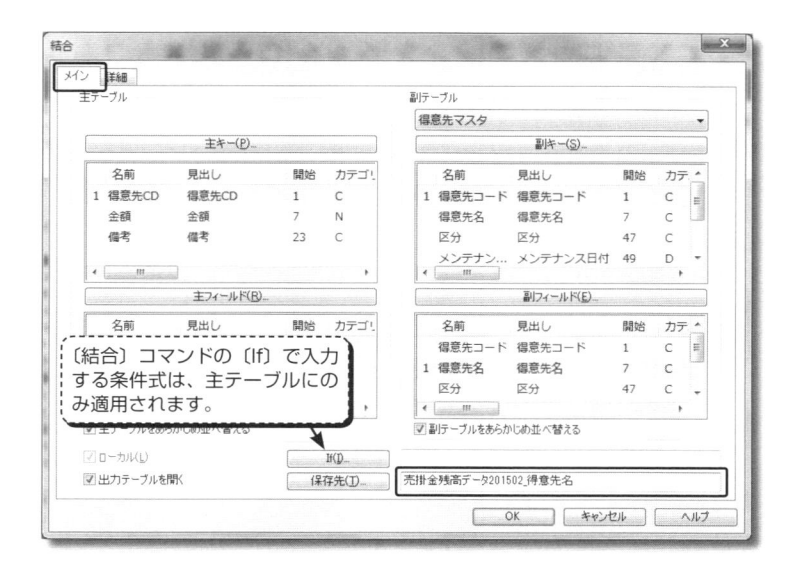

> 〔結合〕コマンドの〔If〕で入力する条件式は、主テーブルにのみ適用されます。

結果

　新しいテーブル「売掛金残高データ201502_得意先名」が作成されました。レコード件数は55件です。

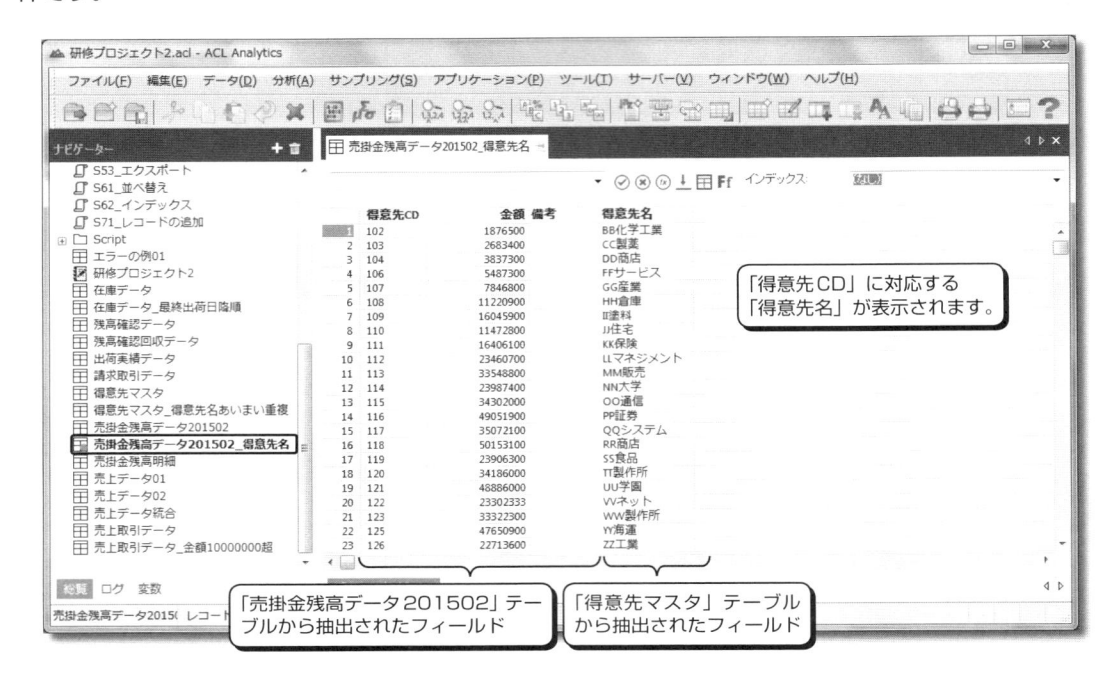

スクリプトの作成

テーブルを結合した操作のログからスクリプトを作成します。
※スクリプトの作成・実行の操作の詳細は、**第4章**を参照してください。

① ナビゲーターから、ログ（☑研修プロジェクト2）をダブルクリックし、ログの一覧を開きます。
② 必要なログを選択し、画面上で右クリックして、〔選択項目の保存〕-〔スクリプト〕をクリックします。〔結合〕コマンドのログは、「JOIN …」です。主テーブル、副テーブルを開くログを含めて選択します。

```
☒ ✓ OPEN 売掛金残高データ201502              ← 主テーブルを開く
  ☒ ✓ OPEN 得意先マスタ SECONDARY             ← 副テーブルを開く
  ☒ ✓ JOIN PKEY 得意先CD FIELDS 得意先CD 金額 備考 SKEY 得意先コード WITH 得意先名 TO "売   ← 〔結合〕コマンド
  ☐ ✓ OPEN "売掛金残高データ201502_得意先名"
```

③ スクリプトの名前を入力します。「S72_結合」と入力して〔OK〕ボタンをクリックします。
④ 副テーブルを閉じるスクリプトを追加するため（p.321「**Hint** 副テーブルを閉じる」参照）、スクリプトを編集します。ナビゲーターから「S72_結合」をダブルクリックで開きます。
⑤ 最終行にスクリプトを追加し、メニューの〔ファイル〕-〔上書き保存〕をクリックします。

入力するスクリプト

```
CLOSE␣SECONDARY
```

```
1  OPEN 売掛金残高データ201502
2  OPEN 得意先マスタ SECONDARY
3  JOIN PKEY 得意先CD FIELDS 備考 得意先CD 金額 SKEY 得意先コード WITH 得意先名 TO "売掛金残高データ201502_得
4  CLOSE SECONDARY
5
```

⑥ 編集画面右上の〔閉じる〕（×）ボタンで画面を閉じます。

結果

作成したスクリプトがナビゲーターに表示されます。

> **Point** Hint 注意 重要
>
> **SET SAFETYとSET FOLDERの追加**
>
> 　演算フィールドや新規テーブル、新規ファイルの作成を含むスクリプトを実行する場合、すでに同じ名前のフィールドやテーブル、ファイルが存在していると、上書きしてよいか確認するメッセージが表示されます。
> 　自動で上書きしてよい場合は、ログから作成したスクリプトを編集し、上書きを自動化するスクリプト「SET SAFETY …」（p.426参照）を追加します。
> 　また、作成されるテーブルをナビゲーターの所定のフォルダーに表示したい場合は、「SET FOLDER …」（p.168参照）を追加します。

3-7-3 〔関連付け〕コマンド

〔関連付け〕コマンドでは、1つのテーブルから複数のテーブルに同時にアクセスすることができ、複数のテーブルのフィールドを参照することができます。

3-7-2の〔結合〕コマンドに似ていますが、論理的には、〔結合〕コマンドの「主テーブルのキーと一致するレコードを出力 ＋ 主テーブル上の一致しないレコードも含める」のタイプの結合に相当します。

ただし、〔結合〕コマンドとは異なり、新しいテーブルは作成されません。

〔関連付け〕コマンドでは、テーブル間に親子の関係（関連付け）を設定します。

親テーブルでは、あたかも同じテーブルに存在するフィールドであるかのように、子テーブルのフィールドを使用できます。

1つの親テーブルに対し、複数の子テーブルを設定することができます。

関連付けを行うには、双方のテーブルに共通のキーフィールドが必要です。

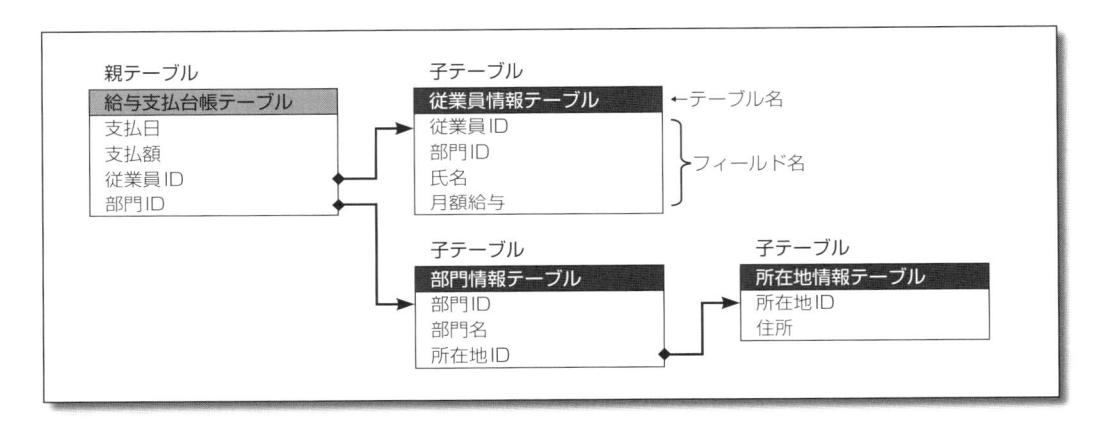

```
親テーブル              子テーブル
給与支払台帳テーブル    従業員情報テーブル  ←テーブル名
 支払日                  従業員ID
 支払額                  部門ID              ┐
 従業員ID                氏名                ├フィールド名
 部門ID                  月額給与            ┘

                        子テーブル           子テーブル
                        部門情報テーブル     所在地情報テーブル
                         部門ID               所在地ID
                         部門名               住所
                         所在地ID
```

上図のような関連付けを設定すると、「給与支払台帳テーブル」に、「従業員情報テーブル」の「月額給与」フィールドや「氏名」フィールド、「部門情報テーブル」の「部門名」フィールドを追加して表示することができます。

また、「給与支払台帳テーブル」と「所在地情報テーブル」には、共通のフィールドがないため、直接関連付けを設定することはできません。その場合は、「部門情報テーブル」のように、双方のテーブルとそれぞれ共通のフィールド（「給与支払台帳テーブル」と共通の「部門ID」フィールド、「所在地情報テーブル」と共通の「所在地ID」フィールド）を持つテーブルとの関連付けを行うことで、間接的に関連付けを行うことができます。

■〔関連付け〕コマンドの規則

- すべてのテーブルが同一のプロジェクトに存在していなければなりません。
- 関連付けを設定する子テーブルは複数選択できます。親テーブルを含め最大18個までのテーブルを関連付けることができます。
- 親テーブルと子テーブルには、共通のフィールド（キーフィールド）が必要です。

  ＜キーフィールドのガイドライン＞
  - キーフィールドには、文字型、日付時刻型、数値型のいずれのデータ型も使用できます。
  - キーフィールドのフィールド名は異なっていても構いません。
  - キーフィールドは、同じデータ型でなければなりません（データ型が異なると、関連付けを設定する際、エラーとなります）。
  - キーフィールドは、同じ長さであることが推奨されます。（フィールドの長さが異なる場合も関連付けは設定できます。）
  - 日付時刻型をキーフィールドとする場合は、日付時刻書式も同一でなければなりません（p.317参照）。

  ＜キーフィールドの値のガイドライン＞
  - キーフィールドには、空白がないフィールドを使用します。
  - キーフィールドは、同じ行揃えであることが必要です。どちらかの値の前方に余分なスペースが入っている場合等は、レコードの関連付けができません（p.317参照）。
  - キーフィールド内のアルファベットは大文字/小文字の表記が同一でなければなりません。「ABC」と「abc」は異なる値とみなされるため、レコードの関連付けができません（p.317参照）。
  - キーフィールドには、子テーブル側に重複がないフィールドを使用します（p.318参照）。

- 関連付けの定義は、親テーブルに保存されます。関連付けの定義を変更・削除する場合は、親テーブルで行います。
- 子テーブルのキーフィールドには、インデックスが作成されます。

操作 外部預け在庫残高（「残高確認データ」テーブル）と外部倉庫業者から回収した残高確認書（「残高確認回収データ」テーブル）の照合を行います。
「残高確認データ」テーブルを親テーブル、「残高確認回収データ」テーブルを子テーブルとして〔関連付け〕を行います。キーフィールドは、「確認No」です。
「残高確認回収データ」の「数量」フィールドを「残高確認データ」テーブルで使用できるようにし、数量の差分がないかを確認します。

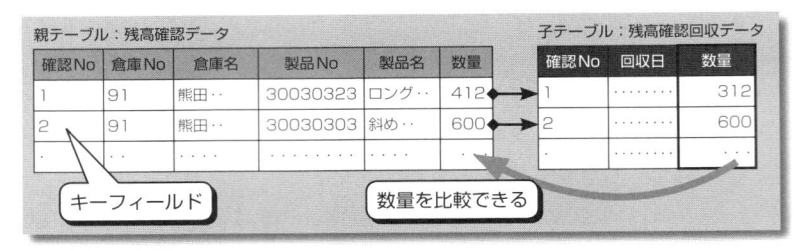

親テーブル：残高確認データ					
確認No	倉庫No	倉庫名	製品No	製品名	数量
1	91	熊田‥	30030323	ロング‥	412
2	91	熊田‥	30030303	斜め‥	600
‥	‥	‥	‥	‥	‥

子テーブル：残高確認回収データ		
確認No	回収日	数量
1	‥‥‥	312
2	‥‥‥	600
‥	‥‥‥	‥

キーフィールド　　　　数量を比較できる

以下の手順で操作します。
1．「残高確認データ」テーブルと「残高確認回収データ」テーブルを〔関連付け〕コマンドで関連付け
2．「残高確認データ」テーブルに「数量」の差分を計算する演算フィールドを作成
3．差分のあるレコードをフィルターで抽出

「研修プロジェクト2.acl」で操作します（「00ACL」-「ACL操作研修2」フォルダー）。

1．「残高確認データ」テーブルと「残高確認回収データ」テーブルを〔関連付け〕コマンドで関連付け

① 親テーブルとなる「残高確認データ」テーブルを開きます。
② メニューの〔データ〕-〔関連付け〕をクリックします。「はじめに」というメッセージが表示されたら、〔OK〕ボタンをクリックして閉じます。

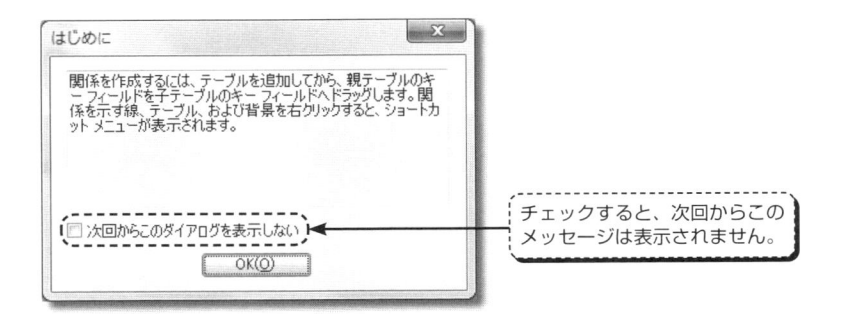

チェックすると、次回からこのメッセージは表示されません。

③〔テーブルの追加〕ボタンをクリックし、テーブルの一覧から「残高確認回収データ」を選択して追加します。

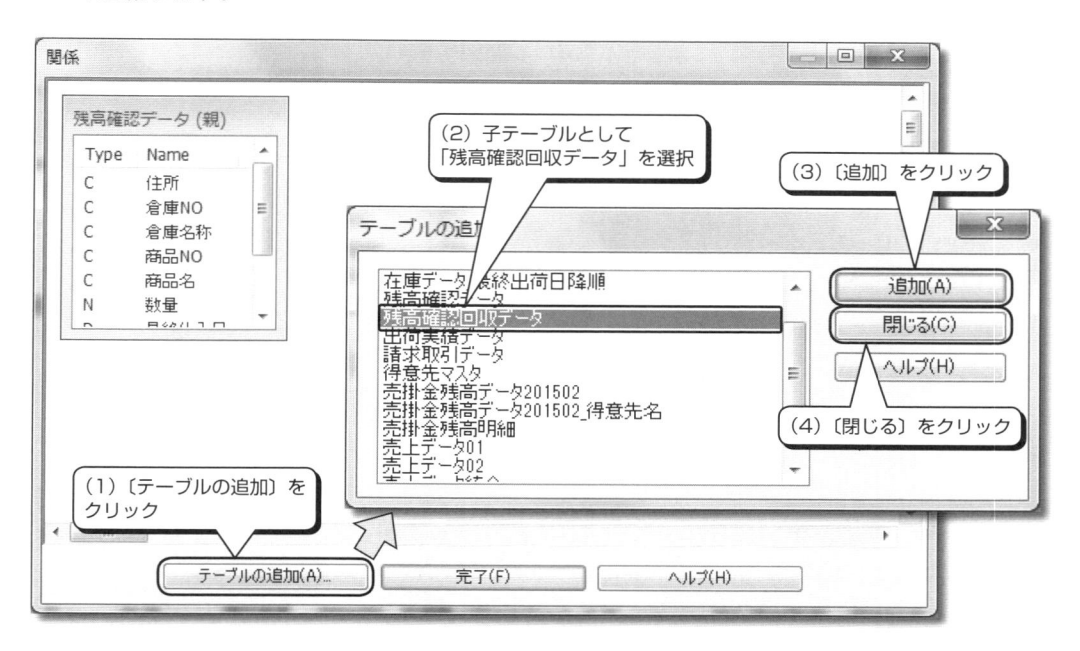

④「確認No」をキーフィールドとします。「残高確認データ」テーブルの「確認No」を「残高確認回収データ」テーブルの「確認No」までドラッグします。

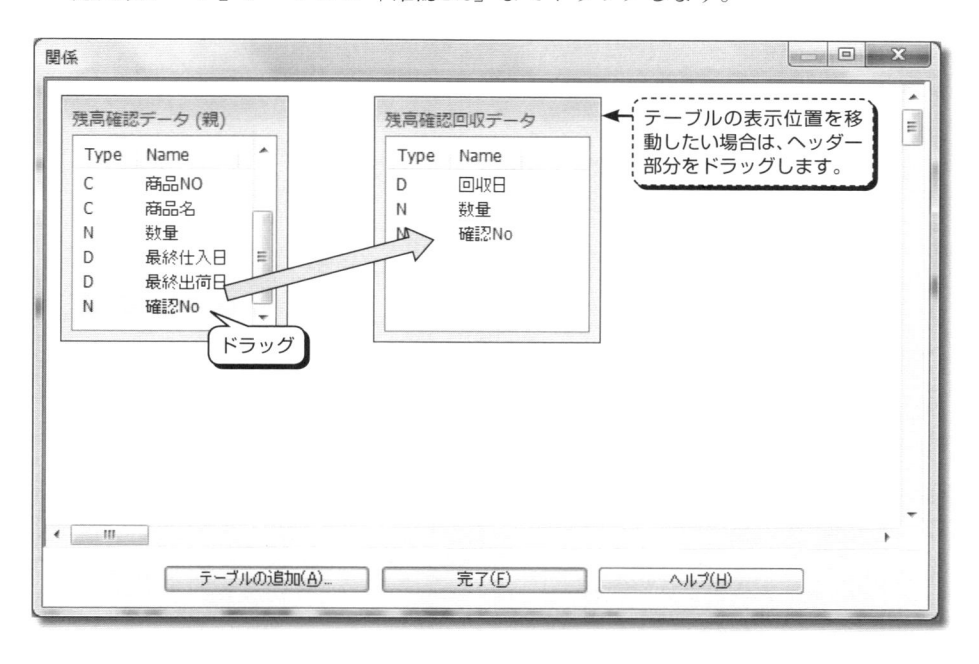

⑤ フィールド同士が矢印で結ばれたことを確認し、〔完了〕ボタンをクリックします。

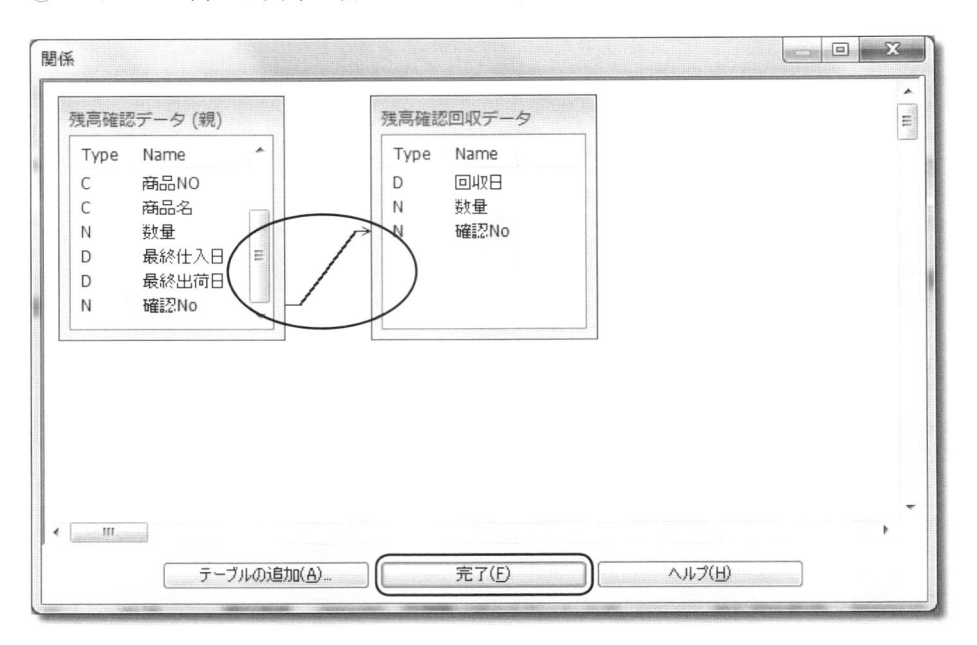

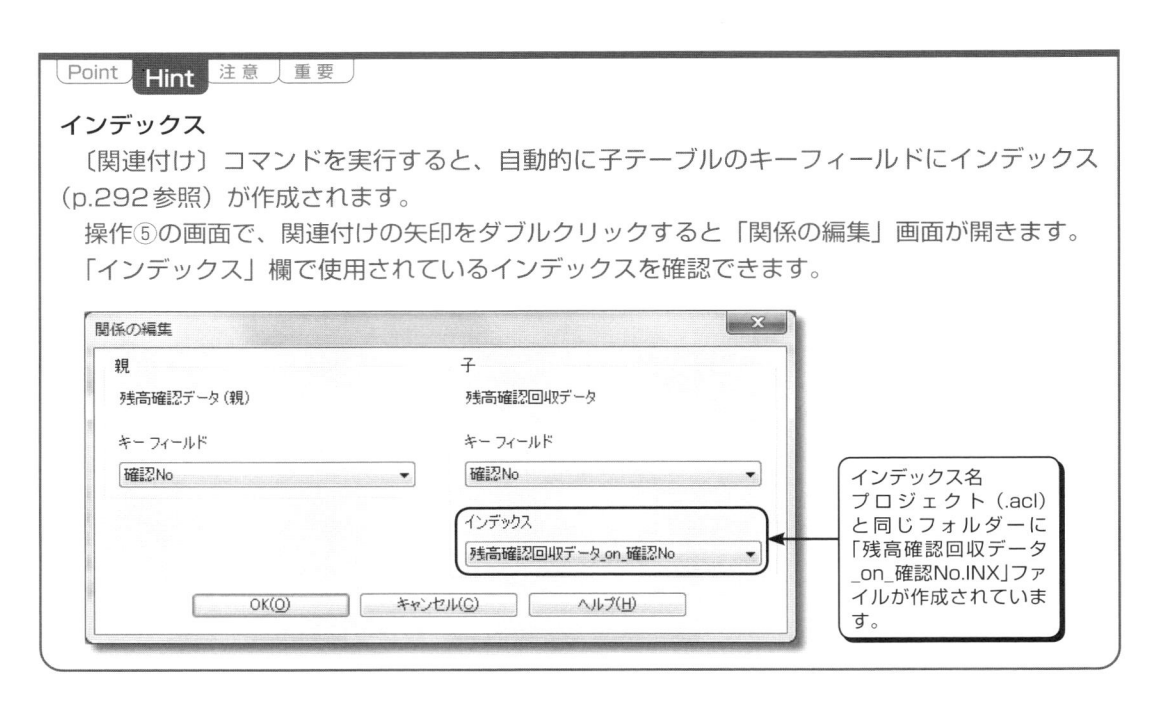

| Point | **Hint** | 注意 | 重要 |

インデックス

〔関連付け〕コマンドを実行すると、自動的に子テーブルのキーフィールドにインデックス（p.292参照）が作成されます。

操作⑤の画面で、関連付けの矢印をダブルクリックすると「関係の編集」画面が開きます。「インデックス」欄で使用されているインデックスを確認できます。

インデックス名プロジェクト（.acl）と同じフォルダーに「残高確認回収データ_on_確認No.INX」ファイルが作成されています。

結 果

関連付けを設定しても、ビューには特に変化はありません。
「残高確認データ」テーブルに「残高確認回収データ」テーブルの「数量」を表示するため、〔列の追加〕を行います。

① 「残高確認データ」テーブルで「最終仕入日」フィールドの列見出しを右クリックし、〔列の追加〕をクリックします（「最終仕入日」フィールドの前に「残高確認回収データ」テーブルの「数量」フィールドを表示させます）。
② 関連付けにより、「対象テーブル」のリストに子テーブルが表示されます。「残高確認回収データ」テーブルを選択します。

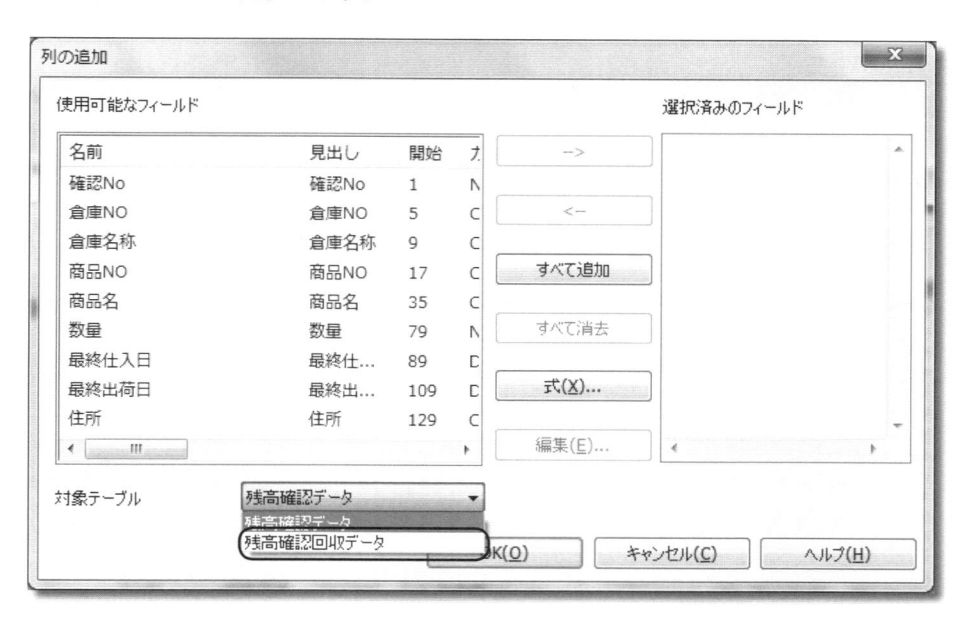

331

③「使用可能なフィールド」に「残高確認回収データ」テーブルのフィールドが表示されます。「残高確認回収データ.数量」フィールドをダブルクリックで選択し、「選択済みのフィールド」に表示されたことを確認して、〔OK〕ボタンをクリックします。

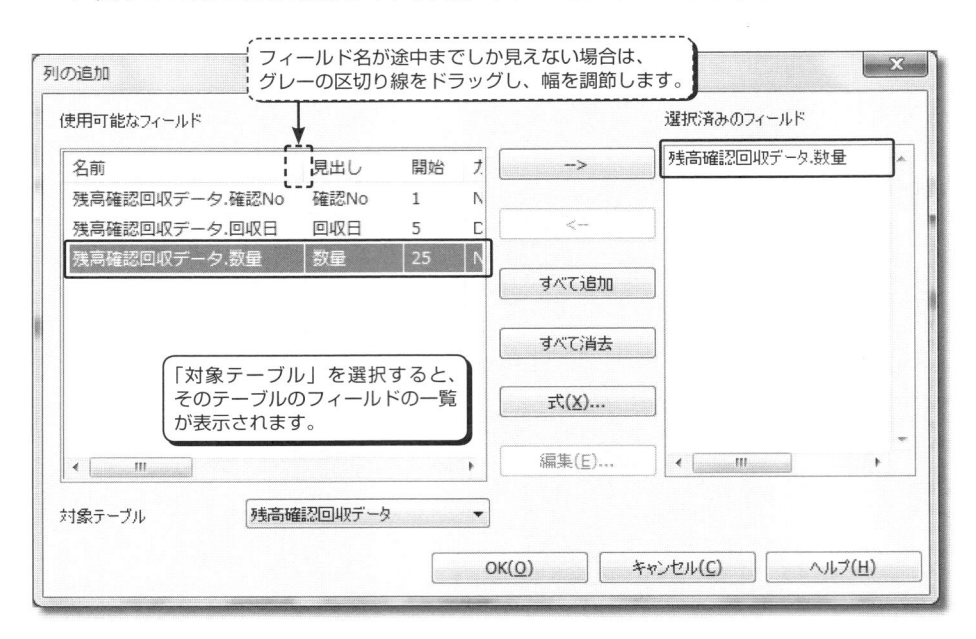

> フィールド名が途中までしか見えない場合は、グレーの区切り線をドラッグし、幅を調節します。

> 「対象テーブル」を選択すると、そのテーブルのフィールドの一覧が表示されます。

Point Hint 注意 重要

子テーブルのフィールド名の表示
　子テーブルのフィールド名は、「テーブル名.フィールド名」で表示されます。
（例）残高確認回収データ.数量

④「数量」フィールドが表示されたことを確認します。

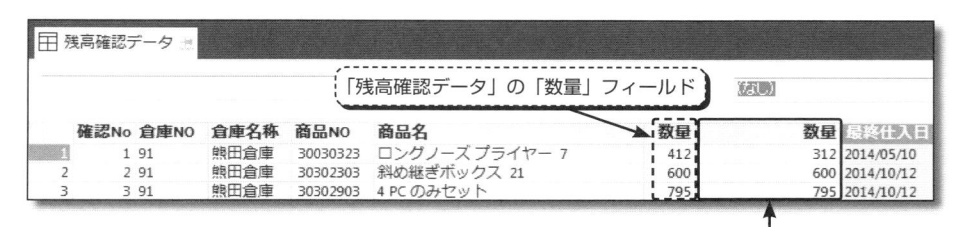

確認No	倉庫NO	倉庫名称	商品NO	商品名	数量	数量	最終仕入日
1	1 91	熊田倉庫	30030323	ロングノーズプライヤー 7	412	312	2014/05/10
2	2 91	熊田倉庫	30302303	斜め継ぎボックス 21	600	600	2014/10/12
3	3 91	熊田倉庫	30302903	4 PC のみセット	795	795	2014/10/12

「残高確認データ」の「数量」フィールド

「残高確認回収データ.数量」フィールドが追加されました。
（列見出しは、フィールド名のみで表示されます。）

> **Hint**
>
> **列見出しを変更する**
>
> 　親テーブルと子テーブルに同じ名前のフィールドがある場合、ビューの列見出しには同じ名前が表示されます。紛らわしい場合は、列見出しを変更することができます。
> 　列見出しはビュー上の表示用のものであるため、フィールド名を変更することにはなりません。
>
> 【手順】
> 　① ビューで、列見出しを変更したいフィールドの列見出しを右クリックします。
> 　②〔列の変更〕をクリックします。
> 　③「代替列見出し」を任意の名前に変更し、〔OK〕ボタンをクリックします。
>
> 【結果】
> 　ビューで表示される列見出しが変更されます。

[Point] [Hint] [注意] [重要]

子テーブルのフィールドを含めた新規テーブルを作成する

　子テーブルのフィールドを表示させた状態の親テーブルをその後の分析の基礎となるテーブルとして使用する場合は、子テーブルの列を含めた新しいテーブルを作成することをお薦めします。

　関連付けは、子テーブルを参照しているだけであるため、関連付けを解除すると参照できなくなります。

　新しいテーブルの作成には、〔抽出〕コマンドを使用します。

【手順】

① 親テーブルを開き、メニューの〔データ〕-〔抽出〕をクリックします。
② 「フィールド」を選択し、〔抽出フィールド〕ボタンをクリックします。

（1）選択
（2）クリック

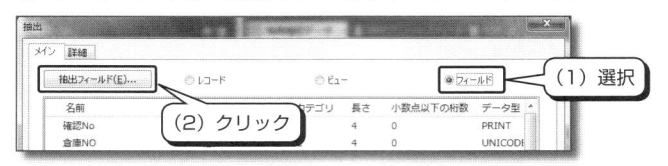

③ 「対象テーブル」で親テーブルが選択されている状態で、必要なフィールドを追加します。〔すべて追加〕ボタンをクリックします。

クリック

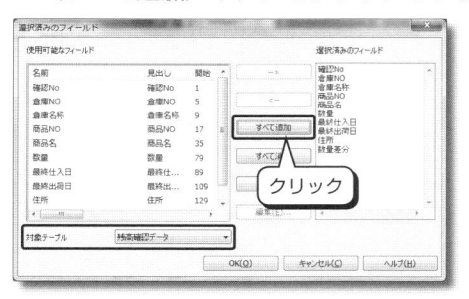

④ 「対象テーブル」で子テーブルを選択し、必要なフィールドを選択します。フィールドが選択できたら、〔OK〕ボタンで選択画面を閉じます。

親テーブルと子テーブルのフィールドが選択されました。

（1）選択　（2）ダブルクリック

⑤ 〔保存先〕に新規テーブル名（filファイル名）を入力し〔OK〕ボタンをクリックします。

【結果】

　親テーブル、子テーブルから、それぞれ必要なフィールドを取り出したテーブルが作成されます。

2．「残高確認データ」テーブルに「数量」の差分を計算する演算フィールドを作成

「残高確認データ」テーブルで、2つの「数量」フィールドの差分を計算する演算フィールドを作成します。

（〔列の追加〕（演算フィールドの作成（2））を使用します（p.195参照）。）

① 「残高確認データ」テーブルの「最終仕入日」フィールドの列見出しを右クリックし、〔列の追加〕をクリックします。
② 〔式〕ボタンをクリックします。

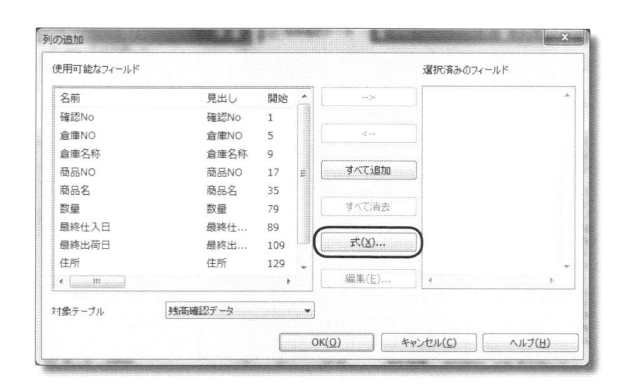

③ 式を入力し、「次の名前で保存」に「数量差分」と入力して〔OK〕ボタンをクリックします。

入力する式

```
数量 - 残高確認回収データ.数量
```

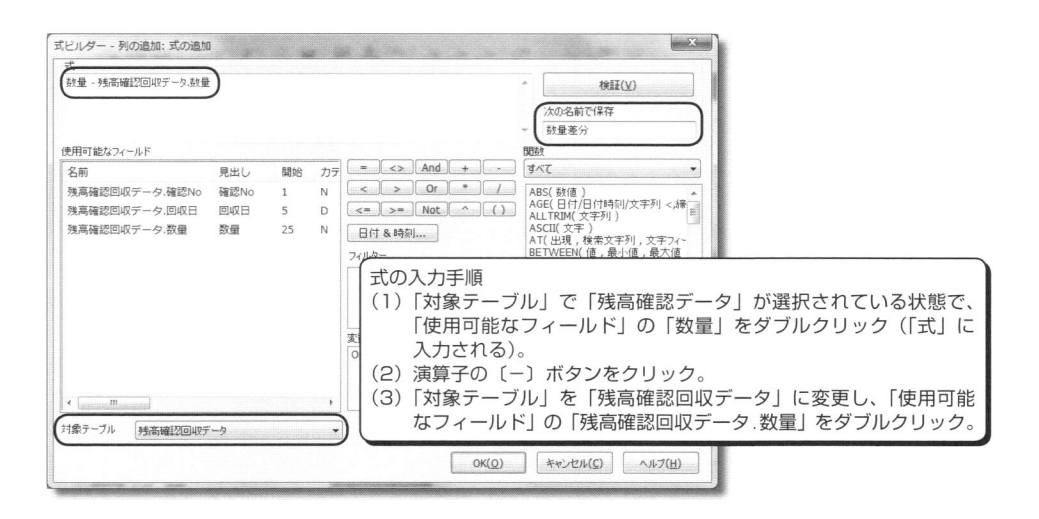

④ 「列の追加」画面に戻ります。「選択済みのフィールド」に「数量差分」が表示されていることを確認し、〔OK〕ボタンをクリックします。

結 果

「数量差分」フィールドが作成され、ビューに追加されました。

	確認No	倉庫NO	倉庫名称	商品NO	商品名	数量	数量	数量差分	
1	1	91	熊田倉庫	30030323	ロングノーズプライヤー 7	412	312	100	201
2	2	91	熊田倉庫	30302303	斜め継ぎボックス 21	600	600	0	201
3	3	91	熊田倉庫	30302903	4 PC のみセット	795	795	0	201

3．差分のあるレコードをフィルターで抽出

「数量差分」フィールドの値が0以外のレコードを抽出します。

① 「残高確認データ」テーブルが開いている状態で、テーブル上部に表示されている〔ビュー フィルターの編集〕ボタンをクリックし、式ビルダーの画面で式を入力して、〔OK〕ボタンをクリックします。

入力する式

数量差分 <> 0

結 果

「残高確認データ」テーブルの数量と「残高確認回収データ」テーブルの数量に差異があるレコードが抽出されました。レコード件数は、11件です（〔カウント〕コマンドで確認できます）。

抽出結果の確認が終了したら、〔フィルターの削除〕ボタンをクリックしてください。

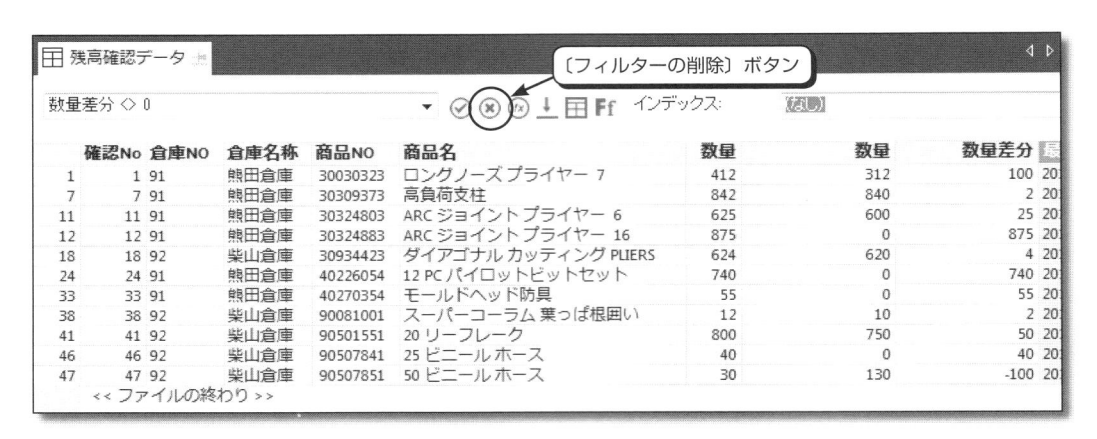

確認No	倉庫NO	倉庫名称	商品NO	商品名	数量	数量	数量差分
1	1 91	熊田倉庫	30030323	ロングノーズ プライヤー 7	412	312	100
7	7 91	熊田倉庫	30309373	高負荷支柱	842	840	2
11	11 91	熊田倉庫	30324803	ARC ジョイント プライヤー 6	625	600	25
12	12 91	熊田倉庫	30324883	ARC ジョイント プライヤー 16	875	0	875
18	18 92	柴山倉庫	30934423	ダイアゴナル カッティング PLIERS	624	620	4
24	24 91	熊田倉庫	40226054	12 PC パイロットビットセット	740	0	740
33	33 91	熊田倉庫	40270354	モールドヘッド防具	55	0	55
38	38 92	柴山倉庫	90081001	スーパーコーラム 葉っぱ根囲い	12	10	2
41	41 92	柴山倉庫	90501551	20 リーフレーク	800	750	50
46	46 92	柴山倉庫	90507841	25 ビニールホース	40	0	40
47	47 92	柴山倉庫	90507851	50 ビニールホース	30	130	-100

フィルターで抽出した結果を監査調書として保存する場合は、〔抽出〕または〔エクスポート〕コマンドを実行します。

> スクリプトの作成

テーブルを関連付けし、数量の差分を確認した操作のスクリプトを作成します。
※スクリプトの作成・実行の操作の詳細は、**第4章**を参照してください。

① ナビゲーターから、ログ（🗁研修プロジェクト2）をダブルクリックし、ログの一覧を開きます。

② 〔関連付け〕コマンドのログは、親テーブルを開く、子テーブルにインデックスファイルを作成する、親テーブル側で関連付けを設定（「DEFINE RELATION …」）する、という順で記録されます。必要なログを選択し、画面上で右クリックして、〔選択項目の保存〕-〔スクリプト〕をクリックします。2.～3.で操作した数量の不一致を確認した操作のログも選択します。

```
□✓ OPEN 残高確認データ          ← 最初に親テーブルを開くログは、選択不要です。
☒✓ OPEN 残高確認回収データ
    ☒✓ INDEX ON 確認No TO "残高確認回収データ_on_確認No" ISOLOCALE ja_JP
☒✓ OPEN 残高確認データ
    ☒✓ DEFINE RELATION 確認No WITH 残高確認回収データ INDEX 残高確認回収データ_on_確認No
    ☒✓ DEFINE FIELD 数量差分 COMPUTED 数量 - 残高確認回収データ.数量
    □✓ SET FILTER
    ☒✓ SET FILTER TO 数量差分 <> 0
    □✓ SET FILTER
```

選択するログ

OPEN 残高確認回収データ	：子テーブルを開く	⎫
INDEX ON 確認No To …	：インデックスを作成する	⎬ 〔関連付け〕のログ
OPEN 残高確認データ	：親テーブルを開く	⎪
DEFINE RELATION 確認No …	：〔関連付け〕コマンド	⎭
DEFINE FIELD 数量差分 …	：演算フィールドの作成	⎫ 数量の不一致の確認のログ
SET FILTER　TO 数量差分 <> 0	：フィルターの実行	⎭

> [Point] [Hint] [注意] **[重要]**
>
> **フィルターの結果を保存する場合のログ**
>　今回のデータでは、数量の不一致が11件検出されました。多くの場合は、こうした結果を監査手続の結果として、もしくは次の分析の資料として使用するため、〔抽出〕または〔エクスポート〕コマンド等を使用して新規テーブルやExcelファイルにレコードを保存します。その場合は、ログからスクリプトを作成する際に、レコードを保存するための操作のログも選択してください。
>　また、今回は末尾のログの「SET FILTER」（フィルターの削除）をスクリプトに含めていませんが、次の操作に移る前に、フィルターの削除が必要であることに注意してください。

③ スクリプトの名前を入力します。「S73_関連付け」と入力して〔OK〕ボタンをクリックします。

④ スクリプトが作成され、ナビゲーターに表示されます。「残高確認回収データ.数量」および「数量差分」フィールド（列）をビューから削除／追加する式を入力するため、「S73_関連付け」をダブルクリックしてスクリプトの内容を表示し、「DEFINE FIELD 数量差分 … COMPUTED …」の次の行に以下のスクリプトを入力します。

※フィールドをビューから削除／追加する式を追加する理由については、p.193を参照してください。

入力するスクリプト

```
DELETE␣COLUMN␣デフォルト_ビュー␣残高確認回収データ.数量␣OK ↵
DEFINE␣COLUMN␣デフォルト_ビュー␣残高確認回収データ.数量␣AS␣"数量2"␣POSITION␣7 ↵
DELETE␣COLUMN␣デフォルト_ビュー␣数量差分␣OK ↵
DEFINE␣COLUMN␣デフォルト_ビュー␣数量差分␣POSITION␣8 ↵
```

> **Point** | Hint | 注意 | 重要
>
> **ビューにフィールドを追加するスクリプトで列見出しを変更する**
>
> 　ビューにフィールドを追加するスクリプトで、「AS」というオプションを使用すると、列見出しを変更することができます。ここでは、「残高確認回収データ.数量」を「数量2」と表示させています。
>
> スクリプトの構文
>
> ```
> DEFINE␣COLUMN␣ビュー名␣フィールド名␣AS␣"代替列見出し"␣POSITION␣位置
> ```

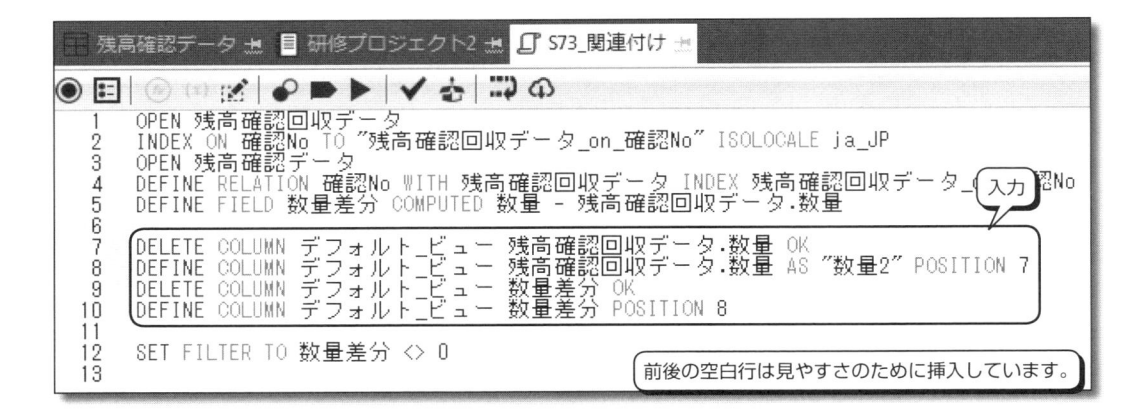

```
1  OPEN 残高確認回収データ
2  INDEX ON 確認No TO "残高確認回収データ_on_確認No" ISOLOCALE ja_JP
3  OPEN 残高確認データ
4  DEFINE RELATION 確認No WITH 残高確認回収データ INDEX 残高確認回収データ_on_確認No
5  DEFINE FIELD 数量差分 COMPUTED 数量 - 残高確認回収データ.数量
6
7  DELETE COLUMN デフォルト_ビュー 残高確認回収データ.数量 OK
8  DEFINE COLUMN デフォルト_ビュー 残高確認回収データ.数量 AS "数量2" POSITION 7
9  DELETE COLUMN デフォルト_ビュー 数量差分 OK
10 DEFINE COLUMN デフォルト_ビュー 数量差分 POSITION 8
11
12 SET FILTER TO 数量差分 <> 0
13
```

（入力）

前後の空白行は見やすさのために挿入しています。

⑤ 入力が終了したら、メニューの〔ファイル〕-〔上書き保存〕をクリックし、スクリプトの編集画面を閉じます。

結果

作成したスクリプトがナビゲーターに表示されます。

Point **Hint** 注意 重要

〔関連付け〕で使用されるインデックスファイル

　〔関連付け〕コマンドでは、子テーブルのキーフィールドにインデックスが作成されます。
　スクリプト実行時に、すでにインデックスファイルが存在している場合は、そのファイルが使用されます。インデックスファイルが存在しない場合は、新規作成されます。

Point Hint 注意 重要

SET SAFETYの追加

　演算フィールドを作成するスクリプトを実行する際、すでに同じ名前のフィールドが存在していると、上書きを確認するメッセージが表示されます。
　また、インデックスを作成するスクリプトを実行する際も、すでに名前のインデックスファイルが存在していると、上書きを確認するメッセージが表示されます。
　自動で上書きしてよい場合は、ログから作成したスクリプトを編集し、上書きを自動化するスクリプト「SET SAFETY …」(p.426参照) を追加します。

■関連付けの設定の削除

関連付けの設定を削除することができます。

関連付けが設定されている場合は、親子間で〔結合〕コマンドを実行することはできません。

親テーブルを主テーブルとして〔結合〕コマンドを実行すると、副テーブルの選択肢に子テーブルが表示されないため、〔結合〕コマンドの方が適切な場合は、関連付けの設定を削除します。

【手順】
① 親テーブルを開きます。
② 親テーブルで子テーブルのフィールドが使用されている場合は、フィールドの削除等を行います。

> **Point** Hint 注意 重要
>
> **関連付けの設定を削除する前に**
>
> 親テーブルで子テーブルのフィールドが使用されていると、下図のようなメッセージが表示され、関連付けの設定を削除することができません。
>
> ACL Analytics
> '残高確認回収データ' は '数量差分' によって参照されているため、削除したり変更したりすることはできません
> OK
>
> 関連付けを削除する前に、以下のような対応を行います。
> - 親テーブルのビューに子テーブルのフィールドを表示している場合は、〔選択列の削除〕で列を削除する。
> - 親テーブルの演算フィールド等の式で子テーブルのフィールドを使用している場合は、演算フィールドの削除等を行う。

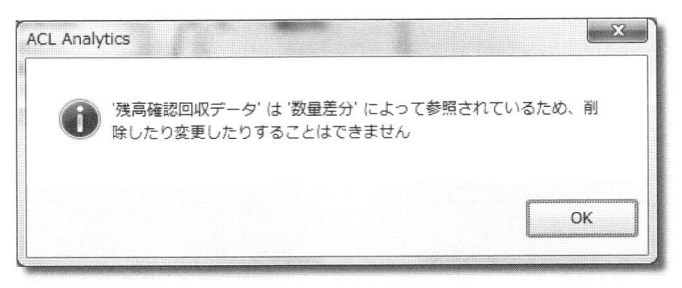

③ メニューの〔データ〕-〔関連付け〕をクリックします。

④ 現在設定されている関連付けが矢印の線で表示されます。線をクリックし、線が太くなった状態で、Deleteキーを押します。

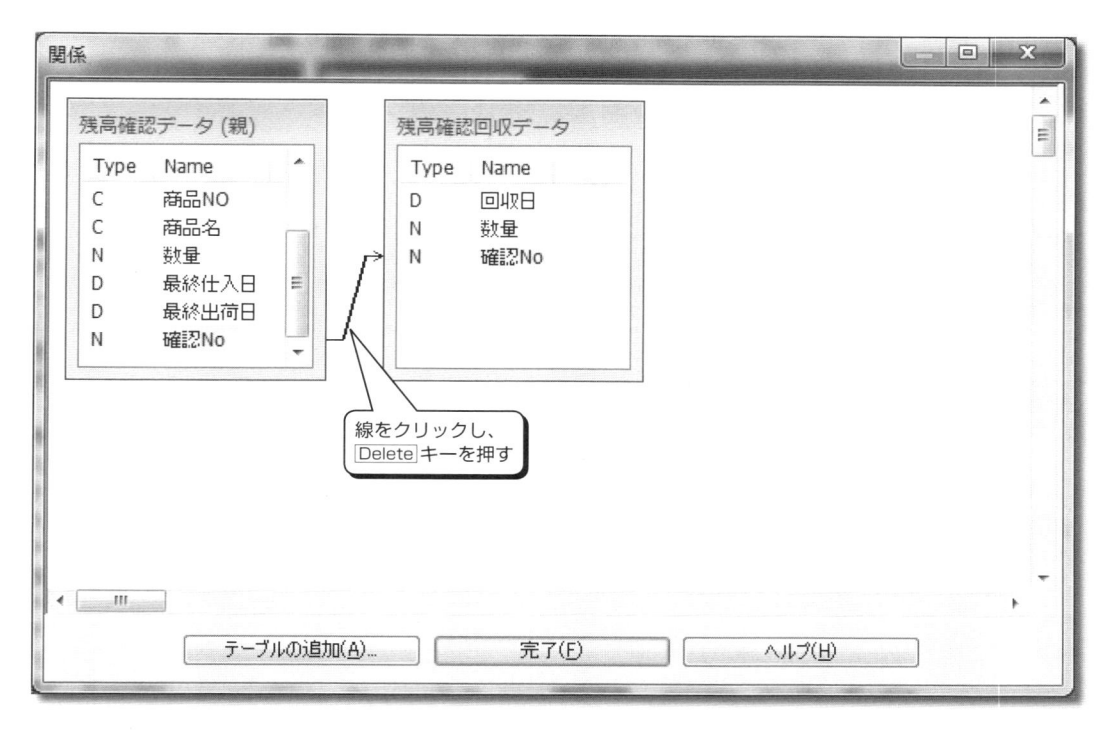

```
関係

┌─残高確認データ（親）─┐   ┌─残高確認回収データ─┐
│ Type  Name          │   │ Type  Name        │
│  C    商品NO         │   │  D    回収日       │
│  C    商品名         │   │  N    数量         │
│  N    数量           │   │  N    確認No       │
│  D    最終仕入日      │   └──────────────────┘
│  D    最終出荷日      │
│  N    確認No         │
└─────────────────────┘

        線をクリックし、
        Deleteキーを押す

[テーブルの追加(A)...]  [完了(F)]  [ヘルプ(H)]
```

⑤〔完了〕ボタンをクリックし、設定画面を閉じます。

【結果】

関連付けの設定が削除されました。
ログには、以下のように記録されます。

```
DELETE␣RELATION␣リレーション名（子テーブル名）␣OK
```

3-7-4 〔結合〕コマンドと〔関連付け〕コマンドの比較

〔結合〕コマンドと〔関連付け〕コマンドは、複数のテーブルのデータを利用できるという点で、よく似た機能です。機能の相違点を理解し、作業に合わせて適切なものを選んでください。

<〔結合〕コマンドと〔関連付け〕コマンドの比較>

	結合	関連付け
使用できるテーブル数	主テーブル1、副テーブル1	18
新規テーブルの作成	作成される。	作成されない。
データを結合する際のオプション	「結合カテゴリ」で6タイプから選択できる。	オプションはなし。（子テーブルにキーフィールドの値が一致するレコードがあるかどうかにかかわらず、親テーブルの全レコードを表示する。）
キーフィールドの数	複数のフィールドが使用できる。	単一のフィールドのみ。（フィールドを連結させた演算フィールドをキーフィールドとすることは可能。）
キーフィールド同士のデータ型	文字型フィールドと数値型フィールドの結合はできる。その他は、同一でなければならない。	同一でなければならない。
キーフィールド同士の長さ	同一であることを推奨。（文字型フィールドの場合は、自動調整される。）	同一であることを推奨。
処理に必要な空きディスク容量	多い。新規テーブルが作成されるため、ディスク空き容量が必要。	少ない。子テーブルのインデックスを作成するために必要な最低限のディスク空き容量のみ。
処理時間	遅い。主テーブルが並べ替えられているかどうか、結合の複雑さ等で異なる。	速い。コマンド実行時にレコードのマッチングを行わないため、〔結合〕コマンドに比較して短時間。
実行結果に対する処理時間	速い。データがfilファイルに保存されているため、処理が速い。	遅い。コマンド実行時にレコードのマッチングが行われるため、〔結合〕コマンドに比較して処理時間が長くなる。
並べ替えまたはインデックス	副テーブルが並べ替えられているか、またはインデックスが必要。	子テーブルのインデックスは必須（自動作成される）。

第3章 データ分析

3-8 サンプリング

3-8-1 サンプリングの概要

■統計的サンプリングの手順

　監査証拠の入手方法は、精査と試査に大別することができます。精査とは、特定の監査手続の実施に際して、母集団から全部を抽出して実施することをいい、試査とは、特定の監査手続の実施に際して、母集団からその一部を抽出（サンプリング）して監査手続を実施することをいいます。

　従来、限られた監査資源（人員、期間）で全ての取引について漏れなく監査手続を実施することは困難であると考えられており、今日の監査論では、監査手続の実施について試査を原則としています（監査基準 第三 実施基準 一基本原則4）。しかし、これは、精査の実施を否定しているわけではなく、例えば不正リスクの高い場合等、監査人が必要と判断する場合には、試査と精査を組み合わせて効果的な監査手続を実施することが可能となります。

　なお、今日ではCAATの利用により、手作業では精査が困難な手続についても、比較的容易に行うことができるようになったといえますが、その判断は監査の有効性と効率性の観点から個々の手続ごとに監査人が判断します。

　ここでは、ACLを利用したサンプルによる試査（サンプリング）の手続について解説します。ACLには「統計的サンプリング」の理論に従ったメニューコマンドが用意されています。「統計的サンプリング」は無作為抽出によってサンプルを抽出し、確率論の考え方を用いてサンプルを調査した結果から母集団に関する結論を出す手法をいいます。

　「統計的サンプリング」は、概ね下記の手順で実施されます。

> 統計的サンプリングの手順
> 1. 母集団の特定
> 2. サンプル数の決定
> 3. サンプルの抽出
> 4. サンプルのテスト
> 5. サンプルのテスト結果に基づいた母集団全体の評価

　上記手順のうち、ACLでは、2. サンプル数の決定、3. サンプルの抽出、5. サンプルのテスト結果に基づいた母集団全体の評価、の実施に関するメニューコマンドが用意されています。

■サンプリング単位とサンプリング基準

　サンプル数の決定に先立ち、監査人は監査手続の目的に応じたサンプリング単位を決定します。サンプリング単位とは、事象・金額・人数等の抽出するサンプルを表す単位をいい、用いられるサンプ

リング単位により、レコード単位サンプリング（属性サンプリング）と金額単位サンプリングの2種類のサンプリング単位に分類されます。

（1）レコード単位サンプリング（属性サンプリング）

レコード単位サンプリング（属性サンプリング）とは、母集団を構成している項目の属性（ある性質が在るか無いかの二者択一の結論）に着目したサンプリングで、たとえば内部統制（コントロール）を対象とした準拠性をテストする場合等に用いられる方法です。

レコード単位サンプリング（属性サンプリング）は、トランザクション（取引）のレコードを基準にサンプルを抽出し、レコード全体の母集団を推定することから、監査では、トランザクションサンプリング、または属性サンプリングとも呼ばれ、ACLでは「レコード単位サンプリング」といいます。

（2）金額単位サンプリング（MUS；monetary unit sampling）

金額単位サンプリングとは、母集団を構成している項目の金額に着目したサンプリングで、例えば、財務諸表を構成する勘定科目（売掛金等）の実在性をテストする場合等に用いられる方法です。

金額単位サンプリングは、ACL上でも「金額単位サンプリング」といいます。

■サンプル数の決定

サンプル数の決定にあたっては、以下の要素を検討する必要があります。

（1）信頼度

監査リスクモデル（下図参照）では、統計的サンプリングのサンプリングリスク（*）は、発見リスクの一要素として定義されています。信頼度（監査人が得ようとする保証の程度）を高く設定することにより、発見リスクを低く抑えることができますが、サンプル数が大きくなります。他方で、信頼度を低く設定すると、サンプル数は小さくなりますが、発見リスクは高まる関係にあります。

信頼度の水準は、重要な虚偽表示のリスクおよび発見リスクの水準に留意して、監査資源と統計的サンプリングから得られる監査証拠の証拠力を総合的に勘案して監査人が決定します。

　　*：サンプリングリスクとは、サンプルが母集団の特性を正確に反映しないために、監査人が母集団について誤った結論を形成するリスクをいいます。

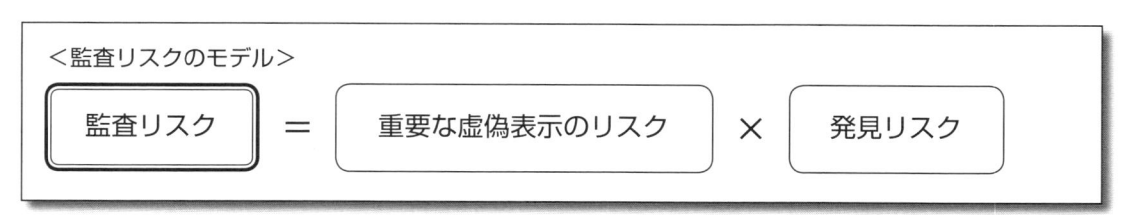

＜監査リスクのモデル＞

監査リスク ＝ 重要な虚偽表示のリスク × 発見リスク

（2）母集団

母集団とは、監査手続の実施結果から結論を得るためにサンプルを抽出する対象となる項目全体をいいます。母集団の決定にあたっては、監査手続の目的との関連性や、母集団の完全性、母集団の階

層化と分割にも留意する必要があります。
　金額単位サンプリングの場合には、サンプルの対象となる母集団の合計金額を指定します。レコード単位サンプリング（属性サンプリング）の場合には、サンプルの対象となる母集団の合計件数を指定します。

（3）許容誤謬（額／率）
信頼度の水準を考慮して、監査人が受け入れることができる以下の金額／率を指定します。
- 誤謬金額の総額（許容誤謬額）
- 所定の内部統制からの逸脱率（許容誤謬率）

（4）予想誤謬（額／率）
監査人の過去の経験や予備調査、過年度監査等から監査人が母集団の中に存在すると予想する以下の金額／率を指定します。
- 誤謬金額（予想誤謬額）
- 所定の内部統制からの逸脱率（予想誤謬率）

■サンプリング手法
ACLでは、以下の3種類のサンプリング手法から1つを選択して、サンプルを抽出します。

> ACLでのサンプリング手法の種類
> （1）固定間隔サンプリング
> （2）セルサンプリング（ランダム間隔サンプリング）
> （3）ランダムサンプリング

（1）固定間隔サンプリング
固定間隔サンプリングは、固定間隔ごとにサンプルを抽出する方法です。
　レコード単位サンプリングの場合、開始位置のレコードより、指定されたレコード（件数）を基準に固定間隔に位置するレコードがサンプルとして抽出されます。
　金額単位サンプリングの場合、開始位置のレコードより指定された金額を基準に固定間隔でレコードがサンプルとして抽出されます。また、最上層のカットオフを使用すると、カットオフの値よりも大きい項目を必ず抽出することができます（最上層のカットオフは、金額単位サンプリングのみに適用されます）。

（2）セルサンプリング（ランダム間隔サンプリング）
セルサンプリングは、固定間隔サンプリングと同様、サンプリング間隔の選択方法の1つで、セル（グループ）単位内でランダムにサンプルを抽出する方法です。

（3）ランダムサンプリング
ランダムサンプリングは、ACL内で乱数を発生させ、母集団全体からランダムにサンプルを抽出

する方法です。

　ランダムサンプリングを使用する場合、各項目が抽出される確率は等しくなりますが、均等に分布した結果になるとは限らず、通常、サンプル間の間隔は不均等になります。

　また、ランダムサンプリングには最上層のカットオフ機能は使用できません。

＜3種類のサンプリング手法の図解 〜 レコード単位の場合＞

サンプリング基準	サンプリング手法	サンプル抽出	図解（●：抽出レコード）
レコード単位サンプリング	固定間隔	「間隔」と「開始」を設定します。「開始」を2、「間隔」を5と設定すると、2行目および2行目以降は5行ごとにレコードがサンプルレコードとして抽出されます。	
	セル	「間隔」と「シード」を設定します。「間隔」を5と設定すると、レコードを5レコードずつを1つのグループとみなし、グループの中から1レコードずつサンプルレコードとして抽出します。「シード」はACLで乱数を発生するために使用されるだけであるため、どのような数字でも構いません。	
	ランダム	「サイズ」「シード」「母集団」を設定します。「サイズ」には抽出するレコード数を指定します。ACLが生成した乱数に基づきサンプルレコードが抽出されます。	

＜3種類のサンプリング手法の図解 ～ 金額単位の場合＞

サンプリング基準	サンプリング手法	サンプル抽出	図解（●：抽出レコード）
金額単位サンプリング	固定間隔	〔サンプルの対象〕として対象フィールドを選択し、「間隔」「開始」「カットオフ」を設定します。「間隔」を10、「開始」を4と設定すると、対象フィールドの累計が4、14、24、34、…に達した時点のレコードがサンプルレコードとして抽出されます。「カットオフ」を12と設定しているため、No.7とNo.13が最上層として抽出されています。	<table><tr><th>No</th><th>金額</th><th>累計</th></tr><tr><td>● 1</td><td>5</td><td>5</td></tr><tr><td>2</td><td>3</td><td>8</td></tr><tr><td>● 3</td><td>6</td><td>14</td></tr><tr><td>4</td><td>2</td><td>16</td></tr><tr><td>5</td><td>4</td><td>20</td></tr><tr><td>6</td><td>1</td><td>21</td></tr><tr><td>T● 7</td><td>12</td><td>－</td></tr><tr><td>● 8</td><td>7</td><td>28</td></tr><tr><td>9</td><td>4</td><td>32</td></tr><tr><td>● 10</td><td>2</td><td>34</td></tr><tr><td>11</td><td>1</td><td>35</td></tr><tr><td>12</td><td>4</td><td>39</td></tr><tr><td>T● 13</td><td>33</td><td>－</td></tr><tr><td>● 14</td><td>6</td><td>45</td></tr><tr><td>● 15</td><td>9</td><td>54</td></tr><tr><td>16</td><td>1</td><td>55</td></tr></table>（Tは最上層）
	セル	〔サンプルの対象〕として対象フィールドを選択し、「間隔」「シード」「カットオフ」を設定します。「間隔」を10と設定すると、合計が10になるごとにグループ化され、各グループの中からサンプルレコードが抽出されます。「カットオフ」を12と設定しているため、No.7とNo.13が最上層として抽出されています。	<table><tr><th>No</th><th>金額</th></tr><tr><td>● 1</td><td>5</td></tr><tr><td>2</td><td>3</td></tr><tr><td>3</td><td>6</td></tr><tr><td>4</td><td>2</td></tr><tr><td>● 5</td><td>4</td></tr><tr><td>6</td><td>1</td></tr><tr><td>T● 7</td><td>12</td></tr><tr><td>8</td><td>7</td></tr><tr><td>●● 9</td><td>4</td></tr><tr><td>10</td><td>2</td></tr><tr><td>11</td><td>1</td></tr><tr><td>12</td><td>4</td></tr><tr><td>T● 13</td><td>33</td></tr><tr><td>14</td><td>6</td></tr><tr><td>15</td><td>9</td></tr><tr><td>16</td><td>1</td></tr></table>2と4に分割／2と2に分割／1と5に分割／5と4に分割（Tは最上層）
	ランダム	〔サンプルの対象〕として対象フィールドを選択し、「サイズ」「シード」「母集団」を設定します。「サイズ」を10、「母集団」を対象フィールドの合計値と設定すると、1から合計値までの間で乱数を生成し、10個のアイテムが選ばれます。対象フィールドの累計がアイテムの値に達した時点のレコードがサンプルレコードとして抽出されます。この方式は、同じレコードが複数回選択される可能性があります。なお、右図の例は、10個のアイテムを4、10、15、39、42、52、70、80、88、92としています。	<table><tr><th>No</th><th>金額</th><th>累計</th></tr><tr><td>● 1</td><td>5</td><td>5</td></tr><tr><td>● 2</td><td>3</td><td>8</td></tr><tr><td>● 3</td><td>6</td><td>14</td></tr><tr><td>● 4</td><td>2</td><td>16</td></tr><tr><td>5</td><td>4</td><td>20</td></tr><tr><td>6</td><td>1</td><td>21</td></tr><tr><td>7</td><td>12</td><td>33</td></tr><tr><td>● 8</td><td>7</td><td>40</td></tr><tr><td>● 9</td><td>4</td><td>44</td></tr><tr><td>10</td><td>2</td><td>46</td></tr><tr><td>11</td><td>1</td><td>47</td></tr><tr><td>12</td><td>4</td><td>51</td></tr><tr><td>●●● 13</td><td>33</td><td>84</td></tr><tr><td>● 14</td><td>6</td><td>90</td></tr><tr><td>● 15</td><td>9</td><td>99</td></tr><tr><td>16</td><td>1</td><td>100</td></tr></table>

※「金額単位サンプリング」では、母集団は数値型フィールドの絶対値で構成されます。
※「カットオフ」が設定できるのは、「固定間隔」、「セル」のみです。いずれも件数の指定はできません。
　なお、「カットオフ」を用いると、サンプリングの前に、フィールドの絶対値に基づいて母集団が"上位階層"と"下位階層"に自動的に階層化され、カットオフの値以上のアイテムは自動的に抽出されます。

■サンプルの抽出

上述の「サンプリング基準」と「サンプリング手法」の組み合わせにより、ACLに入力すべきパラメーターを決定します。各種パラメーターの内容は、下表のとおりです。

＜サンプリング基準とサンプリング手法と各種パラメーター＞

サンプリング手法	パラメーター	金額単位サンプリング	レコード単位サンプリング
固定間隔 （固定間隔ごとにサンプルを抽出する方法）	間隔	ACLの〔サンプル数の計算〕コマンドで算出した結果等に基づいて指定します。この数値が小さいと相対的にサンプル数は大きくなり、大きい数値を指定すると、サンプル数は小さくなります。	
	開始	「間隔」よりも小さい任意の数値を指定します。	
	カットオフ	「カットオフ」を設定すると、カットオフの数値を超えているレコードは自動的に抽出されます。	(*)
セル （セル（グループ）単位内でランダムにサンプルを抽出する方法）	間隔	ACLの〔サンプル数の計算〕コマンドで算出した結果等に基づいて指定します。この数値が小さいと相対的にサンプル数は大きくなり、大きい数値を指定すると、サンプル数は小さくなります。	
	シード	乱数を発生させる基礎となる任意の数値を指定します。このシード値を指定することにより、何度でも同一の乱数を発生させることができるようになります。	
	カットオフ	「カットオフ」を設定すると、カットオフの数値を超えているレコードは自動的に抽出されます。	(*)
ランダム （乱数を利用してサンプルを抽出する方法）	サイズ	抽出するサンプル数を指定します。	
	シード	乱数を発生させる基礎となる任意の数値を指定します。このシード値を指定することにより、何度でも同一の乱数を発生させることができるようになります。	
	母集団	母集団の合計金額を指定します。なお、ACL上の便利な機能として、事前に〔統計〕コマンド（p.224）で対象項目を集計することで自動的に母集団の合計金額が表示される仕組みになっています。	母集団の合計件数を指定します。なお、ACL上の便利な機能として、事前に〔統計〕コマンド（p.224）で対象項目を集計することで自動的に母集団の合計件数が表示される仕組みになっています。

＊：金額単位サンプリングのみに適用されます。

■サンプルのテスト結果に基づいた母集団全体の評価

　サンプルのテスト結果に基づいた母集団全体の評価をするにあたっては、サンプリング基準に応じた以下のパラメーターをACLに入力します。なお、ACL上の機能（コマンド）では、金額単位サンプリングの場合、固定間隔のサンプリング手法のみ母集団全体の評価をすることができ、またレコード単位サンプリングでは、すべての方法で利用することが可能です。

パラメーター＼サンプリング基準	金額単位サンプリング	レコード単位サンプリング
信頼度	サンプル数を決定するにあたって利用した信頼度を入力します。	
間隔	サンプルの抽出に使用した「間隔」を入力します。	
誤謬	サンプルをテストした結果、エラーとなった合計金額を入力します。	
サンプル数		サンプルの抽出に使用した「サンプル数」を入力します。
誤謬の数		サンプルをテストした結果、エラーとなった合計件数を入力します。

　入力された信頼度で最悪の状況を想定した、推定される母集団全体の最大誤謬額（率）が画面上に表示されます。

3-8-2 金額単位サンプリングを行う

操作　「売掛金残高明細」テーブルで、売掛金の金額単位サンプリングを行います。
ここでは、統計的サンプリングの手順の2、3、5をACLで実施します。
1. 母集団の特定
2. サンプル数の決定　…1
3. サンプルの抽出　…2
4. サンプルのテスト
5. サンプルのテスト結果に基づいた母集団全体の評価　…3

「研修プロジェクト2.acl」で操作します（「00ACL」-「ACL操作研修2」フォルダー）。

1．サンプル数の決定

> **Point** Hint 注意 重要
>
> **〔統計〕コマンドで金額の合計値（絶対値）を取得する**
> 　金額単位のサンプリングでのサンプル数の決定には、対象となる金額フィールドの合計値の情報を使用します。事前に〔統計〕コマンド（p.224）を実行し、合計金額を確認しておきます。
> 　使用される合計値は、絶対値の合計値であるため、〔合計〕コマンド（p.219）で取得される合計値とは異なることに注意してください。

① 「売掛金残高明細」テーブルを開きます。
② メニューの〔分析〕-〔統計〕をクリックします。
③ 〔統計の対象〕から「売掛金」を選択し、〔出力〕タブで「出力先」が「画面」となっていることを確認して、〔OK〕をクリックします。

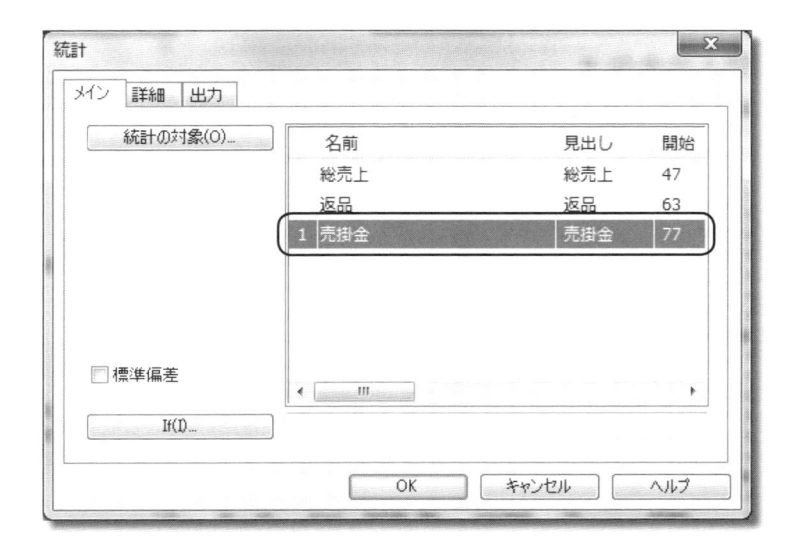

④〔統計〕コマンドの結果の画面から、絶対値の合計金額を確認します（2,635,617,743）。

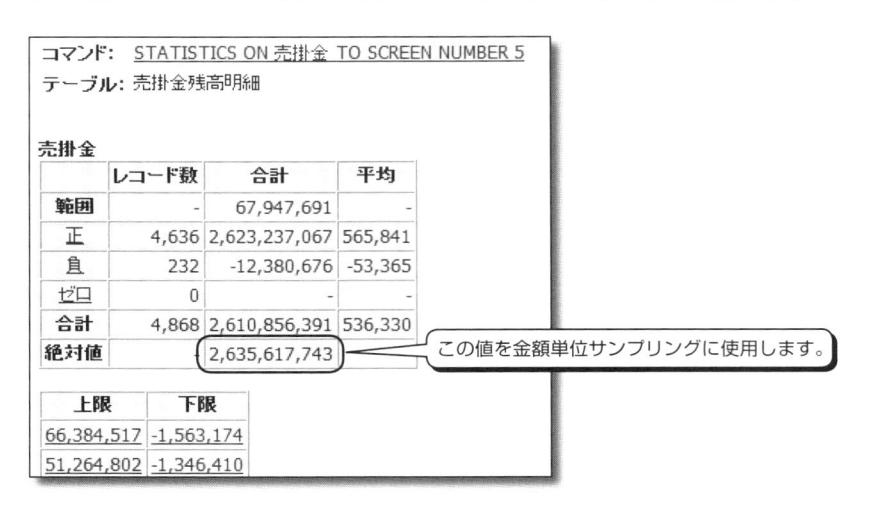

```
コマンド:   STATISTICS ON 売掛金 TO SCREEN NUMBER 5
テーブル: 売掛金残高明細
```

売掛金

	レコード数	合計	平均
範囲	-	67,947,691	-
正	4,636	2,623,237,067	565,841
負	232	-12,380,676	-53,365
ゼロ	0	-	-
合計	4,868	2,610,856,391	536,330
絶対値		2,635,617,743	← この値を金額単位サンプリングに使用します。

上限	下限
66,384,517	-1,563,174
51,264,802	-1,346,410

⑤ メニューの〔サンプリング〕-〔サンプル数の計算〕をクリックします。

⑥ 「金額単位」が選択されている状態で、「信頼度」に「95」、「母集団」に④で確認した売掛金の絶対値の合計「2,635,617,743」、「許容誤謬額」に「50,000,000」、「予想誤謬額」に「1,000,000」と入力します（桁区切りのカンマは入力不要です）。なお、ここでは、信頼度、許容誤謬額、予想誤謬額の各値は所与であるとします。

⑦ 続けて、〔計算〕ボタンをクリックし、「サンプル数」、「間隔」、「最大許容誤謬率」が表示されたことを確認して、〔OK〕ボタンをクリックします。

〔計算〕ボタンのクリックにより、結果が表示されます。

結 果

サンプル数は、163件となりました。「間隔サイズ」の値を〔サンプル〕コマンドで使用するため、数値を控えておきます（16,083,333.33）。

コマンド: SIZE MONETARY CONFIDENCE 95 POPULATION 2635617743 MATERIALITY 50000000 ERRORLIMIT 1000000 TO SCREEN
母集団: 2635617743.00, 信頼度: 95.00%, 許容誤謬金額: 50000000.00, 誤謬: 1000000.00

サンプル数	163
間隔サイズ	16,083,333.33
最大許容誤謬	6.21%

355

2．サンプルの抽出

① 「売掛金残高明細」テーブルが開いている状態で、メニューの〔サンプリング〕-〔サンプル〕を
クリックします。

② 「サンプルの種類」で「金額単位」を選択し、〔サンプルの対象〕で「売掛金」を選択します。

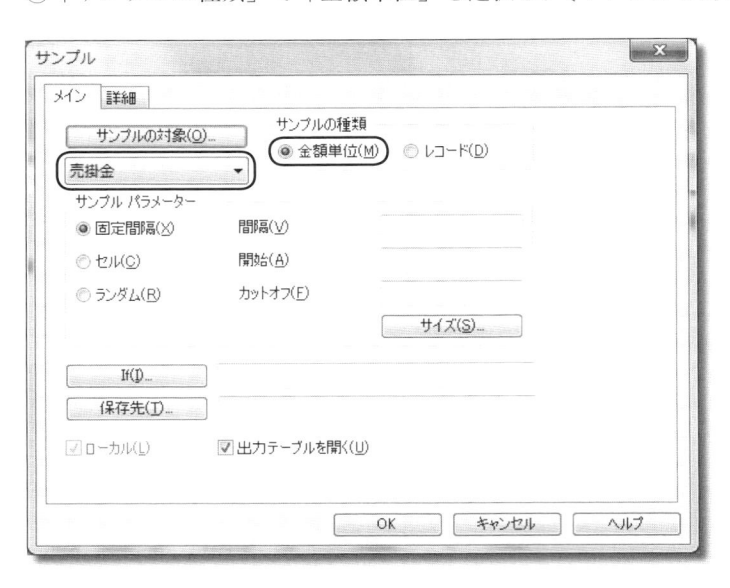

③ 「サンプルパラメーター」で「固定間隔」を選択し、「間隔」に1．で確認した「間隔サイズ」の値「16,083,333.33」を入力し、「開始」に「間隔」と同じ値、「カットオフ」に「99,999,999,999」を入力します（ここでは、カットオフの機能を使用しないものとします）。

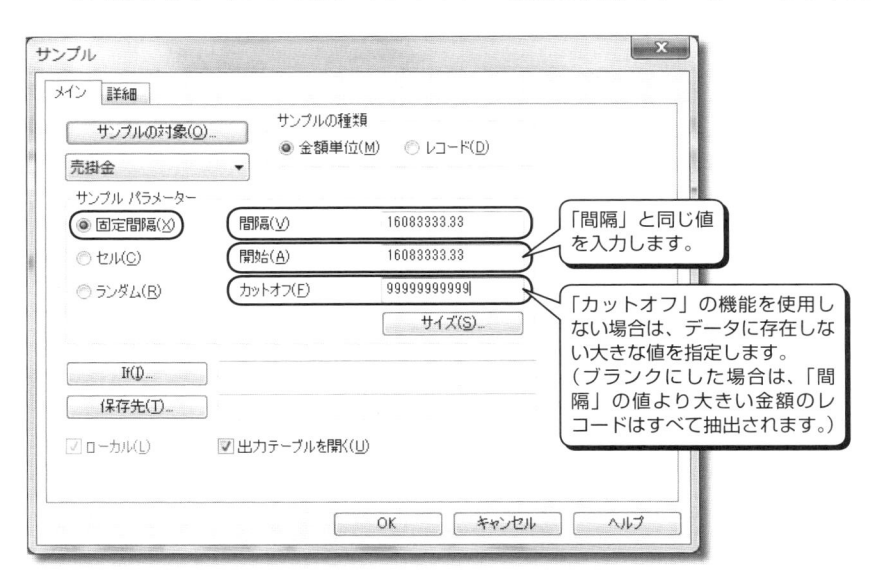

④「保存先」にテーブル名（filファイル名）を入力します。「売掛金残高明細_金額単位サンプリング」として〔OK〕ボタンをクリックします（保存先を指定しない場合、filファイルはプロジェクト（.acl）と同じフォルダーに保存されます。〔保存先〕ボタンでフォルダーを変更できますが、通常は、同じフォルダーに保存します）。

※テーブル名の命名規則は、p.148を参照してください。

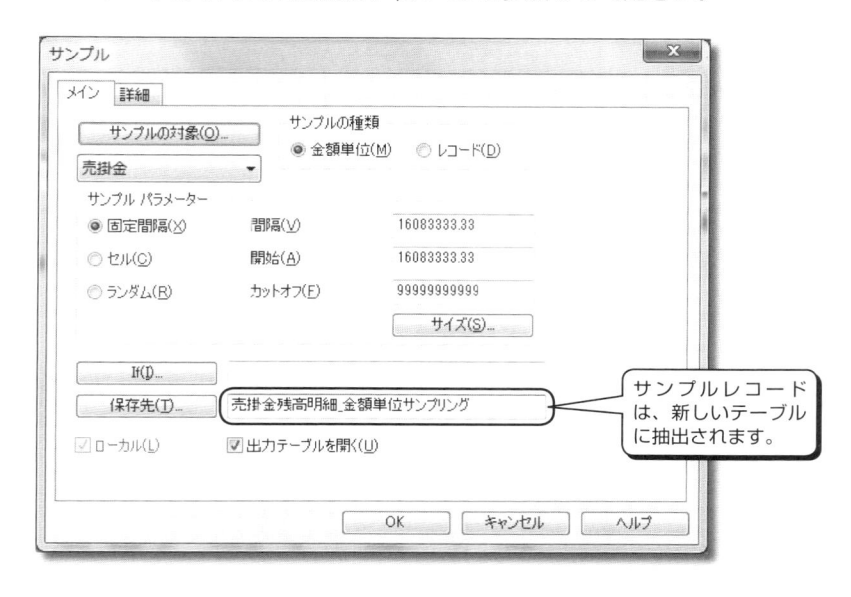

結果

「売掛金残高明細_金額単位サンプリング」テーブルが作成され、163件のサンプルレコードが抽出されました。

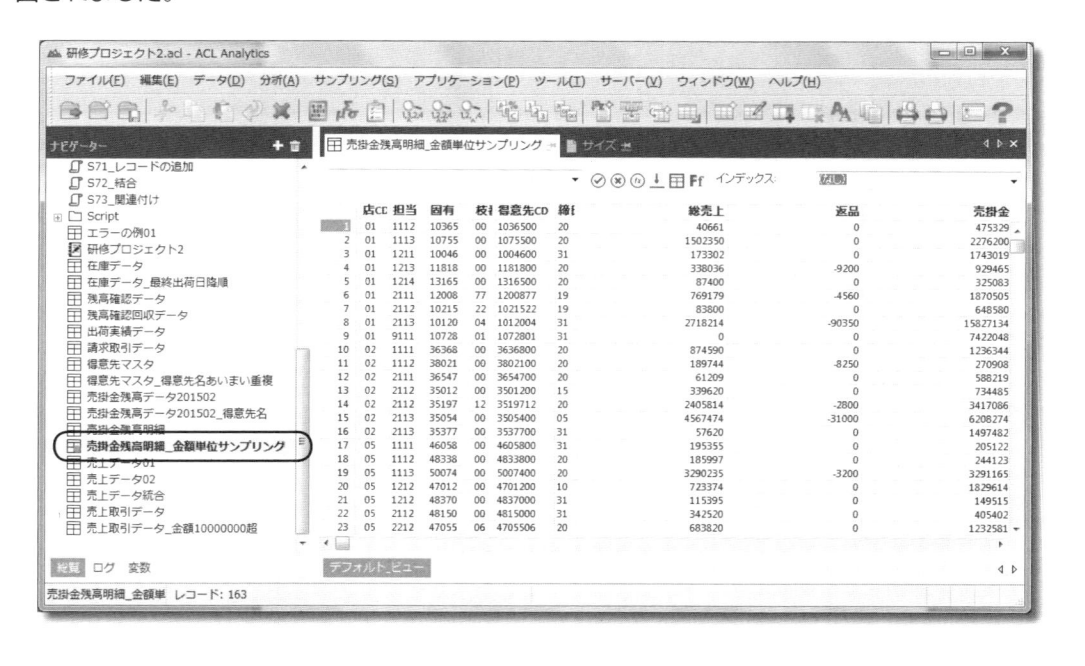

3．サンプルのテスト結果に基づいた母集団全体の評価

① 「売掛金残高明細」テーブルを開きます。
② メニューの〔サンプリング〕－〔誤謬の評価〕をクリックします。
③ 「金額単位」を選択し、「信頼度」に「95」（1.の⑥で入力した値）、「間隔」に「16,083,333.33」（1.で計算した値）を入力します。

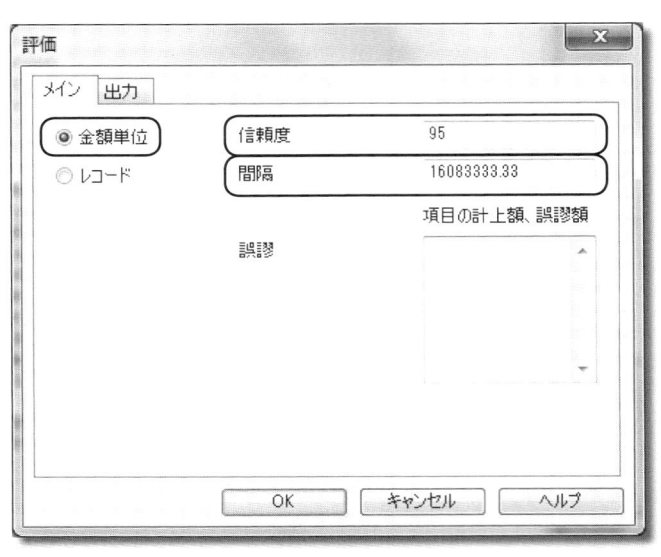

④ 続けて、「誤謬」に1.の⑥で入力した「母集団」の値（2,635,617,743）と誤謬額を半角のカンマで区切って入力します。誤謬額は、1,500,000であったとし、「2635617743,1500000」と入力します。

⑤ 〔出力〕タブで「出力先」を「画面」とし、〔OK〕ボタンをクリックします。
※「出力先」については、p.394～を参照してください。

結果

最大誤謬額が表示されます。

```
コマンド: EVALUATE MONETARY CONFIDENCE 95 ERRORLIMIT 2635617743,1500000 INTERVAL 16083333.33 TO SCREEN
信頼度: 95, 間隔: 16083333
```

	項目の計上額	誤謬額	推定誤謬額	最大誤謬額
基本精度				48,250,000.00
	2,635,617,743.00	1,500,000.00	1,500,000.00	1,500,000.00
合計			1,500,000.00	49,750,000.00

スクリプトの作成

サンプリングの操作のログからスクリプトを作成します。

※スクリプトの作成・実行の操作の詳細は、**第4章**を参照してください。

① ナビゲーターから、ログ（ 研修プロジェクト2）をダブルクリックし、ログの一覧を開きます。

② 必要なログを選択し、画面上で右クリックして、〔選択項目の保存〕-〔スクリプト〕をクリックします。
- 〔統計〕のログ：「STATISTICS …」
- 〔サンプル数の計算〕のログ：「SIZE …」
- 〔サンプル〕のログ：「SAMPLE …」
- 〔誤謬の評価〕のログ：「EVALUATE …」

```
☒✓ OPEN 売掛金残高明細
    ☒✓ STATISTICS ON 売掛金 TO SCREEN NUMBER 5
    ☒✓ SIZE MONETARY CONFIDENCE 95 POPULATION 2635617743 MATERIALITY 50000000
    ☒✓ SAMPLE ON 売掛金 INTERVAL 16083333.33 FIXED 16083333.33 CUTOFF 99999999999
☐✓ OPEN "売掛金残高明細_金額単位サンプリング"
☒✓ OPEN 売掛金残高明細
    ☒✓ EVALUATE MONETARY CONFIDENCE 95 ERRORLIMIT 2635617743,1500000 INTERVAL
```

③ スクリプト名を入力します。「S82_金額単位サンプリング」と入力して〔OK〕ボタンをクリックします。

結果

作成したスクリプトがナビゲーターに表示されます。

> **Point** Hint 注意 重要
>
> **SET SAFETYとSET FOLDERの追加**
>
> 　演算フィールドや新規テーブル、新規ファイルの作成を含むスクリプトを実行する場合、すでに同じ名前のフィールドやテーブル、ファイルが存在していると、上書きしてよいか確認するメッセージが表示されます。
>
> 　自動で上書きしてよい場合は、ログから作成したスクリプトを編集し、上書きを自動化するスクリプト「SET SAFETY …」（p.426参照）を追加します。
>
> 　また、作成されるテーブルをナビゲーターの所定のフォルダーに表示したい場合は、「SET FOLDER …」（p.168参照）を追加します。

3-8-3 レコード単位サンプリングを行う

操作　「請求取引データ」テーブルで、レコード単位のサンプリングを行います。ここでは、統計的サンプリングの手順の2、3、5をACLで実施します。
  1．母集団の特定
  2．<u>サンプル数の決定</u>　…1
  3．<u>サンプルの抽出</u>　…2
  4．サンプルのテスト
  5．<u>サンプルのテスト結果に基づいた母集団全体の評価</u>　…3

「研修プロジェクト2.acl」で操作します（「00ACL」-「ACL A操作研修2」フォルダー）。

1．サンプル数の決定

> **Point** │ Hint │ 注意 │ 重要
>
> 〔カウント〕コマンドでレコード件数を確認する
> 　レコード単位サンプリングでのサンプル数の決定には、対象となるテーブルのレコード件数を使用します。事前に〔カウント〕コマンド（p.221）を実行し、レコード件数を確認しておきます。

① 「請求取引データ」テーブルを開きます。
② メニューの〔分析〕-〔カウント〕をクリックします。
③ 〔OK〕ボタンをクリックします。
④ ナビゲーターから、ログ（■研修プロジェクト2）をダブルクリックし、ログの一覧を開きます。
⑤ ログの一覧の末尾から、〔カウント〕コマンドのログをダブルクリックで開き、レコード件数を確認します（26,709件）。

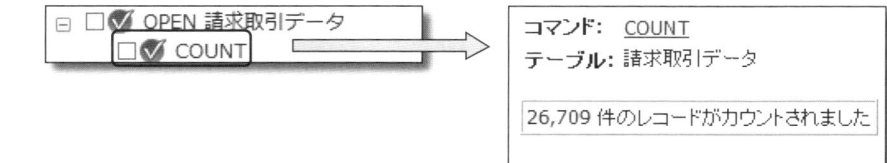

```
□ □☑ OPEN 請求取引データ
　　□☑ COUNT
```
→
```
コマンド： COUNT
テーブル： 請求取引データ

26,709 件のレコードがカウントされました
```

⑥ メニューの〔サンプリング〕-〔サンプル数の計算〕をクリックします。

⑦ 「レコード」を選択し、「信頼度」に「95」、「母集団」に⑤で確認したレコード件数「26,709」、「許容誤謬率」に「5」、「予想誤謬率」に「2」と入力します（桁区切りのカンマは入力不要です）。
なお、ここでは、信頼度、許容誤謬率、予想誤謬率の各値は、所与であるとします。

⑧ 続けて、〔計算〕ボタンをクリックし、「サンプル数」、「間隔」、「許容誤謬数」が表示されたことを確認し、〔OK〕ボタンをクリックします。

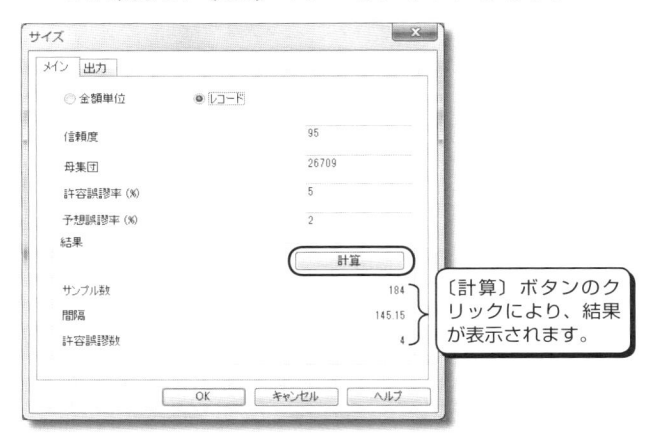

〔計算〕ボタンのクリックにより、結果が表示されます。

結果

サンプル数は、184件となりました。「サンプル数」の値を〔サンプル〕コマンドで使用するため、数値を控えておきます（184）。

```
コマンド: SIZE RECORD CONFIDENCE 95 POPULATION 26709 TO SCREEN PRECISION 5 ERRORLIMIT 2
母集団: 26709, 信頼度: 95.00%, 精度: 5.00%, 誤謬率: 2.00
```

サンプル数	184
間隔サイズ	145.15
許容誤謬数	4

2．サンプルの抽出

① 「請求取引データ」テーブルを開いている状態で、メニューの〔サンプリング〕-〔サンプル〕をクリックします。
② 「サンプルの種類」で「レコード」を選択し、「サンプルパラメーター」で「ランダム」を選択します。

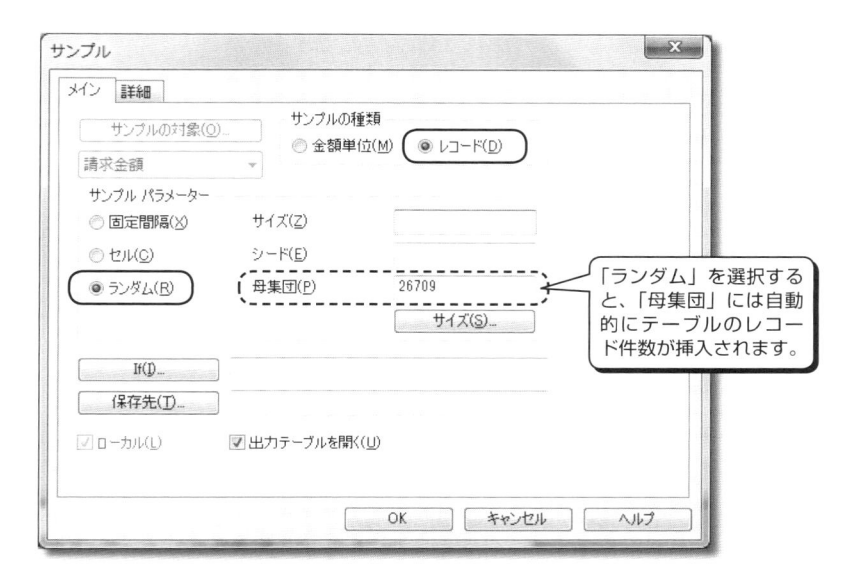

> 「ランダム」を選択すると、「母集団」には自動的にテーブルのレコード件数が挿入されます。

③ 「サイズ」に1．で確認したサンプル数「184」を入力し、「シード」に任意の数字を入力します。

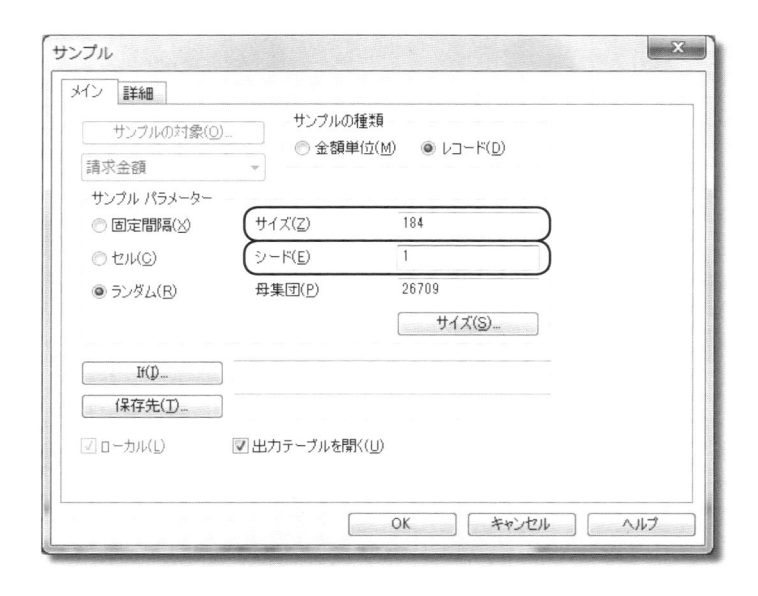

④ 「保存先」にテーブル名（filファイル名）として、「請求取引データ_レコード単位サンプリング」と入力し、〔OK〕ボタンをクリックします（filファイルは、保存先を指定しない場合、プロジェクト（.acl）と同じフォルダーに保存されます。〔保存先〕ボタンでフォルダーを変更できますが、通常は、同じフォルダーに保存します）。

※テーブル名の命名規則は、p.148を参照してください。

結果

184件のサンプルレコードが抽出されました。

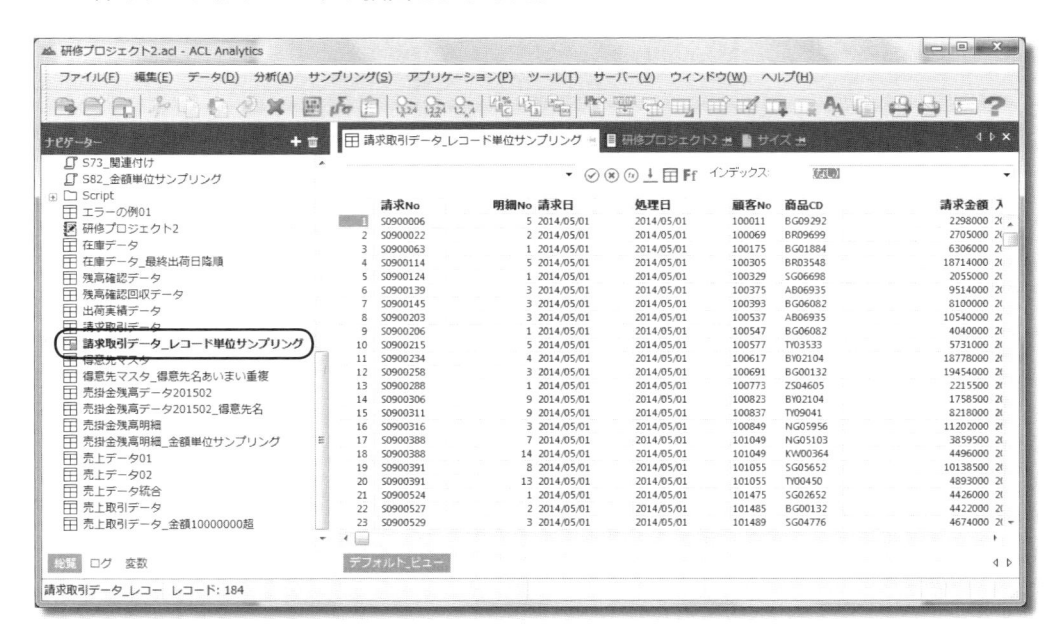

3．サンプルのテスト結果に基づいた母集団全体の評価

① 「請求取引データ」テーブルを開きます。
② メニューの〔サンプリング〕-〔誤謬の評価〕をクリックします。
③ 「レコード」を選択し、「信頼度」に「95」、「サンプル数」に「184」、「誤謬の数」に「3」と入力します（ここでは、テストの結果、誤謬が3件あったこととします）。

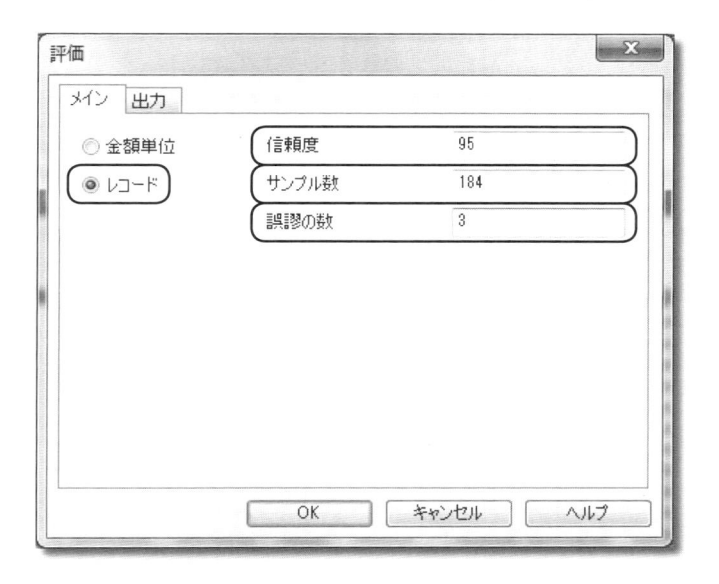

④ 〔出力〕タブをクリックし、「出力先」を「画面」とし、〔OK〕ボタンをクリックします。
※ 「出力先」については、p.394 ～を参照してください。

結果

最大誤謬率が表示されます。

```
コマンド: EVALUATE RECORD CONFIDENCE 95 SIZE 184 ERRORLIMIT 3 TO SCREEN
信頼度: 95, サンプル数: 184, 誤謬の数: 3

最大誤謬率: 4.22%
```

> スクリプトの作成

サンプリングの操作のログからスクリプトを作成します。
※スクリプトの作成・実行の操作の詳細は、**第4章**を参照してください。

① ナビゲーターから、ログ（🗂研修プロジェクト2）をダブルクリックし、ログの一覧を開きます。
② 必要なログを選択し、画面上で右クリックして、〔選択項目の保存〕-〔スクリプト〕をクリックします。
- 〔カウント〕のログ：「COUNT」
- 〔サンプル数の計算〕のログ：「SIZE …」
- 〔サンプル〕のログ：「SAMPLE …」
- 〔誤謬の評価〕のログ：「EVALUATE …」

```
☒✓ OPEN 請求取引データ
   ☒✓ COUNT
   ☒✓ SIZE MONETARY CONFIDENCE 95 POPULATION 26709 MATERIALITY 5 ERRORLIMIT 2 TO SCREEN
   ☒✓ SAMPLE ON RECORD RANDOM 1 NUMBER 184 RECORD TO "請求取引データ_レコード単位サンプリング"
   ☐  OPEN "請求取引データ_レコード単位サンプリング"
☒✓ OPEN 請求取引データ
   ☒✓ EVALUATE RECORD CONFIDENCE 95 SIZE 184 ERRORLIMIT 3 TO SCREEN
```

③ スクリプトの名前を入力します。「S83_レコード単位サンプリング」と入力して〔OK〕ボタンをクリックします。

> 結 果

作成したスクリプトがナビゲーターに表示されます。

> **Point** Hint 注意 重要
>
> **SET SAFETYとSET FOLDERの追加**
> 　演算フィールドや新規テーブル、新規ファイルの作成を含むスクリプトを実行する場合、すでに同じ名前のフィールドやテーブル、ファイルが存在していると、上書きしてよいか確認するメッセージが表示されます。
> 　自動で上書きしてよい場合は、ログから作成したスクリプトを編集し、上書きを自動化するスクリプト「SET SAFETY …」（p.426参照）を追加します。
> 　また、作成されるテーブルをナビゲーターの所定のフォルダーに表示したい場合は、「SET FOLDER …」（p.168参照）を追加します。

第3章 データ分析

3-9 分析アプリ

3-9-1 分析アプリの概要

　分析アプリとは、ACLで作成する、分析用のスクリプト一式をまとめたアプリケーションです。1つの分析アプリに複数の分析を含めることができます。

　分析アプリを使用すると、分析データを視覚化（グラフ、メトリクス）することができます。メニューコマンドの中にも、〔分類化〕コマンドのように実行結果をグラフ表示する機能はありますが（p.396参照）、分析アプリの視覚化の機能は、より細かな設定を行うことが可能です。

　また、分析アプリは、簡易的なインターフェース（分析アプリ ウィンドウ）で実行され、他のCAAT実施者や査閲者へ分析データを配布することができます（分析アプリを配布されるユーザーのパソコンにもACLがインストールされていなければなりません）。

＜分析アプリ ウィンドウの視覚化の画面＞

分析アプリは、以下の手順で作成・使用します。

段階	手順
分析アプリの作成	分析アプリ用のスクリプトを作成する
	（分析アプリのパッケージ化）　※分析アプリを配布する場合のみ
分析アプリの使用	分析アプリを開く　※分析アプリを配布されたユーザーは、分析アプリを開く前に、分析アプリのインストールが必要
	分析を実行する
	分析データを視覚化する

3-9-2 分析アプリ用のスクリプトを作成する

　分析アプリ用のスクリプトは、分析ヘッダーと呼ばれるコメントで囲まれた一連のスクリプトと通常のスクリプトで構成されます。3-8までは、操作のログをスクリプトとして保存することでスクリプトを作成できましたが、分析アプリ用のスクリプトは、新規スクリプトを手動で作成します。

　また、分析目的によっては、分析アプリを作成する前に、分析に必要となる演算フィールドを作成したり、分析に必要なデータのみを抽出したテーブルを作成したり等、事前の準備が必要となる場合もあります。

操作　「売上取引データ」の商品区分別売上を分析する分析アプリを作成します。
「売上取引データ」テーブルには「商品No」フィールド（9桁の数字）があり、先頭の2文字が商品区分（01〜09）を表しています。
事前準備として、「商品区分」の演算フィールドを作成します。
分析アプリ用のスクリプトでは、「商品区分」フィールドを含む「売上取引データ」テーブルを、分析用データとして開くようにします。
　1．事前準備－演算フィールド「商品区分」を作成する
　2．分析アプリ用のスクリプトを作成する

「研修プロジェクト2.acl」で操作します（「00ACL」-「ACL A操作研修2」フォルダー）。

１．事前準備－演算フィールド「商品区分」を作成する

〔列の追加〕（演算フィールドの作成（2））で作成します（p.195参照）。

①「売上取引データ」テーブルを開きます。
②「商品No」の列見出しを右クリックし、〔列の追加〕をクリックします。
③〔式〕ボタンをクリックします。

④「式」を入力し、「次の名前で保存」に「商品区分」と入力して、〔OK〕ボタンをクリックします。

入力する式

```
SUBSTR( 商品No , 1 , 2 )
```

※ SUBSTR関数については、p.255を参照してください。

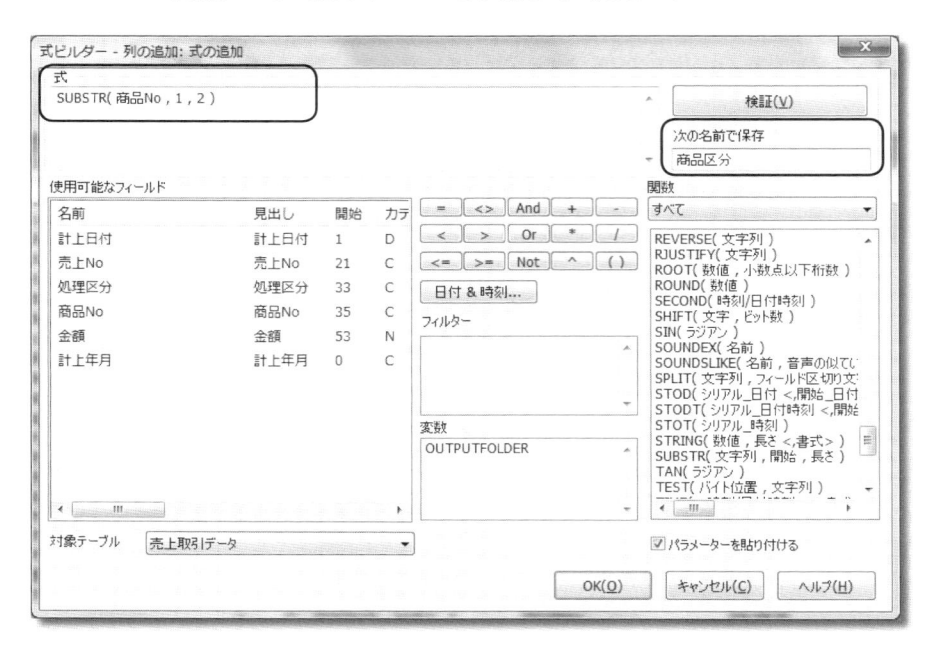

⑤「列の追加」の画面で、「選択済みのフィールド」欄に「商品区分」と表示されていることを確認し、〔OK〕ボタンをクリックします。

結　果

演算フィールドが作成され、ビューに表示されました。
「商品No」が「052530155」の場合は、「商品区分」は「05」です。

	計上日付	売上No	処理区分	商品区分	商品No	金額
1	2014/01/02	112852	0	05	052530155	12,400.00
2	2014/01/02	112853	0	05	052530155	1,000.00
3	2014/01/04	112854	0	09	090504761	71,000.00
4	2014/01/05	112855	0	08	080102618	10,432,800.00
5	2014/01/05	112856	0	03	034255003	676,200.00
6	2014/01/05	112857	0	04	040240664	40,848,000.00
7	2014/01/06	112857	1	01	010803760	-1,624,300.00

2．分析アプリ用のスクリプトを作成する

※スクリプトの作成・編集の詳細は、**第4章**を参照してください。

① メニューの〔ファイル〕−〔新規作成〕−〔スクリプト〕をクリックします。（テーブルはどれが開いていても構いません。）

②「新しいスクリプト」が作成され、スクリプトを入力する画面が表示されます。分析ヘッダーを入力します。

分析ヘッダーの構文

```
COMMENT ↵
//タグ␣属性 ↵
<説明> ↵
END ↵
```

- 分析ヘッダーは、スクリプトの先頭に記述します。
- 分析ヘッダーの1行目には、「COMMENT」を記述します。最終行は、「END」です。（「COMMENT」については、p.427を参照してください。）
- 分析ヘッダーの2行目以降は、タグを記述します。タグとは、分析アプリのための定義項目です。タグの種類により、属性に指定する内容は異なります。各タグの詳細については、ヘルプを参照してください。
  （タグの種類）ANALYTIC、TABLE、FIELD、PARAM、PASSWORD、DATA、RESULT
- 1つの分析ヘッダーで複数のタグを使用できますが、最初のタグは、「ANALYTIC」タグでなければなりません。「ANALYTIC」タグでは、分析の名前（分析アプリの画面で表示されます）を定義します。
- タグの先頭には、「//」（半角スラッシュ2個）を記述します。「//」とタグの間にはスペースは入れないでください。
- 「<説明>」には、分析処理の説明を入力することができます（省略可。省略した場合は、行を詰めてください（空白行を入れないでください））。

ここでは、「ANALYTIC」タグ、「RESULT」タグを使用し、分析の名前と分析結果の保存について定義します。

入力するスクリプト

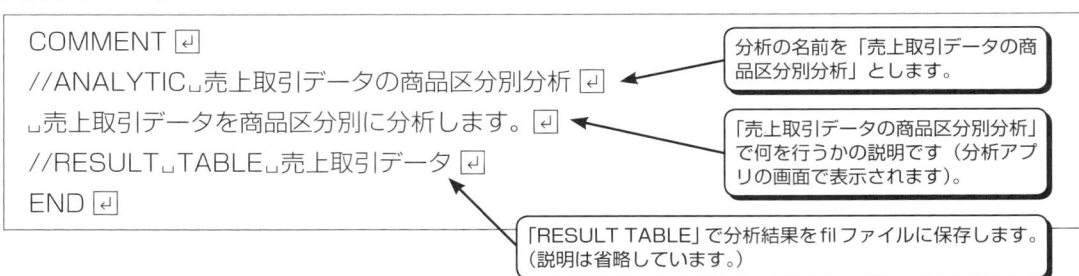

```
COMMENT ↵
//ANALYTIC␣売上取引データの商品区分別分析 ↵
␣売上取引データを商品区分別に分析します。↵
//RESULT␣TABLE␣売上取引データ ↵
END ↵
```

- 分析の名前を「売上取引データの商品区分別分析」とします。
- 「売上取引データの商品区分別分析」で何を行うかの説明です（分析アプリの画面で表示されます）。
- 「RESULT TABLE」で分析結果をfilファイルに保存します。（説明は省略しています。）

```
1  COMMENT
2  //ANALYTIC 売上取引データの商品区分別分析
3      売上取引データを商品区分別に分析します。
4  //RESULT TABLE 売上取引データ
5  END
6
```

| Point | **Hint** | 注意 | 重要 |

分析の名前

　1つのプロジェクトに、複数の分析アプリ用のスクリプトを作成することができます。
　複数の分析アプリ用のスクリプトがある場合、分析アプリ ウィンドウでは、「ANALYTIC」タグで定義した分析の名前順に表示されます。
　順番通りに分析を表示したい場合は、名前の先頭に番号を付けて、順番を指定するようにします。
　（例）01_売上取引データの商品区分別分析

③ 入力が終了したら、分析ヘッダーの検証を行います。〔分析ヘッダーの検証〕ボタンをクリックします。

```
1  COMMENT
2  //ANALYTIC 売上取引データの商品区分別分析
3      売上取引データを商品区分別に分析します。
4  //RESULT TABLE 売上取引データ
5  END
6
```

④ 「分析ヘッダーが有効です」とメッセージが表示されたら、〔OK〕ボタンでメッセージを閉じます。

> 分析ヘッダーに構文的なエラーがある場合は、エラーメッセージが表示されます。
> 分析ヘッダーを修正し、再度〔分析ヘッダーの検証〕ボタンで検証します。

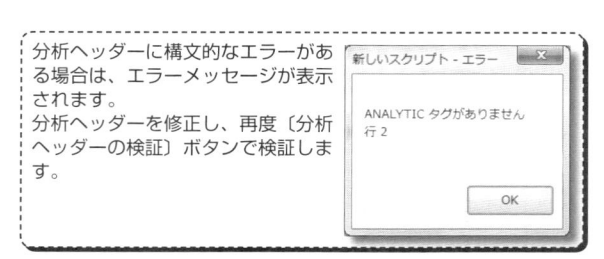

⑤ 続けて、分析に必要な処理をスクリプトで記述します。ここでは、「売上取引データ」を分析に使用するため、「売上取引データ」テーブルを開き、演算フィールド「商品区分」を作成するスクリプトの入力を行います。「商品区分」フィールドの作成は、1．で操作を行っているため、ログからスクリプトをコピーすることができます。ナビゲーターから、ログ（研修プロジェクト2）をダブルクリックして開きます。

※「商品区分」フィールドはすでに作成済みですが、フィールドが作成されていない場合を考慮し、演算フィールド作成のスクリプトを挿入します。

⑥ ログの一覧から、「売上取引データ」テーブルを開いたログと、演算フィールド「商品区分」を作成したログを選択し、右クリックして〔コピー〕をクリックします。

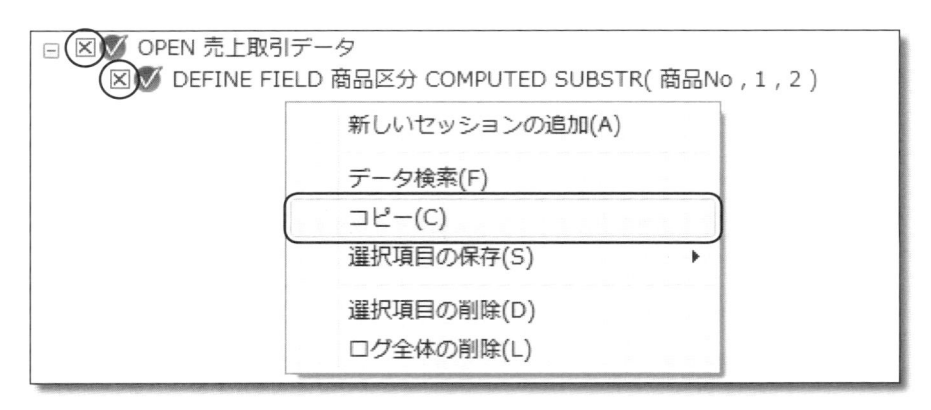

⑦ 表示領域のタブで「新しいスクリプト」の画面に切り替え、「END」の下で改行し、空白行を挿入して、メニューの〔編集〕-〔貼り付け〕をクリックします。
※空白行は見易さのために挿入しています。

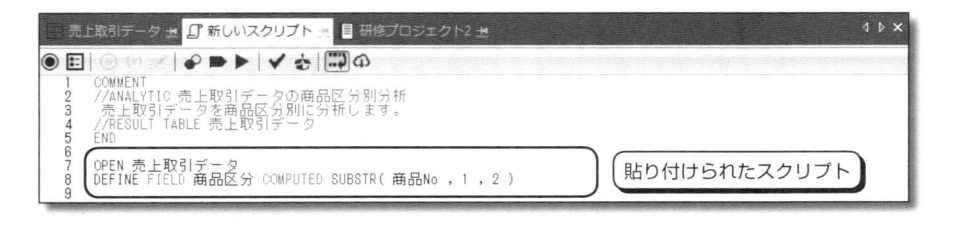

貼り付けられたスクリプト

⑧ 続けて、貼り付けたスクリプトの前後に、「SET SAFETY OFF」と「SET SAFETY ON」を入力します。これは、「商品区分」フィールドがすでに存在する場合に、自動で上書きするためです。詳細は、p.426を参照してください。

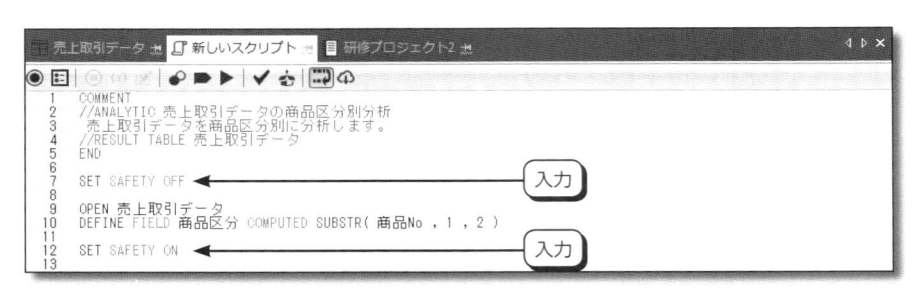

```
1   COMMENT
2   //ANALYTIC 売上取引データの商品区分別分析
3       売上取引データを商品区分別に分析します。
4   //RESULT TABLE 売上取引データ
5   END
6
7   SET SAFETY OFF          ← 入力
8
9   OPEN 売上取引データ
10  DEFINE FIELD 商品区分 COMPUTED SUBSTR( 商品No , 1 , 2 )
11
12  SET SAFETY ON           ← 入力
13
```

⑨ メニューの〔ファイル〕-〔上書き保存〕をクリックし、スクリプトを保存します。
⑩ 編集画面右上の〔閉じる〕(×)ボタンで画面を閉じます。
⑪ ナビゲーターで「新しいスクリプト」を右クリックし、〔名前の変更〕をクリックして、「S92_分析アプリ」と入力して確定します。

結 果

分析アプリ用のスクリプトが作成されました。分析ヘッダーが入力されていることで、ACLは、そのスクリプトが分析アプリ用のスクリプトであることを認識します。

3-9-3 分析アプリを開く

分析アプリ用のスクリプトが作成できたら、分析アプリを開きます。

分析アプリを他のCAAT実施者や査閲者に配布する場合は、分析アプリのパッケージ化を行います。パッケージ化については、p.389を参照してください。

操作 分析アプリを開きます。

「研修プロジェクト2.acl」で操作します（「00ACL」-「ACL A操作研修2」フォルダー）。
※「S92_分析アプリ」スクリプト（p.369で作成）を使用します。

① ナビゲーターの最上部の「研修プロジェクト2.acl」を右クリックし、〔分析アプリとして開く〕をクリックします。または、メニューの〔ツール〕-〔分析アプリとして開く〕をクリックします。

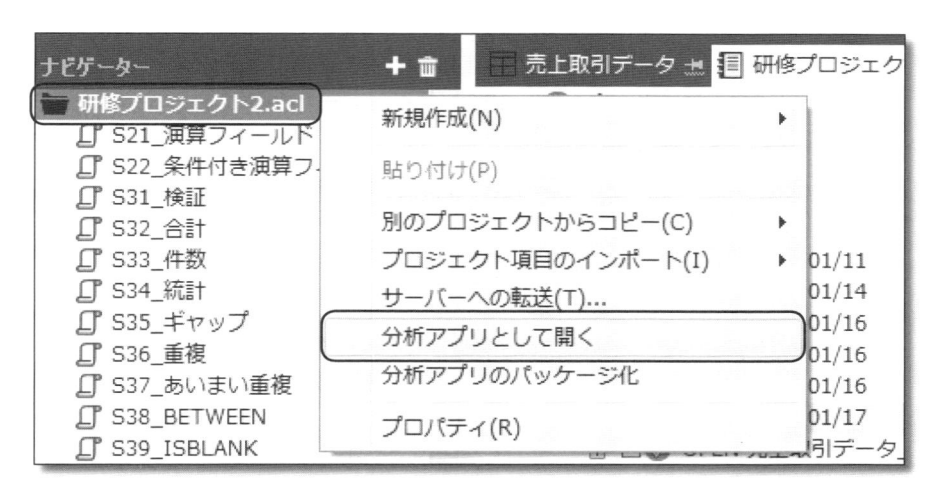

> **Hint** スクリプトの編集画面から実行する
>
> 分析アプリ用のスクリプトを開いている場合は、スクリプトの編集画面の〔分析アプリとして開く〕ボタンからも分析アプリを開くことができます。

結果

分析アプリが起動し、分析アプリ ウィンドウが表示されます。

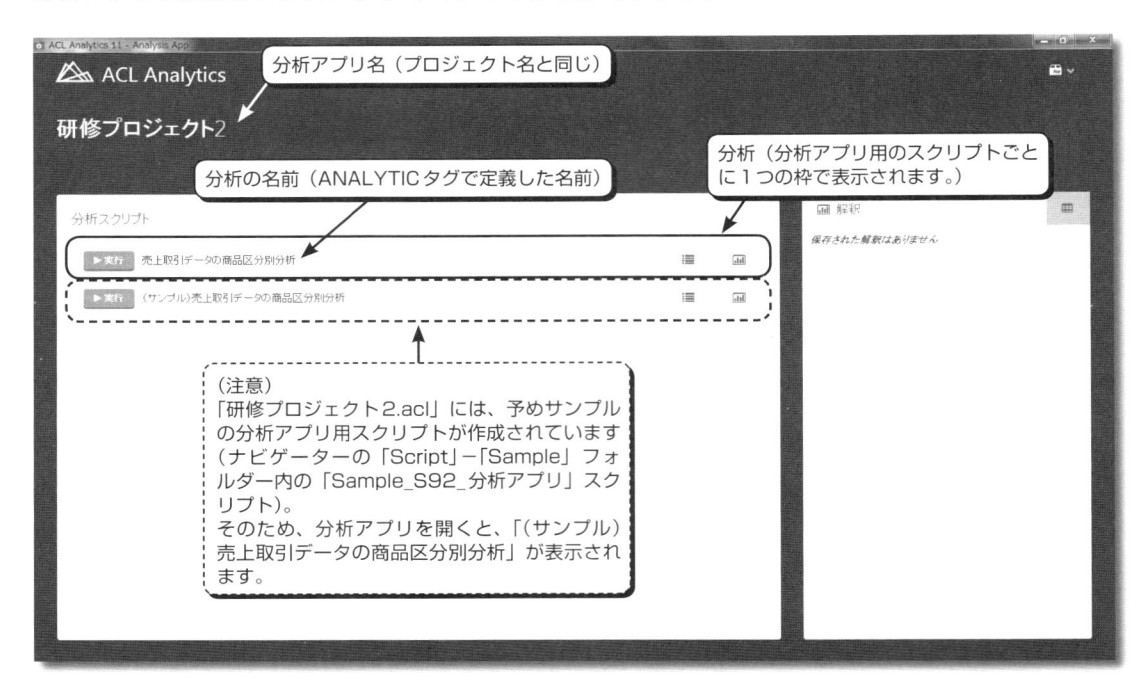

```
ACL Analytics
研修プロジェクト2        ← 分析アプリ名（プロジェクト名と同じ）

分析スクリプト                              分析（分析アプリ用のスクリプトごと
                                           に1つの枠で表示されます。）
▶実行  売上取引データの商品区分別分析
▶実行  （サンプル）売上取引データの商品区分別分析
            ↑
      分析の名前（ANALYTICタグで定義した名前）

解釈
保存された解釈はありません
```

（注意）
「研修プロジェクト2.acl」には、予めサンプルの分析アプリ用スクリプトが作成されています（ナビゲーターの「Script」－「Sample」フォルダー内の「Sample_S92_分析アプリ」スクリプト）。
そのため、分析アプリを開くと、「（サンプル）売上取引データの商品区分別分析」が表示されます。

プロジェクト（.acl）と同じフォルダーに以下のファイル、フォルダーが作成されています。
- 研修プロジェクト2.aclx …………………初めて分析アプリを開いたときに作成されます。
- 研修プロジェクト2_files フォルダ ……初めて分析アプリを開いたときに作成されます。分析を実行した際に生成される各種のファイルが保存されるフォルダーです。

名前	種類
研修プロジェクト2_files	ファイル フォルダー
エラーの例01.csv	Microsoft Excel CSV ファイル
エラーの例01.fil	FIL ファイル
エラーの例02.csv	Microsoft Excel CSV ファイル
エラーの例02_OK.csv	Microsoft Excel CSV ファイル
研修プロジェクト2.AC	AC ファイル
研修プロジェクト2.acl	ACL プロジェクト
研修プロジェクト2.aclx	Analysis App Project file

研修プロジェクト2.aclx 更新日時: 2015/01/18 9:57 作成日時: 2015/01/18 9:57
Analysis App Project file サイズ: 25.1 KB

次回、同じ分析アプリを開く場合は、以下の操作方法があります。

- 「研修プロジェクト2.acl」を起動し、ナビゲーターで「研修プロジェクト2.acl」を右クリックし、〔分析アプリとして開く〕をクリック。（操作①と同じ）
- 「研修プロジェクト2.aclx」をダブルクリックで開く。
- ACL Analytics Launcherの「最近使った項目」に表示されている場合は、ファイル名をクリック。

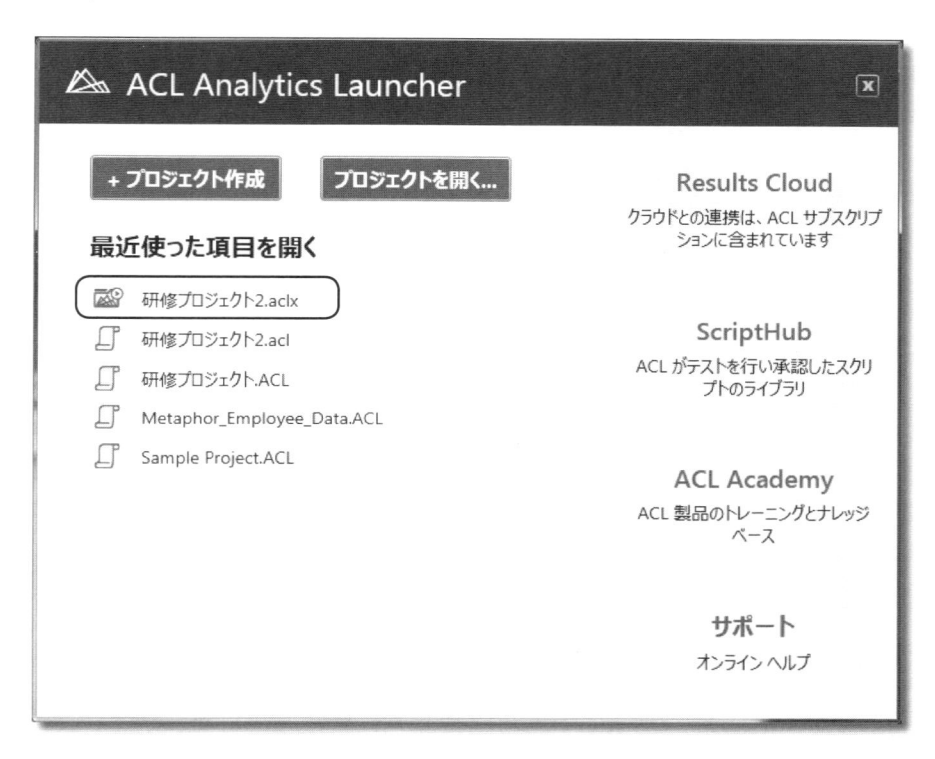

3-9-4 分析を実行する

分析アプリ用のスクリプトで記述した処理を実行します。

操作 「売上取引データの商品区分別分析」を実行します。

「研修プロジェクト2.acl」の分析アプリ ウィンドウを開いた状態（p.375）で操作します。

① 「売上取引データの商品区分別分析」の〔実行〕ボタンをクリックします。

② 分析の情報が展開されます。〔実行〕ボタンをクリックします。

「ANALYTIC」タグの「説明」に記述した内容が表示されます。

結果

分析が実行され、分析データとして「売上取引データ」テーブルを開くことができる状態になりました。

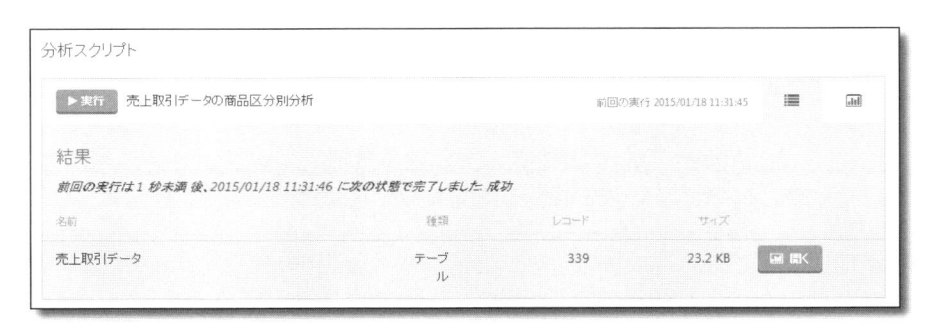

> **Hint** 注意 重要
>
> ### 分析実行のログ
> 　分析の実行が失敗した場合は、自動的にログが表示されます。〔開く〕ボタンでログの内容を確認することができます。
>
> | 分析スクリプト | | | | |
> |---|---|---|---|---|
> | ▶実行　売上取引データの商品区分別分析 | | 前回の実行 2015/01/19 18:05:34 | | |
>
> **結果**
> 前回の実行は1 秒 後、2015/01/19 18:05:35 に次の状態で完了しました 失敗
>
> | 名前 | 種類 | レコード | サイズ | |
> |---|---|---|---|---|
> | 売上取引データの商品区分別分析.log | ログ | - | 3.3 KB | 開く |
>
> 　分析が成功している場合もログを表示するには、分析アプリ用のスクリプトの分析ヘッダーに「RESULT LOG …」のタグを記述します。詳細は、ヘルプを参照してください。

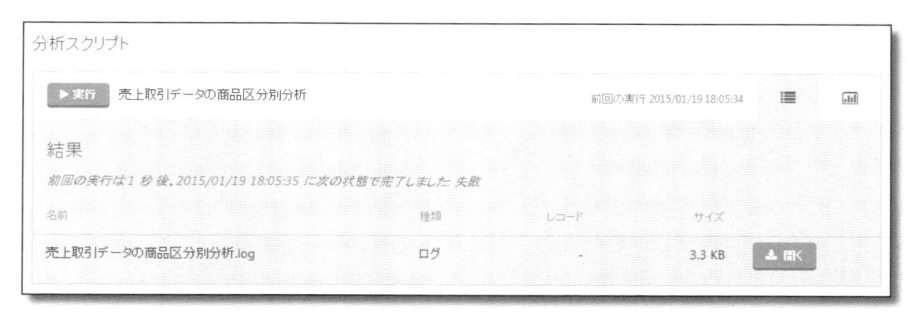

3-9-5 分析データを視覚化する

データを視覚化し、データの分析を行います。

操作 「売上取引データ」テーブルを商品区分別に視覚化し、データの分析を行います。

「研修プロジェクト2.aclx」の分析アプリ ウィンドウで、分析を実行した状態（p.378）で操作します。

① 「売上取引データ」テーブルの〔開く〕ボタンをクリックします。

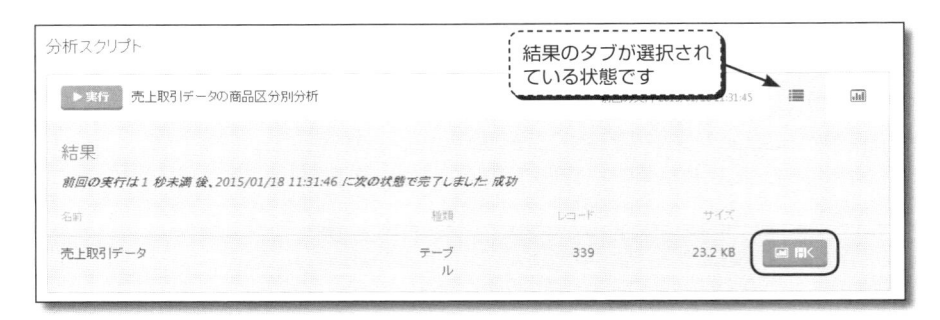

> 結果のタブが選択されている状態です

② 分析アプリ ウィンドウで、「売上取引データ」テーブルが表示されます。データの上部に表示されている〔新しいグラフの追加〕ボタンをクリックします。

380

③ グラフの種類の一覧から、〔棒グラフ〕を選択します。

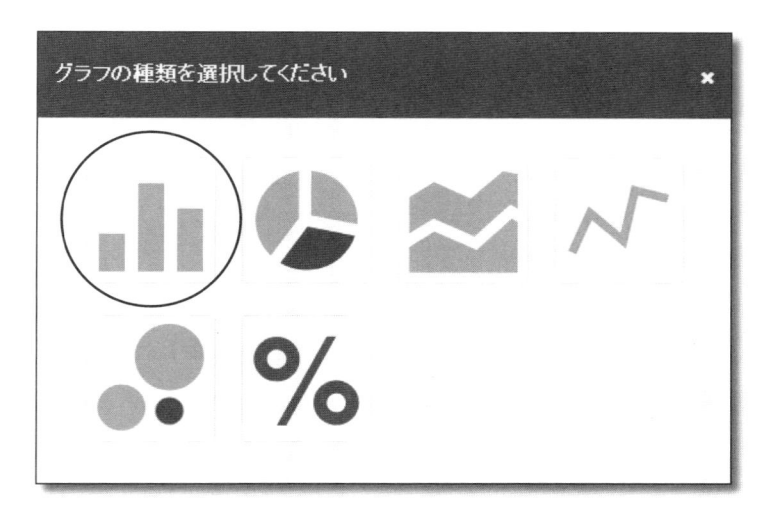

④ グラフの構成を設定するパネルが表示されます。「X軸」で「商品区分」を選択し、「Y軸」で「合計」と「金額」を選択して、〔適用〕ボタンをクリックします。

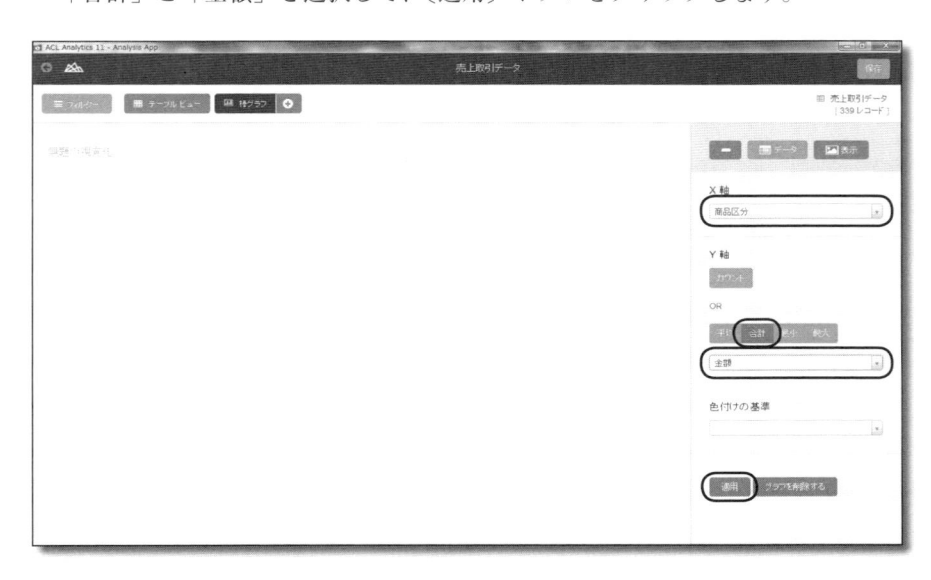

⑤ グラフが表示されます。分析結果としてグラフを保存するため、〔保存〕ボタンをクリックします。

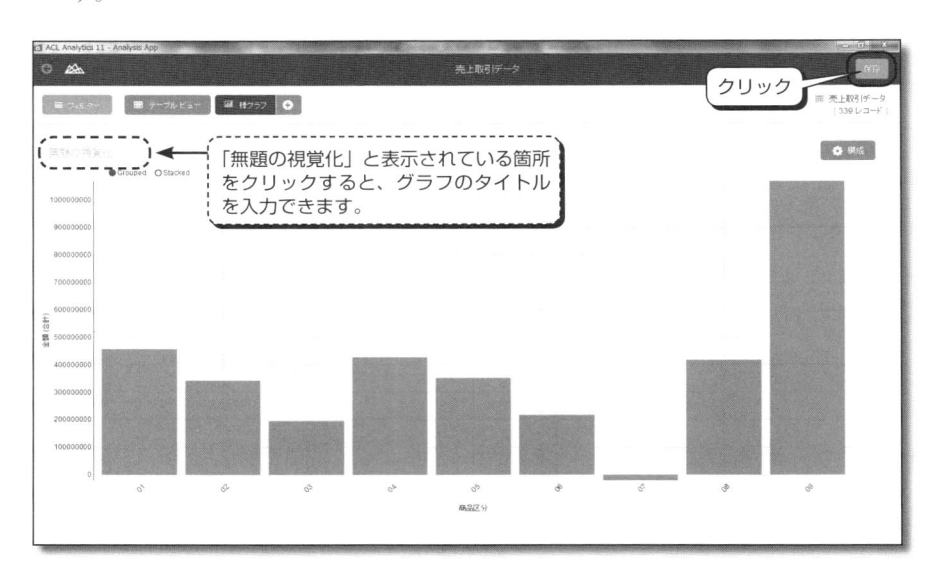

> 「無題の視覚化」と表示されている箇所をクリックすると、グラフのタイトルを入力できます。

⑥ 分析アプリでは、分析結果を「解釈」と呼びます。解釈の名前として、「01_商品区分別売上」と入力し、〔保存〕ボタンをクリックします。

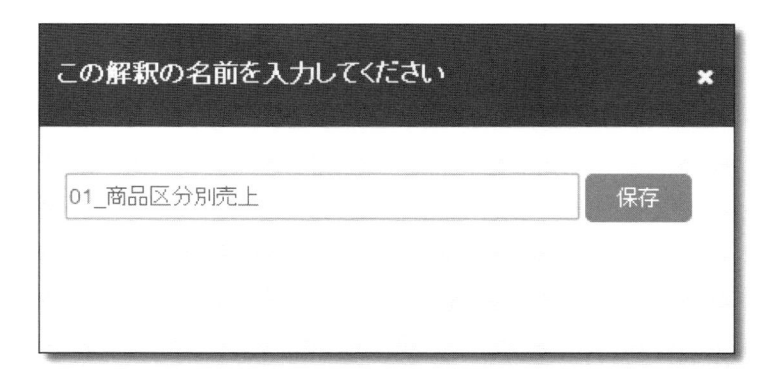

> **解釈の名前**
> 複数の解釈を保存した場合、分析アプリ ウィンドウでは、解釈の名前順に表示されます。名前の先頭に連続番号を付けると、解釈の作成順に表示させることができます。

⑦ グラフを見ると、「商品区分」が「07」のデータは金額合計がマイナスになっていることが分かります。売上の推移を見るため、「商品区分」の「07」のバーをダブルクリックします。

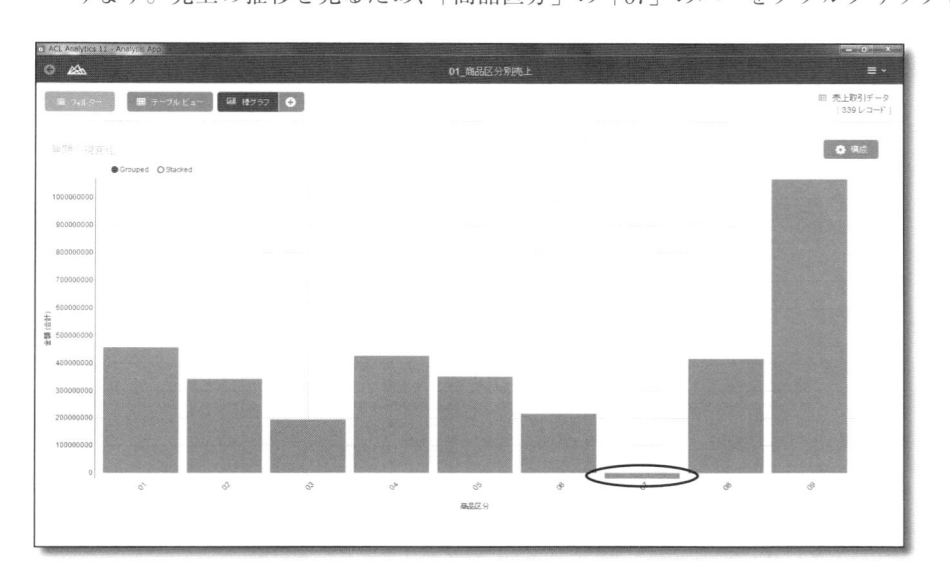

⑧ フィルターが適用され、「商品区分」が「07」のデータのみが表示されます。〔新しいグラフの追加〕ボタンをクリックします。

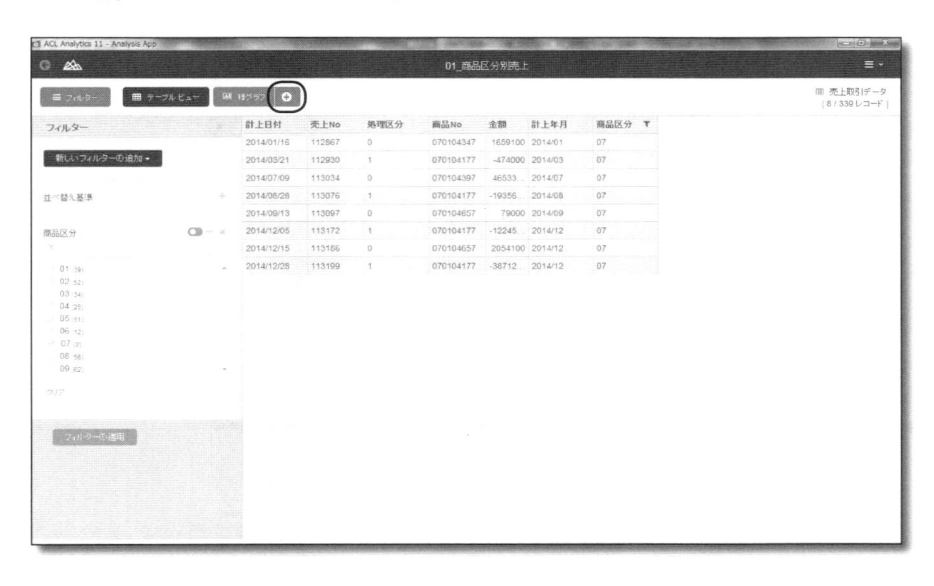

⑨ グラフの種類の一覧から〔折れ線グラフ〕を選択します。

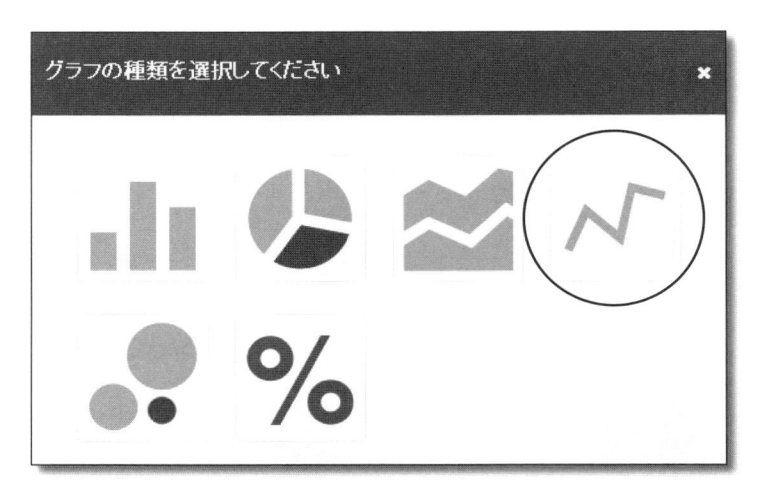

⑩ グラフの構成のパネルで、「X軸」で「計上日付」、「Y軸」で「合計」、「金額」を選択して、〔適用〕ボタンをクリックします。

Point [Hint] [注意] [重要]

グラフの種類とフィールドのデータ型

「売上取引データ」テーブルには、演算フィールド「計上年月」が作成されています（p.254で作成）。

しかし、折れ線グラフの「X軸」の選択肢には、「計上日付」、「金額」フィールドしか表示されません。これは、「計上年月」フィールドが文字型であり、折れ線グラフのX軸に使用可能なフィールドが数値型と日付時刻型のみであるためです。

X軸、Y軸に配置できるフィールドのデータ型は、グラフの種類によって決められているため、使用するグラフに合わせたデータ型で演算フィールドを作成することが必要になる場合があります。

（例）「売上取引データ」テーブルの「計上年月」フィールド
文字型フィールドとして作成（p.255参照）→折れ線グラフでは使用できない

```
SUBSTR( DATE( 計上日付 ), 1 , 7 )
```

数値型フィールドとして作成　→折れ線グラフで使用できる

```
YEAR( 計上日付 ) * 100 + MONTH( 計上日付 )
```
「計上日付」フィールドの値が「2014/01/02」の場合、2014*100+1 = 201401 となり、「201401」という数値が返されます。

> YEAR(日付時刻)
> 日付時刻から年を抽出し、数値として返します。

> MONTH(日付時刻)
> 日付時刻から月を抽出し、数値として返します。

（参考）グラフの種類と使用できるデータ型

グラフの種類	X軸／カテゴリ	Y軸／値	サイズ	色付けの基準
棒グラフ	文字	数値	—	文字
円グラフ	文字	数値	—	—
積み上げ面グラフ	数値 日付時刻	数値	—	文字
折れ線グラフ	数値 日付時刻	数値	—	文字
バブルチャート	数値 日付時刻	数値 日付時刻	数値	文字
メトリック	文字 数値 日付時刻	—	—	—

⑪ グラフが表示されます。12月末に取り消しが多かったことが分かります。この分析結果を保存するため、画面右上の下向き三角のアイコンをクリックし、〔名前を付けて保存〕をクリックします。

※〔保存〕を選択した場合は、「01_商品区分別売上」を上書きします。

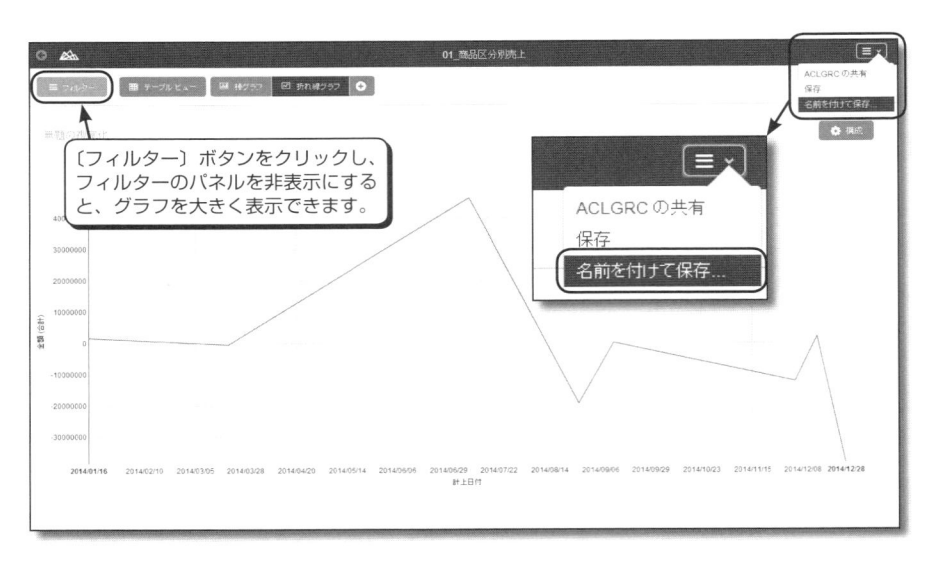

〔フィルター〕ボタンをクリックし、フィルターのパネルを非表示にすると、グラフを大きく表示できます。

⑫ 解釈の名前を入力する画面が表示されたら、「02_商品区分07売上推移」と入力し、〔保存〕ボタンをクリックします。

⑬ 画面左上の〔分析アプリに戻る〕ボタンをクリックします。

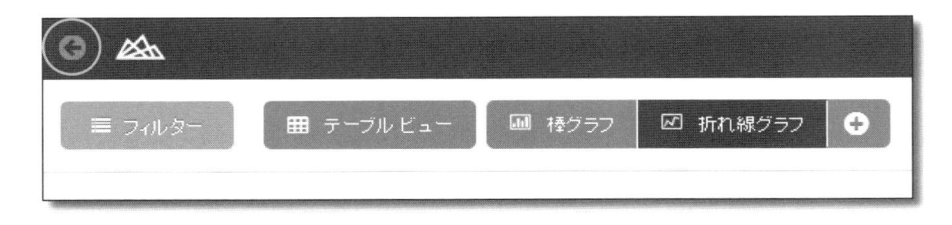

結果

　商品区分別売上を視覚化し、取り消しが多い商品区分、取り消しが多く発生している日を分析することができました。分析結果は、解釈として保存されています。
　分析アプリ ウィンドウの右上の〔閉じる〕（×）ボタンで、分析アプリを終了します。

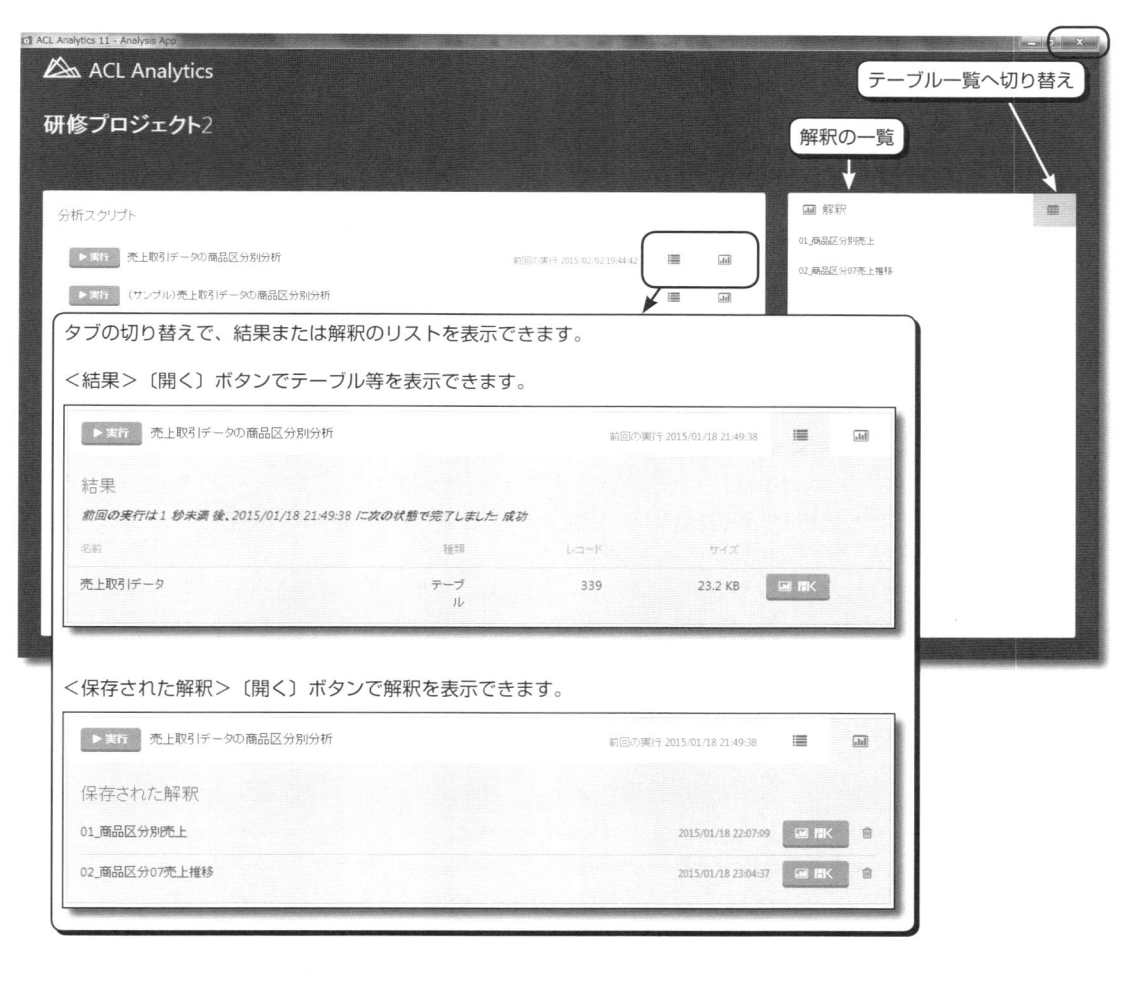

タブの切り替えで、結果または解釈のリストを表示できます。

＜結果＞〔開く〕ボタンでテーブル等を表示できます。

＜保存された解釈＞〔開く〕ボタンで解釈を表示できます。

> Point　Hint　注意　重要
>
> **分析結果の保存**
> 　分析アプリでの分析結果（解釈）は、Excel等の別アプリケーションに書き出すことができません。
> 　分析結果を監査調書として保存する必要がある場合は、ACLのプロジェクト（.acl）で必要なレコードを抽出し、Excelにエクスポートする等の処理が必要となります。
>
> 　（例）「02_商品区分07売上推移」（p.383～p.386）の結果を監査調書として保存する
> 　① 「研修プロジェクト2.acl」で、「売上取引データ」テーブルを開きます。
> 　② フィルターで「商品区分＝"07"」を実行します。
> 　③ 対象レコードのみが表示された状態で、メニューの〔データ〕-〔エクスポート〕でExcelファイルにエクスポートします。このExcelファイルを監査調書として保存します。

> Point　Hint　**注意**　重要
>
> **filファイルの管理**
> 　分析アプリによって作成されたフォルダー（ここでは、「研修プロジェクト2_files」フォルダー）には、分析に関連するファイルが自動的に作成、保存されます。
> 　分析アプリ用のスクリプトの内容や分析結果によって、filファイルが保存されている場合もあります。
> 　filファイルはソースデータに相当するデータを含むファイルであるため、ファイルの管理には十分注意してください。

3-9-6　分析アプリの配布

分析アプリを他のCAAT実施者や査閲者に配布する場合は、分析アプリのパッケージ化を行います。

パッケージ化された分析アプリを受け取ったユーザーは、分析アプリをパソコンにインストールして使用します。

■分析アプリのパッケージ化

分析アプリの作成者が行う操作です。パッケージ化は、分析アプリ用のスクリプトの作成が終了した時点で行います。

【手順】

① ナビゲーターの最上部のプロジェクト名を右クリックし、〔分析アプリのパッケージ化〕をクリックします。または、メニューの〔ツール〕-〔分析アプリのパッケージ化〕をクリックします。

② 「テーブルの選択」画面が表示されます。〔転送先〕に作成されるパッケージのパス（保存場所）とファイル名が表示されます。テーブルとデータファイルをパッケージに含める場合は、対象のテーブルにチェックマークを付けて、〔OK〕ボタンをクリックします。

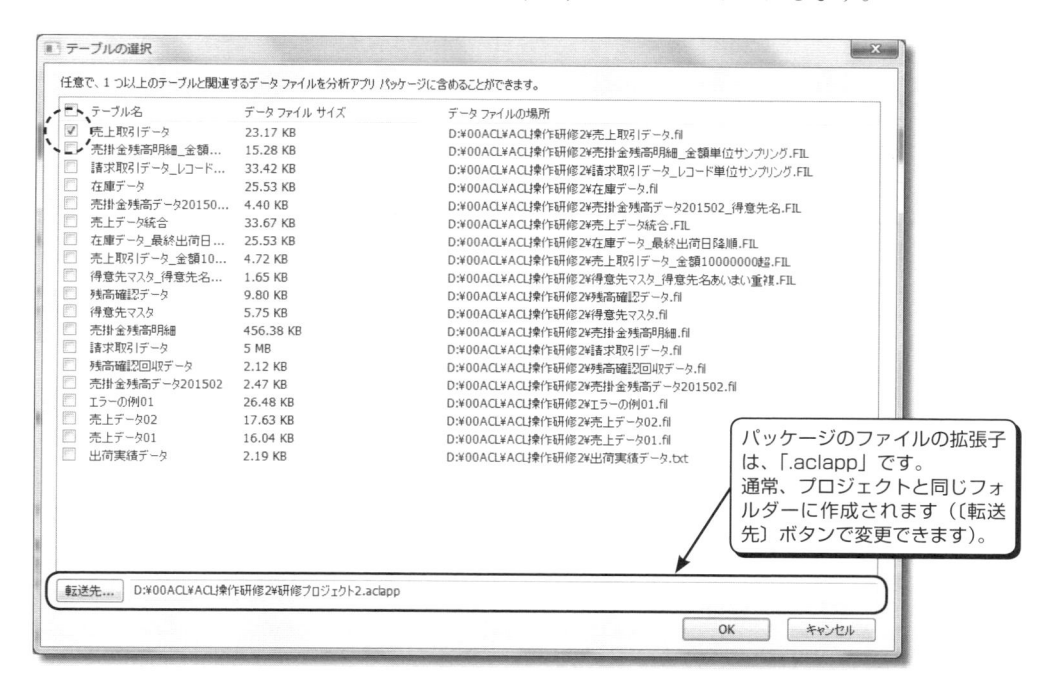

> パッケージのファイルの拡張子は、「.aclapp」です。
> 通常、プロジェクトと同じフォルダーに作成されます（〔転送先〕ボタンで変更できます）。

> **Point** [Hint] [注意] [重要]
>
> **データファイルをパッケージに含める**
> 　配布された分析アプリを使用するユーザーがソースデータまたはfilファイルを所有しており、分析アプリにそれらのテーブルをインポートする処理が記述されている場合は、ここでのテーブルの選択は不要です。
> 　3-9-2で作成した分析アプリ用のスクリプト（「S92_分析アプリ」）をパッケージ化する場合は、「売上取引データ」テーブルを選択します。

③ パッケージが作成されたというメッセージが表示されます。〔OK〕ボタンをクリックし、パッケージのファイルが保存されたフォルダーを開きます。

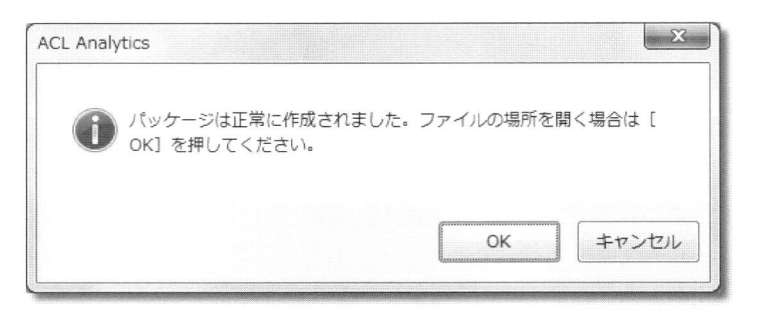

```
ACL Analytics
　　パッケージは正常に作成されました。ファイルの場所を開く場合は〔
　　OK〕を押してください。
                              [ OK ]  [ キャンセル ]
```

【結果】
　パッケージ化されたファイルが作成されました。
　他のCAAT実施者や査閲者には、「.aclapp」ファイルを配布します。

■分析アプリのインストール

パッケージ化されたファイルを受け取ったユーザーが行う操作です。

【手順】
① 分析アプリの作成者から配布されたファイル（.aclapp）をパソコンの任意の場所に保存します。
② 保存したファイルをダブルクリックします。
③ 「フォルダーの参照」画面が表示されます。分析アプリをインストールするフォルダーを指定して、〔OK〕ボタンをクリックします。

【結果】

分析アプリのパッケージがインストールされ、分析アプリが開きます。

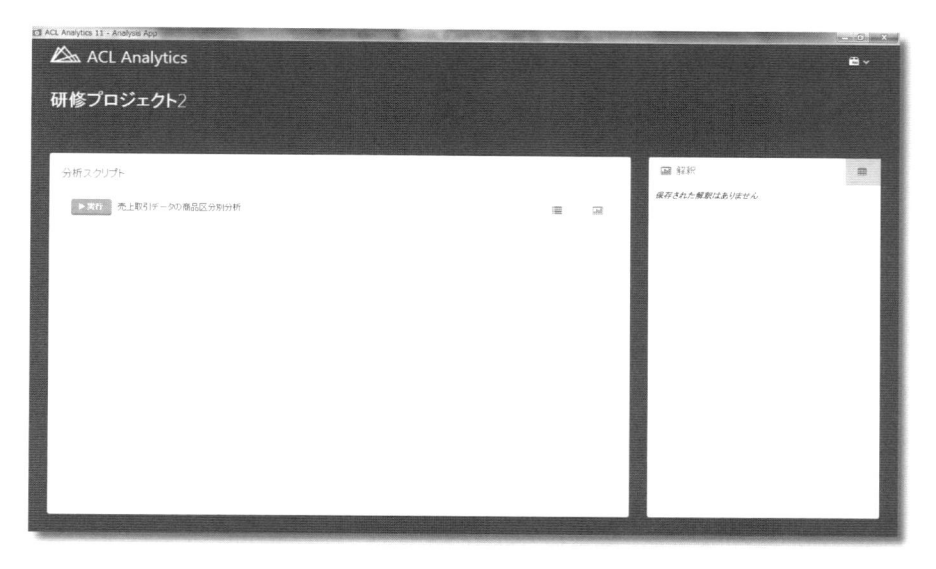

パッケージをインストールしたフォルダーに分析アプリのファイル（.aclx）およびフォルダー（files）が作成されています。

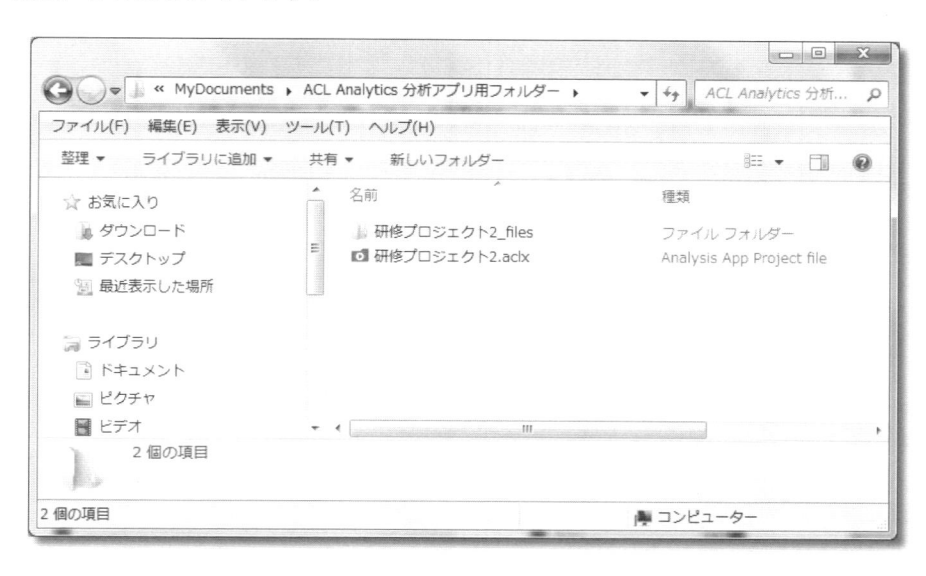

次回、分析アプリを開く場合は、分析アプリのファイル（.aclx）をダブルクリックするか、または、ACL Analytics Lanucherの「最近使った項目を開く」から分析アプリのファイル名をクリックします。

3-10 便利な機能

ここでは、ACLを操作するうえで、知っていると便利な機能を紹介します。

- メニューコマンドのダイアログボックス
- 出力先の選択
- 表示領域のタブの固定
- ビューの作成・書式設定

3-10-1 メニューコマンドのダイアログボックス

メニューコマンドのダイアログボックスの基本的な操作方法です。

＜(例)〔分析〕-〔分類化〕コマンドのダイアログボックス＞

■〔メイン〕タブ

ボタンを使用すると、フィールドの選択画面が表示されます。
〔式〕ボタンを使用すると、演算フィールド（p.188～）を作成して使用することができます。

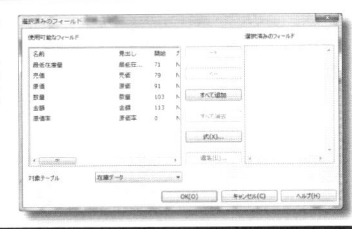

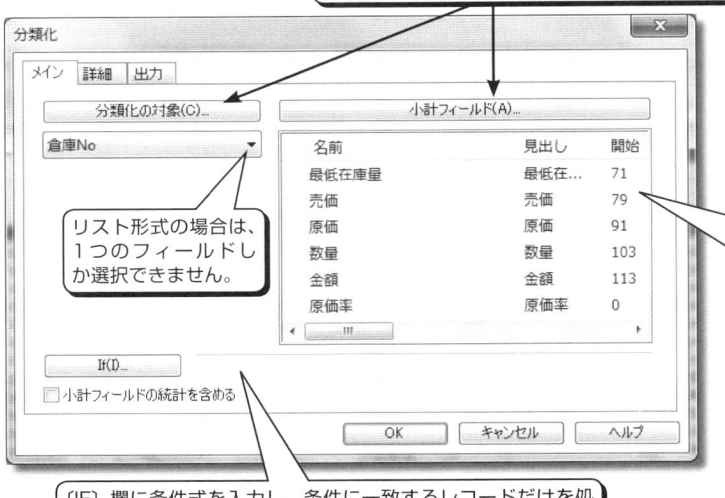

リスト形式の場合は、1つのフィールドしか選択できません。

フィールドの一覧が表示されている場合は、複数のフィールドが選択可能です。Ctrlキーを押しながら順にフィールド名をクリックします（連続したフィールドを選択する場合は、Shiftキーを押しながら先頭と末尾のフィールドを順にクリックします）。

〔IF〕欄に条件式を入力し、条件に一致するレコードだけを処理することができます。
〔IF〕ボタンで、式ビルダーの画面を表示することができます。

■〔詳細〕タブ

〔詳細〕タブでは、操作の適用範囲を設定できます。

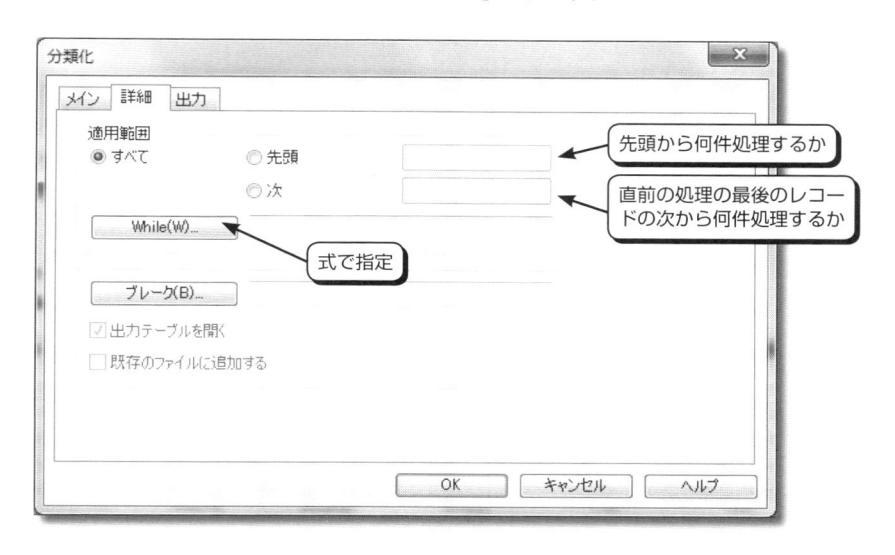

（ダイアログ画像：分類化〔詳細〕タブ）
- 適用範囲：すべて／先頭（先頭から何件処理するか）／次（直前の処理の最後のレコードの次から何件処理するか）
- While(W)...（式で指定）
- ブレーク(B)...
- 出力テーブルを開く
- 既存のファイルに追加する

〔詳細〕タブは、ACLのほとんどのメニューコマンドに用意されています（設定できる内容はメニューコマンドにより異なります）。

■〔出力〕タブ

p.394～を参照してください。

3-10-2 出力先の選択

メニューコマンドの実行結果の出力先は、〔出力〕タブの「出力先」で指定できます。
操作の目的に合わせて選択してください。
（メニューコマンドによって、〔出力〕タブがないものもあります。）

<〔出力〕タブ>

■画面

出力先として「画面」を選択すると、ログに実行結果の表等が記録されます。ドリルダウンが使用できるため、全体を集計した結果から、掘り下げたい項目を選んで、レコードを抽出することができます。

＜（例）〔年齢調べ〕コマンドの結果を「画面」に出力＞

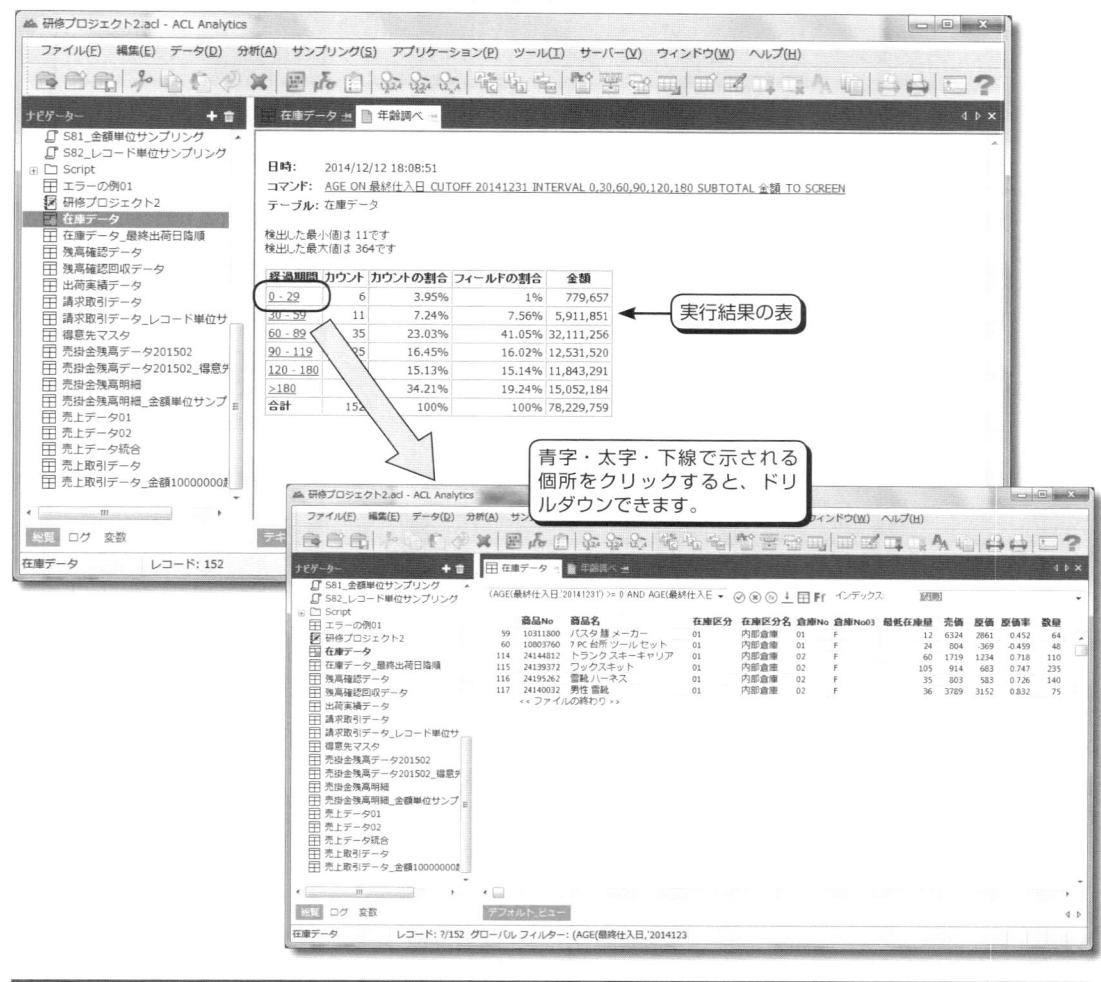

| Point | Hint | 注意 | 重要 |

ドリルダウン機能

　ACLでは、ログの画面で、コマンドの実行結果の文字が青・太字・下線になっている箇所（マウスポインタが手の形になります）をクリックすると、フィルターが実行され関連のレコードが表示されるようになっています。
　このような機能を一般に「ドリルダウン」といいます。
　（フィルターとは、指定した条件に一致するレコードを抽出（表示）する機能です。p.266～を参照してください。）

■印刷

「印刷」を選択すると、実行結果を印刷することができます。プリンターは、「通常使うプリンター」が使用されます。ログには、印刷が完了したことが記録されます。

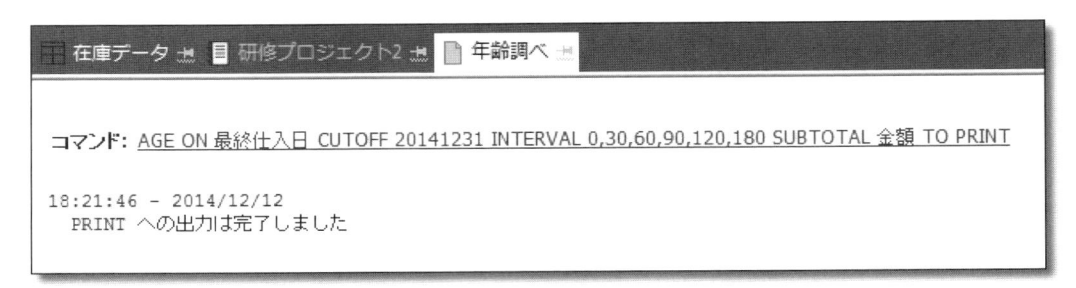

```
コマンド: AGE ON 最終仕入日 CUTOFF 20141231 INTERVAL 0,30,60,90,120,180 SUBTOTAL 金額 TO PRINT

18:21:46 - 2014/12/12
    PRINT への出力は完了しました
```

■グラフ

「グラフ」を選択すると、実行結果をグラフで表示することができます。グラフは、自動的に生成されているため、「出力先」で「画面」を選択した場合も、表示領域左下のタブでグラフ表示に切り替えることができます。

メニューコマンドによって、グラフが選択できないものもあります。

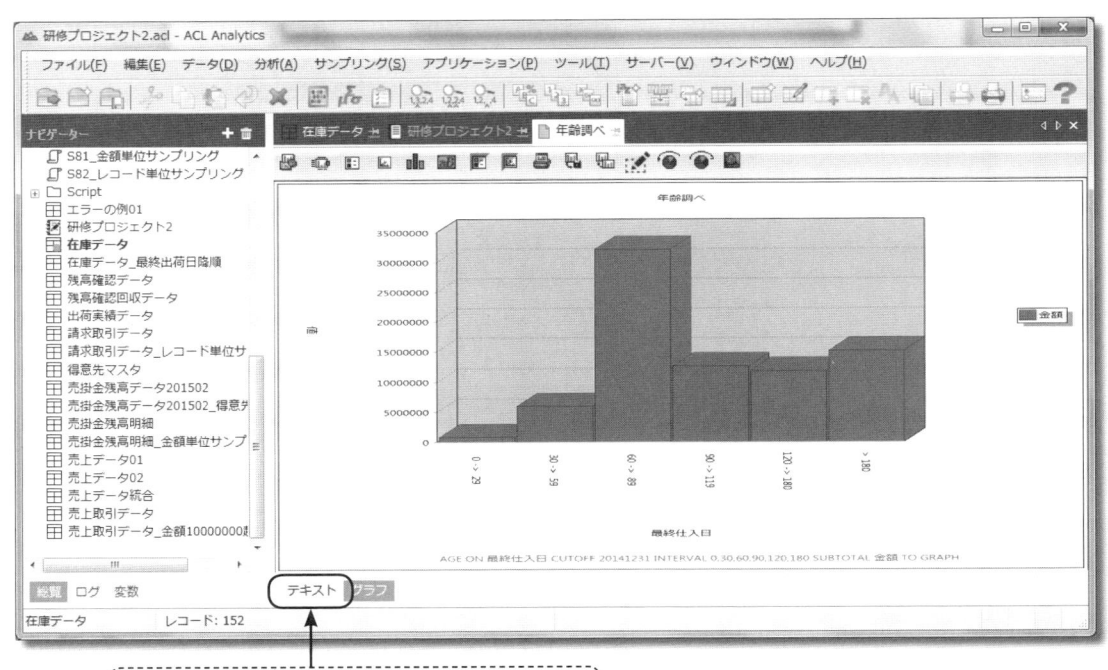

「テキスト」をクリックすると、表形式の画面が表示されます（「出力先」で「画面」を選択した場合と同じ）。

■ファイル

「ファイル」を選択した場合は、実行結果をACLの新規テーブルやテキストファイルに書き出すことができます。書き出せるファイル形式は、メニューコマンドによって異なります。

実行結果を別の分析で使用したい場合等は、ファイルに出力します。

<(例)〔要約〕コマンドの結果を「ファイル」に出力>

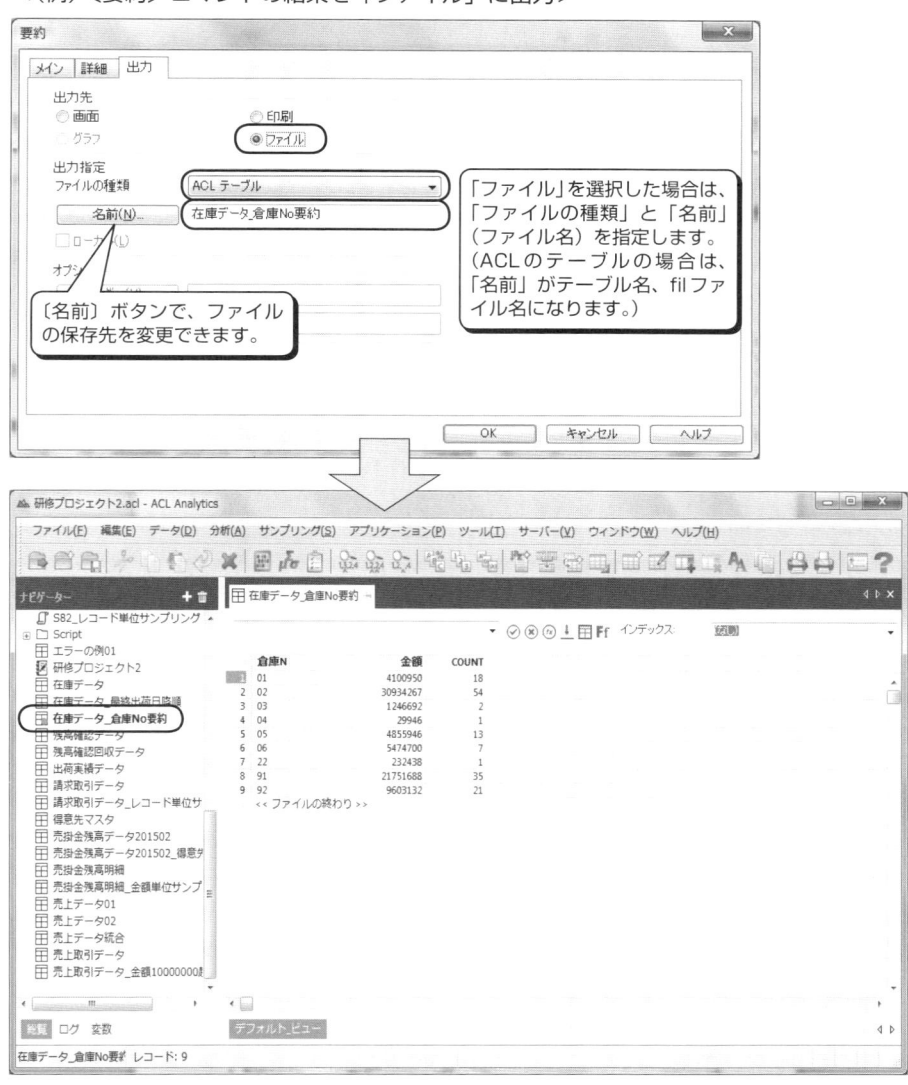

「ファイル」を選択した場合は、「ファイルの種類」と「名前」（ファイル名）を指定します。
（ACLのテーブルの場合は、「名前」がテーブル名、filファイル名になります。）

〔名前〕ボタンで、ファイルの保存先を変更できます。

	倉庫No	金額	COUNT
1	01	4100950	18
2	02	30934267	54
3	03	1246692	2
4	04	29946	1
5	05	4855946	13
6	06	5474700	7
7	22	232438	1
8	91	21751688	35
9	92	9603132	21

<<ファイルの終わり>>

<ログ>

コマンド: SUMMARIZE ON 倉庫No SUBTOTAL 金額 TO "在庫データ_倉庫No要約.FIL" OPEN PRESORT ISOLOCALE ja_JP

18:33:53 - 2014/12/12
　　データをあらかじめ並べ替えています
　9 件のレコードが生成されました
　　D:\00ACL\ACL操作研修2\在庫データ_倉庫No要約.FIL への出力は完了しました
ファイル "在庫データ_倉庫No要約" を開いています

3-10-3　表示領域のタブの固定

　テーブルが開いている状態で、別のテーブルを開くと、最初に開いていたテーブルは自動的に閉じられ、タブの内容が新しいテーブルの内容に置き換わります。ログやスクリプトの画面も同様です。
　特定の内容をそのまま表示させておきたい場合は、タブについている「ピン アイコン」で固定します。

【手順】
　（例）ログの内容の画面を複数開いた状態にする。
① ログの一覧から任意のログをダブルクリックし、ログの内容を開きます。
② 開いた画面のタブに表示されているピン アイコンをクリックします。ピンが刺さった状態になり、タブが固定されます。

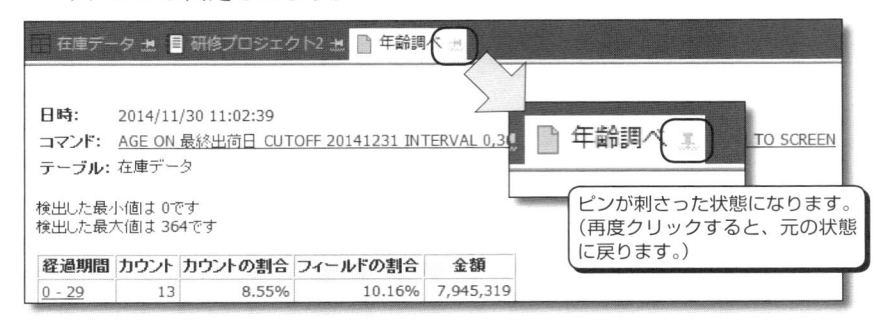

ピンが刺さった状態になります。
（再度クリックすると、元の状態に戻ります。）

③ ログの一覧のタブをクリックし、一覧から別のログをダブルクリックし、ログの内容を開きます。

（1）クリック
（2）ダブルクリック

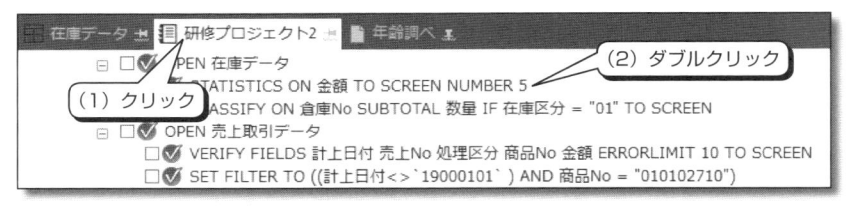

【結果】
　２つのログの画面（タブ）が開いた状態になりました。タブをクリックして、画面を切り替えることができます。（タブを閉じた場合、または、プロジェクトを閉じた場合は、ピン アイコンの設定は無効になります。）

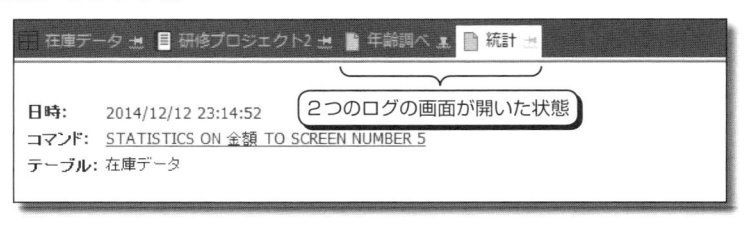

２つのログの画面が開いた状態

3-10-4 ビューの作成・書式設定

　テーブルのデータは、ビューを介して表示されます。テーブルを作成すると、自動的にビューが作成されます。これを「デフォルト_ビュー」と呼びます。

　「デフォルト_ビュー」の他に、任意でビューを作成することができます。ビューは、1つのテーブルに複数作成することができます。

■ビューを新規作成する

操作　「在庫データ」テーブルに新規のビューを作成します。
　　　　※ビューの作成はログに記録されません。

「研修プロジェクト2.acl」で操作します（「00ACL」-「ACL操作研修2」フォルダー）。

① 「在庫データ」テーブルを開きます。
② ビューの下部の「デフォルト_ビュー」を右クリックし、〔新規作成〕を選択します。

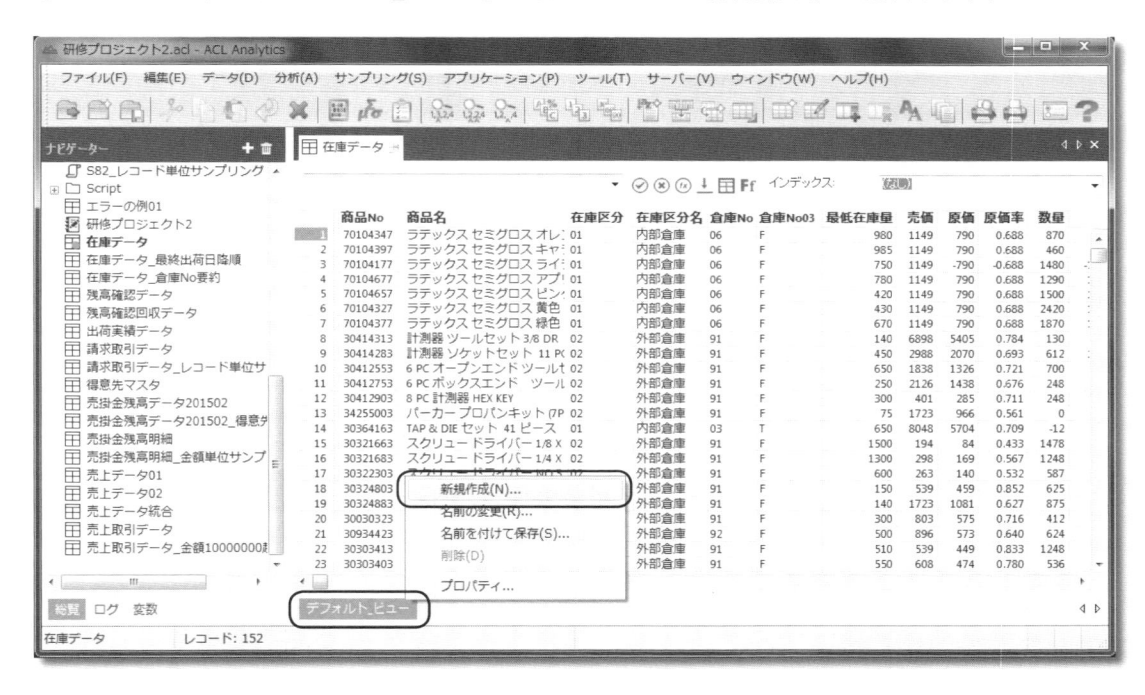

③ ビュー名を入力する画面が表示されます。「レポート用」と入力し、〔OK〕ボタンをクリックします。

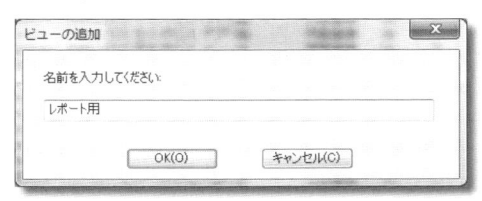

④ ビューに表示するフィールドを選択します。「商品No」、「商品名」、「在庫区分」、「倉庫No」、「金額」、「最終仕入日」、「最終出荷日」を選択し、〔OK〕ボタンをクリックします。

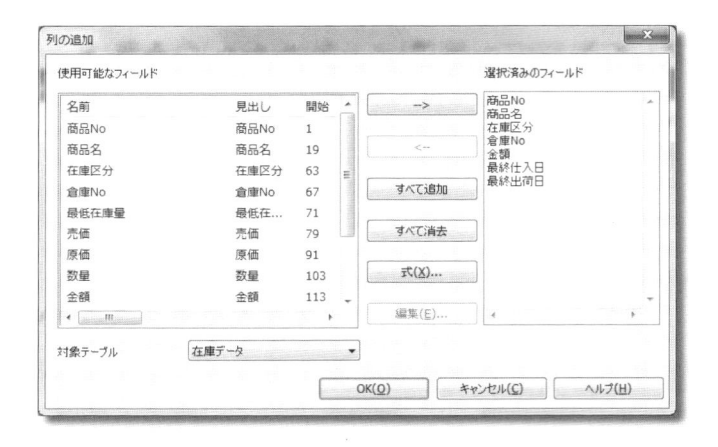

[結 果]

「レポート用」ビューが作成されました。

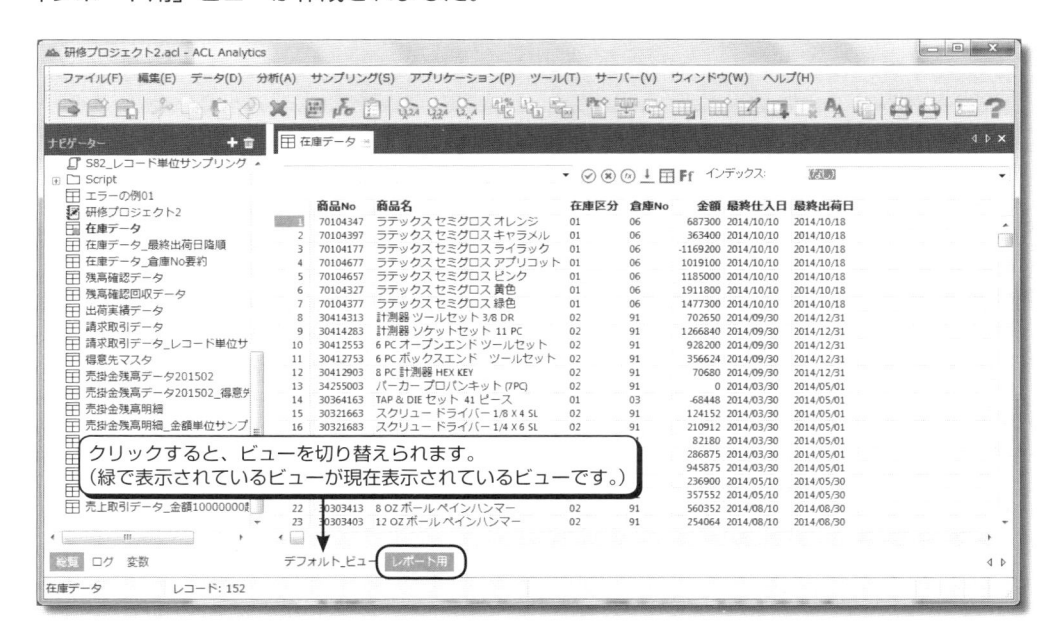

クリックすると、ビューを切り替えられます。
（緑で表示されているビューが現在表示されているビューです。）

400

■ビューの書式を変更する

ビューでは、列の書式を変更することができます。書式の変更は、ログに記録されません。

> **Point** Hint 注意 重要
>
> **ビューの書式とテーブル レイアウトの書式**
> 　ここで行う書式設定は、現在のビューに保存されます。このテーブルを基にテーブルを新規作成（〔抽出〕コマンドの実行等）した場合は、新しいテーブルには書式は引き継がれません。
> 　テーブル自体に書式を設定したい場合は、メニューの〔編集〕-〔テーブル レイアウト〕の画面で、対象のフィールドに書式を設定してください（p.150～）。

A. 列の書式を変更する

操作　「在庫データ」テーブルの「レポート用」ビューで、金額の列に通貨書式を設定します。

※書式の変更は、ログに記録されません。

「研修プロジェクト2.acl」で操作します（「00ACL」-「ACL操作研修2」フォルダー）。
※「レポート用」ビュー（p.399で作成）を使用します。作成していない場合は、「デフォルト_ビュー」を使用してください。

① 「在庫データ」テーブルを開き、「レポート用」ビューを開きます。
② 「金額」の列見出しを右クリックし、〔列の変更〕を選択します。
③ 「書式」のリストから、$マーク付きの書式を選択します。

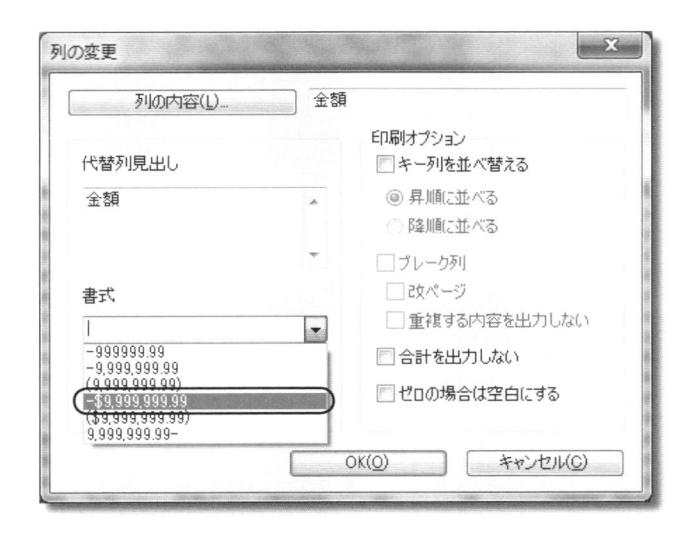

④ 手入力で「$」を「￥」(全角)に変更します。

※デフォルトのアプリケーション フォントでは、「￥」を半角で入力した場合は、ビューではバックスラッシュで表示されます。半角の「￥」を表示したい場合は、メニューの〔ツール〕−〔オプション〕の〔アプリケーション フォント〕タブで、「プロポーショナルフォント」を変更するか、ビューのフォントの変更(p.403)を行います。)

⑤ 〔OK〕ボタンをクリックします。

結果

「金額」に通貨書式が設定されました。

	商品No	商品名	在庫区分	倉庫No	金額	最終仕入日	最終出荷日
1	70104347	ラテックス セミグロス オレンジ	01	06	￥687,300.00	2014/10/10	2014/10/18
2	70104397	ラテックス セミグロス キャラメル	01	06	￥363,400.00	2014/10/10	2014/10/18
3	70104177	ラテックス セミグロス ライラック	01	06	-￥1,169,200.00	2014/10/10	2014/10/18
4	70104677	ラテックス セミグロス アプリコット	01	06	￥1,019,100.00	2014/10/10	2014/10/18
5	70104657	ラテックス セミグロス ピンク	01	06	￥1,185,000.00	2014/10/10	2014/10/18
6	70104327	ラテックス セミグロス 黄色	01	06	￥1,911,800.00	2014/10/10	2014/10/18
7	70104377	ラテックス セミグロス 緑色	01	06	￥1,477,300.00	2014/10/10	2014/10/18
8	30414313	計測器 ツールセット 3/8 DR	02	91	￥702,650.00	2014/09/30	2014/12/31
9	30414283	計測器 ソケットセット 11 PC	02	91	￥1,266,840.00	2014/09/30	2014/12/31
10	30412553	6 PC オープンエンド ツールセット	02	91	￥928,200.00	2014/09/30	2014/12/31
11	30412753	6 PC ボックスエンド ツールセット	02	91	￥356,624.00	2014/09/30	2014/12/31
12	30412903	8 PC 計測器 HEX KEY	02	91	￥70,680.00	2014/09/30	2014/12/31
13	34255003	パーカー プロパンキット (7PC)	02	91	￥0.00	2014/03/30	2014/05/01
14	30364163	TAP & DIE セット 41 ピース	01	03	-￥68,448.00	2014/03/30	2014/05/01

B. フォントを変更する

操作　「在庫データ」テーブルの「レポート用」ビューで、列見出しとデータのフォントを変更します。

※書式の変更は、ログに記録されません。

「研修プロジェクト2.acl」で操作します（「00ACL」-「ACL操作研修2」フォルダー）。

※「レポート用」ビュー（p.399で作成）を使用します。作成していない場合は、「デフォルト_ビュー」を使用してください。

① 「在庫データ」テーブルを開き、「レポート用」ビューを開きます。
② ビュー フィルターの横の〔フォントの変更〕ボタンをクリックします。または、ツールバーの〔フォントの変更〕ボタン（Ａ）をクリックします。

③ 〔タイトル〕ボタンをクリックし、フォント名、スタイル、サイズを任意に変更し、〔OK〕ボタンをクリックします。同様に、〔データ〕ボタンをクリックし、任意に変更します。

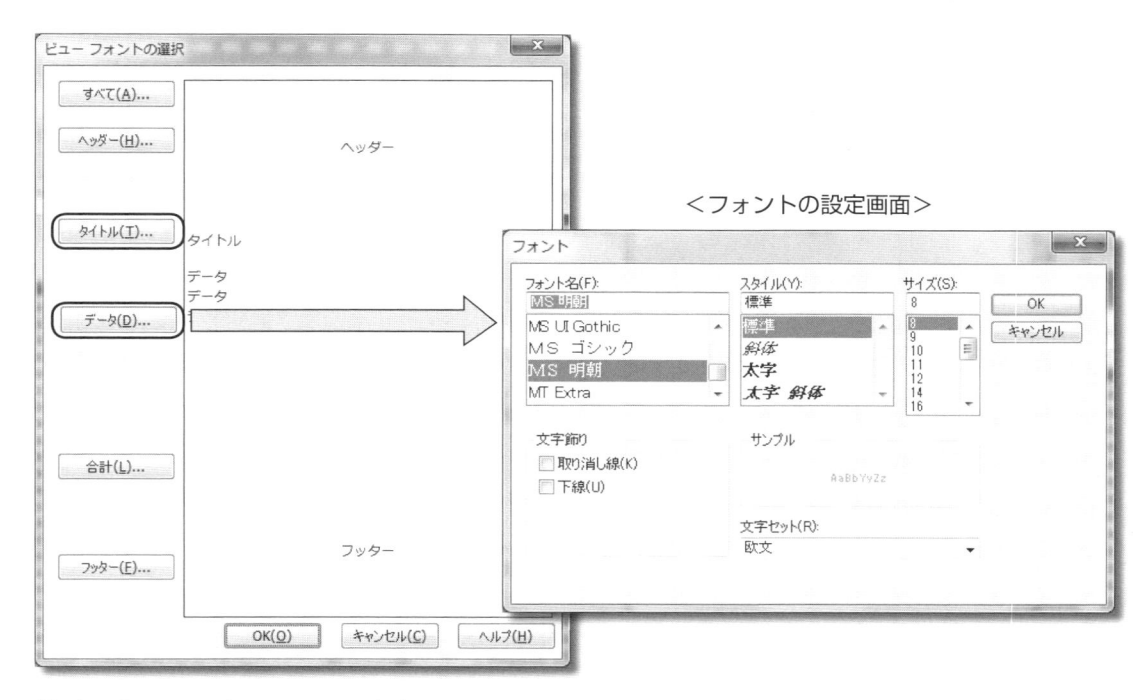

＜フォントの設定画面＞

④ 〔OK〕ボタンをクリックします。

結果

列見出し（タイトル）、データのフォントが変更されました。
（例）タイトル：サイズ12、スタイル 太字　　データ：フォント名 MS明朝

	商品No	商品名			在庫区分	倉庫No	金額	最終仕入日
1	70104347	ラテックス	セミグロス	オレンジ	01	06	¥687,300.00	2014/10/10
2	70104397	ラテックス	セミグロス	キャラメル	01	06	¥363,400.00	2014/10/10
3	70104177	ラテックス	セミグロス	ライラック	01	06	-¥1,169,200.00	2014/10/10
4	70104677	ラテックス	セミグロス	アプリコット	01	06	¥1,019,100.00	2014/10/10

■小計が含まれるレポートを作成する

文字型のフィールドに「ブレーク列」を設定し、値ごとの小計を含むレポートを作成することができます。

- ブレーク列は、文字型のフィールドにのみ設定可能です。
- ブレーク列は、ビューの一番左になければなりません。

操作
「在庫」テーブルの「レポート用」ビューで、倉庫Noごとの金額の小計を含むレポートを作成します。

「研修プロジェクト2.acl」で操作します（「00ACL」-「ACL操作研修2」フォルダー）。

※「レポート用」ビュー（p.399で作成）を使用します。作成していない場合は、「デフォルト_ビュー」を使用してください。

① 「在庫データ」テーブルを開き、「レポート用」ビューを開きます。
② 「倉庫No」フィールドの列見出しをドラッグし、ビューの先頭に移動します。

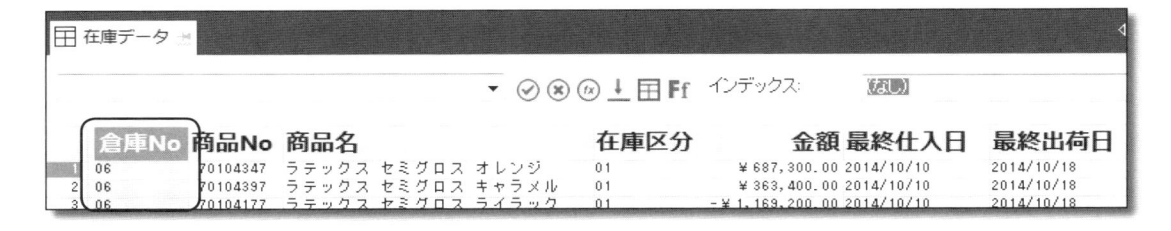

	倉庫No	商品No	商品名			在庫区分	金額	最終仕入日	最終出荷日
1	06	70104347	ラテックス	セミグロス	オレンジ	01	¥687,300.00	2014/10/10	2014/10/18
2	06	70104397	ラテックス	セミグロス	キャラメル	01	¥363,400.00	2014/10/10	2014/10/18
3	06	70104177	ラテックス	セミグロス	ライラック	01	-¥1,169,200.00	2014/10/10	2014/10/18

③ 「倉庫No」フィールドの列見出しを右クリックし、〔列の変更〕をクリックします。

④「印刷オプション」で「キー列を並べ替える」をチェックし、「昇順に並べる」を選択します。さらに、「ブレーク列」をチェックし、「重複する内容を出力しない」を選択して、〔OK〕ボタンをクリックします。

- (1)「キー列を並べ替える」を選択
- (2)「昇順に並べる」を選択
- (3)「ブレーク列」を選択
- (4)「重複する内容を出力しない」を選択

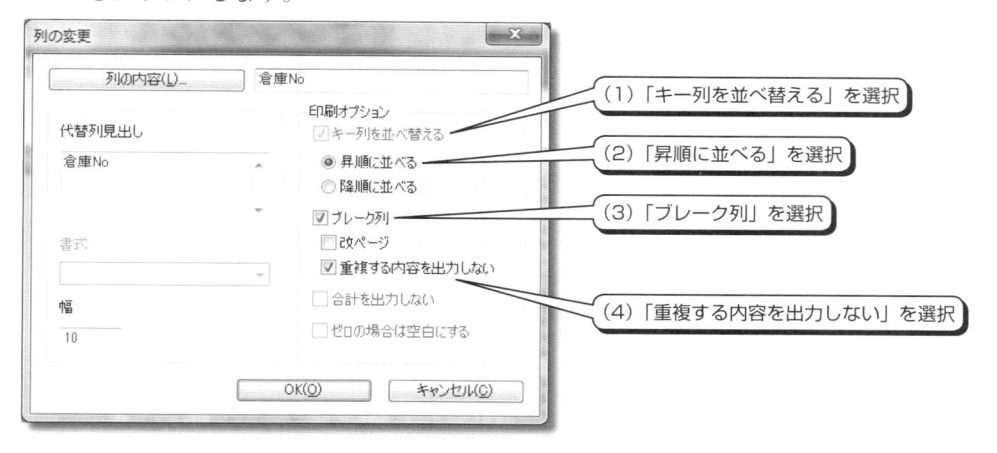

結果

ビューでは、グレーの太線でブレーク列が設定されたことが示されます。

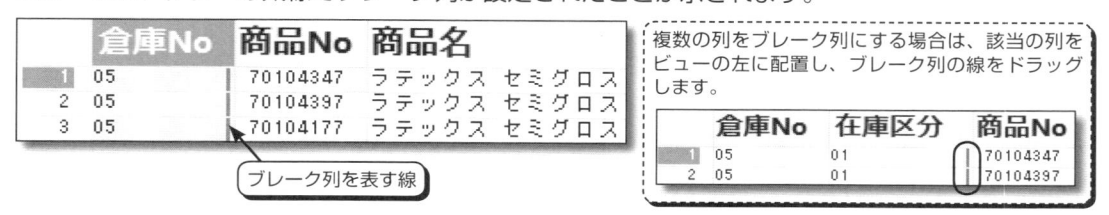

ブレーク列を表す線

複数の列をブレーク列にする場合は、該当の列をビューの左に配置し、ブレーク列の線をドラッグします。

メニューの〔データ〕-〔レポート〕を選択し、〔出力〕タブの「出力先」で「画面」を選択して、〔OK〕ボタンをクリックします。倉庫Noごとに集計されたレポートが表示されます。

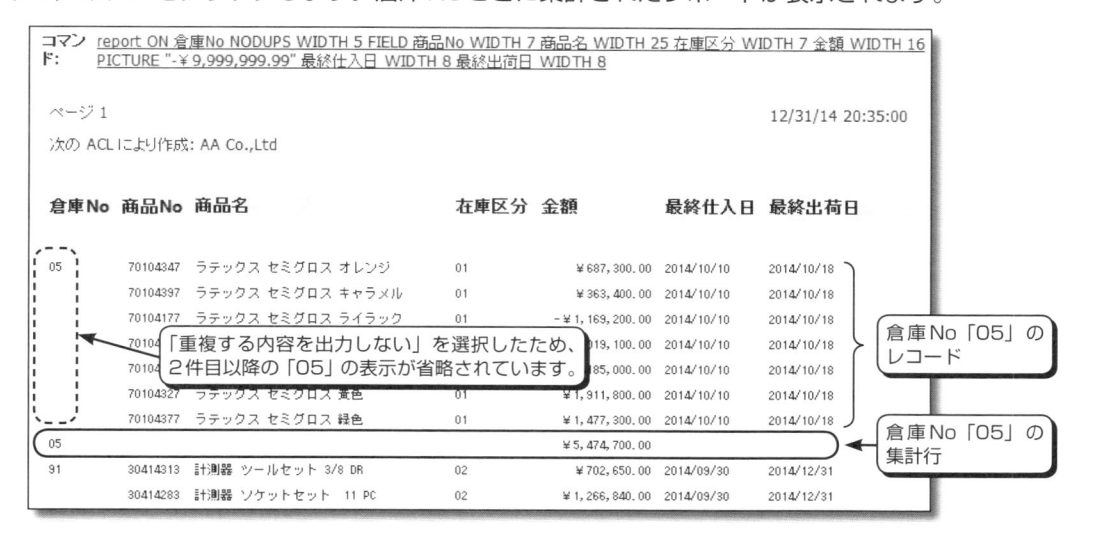

```
コマンド: report ON 倉庫No NODUPS WIDTH 5 FIELD 商品No WIDTH 7 商品名 WIDTH 25 在庫区分 WIDTH 7 金額 WIDTH 16
        PICTURE "-¥9,999,999.99" 最終仕入日 WIDTH 8 最終出荷日 WIDTH 8

ページ 1                                                          12/31/14 20:35:00
次のACLにより作成: AA Co.,Ltd

倉庫No 商品No 商品名                          在庫区分 金額          最終仕入日    最終出荷日

05     70104347  ラテックス セミグロス オレンジ      01    ¥687,300.00   2014/10/10  2014/10/18
       70104397  ラテックス セミグロス キャラメル    01    ¥363,400.00   2014/10/10  2014/10/18
       70104177  ラテックス セミグロス ライラック    01   -¥1,169,200.00 2014/10/10  2014/10/18
       70104_    ラテックス セミグロス _____     01    ¥_19,100.00   2014/10/10  2014/10/18
       70104_    ラテックス セミグロス _____     01    ¥_85,000.00   2014/10/10  2014/10/18
       70104327  ラテックス セミグロス 黄色        01    ¥1,911,800.00 2014/10/10  2014/10/18
       70104377  ラテックス セミグロス 緑色        01    ¥1,477,300.00 2014/10/10  2014/10/18
05                                                      ¥5,474,700.00
       91 30414313  計測器 ツールセット 3/8 DR      02    ¥702,650.00   2014/09/30  2014/12/31
          30414283  計測器 ソケットセット 11 PC    02    ¥1,266,840.00 2014/09/30  2014/12/31
```

- 「重複する内容を出力しない」を選択したため、2件目以降の「05」の表示が省略されています。
- 倉庫No「05」のレコード
- 倉庫No「05」の集計行

〔列の変更〕の操作は、ログが記録されません。

第4章
ログとスクリプト

この章では：
　ログに関する情報およびログからスクリプトを作成する操作を中心に、スクリプトに関する操作をまとめます。

4-1　ログについて
4-2　スクリプトの作成と実行

4-1

ログについて

ログに関する情報をまとめます。

4-1-1 ログの見方

■ログの一覧

ログは、プロジェクトを開いた日付・時刻ごとに分類（のアイコンで表示）され、プロジェクトを閉じるまでに実行したコマンドが記録されます。このカテゴリをセッションといいます。

セッションは、先頭のプラスマーク（マイナスマーク）をクリックすることで、展開・省略できます。

（展開・省略を一括で行う機能はありません。）

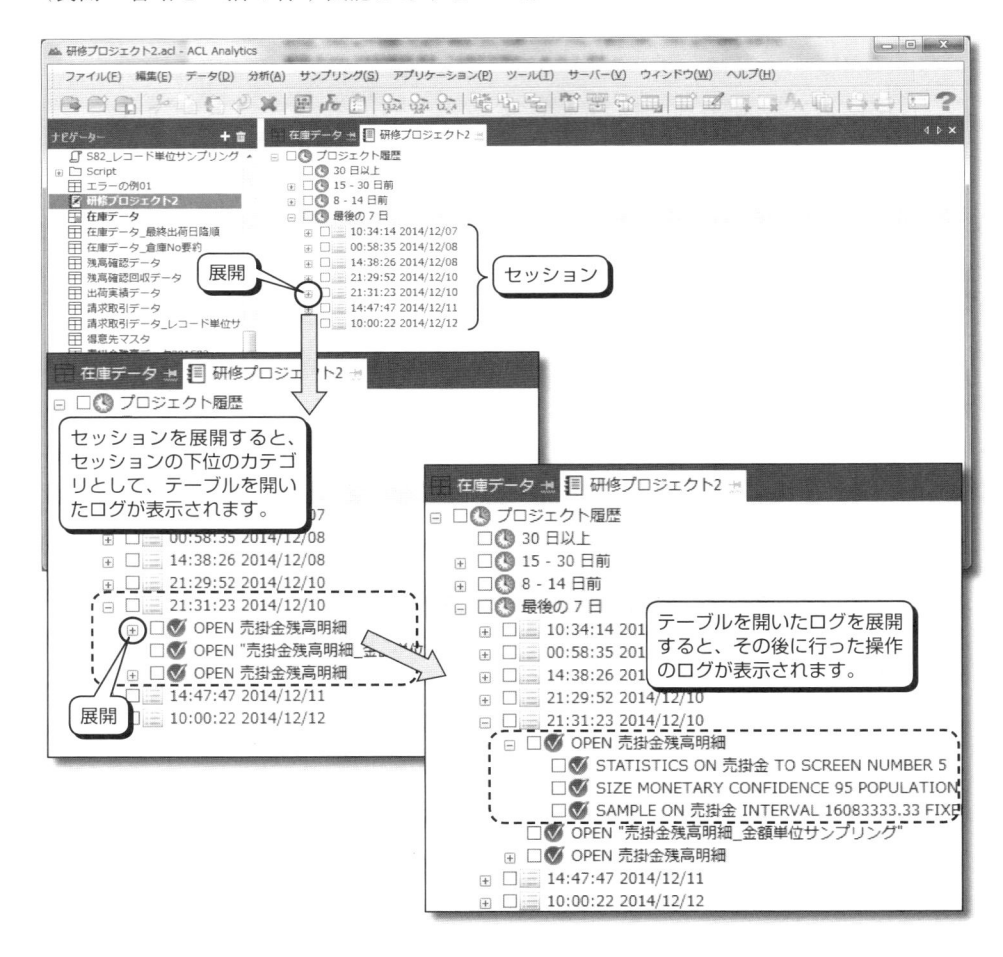

■ログの内容

ログの一覧をダブルクリックすると、ログの内容が確認できます。

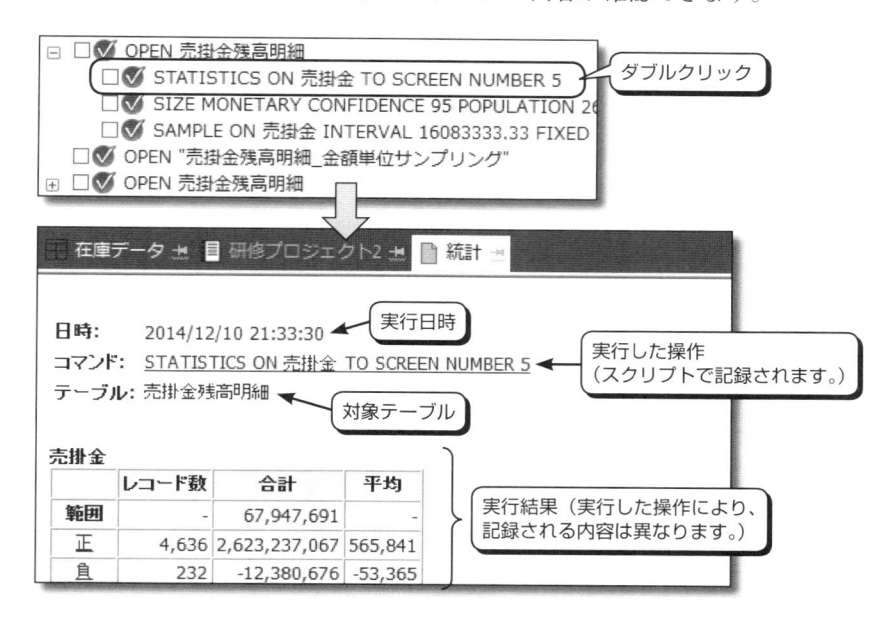

```
□☑ OPEN 売掛金残高明細
  □☑ STATISTICS ON 売掛金 TO SCREEN NUMBER 5      ← ダブルクリック
  □☑ SIZE MONETARY CONFIDENCE 95 POPULATION 26
  □☑ SAMPLE ON 売掛金 INTERVAL 16083333.33 FIXED
□☑ OPEN "売掛金残高明細_金額単位サンプリング"
□☑ OPEN 売掛金残高明細
```

↓

| 在庫データ | 研修プロジェクト2 | 統計 |

日時： 2014/12/10 21:33:30 ← 実行日時
コマンド： STATISTICS ON 売掛金 TO SCREEN NUMBER 5 ← 実行した操作（スクリプトで記録されます。）
テーブル： 売掛金残高明細 ← 対象テーブル

売掛金

	レコード数	合計	平均
範囲	-	67,947,691	-
正	4,636	2,623,237,067	565,841
負	232	-12,380,676	-53,365

実行結果（実行した操作により、記録される内容は異なります。）

　上図の「STATISTICS ON …」というログは、〔統計〕コマンド（p.224）を実行した記録です。「コマンド：」欄に実行した操作の内容がスクリプトで記録されています。

　先頭の「STATISTICS」が〔統計〕コマンドを実行していることを意味します。メニューコマンド名とログに記録されるスクリプトのコマンド名の対比は、p.412の表を参照してください。

　「STATISTICS」の後ろは、〔統計〕コマンドで設定したオプション等を表しています。〔統計〕コマンドのダイアログボックスと照らし合わせて考えると分かりやすいでしょう。

STATISTICS ON 売掛金 TO SCREEN NUMBER 5

- コマンド
- 対象フィールド（①）
- 出力先（②）
- オプション（③）

<〔統計〕コマンドのダイアログボックス>

● 〔メイン〕タブ

● 〔出力〕タブ

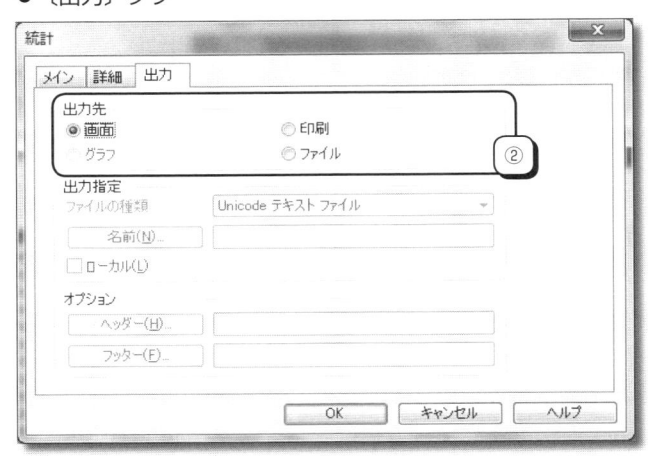

● 〔詳細〕タブ

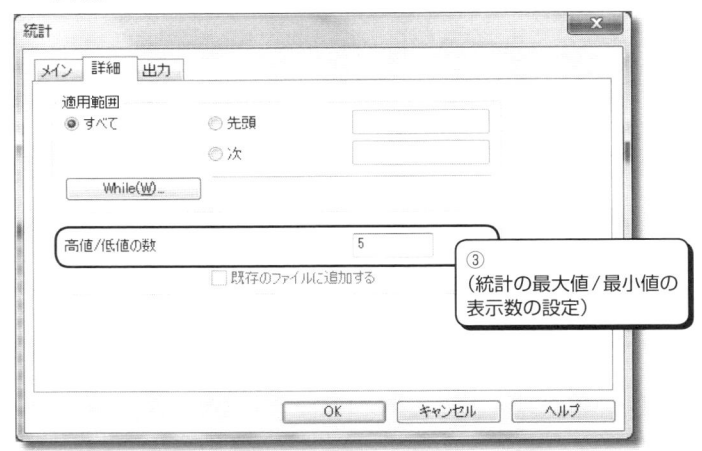

③
(統計の最大値/最小値の
表示数の設定)

4-1-2 ログが記録されない操作例

ACLで行うすべての操作のログが記録される訳ではありません。

下表は、ログが記録されない操作の一例です。本書では、主に監査調書の作成にログを利用しているため、調書作成についての対応をまとめています。

ログが記録されない操作（例）	調書作成のための対応
固定長のテキストファイルのテーブル作成	可能な限り、ソースデータを区切り文字付きテキストファイルで入手する。
ビューでの〔列の追加〕、〔選択列の削除〕、〔列の変更〕、列幅の変更 ※〔列の追加〕-〔式〕による操作（演算フィールドの作成）は除く	調書作成に影響しない。
〔編集〕-〔ノート〕-〔ノートの編集〕、〔編集〕-〔ノート〕-〔テーブルから全ノートを削除〕	調書作成に影響しない。
〔ツール〕-〔オプション〕の一部の設定	調書作成に影響しない。
〔ウィンドウ〕メニューのコマンド	調書作成に影響しない。
〔ヘルプ〕メニューのコマンド	調書作成に影響しない。

4-1-3 メニューコマンドとスクリプトのコマンド名

ログでは、実行した操作がスクリプトで記録されます。
下表は、主なメニューコマンドとスクリプトで使用されるコマンド名の対比表です。

<主なメニューコマンドとスクリプトのコマンド名>

メニュー	コマンド	スクリプトのコマンド名
ファイル	新規作成-テーブル	IMPORT
編集	テーブル レイアウト-新しい式の追加	DEFINE FIELD
	テーブル レイアウト-フィールドの削除	DELETE FIELD
データ	検証	VERIFY
	抽出	EXTRACT
	エクスポート	EXPORT
	並べ替え	SORT
	インデックス	INDEX
	結合	JOIN
	関連付け	DEFINE RELATIONS
	マージ	MERGE
	レポート	DO REPORT
	レコード検索	LOCATE
分析	カウント	COUNT
	合計	TOTAL
	プロファイル	PROFILE
	統計	STATISTICS
	順番検査	SEQUENCE
	ギャップ	GAPS
	重複	DUPLICATES
	あいまい重複	FUZZYDUP
	分類化	CLASSIFY
	要約	SUMMARIZE
	ヒストグラム	HISTOGRAM
	クロス集計	CROSSTAB
	階層化	STRATIFY
	年齢調べ	AGE
	ベンフォード	BENFORD
サンプリング	サンプル	SAMPLE
	サンプル数の計算	SIZE
	誤謬の評価	EVALUATE

4-1-4 ログから操作を再実行する

ログの内容の画面の「コマンド：」欄を利用して、操作を再実行することができます。

A．ログから直接操作を再実行する
【手順】
① 対象のテーブルを開きます。
※ログから操作を再実行する場合は、現在開かれているテーブルが対象となります。あらかじめ使用したいテーブルを開いておきます。
② ナビゲーターからログ（ ）を開きます。
③ ログの一覧から再実行したい操作のログをダブルクリックして開きます。
④ ログの内容（当時の操作の実行結果）の画面が開きます。「コマンド：」に記録されている式をダブルクリックします。

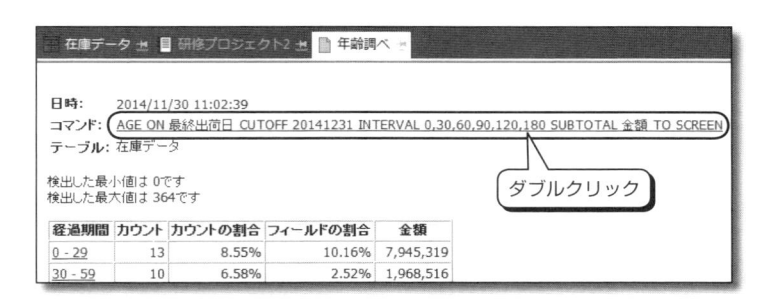

⑤ メニューコマンドのダイアログボックスが開きます。そのまま、または設定を変更して〔OK〕ボタンをクリックします。

【結果】
コマンドが実行され、結果が表示されます。ログには、新たなログが追加されます。

B. コマンド ラインから操作を再実行する

コマンド ラインとは、スクリプトを直接入力し、実行する機能です。

ログに記録されているスクリプトをコピーし、コマンド ラインから実行することができます

【手順】

① コマンド ラインを表示するため、メニューの〔ウィンドウ〕-〔コマンド ライン〕を選択します。

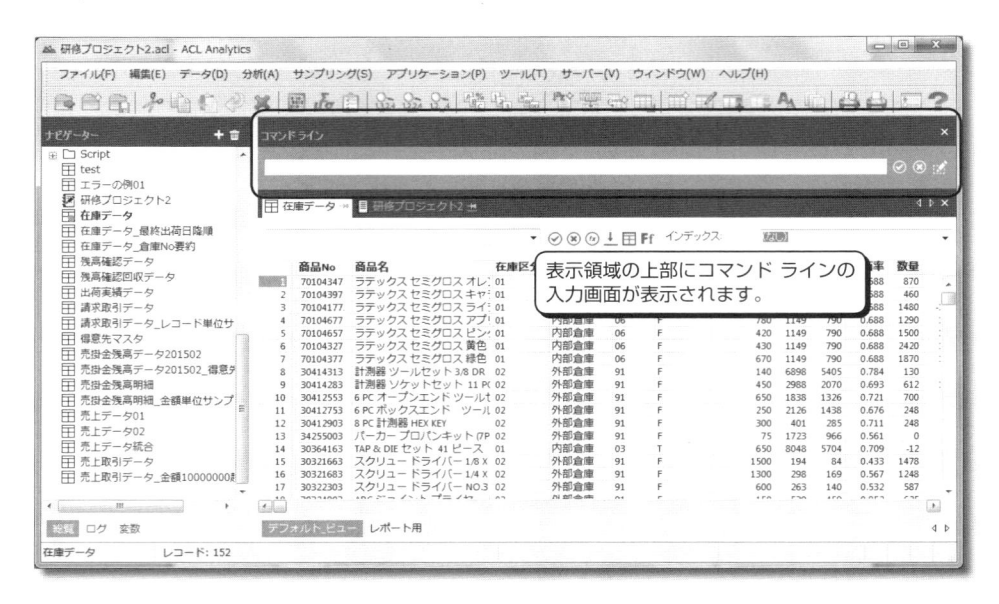

表示領域の上部にコマンド ラインの入力画面が表示されます。

② 対象のテーブルを開きます。

※現在開かれているテーブルが操作の対象となります。

③ ナビゲーターからログの一覧を開き、再実行したい操作のログをクリックします。クリックしたログ（スクリプト）がコマンド ラインの枠に表示されます。

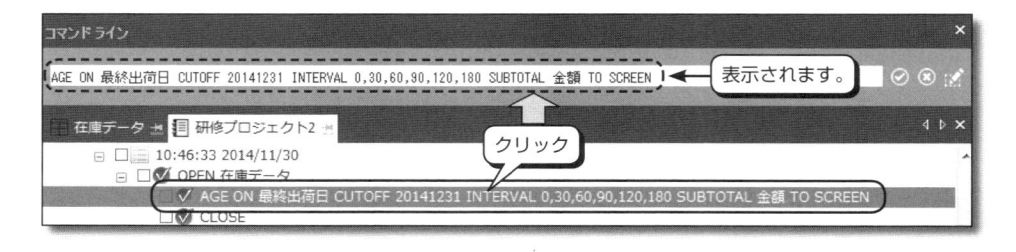

`AGE ON 最終出荷日 CUTOFF 20141231 INTERVAL 0,30,60,90,120,180 SUBTOTAL 金額 TO SCREEN` ← 表示されます。

クリック

④ コマンド ラインの枠内でクリックし[Enter]キーを押すか、または、コマンド ラインの〔実行〕
ボタンをクリックします。

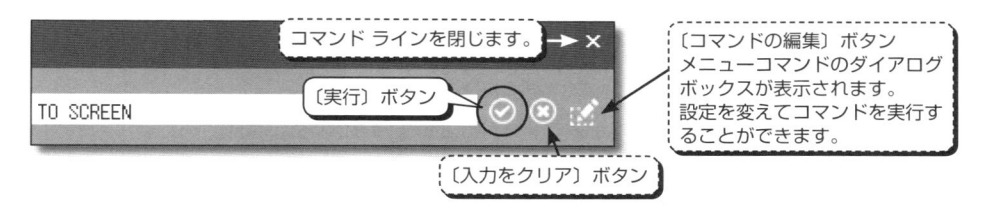

- コマンド ラインを閉じます。
- 〔実行〕ボタン
- 〔入力をクリア〕ボタン
- 〔コマンドの編集〕ボタン
  メニューコマンドのダイアログボックスが表示されます。設定を変えてコマンドを実行することができます。

【結果】
コマンドが実行され、結果が表示されます。ログには、新たなログが追加されます。

4-2
スクリプトの作成と実行

スクリプトは、ACLのコマンドを自動実行するための簡易的なプログラムです。
スクリプトを利用すると、操作を自動化することができ、作業の効率化を図ることができます。
通常、スクリプトを作成するには、プログラミングの知識が必要となりますが、ACLでは、ログを元にスクリプトを作成することができるため、プログラミングの知識がない人でも、簡単にスクリプトを利用することができます。

第2章、第3章では、それぞれのメニューコマンドの操作説明の後に、その操作のログからスクリプトを作成する手順を記載していますので、各メニューコマンドのスクリプトの作成については、**第2章、第3章**を参照してください。

> **Point** **Hint** 注意 重要
>
> **スクリプトの構文**
> 　スクリプトの構文は、ヘルプの「ACL ランゲージ リファレンス」-「コマンド」で確認してください。
> 　※本書では、構文を省略して記載しているため、詳細は、必ずヘルプを確認してください。
> 　※構文の規則については、ヘルプの「ACL Script コマンド構文規則」を参照してください。

4-2-1 ログからスクリプトを作成する

メニューコマンドを使用して手作業で行った操作のログを元に、スクリプトを作成することができます。

このスクリプトを実行すると、手作業で行った操作と同じ操作を自動で再実行することができます。

【手順】
（例）メニューコマンドから実行した操作を再実行するためのスクリプトを作成する。
① メニューコマンドでの操作の実行後、ナビゲーターからログ（ 通常はプロジェクト名と同じ名前です）をダブルクリックし、ログの一覧を開きます。
② スクリプトにしたいログの先頭の四角の枠をクリックし、選択します（チェックマークが付いた状態）。
（例）「売上取引データ」テーブルで〔検証〕コマンドを実行した場合

```
☒✓ OPEN 売上取引データ
   ☒✓ VERIFY FIELDS 計上日付 売上No 処理区分 商品No 金額 ERRORLIMIT 10 TO SCREEN
```

重要 [Point] [Hint] [注意]

対象テーブルを開くログを含める

ログからスクリプトを作成する場合、必ず対象のテーブルを開いた操作のログも選択してください。

上図の（例）で、「VERIFY …」のログだけを選択した場合、作成されるスクリプトにはテーブル名は含まれません。そうすると、作成したスクリプトを実行する際、その時にたまたま開いていたテーブルに対して処理が実行されてしまい、操作を正しく再実行することができません。

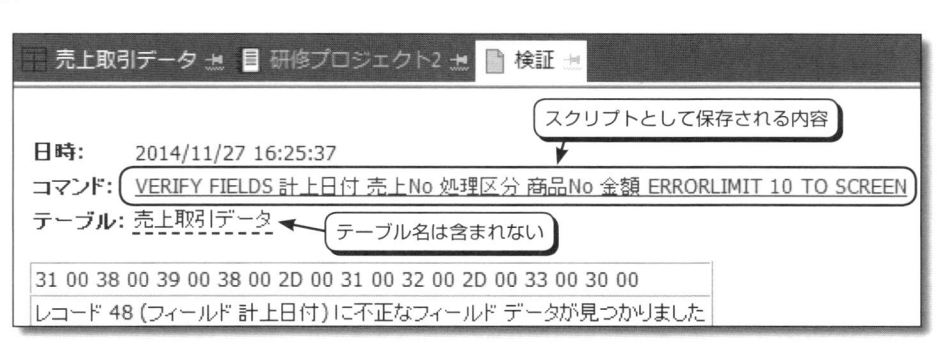

```
売上取引データ   研修プロジェクト2   検証

                                      ┌─ スクリプトとして保存される内容
日時：   2014/11/27 16:25:37           ↓
コマンド： VERIFY FIELDS 計上日付 売上No 処理区分 商品No 金額 ERRORLIMIT 10 TO SCREEN
テーブル： 売上取引データ ← テーブル名は含まれない

31 00 38 00 39 00 38 00 2D 00 31 00 32 00 2D 00 33 00 30 00
レコード 48 (フィールド 計上日付) に不正な フィールド データが見つかりました
```

テーブルを開く操作のログ（スクリプト）

```
OPEN␣テーブル名
```

Point | Hint | 注意 | 重要

ログの選択と解除
　ログからスクリプトを作成する際は、不要なログが含まれないように注意してください。

■ログの選択
　上位のカテゴリを選択すると、下位のログにすべてチェックマークが付きます（上位のカテゴリを再度クリックすると、下位のログすべてのチェックマークが解除されます）。

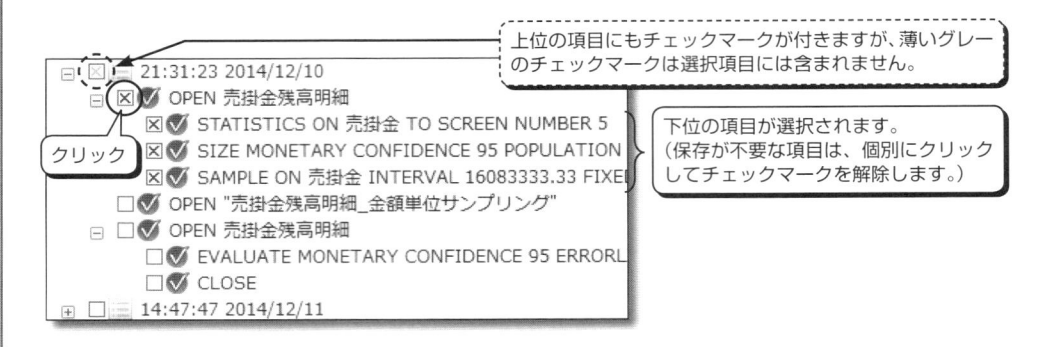

```
  21:31:23 2014/12/10
    ☒ OPEN 売掛金残高明細
      ☒ STATISTICS ON 売掛金 TO SCREEN NUMBER 5
      ☒ SIZE MONETARY CONFIDENCE 95 POPULATION
      ☒ SAMPLE ON 売掛金_INTERVAL 16083333.33 FIXED
    □ OPEN "売掛金残高明細_金額単位サンプリング"
    □ OPEN 売掛金残高明細
      □ EVALUATE MONETARY CONFIDENCE 95 ERRORL
      □ CLOSE
  14:47:47 2014/12/11
```

- 上位の項目にもチェックマークが付きますが、薄いグレーのチェックマークは選択項目には含まれません。
- 下位の項目が選択されます。（保存が不要な項目は、個別にクリックしてチェックマークを解除します。）
- クリック

■ログの選択の解除
　ログにチェックマークを付けると、ログの一覧の画面（タブ）を開いている間は、チェックマークは自動では解除されません（タブを閉じる、またはプロジェクトを閉じると解除されます）。ログからスクリプトを作成する場合は、余分なチェックマークが付いていないか確認し、余分なものは解除してください。
　チェックマークをクリックすると、チェックマークが外れ、ログの選択を解除することができます。
　上位のカテゴリのチェックマークを解除すると、下位のログのチェックマークはすべて解除されます。
　すべての選択を一括で解除する場合は、最上位の「プロジェクト履歴」のチェックマークを解除してください。

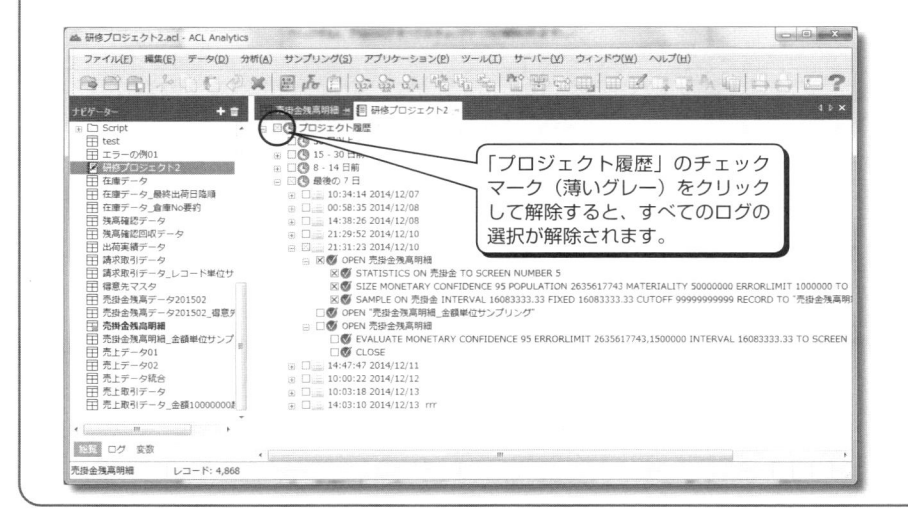

「プロジェクト履歴」のチェックマーク（薄いグレー）をクリックして解除すると、すべてのログの選択が解除されます。

③ ログの一覧の画面上で右クリックし、〔選択項目の保存〕-〔スクリプト〕をクリックします。

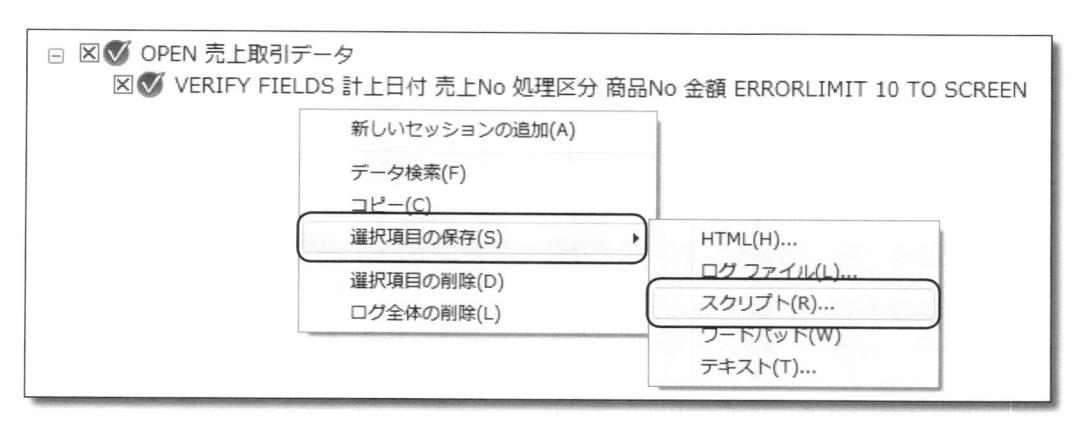

```
□ ☒✓ OPEN 売上取引データ
   ☒✓ VERIFY FIELDS 計上日付 売上No 処理区分 商品No 金額 ERRORLIMIT 10 TO SCREEN

        新しいセッションの追加(A)
        データ検索(F)
        コピー(C)
        選択項目の保存(S)  ▶   HTML(H)...
        選択項目の削除(D)       ログ ファイル(L)...
        ログ全体の削除(L)       スクリプト(R)...
                              ワードパッド(W)
                              テキスト(T)...
```

④ スクリプトの名前を入力し、〔OK〕ボタンをクリックします。

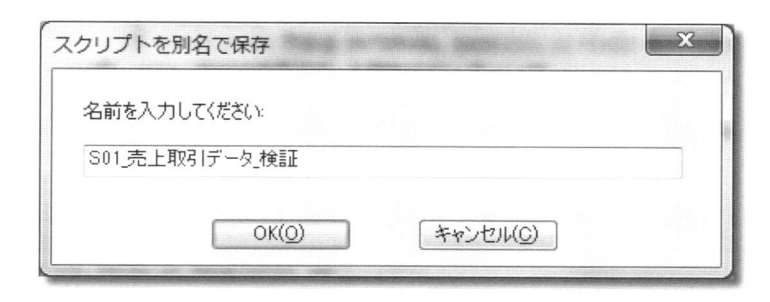

```
スクリプトを別名で保存                          X
 名前を入力してください:
 S01_売上取引データ_検証

          OK(O)        キャンセル(C)
```

Point Hint 注意 重要

スクリプト名

「CAAT手続書」(p.55)では、スクリプト名を「スクリプトNo」欄に記載することとしています。

これは、「CAAT手続書」の操作ごとに、対応するスクリプトを参照できるようにするためです。

「CAAT手続書」へのスクリプト名の記載を簡略にするため、スクリプト名の先頭に「S01」のように連続番号をつけ、番号を「CAAT手続書」に記載することを推奨しています（ACLの命名規則で、名前の先頭に半角数字を使用することができないため、スクリプトの意味で先頭に"S"を付けています）。

スクリプト名の命名規則は、フィールド、テーブルと同様です（p.148参照）。

【結果】

　作成したスクリプトがナビゲーターに表示されます。

　必要に応じて、スクリプトを編集します。スクリプトの編集については、p.423 ～を参照してください。

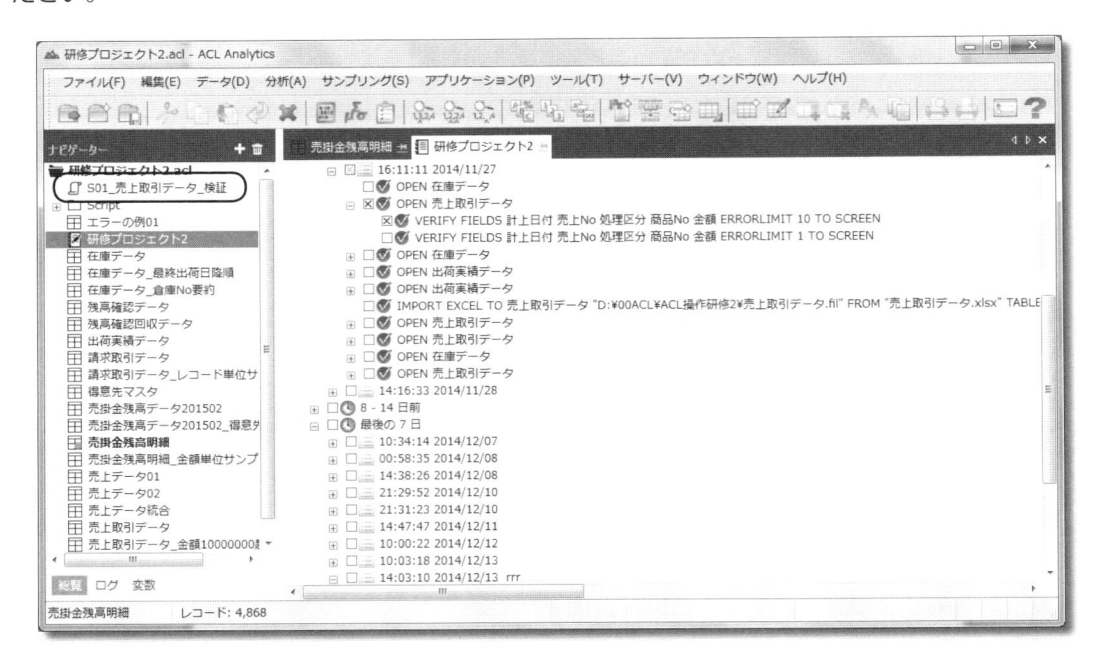

| Point | **Hint** | 注意 | 重要 |

単独のログの削除

　誤った操作をした場合等、ログの一覧から、単独のログを削除したいという場合もあるかもしれません。
　手動で単独のログを削除することは可能ですが、誤って必要なログを削除してしまうことも考えられるため、この操作はお薦めしません。
　参考までに、単独のログを削除する手順を説明します。
　なお、ログを削除すると、削除したというコメントが記録されます。

【手順】
　① ログの一覧で、削除したいログを表示します。

```
□ □✓ OPEN 在庫データ
      □✓ CLASSIFY ON 倉庫No SUBTOTAL 数量 TO SCREEN   ← （例）対象フィールド
      □✓ CLASSIFY ON 在庫区分 SUBTOTAL 金額 TO SCREEN       を間違えたため、削除
                                                           したい。
```

　② 削除したいログのチェックボックスをクリックし、チェックマークを付けます。
　③ 画面上で右クリックし、〔選択項目の削除〕をクリックします。

```
□ ⊠✓ OPEN 在庫データ
      ⊠✓ CLASSIFY ON 倉庫No SUBTOTAL 数量 TO SCREE|   新しいセッションの追加(A)
      □✓ CLASSIFY ON 在庫区分 SUBTOTAL 金額 TO SCRI|   データ検索(F)
                                                        コピー(C)
   太線のチェックマークの項目が対象となります。           選択項目の保存(S)        ▶
   薄いグレーのチェックマークの項目は対象外です。         【選択項目の削除(D)】
                                                        ログ全体の削除(L)
```

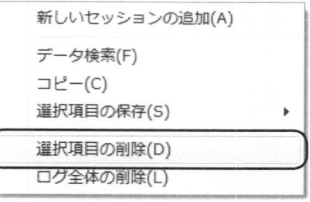

　④ 削除を確認するメッセージが表示されます。〔OK〕ボタンをクリックします。

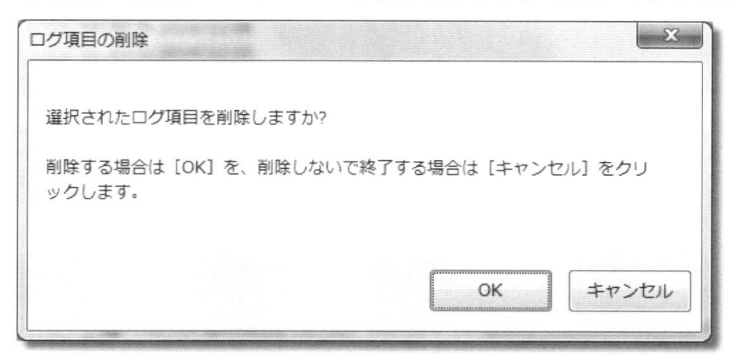

```
ログ項目の削除                                    [×]

  選択されたログ項目を削除しますか？

  削除する場合は［OK］を、削除しないで終了する場合は［キャンセル］をクリ
  ックします。

                                      OK      キャンセル
```

【結果】
　ログが削除され、「ログの範囲が削除されました」というコメントが記録されます。

```
□ □✓ OPEN 在庫データ
      □✓ COMMENT - ログの範囲が削除されました            削除の操作は取り消す
      □✓ CLASSIFY ON 在庫区分 SUBTOTAL 金額 TO SCREEN    ことができません。
```

4-2-2　新規にスクリプトを作成する

ログを使用せず、新規にスクリプトを作成することもできます。
　また、監査調書用のログを作成するためのスクリプト（p.442 ～）を作成する場合は、ログが使用できないため、スクリプトを新規作成する必要があります。

【手順】
① メニューの〔ファイル〕-〔新規作成〕-〔スクリプト〕をクリックします。
②「新しいスクリプト」が作成され、スクリプトを入力する白紙の画面が表示されます。

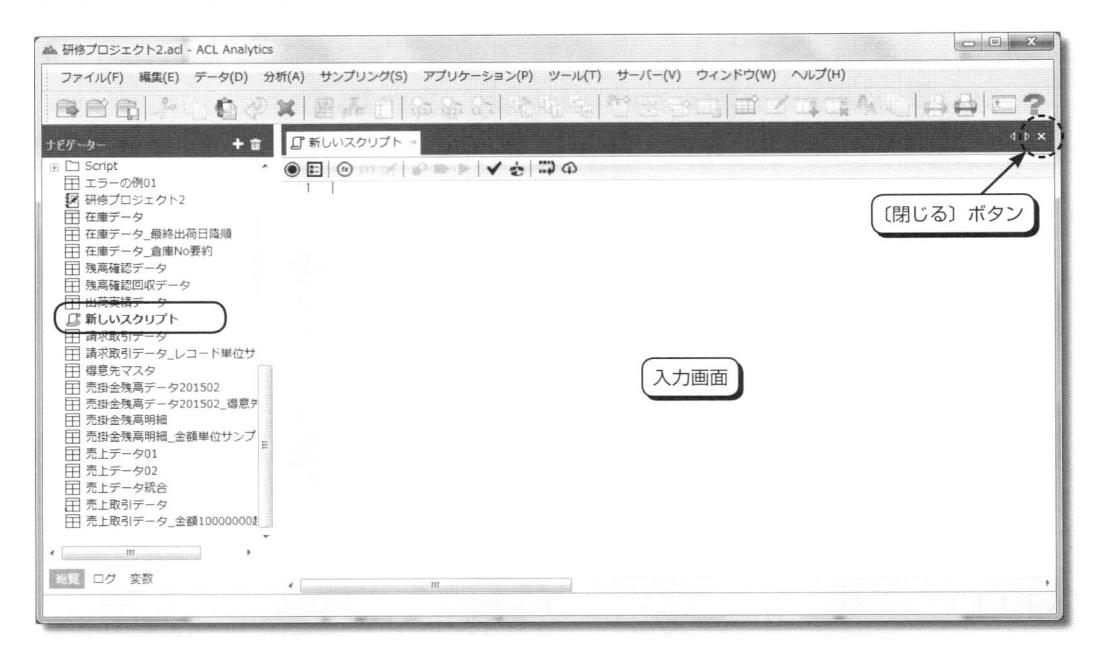

③ スクリプトを入力します。
※入力については、**4-2-3**の「スクリプトを編集する」を参照してください。
④ メニューの〔ファイル〕-〔上書き保存〕をクリックします。
⑤ スクリプトの編集画面の右上の〔閉じる〕（×）ボタンをクリックし、編集画面を閉じます。
⑥ ナビゲーターで「新しいスクリプト」を右クリックし、〔名前の変更〕をクリックします。
⑦ スクリプト名を入力し、Enterキーで確定します。

【結果】
スクリプトが作成されます。

4-2-3 スクリプトを編集する

　ログを元に作成したスクリプトを効率的に実行させるために、スクリプトの編集が必要になる場合があります。例えば、スクリプトの実行中にファイルの上書きを確認するメッセージが繰り返し表示されると、何度も〔OK〕ボタンをクリックする操作が発生し、スクリプトによる操作の自動化の利点が失われてしまいます。この場合は、それを回避するために、自動で上書きするためのスクリプトを追加します。

＜スクリプトの編集が発生する操作の例＞

	操作	現象	対応方法／スクリプト	参照p.
効率化	演算フィールドの作成	同じ名前のフィールドが存在すると、上書きしてよいか確認するメッセージが表示される。	ファイルの上書きを自動化する。 SET␣SAFETY␣{ON|OFF}	426
効率化	新規テーブル、ファイルが作成される操作（〔抽出〕コマンド等）	同じ名前のテーブル、ファイルが存在すると、上書きしてよいか確認するメッセージが表示される。		
その他	新規テーブルの作成	新規テーブルはその時点で選択されているナビゲーター上のフォルダーに作成される。	ナビゲーター上の所定のフォルダーに新規テーブルを作成する。 SET␣FOLDER␣…	168
その他	演算フィールドをビューに追加する	演算フィールドを作成しただけでは、既存のビューへは追加されない。	演算フィールドをビューに追加する。 DEFINE␣COLUMN␣…	193
その他	スクリプトに処理の説明を入力する	スクリプトの各行でどのような処理を行っているかが分かりにくい。	スクリプト内にコメントを挿入する。 COMMENT␣…	427

スクリプトを編集するには、以下の操作を行います。
スクリプトの編集画面は、Windowsのメモ帳等と同様の感覚で使用できますが、文字の色分けや入力候補の表示等、編集を補助する機能が備わっています。

【手順】
① ナビゲーターから、編集するスクリプトをダブルクリックし、編集画面を開きます。
② スクリプトを編集します。

＜（例）演算フィールド作成のスクリプトの編集画面＞

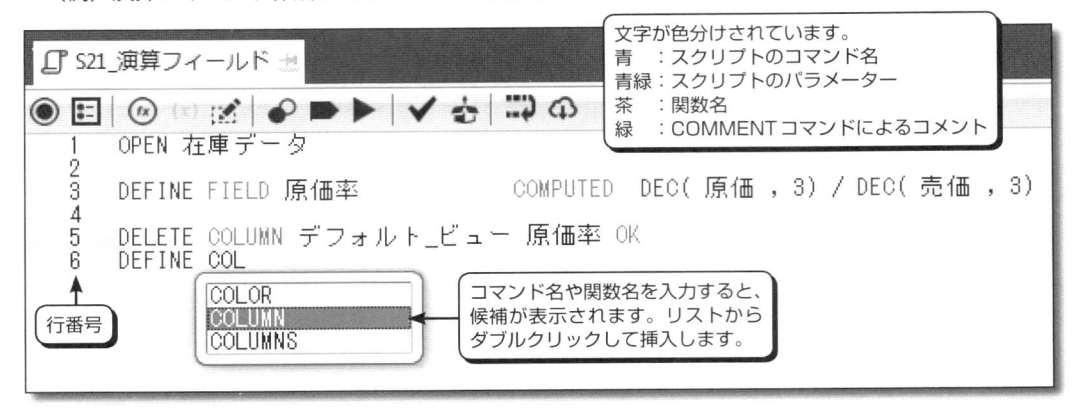

```
1  OPEN 在庫データ
2
3  DEFINE FIELD 原価率           COMPUTED DEC( 原価 , 3) / DEC( 売価 , 3)
4
5  DELETE COLUMN デフォルト_ビュー 原価率 OK
6  DEFINE COL
```

文字が色分けされています。
青　：スクリプトのコマンド名
青緑：スクリプトのパラメーター
茶　：関数名
緑　：COMMENTコマンドによるコメント

行番号

COLOR
COLUMN
COLUMNS

コマンド名や関数名を入力すると、候補が表示されます。リストからダブルクリックして挿入します。

| Point | **Hint** | 注意 | 重要 |

スクリプトの編集画面の文字色
　スクリプトの編集画面での文字色は、メニューの〔ツール〕-〔オプション〕の〔アプリケーション フォント〕タブの「スクリプト エディターの設定」で変更できます。

③ 編集が終了したら、メニューの〔ファイル〕-〔上書き保存〕をクリックし、保存します。
④ 編集画面の右上の〔閉じる〕（×）ボタンで画面を閉じます。

【結果】
スクリプトが編集されました。

| Point | **Hint** | 注意 | 重要 |

一行が長いスクリプトを編集する場合

テーブル作成のスクリプトのように非常に長いスクリプトは、途中で改行できないため、編集しにくい場合があります。

```
1  IMPORT DELIMITED TO 在庫データ "在庫データ.fil" FROM "在庫データ.txt" 3 932 SEPARATOR TAB QUALIFIER NONE C
2
```

> スクロールしないと見られない。

〔右端で折り返す〕ボタンを使用すると、下図のように折り返されるため、編集しやすくなります。

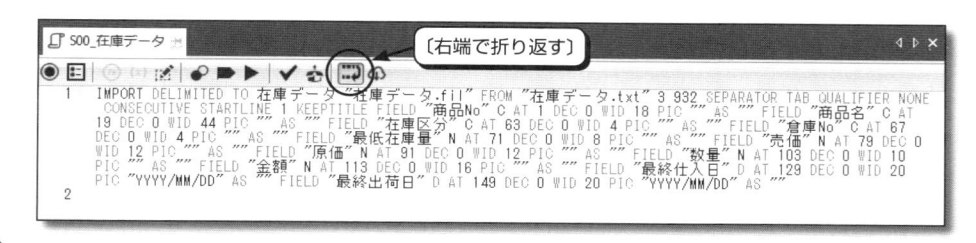

〔右端で折り返す〕

```
1  IMPORT DELIMITED TO 在庫データ "在庫データ.fil" FROM "在庫データ.txt" 3 932 SEPARATOR TAB QUALIFIER NONE
   CONSECUTIVE STARTLINE 1 KEEPTITLE FIELD "商品No" C AT 1 DEC 0 WID 18 PIC "" AS "" FIELD "商品名" C AT
   19 DEC 0 WID 44 PIC "" AS "" FIELD "在庫区分" C AT 63 DEC 0 WID 4 PIC "" AS "" FIELD "倉庫No" C AT 67
   DEC 0 WID 4 PIC "" AS "" FIELD "最低在庫量" N AT 71 DEC 0 WID 8 PIC "" AS "" FIELD "売価" N AT 79 DEC 0
   WID 12 PIC "" AS "" FIELD "原価" N AT 91 DEC 0 WID 12 PIC "" AS "" FIELD "数量" N AT 103 DEC 0 WID 10
   PIC "" AS "" FIELD "金額" N AT 113 DEC 0 WID 16 PIC "" AS "" FIELD "最終仕入日" D AT 129 DEC 0 WID 20
   PIC "YYYY/MM/DD" AS "" FIELD "最終出荷日" D AT 149 DEC 0 WID 20 PIC "YYYY/MM/DD" AS ""
2
```

■SET SAFETY

　スクリプトで演算フィールドを作成する場合やテーブル、ファイルを新規作成する場合、同じ名前のフィールド、テーブル、ファイルが存在すると、スクリプトの途中で上書きを確認するメッセージが表示されます。

　既存のものを自動で上書きしてよい場合は、演算フィールド、テーブル、ファイルを作成するスクリプトより前に「SET SAFETY OFF」の式を追加します。

スクリプトの構文

> SET␣SAFETY␣{ON|OFF}
> ※ONにすると上書きする前にメッセージが表示されます。OFFにすると自動で上書きします。

（例）
〔エクスポート〕コマンドで作成されるExcelファイルの上書きを自動化する。

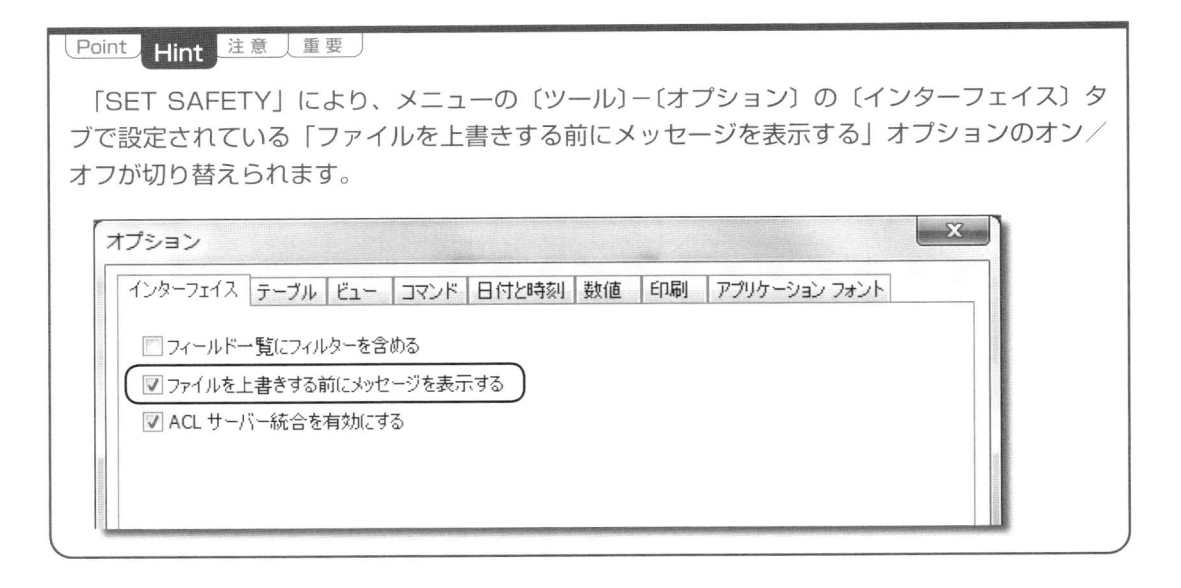

```
SET␣SAFETY␣OFF ↵
↵                    ← 空白行は入れなくても構いません。
OPEN␣売上取引データ ↵
EXPORT␣FIELDS␣計上日付␣AS␣'計上日付'（中略）XLSX␣TO␣"売上取引エクスポート" ↵
↵
SET␣SAFETY␣ON        ← 「SET SAFETY ON」で上書きを
                       確認する設定に戻しています。
```

> **Hint**
>
> 　「SET SAFETY」により、メニューの〔ツール〕-〔オプション〕の〔インターフェイス〕タブで設定されている「ファイルを上書きする前にメッセージを表示する」オプションのオン／オフが切り替えられます。

■COMMENT

コメントとは、スクリプトの中に挿入できるメモのことです。スクリプトの各行でどのような処理をしているか等の説明を書き加える場合に使用できます。

スクリプトの構文

A. 1行のコメントを挿入する場合

```
COMMENT␣コメントテキスト
```

（例）

```
COMMENT␣在庫区分名を表示する条件付き演算フィールドを作成します。⏎
DEFINE␣FIELD␣在庫区分名␣COMPUTED ⏎
⏎
"内部倉庫"␣IF␣在庫区分="01" ⏎
（以下、省略）
```

B. 複数行のコメントを挿入する場合

```
COMMENT ⏎
コメントテキスト ⏎
コメントテキスト ⏎
END
```

（例）

```
COMMENT ⏎
条件付き演算フィールドを作成します。⏎
在庫区分「01」は内部倉庫、在庫区分「02」は外部倉庫です。⏎
END ⏎
DEFINE␣FIELD␣在庫区分名␣COMPUTED ⏎
⏎
"内部倉庫"␣IF␣在庫区分="01" ⏎
（以下、省略）
```

※ COMMENTの行以降、空白行を挿入すると、ENDを挿入しなくても、COMMENTの終了とみなされます。

4-2-4 スクリプトを実行する

作成したスクリプトを実行します。
スクリプトは、以下の手順で実行します。

【手順】
① ナビゲーターで実行したいスクリプトを右クリックし、〔実行〕をクリックします。

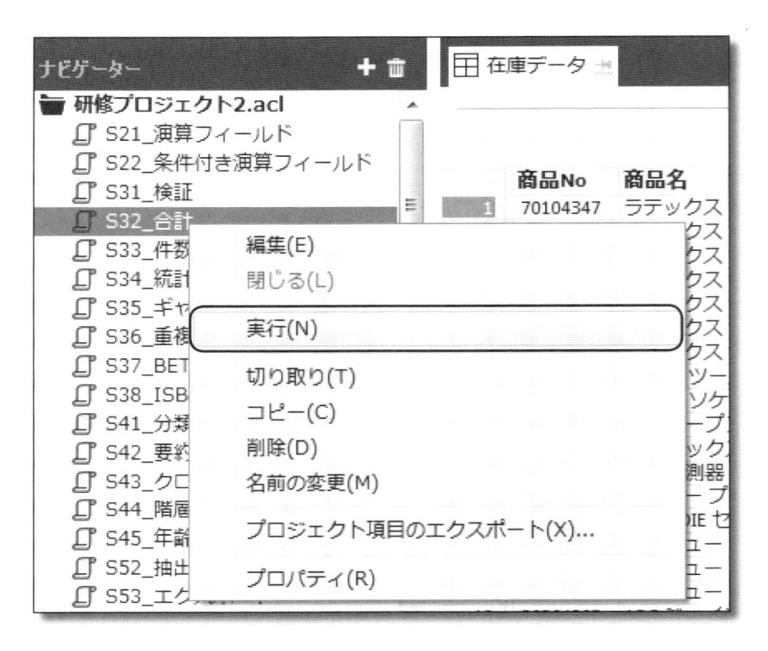

【結果】
スクリプトが実行されます。操作のログは、下図のように記録されます。

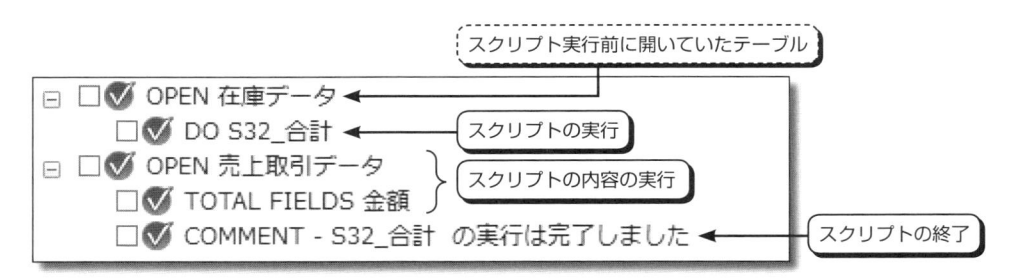

- OPEN 在庫データ ← スクリプト実行前に開いていたテーブル
  - DO S32_合計 ← スクリプトの実行
- OPEN 売上取引データ ┐
  - TOTAL FIELDS 金額 ┘ スクリプトの内容の実行
  - COMMENT - S32_合計 の実行は完了しました ← スクリプトの終了

Point [Hint][注意][重要]

DOコマンド
スクリプトの実行には、DOコマンドが使用されます。

スクリプトの構文：

> DO␣スクリプト名

※上記の構文は、オプション等を省略して記載しています。

Point [Hint][注意][重要]

スクリプトの実行結果が画面に表示されない場合

例えば、スクリプトの中で〔クロス集計〕コマンドを使用している場合、「出力先」を「画面」にしていると、スクリプト実行後は最後に使用したテーブルが表示されるのみで、クロス集計の結果の画面（ログの内容の画面）は表示されません。

このような場合は、スクリプトの実行により記録されたログを開いて、実行結果を見ることができます。

＜スクリプト実行後＞

＜実行結果＞

- ☑ DO S43_クロス集計
- ☑ OPEN 売上取引データ
  - ☑ DELETE FIELD 計上年月 OK
  - ☑ DEFINE FIELD 計上年月 COMPUTED SUBSTR(DATE
  - ☑ CROSSTAB ON 商品No COLUMNS 計上年月 SUBT
  - ☑ COMMENT - S43_クロス集計 の実行は完了しました

ログの一覧から〔クロス集計〕コマンドのログを開きます。

実行結果の画面からドリルダウンを行う場合は、コマンド実行時のテーブルを開いておくように注意してください。

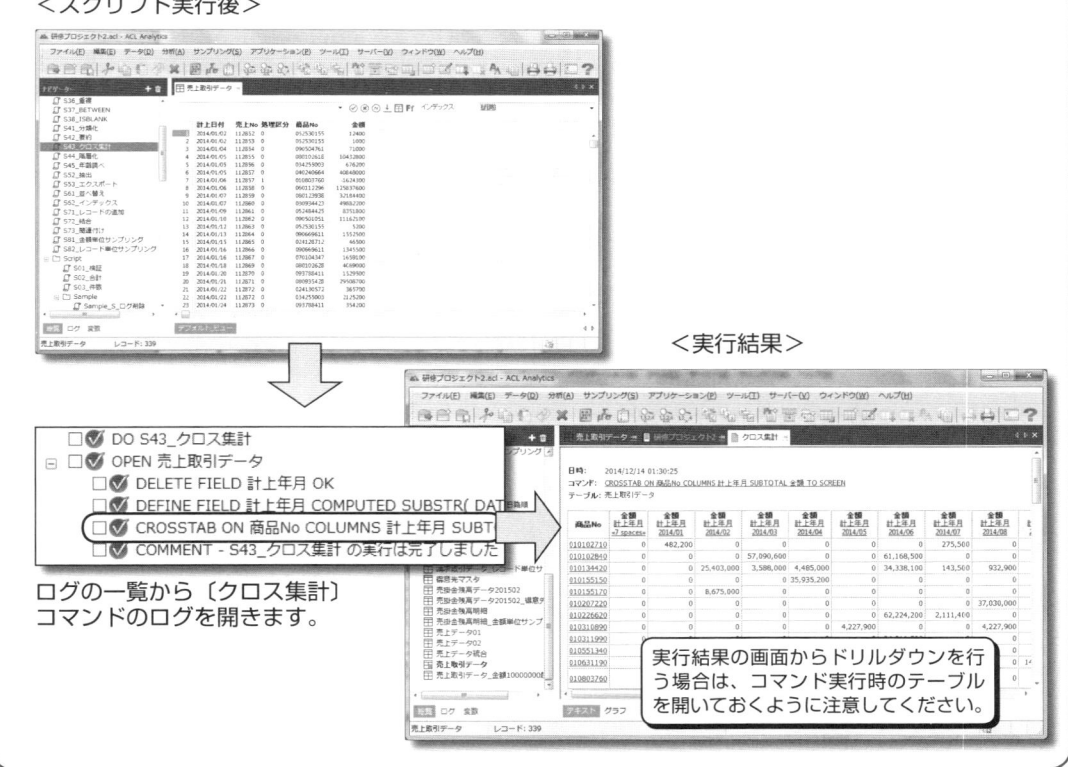

Point Hint 注意 重要

スクリプトの実行がエラーになった場合

スクリプトの実行がエラーになった場合、エラーメッセージが表示されて処理が中止され、スクリプトの編集画面が開きます。

エラーのあった行が赤い矢印のアイコンで示されるため、式を修正してスクリプトを保存します。

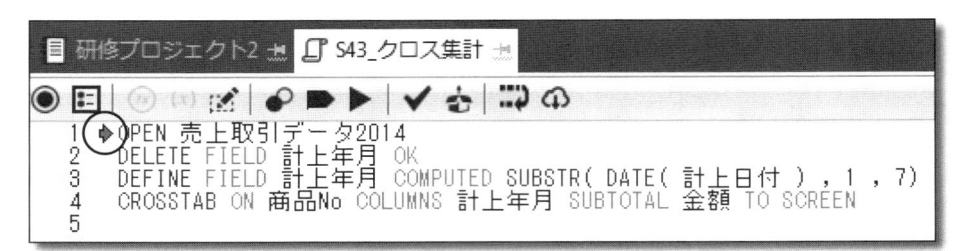

```
研修プロジェクト2    S43_クロス集計
1 ◆ OPEN 売上取引データ2014
2   DELETE FIELD 計上年月 OK
3   DEFINE FIELD 計上年月 COMPUTED SUBSTR( DATE( 計上日付 ) , 1 , 7)
4   CROSSTAB ON 商品No COLUMNS 計上年月 SUBTOTAL 金額 TO SCREEN
5
```

ログの一覧では、赤い×のアイコンで表示されます。ログを開くと、エラーメッセージが記録されています。

```
☐ ✓ OPEN 在庫データ
  ☐ ✓ DO S43_クロス集計
  ☐ ✗ OPEN 売上取引データ2014
  ☐ ✓ COMMENT - S43_クロス集計 の実行に失敗しました 'OPEN 売上取引データ2014' コマンドを
```

4-2-5 スクリプトのデバッグ機能を使用する

ACLのスクリプトの編集画面には、スクリプトのデバッガの機能が備わっています。
デバッガとは、スクリプトの不具合の発見・修正（デバッグ）を支援する機能のことです。

ACLでは、以下のことが行えます。

- スクリプトをステップ実行する
- カーソルのある行からスクリプトを実行する
- ブレークポイントを設定する
- 変数の追跡

＜スクリプトの編集画面＞

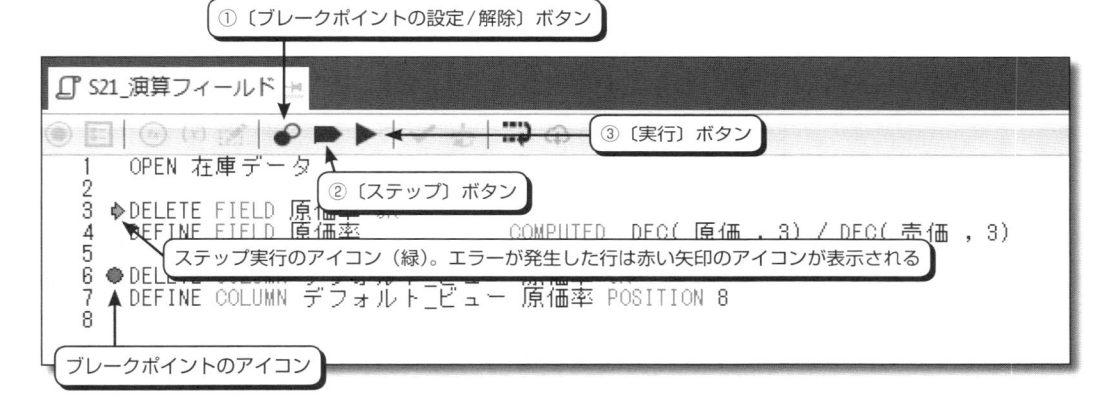

① 〔ブレークポイントの設定/解除〕ボタン
② 〔ステップ〕ボタン
③ 〔実行〕ボタン
ステップ実行のアイコン（緑）。エラーが発生した行は赤い矢印のアイコンが表示される
ブレークポイントのアイコン

```
S21_演算フィールド
1    OPEN 在庫データ
3  ◆ DELETE FIELD 原価率
4    DEFINE FIELD 原価率         COMPUTED DEC( 原価 , 3) / DEC( 売価 , 3)
5
6  ● DELETE COLUMN デフォルト_ビュー 原価率
7    DEFINE COLUMN デフォルト_ビュー 原価率 POSITION 8
8
```

■スクリプトをステップ実行する

スクリプトを1行ずつ実行させることができます。1行ずつ実行することで、エラーが発生する行を特定すること等に役立ちます。

〔ステップ〕ボタン（上図②）をクリックすると、1行目を実行します。次の行を実行する場合は、続けて〔ステップ〕ボタンをクリックします。ステップ実行中は、次に実行される行に緑の矢印のアイコンが表示されます。

ステップ実行に対して、〔実行〕ボタン（上図③）は、スクリプトの先頭行から最終行までを実行します。

■カーソルのある行からスクリプトを実行する

　先頭からではなく、途中の行からスクリプトを実行（またはステップ実行）することができます。

　実行を開始したい行をクリック（カーソルを置く）し、スクリプトの編集画面上で右クリックして、〔カーソルから実行〕または〔カーソルからステップ実行〕を選択します。

　〔カーソルから実行〕を選択した場合は、以降の行も実行されます。

　〔カーソルからステップ〕を選択した場合は、1行ずつ実行できます。（次の行に進むには、〔ステップ〕ボタン（前ページの図②）をクリックします。）

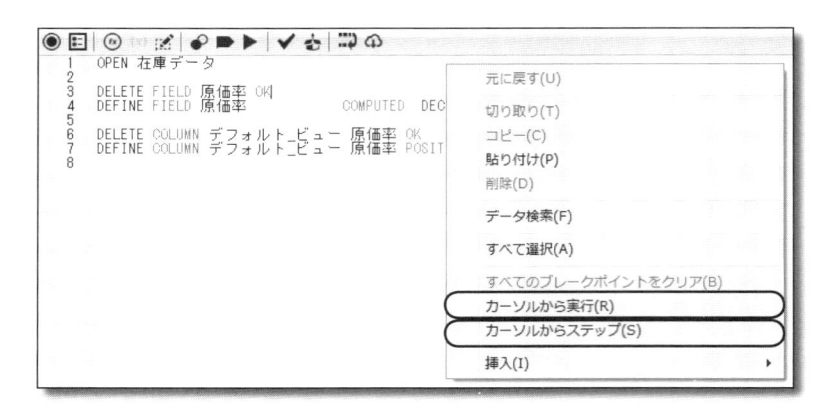

■ブレークポイントを設定する

　スクリプトの行にブレークポイントを設定すると、スクリプトの実行をその行で停止することができます。

　ブレークポイントを設定または解除したい行をクリックし、〔ブレークポイントの設定／解除〕ボタン（前ページの図①）をクリックします。ブレークポイントが設定された行は、行番号の右に赤い丸のアイコンが表示されます（その位置のクリックでもブレークポイントを設定または解除できます）。

　ブレークポイントを設定後、〔実行〕ボタン（前ページの図③）でスクリプトを実行すると、ブレークポイントの位置で処理が止まります（ブレークポイントのアイコンの上に、ステップ実行の緑の矢印のアイコンが表示されます）。

　再度〔実行〕ボタンをクリックすると、ブレークポイント以降の行を実行できます。

　ブレークポイントは複数設定できます。

■変数の追跡

ブレークポイントが設定されているスクリプトを実行した場合やステップ実行を行っている場合、ナビゲーターが〔変数〕タブに切り替わります。スクリプト実行時に、変数にどのような値が格納されているかを確認することができます。

変数は、ACLのメニューコマンドにより自動で生成されるものと、CAAT実施者が独自に作成するものがあります。

変数の作成については、ヘルプを参照してください。

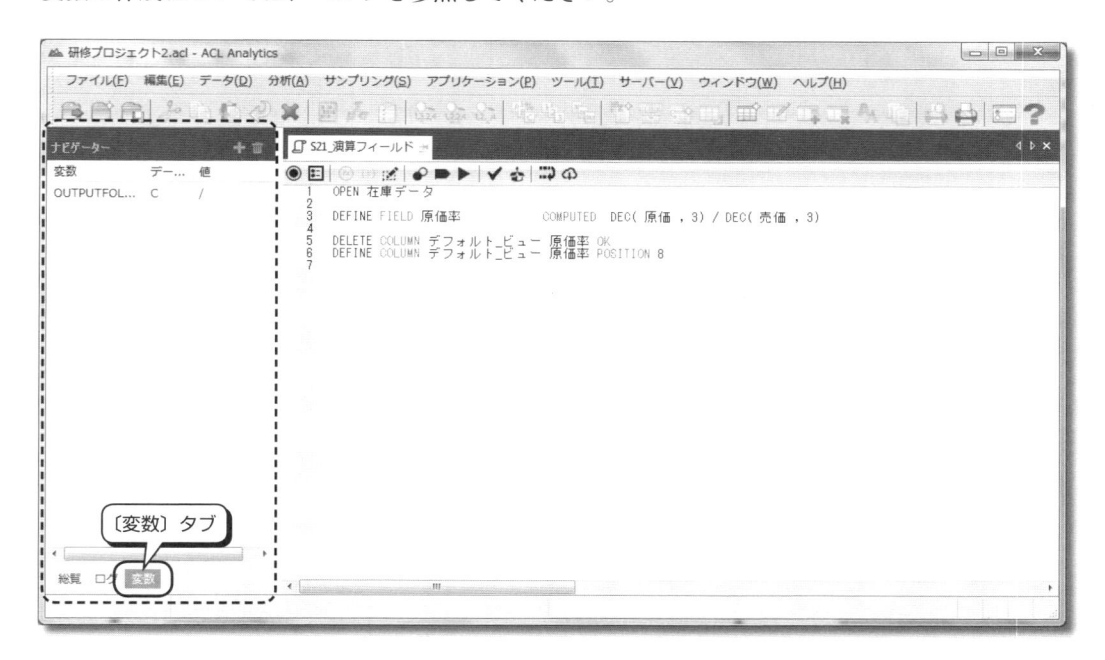

＜デバッガ機能の使用時の注意点＞

- ブレークポイントが設定されているスクリプトを実行した場合やステップ実行を行っている間、スクリプトは読み取り専用となり、ACLの他の機能はほとんどが無効になります。スクリプトのエラーが発生した場合は、エラーを修復できるように、スクリプトは編集可能となります。
- ステップ実行の途中でスクリプトを中断したい場合は、キーボードのESCキーを押します。スクリプトのキャンセルを確認するメッセージが表示されるため、〔はい〕をクリックします。

- 編集中のスクリプトの場合も、そのスクリプトまたは別のスクリプトを実行すると、その実行方法に関係なく、開いているすべてのスクリプトが自動的に保存されます。

第4章 ログとスクリプト

1

2

第5章
監査調書の保存

この章では：
　CAATの監査調書としては、「CAAT実施計画書」、「CAAT手続書」があります。
　その他に、ACLで作成したファイルにも監査調書として保存すべきものがあります。
　この章では、ACLのファイルを監査調書として保存するために必要となる操作を説明します。

5-1　監査調書として保存するファイル
5-2　監査手続の実施過程の調書（監査調書用のログファイル）の作成
5-3　不要なファイルの削除
5-4　前期のACLファイルの利用

5-1 監査調書として保存するファイル

ACLを使用すると、操作の過程で多くのファイルが生成されます。
すべてのファイルを監査調書として保存する必要はないため、ファイルの整理が必要です。
ここでは、監査調書として保存すべきACLのファイルを確認します。

5-1-1 監査調書として保存するACLのファイル

ACLの関連ファイルについて、監査調書としての保存要否をまとめると、下表となります。

＜保存の要否＞

ACL関連ファイル		保存○ 不要×	理由
ソースデータ		×	会社から入手した帳票類と同じ扱いのため（例外は、p.50の42号の記載参照）。
プロジェクト（.acl）		○	監査調書用のログファイルの閲覧、スクリプトの保管に必要なため。
ログファイル （.LOG）	監査調書用のログファイル	○	手続の実施過程の記録であるため。
	元のログファイル	×	試行錯誤の過程が含まれているため（監査調書用のログファイルを作成していることが前提）。
filファイル（.fil）	ソースデータから作成したテーブルの場合	×	ソースデータと同じ扱いのため。
	作業用テーブルの場合	×	結果ファイルではないため。
	結果テーブルの場合	×	Excel等にエクスポートしているため。
エクスポートした ファイル （Excelファイル等）	作業用テーブルのエクスポートの場合	×	結果ファイルではないため。
	結果テーブルのエクスポートの場合	○	結果ファイルであるため。

※上記以外にも自動生成されるACL関連ファイルがありますが、いずれも監査調書として保存する必要はありません。

Point | Hint | **注意** | 重要

プロジェクトとその他のファイル

　ACLでは、プロジェクト（.acl）の他に、filファイルやログファイル（.LOG）が別個に存在しています。プロジェクトのみを保存していても必要なデータを見ることはできません。また、filファイルやログファイルをWindowsのメモ帳等で開いても、文字化け等で内容を見ることができません。
　そのため、プロジェクトと必要なファイルはセットで保存しておかなければなりません。

Point | Hint | **注意** | 重要

filファイルを削除するタイミング

　filファイルを削除すると、プロジェクトで、テーブルおよびテーブル レイアウトが開けなくなります。filファイルは、監査調書として保存する必要のないファイルですが、削除するタイミングに注意してください。

5-2 監査手続の実施過程の調書(監査調書用のログファイル)の作成

　ログは、ACLの操作の過程すなわち監査手続の実施過程が記録されたものであるため、調書として使用できます。ただし、ログには、それまでに行った操作がすべて記録されるため(一部記録されない操作を除く)、試行錯誤で行った操作や設定を間違えてやり直した操作等も含まれています。
　そのため、ログをそのまま監査手続の実施過程の調書として使用することは不適切です。
　本書では、監査調書となるログを作成するため、ACLによる監査手続の終了後、手続に必要な操作のみを再実行し、そこで記録されたログを新規ログファイルに記録することを提案しています。このファイルを「監査調書用のログファイル」と呼びます。
　ただし、手続に必要な操作のみを再実行するには、ACLでの操作の過程で、ログを元に個々の操作のスクリプトを作成していることが前提となります。

　ここでは、各手順について説明します。

＜監査調書用のログファイルを作成する手順＞

段階	手順
ACLでの手続実施中	1．個々の操作のスクリプト(以下、「操作のスクリプト」といいます)を作成する
ACLでの手続終了後	2．調書作成用のスクリプトを作成する 　　＜スクリプトの要件＞ 　　(1)操作のスクリプトを順に実行させる 　　(2)「CAAT手続書」の手続の「No」とログを関連付ける 　　(3)監査調書用のログファイルを新規作成する 3．調書作成用のスクリプトを実行する

＜イメージ図＞

必要なログを記録するための手順

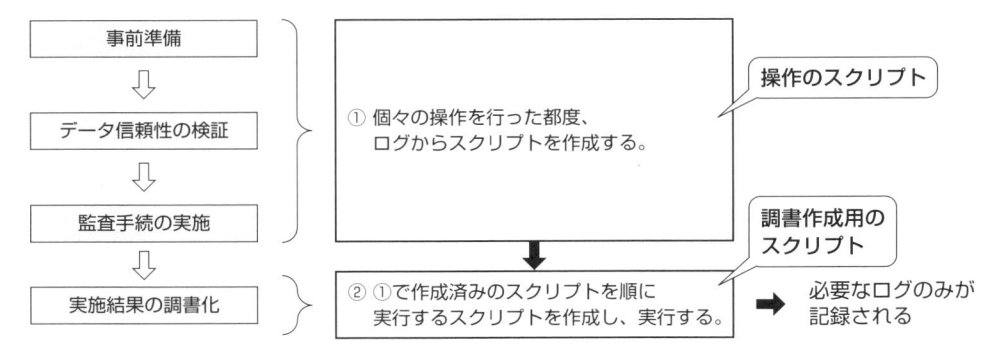

事前準備
↓
データ信頼性の検証
↓
監査手続の実施
↓
実施結果の調書化

① 個々の操作を行った都度、ログからスクリプトを作成する。 — 操作のスクリプト

② ①で作成済みのスクリプトを順に実行するスクリプトを作成し、実行する。 — 調書作成用のスクリプト → 必要なログのみが記録される

5-2-1　操作のスクリプトを作成する

操作のスクリプトは、ACLでの監査手続の個々の操作を再実行するためのスクリプトです。

■ログからスクリプトを作成する

操作のスクリプトは、メニューコマンドを使用して手作業で実行した操作のログを元に作成します。

ログを元にスクリプトを作成する方法は、p.417 ～を参照してください。

ログから作成したスクリプトを編集する必要がある場合もあります。スクリプトの編集については、p.423 ～を参照してください。

個々のメニューコマンドのスクリプトについては、**第2章**、**第3章**の各操作のページを参照してください。

> **重要**
> **操作のスクリプトを作成するタイミング**
> 　ログからスクリプトを作成するには、スクリプト化したいログを選択することが必要ですが、大量のログの中からある操作のログを特定することは困難です。
> 　そのため、スクリプト化したい操作を手作業で実行した直後に、スクリプトを作成することをお薦めします。操作の直後であれば、ログの一覧の末尾にログが記録されているため、必要なログを簡単に見つけることができます。

5-2-2　調書作成用のスクリプトを作成する

調書作成用のスクリプトには、以下の3つの要件を含めます。
(1) 操作ごとのスクリプトを順に実行させる
(2) 「CAAT手続書」の手続の「No」とログを関連付ける
(3) 監査調書用のログファイルを新規作成する

それぞれ、どのようにスクリプトを記述するかを説明します。

(1) 操作ごとのスクリプトを順に実行させる
スクリプトの実行には、DOコマンドを使用します。

スクリプトの構文

```
DO␣スクリプト名
スクリプトを実行します。
```

※上記の構文は、オプション等を省略して記載しています。

(例)
複数のスクリプトを連続して実行する。

```
DO␣S00_売上取引データ ↵
DO␣S01_日付範囲の検証 ↵
DO␣S02_月次推移表の作成 ↵
```

(2) 「CAAT手続書」の手続の「No」とログを関連付ける
　監査調書用のログファイルでは、どのログがどの手続と関連しているかが一目で分かるようになっていることが重要です。
　ここでは、ログのセッションの機能を利用します。
　セッションは、プロジェクトを開いた時に、▤のアイコンと時刻・日付で自動的に開始されます。
　スクリプトで「SET SESSION」を使用すると、プロジェクトを開きなおさずに、任意の名前をつけた新しいセッションを開始できます。

<通常のセッション> <セッションに名前をつけた場合の表示>

```
請求取引データ  研修プロジェクト2
□ プロジェクト履歴
  □ 30 日以上
  □ 15 - 30 日前
  □ 8 - 14 日前
  □ 最後の 7 日
    □ 11:12:11 2014/12/27
    □ 10:40:39 2014/12/29
    □ 10:05:38 2014/12/30
    □ 10:37:45 2014/12/31
```

通常はセッション名がつかないため、時刻・日付のみで示されます。
（目的のログを探すのが困難）

```
売上取引データ  研修プロジェクト2
□ プロジェクト履歴
  □ 30 日以上
  □ 15 - 30 日前
  □ 8 - 14 日前
  □ 最後の 7 日
    □ 10:54:49 2015/01/02
    □ 10:58:06 2015/01/02
    □ 11:04:46 2015/01/02 No1
    □ 11:05:13 2015/01/02 No2
```

セッション名を「CAAT 手続書」の「No」の番号と合わせると、該当のログを含むセッションを簡単に見つけることができます。
そのセッションを展開すれば、該当のログを参照できます。

スクリプトの構文

```
SET␣SESSION␣セッション名
新しいセッションを任意の名前で開始します。
```

※上記の構文は、オプション等を省略して記載しています。

（例）
「CAAT手続書」の「No」の番号をセッション名に使用し、そのセッションで「No」の手続に関するスクリプトを実行させる。

```
SET␣SESSION␣No1 ↵
DO␣S01_日付範囲の検証 ↵
↵                    ← 空白行は入れなくても構いません。
SET␣SESSION␣No2 ↵
DO␣S02_月次推移表の作成 ↵
```

<スクリプトの実行により生成されるログ>
（セッションを省略表示した状態）

- ⊞ ☐ 📄 11:52:54 2015/01/02 No1
- ⊞ ☐ 📄 11:52:54 2015/01/02 No2

「No1」のセッションを展開すると、「No1」の手続のログを参照できます。

（セッションを展開表示した状態）

- ⊟ ☐ 📄 11:52:54 2015/01/02 No1
  - ☐ ✓ DO S01_日付範囲の検証
  - ⊟ ☐ ✓ OPEN 売上取引データ
    - ☐ ✓ COUNT IF NOT BETWEEN(計上日付 , `20140101` , `20141231`)
    - ☐ ✓ SET FILTER TO (NOT BETWEEN(計上日付 , `20140101` , `20141231`))
    - ☐ ✓ SET FILTER
    - ☐ ✓ COMMENT - S01_日付範囲の検証 の実行は完了しました
  - ☐ ✓ SET SESSION No2
- ⊟ ☐ 📄 11:52:54 2015/01/02 No2
  - ☐ ✓ DO S02_月次推移表の作成
  - ⊟ ☐ ✓ OPEN 売上取引データ
    - ☐ ✓ DELETE FIELD 計上年月 OK
    - ☐ ✓ DEFINE FIELD 計上年月 COMPUTED SUBSTR(DATE(計上日付),1,7)
    - ☐ ✓ CROSSTAB ON 商品No COLUMNS 計上年月 SUBTOTAL 金額 TO SCREEN
    - ☐ ✓ COMMENT - S02_月次推移表の作成 の実行は完了しました

「No1」の手続の操作のログ

Point / Hint / 注意 / 重要

セッションを手動で開始する

　セッションを手動で開始する場合は、ログの一覧の画面で右クリックし、〔新しいセッションの追加〕をクリックします。セッション名を入力して〔OK〕ボタンをクリックすると新しいセッションが開始されます。
　または、メニューの〔ツール〕-〔新しいセッションの追加〕でも同様です。

Point / Hint / 注意 / 重要

セッションを終了する

　開始したセッションを終了するコマンドはありません。
　あるセッションへのログの記録を終了したい場合は、以下のいずれかの操作を行います。
- 次の新しいセッションを開始する。
- プロジェクトを閉じる。

---

(3) 監査調書用のログファイルを新規作成する

　ACLでは、1つのプロジェクトに複数のログファイルを作成することができます。新しいログファイルを作成するには、「SET LOG」を使用します。

スクリプトの構文

SET␣LOG␣ログファイル名
ログの書き出し先のファイルを変更します（ファイルが存在しない場合は新規作成）。

SET␣LOG␣OFF
ログの書き出し先のファイルを元のログファイルに戻します。

DELETE␣ファイル名␣<OK>
ファイルを削除します。「OK」はオプションです。「OK」を付けると、削除を確認するメッセージが表示されず、自動削除となります。

※上記の構文は、オプション等を省略して記載しています。

（例）
　手続の実施過程として記録すべきログのみが記録された独立したログファイルである「調書用.LOG」を作成する。

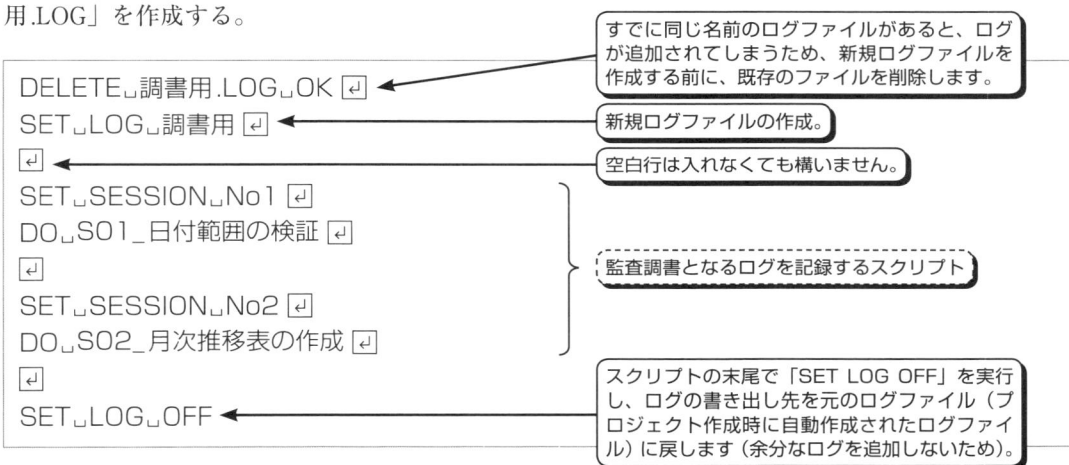

```
DELETE␣調書用.LOG␣OK ↵       ← すでに同じ名前のログファイルがあると、ログ
SET␣LOG␣調書用 ↵                  が追加されてしまうため、新規ログファイルを
↵                                  作成する前に、既存のファイルを削除します。
                              ← 新規ログファイルの作成。
                              ← 空白行は入れなくても構いません。
SET␣SESSION␣No1 ↵
DO␣S01_日付範囲の検証 ↵        ┐
↵                               ├ 監査調書となるログを記録するスクリプト
SET␣SESSION␣No2 ↵              │
DO␣S02_月次推移表の作成 ↵      ┘
↵
SET␣LOG␣OFF                   ← スクリプトの末尾で「SET LOG OFF」を実行
                                 し、ログの書き出し先を元のログファイル（プ
                                 ロジェクト作成時に自動作成されたログファイ
                                 ル）に戻します（余分なログを追加しないため）。
```

＜スクリプト実行後の画面＞

監査調書用のログが作成され、ログが2つになっています。

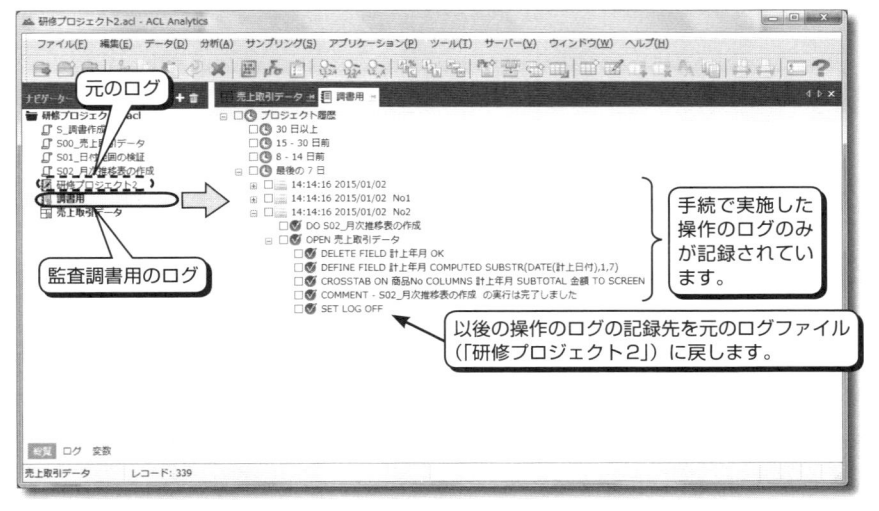

（画面説明）
- 元のログ
- 監査調書用のログ
- 手続で実施した操作のログのみが記録されています。
- 以後の操作のログの記録先を元のログファイル（「研修プロジェクト2」）に戻します。

操作　「研修プロジェクト2.acl」に、調書作成用のスクリプト「S_調書作成」を作成します。
操作のスクリプトは作成済みとし、ナビゲーターの「Script」フォルダー内のスクリプトを使用します。
「CAAT手続書」の手続の「No」と、以下のスクリプトが対応していることとします。

CAAT手続書のNo	対応するスクリプト
1	S01_検証
2	S02_合計 S03_件数

調書用ログファイルは、「調書用」という名前にします。

「研修プロジェクト2.acl」で操作します（「00ACL」-「ACL操作研修2」フォルダー）。

① メニューの〔ファイル〕-〔新規作成〕-〔スクリプト〕をクリックします。
② 「新しいスクリプト」という名前でスクリプトが作成されます。スクリプトの編集画面に以下を入力します。

入力するスクリプト

```
DELETE 調書用.LOG OK
SET LOG 調書用

SET SESSION No1
DO S01_検証

SET SESSION No2
DO S02_合計
DO S03_件数

SET LOG OFF
```

③ メニューの〔ファイル〕-〔上書き保存〕をクリックし、編集画面右上の〔閉じる〕(×) ボタンで画面を閉じます。
④ ナビゲーターで、「新しいスクリプト」を右クリックし、〔名前の変更〕をクリックします。
⑤ 「S_調書作成」と入力し、確定します。

結果

監査調書用のログファイルを作成するための「S_調書作成」スクリプトが作成されました。

> Point **Hint** 注意 重要
>
> 　演算フィールドの作成やテーブル、ファイルの作成が含まれるスクリプトを実行する場合、ファイルの上書きの自動化（「SET SAFETY ～」(p.426参照)）やテーブルを所定のフォルダーに表示する（「SET FOLDER ～」(p.168参照)）スクリプトを使用すると効果的です。
> 　操作のスクリプトにこれらのスクリプトを挿入していない場合は、調書作成用のスクリプトで一括して設定することもできます。

（例）
```
SET␣SAFETY␣OFF ↵
SET␣FOLDER␣/Table ↵
↵
DELETE␣調書用.LOG␣OK ↵
SET␣LOG 調書用 ↵
↵
SET␣SESSION␣No1 ↵
DO␣S01_検証 ↵
↵
SET␣SESSION␣No2 ↵
DO␣S02_合計 ↵
DO␣S03_件数 ↵
↵
SET␣LOG␣OFF ↵
↵
SET␣SAFETY␣ON ↵
SET␣FOLDER␣/
```

5-2-3　調書作成用のスクリプトを実行する

調書作成用のスクリプトを実行し、監査調書用のログファイルを作成します。

操作　「S_調書作成」（p.446で作成）スクリプトを実行します。

「研修プロジェクト2.acl」で操作します（「00ACL」-「ACL操作研修2」フォルダー）。

① ナビゲーターで、「S_調書作成」スクリプトを右クリックし、〔実行〕をクリックします。

結果

スクリプトが実行されました。

新しいログファイル「調書用.LOG」が作成されたため、ナビゲーターには、ログのアイコンが2つ表示されています。鉛筆のアイコンが表示されているものが、使用中のログです。

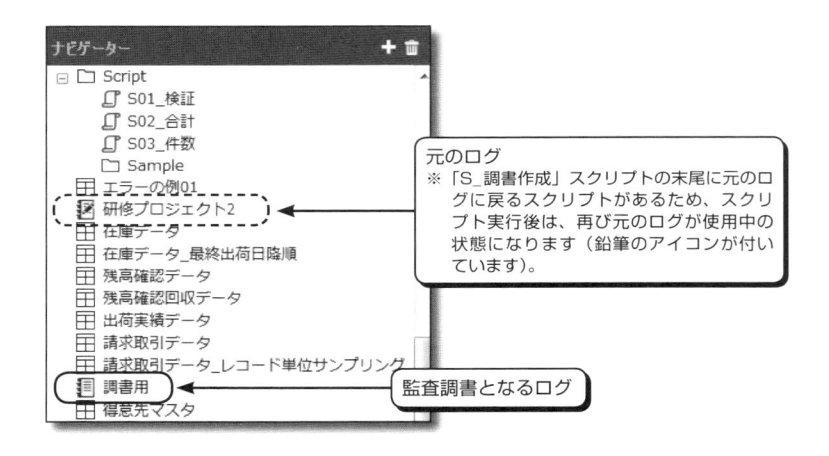

元のログ
※「S_調書作成」スクリプトの末尾に元のログに戻るスクリプトがあるため、スクリプト実行後は、再び元のログが使用中の状態になります（鉛筆のアイコンが付いています）。

監査調書となるログ

ナビゲーターで、「調書用」ログをダブルクリックで開き、ログの一覧を確認します。

「S_調書作成」スクリプトに記述されているコマンドの実行結果のみが記録されたログになっています。セッションには、「CAAT手続書」の「No」に対応するセッション名が表示されています。

<「調書用」ログの一覧>

```
売上取引データ  調書用
□ プロジェクト履歴
    □ 30日以上
    □ 15 - 30日前
    □ 8 - 14日前
    □ 最後の7日
        □ 14:54:32 2015/01/02
        □ 14:54:32 2015/01/02  No1
            ☑ DO S01_検証
            □☑ OPEN 売上取引データ
                ☑ VERIFY FIELDS 計上日付 売上No 処理区分 商品No 金額 ERRORLIMIT 10 TO SCREEN
                ☑ COMMENT - S01_検証 の実行は完了しました
                ☑ SET SESSION No2
        □ 14:54:32 2015/01/02  No2
            ☑ DO S02_合計
            □☑ OPEN 売上取引データ
                ☑ TOTAL FIELDS 金額
                ☑ COMMENT - S02_合計 の実行は完了しました
                ☑ DO S03_件数
            □☑ OPEN 売上取引データ
                ☑ COUNT
                ☑ COMMENT - S03_件数 の実行は完了しました
                ☑ SET LOG OFF
```

「ACL操作研修2」フォルダーにログファイル「調書用.LOG」が作成されています。

「調書用.LOG」が監査調書として保存するファイルとなります。

5-3 不要なファイルの削除

監査調書用のログファイルの作成が終了したら、作業用テーブル等、監査調書として保存する必要のないファイルを削除します。

5-3-1 不要なファイルを削除する

■テーブルの削除
不要なテーブルは、ナビゲーターで削除した後、パソコンからfilファイルを削除します。

【手順】
① ナビゲーターで、削除したいテーブルを右クリックし、〔削除〕をクリックします。
② 削除を確認するメッセージが表示されます。〔削除〕ボタンをクリックします。
③ Windowsのエクスプローラ等を開き、削除したテーブルのfilファイルを削除します。
※メニューの〔ツール〕-〔オプション〕で〔テーブル〕タブの「テーブルと一緒にデータファイルを削除する」が選択されている場合は、③は不要です。

【結果】
テーブルとfilファイルが削除されます。

■スクリプト、フォルダーの削除
スクリプトやフォルダーを削除する場合は、「テーブルの削除」の【手順】①～②と同じ操作を行います。

不要なファイルを削除すると、ACLのプロジェクトを保存しているフォルダーには、監査調書として保存すべきファイルのみが残されます（関連ファイルを1つのフォルダーで管理している場合）。
このフォルダーを保存しておくことで、監査調書となるファイルの保存となります。

第5章 監査調書の保存

5-4 前期のACLファイルの利用

　継続して監査を行う場合で前期と同じ手続を実施する場合には、前期に作成したACLファイルを利用することで、手続を効率的に実施することができます。

5-4-1 別のプロジェクトからスクリプトをコピーする

　例えば当期のプロジェクトで前期と同じ手続を行いたい場合は、前期のプロジェクトからスクリプトをコピーして使用します。

【手順】
① 当期のプロジェクトを開きます。
② ナビゲーターでプロジェクト名（または、コピーするスクリプトを表示したいフォルダー）を右クリックし、〔別のプロジェクトからコピー〕-〔スクリプト〕をクリックします。

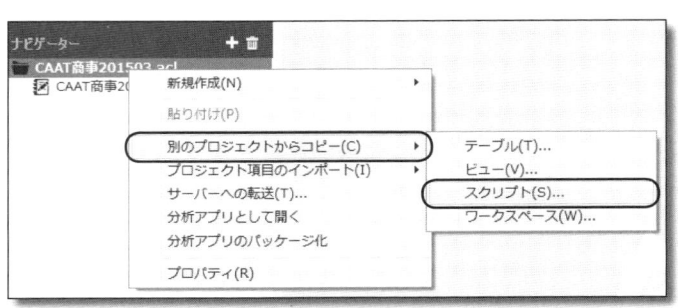

③ ファイルを選択する画面が表示されます。前期のプロジェクト（.acl）を選択し、〔開く〕ボタンをクリックします。

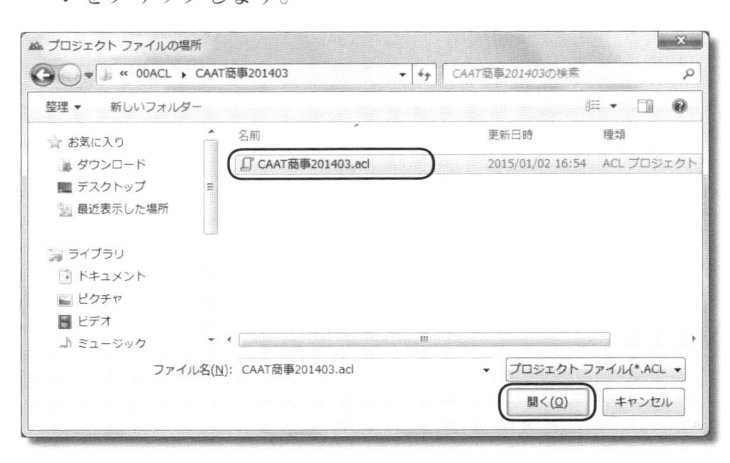

④ コピーしたいスクリプトを選択し、〔→〕ボタンをクリックします。または〔すべて追加〕ボタンですべて選択し、〔OK〕ボタンをクリックします。

【結果】

当期のプロジェクトに前期のスクリプトがコピーされました。

| Point | Hint | 注意 | **重要** |

前期のスクリプトの見直し

　前期とまったく同じ手続を行う場合でも、前期のプロジェクトからコピーしたスクリプトがそのまま使用できるとは限りません。スクリプトを使用する前に、必ずスクリプトの見直しを行ってください。

　（見直しの例）
- ファイル名（テーブル名）、フィールド名が異なっていないか
  ファイル名やフィールド名に決算年月が含まれている場合は、前期のテーブル作成のスクリプトを修正する必要があります。
※スクリプトの修正を最小限にするため、前期と当期でフォルダーを分ける等の工夫をして、ファイル名（テーブル名）に決算年月をつけないことも検討してください。
- 前期に特有の条件式が含まれていないか
  例えば、〔要約〕コマンドによる事業所別の集計結果の画面から、リスクのありそうな事業所をドリルダウンしてデータを抽出したスクリプトの場合、当期は別の事業所が問題となる場合は、スクリプトの条件式を修正する必要があります。

第5章 監査調書の保存

5-4-2　新しいソースデータへリンクする

プロジェクトの保存場所を変更した場合等に、テーブルが開かない場合があります。

これは、テーブルのプロパティに記録されているfilファイルの保存場所と、現在の保存場所が違うためです。

＜テーブルのプロパティに記録されている場所にfilファイルが見つからない場合＞

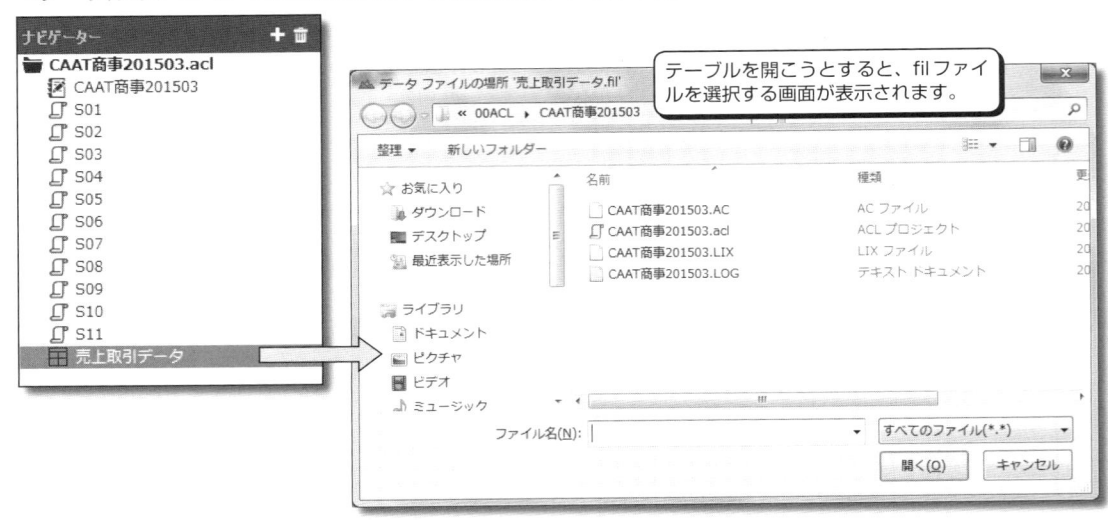

テーブルを開こうとすると、filファイルを選択する画面が表示されます。

このような場合は、現在の保存場所のfilファイルを選択します。

または、ナビゲーターでテーブルを右クリックし、〔新しいソースデータへリンク〕をクリックしてfilファイルの選択を行うことも可能です。

第5章 監査調書の保存

付 録

1 ソースデータの情報
2 本書に記載のある関数の一覧
3 本書に記載のあるスクリプトの一覧

1 ソースデータの情報

本書で使用しているテーブルのソースデータの情報です（本文中に記載のないもののみ）。

（1）残高確認データ.txt

＜概要＞

対象システム	在庫管理システム
データ内容	外部預け在庫残高データ　※「在庫データ.txt」と関連したデータです。
対象期間・範囲	2014年12月31日時点のデータ
ファイル形式	タブ区切りのテキストファイル、引用符なし
レコード件数	57件

＜テーブル定義情報＞

No	フィールド名	データ型	ACLのデータ型	長さ	備考
01	確認No	数値	Numeric (Formatted)	2	残高確認書の確認No（主キー）。小数点以下桁数0桁。
02	倉庫NO	文字	UNICODE	2	「在庫データ.txt」の倉庫Noに対応
03	倉庫名称	文字	UNICODE	4	
04	商品NO	文字	UNICODE	9	「在庫データ.txt」の製品Noに対応
05	商品名	文字	UNICODE	22	「在庫データ.txt」の製品名に対応
06	数量	数値	Numeric (Formatted)	5	「在庫データ.txt」の数量に対応
07	最終仕入日	日付	日付時刻	10	「在庫データ.txt」の最終仕入日に対応 YYYY/MM/DD
08	最終出荷日	日付	日付時刻	10	「在庫データ.txt」の最終出荷日に対応 YYYY/MM/DD
09	住所	文字	UNICODE	22	倉庫の住所

(2) 売掛金残高データ201502.csv

＜概要＞

対象システム	売掛金管理システム
データ内容	売掛金残高データ
対象期間・範囲	2015年2月末時点の全社データ
ファイル形式	CSVファイル、引用符付き（ダブルコーテーション使用）
レコード件数	55件

＜テーブル定義情報＞

No	フィールド名	データ型	ACLのデータ型	長さ	備考
01	得意先CD	文字	UNICODE	3	主キー
02	金額	数値	Numeric (Formatted)	8	小数点以下桁数0桁
03	備考	文字	UNICODE	10	

(3) 得意先マスタ.csv

＜概要＞

対象システム	売掛金管理システム
データ内容	顧客情報　　※「売掛金残高データ201502.csv」と関連するデータです。
対象期間・範囲	データ入手時点で最新のもの
ファイル形式	CSVファイル、引用符なし
レコード件数	64件

＜テーブル定義情報＞

No	フィールド名	データ型	ACLのデータ型	長さ	備考
01	得意先コード	文字	UNICODE	3	「売掛金残高データ201502.csv」の得意先CDに対応。主キー。
02	得意先名	文字	UNICODE	20	
03	区分	文字	UNICODE	1	A：新規、U：変更、D：削除
04	メンテナンス日付	日付	日付時刻	10	YYYY/MM/DD形式
05	主管	文字	UNICODE	10	

(4) 残高確認回収データ.txt

<概要>

対象システム	なし（外部倉庫業者から回収した確認書を監査人が入力して作成）
データ内容	預け在庫の残高確認回収データ
対象期間・範囲	2015年2月28日時点のデータ
ファイル形式	タブ区切りのテキストファイル。引用符なし。
レコード件数	57件

<テーブル定義情報>

No	フィールド名	データ型	ACLのデータ型	長さ	備考
01	確認No	数値	Numeric (Formatted)	2	確認書のNo。小数点以下桁数0桁。主キー。 ※「残高確認データ」のファイルレイアウト情報に合わせる。
02	回収日	日付	日付時刻	10	YYYY/MM/DD形式
03	数量	数値	Numeric (Formatted)	5	小数点以下桁数0桁

(5) 請求取引データ.txt

<概要>

対象システム	請求管理システム
データ内容	請求取引データ
対象期間・範囲	2014年4月1日～2014年10月1日
ファイル形式	タブ区切りのテキストファイル。引用符なし。
レコード件数	26,709件

<テーブル定義情報>

No	フィールド名	データ型	ACLのデータ型	長さ	備考
01	請求No	文字	UNICODE	8	
02	明細No	数値	Numeric (Formatted)	4	小数点以下桁数0桁
03	請求日	日付	日付時刻	10	YYYY/MM/DD形式
04	処理日	日付	日付時刻	10	YYYY/MM/DD形式
05	顧客No	文字	UNICODE	6	
06	商品CD	文字	UNICODE	7	

No	フィールド名	データ型	ACLのデータ型	長さ	備考
07	請求金額	数値	Numeric (Formatted)	8	小数点以下桁数0桁
08	入金予定日	日付	日付時刻	10	YYYY/MM/DD形式
09	入金日	日付	日付時刻	10	YYYY/MM/DD形式
10	入金額	数値	Numeric (Formatted)	8	小数点以下桁数0桁
11	入金処理日	日付	日付時刻	10	YYYY/MM/DD形式

（6）売掛金残高明細.csv

＜概要＞

対象システム	売掛金管理システム
データ内容	売掛金残高データ
対象期間・範囲	2014年3月31日時点のデータ
ファイル形式	CSVファイル。引用符あり（ダブルコーテーション）。
レコード件数	4,868件

＜テーブル定義情報＞

No	フィールド名	データ型	ACLのデータ型	長さ	備考
01	店CD	文字	UNICODE	3	
02	担当	文字	UNICODE	4	
03	固有	文字	UNICODE	5	主キー
04	枝番	文字	UNICODE	2	主キー
05	得意先CD	文字	UNICODE	7	
06	締日	文字	UNICODE	2	
07	総売上	数値	Numeric (Formatted)	8	
08	返品	数値	Numeric (Formatted)	7	
09	売掛金	数値	Numeric (Formatted)	8	

2 本書に記載のある関数の一覧

本書に記載のある関数の一覧です。関数の詳細は、ACLのヘルプを参照してください。

関数名	機能	構文	参照p.
ALLTRIM()	先頭と末尾のスペースが除去された文字列を返します。	ALLTRIM(文字列)	184
BETWEEN()	指定された値が最小値以上、かつ最大値以下の範囲内にあるかどうかによって True または False を返します。	BETWEEN(値, 最小値, 最大値)	238
BLANKS()	指定された数の空白スペースの文字列を返します。	BLANKS(数)	315
CTOD()	文字または数値を日付に変換します。	CTOD(文字/数値 <,書式>)	186
CTOT()	文字または数値を時刻に変換します。	CTOT(文字/数値)	186
DATE()	日付を文字列に変換します。	DATE(<日付/日付時刻> <,書式>)	186
DEC()	数式やフィールド値に対して小数点以下の桁数を指定できます。	DEC(数値, 小数位)	180
FIND()	指定された文字列が存在するかどうかによって True または False を返します。	FIND(文字列 <,検索フィールド>)	185
ISBLANK()	文字列がすべて空白で構成されているかどうかに応じて True または False を返します。	ISBLANK(文字列)	242
LAST()	文字列の右側から指定された数の文字を返します。	LAST(文字列, 長さ)	185
LENGTH()	文字列の長さを返します。	LENGTH(文字列)	185
LOWER()	アルファベット文字を小文字に変換します。	LOWER(文字列)	317
LTRIM()	先頭のスペースを除去した文字列を返します。	LTRIM(文字列)	183
MONTH()	日付時刻から月を抽出し、数値として返します。	MONTH(日付/日付時刻)	385
OMIT()	指定した部分文字列が削除された文字列を返します。	OMIT(文字列1, 文字列2 <,大文字と小文字の区別>)	234
PROPER()	アルファベットの最初の文字を大文字に、残りの文字を小文字に変換した文字列を返します。	PROPER(文字列)	317
STRING()	数値を文字列に変換します。	STRING(数値, 長さ <,書式>)	187
SUBSTR()	文字列から指定された部分文字列（サブストリング）を返します。	SUBSTR(文字列, 開始位置, 長さ)	255
TIME()	時刻を文字列に変換します。	TIME(<時刻/日付時刻> <,書式>)	186
TRIM()	末尾のスペースを除去した文字列を返します。	TRIM(文字列)	184
UPPER()	アルファベット文字を大文字に変換します。	UPPER(文字列)	317
VALUE()	文字列を数値に変換します。	VALUE(文字列, 小数位)	187
YEAR()	日付時刻から年を抽出し、数値として返します。	YEAR(日付/日付時刻)	385

2 本書に記載のある関数の一覧

3 本書に記載のあるスクリプトの一覧

本書に記載のあるスクリプトの一覧です。スクリプトの詳細は、ACLのヘルプを参照してください。

メニューコマンドと対応するスクリプトについては、p.412を参照してください。
（構文は、本書で半角スペースを意味する記号"␣"を省略して記載しています。）

スクリプトのコマンド名	機能	構文	参照p.
CLOSE	テーブル、インデックス ファイル、またはログファイル等を閉じます。	CLOSE <テーブル名|PRIMARY|SECONDARY|INDEX|LOG|LEARN>	321
COMMENT	スクリプトの処理や実行に影響を与えずに、説明を挿入します。	COMMENT コメントテキスト または COMMENT ↵ コメントテキスト ↵ コメントテキスト ↵ ... ↵ END	427
DEFINE COLUMN	既存のビューに列を作成および追加します。	DEFINE COLUMN ビュー名 フィールド名 <AS 代替列見出し> <POSITION n> <WIDTH n> <PIC 書式> <SORT|SORT D> <KEY><PAGE> <NODUPS> <NOZEROS> <LINE n>	193
DEFINE FIELD	フィールドを定義します。	DEFINE FIELD フィールド名 データ型 開始位置 長さ <小数位|日付書式><NDATETIME> <PIC 書式> <AS 代替列見出> <WIDTH 値><フィールドノート>	154
DEFINE FIELD ... COMPUTED	演算フィールドを作成します。	DEFINE FIELD フィールド名 COMPUTED 式	193
	条件付き演算フィールドを作成します。	DEFINE FIELD フィールド名 COMPUTED ↵ <IF テスト> <STATIC> <WIDTH 値> <PIC 書式> <AS 代替列見出><フィールドノート> ↵ 値 IF 条件 ↵ ... ↵ デフォルト値	205

スクリプトのコマンド名	機能	構文	参照p.
DELETE (*)	ビューから列を削除します。	DELETE COLUMN ビュー名 列名 <ALL> <OK>	193
	フィールドを削除します。	DELETE フィールド名 <OK>	154
	関連付けを削除します。	DELETE RELATION <子テーブル名|リレーション名> <OK>	343
	ファイルを削除します。	DELETE ファイル名 <OK>	445
DISPLAY (*)	テーブル履歴を表示します。	DISPLAY HISTORY	236
DO SCRIPT	スクリプトを実行します。	DO <SCRIPT> スクリプト名 {<IF テスト>|<WHILE テスト>}	429
OPEN	テーブルまたはデータファイルを開きます。	OPEN {テーブル名|データファイル} <FORMAT レイアウト名> <BUFFERLENGTH 長さ> <CRLF> <DBASE> <INDEX インデックスファイル> <PRIMARY|SECONDARY> <SKIP バイト数><RELATION キーフィールド>	417
REFRESH	ソースデータを基に、テーブルのデータを更新します。	REFRESH <テーブル名> <PASSWORD n>	70
RENAME	フィールドやテーブル、スクリプト等の名前を変更します。	RENAME 項目の種類 名前 <AS|TO> 新しい名前 <OK>	142
SET (*)	フィルターを実行または解除します。	SET FILTER <TO> {テスト|フィルター名}	271
	ナビゲーター上の出力フォルダーを指定できます。フォルダーが存在しない場合はフォルダーを作成します。	SET FOLDER フォルダーパス	168
	使用するログファイルを指定します。	SET LOG <TO> {ログファイル名|OFF}	445
	「ファイルを上書きする前にメッセージを表示する」オプションのオン／オフを切り替えます	SET SAFETY {ON|OFF}	426
	ログのセッションの名前を指定します。	SET SESSION セッション名	443

*：DELETE、HISTORY、SETには上記以外の機能もあります。詳細はACLのヘルプを参照してください。

〈監修者紹介〉

弓塲 啓司（ゆみば けいじ）

公認会計士・有限責任監査法人トーマツ パートナー
1992年大手監査法人入所。金融・商社・メーカー等の監査業務に従事。
1993年より会社のデータと監査人のコンピューターを利用して監査手続を実施するコンピューター利用監査技法を積極的に実践。
1997年より監査業務の傍ら、監査法人内の情報システムの企画、開発、導入、運用業務を行うほか、海外の提携ファームが開発した監査調書作成支援システムの日本導入に携わる。
2007年、監査法人トーマツに移籍。データ監査推進委員会委員長を務める（2010年～2011年）。
コンピューター利用監査技法、IT活用による業務改善に関する講演実績多数。

以下は日本公認会計士協会での活動。
情報基盤整備特別委員会（近畿会）副委員長（2001年～2002年）
監査IT対応専門委員会 専門委員（2004年～2007年）
内部統制検討専門委員会 専門委員（2005年～2007年）
継続的専門研修制度協議会 企画専門委員会 専門委員（2007年～現在）
研修委員会（東京会）委員（2008年～2009年）
継続的専門研修制度協議会 企画専門委員会 教材作成専門部会 専門委員（2010年～現在）

〈著者紹介〉

荒井 千晶（あらい ちあき）

公認会計士・有限責任監査法人トーマツ マネジャー

水田 朋子（みずた ともこ）

有限責任監査法人トーマツ シニアスタッフ

新版　CAAT 監査人のための　コンピューター利用監査技法の実践
ACL Analytics

2011年9月20日　初版発行	
2015年6月15日　新版発行	

監修者　弓場　啓司
著　者　荒井　千晶・水田　朋子　Ⓒ
発行者　小泉　定裕

発行所　株式会社 清文社

東京都千代田区内神田1-6-6（MIFビル）
〒101-0047　電話 03(6273)7946　FAX03(3518)0299
大阪市北区天神橋2丁目北2-6（大和南森町ビル）
〒530-0041　電話 06(6135)4050　FAX06(6135)4059
URL http://www.skattsei.co.jp/

印刷：図書印刷㈱

■著作権法により無断複写複製は禁止されています。落丁本・乱丁本はお取り替えします。
■本書の内容に関するお問い合わせは編集部までFAX（03-3518-8864）でお願いします。

ISBN978-4-433-57215-0